中国恩德文化研究

Research on the Chinese Culture of Grace and Gratitude

杨春时 著

中国社会科学出版社

图书在版编目（CIP）数据

中国恩德文化研究 / 杨春时著. -- 北京 : 中国社会科学出版社, 2025. 7. -- ISBN 978-7-5227-4760-6

Ⅰ. K203

中国国家版本馆 CIP 数据核字第 20255NX656 号

出 版 人	季为民
责任编辑	郝玉明
责任校对	谢　静
责任印制	李寡寡

出　　版	中国社会科学出版社
社　　址	北京鼓楼西大街甲 158 号
邮　　编	100720
网　　址	http://www.csspw.cn
发 行 部	010-84083685
门 市 部	010-84029450
经　　销	新华书店及其他书店

印　　刷	北京君升印刷有限公司
装　　订	廊坊市广阳区广增装订厂
版　　次	2025 年 7 月第 1 版
印　　次	2025 年 7 月第 1 次印刷

开　　本	710×1000　1/16
印　　张	30.75
字　　数	551 千字
定　　价	158.00 元

凡购买中国社会科学出版社图书，如有质量问题请与本社营销中心联系调换
电话：010-84083683
版权所有　侵权必究

国家社科基金后期资助项目
出 版 说 明

　　后期资助项目是国家社科基金设立的一类重要项目，旨在鼓励广大社科研究者潜心治学，支持基础研究多出优秀成果。它是经过严格评审，从接近完成的科研成果中遴选立项的。为扩大后期资助项目的影响，更好地推动学术发展，促进成果转化，全国哲学社会科学工作办公室按照"统一设计、统一标识、统一版式、形成系列"的总体要求，组织出版国家社科基金后期资助项目成果。

全国哲学社会科学工作办公室

目　录

绪论　中国文化研究的历史经验与思路更新 …………………… (1)
　　一　中国文化研究的由来和主要学派的形成 ………………… (1)
　　二　中国文化研究的经验之一：由思想论争回归学术本身 …… (4)
　　三　中国文化研究的经验之二：从直接的比较研究转向深入的
　　　　理论研究 ……………………………………………………… (9)
　　四　中国文化研究的经验之三：从表层结构的研究转向深层
　　　　本质的研究 …………………………………………………… (14)
　　五　中国文化恩德本质发现的思路 …………………………… (18)

第一章　中国恩德文化的源头 ……………………………………… (24)
　　第一节　从礼物文化到神恩文化 ……………………………… (24)
　　第二节　从神恩文化到祖恩文化 ……………………………… (35)

第二章　中国恩德文化的发生 ……………………………………… (45)
　　第一节　春秋战国时期社会文化的变革 ……………………… (45)
　　第二节　家庭领域恩德文化的形成 …………………………… (53)
　　第三节　社会领域恩德文化的形成 …………………………… (57)
　　第四节　政治领域恩德文化的形成 …………………………… (64)
　　第五节　恩德文化对礼物文化的改造 ………………………… (96)

第三章　中国恩德文化的思想理论建设 …………………………… (105)
　　第一节　恩德文化建构的基本理念 …………………………… (105)
　　第二节　恩德文化建构的方式 ………………………………… (114)
　　第三节　恩德文化范畴的建构 ………………………………… (127)

第四章　反恩德文化的思想流派 (151)
第一节　道家对恩德文化的解构与儒道互补 (151)
第二节　法家对恩德文化的毁坏与儒法合流 (161)
第三节　墨家和杨朱对恩德文化的批判 (176)

第五章　中国恩德文化的性质 (190)
第一节　恩德文化的两重性 (190)
第二节　恩德文化的身份伦理性质 (194)
第三节　恩德文化的有限理性特质 (205)

第六章　中国恩德文化的调适 (217)
第一节　恩德文化对内在矛盾的调节 (217)
第二节　恩德文化对自身缺陷的弥补 (226)

第七章　中国恩德文化的比较研究 (241)
第一节　中国恩德文化与西方文化之比较 (241)
第二节　中日恩德文化之比较 (251)

第八章　习俗形态的中国恩德文化 (262)
第一节　家庭生活领域的恩德文化 (262)
第二节　社会生活领域的恩德文化 (269)
第三节　社会生活领域恩德文化的边缘形态 (275)

第九章　制度形态的中国恩德文化 (280)
第一节　政治制度领域的恩德文化 (280)
第二节　法律制度领域的恩德文化 (287)
第三节　教化、教育制度领域的恩德文化 (290)

第十章　精神形态的中国恩德文化 (295)
第一节　恩德文化中的宗教信仰 (295)
第二节　恩德文化中的文学艺术 (313)
第三节　恩德文化中的诗学思想 (330)
第四节　恩德文化中的哲学 (341)

第十一章 中国恩德文化的历史演变 ……………………………… (363)
  第一节 恩德文化历史演变的基本趋势 …………………… (363)
  第二节 恩德文化内部的异端思想 ………………………… (377)

第十二章 中国恩德文化的历史作用 ……………………………… (401)
  第一节 恩德文化历史作用的两重性 ……………………… (401)
  第二节 恩德文化对民族心理和性格的塑造 ……………… (409)

第十三章 中国恩德文化的现代转型 ……………………………… (428)
  第一节 中国恩德文化与现代性的遭遇 …………………… (428)
  第二节 恩德文化在社会转型中的作用 …………………… (452)
  第三节 中国文化现代化的方式 …………………………… (457)

参考文献 ……………………………………………………………… (471)

后　记 ………………………………………………………………… (482)

绪论　中国文化研究的历史经验与思路更新

中国文化研究是中华民族自我认识的理性形式。从五四前后至今，关于中国文化的研究已经有百余年的历史。在这一百多年里，中国文化研究取得了诸多成果，获得了许多共识，人们对这个世界上最古老的文化有了初步的理性认识。同时也应该承认，由于历史条件和理论视野的限制，中国文化研究还有许多未解决的问题，特别是关于中国文化的根本性质问题还处于探索之中。形成这个局面的主要根源在于研究的立场、方法和内容等方面存在着局限，需要加以反思和革新。关于中国文化研究的历史经验，一些学者已经作了初步的总结，如余英时就对五四以来的中国文化研究作出了反思。但是，这种总结还没有全面展开，也未见有这方面的专门性的学术著作。为此，有必要全面、深入地总结中国文化研究的历史经验，并且在这个基础上形成新的思路，从而大力推进中国文化的研究。

一　中国文化研究的由来和主要学派的形成

中国文化研究的发生，标志着中华民族自我意识的形成。在中国传统社会中，由于还没有形成世界意识，对中国文化本身也就没有自觉意识。两千余年以来，中国人认为世界是以中原为中心的"天下"，中国是文明礼仪之邦，四方是不开化的蛮夷，需要中国的教化。传统中国人把中国文化的核心价值即儒家思想中表达的伦理纲常作为常道，而无批判性的认知。鸦片战争打开了中国的大门，在中西文化的冲突中，中国人逐步认识了现代文明，也把自己与西方作了比较，通过这个他者逐步认识了自身。中国人通过中国与西方的比较得出了如下认知：一方面，西方在伦理上不开化，是"无父无君"的蛮夷，而中国则有道德文明，建立了礼义纲常秩序；另一方面，西方"船坚炮利"，科学技术发达，而中国重道不重技，科学技术不如人。基于这个认知，就掀起了学习西方工业文明的"洋务运动"，以图保国保种。洋务运动取得了一定成果之后，发生了中日甲午战争，中国战败，于是国人进一步对中国文化作了反思，意识到西方不仅科学技术发达，政治文明也优于中国，故此需要改良、革命。戊戌变法失败，辛亥革命成功，形式上建立了共和国，但经济、政治依然混乱、落后，还是没有进入现代文明。于是在五四前后，一些中国知识分子对中西文化作了整体上的考察，认为西方文化是先进的现代文化，造就了文明、开化的社会；中国文化是落后的古代文化，造就了国民性的愚昧、野蛮，因此需要思想启蒙，推翻旧文化，引进西方现代文明，以改造国民性，进入现代社会。这样，就发生了五四新文化运动。五四新文化运动是中国的启蒙运动，也是对中国文化整体上的反思、批判。在五四以前，对中国文化的研究已经展开，如严复、康有为、梁启超、谭嗣同等人都有相关的研究，但他们对中国文化的认识还着眼于社会变革的实践需要，学术性不强，对中国文化的研究还没有全面、深入地展开，没有成为一种系统的理论思考和学术研究。直到五四时期，开始在整体上认识中国文化，中国文化研究才正式展开。五四以后，中国文化研究形成了三个主要学派，即启蒙主义学派、新儒家代表的文化保守主义学派、马克思主义学派。这三个学派是中国文化研究的主体，由此也形成了对中国文化的不同立场和认识。

五四新文化运动是一场启蒙主义运动，它开启了对中国文化的批判性研究，形成了启蒙主义学派或称西化派、自由主义派。中国的启蒙主义认同西方现代文化，主张现代化即西化，认为中国文化是落后的文化，应该予以彻底批判。启蒙主义的文化研究以胡适以及转向马克思主义学派前的陈独秀、李大钊、鲁迅等为代表。在20世纪中后期，这个思潮在中国大陆一度中断，而在海外仍有延续。在20世纪80年代的改革开放时期，启蒙主义在中国大陆复兴，它争取现代性，主张学习西方现代文化，批判中国传统文化，一时间成为主流思潮，而在90年代市场经济兴起后开始衰歇。总的说来，启蒙主义对中国文化的研究着眼于现代化需要，主要是在政治层面上开展批判，揭示了中国文化与现代性冲突的一面。这种研究的实践性强而学术性不强，成果也不够丰富。而且，启蒙主义的研究也有激进主义偏向，对中国文化几乎完全否定，而缺乏全面的认识，这是其根本弱点。

西方文化和启蒙主义思潮的冲击，引发了本土文化的反弹，形成了以新儒家为代表的文化保守主义思潮。这一学派认为中国文化虽然有缺点，但仍然具有自己的优势和生命力，因此不应该在现代化的进程中被否定、抛弃，而应该继承、改造、发扬。他们主张以中国文化为主体吸收西方现代文明，实现中国的现代化。基于这个立场，他们也展开了对中国文化的研究，产生了比较丰硕的学术成果。在五四新文化运动落潮后，以梁漱溟、熊十力、马一浮、冯友兰为代表，创立了新儒家学派，他们反思和批评启蒙主义对中国文化的批判，形成新儒学第一阶段。在20世纪50年代以后，一些海外知识分子感受到中国文化正面临新的危机，于是倡导保存中国文化传统，以对抗西方文化的霸权和现代化的冲击，形成了新儒学第二阶段。在1958年，牟宗三、徐复观、张君劢、唐君毅等人联名发表了题为《为中国文化敬告世界人士宣言——我们对中国学术研究及中国文化与世界文化前途之共同认识》[①]的长文，提出了系统的新儒家思想纲领。在20世纪80年代以后，面对全球化潮流，出自对中国文化以及人类命运的思考，出现了以杜维明、成中英、刘述先等为代表的第三阶段新儒学。他们坚守新儒家立场，主张以中国文化为主体建设现代文化，同时以更为开放的态度和视域审视中国文化，倡导中西文化互补以及中国文化与现代世界文明的融合。

五四以后，在新儒家学派之外也出现了其他的文化保守主义学派，如学衡派和中国本位文化派等，他们也主张以中国文化为主体建设中国现代文化。值得注意的是，20世纪90年代出现了以大陆新儒家为代表的文化保守主义，这是对新时期启蒙主义的反拨，是对传统文化的维护。大陆新儒家呼应海外新儒家，但更注重政治儒学，他们提出，"儒化中国""建立儒教为国教""儒家宪政"等口号，企图通过政治途径复兴儒学。在2000年以后，中国大陆又兴起了"国学"热。"国学"其实涵括了各个学科领域的中国文化研究，也涵括了各种思想倾向，但总体上带有文化保守主义性质。以新儒家为主体的文化保守主义不同于清末民初的传统儒家，他们不是一味排斥现代文明，而是主张以中国文化为主体，吸收西方文化的合理部分，特别是科学与民主精神，在这个基础上建立中国现代文化。他们对中国文化也有所批评，但不是根本上否定，而是在总体上认为中国文化可以返本开新，进入现代文明。

在中国文化研究领域还有马克思主义学派。五四新文化运动中，马克

[①] 此文于1958年1月同时发表于中国香港《民主评论》和中国台湾《再生》杂志。

思主义传入，以后成为中国革命运动的指导思想。在革命运动中，对中国文化的研究、批判被纳入其思想战线，形成了马克思主义学派，早期马克思主义学派还不成熟，也没有中国化。这个学派把以儒家为主体的中国文化定性为封建主义文化，认为它代表了地主阶级的思想而加以批判；同时也肯定了劳动人民文化的价值，并且对具体的文化遗产采取"批判地继承"和"古为今用"的态度。马克思主义学派对中国文化的批判立场在"文化大革命"中走向极端化，形成了"评法批儒"运动。马克思主义学派的中国文化研究主要集中在哲学和历史领域，取得了一些成果，但主要是政治批判，学术研究不足，成果有限。在20世纪90年代以后，以儒家思想为代表的中国文化的优异之处被弘扬，并且形成了"国学"。这样，就发生了马克思主义学派与国学派之间的某种融合的趋势，如方克立提出"马学为魂，中学为体，西学为用，三流合一，综合创新"的主张。他们对待现代新儒家的态度出现融合的趋势，也由以往的批判态度转为"同情的理解"（方克立语）。

以上三派是中国文化研究的主要流派，它们都依据自己的政治、文化立场开展了对中国文化的研究。同时，在这三派之外还有独立的中国文化研究，它不是基于特定的政治、文化立场，而是依据各种学术理论，作相对独立的学术性研究，因此得出的结论也不尽相同。这种研究虽然没有形成宏大的气势，也没有成为主流，但却比较深入，学术性更强，而且这种研究越来越得到加强。

通过以上考察得知，中国文化研究是在中国文化现代化进程中对西方现代文化的冲击而作出的反应，因此与思想斗争结合在一起，而不只是单纯的学术研究，这就决定了中国文化研究的特性，包括其历史局限性。为此，应该对中国文化研究的立场、方法和思想三个方面作出总结和反思，克服以往研究的缺陷，进一步得出中国文化研究的新思路，把中国文化研究推向新的高度。

二　中国文化研究的经验之一：由思想论争回归学术本身

从中国文化研究的历史可以看出，其动力来自寻找中国社会现代发展的方向，而不是出自纯粹的学术动机；其性质偏于思想论争而学术性薄弱。应该承认，学术研究不可能完全脱离社会现实。在后发现代性的历史条件下，中国文化研究的社会动机具有必然性和一定的合理性，它成为中国文化研究的强大动力。而且，中国文化研究也必然基于特定的社会立场，带有思想性。但是，学术研究应该具有相对的独立性，与实际需要和社会立场拉开一定的距离，以保持学术性和客观的态度。以往的中国文化研究直接着眼于实际的社会需要，被社会思想立场左右，成为其附属部分，故不是充分独立的学术研究。中国文化研究一开始就具有强烈的现实功利性，与思想斗争结合在一起，因而学术性不足。五四时期发生的"科玄论战"是首次关于中国文化性质的讨论，它争论科学与"玄学"的关系问题，涉及了中国文化与西方文化的结构、性质、差异等问题，因此本来应该是一场学术讨论，但是这场争论的起因是对五四新文化运动的不同评价，而不是要讨论学术问题，因此并没有成为冷静的学理性的讨论，而成为激烈的思想论争。在这场论争中，文化保守主义的玄学派、启蒙主义的科学派和马克思主义学派基于不同的社会立场，对中国传统文化和西方现代文化作出了批判或肯定的评价，而学术分析则显得薄弱。这场论争的结果是"玄学派"失势，"科学派"得胜，但这并不是学术上的胜负，而是社会思想上的胜负，它掩盖了启蒙主义学派的科学主义的片面性，即以工具理性取代价值理性的弊端。以后的启蒙主义、以新儒家为代表的文化保守主义、马克思主义之间关于中国文化的多次论争，也都是从社会立场出发，在不同程度上以思想争论代替了学术研究。这种从社会思想立场出发的实用态度，一方面发挥了文化研究的社会功效，但另一方面也产生了中国文化研究的局限性。

首先，以思想论争代替学术研究，导致了中国文化研究的意识形态化。关于中国文化的性质问题，既有意识形态的层面，也有学术的层面，二者应该有所区隔，而不能混同。五四以来，意识形态主导了学术研究，思想论争代替了学术讨论，导致不能客观地、全面地认识和评价中国文化。五四新文化运动开启了对中国文化的重新认识，但这种认识一开始就陷入了一种价值判断，而缺少科学性。胡适说："据我个人的观察，新思潮的根本意义只是一种新态度，这种态度可叫做'评判的态度'。""评判的态度，简单说来，只是凡事要重新分别一个好与不好。""尼采说现今时代是一个'重新估定一切价值'的时代。'重新估定一切价值'八个字便是评判态度的最好解释。"[①] 这里对中国文化的定性立足于价值判断，而不是科学研究。这种态度预设了立场，导致了中国文化研究变成了政治

---

① 胡适：《中国文化的反省》，华东师范大学出版社，2013，第 138 页。

裁判。五四启蒙主义对中国文化的批判是为了推进中国的现代化，在实践上有其合理性和必要性，但在学理上则流于武断、片面，如胡适提倡过"全盘西化"；陈独秀说中国文化是"奴隶的道德"；鲁迅说礼教吃人，"中国古书，叶叶害人"，"汉字终当废去"①；吴虞主张"打倒孔家店"；等等。新时期的新启蒙主义思潮也出自实践的需要而采取了激进的态度，对中国文化整体上否定，提出西方文化是先进的"蓝色文明"，中国文化是落后的"黄色文明"等，从而不能客观地、全面地研究和评价中国文化。

　　五四以后的以新儒家为代表的文化保守主义学派，也是基于民族主义立场，旨在维护中国文化，很大程度上失去了学术研究的客观性。刘述先把中国文化研究的意义归结为文化认同，他认为，近代以来在西方文化冲击下，中华民族遇到了认同危机，因此主张"在民族主义勃兴的今日，站在自己的传统的基石上去求认同，并在同时求适应求进步，这显然乃是当前世界思潮的主流"②。牟宗三批评胡适倡导的科学研究方法，主张"应把文化收进来，落在生命上，落在生活上"③。刘述先等新儒家还要求人们对中国文化要"同情的了解"，主张"而我们在评价以前，首先必须有深刻的同情的了解，然后再加以批评，这才可能是比较深刻的批评"④。新儒家主张怀着"敬意"的态度去研究中国文化，认为"敬意"增加一分，智慧运用就会增加一分，而了解也会增加一分。新儒家这些观点有一定的合理性，对启蒙主义全盘否定中国文化的倾向有纠偏的作用，而且研究中国文化也需要一种尊重的、开放的态度。但是，这种观点也有片面性，就是基于民族主义立场，把主观态度掺杂到学术研究之中，以主观态度代替客观的认知，在一定程度上混同了价值判断与事实判断，影响了中国文化研究的客观性，导致对西方文化批判有余而肯定不足，对中国文化肯定有余而批判不足，在很大程度上遮蔽了中国文化的历史局限性。

　　历史上的马克思主义学派曾为了论证中国革命的合法性，展开了对中国文化的批判。这个学派运用阶级论，区分了剥削阶级的文化与劳动人民的文化，而把中国文化的主体定性为封建主义的、地主阶级的文化。这种

---

① 鲁迅：《鲁迅书信集》上卷，人民文学出版社，1976，第20页。
② 刘述先：《理一分殊》，景海峰编，上海文艺出版社，2000，第19页。
③ 牟宗三著，吴兴文主编：《道德的理想主义》，吉林出版集团有限责任公司，2010，第227页。
④ 刘述先：《理一分殊》，景海峰编，上海文艺出版社，2000，第8页。

文化观虽然有特定的合理性，但也忽视了中国文化的整体性以及历史意义。在改革开放以后，中华优秀传统文化被大力弘扬，甚至恢复了一度被废除的"国学"学科。这种转变，主要出自社会发展的实际需要，而学术论证相对薄弱，在实际研究中也产生了对中国文化肯定有余而批判不足的倾向。

其次，以思想论争代替学术研究导致了中国文化研究学术性的薄弱。启蒙主义的中国文化批判思想性强而学术性弱，它虽然具有强大的冲击力，发挥了启蒙作用，但由于学术功力不足，与以新儒家为代表的文化保守主义的研究相比，显得不够深入。五四新文化运动的主将如胡适、陈独秀、李大钊、鲁迅等，都是思想家而不是学问家，他们强于对中国文化的思想批判，而弱于学术研究。他们很少有深厚的学术性著作，如胡适以时政论文见长，而其《中国哲学史》只写了半部；陈独秀、李大钊、吴虞等也是在时政文章中表达了对中国文化的批判，没有相关学术专著；鲁迅关于中国文化的思想多体现在小说和杂文中，其学术专著《中国小说史》也是文学研究，不是对中国文化的整体性研究。新儒家第三代代表刘述先就对启蒙主义学派代表胡适的学术贡献评价不高，他说："但是他的名气那么大，究竟为我们留下一些什么呢？似乎他终究不过是一位转型期的启蒙人物而已！并没有留下永恒的建树。"① 这个评价虽然有门派之见的成分，但就学术建树而言，还是有一定道理的。

马克思主义学派的中国文化研究主要集中于哲学、史学领域，产生了一批重要的学者，如史学界的郭沫若、翦伯赞、吕振宇、侯外庐等，哲学界的庞朴、任继愈、张岱年、萧萐父、汤一介等，他们在各自的专业领域有所贡献，但也不同程度上存在着教条主义倾向。马克思主义学派对中国文化的整体研究相对薄弱，它注重于意识形态层面，而深度的、全面的学理性分析相对不足，没有产生重要的相关论著。这个局面在改革开放以后才有所改变。

以新儒家为代表的文化保守主义对中国文化的研究，学术性要强于启蒙主义学派和马克思主义学派，其大家迭出，学术成果较多，这是应该肯定的。但是，这一学派的研究也主要集中于对儒家思想的研究以及对中国历史的研究，整体的中国文化研究相对薄弱。而且，由于文化民族主义立场的限制，其思想视野局限于中国文化传统之内从而影响了学术思想的深

---

① 刘述先：《理一分殊》，景海峰编，上海文艺出版社，2000，第126页。

度。但是，后期新儒家视野相对开阔，在这些方面有所改观。

从总体上说，百余年来的中国文化研究思想性较强而学术性较弱，这是需要改变的。在新的历史条件下，应该改变以往中国文化研究急功近利的导向，摆脱以思想论争代替学术研究的局面，而回归学术本身，即以学术研究本身为宗旨，加强中国文化研究的学术性。以往的中国文化研究囿于社会变革的紧迫性，往往以社会立场决定学术观点，带有很强的宗派性，而缺乏严谨的学术品格。以上三派基本上是以社会立场和意识形态划分的，而不是按照学术思想划分的。这种研究格局导致各派对立，而不能充分地交流，不利于学术研究的深入。在五四时期的思想论争中，启蒙主义往往显得粗暴、武断，陈独秀甚至说过"必不容反对者有讨论之余地"，这样就不可能吸收对手的合理思想。新儒家特别是早期新儒家把学术思想与民族大义等同起来，由此也关闭了向对手开放的大门。早期马克思主义学派也有以政治斗争代替学术讨论的倾向，往往把学术对手当作意识形态敌人，不能开展平等的讨论和交流，在"文化大革命"中甚至以"革命大批判"代替了学术讨论。现在，中国社会已经进入了现代化阶段，关于中国文化研究的各种观点、学派可以更宽容地共存、交流，甚至互相补充、融合。在这种情势下，虽然社会变革的实际需要仍然是中国文化研究背后的推动力，但它已经失去了以往的紧迫性，而给学术研究留下了更大的空间，因此就可以更充分地把中国文化研究纳入学术领域，进行从容的学术性的研究。立足于一定的思想立场的同时，保持一定的学术独立性，即为了科学求知和学术建设，开展中国文化研究。这样的研究，才可能是客观的、科学的、学术的。这也意味着，倡导独立的学术研究，不再以社会立场划分派别；即使有不同的派别，也只是在学术观点方面的区分。应该倡导各派之间互相交流、取长补短、消除畛域，改变各派分隔、对立的格局。值得注意的是，在中国文化研究领域，已经产生了主流三派之外的独立研究学者，他们能够超脱固定的社会立场的局限，视野比较开阔，思想比较开放，因此取得的成就也更为扎实、丰厚。例如李亦园、许倬云、林毓生、孙隆基、李泽厚、李学勤、葛兆光、秦晖等独立学者。虽然他们也有自己的社会立场和思想倾向，但其学术研究具有相对的独立性，一定程度上超脱了特定门派的限制。值得注意的是，当代新儒家代表人物如成中英、刘述先等人，虽然认同新儒家的基本观念，但与更早的新儒家相比，他们的立场更为开放，更具有现代性视野，对西方现代文化持更包容的态度，对中国文化的缺陷有所发现和批判，从而体现了更强的学术性，学术成就也更高一些。今后的中国文化研究应该倡导独立的学术研究，摆脱受社会立场制约的宗派性研究。这也意味着，对中国文化的评价，要基于对中国文化的科学研究，在这个基础上，采取历史的、实事求是的态度，既有所肯定，也有所批判，不能全盘否定或全盘肯定。

三 中国文化研究的经验之二：从直接的比较研究转向深入的理论研究

在研究方法上，以往的中国文化研究限于直接的中西（外）比较，而未能充分运用现代理论工具展开深入的研究，因此难以深入把握中国文化的本质。对中国文化的认识，就是在中西文化的相遇和冲突中开始的，中国人发现了彼此之间的差异，这是一种直接的自我意识，因此中西比较就自然地成为一种主要的研究方法。严复开创了中西文化的比较研究，他在1895年发表了《论世变之亟》一文，文中论述道："自由既异，于是群异丛然以生。粗举一二言之：则如中国最重三纲，而西人首明平等；中国亲亲，而西人尚贤；中国以孝治天下，而西人以公治天下；中国尊主，而西人隆民；中国贵一道而同风，而西人喜党居而州处；中国多忌讳，而西人重讥评。其于财用也，中国重节流，而西人重开源；中国追淳朴，而西人求欢虞。其接物也，中国美谦屈，而西人务发舒；中国尚节文，而西人乐简易。其于为学也，中国夸多识，而西人尊新知。其于祸灾也，中国委天数，而西人恃人力。"[1] 这种比较建立了一种研究范式，后人大多循此范式，展开了对中国文化的认知。

以新儒家为代表的文化保守主义主要是在空间维度上作比较，把中西文化作为两个平行的文化体系加以对照，得出了中西文化各有优劣，而中国文化以道德优长的结论。启蒙主义和马克思主义主要从时间维度上作比较，把中西文化看作古代与现代的两个发展阶段加以阐释，从而得出西方文化是先进性的现代文化，而中国文化是落后性的封建文化的结论。1923年瞿秋白依据马克思主义的历史唯物论，得出这样的结论："东西文化的差异，其实不过是时间上的"，"文化本无东西之别"。[2] 胡适也说："我们承认各民族在某一时代的文化所表现的特征，不过是环境与时间的关

---

[1] 严复：《论世变之亟》，载胡伟希选注《论世变之亟——严复集》，辽宁人民出版社，1994，第3~4页。
[2] 瞿秋白：《东方文化与世界革命》，《新青年》1923年第1期。

系。我们拿历史眼光去观察文化,只看见各种民族都在那'生活本来的路'上走,不过因环境有难易,问题有缓急,所以走的路有迟缓的不同,到的时候有先后的不同。"① 这两种倾向一个强调了文化的空间性、民族性,而抹杀了文化的时间性、历史性;一个强调了文化的时间性、历史性,而抹杀了文化的空间性、民族性。后来这种比较研究的范围又扩展到中国文化与印度文化、日本文化、伊斯兰文化之间,但基本的研究方法没有改变。比较研究虽然有其长处,但在中国文化研究的早期阶段,难以避免对中国文化认知的片面性、简单性、肤浅性。经过直接的比较,启蒙主义对中西文化的认知就是中国文化处处落后于西方文化,如胡适通过对中国文化与世界各国文化的比较,得出这样的认识:"然而这三项究竟还是我们在这个世界上最特异的三点:最简易合理的文法、平民化的社会构造、薄弱的宗教心。此外,我想了二十年,实在想不出什么别的悠长之点了。"② 这就对中国文化作出了简单化的结论。新儒家也是如此,梁漱溟认为文化的本质是意欲的方式,他在《东西文化及其哲学》中得出三种不同的意欲方式:"所有人类的生活大约不出这三个路径样法:(一)向前面要求;(二)对于自己的意思变换,调和,持中;(三)转身向后去要求。"③ 他把中国文化与西方、印度文化作比较,认为第一种是西方文化的路向,第二种是中国文化的路向,第三种是印度文化的路向。这种由比较方法得出的结论显然是表面化的、不深刻的,并没有揭示中国文化的根本性质。熊十力也比较了中西文化,认为西学强于物而弱于德,遂至"蔽于用而不见体",而儒家体用兼备,崇知而不反知,中正广大而生生活泼。这种认知也主要在于中西文化外在结构方面的差异,而且并不完全合理。总之,比较研究可以直接发现中国文化的某些特性,因而也不失为一种可行的方法;但是这种研究方法具有自发性、表面性,缺乏理论的指导,因而带有直观的、经验的性质,容易导致对中国文化认知的肤浅性,而不能深入其本质。比较方法相对容易发现中国文化与西方文化的结构性差异,而这种结构性差异往往是表层的而非深层的,是外在的现象而非内在的本质,深层的、本质的特性往往隐藏在现象后面,不容易在比较中被发现。由于比较研究方法的局限,五四前后中国文化研究的学术成就有

---

① 胡适:《读梁启超先生的〈东西文化及其哲学〉》,《胡适文存》第 2 集第 2 卷,上海亚东图书馆,1925,第 82~83 页。
② 胡适:《中国文化的反省》,华东师范大学出版社,2013,第 19 页。
③ 梁漱溟:《东西文化及其哲学》,载中国文化书院学术委员会编《梁漱溟全集》第一卷,山东人民出版社,1989,第 381~382 页。

限，余英时就指出"'五四'在学术思想方面缺乏真实的成就"①。

在20世纪前半叶，中国文化研究理论性薄弱，学术水准受限。例如胡适倡导实证主义的研究方法，但实证主义作为中国文化研究的理论工具，深度不足，适用性有限。所以余英时指出，"'五四'以来形成思想主流的实证主义的观点必须受到适当的矫正"。②为了摆脱以往中国文化研究限于比较研究方法以及缺少理论工具的局限，应该加强现代理论的指导，方法上也要更加多元化。以往的比较研究理论性不强，偏于感性经验，不够深刻。为此，也应该引进现代跨文化研究的理论，如现代性理论、后殖民主义理论、文化阐释学、文化传播理论等，以深化比较研究，这样才能把握中国文化的本质特性。

此外，中国文化研究也不应该局限于比较研究，因为这种方法毕竟有其限制，不仅比较的对象主要限于欧、美、日、印，不可能全面，更主要的是比较研究主要是一种外在的研究，虽然可以揭示中国文化的表层结构和某些特性，但不容易深入中国文化的深层结构和本质当中。为此，应该倡导自觉地运用哲学、人类学、社会学、政治学、伦理学、历史学、宗教学等多学科对中国文化进行综合研究，以全面地、整体地把握中国文化的结构和性质。在这方面，当代的中国文化研究有所改进，并且已经取得了一些成就，如第三代新儒家代表成中英就对中西哲学作了系统的比较研究，在本体论、范畴论、辩证法、因果律和总体特征等多层面的比较中对中国哲学进行了梳理、重阐，作出了深层的意义的开拓。他还融会贯通中西哲学，试图建立"本体阐释学"，以克服中国哲学知性的缺失和西方哲学价值论的缺失。陈来也借鉴西方现代哲学，开展了对中国哲学本体论的研究，建立了"仁学本体论"。这种对中国文化的理论性研究应该深入下去。

还有一个问题，就是要克服各个学科分割的研究方式，注重在整体上研究中国文化，并且把整体性研究与各个学科的专门研究结合起来。中国文化是一个整体，需要考察其基本结构和核心价值，进行整体性的研究，这样才能完整地把握中国文化的性质。同时，中国文化又是具体的，在各个社会生活领域和各个历史时期形成了不同的文化形态，因此也成为各个学科如哲学、历史学、伦理学、社会学等研究的对象。五四以来，出自文化现代化的需要，首先需要确定中国文化的性质，因此注重对中国文化作

---

① 〔美〕余英时：《论士衡史》，傅杰编，上海文艺出版社，1999，第294页。
② 〔美〕余英时：《论士衡史》，傅杰编，上海文艺出版社，1999，第293页。

整体上的研究,并且展开了思想上的争论,如科玄论战、中国文化本位论争等;20世纪80年代对中国文化的整体研究也风行一时。这种整体上的研究一方面对中国文化有了初步的宏观认识,另一方面也产生了以思想论争代替学术研究以及学术粗疏、深度不足的弊端。后来的学者对这种整体性的研究有所反思,主张加强专业的、具体问题的研究。如余英时指出了五四以来中国文化研究的宏观性弱点:"第二是宏观的取向,评论家对中西文化都表现出一口吸尽西江水的气势。不可否认的,宏观的文化论断是很必要的,而且也是很有用的,因为它可以使我们抓住文化整体的特征。但是如果我们长期停留在宏观的层面,而不进入微观分析的领域,则我们将会流入空洞和抽象。"[①]后来,这种局面有所扭转,各个具体学科的研究成为主流,而对中国文化的整体研究反而少见了。在当代,学界更注重分学科的、具体问题的研究,而对中国文化的整体性研究有所忽视。这种趋势一定程度上克服了以往大而化之的、粗疏化的弊病,提高了中国文化研究的学术性;同时也产生了另一种偏向,就是突出了学术性而弱化了思想性,把中国文化研究零散化、微观化,而失去了整体的、宏观的把握。这个偏向不利于中国文化研究的深入和发展。现在的学科分类虽然具有科学性,有利于对中国文化的深入、细致的研究,但也有不利于中国文化整体性研究的一面。对中国文化的整体性研究要跨越多个学科,不适应现有的学科分类,也不适应现有的学术评价体系,因此学者多不愿意从事整体性研究,而更愿意从事具体学科的研究。对中国文化的整体研究与具体学科研究是相辅相成的,一方面,对中国文化的整体研究不能离开具体学科研究,具体学科研究为整体性研究提供了专业的支撑;另一方面,对中国文化的整体性研究是具体学科研究的基础,它为具体学科研究提供了宏观的视野和基本思想。这就要求,一方面要改革现有的学科体系,建立有利于中国文化研究的新学科;另一方面也应该着眼于中国文化的基本结构和核心价值,鼓励对中国文化的跨学科的、整体性的研究。对中国文化的分学科研究,如果不与对中国文化的整体研究相结合,就可能产生片面性。如中国哲学的研究,就应该与中国文化研究相结合,否则会产生偏颇,因为中国哲学没有充分独立,很大程度上附属于伦理学。陈来近著《仁学本体论》提出中国哲学的本体是仁,认为仁的意义从人与自然的关系上看是"生物";从人与人的关系上看是爱,于是爱就成为中国文化的核心价值。这个结论有一定的合理性,同时也具有一定的片面性。中国文化是

---

① 〔美〕余英时:《论士衡史》,傅杰编,上海文艺出版社,1999,第62~63页。

天人合一的文化，哲学与伦理学一体化，也就是体用一如、仁礼一体，因此，仁的概念就具有两重性，一是作为本体论范畴的"天地万物一体之仁"，是普遍的爱；二是作为伦理学总体范畴的"全德"，是身份伦理的恩爱。作为后者，仁不是西方那种超越现实的本体，而是现实性的核心伦理范畴，涵盖了忠孝等德目。忠孝带有控制性和差等性，故仁带有爱的属性，同时也带有控制性和差等性。总之，脱离对中国文化的整体研究，具体学科的研究就可能产生片面性。

对中国文化的整体研究还要求把对文化思想的研究与对社会生活的研究结合起来，把中国文化思想史的研究与中国历史学的研究结合起来。文化不仅包括思想领域，也包括社会生活领域，把二者结合起来的研究才是完整的中国文化研究。文化思想史研究揭示了文化的精神结构，因此是非常重要的，但是离开了对社会历史的研究，中国文化研究就可能脱离社会实际，不能深入揭示文化思想发生和演变的社会基础，也会出现把某些思想观念当作文化事实的错误。仅仅从文化思想史的角度研究中国文化，容易把儒家的对自己的认识、评价当作中国文化的性质，如儒家提倡大同思想、"天地万物一体之仁"思想，这本来只是一种社会理想，并非社会现实，如果把它当作中国文化的性质，就会无视中国文化的控制性、差等性方面。目前的中国文化研究多注重文化思想史研究，也取得了较多的成果，但有与社会历史研究相脱离的倾向。如何把二者结合起来，还是一个很大的问题，需要合力解决。

目前，由于对中国文化研究的重视，形成了一个新的学科"国学"，它突破了现有的学科分类，成为一个独立的跨越学科的体系。如今中国文化研究在很大程度上被纳入"国学"框架中，这种新的研究格局有利也有弊。有利的方面在于，国学具有跨学科的性质，可以在一定程度上打破学科分割的状态，推进对中国文化的整体性研究。不利的方面在于，国学与现代学科的分立，有可能导致中国文化研究的封闭性、保守性。国学是在五四以后形成的，它有两个源头：一个是出于抵制西学（现代学科）、保存中国学术传统的需要，具有维护儒学的思想立场和以注解经书为主的研究方法，从而天生地带有某种封闭性、保守性；另一个是胡适代表的"国故学"，提倡以科学方法研究中国文化典籍，带有现代性倾向。在这两种倾向中，保守主义是主流。如今的新的国学已经不同于旧的国学，新国学家一般都有现代学科的训练，视野比较开阔，但旧国学的某些弊端仍然存在，摆脱和避免这种封闭性、保守性仍然有其必要。

四 中国文化研究的经验之三：从表层结构的研究转向深层本质的研究

在百余年的中国文化研究中，在西方文化的参考系下，许多学者从不同的角度对中国文化定性。这些研究的成果揭示了中国文化的不同侧面，标志着对中国文化的自觉。在诸种关于中国文化性质的研究中，有代表性的是这样几种观点。第一，是把中国文化定性于伦理本位、人文精神、实用理性等，以区别于西方文化的宗教本位（信仰主义）、科学本位（科学主义）等。这方面的代表有梁漱溟的伦理本位说、唐君毅的道德主体说、牟宗三的道德形而上学说、李泽厚的实用理性论等。这种定性，揭示了中国文化偏于伦理，具有泛伦理性，把宗教、法律、艺术、科学都纳入伦理体系之中的特性。第二，是把中国文化定性为群体本位，以区别于西方文化的个体本位。这方面的代表有五四启蒙主义者如胡适、李大钊、陈独秀等；还有冯友兰的家族本位说等。这个定性揭示了中国文化对群体价值的尊崇和对个体价值的排斥。第三，是把中国文化定性为天人合一的世界观，是"一个世界"，具有"内在的超越"性，即中国文化是世俗文化，宗教不具有主导地位，超越性薄弱。唐君毅、牟宗三、刘述先等提出，中国文化把宗教的超越性和道德的内在性合二为一，从而区别于西方宗教文化与世俗文化的对立，也区别于西方文化宗教性的"外在的超越"。张世英从哲学角度提出，"天人合一"的世界观是中国文化的根本属性，实际上也是表述了中国文化的一个世界的思想。总之，这种定性揭示了中国文化的此岸性、世俗性、现实性。第四，是把中国文化定性为一种生命意识，提出"天地之大德曰生"，"生生"思想是中国文化的根本，刘述先等持此说。这个定性揭示了中国文化的古典人文精神，从而区别于西方的实体论哲学和工具理性文化。梁漱溟提出世界文化有三种意欲路向，一是西方文化的向前进的路向，人与世界冲突；二是中国文化的调和、持中路向，人与世界和谐；三是印度文化的向后转的路向，取消了人生的问题。这个定性实际上是讲中国文化的主客体和谐特性。这些定性采取了特定的视角，触及中国文化的某一方面的属性，有其合理之处，是中国文化研究的重要成果。但是，这些定性多撷取中国文化的某一方面的特性，也不都是在一个层面上，没有作出全面的概括，也没有给出一个合理的命名。

值得注意的是还有这样一种倾向，即只是列出中国文化的一般特性，而不给出中国文化的核心价值,这样就只能停留于表面的认识,而不是本质的把握。例如近人张岱年、程宜山著《中国文化精神》提出,中国文化有四点特性:"(1)刚健有为,(2)和与中,(3)崇德利用,(4)天人协调。"① 李中华著《中国文化通义》也说,中国文化具有统一性、连续性、非宗教性、泛道德性、内倾性、中庸和平、乡土情谊等特性。② 这些对中国文化特性的归纳不能说没有道理,但却没有把握其本质属性,即何种基本的价值观才产生了这些特征。因此,应该深入依据中国文化的深层结构与核心价值,才能本质地把握中国文化。

各家各派对中国文化的性质虽然还有很多歧见,但也有一些基本的共识,这个共识首先就是中国文化的伦理本位性质。启蒙主义、新儒家和马克思主义学派,大都承认中国文化的伦理本位性质,进而揭示了中国文化中工具理性的缺失和宗教信仰的薄弱。同时,中国文化研究也揭示了中国文化的一系列相关特性。第一是集体理性,排斥个体本位价值观。第二,这个伦理本位文化是以家族伦理为中心的,社会伦理是家族伦理的外推形式,由此也产生了爱的差等性和"差序格局"。第三,中国文化以儒家思想为主体,道家、佛家思想居于次要地位,形成了多元互补的思想结构。第四,对中国文化的历史发展脉络有了大体上的认识,如殷商时期的巫神文化体系;西周产生了民本主义,形成了礼乐文化;春秋战国产生了人本主义精神,形成了儒家、道家、法家等思想流派;秦以后形成了以儒家为主导、儒道互补、儒法兼用的中国文化体系。在中国文化的历史发展方面,汉儒为了适应中央集权的政治体制对原始儒家思想作了改造,建立了"三纲""六纪";宋明道学为了回应佛教的挑战而对儒家思想体系作了重建,形成了理学、心学等具有形上性的哲学体系。这些学术成果都是我们进一步研究的基础,应该加以继承,进而作出新的建树。

以上总结的中国文化研究的成果,主要是在揭示中国文化的结构方面,而这个结构也主要是外在的表层结构,不是内在的深层结构。所谓外在的表层结构,指的是文化体系中各种要素、形态之间的关系,如伦理、宗教、政治、法律、文艺以及科学等各种文化形态之间的关系。以往的中国文化研究揭示了中国文化的伦理本位性质,即伦理涵括了、主导了中国文化的其他领域,宗教、政治、法律以及哲学、史学、文艺学等都被伦理

---

① 张岱年、程宜山:《中国文化精神》,北京大学出版社,2015,第14页。
② 参见李中华《中国文化通义》,世界图书出版公司,2020,参见第四章"中国文化的基本特征"。

化，科学被排斥，中国文化的世俗性也植根于此。

　　新儒家肯定了中国文化的道德理性性质，认为可以弥补西方文化价值理性的缺失和对抗西方文化工具理性的霸权。启蒙主义学派、马克思主义学派都从文化的表层结构方面对中国文化作了研究：启蒙主义批判了中国文化科学精神的缺失和集体理性的主导，认为应该引进西方的科学民主思想，以改造和取代中国文化。马克思主义学派则批判了中国文化包含的封建主义政治思想和道德思想，同时也把劳动人民文化与剥削阶级文化加以区分，主张以马克思主义重建中国文化。这些研究各有合理性，也各有不足。它们的共同不足是，仅仅从表层结构上把握中国文化，而忽视了中国文化的深层结构和核心价值，而这就是所谓本质。这个缺陷也是比较研究的方法导致的，比较研究容易发现文化的外在的表层结构，而不容易发现文化的内在的深层结构与核心价值。比较研究容易建立在对中国文化和西方文化的平面认知之上，如认为中国文化是伦理本位、道德理性，而认为西方文化只有科学理性而缺乏道德理性，需要由中国文化弥补，这种说法是对西方文化的误解。西方文化固然有科学理性，但并不缺乏道德理性，而且是科学理性与道德理性共存，互相补充、制约。

　　文化研究的对象是中国文化整体，其内涵有两个主要方面。一个方面是文化的结构，就是一种文化体系中各个层面、要素之间的关系，如大小传统之间的关系，价值理性与工具理性的关系，伦理与哲学、宗教的关系，以及各个层面、要素在文化体系中的位置等。另一个方面是文化的核心价值，它体现在文化的深层结构中，是决定着文化性质的基本理念，这就是文化的本质。例如，中国文化是伦理本位，但这个伦理的性质是什么？其基本理念、核心价值是什么？以往的中国文化研究并没有深入揭示这个核心价值。胡适把中国文化的基本范畴普世化，"忠孝仁爱信义和平等等并不是'维系并且引导我们民族向上的固有文化'，它们不过是人类共有的几个理想……"[1]，这种观点抹杀中国文化的特性，放弃了对中国文化核心价值的深入探究。梁漱溟提出了中国文化的伦理本位性质，但并未阐释此伦理的内涵，只是说："此种种关系，即是种种伦理。伦者，伦偶，正指人们彼此之相与。相与之间，关系遂生。"[2] 这种解说并未揭示中国伦理体现了什么"关系"和价值。对伦理本位内涵的最基本的认识是，中国文化的核心价值是仁，但如何阐释仁，并无定论。启蒙主义认

---

[1] 胡适：《中国文化的反省》，华东师范大学出版社，2013，第15页。
[2] 梁漱溟：《中国文化要义》，上海人民出版社，2011，第78页。

为,"克己复礼为仁",仁就是恢复周礼,就是倒退、保守,阻碍社会进步。以新儒家为代表的文化保守主义则把仁阐释为爱,"仁者爱人",仁是源于血缘关系而又超越血缘关系的大爱。早期马克思主义学派则认为,仁是封建地主阶级的意识形态的概念,它抹杀道德的阶级性,为阶级压迫服务。在这里,各派都没有深入地揭示仁体现了什么核心价值。其实,仁的内涵即核心价值是什么,才是中国文化研究的最关键处,可惜以往的中国文化研究只是在这个关键处外围兜圈子,而没有进入其内部,作出深入的揭示,也就是仅从儒家的论述中理解仁,而没有批判性地分析其核心价值,从而产生了根本性的缺失。中国文化的基本价值"仁"有爱的成分,体现为普泛性的爱,故提出"仁者爱人""泛爱众以亲仁"。在家庭生活领域,仁为孝悌,体现着亲情之爱;在社会生活领域,仁为公义,体现着朋友、师生、乡邻之间的友爱;在政治生活领域,仁为忠,体现着君主与臣民之间的恩情。因此,以新儒家为代表文化保守主义认为中国文化的基本价值是"爱",具有一定的道理。但是,仁还有控制性和不平等性的成分,体现为仁礼一体,"克己复礼为仁",礼就是传统社会的秩序。在家庭生活领域,孝悌体现着长幼之间的权力关系。在社会生活领域,"义"也体现着朋友、师生、乡邻之间的长幼尊卑的权力关系。在政治生活领域,"忠"体现着君臣、官民之间的权力关系。同时,仁也是差等之爱,有亲疏远近之别。因此,启蒙主义和马克思主义学派对中国文化的批判也有特定的合理性。关键在于,爱的成分与控制性的成分并存,是何种价值观导致了中国文化的两重性呢?也就是说,家族伦理中的"孝"、社会伦理中的"义"、政治伦理中的"忠",以及最高伦理范畴"仁",构成了中国文化的整体结构,那么是什么核心价值把它们联结起来的呢?这才是需要深入考察的问题。传统的中国文化研究也认识到了仁是人我关系范畴,是由他人定义自我,因此中国文化具有集体理性精神。但是,这种认识也往往止步于此,而没有深入考察和揭示这种集体理性的深层结构即它是依据什么样的核心价值构成的,从而不能把握中国文化的本质。现在有把中国传统文化的价值与现代价值等同的倾向,如把忠孝直接等同于爱国爱家,把集体理性直接等同于集体主义精神,并且认为发扬这种集体理性可以弥补现代文化的个体本位的弊端。这些认识都建立在没有准确把握中国文化的核心价值的基础上,对中国文化作了片面的阐释。一方面,不能把传统伦理价值与现代伦理价值等同起来,而应该加以区分,如仁与现代之爱并不等同;集体理性也不等同于现代集体精神。另一方面,也不能把这些基本伦理范畴与现代伦理价值完全对立起来,而应该加以沟通,发掘其合理部分。总之，应该通过批判性的研究，揭示中国文化的性质，使传统文化转化为现代文化建设的思想资源。

五　中国文化恩德本质发现的思路

在以上对中国文化研究的反思的基础上，我们就可以形成新的思路，展开对中国文化的深层结构与核心价值的考察。由于中国文化是伦理本位的文化，而且家庭伦理是整个伦理的基础和起点，孝（悌）是家族伦理的核心范畴，因此孝道成为中国伦理、文化的源头和初始结构，最后由孝悌推衍形成了一系列伦理范畴和最高范畴"仁"。"孝弟也者，其为仁之本与"（《论语·学而》）就是在这个意义上说的。这样，从对孝（悌）的考察出发，找到孝道的根据，进而由孝（悌）的分析推广到对整个伦理范畴的分析，就可以揭示中国文化的深层结构和核心价值。这个思路，五四时期的吴虞已经提出。他考察了专制制度与家族制度的联系，明确了家族制度是专制制度的基础，进而揭示了家族制度的伦理根据是孝道，于是对孝展开批判，击中了专制制度的核心。他说："详考孔子之学说，既认孝为百行之本，故其立教，莫不以孝为起点。""盖孝之范围，无所不包，家族制度之与专制政治，遂胶固而不可以分析。"所以"夫孝之义不立，则忠之说无所附，家族之专制既解，君主之压力亦散，如造穹窿然，去其柱石，则主体堕地"①。吴虞关于中国文化研究的思路是正确的，只是他对孝道以及中国文化的性质认知有片面性，仅归于专制，而未见其爱的一面。新儒家以及一些文化保守主义者割裂仁与忠孝等具体伦理范畴的关联，孤立地考察仁，把仁理想化，导致把中国文化的性质理想化，遮蔽了其历史局限性。总之，从对孝的分析开始，就可以发现中国文化的奥秘。

孝道是父（母）与子（女）之间的伦理规范，它是双向的，即"父慈子孝"，这是人之初的基本伦理关系。儒家正是从这个最基本的伦理范畴出发，推演出整个伦理范畴和文化体系。所以，在孝道中，包含着中国伦理、文化的深层结构与核心价值。为什么要确立孝道？儒家提出两点根据，一是自然亲情即天然的爱心，二是社会性的感情即恩情。自然亲情是伦理的原始根据，孟子对此有所阐发。他认为人之初，性本善，有天生的

---

① 吴虞：《家族制度为专制主义之根据论》，《新青年》1917年二卷六号。

"恻隐之心""不忍人之心",而血缘亲情更具有自然性,因此是伦理的基础和出发点。但儒家对孝的论证不止于此,因为自然亲情带有生物性,还不是一种社会性的情感,也不具有自觉性和普遍性,不能推广为社会伦理而成为孝的根据。这就需要把这种血缘亲情社会化,作出更深入的伦理性论证,才能建构起普遍的伦理范畴。儒家提出了"恩"的观念,即父母对子女的爱,是一种生养之恩,这就是"慈",而子女则有义务、有责任回报这个恩情,这就是"孝"。恩是孝的根据,父母慈爱子女是施恩,子女孝顺父母是报恩,"父慈子孝"形成对应的义务和责任。这样,孝就具有了两重性,一是爱的属性,父母子女之间存在着一种爱,施恩、报恩就是爱的施与和回报;二是控制性,这种爱不是平等的爱:父母因为施恩于子女拥有了支配子女的权力,子女因为要报恩负有了服从父母的责任。家庭伦理以孝为核心,也衍生出兄弟(姐妹)间的伦理关系范畴"悌",即"兄友弟恭",以及夫妇之间的伦理关系范畴"贤"(或"柔""顺""贞"等),即"夫德妻贤"。这些伦理范畴,也都体现了恩德,即兄施恩于弟,弟报恩于兄;夫施恩于妻,妻报恩于夫。这些伦理范畴也体现了恩德的两重性,一方面是体现了双方的爱,即兄弟、夫妻之间的施爱与回报,另一方面也体现了一种权力关系,即兄对弟、夫对妻的支配性,弟对兄、妻对夫的依附性。

从春秋战国时期开始,西周形成的家国一体结构瓦解,转化为家国同构关系,从文化建构的角度说就是把家庭伦理推广为社会、政治伦理,形成以家族伦理为中心的伦理结构和文化体系。由于家族伦理的恩德性质,恩德就成为整个伦理、文化的深层结构,恩爱成为核心价值,中国文化成为恩德文化。这个由家族伦理到社会、政治伦理的过程,就是恩德的推广过程,此即所谓"推恩"。具体说来,家族伦理的孝悌推广为整个社会的伦理范畴,以父子、兄弟关系比拟社会关系,形成了尊卑长幼之道。这也是一种恩德伦理,是长者、尊者施恩于幼者、卑者,幼者、卑者报恩于长者、尊者,从而建立起敬长扶幼、尊卑有序的社会秩序。家族伦理推广到国家政治领域,就是以父子关系比拟君臣、君民关系以及官民关系,建构起君父与臣民、父母官与子民之间的伦理关系,形成忠的伦理范畴。这种政治伦理也是一种恩德,君主以德政施恩于臣民,臣民以忠诚报恩于君主,构成"君明臣忠""官良民顺"的恩德政治。由此,家族伦理就扩展为社会伦理和政治伦理,建立了恩德文化体系。

总之,中国文化是伦理本位文化,形成了以孝道为始源的"五伦"(君臣、父子、兄弟、夫妻、朋友)。这五伦有爱的内涵,体现着仁的精神,即君明臣忠、父慈子孝、兄友弟恭、夫德妻贤、朋友互信;同时也有控制性,即所谓"三纲":君为臣纲、父为子纲、夫为妻纲,而其他两伦即兄弟、朋友之伦,也是兄支配弟,兄友(年龄长者)支配弟友(年龄小者)。而这种爱与控制性的统一,就在于恩德,即五伦之间是施恩—报恩关系:君对臣、父对子、兄对弟、夫对妇、朋友之间有爱,这是施恩,施恩是君、父、兄、友对臣、子、弟、友拥有支配性权力的合法性根据;臣对君、子对父、弟对兄、妻对夫,朋友之间有报恩的责任,报恩是臣、子、弟、妻、友负有依从责任的根据。因此,中国文化就是恩德文化。中国人际关系的本质是恩德关系,人与人关系好就说有恩有义,断绝关系就说恩断义绝,证明了这一点。

恩德文化与社会关系之间具有一致性,而且制度化,因此恩德文化成为一种身份伦理。恩德文化是伦理规范与社会关系结合的产物。春秋战国以后,贵族等级制度消亡,贵族社会转化为平民社会,在平民社会中,没有贵族等级制度,只能以伦理构筑社会关系,即伦理与社会身份匹配、结合,形成了身份伦理。所谓身份伦理,就是相对于普遍伦理,它不是对一般人提出的普遍的、平等的伦理规范,而是以不同的社会身份来确定伦理规则,也就是以不同的社会身份规定施恩—报恩的责任,或者说以施恩—报恩的不同责任来确定社会身份。在恩德文化中,家庭、社会、国家的管理者、支配者、统治者是施恩方,被管理者、被支配者、被统治者是报恩方,这样就形成了君、臣、父、子不同身份的道德责任和等级秩序,也就是身份伦理,如父慈子孝、兄友弟恭、夫德妻贤、君明臣忠、官良民顺等。这个身份伦理也是一种社会关系的规定,依据不同的社会角色而有不同的权力,即施恩者可以支配报恩者,报恩者要服从施恩者。这样,恩德就带有了权力属性。

至今已经有许多关于中国伦理中的报恩观念的研究,但这些研究只是针对具体的施恩—报恩行为,作为一种具体的伦理观念展开研究,并没有把报恩观念作为中国文化的核心理念而对中国文化作整体的研究,因此也没有形成系统的理论。但是,关于中国文化的研究,有一些接近了或触及了中国文化的恩德性质,具有启发性,因此值得特别注意。首先,海外学者杨联陞先生著有《中国文化中"报""保""包"之意义》,直接提出了"报"为中国文化的基本观念之一,这是很重要的发现。杨联陞提出:"中文里'报'这个字有很广泛的意义,包括'报告'、'报答'、'报偿'、'报仇',以及'报应'。这一些名词的中心意义是'反应'或'还报',而此一观念是中国社会关系的重要基础。中国人相信行动的交互性

(爱与憎，赏与罚)，在人与人之间，以至人与超自然之间，应当有一种确定的因果关系存在。因此，当一个中国人有所举动时，一般来说，他会期望对方有所'反应'或'还报'。给别人的好处通常被认为是一种'社会投资'（social investments），以期望有相当的回报。"① 但是，他的"报"不仅包括报恩，还包括报仇、因果报应等，而这是几个不同的概念：报恩是基本的伦理观念，属于主流的儒家思想；报仇不是基本的伦理观念，儒家不主张复仇主义；因果报应是迷信观念，属于佛家思想，也不是主流的伦理观念。这种概念的混同与观念的模糊是一个缺陷，遮蔽了中国文化的核心价值——恩德。而且，他也从语义学角度考察"报""保""包"，揭示了它们之间的内在联系，对于恩德文化研究具有启发意义。但是，把"报""保""包"等列起来，都当作中国文化的基本观念，也把中国文化的核心价值模糊了。另外，这本小册子篇幅很短，只是讲演稿的合集，没有展开对中国文化的核心理念的全面研究，未能成为一个系统的学理性著作，因此其学术价值受到了限制。尽管如此，该书仍然明确地把报恩作为中国文化的基本观念之一，因此具有启发作用，值得重视。对报恩的伦理观念的研究，包括杨联陞的研究，还有一个不足之处，就是主要考察了报恩而忽视了施恩，从而遮蔽了恩德的对应性，而且把主动方的施恩行为当作一般的爱，遮蔽了它作为恩爱的控制性。这种割裂施恩与报恩的考察，妨碍了把恩德作为一个整体作出研究，也妨碍了把恩德定性为中国文化的基本构成。

此外，梁漱溟提出了中国文化的"关系结构"说："中国之伦理只看此一人与彼一人之互相关系……不把重点固定放在任何一方，而从乎其关系，彼此交换，其重点实在放在关系上了。伦理本位者，关系本位也。"这种"关系结构"实际上是施恩—报恩关系，可惜他没有论及。梁漱溟的"关系结构"说启迪了后人。② 华裔美籍学者孙隆基的《中国文化的深层结构》③ 提出了中国文化的"二人结构"观点，而触及了恩德性质。他认为中国文化中的"仁"就是二人之间的关系，形成了君臣、父子、兄弟、夫妇等伦理关系，而个人就是被这种二人关系定义的。这种二人关系构成了中国文化的深层结构，决定了中国文化的性质。孙隆基的"二人"结构观点触及了中国文化的某些本质方面，如和合性、他律性、个人的不

---

① 杨联陞：《中国文化中"报""保""包"之意义》，北京：中华书局，2016，第53页。
② 梁漱溟：《中国文化要义》，香港：集成图书公司，1963，第94页。
③ 参见〔美〕孙隆基《中国文化的深层结构》，广西师范大学出版社，2011。

发展、专制主义、平均主义等。但是他的"二人"结构观点没有进一步揭示这种二人结构是如何生成的？二人之间的根本关系是什么？他提到了这个二人结构具有"人情"内涵，包括恩情，但是并没有深入揭示这种二人关系本质上是施恩—报恩关系，也就没有在理论上揭示中国文化的恩德性质。因此，孙隆基的"二人"结构理论虽然接近了中国文化的恩德构成，具有启发意义，但却没有最终达到这个深度。

中国台湾学者何友晖提出，中国文化具有"关系取向"，认为中国人自我与非我的界限不清，人际关系疆界不明，因此中国人的自我是"关系中的自我""在他人关系中的自我"。另一位中国台湾学者黄光国，建构了自己的"关系主义"理论。他认为，儒家思想，体现了一种"关系主义"，而这个"关系主义"的核心是"人情与面子"以及"庶人伦理"。他在其专著《儒家关系主义——哲学的反思、理论的建构和实证研究》中指出："《人情与面子》的理论模型和儒家的'庶人伦理'构成了'儒家关系主义'的核心。"[①] 何、黄二位提出的"关系取向"和"关系主义"，都认定了中国文化不同于西方文化基于契约关系的个体本位性质，而是以自我与他人的关系为本位。如果再深入一步追问这种本位性的"关系"具有何种内涵，可能就会触及施恩—报恩伦理。可惜，他们没有走到这一步就终止了。尽管如此，对中国文化的"关系取向""关系主义"定性，对建立恩德文化理论还是具有启发意义的，因为恩德文化就是把个人置于施恩—报恩关系之中。

还有，美国学者安乐哲建立的"儒家角色伦理学"（Confucian Role Ethics）也具有重要的启发作用。安乐哲依据杜威的实用主义哲学，以角色关系来建构伦理体系。他认为儒家伦理是通过社会角色（role）之间的关系建构的，而这个角色首先是家庭角色，推及其他社会角色。儒家由己推人，以角色关系建立了普遍伦理。他认为在现代社会，角色伦理可以克服西方个人主义的理性化伦理的弊端，而建构起一种社群主义的伦理体系。安乐哲以角色伦理阐释儒家伦理，是一种创见，具有合理性，因为儒家伦理就是赋予不同的身份以不同的伦理责任，如父慈子孝、兄友弟恭、夫德妻贤、君明臣忠、官良民顺等，从而建构了"君君、臣臣、父父、子子"的社会秩序。但是，尽管安乐哲把儒家伦理定性为角色伦理有其合理性，但是他对角色伦理的内涵以及功能的阐释却不符合儒家伦理的实

[①] 黄光国：《儒家关系主义——哲学的反思、理论的建构和实证研究》，台北：台湾心理出版社，2009，第18页。

际，因此他对角色伦理的合理性以及现代价值的肯定就产生了偏颇。

首先，安乐哲使用的基本概念角色（role）是西方意义上的，而不是中国文化的概念，以它来阐释儒家伦理就产生了误读。西方的（也是现代的）社会角色概念基于契约关系，具有独立性、平等性、流动性。人虽然是社会角色，负有社会责任，但首先是一般的人，拥有自身权利，也可以选择自己的角色。因此，人不等于社会角色，不是角色的等价物。西方现代伦理不是由特殊的角色之间的关系决定的，而是由一般的人际关系（契约关系）决定的，具有普遍性；除了角色责任，还体现出作为独立的人的自身的价值，所以有义务伦理（deontology）与德性伦理（virtue ethics）的分立与统一。中国儒家文化没有相应的"角色"概念，只有"名分"概念。名分也是一种社会角色，但不同于西方的社会角色，而是后宗法社会的身份。这种身份不是基于契约关系，而是基于恩德关系，首先是家族关系，继而推及其他社会关系；它是固定的、不独立的、不平等的，基本上不能选择，不能流动，它有责任而无权利。身份之间的关系是施恩—报恩关系，不同的身份具有不同的施恩或报恩责任，从而形成一种身份伦理，故此身份伦理是恩德，它既是一种责任伦理（ethics of responsibility），也带有信念伦理（ethics of conviction）的成分，是二者未分化的形态。安乐哲混淆了现代社会的角色概念与中国传统社会的身份概念，认为中国社会的身份是自然生成的、可以自主选择的，而且认为角色关系和角色责任可以构成新的现代伦理，这种对儒家身份伦理的阐释是不合理的，它遮蔽了儒家身份伦理的恩德本质和控制性、私己性、差等性等，从而也就不能克服现代伦理的弊端而成为新的现代伦理。在本书中，笔者的身份伦理与安乐哲的角色伦理虽然有所关联，但在本质上是不同的概念和理论。

还有，林语堂在《吾国与吾民》中，提到了中国人的"恩典"观念，谈论了它的人治社会基础、与名分的关系以及私人性，具有启发意义，只可惜都是寥寥数语，没有展开论述。

总之，中国文化研究百余年的历史经验启示我们，必须革新思路，在已有成就的基础上再创学术辉煌，在现代化的进程中完成中华民族的自我认知。

第一章 中国恩德文化的源头

中国恩德文化不是自古就有的，而是在文化演进的特定阶段中发生的。《礼记》中有一个重要论述，可以作为考察恩德文化发生的基本观点。《礼记·曲礼上》云："太上贵德，其次务施报。礼尚往来，往而不来，非礼也；来而不往，亦非礼也。"这里是说，上古是大同社会，讲求道德，无所谓施恩、报恩；后世为小康社会，则讲求礼尚往来，形成了施恩—报恩的"礼"。用现代的观点解释，就是原始文化是礼物文化，而礼物文化瓦解后逐步演变成为恩德文化。

第一节 从礼物文化到神恩文化

中国文化以恩德为基本构成，以恩爱为核心价值，它是在春秋战国时期发生的，有特定的社会基础。但是，恩德文化也不是凭空产生的，而有其母体或原型，这个母体或原型就是礼物文化，恩德文化是礼物文化的变异形态。礼物是一个文化人类学的概念，也成为现象学的主题。法国文化人类学家莫斯、列维-斯特劳斯、巴塔耶等人，开创了关于礼物社会和礼物文化的研究领域，建构了礼物社会学。而马里翁、德里达等则把礼物问题引入现象学领域，研究礼物的哲学性质和根据，开创了礼物现象学。礼物理论对于中国社会、文化研究也具有启发意义，可以揭示中国社会、文化的原型及其演变，进而揭示礼物社会、文化的变异形式——后宗法社会和恩德文化的性质。

一 礼物社会与礼物文化

莫斯认为原始社会是一个"礼物社会"，礼物赠予与回赠不单是一种经济现象，而是整个社会关系、社会文化的生产和再生产，它构造了原始人类共同体。在原始社会，部落和部落联盟的生活方式是以礼物交换为中心的,它融合了人、物、神之间的关系,形成了具有信仰、伦理、交换等内涵的礼物文化。莫斯说:"我们已经勾勒出了这种赠礼制度的确凿形象,在那里的物质生活、道德生活和交换,是以一种无关利害的义务的形式发生的、进行的。同时,这种义务又是以神话、想象的形式,或者说是象征的和集体的形式表达出来的:表面上,其焦点在于被交换的事物,这些事物从来都没有脱离它们的交换者,因而由它们确立起来的共享和联合是相当牢固的;而事实上,这些被交换事物的持久影响作为社会生活的象征,则是直接转达了使古代环节社会(société segmentée)中那些次群体凝聚起来的方式;正是通过这种交换,各个次群体不断地彼此交叠(imbriquer),并感觉到相互间都负有义务。"①

礼物文化的特性首先在于礼物的赠予性。在礼物文化中,礼物本质上不是物质性的、实用性的东西,更不是用于交换的商品,礼物与赠予者结合在一起,表达了赠予者对他人的情感和信任,因此礼物赠予不仅是物的赠予,更是"人的交换"。其次,礼物赠予具有相互性。礼物的赠送、接受和回赠是一体化的,从而带有原始的主体间性。莫斯说:"回礼是义务性的,是被期待的,而且要求和收到的礼物相当。"② 礼物的赠予要求接受和回赠的义务,这种回赠是信仰和习俗所规定的文化规则。它不是迫于外在规则的压力(如文明社会的道德规则),而是充分自愿的行为,是一种感情的回报,也是彼此信任、友谊的缔造。因此,礼物交换是一种带有象征意义的社会交往手段。还有,礼物交换带有神圣性,是无可推脱的社会义务。礼物赠予和回赠在人与神、人与人两个维度上进行,而且这两个维度又是一体化的。人神之间的礼物交换以献祭仪式表达,人虔诚地、尽可能地把自己的财富奉献给神灵、祖先,而他们也相信神灵、祖先会慈爱地保佑自己。人与人之间的礼物交换也是在神性原则之下进行的,它尽可能地体现出慷慨、诚意和友谊,以缔结人际的、部落间的和平、友好关系。因此,"礼物社会"是一个神人、群己、物我混融的共同体。正如莫斯所言,在礼物交换中,"归根结底便是混融(Melangc),人们将灵魂融于事物,亦将事物融于灵魂。人们的生活彼此相融,在此期间本来已经被混同的人和事物又走出各自的圈

---

① 〔法〕马塞尔·莫斯:《礼物:古式社会中交换的形式与理由》,汲喆译,陈瑞桦校,世纪出版集团、上海人民出版社,2005,第63页。
② 〔法〕马塞尔·莫斯:《礼物:古式社会中交换的形式与理由》,汲喆译,陈瑞桦校,世纪出版集团、上海人民出版社,2005,第54页。

子再互相混融,这就是契约与交换"①。可以说,礼物交换构造了原始人类的神、人、物混融的社会关系和文化结构。

礼物社会理论对于中国社会、文化的研究具有重大意义。以往对于原始社会、文化的研究,还限于"自然活动"以及"原始公有制"等经济学视角,而礼物社会理论则深化了对于原始社会、文化的研究,找到了其人类学的根源。这一理论可以为研究中国传统社会、文化的性质和演变提供新的视角,也就是研究中国如何从礼物社会、礼物文化走向后宗法社会和恩德文化。所谓的"后宗法社会"是笔者的命名,是指西周形成的家国一体的宗法制度在春秋战国以后转化为家国同构的后宗法制度,从而形成了与宗法社会不同的后宗法社会。关于恩德文化的形成及其特性,可以从礼物文化的演化和变异中得到解释。中国恩德文化一方面在一定程度上继承了礼物文化的赠予性,同时也带有某种控制性和不平等性,从而成为礼物文化的变异形式。这种礼物文化的变异形式不同于原始社会的礼物文化,也不同于西方建立在市场经济和契约关系基础上的商品文化。

对礼物社会理论,应该加以扩展,以应用于礼物社会的变异形态。原始社会的礼物是具有象征意义的物品,是物质与精神未分化的形态。礼物在人与人、人与神之间的交往——包括政治、伦理、宗教、习俗等活动中呈现为一种主体间性的文化符号。这就是说,礼物交换不仅仅是具体的礼品交换,而成为更广泛的社会交往活动,它构成了浑融一体的社会—文化关系。在原始社会以后,礼物社会—文化瓦解,其结构发生转换,形成了不同的社会—文化形态。这样,从礼物社会理论出发,我们就可以运用结构主义方法,概括出几种基本的社会—文化关系模式,然后再进入历史情境中,考察礼物社会—文化的演变如何在这些模式中呈现,形成具体的社会—文化形态。人类的社会—文化关系模式可以归纳为四种。

第一种是"礼物社会—文化模式",这是最原初的社会—文化形态,是一切社会—文化关系的原型。前面已经说明,这是一种主体间性的、混融的社会—文化关系,原始社会—文化属于这种模式。礼物社会解体后,演化出其他的社会—文化关系模式。值得注意的是,在文明社会,虽然礼物社会消失,但产生了礼物文化的转化形式,如艺术就是礼物文化的复归

---

① 〔法〕马塞尔·莫斯:《礼物:古式社会中交换的形式与理由》,汲喆译,陈瑞桦校,世纪出版集团、上海人民出版社,2005,第41页。

形式。①

第二种是"控制性的社会—文化模式",即一方以暴力控制另一方,另一方被迫依附于控制方,这是一种反礼物的社会—文化关系。欧洲中世纪社会和中国殷商时期的社会关系属于这种模式,秦帝国和法家文化也属于这种模式。

第三种是"赐予—回报的社会—文化模式",即一方依据自己的意志单向地赠予另一方,接受一方依据对方的意愿给予回报,因而赠予方具有主动性、控制性,而回报方带有被动性、依附性,双方的地位和责任不平等。这是一种礼物关系的变异形态,既带有赠予性,也带有控制性。中国春秋时期建构的、秦以后成型的社会—文化(后宗法社会关系和恩德文化)属于这种模式。早期宗教和文明宗教的神恩都属于这个模式,只不过文明宗教的神恩具有了爱的精神内涵,而把对神的报恩变成了爱的推广,从而转化为"礼物社会—文化模式"。

第四种是"个体独立交往的社会—文化模式",欧洲现代社会的商品交换关系、契约关系和个体本位文化属于这个模式。这种模式彻底终结了礼物关系,所以哈贝马斯批评它是一种工具行为和工具理性,呼吁交往行为和交往理性,也就是恢复礼物关系模式。

接下来我们具体考察中国后礼物社会—文化的具体演变形态。中国和西方都存在过"礼物社会"和"礼物文化",之后也都发生了礼物社会和礼物文化的解体和转化,但各自的走向不同,从而形成不同的历史和社会—文化形态。中国上古社会也是礼物社会。《尚书·尧典》记载:"曰若稽古,帝尧曰放勋。钦明文思安安,允恭克让,光被四表,格于上下。克明俊德,以亲九族。九族既睦,平章百姓。百姓昭明,协和万邦。黎民于变时雍。"这就是对上古礼物社会的描绘,它体现了神人、群己、物我混融的社会关系。原始的礼物社会和礼物文化的瓦解,可以从经济的角度如生产力的发展、私有制的发生来解释,也可以从主体性的角度如个体独立、理性的发生来解释。这些解释固然有其道理,但是还不够,因为一种社会形态和文化形态的转变,归根结底还要从自身的结构中得到说明,这样才能找到转变的根据与规律性。这就是说,礼物社会和礼物文化的解体,要从礼物交换自身的规定和演化中得到说明。而且,礼物社会—文化的基本结构、法则在社会—文化的演化过程中并不会断然消亡,而是作为

---

① 参见杨春时《艺术何以成为礼物——礼物现象学视域下的艺术》,《文艺争鸣》2020年第10期。

深层结构和隐性法则支配着其表层结构和显性法则,从而形成后礼物社会—文化的各种演化形态。

礼物社会—文化瓦解的原因,一是在于人与神的分离,二是在于人与物的分离,三是在于人与人的分离。关于第一个原因,就是由于原始的巫文化转向早期宗教,产生了作为中介的神职人员,如中国的巫觋,于是全民的祭祀变成了特权阶层的祭祀,人神之间的直接交往被打断;而且人被神支配,神意高于一切,神成为单向的赠予者,人成为被动的回报者,这样就形成了第三种"赐予—回报的社会—文化模式"。这意味着人神分离,人神之间的礼物交换的主体间性破裂,神具有单方面的、主动的赠予权力和能力,这就是神的恩典;而人则丧失了主动的赠予权力和能力,只能被动地感恩和报恩,人神之间形成了不对称的"债务状态"。这个历史转折在欧洲文化寓言中被表述为"亚当、夏娃被逐出伊甸园",而在中国文化寓言中被表述为"绝地天通"。

另一方面,与人神分离相关,世界(物)与人、世界(物)与神也发生了分离。由于神的退隐,世界失去了神性,物成为孤立的实在物。在人开始拥有了理性和独立性的同时,物也摆脱了与人的一体化关系,具有了有用性,成为客体和有用物。这样,礼物交换就瓦解了,丧失了神性和情感性,而成为纯粹的物的交换即商品交换;甚至产生了对物的剥夺和抢掠,致使礼物文化瓦解。

还有,人与人分离。原始社会结束,社会关系分化,产生了不同的社会形态和文化形态。一种情况是,产生了贵族制度和人身依附关系,于是人与人之间的礼物互赠关系终结,变成了第二种"控制性的社会—文化模式"(奴隶制度和农奴制度),这是一种权力关系,而非赠予关系。但是贵族制度的形成,也依赖神的赠予,就是神把奴隶或农奴作为礼物赠送给君主和贵族,由此君权神授,君主、贵族统治获得了合法性。这就是说,第二种"控制性的社会—文化模式"必须依托第三种"赐予—回报的社会—文化模式"才能发生和存在,从而形成神权与人身奴役结合的贵族社会。欧洲古代以及中国殷商都属于这种"控制性的社会—文化模式",西周的社会—文化在一定程度上也属于这个模式。还有一种情况是产生了独立的人与人的关系,这就是契约关系;也形成了相应的文化形态,即理性(工具理性和价值理性)主导的现代世俗文化,这就是第四种"个体独立交往的社会—文化模式",西方现代社会属于这种模式。但是,这个模式也不是孤立的存在,在西方的世俗世界之上,还有基督教文化的复合,二者分立、互补。作为文明宗教的基督教属于"赐予—回报的社会—文化模式",但它把神恩的爱变成了人与人之间的爱,成为一种"礼物社会—文化模式"的再生。于是在世俗社会—文化之上,产生了一个信仰世界,作为对礼物社会—文化的向往以及礼物社会—文化对世俗社会—文化的拯救。

二 礼物文化的解体与神恩文化的建立

在礼物社会瓦解之后,产生了早期国家,而礼物文化也转化为早期宗教和国家文化礼仪,形成了"神恩文化"。商代和西周(主要是西周前期)属于早期国家,形成了神恩文化。在本节,我们主要考察殷商的社会、文化,同时也对西周的社会、文化给予简略的说明,把对它的更详尽的考察留给下一小节。

关于中国文明史的起点,尧、舜时期是传说时代;夏代虽有史书记载,但尚不可考,故应该从殷商说起。关于殷商社会的性质,有奴隶社会与封建社会等不同的说法。殷商社会有奴隶制是确定的,但奴隶主要不是从事农业生产,而是用于辅助性的生产、服务活动以及殉葬、祭祀,因此不属于经典的奴隶社会。从经济关系上说,殷商是保留着农村公社残余的领主制度,领主占有土地分配给农民耕种,收取贡赋和劳务;同时也有奴隶制的存在。从社会关系上说,殷商是家长制氏族贵族制度,保留着氏族血缘关系,商王以氏族首领的身份统治百姓。从国家形态上说,殷商是通过军事征服造成的多部族附属"大邑商"的联合体,形成了由商王直接统治的王畿和附属于商的各方国构成的散漫的国家。

周武王发动叛乱推翻了商王朝,建立了周王朝。这不仅仅是朝代变换,也是社会、文化的变革。王国维指出:"中国政治与文化之变革,莫剧于殷、周之际。"[1] 作为社会变革,周天子"封建亲戚,以番屏周",以家天下的封建制代替了部族社会,建立了家国一体的宗法制度和贵族领主社会。西周建立了严格的等级制度,就是所谓天子、诸侯、卿大夫、士、庶人等的身份划分,上级授予权力和土地给下级,下级听命于上级并缴纳贡赋,即所谓"公食贡,大夫食邑,士食田,庶人食力"(《国语·晋语》)。西周是宗法封建贵族社会,其本质就是家国一体化,以家族血缘关系和等级制度为社会基本结构,家族关系与国家体制同一。周天子是家长,亲属为封臣,各级诸侯也按照亲缘关系建立政治秩序,形成所谓"亲亲""尊尊"关系,亲亲即血缘亲情,尊尊即等级差别。这样,在统

---

[1] 傅杰编校:《王国维论学集》,中国社会科学出版社,1997,第2页。

治阶级内部，一方面有等级制度，另一方面又有亲缘关系，二者结合为一体，这就是宗法制度。

在早期国家中，神权与政权结合在一起，统治者既拥有世俗权力，也拥有神权。商周的君主也是首巫，拥有上帝、天赋予的权力。在这个社会中，人没有成为主体，理性的主导还没有发生。特别是商代统治者依靠鬼神威吓和暴力维护统治，民众只是鬼神威吓和暴力奴役的对象；统治者也没有产生尊重民意、维护民生的民本思想。郭沫若提出，殷商时期还没有产生民本思想，甚至"卜辞中没有见到民字以及从民的字"[①]。他认为《尚书》中《高宗肜日》一篇中有"王司敬民，罔非天胤"的民本思想论说，证明该篇是伪作。在殷商的巫神文化体系中，独立的道德也没有发生。郭沫若考证"德"字也是在西周出现的，他说："周人根本在怀疑天，只是把天利用着当成了一种工具，但是既已经怀疑它，那么这种工具也不是绝对可靠的。在这儿周人的思想更进了一步，提出了一个'德'字来。"[②] 当然也有不同的意见，认为商代有古德字，但即使如此，这个德也不具有后来的道德意义，而是天的意志、法则，即"天德"。殷商统治者不是根据道德而是依靠所谓神意（实质是自己的意志）进行暴力统治。《尚书》中多有"众"的概念，众的称谓指奴隶和底层劳动者，如"格尔众庶，悉听朕言"（《汤誓》），"格汝众，予告汝训汝，猷黜乃心，无傲从康"（《盘庚上》），"予其懋简相尔，念敬我众"（《盘庚下》）都是商王在训诫臣民，令其服从统治。《尚书·盘庚中》记载，殷王盘庚计划迁都，民众不从，盘庚就威吓："古我先后既劳乃祖乃父，汝共作我畜民。汝有戕则在乃心，我先后绥乃祖乃父。乃祖乃父乃断弃汝，不救乃死。"其意思是说，你们的祖先被我的祖先驱使，你们就是我的顺民。如果你们心怀怨恨，那么我的祖先就会告诉你们的祖先，你们的祖先就会放弃保护你们，不把你们从死罪中拯救出来。考古发现了殷商时期的大量甲骨文卜辞以及人殉遗迹，证明了殷商文化的巫神性质和殷商社会对人的压迫。西周也依靠神权进行统治，但是把天意与民意沟通起来，提出"敬天保民"的政治方略，巫神文化开始向人文转化，也就是从"鬼治主义"转向"德治主义"。

商代和西周早期形成了早期宗教和神恩文化。这里有必要把早期宗教

---

① 郭沫若著作编辑出版委员会编：《郭沫若全集》历史编第一卷，人民出版社，1982，第323页。

② 郭沫若：《先秦天道观之进展》，《青铜时代》第一辑第一册，群益出版社，1935，第29页。

与文明宗教作一下区分。早期宗教是由原始巫术文化转化的初级宗教,它有这样几个特点。一是多神教,虽然有主神,但也有多个神祇。二是教义没有充分道德化,神的意志不是体现为爱,而是一种恩威并施的控制,人类对神的敬畏成为信仰的根据。《圣经·旧约》中上帝形象是威严的、残暴的,就遗留了早期宗教的成分。三是早期宗教脱胎于巫术文化,带有巫术性。它没有形成严密的宗教组织,也没有系统的教义和经典,宗教活动的主要形式是祭祀、占卜、庆典等。四是早期宗教与世俗权力结合在一起,政教合一,统治者往往是宗教首领,是神的代表。同时,宗教仪式融合在国家文化礼仪之中。在早期宗教中,神对人的关怀构成了神恩,而人也以祭祀、庆典感谢、报答神的关怀。

在早期国家之后,早期宗教转化为文明宗教。文明宗教具有如下特点。一是文明宗教是一神教,崇拜人格神,如基督教的上帝、佛教的佛陀等。二是文明宗教是道德化的宗教,神恩主要在精神领域,是对灵魂的拯救和爱的赐予,这与早期宗教的神恩重在物质的赐予(保佑)和回报(祭祀)有所不同。爱区别于早期宗教的敬畏,成为文明宗教的基本理念。基督教的神恩一方面体现在上帝造人、创造世界等方面,另一方面更体现在上帝对人类的爱,即上帝派遣自己的儿子耶稣以鲜血拯救人类的灵魂。"神就是爱,住在爱里面,就是住在神里面……我们爱,因为神先爱我们。"(《新约·约翰一书》)神的爱成为人与人之爱的根源,是分享了上帝的爱。三是文明宗教脱离了巫术文化形态,建立了超越性的信仰领域。四是文明宗教发生了政教分离,当然这是一个历史过程,如中世纪的基督教虽然独立于世俗政权,但还拥有某种世俗权力,在启蒙运动之后才实现了彻底的政教分离。但是,即使在中世纪,教权与政权仍然有别,并且发生冲突。同时,宗教与国家文化庆典分离,形成了严密的宗教组织如教会以及教堂、庙宇等,同时也形成了宗教的教义、教典等,从而成为独立的文化形态。文明宗教的神恩与早期宗教的神恩有所不同,早期宗教的神恩突出了控制性,而文明宗教的神恩突出了爱的属性。

商代形成了早期宗教即殷礼。殷礼不是巫术,而是包含着巫术的早期宗教。自传说中的"绝地天通"以来,巫术就向早期宗教转化。原始巫术是运用法术直接操纵世界,而殷商巫神文化虽然保留着巫术的成分,但已经脱离了原始巫术阶段,进入了早期宗教阶段。它不仅保留了自然崇拜和祖先崇拜,也形成了人格神——上帝,从而具有了信仰维度。原始巫术仪式具有直接的功利性,是在场的作法,而作为早期宗教的殷礼不是现场作法,而是通过祭祀仪式具有了宗教的象征意义,从而脱离了直接的功利性。周礼继承殷礼，虽然已经具有了人性因素，但仍然未脱离早期宗教。商周宗教也符合一般早期宗教的特点。一是多神教。商代崇拜的帝、西周崇拜的天，都是主神，同时还有自然崇拜，如祭祀风神、雨神、雷神、山神、河神等多种自然神祇，祖先神灵也作为崇拜对象。二是没有形成道德化的宗教。早期宗教不仅带有信仰成分，还带有巫术成分，神人之间主要不是精神的交流，而是通过祭祀、占卜、庆典等仪式进行沟通，商代甚至施行人祭。商周宗教不讲爱，而是恩威并施，一方面神给人以保佑、恩惠，另一方面以神威恐吓，造成畏惧感。当然西周把天意与民意结合起来，沟通了天人，讲敬天保民，具有萌芽状态的道德因素，但仍然没有爱，不是爱的宗教。三是宗教融合于国家文化礼仪之中。早期宗教没有形成独立的教会组织，也没有产生宗教经典，宗教活动融入国家文化庆典之中，如殷礼、周礼。四是早期宗教与政治权力一体化，神权与王权结合在一起。商王、周王同时也是大巫、首巫，具有祭祀上帝、天的权力，可以与帝、天沟通。与西方相比，中国早期宗教有一个特殊之处，就是祖先崇拜，它与神的崇拜、自然崇拜并列。在早期宗教中，祖先神灵作为帝、天的宾客一起受到祭祀。

殷商文化是崇拜上帝以及自然神、祖先神灵的巫神文化。《礼记·表纪》曰："子曰'夏道尊命，事鬼敬神而远之，近人而忠焉，先禄而后威，先赏而后罚，亲而不尊。其民之弊，蠢而愚，乔而野，朴而不文。殷人尊神，率民以事神，先鬼而后礼，先罚而后赏，尊而不亲。其民之弊，荡而不静，胜而无耻。周人尊礼尚施，事鬼神而远之，近人而忠焉，其赏罚用爵列，亲而不尊。其民之弊，利而巧，文而不惭，贼而蔽。'"其中关于夏代的说法暂且不论，对殷商和西周的描述虽有想象成分，但也透露出一些真实的历史信息。殷商时期，神本思想排斥了人的主体地位，人还没有挣脱神权的牢笼而被发现和承认。上帝是眷顾商族的宗神，还不是被普天下人共同信奉的、保佑天下人的神。"天命玄鸟，降而生商。"（《商颂·玄鸟》）商人认为天命是确定的，上帝降大命于商，保佑商王的统治和商族的福祉。因此，在周国崛起、威胁殷商国祚之时，祖伊警告纣王民怨沸腾、"天弃我"，而纣王仍然迷信："呜呼！我生不有命在天。"（《尚书·西伯戡黎》）商人认为，上帝不仅有号令自然的力量，也管理着世间一切事物，人世的变化都体现着上帝的意志。因此，上帝崇拜就成为殷商的宗教，而这种早期宗教又没有与巫术分离，带有巫术性和非理性。商代的主神上帝，只是商族的部族神，甚至有人论证就是祖先神，它保佑商族人，而对异族只是一种压迫的力量。

西周的宗教是对天的崇拜，也包括自然崇拜和祖先崇拜。《礼记·祭法》云："燔柴于泰坛，祭天也；瘗埋于泰折，祭地也。用骍犊。埋少牢于泰昭，祭时也。相近于坎坛，祭寒暑也。王宫，祭日也；夜明，祭月也；幽宗，祭星也；雩宗，祭水旱也；四坎坛，祭四方也。山林、川谷、丘陵，能出云，为风雨，见怪物，皆曰神。有天下者，祭百神。诸侯，在其地则祭之，亡其地则不祭。"但西周宗教较之商代宗教，更具有实用精神。西周的天是普世之神，可以施恩于天下人，也可以施威于天下人。周人认为天命垂顾周族，"文王受命"，才让小邦周夺得了大邑商的天下，因此必须遵从天的意志。但天命体现为民意，故要敬天保民。西周把对天的信仰与祖先崇拜以及政治、伦理规范都归入"礼"，使得宗教信仰带有了理性和世俗性的因素，从而向世俗文化转化。

商代和西周早期的宗教形成了神恩文化，就是祈求神恩和报神恩的文化。恩的观念起源于对神的崇拜，形成神恩文化。据王国维考证，这个"报"字在商代的原意是指一种特殊的祭祀，引申为一般的祭祀，也就是报神恩（见《观堂集林》卷九）。神保佑和降福给世人，对人的祈求给予恩惠，并且以神意支配人，而世人也要崇拜神、服从神，以祭祀、娱神等方式报恩于神，从而建立了人神之间的施恩—报恩关系。在神恩文化中形成了神单方面的礼物赠予权力，而人则丧失了礼物赠予的主动权，只能被动地遵从神意，对神感恩、报恩，因此神人之间的赠予和回报具有不对等的性质，是一种不平等的关系。商周时期，神意高于一切，因此占卜成为听从神意的方式。商周重祭祀，"国之大事，在祀与戎"（《左传·成公十三年》），祭祀是报神恩的一种仪式。祭祀通常是血祭，不仅以动物作牺牲，也多用人作祭品。这些人多为战俘、奴隶，供神享用。此外，祭祀仪式还以歌舞娱神，表达对神灵祖先的感谢之情。《礼记·郊特牲》云："郊之祭也，迎长日之至也，大报天而主日也。……万物本乎天，人本乎祖，此所以配上帝也。郊之祭也，大报本反始也。"这里的"大报本反始"就是感神恩。总之，神恩文化是一种"赐予—回报的社会—文化模式"。应该说明，早期宗教的神恩与文明宗教的神恩有所不同，早期宗教的神恩不具有精神性和伦理品格，主要是以超自然力的保佑，换得信众的祭祀，而且具有对人的压迫性；而文明宗教的神恩，则带有精神性和伦理品格，主要是以神的爱，换取信众的信仰，是爱的宗教。中国早期宗教没有发展到文明宗教，就转化为世俗文化，神恩就转化为人恩了。

殷商的神恩只是给予王和贵族的，王和贵族拥有祭祀神的权力，这是对神的恩典的回报。而且殷商的上帝只是本部族的宗族神，不是天下各族的神,因此神只是商王和贵族的施恩者,保佑他们的统治,而商王和贵族才有祭祀之权,也就是有回报神恩之权。其他部族和"众"既没有获得神恩,也没有祭祀回报之权,他们只是神赠送给商王和贵族的礼物,神只是统治者借以威吓他们的恐怖力量。在人与人之间的关系上,商王借助神权,把"众"(奴隶和农奴)作为神赠予的礼物,获得统治权,形成神权政治,这属于第二种"控制性的社会—文化模式"。可以看出,这种"控制性的社会—文化模式"建立在"赐予—回报的社会—文化模式"之上,也就是君主的权力是建立在神恩之上的。西周虽然产生了民本政治,但神权政治依然存在,因此在特定意义上也属于"控制性的社会—文化模式"。

商周时期没有形成人恩,因此没有形成恩德文化。首先,有神恩即无人恩,因为恩德形成的前提是,施恩和报恩行为具有自主性和道德动机,而商周属于神恩时代,重大决策要占卜,要符合上帝或天的意志,而非出自自己的意志,人只是执行天命的工具,所以只有神恩,无人恩。《尚书》中记载了许多重大决策,都是统治者通过占卜获知天意,才可以行动,可以说言必称天意。商汤革命虽然也列举夏桀虐民的罪状,但主要还是以上帝的名义"奉行天罚",而且对不服从者进行暴力威吓。《汤誓》云:"有夏多罪,天命殛之……予畏上帝,不敢不正……尔尚辅予一人,致天之罚,予其大赉汝。尔无不信,朕不食言。尔不从誓言,予则孥戮汝,罔有攸赦。"盘庚迁都遇到阻力,就以占卜得出的神意作为根据,强迫众人服从:"肆予冲人,非废厥谋,吊由灵各。非敢违卜,用宏兹贲。"(《尚书·盘庚下》)周公旦欲平定武庚叛乱,众人有疑,他也以占卜为据说服众人:"我有大事,休?朕卜并吉!"(《尚书·大诰》)周统治者要把殷遗民迁到西方,也是借助天意:"王曰:'猷,告尔多士,予惟时其迁居西方,非我一人奉德不康宁,时惟天命,无违。朕不敢有后,无我怨。'"(《尚书·多士》)在这种情况下,人没有成为主体,一切以神意为准,归恩于神,故统治者就不可能利用施恩手段笼络人心,被统治者也不可能产生对统治者的感恩心态和报恩行为。即使行善政,也是遵从天意,是神恩,而不是人恩,故没有可能形成统治者和被统治者之间的恩情关系。

此外,早期国家制度是氏族家族制度与贵族等级制度的结合,不可能产生恩的观念。氏族家族制度建立在血缘关系的基础上,而血缘关系是自然关系,这种爱是原始亲情,不是施恩—报恩关系。贵族等级制度是等级附属关系,以神意和暴力维系,也没有恩情可言。商代的政治关系分内服和外服，王畿之内是内服，为商王直接统治的区域，家族与国家一体化；王畿之外是外服，是归属"大邑商"的一些方国，是被武力征服的、商王间接统治的区域。在这样的体制内，只有暴力压服，没有恩情可言。《尚书》记载了许多商王威吓民众的言论，盘庚对民众训话说："乃有不吉不迪，颠越不恭，暂遇奸宄，我乃劓殄灭之，无遗育，无俾易种于兹新邑。"（《尚书·盘庚》）西周的封国是亲戚之国，亲亲关系是血缘关系，也不可能产生恩德。统治者对民也无恩情可言，"民惟邦本"也只是最低限度的"保民"，而不是爱民，故《尚书》多有以天命威吓民众的记载，如周王恐吓殷遗民："我乃明致天罚，移尔遐逖，比事臣我宗多逊。""告尔殷多士，今予惟不尔杀，予惟时命有申。""尔不克敬，尔不啻不有尔土，予亦致天之罚于尔躬。"（《尚书·多士》）

总之，早期国家的商周社会、文化，产生了神恩，而没有形成人恩。

第二节 从神恩文化到祖恩文化

从西周开始，人文精神初露曙光，神恩开始向人恩转移，其中介就是祖先崇拜形成的祖恩。祖先崇拜在商代就有，但附属于神恩，没有得到发展和独立。祖先崇拜在西周得到发展，最终突破神恩文化，形成了相对独立的祖恩文化。我们先考察西周社会的基本情况。

一 礼乐文化的形成

商代建立了神权政治，人文精神还没有发生。西周产生了民本思想，把神意与民意沟通，并且建立了礼乐文化，这表明人文精神初露曙光，为恩德文化打下了基础。

西周是宗法封建贵族社会，存在着等级制度。《左传》昭公七年云："天有十日，人有十等，下所以事上，上所以供神也。故王臣公，公臣大夫，大夫臣士，士臣皂，皂臣舆，舆臣隶，隶臣僚，僚臣仆，仆臣台，马有圉，牛有牧，以待百事。"但是，西周产生了民本思想。据郭沫若考证，"民"是西周的发现。殷商卜辞、金文中没有"民"这个字，而在《周书》中有"民"字，可见民的观念是周文化的产物。作为民的主要组成部分的庶人，不同于奴隶，有一定的人身自由，但也对贵族领主有人身依附关系，被束缚于土地上，其地位相当于欧洲中世纪的农奴。天子分封诸侯、诸侯分封贵族，不仅是"授土"，同时也是"授民"，民与土是捆绑在一起的。由于吸取了商王虐民导致覆亡的教训,周统治者意识到天道靡常,惟德是辅,民意体现天命,从而提出了"敬天保民"的民本思想。从礼物文化的角度说,天与周天子、贵族的关系属于"赐予—回报的社会—文化模式",而"民"是天赠予的礼物,故也要体恤,通过"保民"而"敬天"(回报天恩)。周武王伐商就是打着吊民伐罪的旗号,《尚书·牧誓》宣称:纣王无道,听信妇人之言,"昏弃厥肆祀,弗答;昏弃厥遗王父母弟";任用奸佞,"俾暴虐于百姓,以奸宄于商邑。今予发,惟恭行天之罚"。(《尚书·康诰》)周统治者发现了民,并且把保民作为维系统治的基础。周统治者一再告诫子孙要吸取商王虐民覆国的教训,要敬天保民。他们认为天意体现为民意,要尊重民意,体恤民生,才能顺从天意。尚书中有:"天佑下民"(《泰誓》);"惟天惠民,惟辟奉天"(《尚书·泰誓》)。"皇祖有训,民可近,不可下。民惟邦本,本固邦宁。"(《尚书·五子之歌》)在具体的施政方面,周统治者提出了恤民的思想:"若保赤子,惟民其康乂"。(《尚书·康诰》)在《尚书·无逸》中,周公指出统治者要戒除骄奢淫逸的行为,体恤民情,"呜呼!君子所其无逸。先知稼穑之艰难,乃逸则知小人之依"。周公告诫周王:"呜呼!继自今嗣王,则其无淫于观、于逸、于游、于田,以万民惟正之供。"《尚书·康诰》记载周王教训儿子的话:"王曰:呜呼!小子封,恫瘝乃身。敬哉!天畏棐忱,民情大可见。""呜呼!封,有叙时,乃大明服,惟民其敕懋和。若有疾,惟民其毕弃咎。若保赤子,惟民其康乂。""民"受到了统治者的重视和体恤,因而区别于殷商的无足轻重、任由鬼神和权力支配的"众"。民本思想是人文精神的初级形态,一定程度上把民众从鬼神奴役和暴力统治中解脱出来,把统治合法性的依据转向民心、民意。但是在西周,民还不是主体性的人,只是一个被统治的、消极的群体,是需要体恤的生产力,民本政治就是要保护这个生产力,以防止它成为反叛的力量。民本思想是对人价值的初步承认,也是对人的发现的第一步,它为恩德文化的建立奠定了基础。

在民本政治的基础上,西周文化由神性转向德性,建立了礼乐制度。礼乐制度属于早期国家文化礼仪。原始时代的礼物文化随着文明的到来而消逝了,但在民间节庆仪式中得以保留,如《诗经》中就保留了这个节庆仪式的歌谣。后来,在早期国家中,民间节庆仪式被上层社会接纳,经过改造后转化为国家文化礼仪。西方学者葛兰言在其名著《古代中国的节庆与歌谣》中考察了《诗经》中描绘的不同的节庆场景,包括对神的献祭、不同部落之间的飨宴、歌舞竞赛、礼物交换和"交换女性"(不同氏族间的男女性爱、婚嫁关系）等。这些礼物交换达成了各个小集体之间的融合，形成了一个大的共同体，"他们突然达到了理想的和谐状态和最终的太平状态"①。民间的礼物交换习俗在《诗经》中多有记载，例如《诗经·国风·卫风》中有这样的诗句："投我以木瓜，报之以琼琚。匪报也，永以为好。"这就是民间两性交往中存留的礼物文化。葛兰言认为，这些民间的节庆风俗后来被宫廷、贵族采纳、改造，"古代节庆由此被简化成了仪礼"，从而建构了更为高级的文化形态即"国家文化礼仪"，对中国而言，这就是"礼乐文明"。中国礼乐文化源自民间节日庆典，所谓周官采诗之说就源于此，所以诗成为国家文化礼仪的一部分。

国家文化礼仪是早期国家的主要文化形态，其时各种具体的文化形态还没有分化出来，宗教、政治、伦理、艺术等融合在一起，而且它们也没有高度抽象化、理性化，还带有某种实践性、感性特征，故形成了统一的礼仪形式。国家文化礼仪的功能有二：一是规范人际关系，建立社会秩序；二是沟通人神关系，建立宇宙秩序。中国的周礼（一定程度上也应该包括殷礼）和古希腊的戏剧、史诗可以看作国家文化礼仪的代表。古希腊戏剧起源于民间崇拜酒神狄俄尼索斯的仪式即酒神节，悲剧的前身是酒神颂歌，喜剧的前身是祭祀酒神的狂欢歌舞，它们被官方法定为酒神节的表演节目，成为国家文化礼仪。古希腊的国家文化礼仪，具有宗教的和社会的功能。古希腊戏剧的性质和功能有二：一是宗教性的仪式，在于沟通人神；二是社会性的仪式，在于参与城邦政治生活，建构古代公民社会。中国的周礼是上层贵族阶级的祭祀仪式和交往礼仪，包括宗教、政治、伦理、艺术等内容，它们还没有分化出来而获得独立。周礼具有政治、伦理的功能和宗教的功能，是维系、巩固"亲亲"（血缘亲情）和"尊尊"（等级制度）的社会文化规范。

西周贵族阶级内部的交往，形成了系统的礼仪规则即"周礼"。据杨尚奎考证，"礼"的最初意义包含着"礼物"和"礼仪"两层意思，说明周礼的源头是原始的礼物交换。②葛兰言认为，礼乐文明有民间节庆礼物交换习俗的源头，这些习俗被宫廷、贵族采纳，建构了礼乐文化。因此，可以认为周礼发源于民间礼物文化的遗存。周礼既是一套社会交往的准则、仪式、符号，也是一种实践性的生活方式。周礼主要包括人与神交

---

① 〔法〕葛兰言：《古代中国的节庆与歌谣》，赵丙祥、张宏明译，赵丙祥校，广西师范大学出版社，2005，第195页。
② 参见杨向奎《宗周社会与礼乐文明（修订本）》，人民出版社，1997，第334页。

往、人与人交往的礼仪规则，它们都带有一定程度的礼物文化因素。

礼乐文化取代了殷商的巫神文化（所谓殷礼）。"周人尊礼尚施，事鬼敬神而远之。"（《礼记·表记》）"人道亲亲也。亲亲故尊祖，尊祖故敬宗，敬宗故收族，收族故宗庙严，宗庙严故重社稷，重社稷故爱百姓，爱百姓故刑罚中，刑罚中故庶民安，庶民安故财用足，财用足故百志成，百志成故礼俗型。"（《礼记·大传》）这些对周礼的阐释揭示了其人文性的一面。礼制是西周文化的核心。据郭沫若说，礼是后起的字，周初的彝铭中不见这个字。此说有异议，但礼在西周成为主导的社会文化规范却是事实。周礼不是直接继承原始巫术仪式，而是继承和改造了殷礼，"子曰：殷因于夏礼，所损益可知也。周因于殷礼，所损益可知也"（《论语·为政篇》）。殷礼是早期宗教，已经不同于原始巫术，它建构了祭祀上帝的神恩文化。周礼改造了殷礼，赋予了理性精神，具有了某种德性，成为教化的手段和行为的规范。周公依据德性而制礼作乐，礼乐文化就此形成。周礼保留了对天、祖先的祭祀，但天人相通，以民意沟通天道，从而具有了宗法礼教的内涵，可以规定和调节人际关系。"夫礼，先王以承天之道，以治人之情。""礼也者，理之不可易者也。"（《礼记·礼运》）于是，西周的礼乐文化在一定程度上改变了巫神文化，带有一定程度的人文性。值得注意的是，周代商后，发表了禁酒令《酒诰》，把殷商灭亡归结为殷人酗酒无度。这种政策固然有节约粮食的经济方面的考量，但也有清理殷商巫神文化、建立理性文化的意图。殷商饮酒，不仅是王室、贵族和民众的嗜好、习俗，也是殷商巫神仪式的内容，饮酒的迷狂与巫神仪式之间本来就具有直接的联系。因此，周统治者要推行周礼，必须清除殷商巫神性的酒文化，为建立理性的文明扫清道路。虽然《酒诰》允许祭祀时饮酒，但事实上通过对饮酒的限制而打击了巫术文化的滥祀习俗。

礼乐是西周的核心文化形态，体现了萌芽状态的人文精神，此即所谓"周文"。许慎《说文解字》释文："文，错画也，象交文。""文"的本义是花纹，引申为文采、光明之义，故有文明之概念。"文"的文化意义源于周礼，作为贵族行为规范的周礼，是西周文化的基本体系。对于这个体系中的典籍、制度、德行，周人引以为傲，称为文。周文王谥号"文"，就表明了"文"的褒义内涵。《尚书》记载："王若曰：公！明保予冲子。公称丕显德，以予小子扬文武烈，奉答天命，和恒四方民，居师；惇宗将礼，称秩元祀，咸秩无文。惟公德明光于上下，勤施于四方，旁作穆穆，迓衡不迷。文武勤教，予冲子夙夜毖祀。"（《尚书·洛诰》）这里的"咸秩无文"之"文"，孔传曰"礼文"，孔疏曰"文法"。这意味着西周之"文"是指典章制度,并且具有了文明的含义。《诗经》也用文来称颂周族先祖、先王:"烈文辟公,锡兹祉福。惠我无疆,子孙保之。"(《诗经·周颂·烈文》)"思文后稷,克配彼天。立我烝民,莫菲尔极。"(《诗经·周颂·思文》)但西周的"文"还有其局限,一方面"文"还限于礼乐,只是贵族阶级的文化,而平民则不具有"文"的修养,他们的文化只是文的对立面"野",因此文主要指上层文化;另一方面,西周的"文"虽然已经具有了人文精神的萌芽,但仍然没有挣脱巫史文化的襁褓,还没有成为独立的"人文"。

早期国家文化礼仪中产生了礼物因素和非礼物因素的对立。首先是国家文化礼仪具有了非礼物文化的性质。从人神关系上看,早期国家文化礼仪中对神的崇拜,是神对人的单方面施恩,而人被动地回报,这是一种"赐予—回报的社会—文化模式",它带有控制性,已经不属于礼物文化。商周宗教对上帝、天的崇拜,就已经显示了人神分离,礼物文化的人神一体关系瓦解。从人与人的关系方面看,由于国家文化礼仪维护等级制度的意识形态性,发挥了阶级隔离的作用,从而具有了非礼物文化的性质。周礼是在贵族阶级内部施行的宗教、政治、伦理等综合性的礼仪规范,只有贵族才能习礼、行礼,平民没有这个资格,故有"刑不上大夫,礼不下庶人"之说。周礼体现了等级权力即"尊尊"理念,依据等级身份,规定了各自的社会责任和行为规范,低等级的贵族服从高等级的贵族,诸侯服从周天子。《礼记·大传》说:"上治祖祢,尊尊也;下治子孙,亲亲也;旁治昆弟,合族以食;序以昭穆,别之以礼义,人道竭矣。""尊尊"是等级制度的礼仪和伦理规范,体现了尊卑秩序,而不是礼物关系。

西周的礼物文化因素体现在宗法制度下的"亲亲"关系中。西周建立了一个宗法社会,其本质就是家国一体化,以家族血缘关系建构国家政治结构,家族关系与国家体制同一。周天子是家长,亲属为封臣,各级诸侯也按照这个秩序建立政治秩序,形成所谓"亲亲""尊尊"关系。"亲亲"原则基于氏族血缘亲情,也是一种礼物(礼节)的交换,是礼物文化的遗存。周礼的社会功能除了建立等级制度即"尊尊"秩序,还有"亲亲"功能,就是确定和强化亲缘关系和亲情,传达互相的尊重、信任、友爱,这实际是一种对礼物赠予和回赠,从而具有礼物文化的属性。周礼本身带有礼物交换的属性,即所谓"乐也者,施也;礼也者,报也。乐,乐其所自生,而礼反其所自始。乐章德,礼报情反始也"(《礼记·乐记第十九》)。礼物文化在贵族文化中有所保留,就是慷慨、尊严和重视荣誉的精神。《礼记》云:"夫礼者,自卑而尊人,虽负贩者,必有尊也,而况富贵乎?富贵而知好礼,则不骄不淫,贫贱而知好礼,则志不慑。"(《礼记·曲礼上》)尼采指出,"馈赠"是"主人德行",而"怨恨""内疚""禁欲"和"占有"则是一种"奴隶道德"。尼采是从"超人"和"权力意志"的角度出发论述"馈赠"道德的,出发点并不可取,但却说中了贵族精神与礼物文化的关系。周礼规定了交往中的"来而不往非礼也"的规则,强调了互相尊重、互相赠予的原则。如果说在贵族亲戚关系中有礼物文化的遗存的话,那么贵族对"民"的体恤即"保民"则是统治者对民众的有限赠予,它依附于神人之间的单向赠予关系(民是神赠予周天子和贵族的礼物),并不是平等的礼物交换关系。总之,就礼的等级性而言,限制了礼物交换;就礼的亲和性而言,又在一定程度上体现了礼物交换,因此周礼承载了那个时代的道德、情谊和社会关系,形成了宗法社会中某种程度的"人的交换"。可以说,西周的礼乐文化是一种有限的礼物文化,它体现了贵族阶级内部的礼物交换关系,也体现了人与神之间的施恩—报恩关系以及统治者对民众的有限赠予。

早期国家礼仪的内涵不仅包括宗教、政治、伦理,也包括艺术。早期艺术不独立,而从属于国家礼仪。早期艺术除了具有宗教、政治、伦理功能外,也具有了审美属性。古希腊戏剧和史诗具有神性和艺术的属性,沟通了神人和族群,从而具有了一定的礼物文化性质。古希腊艺术也具有了审美的品质,所以能够感化人群,如古希腊悲剧"引起恐惧和怜悯",以达成"净化情欲"的目的,从而以审美意识沟通了人群。周礼不仅具有"礼"的部分,还包括"乐"的部分。礼侧重于区分等级尊卑,乐侧重于沟通情感,弥合身份差异,此即所谓"礼别异,乐和同",而和同就是礼物交换达到的混融境界。"乐"是诗、乐、舞的一体化,具有民间节庆仪式的渊源,保留了礼物文化的属性。因此,乐也具有特定的礼物文化属性。

周礼还没有形成恩德文化体系,仅仅产生了恩德思想的萌芽。就人神关系而言,周礼是对神恩的回报,体现了一种恩情关系,但这是神恩,仅仅限于人神之间,而未及人与人之间。就人与人的关系而言,家族制度只是原始血缘关系的延续,是一种自然亲情关系,保留了礼物文化,而不是恩情关系。同时,贵族等级制度强制性地规定了不同身份的责任,使得人际关系固定化、非情感化,也没有达到爱的高度。这限制了施恩、感恩、报恩的心理,也限制了恩德伦理的建立。贵族认为统治民众是天赋予的权力,不需要通过施恩联络感情;民众服从贵族,也以为是天规定的责任,不需要建立报恩观念。但是,民本政治作为统治者对被统治者的恩惠,产生了恩德思想的萌芽。统治者保民，换取民众顺从，一定程度上具有了施恩—报恩的因素。恩德思想的萌芽受到了贵族等级制度的限制，还没有形成恩德思想体系。西周的民本政治，形成了"德"的观念。"德"原来是"天德"，即天意保民，天意通过民意表达出来，所以要"敬德"，就是敬天。统治者领会了天意，能够"敬德保民"，于是天德转化为人德，德成为统治者的政治品格。这等于把神的礼物赠予权交到了统治者的手中，统治者把生存权转赠给民众，导致神恩变成了人恩。但这种单方面的礼物赠予是有限的、不对称的，一方面贵族等级制度限制了礼物赠予，人身依附关系和不平等的身份没有形成爱民思想的社会基础，也使得礼物赠予受到了阻碍；另一方面，这种礼物赠予也是单方面的恩惠，仅仅限于对民众的某种宽容，以换得民众的顺从，而民众并没有积极的回应，也没有形成相互间的情感交换。这种关系只是恩德文化的萌芽，还没有形成完整的恩德文化，因此最终也没有突破"控制性的社会—文化模式"。

二 神恩文化向祖恩文化的转化

礼乐制度并没有形成恩德文化，只是成为神恩向人恩转化的过渡形式。神恩转化为人恩，是以祖先崇拜地位提升、形成祖恩文化为关键的。中国的早期宗教除了神的崇拜，还包含了祖先崇拜，这是与西方早期宗教的不同之处。商周宗教，除了祭祀上帝、天以及自然神，还要祭祀祖先神灵，祖先神灵处于配祀的位置。祖先神灵在社会生活中具有崇高的地位和重要的作用，像其他神灵一样可以支配现实生活。在《诗经·商颂》中有《列祖》《玄鸟》等祭祀商人祖先的诵辞，表达了对祖先神灵的崇敬。《尚书·盘庚上》记载，盘庚训诫臣民："古我先王，暨乃祖乃父，胥及逸，予敢动用非罚？世选尔劳，予不掩尔善。兹予大享予先王，尔祖其从而享之。作福作灾，予亦不敢动用非德。"《礼记·祭法》云："殷人禘喾而郊冥，祖契而宗汤。周人禘喾而郊稷，祖文王而宗武王。"西周继承殷商的祖先崇拜传统，也以祖先配祀天神。周公接受成王之命，营造洛邑，作为后稷配祀天神之地，"旦曰：'其作大邑，其自时配皇天，毖祀于上下，其自时中乂。王厥有成命，治民今休。'"（《尚书·召诰》）可以看出，商周统治者是以祖先神灵的权威行使统治权力的。

随着历史的发展，西周的祖先祭祀变得越来越重要，最后造成了祖先祭祀的相对独立，形成配天之外的"宗祀"，即设立明堂专门祭祀祖先。《诗经》中有多首记述祭祀祖先神灵的诗歌。《诗经·小雅·楚茨》云："先祖是皇，神保是飨。孝孙有庆，报以介福，万寿无疆！……神嗜饮食，使君寿考。"这里明显地体现了祖先与祭祀者之间的施恩—报恩关系。西周的祖先崇拜得到了超常的发展，从彼岸逐步走向此岸。首先，祖先崇拜压倒了神的崇拜，成为礼的主要形式。此时对上天的信仰淡化了，祭祀上天变得仪式化了，而突出了祖先祭祀，即使是祭祀神的诵辞，也多注重对祖先的感念，如《诗经·周颂·丰年》本是丰收后感谢天地群神的"报祭"，但诵辞中没有言及感谢诸神，而是说报答祖先之恩，"烝畀祖妣，以洽百礼，降福孔皆"。可见祖先神灵的地位事实上已经在诸神之上了。《诗经》中祭祀祖先的诵辞，远比祭祀天的要多。《大雅》的《生民》是对周族始祖后稷的恩德的感念；《公刘》歌颂了周族先祖公刘率领周族迁移的事迹。《诗经·周颂》中虽然也有祭祀天和诸神的诵辞，但更多的是祭祀祖先的诵辞，如《清庙》《维天之命》《维清》《列文》《思文》等。

其次，宗祀的形成，使得祖先崇拜演化为圣王崇拜，从祭祀周民族的始祖后稷，发展到祭祀文王、武王等先王。《周颂》中包括了祭祀后稷、文王、武王以及成王、康王的诵辞。如《诗经·大雅·文王》记述祭祀周文王："文王在上，于昭于天。……文王陟降，在帝左右。……上天之载，无声无臭。仪刑万王，万邦作孚。"还有祭祀周成王的："下武维周，世有哲王。三后在天，王配于京。成王之孚，下土之式。永言孝思，孝思维则。"这种"宗祀"报答的是祖恩，而祖先神灵并不是在世的活人，他们对子孙后代的庇佑还不是人恩，而是另类的神恩；另一方面，祖先神灵毕竟较之天神更接近人类，而且其恩德也是生前所为，因此祖恩远离神恩而更贴近人恩，并且成为人恩的源头。这样，祭祖就变成了对祖先功德的感念以及对祖先教诲的温习了。

由于圣王崇拜，这些圣王的"祖训"成为治国的指导思想和"德"的内容。在祖先崇拜的基础上形成了宗法礼教。周人"敬天法祖"，亲亲、尊尊形成了西周的家族伦理和宗法政治。祖先崇拜相对于神的崇拜，带有一定的人文性，但仍然保留某种神性，保持了距离感，是敬而不是亲。周王族吸取殷商覆亡的教训，把天命赋予一定的道德因素，形成敬天保民的统治理念。而由于传达、执行天命的只能是圣王，历代圣王的统治经验就成为维系王朝命运的关键所在，于是天命变成了人的意志，圣王的指导作用增强，导致祭祀先王事实上重于祭祀上天。周公对昭公奭传授的统治方略，透露了不同寻常的信息："天难谌，乃其坠命，弗克经历，嗣前人恭明德。""天不可信，我道惟宁王德延，天不庸释于文王受命。"(《尚书·君奭》)《诗经·大雅·文王》云："天命靡常……仪刑文王，万邦作孚。"这就是说，天命不可持，不能自持天命在身而肆行无忌，必须遵行先王的教诲，才能永葆上天赐予祖先的大命。这样，西周统治者就以先王的教诲取代了天命，先王的地位得到了空前的尊崇。

由圣王崇拜再进一步，就是祭祀活动伦理化，不仅祭祀先王，还祭祀有大功于人类的死者，从而向人文更近了一步。"夫圣王之制祭祀也，法施于民则祀之，以死勤事则祀之，以劳定国则祀之，能御大菑则祀之，能捍大患则祀之。……此皆有功烈于民者也。及夫日月星辰，民所瞻仰也；山林、川谷、丘陵，民所取材用也在。非此族也，不在祀典。"（《《礼记·祭法》》）这样，祭祀也就从一种宗教仪式变成了感念祖恩、人恩的伦理仪式。圣王崇拜和祭祀产生了祖恩，带有了伦理的性质，虽然还不是实际的人恩，没有形成恩德文化，但已经有了人恩的苗头，离恩德文化仅有一步之遥了。

祖恩文化还不讲爱，而是讲敬，因此不能形成恩德文化。西周的基本社会心态和文化观念是"敬"，周礼主敬，敬天、敬祖、敬王、敬德，这是由西周的封建等级制度和祖先崇拜决定的。郭沫若说："德的客观上节文，《周书》中说得很少，但德在精神上的推动，是明白地注重在一个'敬'字上。"[1]《尚书·周书》中大量地使用"敬"的概念，如"敬哉！天畏棐忱，民情大可见。""汝亦罔不克敬典，乃由裕民，惟文王之敬忌，乃裕民。""王曰：'呜呼！封，敬哉！无作怨，勿用非谋非彝，蔽时忱。……'"（《康诰》）"呜呼！天亦哀于四方民，其眷命用懋，王其疾敬德。""王拜手稽首曰：'公不敢不敬天之休，来相宅，其作周匹休。……'""尔克敬，天惟畀矜尔。……（《召诰》）"祗若兹，往敬用治。"（《君奭》）"又曰：'时惟尔初，不克敬于和，则无我怨。'""周公若曰：'太史，司寇苏公，式敬尔由狱，以长我王国。……'"（《立政》）"尔尚明时朕言，用敬保元子钊……""王再拜，兴，答曰：'眇眇予末小子，其能而乱四方，以敬忌天威。'""今王敬之哉，张皇六师。"（《顾命》）"何敬非刑？何度非及？""王曰：'呜呼！敬之哉，官伯族姓，朕言多惧，朕敬于刑，有德惟刑。……'"（《吕刑》）西周的敬与殷商的巫神文化的"畏"相比，是一种相对人性化的心态，表明人与世界的某种理性的关系；同时也表明人与世界还比较疏远，是一种非亲和性的外在关系。

---

[1] 郭沫若著作编辑出版委员会编：《郭沫若全集》历史编第一卷，人民出版社，1982，第336页。

孝是一个古老的概念，最初的孝的概念主要是报神恩、祖恩。西周是"德治主义"的宗法伦理社会，以祖先的权威和先王之道保证伦理秩序。此时孝的概念出现，还是家国一体的宗法伦理概念，是对先祖的追思、祭祀，重在感念祖恩。《国语·鲁语上》云："夫祀，昭孝也，各致齐敬于其皇祖，昭孝之至也。"《国语·周语下》云："言孝必及神……昭神能孝。"这里的孝既是家族伦理，也是政治伦理。《礼记·礼运》云："礼行于祖庙，而孝慈服焉。"《郭店楚简·唐虞之道》云："亲事祖庙，教民孝也。"孔子也称禹"菲饮食而致孝乎鬼神"（《论语·泰伯》），"修宗庙，敬祀事，教民追孝也"（《礼记·坊记》）。《礼记·祭义》中有先王行孝的记载："是故先王之孝也，色不忘乎目，声不绝乎耳，心志嗜欲不忘乎心。"这是描述先王祭祀祖先时的虔诚心态，可见那时的孝还偏重于对祖先的孝，属于宗法伦理。这就是说，西周的孝，其根据在于先祖在天之灵，是对先祖的敬意的延伸。但除了对祖先的祭祀，周人的孝的观念已经有了奉养父母的内容。《诗经·小雅·小弁》云，"维桑与梓，必恭敬止。靡瞻匪父，靡依匪母"，体现了对父母的尊敬和依恋、怀念。《尚书·康诰》告诫不孝是大罪，"元恶大憝，矧惟不孝不友"。《尚书·酒诰》云："肇牵车牛，远服贾，用孝养厥父母。"《尚书·君陈》云："惟尔令德孝恭，惟孝友于兄弟。"但是西周的孝的内涵是血缘亲情和宗法规范，缺少爱的内涵。

总之，西周文化是以祖先崇拜为中心的祖恩文化，它区别于殷商时期的神恩文化，是向春秋战国时期的人恩文化过渡的中间形态。

第二章　中国恩德文化的发生

从殷商时期的神本思想到西周的民本思想，再到春秋战国时期的人本思想，这种文化变革的实质是神恩变成了人恩，恩德文化建立。

第一节　春秋战国时期社会文化的变革

春秋战国时期发生了社会文化变革，导致了恩德文化的发生。

一　人的发现是恩德文化产生的思想基础

在春秋战国时期，由于宗法制度瓦解，人获得了相对的独立，产生了人本思想。殷商是神权时代，人还没有摆脱鬼神的压迫，因此人的独立和主体地位还没有建立，对人的认识也没有形成。西周初步摆脱了神权统治，人文精神初露曙光，主要体现在对"民"的发现，产生了民本思想，但这只是对被统治的人群的认识，而不是对人本身的认识，人本身还隐匿在历史的暗处，这意味着人本思想尚未形成。从礼物文化的角度上说，民本思想只是对神赠予的礼物（民）的重视，是对神意的尊重，而不是对独立的人本身的尊重。春秋战国时期形成的人的概念、人本思想与西周形成的民的概念、民本思想有渊源关系，也有根本性的区别。西周确立的"民"的概念有两个规定。一是有特定的阶级含义，属于底层民众，不包括贵族统治者。二是一个集合性的类的概念，而不是本质性的概念，没有人性的内涵。而人的概念与民的概念有所区别。第一，人是一个普遍性的概念，超越了阶级界限，既包括统治者，也包括被统治者。第二，人也是本质性的概念，具有特定的人性内涵，它区别于物和动物，而成为万物之灵长。在这个比较的基础上，就可以区别民本思想与人本思想。春秋战国时期不仅继承了西周的民本思想，还把民本思想发展为人本思想。民本思想是站在统治阶级的立场上，为了维护其统治而提出的，它承认民的生存权利，不能过度压迫；但民不是独立的主体，不具有与统治者相同的人性和价值，而只是有生命的生产力。因此，西周统治者提出"敬天保民"，民只是"保"的对象，而非爱的对象。而人本思想则建立在一般人类的立场上，认为人是主体，并且具有同样的人性，承认人的价值和权利，人成为爱的对象，从而区别于物本主义和神本主义。但是，春秋战国时期人的发现，并不等于现代的人本主义，而只是一种古代的人本主义。这是因为，人虽然对自身有了一定的独立和自觉，但仍然不是个体的人，不具有发展起来的个性，人与人之间也没有形成契约关系，是依附于家国共同体的人。

春秋战国时期人的地位提高，进一步摆脱了鬼神主宰。《左传》中记载："夫民，神之主也，是以圣王先成民，而后致力于神。"（《左传·桓公六年》）"臣闻之，鬼神非人实亲，唯德是依。"（《左传·僖公五年》）孔子站在人的立场上，肯定现实人生，反对鬼神统治。孔子对鬼神存而不论，"子不语怪、力、乱、神"（《论语·述而》）。"季路问事鬼神，子曰：'未能事人，焉能事鬼？'曰：'敢问死？'曰：'未知生，焉知死？'"（《论语·先进》）"樊迟问知，子曰：'务民之义，敬鬼神而远之，可谓知矣。'"（《论语·雍也》）春秋战国时期对于鬼神迷信也有抵制，如《左传》记载，根据观察天象，郑国将有大火，民众要求祭天以消灾，而郑国的相国子产理性地拒绝了这种迷信行为，实际上也并没有火灾发生。还有《史记》也记载了战国时期"西门豹治邺"的事迹，即魏国地方官西门豹机智地揭露和打击了地方豪绅和巫师给河伯娶妻的迷信行为。西周虽然没有了大规模的杀殉和殉葬，但人殉并没有绝迹，而春秋战国时期这种现象基本绝迹。《礼记·檀弓下》记载："陈子车死于卫，其妻与其家大夫谋以殉葬，定，而后陈子亢至，以告曰：'夫子疾，莫养于下，请以殉葬。'子亢曰：'以殉葬，非礼也。虽然，则彼疾当养者，孰若妻与宰？得已，则吾欲已；不得已，则吾欲以二子者之为之也。'于是弗果用。"又有记载："陈乾昔寝疾，属其兄弟，而命其子尊己曰：'如我死，则必大为我棺，使吾二婢子夹我。'陈乾昔死，其子曰：'以殉葬，非礼也，况又同棺乎？'弗果杀。"这说明春秋战国时期的礼已经禁止殉葬，更加人性化了，体现了人的价值的提高。孔子反对为鬼神而牺牲人，对于取代人殉的人俑陪葬，他也反对，认为其不仁，说："始作俑者，其无后乎？"（《孟子·梁惠王上》）"为刍灵者善矣，为偶者不仁，不殆于用人乎？"（《孔子家语·曲礼子夏问第四十三》）。孔子的人本思想奠定了中国文化的人文基调。荀子更鲜明地反对迷信，认为天灾是自然现象，祈求神灵无用；古代君子拜神作法，只是为了向百姓表达关切之情。他指出："雩而雨，何也？曰：无何也，犹不雩而雨也。日月蚀而救之，天旱而雩，卜筮然后决大事，非以为得求也，以文之也。故君子以为文，而百姓以为神，以为文则吉，以为神则凶也。"（《荀子·天论》）《礼记·礼运》曰："故人者，其天地之德，阴阳之交，鬼神之会，五行之秀气也。……故人者，天地之心也，五行之端也。"虽然不能确定《礼记》产生的年代是在先秦，但这种思想一定在先秦就已经发生，故可为佐证。

在春秋战国时期，人也摆脱了等级制度和宗法伦理的束缚，获得了一定的人身独立性。春秋战国时期有了"人"的发现，人成为天地之精华、万物之灵长，成为爱的对象，于是人性得到规定，形成了人本思想。面对礼崩乐坏的现实，为了重建社会秩序，儒家立足于正在形成的平民社会，提出了人的伦理本性问题，并且把对人的伦理教化作为解决社会问题的根本途径。西周还没有提出普遍人性的观念，这表明独立的人还没有被发现。儒家继承和改造了西周的民本思想，肯定了人的独立价值，发现了理性和感性统一的人性，把人从鬼神压迫中解放出来。春秋时期对"人"的发现，产生了对人性的认识，这就是所谓"性"的概念。儒家认为人的秉性是天命赋予的，天道决定人的本质。孔子谈论性，还是从实际出发，没有作出哲学的论证："子贡曰：夫子之文章，可得而闻也。夫子之言性与天道，不可得而闻也。"（《论语·公冶长》）郭店楚简把天道与人性连接起来，认为天道是人性的根据："性自命出，命自天降。道始于情，情生于性。"这篇简文还具体考察了性的内涵、养成等。《中庸》继承了这个思路，提出："天命之谓性，率性之谓道，修道之谓教。"孟子提出了性善论，并且提出了尽心、知性、知天的论述。这样，就把天道与人性沟通，找到了人性的根据。

统一人性的确立，必然产生一种人的平等观。商、周是贵族社会，存在着严格的阶级差别，氏族血缘关系也带有自然性，因此也没有形成普遍的人性概念，当然也没有平等思想。春秋战国时期，贵族社会瓦解，转向平民社会，形成了普遍的人性概念。儒家持道德化的平等观，认为人的天性相同，只是教化不同，导致品德和社会地位有高低之分，也就是君子小人之分。孔子提出了普遍人性的观念，从而深化了对人的认识。孔子认为，人性是普遍的，人的差异是后天造成的："性相近也，习相远也。"（《论语·阳货》）孟子认为，不管是圣人还是平民，人的本性是一样的："舜，人也；我，亦人也。"（《孟子·离娄下》）"曹交问曰：人可以为尧、舜，有诸？孟子曰：然。"（《孟子·告子下》）儒家主流认为人性本善,故可以教化。而荀子则持性恶论,认为善是教化的结果:"人之性恶,其善者伪也。"同时也认为"涂之人可以为禹"。(《荀子·性恶》)道家持自然平等观,认为自然天性是人的本质,文化教养、社会身份都是"伪",因此人与人平等,甚至人与万物一体。法家持性恶论,认为人性自私,故应该以赏罚治国,在法治面前人人平等,实际上也是一种性恶论的平等观。

儒家对人性有深入的理解,认为人性包括情欲与理性两个层次,二者要兼顾,不能偏失,这就避免了纵欲和禁欲两个极端。情欲是人的基本需求,有其合理性,"食色,性也"(《孟子·告子上》),"饮食男女,人之大欲存焉。"(《礼记·礼运》)同时,人性具有理性层面,可以节制情欲,因此人不同于禽兽,可以教化。孔子认为,小人只有情欲而无理性,君子则有理性:"君子怀德,小人怀土;君子怀刑,小人怀惠。"(《论语·里仁》)而有理性的标志就是守礼。"子曰:君子文以为质,礼以行之,孙以出之,信以成之,信君子哉!"(《论语·卫灵公》)孔子也认为人有理性本质——志,"三军可夺帅也,匹夫不可夺志也"(《论语·子罕》)。孔子实际上确定了人的道德本性。孟子提出了性善论,从而更深入地发掘了人性:"孟子曰:乃若其情,则可以为善矣,乃所谓善也。若夫为不善,非才之罪也。恻隐之心,人皆有之;羞恶之心,人皆有之;恭敬之心,人皆有之;是非之心,人皆有之。恻隐之心,仁也;羞恶之心,义也;恭敬之心,礼也;是非之心,智也。仁义礼智,非由外铄我也,我固有之也,弗思耳矣。"(《孟子·告子上》)孟子提出了重义轻利的思想,也肯定了人性的理性主导。孟子继承了孔子的君子人格思想,提倡"养气",以养成崇高的人格:"我善养吾浩然之气。""富贵不能淫,贫贱不能移,威武不能屈,此之谓大丈夫。"(《孟子·滕文公下》)总之,孟子把人性提升到极高的地位。

春秋战国时期人的发现,一方面以人本取代了神本和民本,确立了人的主体地位,从而为人恩取代神恩创造了条件;另一方面揭示了人性的内涵,特别是儒家的性善论,确定了人际关系的仁爱的本质,从而为恩德文化提供了人性根据。

二 后宗法社会是恩德文化产生的历史条件

春秋战国时期宗法封建贵族社会向后宗法皇权士绅社会转化,这是产生恩德文化的社会基础。在春秋战国时期,井田制被废除,世卿世禄制度瓦解,西周的贵族等级制度解体,最终产生了平民社会。平民出身的士成为官员，一些诸侯国还发生了家臣篡权，三家分晋、田陈篡齐就是典型事例。同时，周天子失尊，家天下制度瓦解，亲戚之国互相征伐，诸侯争霸、七国争雄，家天下变成了私天下，导致了家族与国家的分离。于是宗法封建贵族社会瓦解，经过秦朝的大一统国家的建立和瓦解，最终形成了后宗法皇权士绅社会。在这里，我们对宗法社会与后宗法社会作一下辨析。学界一般认为，西周建立了宗法制度，以后得以延续，形成了两千余年的宗法社会。但是，这个传统认识并不正确，它混淆了宗法社会与后宗法社会。宗法封建贵族社会建立在宗法制度之上，宗法制度在西周形成，它有这样几个规定性。第一，作为一种家族制度，确立了嫡庶之分以及大宗、小宗之别，在血缘关系基础上建立了尊卑关系。第二，家国一体，在大宗、小宗的基础上建立了分封制，封建亲戚，形成了天下体制和等级制度。第三，宗法制度只施行于天子、国君和贵族阶级，不施行于平民阶级。在春秋战国时期，宗法制度和贵族封建社会瓦解，在秦以后形成了后宗法皇权士绅社会。后宗法皇权士绅社会有这样几个规定。第一，在家族领域，继承、改造了宗法制度，对宗法制度的核心"亲亲""尊尊"作了改造，赋予其恩德内涵。同时，把这种改造后的宗法制度推广到平民阶级，成为普遍的家族制度。第二，在社会领域，废除了贵族等级制度，形成了平民社会，以尊卑长幼身份取代了贵族等级制度，在这个基础上建立了身份伦理。第三，在政治领域，家国分离，废除了分封制，建立了大一统的中央王权，家天下变成了一人之天下。同时，家国分离形成了家庭（族）与国家的二元结构，家国一体转化为家国同构，即以家长制为模型，建立了政治体制，并且把家庭（族）伦理推广为政治伦理。

  春秋战国时期的文化发生了这样几个根本性的变化。第一，由于贵族阶级衰落，平民阶级崛起，宗法封建贵族社会演化为后宗法皇权士绅社会，于是"亲亲""尊尊"的宗法伦理被破坏，即所谓"礼崩乐坏"，贵族文化转化为平民文化。"孔子谓季氏：'八佾舞于庭，是可忍孰不可忍？'"（《论语·八佾》）孟子曰："世衰道微，邪说暴行有作，臣弑其君者有之，子弑其父者有之。孔子惧，作《春秋》。"（《孟子·滕文公下》）旧的社会文化的解体，为新的社会文化的形成提供了可能性。"礼失求诸野"，贵族文化衰落，平民文化崛起，成为主流。在礼崩乐坏的情形下，官学下移，平民知识分子崛起，成为文化的主体。战国时期产生了"游士"群体，他们在体制之外，没有固定的身份，而游说于各国之间，寻找自己的社会位置和身份，成功者甚至成为卿相。于是，以儒家、道家、墨家、法家为主的实用理性的平民文化形成。第二，由于礼崩乐坏，"卡里斯马"解体，官学下移，形成不同的学派，百家争鸣发生。儒家学派、墨家学派、道家学派、法家学派等次第形成。在齐国，还设立了稷下学宫，各个学派设席讲学，各种思想交流融合。多元化的思想格局可以多方面地理解人，为"人"的自觉提供理论工具。儒家之士本来是没落贵族（如孔子），后来也吸收了大量平民子弟，他们向往西周的贵族文化，矢志"克己复礼"，但在平民社会条件下，只能把周礼改造为平民文化的规范。墨家是民间游民的组织，其思想体系体现了底层平民的价值观，如非攻、兼爱、尚同、明鬼等。法家学说体现了平民知识分子的思想，主张法不阿贵、以法治国、奖励耕战。道家学说体现了没落贵族的思想，道家之士为没落贵族，他们以贵族精神抗拒平民社会、文化，主张反文明教化，回归自然。

在后宗法社会，人与人没有形成契约关系，而是形成了施恩—报恩关系。恩德不仅是伦理规范，它还与社会身份结合，成为一种身份伦理。宗法贵族制度瓦解后，家国分离，等级抹平，世卿世禄制度不复存在，天子、诸侯、卿大夫、士、庶人的等级身份事实上消失了，而形成了非等级化的新的身份和社会关系，如家族领域的父母、子女、夫妇等；社会领域的乡邻、朋友、师生、主仆等；国家领域的君臣、官民等。这些新的身份和社会关系虽然不是平等的，但已经不具有贵族等级制度下的人身依附性，而具有了平民身份和相对独立性。这样，这些新的身份之间就不能用传统的"尊尊""亲亲"来规范，也就是不能用血缘亲情和等级服从来规范，而需要建立新的伦理规范，使其具有自律性。新的伦理规范如何适应新的社会关系呢？春秋战国时期，社会生活发生了变革，文化也发生了变革，一方面旧的文化瓦解，礼崩乐坏，另一方面新的价值观念形成，产生了早期的恩德文化。恩德文化是自然发生的，虽然也有儒家自觉设计的因素，但归根结底是社会生活自身演变而成的，儒家的设计只发生在思想理论领域，并且也是以社会生活中已经出现的恩德文化为基础、根据的。传统的宗法伦理崩坏后，在社会交往中，会自发地产生恩德文化。因为在平民社会中，人与人之间只能发生一种交换关系，由于商品经济没有发展起来，这种交换关系不是基于市场经济法则，而是基于不同的社会身份如父子、兄弟、夫妇、君臣、官民等，这些身份之间就必然形成一种伦理性的交换关系即施恩—报恩关系，进而形成恩德文化。《国语·晋语四》曾经引述《礼志》："将有请于人，必先有入焉。欲人之爱己者，必先爱人。欲人之从己者，必先从人。无德于人，而求用于人，罪也。"这种交换互利的伦理与平民社会的身份结合，就形成了恩德文化。

新的伦理规范不能凭空产生，只能从旧有的伦理中转化生成，也就是从宗法伦理的"亲亲""尊尊"规范中转化生成。新的伦理规范就是构建新的社会身份的伦理责任，"亲亲"突破了血缘亲情，而变成了管理者与被管理者之间的爱的给予和回报；"尊尊"不再是等级服从，而变成了施恩者与报恩者之间的控制—依附关系。这样，新的伦理规范与新的社会关系相结合，以社会身份规定伦理责任，以伦理责任确定社会身份，就形成了身份伦理。身份伦理是相对于普遍伦理而言的，它不是对一般人适用的普遍的、平等的伦理规范，而是以不同的社会角色来确定伦理责任。孔子建立的儒家伦理体系称为"名教"，名即身份，名教就是身份伦理。孔子倡导正名，就是重新界定身份，在此基础上规定各种身份的伦理责任。孔子曰："必也正名乎？名不正，则言不顺，言不顺，则事不成，事不成，则礼乐不兴，礼乐不兴，则刑罚不中，刑罚不中，则民无所措手足。"（《论语·子路》）这里就把正名分与复兴礼乐制度联系在一起。为什么要正名呢？从主观上看，孔子是要恢复西周等级制度和周礼，但客观社会条件并不允许这种历史的倒退，因此这个意图是不可能实现的。孔子和他所代表的儒家只能从社会实际出发，改造"亲亲""尊尊"伦理，给新的社会身份赋予施恩—报恩责任，建立身份伦理，构建"君君、臣臣、父父、子子"的社会秩序。在社会生活中，这种恩德文化已经悄悄地发生了。这个身份伦理与社会关系是一体化的，它以施恩—报恩责任划定了身份、确定了不同身份之间的支配—依附关系，因此恩德作为一种伦理规范，也带有了权力属性。

恩德文化是神恩转化为人恩的产物。殷商的神恩文化转化为西周的祖恩文化，在春秋战国时期祖恩文化瓦解，社会管理者即家长和国君改造了神恩—祖恩文化，把神恩和祖恩变成了人恩，家长和国君成为施恩者和报恩对象，家庭成员和民众成为受恩者和报恩方，这样就形成了父慈子孝、兄友弟恭、夫德妻贤、君明臣忠、官良民顺的道德责任和社会秩序。祖恩向人恩转化的途径是，祖恩变家恩，而家国同构，于是家恩就涵盖了国恩以及社会领域的人恩。这种转化是一个自然历史过程，而儒家的设计只是顺应了这个自然历史过程。后来儒家对这个由家恩到国恩的演变过程作了逻辑推理（当然这是一种类比性推理），以证明其合理性，这就是孟子所谓"推恩"。实际上由于家国同构，祖恩向家恩的转化本身就涵盖了社会领域和政治领域的恩德，"推恩"只是后起的理论阐释和证明，并不是实际的建构过程。

由家国一体的宗法社会向家国同构的后宗法社会转化的过程中，形成了过渡性的基本的伦理范畴——孝,这个最初的孝后来的演变、分化展现了祖恩向人恩转化的过程。最初的孝不是单纯的家庭伦理范畴,而是依据不同社会身份,规定了不同的伦理责任,从而成为涵盖了家庭、社会、国家领域的广泛的伦理范畴。这个广泛的孝留下了祖恩文化向家恩文化转化的痕迹。这就是说,西周的祖恩文化在春秋战国时期瓦解,转化为家恩文化,而其时家国一体瓦解,形成了家国同构,于是家国一体的孝就转化为家国同构的孝,它以不同身份的责任,分别体现了家庭伦理、社会伦理和政治伦理。《孝经》规定了天子之孝、诸侯之孝、士之孝和庶人之孝,各有其责任:庶人之孝是齐家,即孝顺父母。《孝经·庶人章》云:"用天之道,分地之利,谨身节用,以养父母,此庶人之孝也。故自天子至于庶人,孝无终始,而患不及者,未之有也。"士之孝是治国,效忠君主。《孝经·士章》云:"资于事父以事母,而爱同;资于事父以事君,而敬同。故母取其爱,而君取其敬,兼之者父也。故以孝事君则忠,以敬事长则顺。忠顺不失,事其上,然后能保其禄位,而守其祭祀,盖士之孝也。"诸侯之孝是保国治民,"在上不骄,高而不危,制节谨度,满而不溢。……富贵不离其身,然后能保其社稷,而和其民人,盖诸侯之孝也"(《孝经·诸侯章》)。天子之孝是平天下,孝顺列祖列宗,勤政爱民。《孝经·天子章》云:"子曰:爱亲者,不敢恶于人;敬亲者,不敢慢于人。爱敬尽于事亲,而德教加于百姓,刑于四海,盖天子之孝也。"显然,这个宽泛的孝包含了不同身份的伦理责任,体现了家国一体向家国同构的转化,也显示了家庭伦理与社会伦理、政治伦理的分化与同构化。随着社会发展,家庭、社会、国家成为独立的领域,这种宽泛的孝已经不适应家国分离的社会状况,需要建立相应独立的伦理范畴,于是广义的孝分化成为不同领域的伦理范畴,如家庭领域的孝、社会领域的友、国家领域的忠等,这标志着恩德文化体系建构的完成。

神恩经过祖恩转化为人恩,并不是把神恩直接移用于人恩,而是说,神恩与人恩的结构相同,但性质不同。神恩是早期宗教的内涵,是非理性的,而人恩则理性化、道德化了,以仁爱为基本内涵。恩德文化主要是人恩,同时也保留了对天的信仰,人恩与神恩并存,只不过这个神恩不是独立的、主导的,而且人恩化了。在中国语境中,天具有自然界和最高神双重身份,敬天带有自然崇拜的痕迹,也有神的崇拜的属性。对天的信仰主要体现在两个方面。一个方面是早期宗教的遗存,天恩体现为对人的保佑和赐福,人也通过祭天仪式回报天恩。另一方面是被儒家伦理化的天道观,这个天道是伦理本体,成为恩德的根据,所以天道即人道,它不在彼岸而在此岸。总体上说，在恩德文化中，宗教伦理化，神恩本身也道德化了，天恩变人恩，天道即人道，天人合一，天通过人发挥其伦理功能。

第二节 家庭领域恩德文化的形成

一 祖恩向家恩的转化

春秋战国时期产生的人本主义肯定了人的价值，神恩就可能转化为人恩。首先是祖恩变家恩，也就是从报祖先之恩变成了报家长（父母）之恩。春秋战国时期理性精神的发展，不仅神恩意识淡化，也使得祖恩文化衰落了。从根本上说，早期宗教信仰的衰落导致对祖先神灵敬畏的消解，而父母的实际地位得以突出，祖恩向家恩转化。此外，家国一体结构的解体，也造成了祖恩文化的衰微。虽然神恩观念和祖恩观念仍然存在，但不再能够充分地解释和规范现实生活，于是就需要建立新的伦理规范。在宗法封建贵族社会瓦解的历史条件下，人际关系利益化，而这种平民化的利益关系没有发展为西方世界的契约关系，仍然具有依附性。如何规范这种新的人际关系，首先需要建立新的家庭伦理，因为家庭（族）仍然是后宗法社会的基本单位，家庭（族）伦理是整个文化的基础。新的家庭伦理不能凭空创造出来，而只有利用、改造传统的思想资源，这个思想资源就是祖恩。于是儒家为代表的文化主体就把祖恩转化成家恩即父母之恩。

在春秋时期，宗法伦理随着宗法制度的衰落、瓦解，也日渐衰落、瓦解。由于周天子的失势，家国一体的家天下体制瓦解，以亲缘关系为纽带的周天子和诸侯之间的臣属关系破裂，作为亲属之国的诸侯之间也开始争权夺利。由于家国一体，国家政治的失范也导致"亲亲"关系瓦解，利益关系凸显，这就是礼崩乐坏在家庭伦理上的体现。在《左传》《战国策》等史书中，有大量记载上层社会家庭伦理崩坏的事例，包括为了争夺权位，子弑父、父杀子、兄弟相残、男女通奸等。有两个著名的事例最为典型，其一是"郑伯克段于鄢"的故事。郑庄公的同母弟共叔段，受其母姜氏偏爱，而有篡逆之心。庄公故意让其野心膨胀，而共叔段果然举事，其母姜氏为内应。庄公一举击败共叔段，并且与母亲决裂："遂置姜氏于城颍，而誓之曰：'不及黄泉，无相见也。'既而悔之。"后来颍考叔帮助他想出了下台阶的办法，就是"若阙地及泉，隧而相见"，于是母子相见，"遂为母子如初"（《左传·隐公元年》）。这个故事说明了春秋时期，由于利益的冲突，母子、兄弟之间的伦理关系都受到了破坏，而母子恢复关系的结局，也是出于维护伦理规范，带有勉强性。还有一个故事，是在战国时期，苏秦游说秦国不成，钱财用尽，灰溜溜地回到家里，不受家人待见："归至家，妻不下纴，嫂不为炊，父母不与言。"这时苏秦意识到人际关系的薄凉，"苏秦喟然叹曰：'妻不以我为夫，嫂不以我为叔，父母不以我为子，是皆秦之罪也。'"后来苏秦发愤读书有成，成功游说赵国，封为武安君，受相印，且缔结抗秦联盟，"约从散横，以抑强秦"。苏秦富贵还乡，"父母闻之，清宫除道，张乐设饮，郊迎三十里。妻侧目而视，倾耳而听；嫂蛇形匍伏，四拜自跪而谢。苏秦曰：'嫂何前倨而后卑也？'嫂曰：'以季子之位尊而多金。'苏秦曰：'嗟乎！贫穷则父母不子，富贵则亲戚畏惧。人生世上，势位富贵，盖可忽乎哉？'"（《战国策·秦策一》）这个故事说明世道发生了变化，传统的"亲亲"家庭伦理沦丧，变成了一种利益主导的人际关系法则。还有一件事情，也表明了家族秩序的紊乱已经影响到了国家政治领域：在鲁国的一次祭祀活动中，负责邦国礼仪的夏父弗忌，以侄子鲁僖公的功绩大于短暂在位的叔叔鲁闵公为由，把鲁僖公的位次安排到了鲁闵公的前面，这违反了周礼规定的祭祀祖先的昭穆顺序。为此，有司指出不妥："夫祀，昭孝也。各致齐敬于其皇祖，昭孝之至也。"（《国语·鲁语上·夏父弗忌改昭穆之常》）这说明当时世人的实用主义观念破坏了传统的周礼规定。由于礼崩乐坏，亲情难以维系，就出现了虚假的亲情表达，如《礼记·檀弓下》记述："成人有其兄死而不为衰者，闻子皋将为成宰，遂为衰。"这也是说明对权势的倾慕毁坏了伦理规范。宗法制度下的家庭伦理的毁坏，为新的家庭伦理开辟了道路。

春秋时期，随着宗法制度的瓦解，在新的社会生活基础上，经过儒家的思想创造，新的伦理发生。首先，由于人本思想形成，孝的对象由祖先神灵延伸至父母，如"善父母为孝"（《尔雅·释训》）、"慈惠爱亲曰孝"（《逸周书·谥法》）。其次，把宗法礼教的血缘亲情（"亲亲"）和等级关系（"尊尊"），赋予恩的内涵，以恩德阐释孝，这样孝就成为独立的家庭伦理范畴。《孝经》从祖先配天推演出孝德，即从祖恩推演出家恩，从而有了如下论述：

曾子曰："敢问圣人之德，无以加于孝乎？"子曰："天地之性，人为贵。人之行，莫大于孝。孝莫大于严父，严父莫大于配天，则周公其人也。昔者，周公郊祀后稷以配天，宗祀文王于明堂，以配上帝。是以四海之内，各以其职来祭。夫圣人之德，又何以加于孝乎？故亲生之膝下，以养父母日严。圣人因严以孝敬，因亲以教爱。圣人之教，不肃而成，其政不严而治，其所因者本也。父子之道，天性也，君臣之义也。父母生之，续莫大焉。君亲临之，厚莫重焉。……故能成其德教，而行其政令。"《诗》云："淑人君子，其仪不忒。"（《孝经·圣治》）

这里讲述了孝的源头是祖恩，即以祖先配祀天神，"宗祀文王于明堂"，从配天推演到父子之道、君臣之义，突出了恩的观念，即父母对子女有养育之恩，君主对臣民有善政之恩。这样，就把周礼的内涵作了伦理化的改造，使神恩经由祖恩变成了父母之恩，再推广为普遍的人恩，形成了以孝为核心的恩德。孔子最早把报父母的养育之恩作为孝的依据：

宰我问："三年之丧，期已久矣。君子三年不为礼，礼必坏；三年不为乐，乐必崩。旧谷既没，新谷既升；钻燧改火，期可已矣。"子曰："食夫稻，衣夫锦，于女安乎？"曰："安。""女安，则为之！夫君子之居丧，食旨不甘，闻乐不乐，居处不安，故不为也。今女安，则为之！"宰我出。子曰："予之不仁也！子生三年，然后免于父母之怀。夫三年之丧，天下之通丧也，予也有三年之爱于其父母乎？"（《论语·阳货》）

这里就把孝的根据归结为报父母的抚育之恩，而且以"心安"作为孝的心理根据，这是一种新的伦理观念，新的孝道由此建立。儒家把西周的宗法家庭伦理改造了，把它的重点由对先祖的祭祀，变成了对父母的敬养；把对先祖的敬畏和宗法礼教的强制变成了一种自觉的报恩，从而成为一种恩德形态。其后子思、孟子等也继承和发展了孝道思想，如孟子把孝与人的本性即不忍人之心联系起来，找到了孝的人性根据。《孝经》进一步从身体性的角度论证了孝道的恩德性质，提出自己的身体与父母的身体不可分离，自己的身体是父母的身体的一部分，因此孝道就由爱自己的身体得到证明，此即所谓"身体发肤，受之父母，不敢毁伤，孝之始也"（《孝经》）。《吕氏春秋·孝行览第二·孝行》也说："曾子曰：'身也者，父母之遗体也。行父母之遗体，敢不敬乎？'"这种论述进一步确立了父母是子女的生命之源，论证了孝的恩德属性。

总之，由于祖恩变成了父母之恩，家恩得以确立，形成了孝道，为整个恩德文化奠定了基础。

二　家庭生活的恩德化

宗法礼教的家庭伦理瓦解，同时新的家庭伦理也在形成，这种新的家庭伦理保留了家长制和血缘亲情，同时也带有了恩德性质，即父子、兄弟、夫妇之间形成了恩德关系。

首先，家庭伦理以父子之间的关系为中心，而在春秋战国时期的社会生活中已经形成了恩德化的父子关系。齐国最早称霸中原，在国内也进行了德法兼治的改革，实行了德教与法治的并举，事实上建立了一种恩德文化。齐国的伦理建设的实绩，在《管子》等历史文献中得到了体现。《管子》主张以制度法令强化以孝道为中心的家庭伦理。故《管子·山权数》中有"君不高慈孝，则民简其亲而轻过"的说法。《管子》认为父母慈教是建立孝道的前提。《管子·形势解》曰："父母者，子妇之所受教也，能慈仁教训而不失理，则子妇孝。"这里认为孝是对父母慈教的回报，即人在幼小的时候对父母有依恋的感情，成年后则会有感恩的心理，并想有所回报，这就是感恩、报恩思想的形成。如果相反，"父母暴而无恩，则子妇不亲"。同时，齐国政府还大力宣称奖励孝道，《管子·山权数》曰："则君请以国策十分之一者，树表置高，乡之孝子聘之币，孝子兄弟众寡不与师旅之事。树表置高而高仁慈孝，财散而轻。"《管子·大匡》曰："适子不闻孝，不闻爱其弟，不闻敬老国良，三者无一焉，可诛也。"《管子·小匡》曰："正月之朝，乡长复事，公亲问焉，曰：'于子之乡，有居处为义好学，聪明质仁，慈孝于父母，长弟闻于乡里者，有则以告。有而不以告，谓之蔽贤，其罪五。'……公又问焉，曰：'于子之乡，有不慈孝于父母，不长弟于乡里，骄躁淫暴，不用上令者，有则以告。有而不以告，谓之下比，其罪五。'""政既成，乡不越长，朝不越爵。罢士无武，罢女无家。士三出妻，逐于境外。女三嫁，入于春谷。是故居民皆勉为善。"这就有效地推广了以孝道为核心的家庭伦理。《战国策·齐策四·齐王使使者问赵威后》云："北宫之女婴儿子无恙耶？彻其环瑱，至老不嫁，以养父母。是皆率民而出于孝情者也。……"这里举出了一个孝女的事迹，可见孝道已经开始深入民间，形成风俗。

《诗经》中也有表达孝道的诗歌，如《蓼莪》就是颂扬孝道的名篇。诗歌叹咏父母生儿育女的艰辛："哀哀父母，生我劬劳"，"哀哀父母，生我劳瘁"。诗歌描述了父母对子女的关爱："父兮生我，母兮鞠我，拊我畜我，长我育我，顾我复我，出入腹我。"诗歌感叹父母恩德如天，难以回报："欲报之德，昊天真罔极！"这表明此时人们已经以施恩—报恩观念看待父母与子女的关系，恩德意识已经在民间形成，不仅父母子女之间，兄弟之间也形成了恩情。《诗经》中多有描写兄弟之情的诗作，如：

> 棠棣之华，鄂不韡韡；凡今之人，莫如兄弟。
> 死丧之威，兄弟孔怀；原隰裒矣，兄弟求矣。
> 脊令在原，兄弟急难；每有良朋，况也永叹。
> 兄弟阋于墙，外御其务；每有良朋，烝也无戎。
> 丧乱既平，既安且宁；虽有兄弟，不如友生。
> 傧尔笾豆，饮酒之饫；兄弟既具，和乐且孺。
> 妻子好合，如鼓瑟琴；兄弟既翕，和乐且湛。
> 宜尔室家，乐尔妻帑；是究是图，亶其然乎？（《诗经·小雅·棠棣》）

这里描述的兄弟亲情也带有利益关系，兄弟因为利益而阋于墙，但对外又团结一致，这样就建立了"悌"的伦理范畴。

夫妇之间的恩德关系在春秋战国时期也开始形成。《诗经》肯定了夫妇之间琴瑟和鸣的关系，同时也强调夫唱妇随的主从关系。如应该不早于春秋战国时期的《礼记·昏义》所记述的妇德："男女有别，而后夫妇有义。""成妇礼，明妇顺，又申之以著代，所以重责妇顺焉也。妇顺者，顺于舅姑，和于室人，而后当于夫，以成丝麻布帛之事，以审守委积盖藏。是故妇顺备而后内和理，内和理而后家可长久也，故圣王重之。"这里强调妻子要顺从丈夫及其家人，是孝道的延伸，成为夫妇之间的恩德。春秋战国时期家庭伦理的恩德化，为整个社会伦理的恩德化奠定了基础，成为恩德文化建设的起点。

第三节 社会领域恩德文化的形成

一 社会生活恩德化的历史根据

西周是家国一体的宗法社会，家庭扩展成为家族，家族集合成为宗族，宗族集合成为国家，没有形成独立的社会领域。由此，形成了家庭（族）伦理与政治伦理一体化的宗法伦理，这就是"亲亲""尊尊"规范，而没有形成独立的社会伦理。在春秋战国时期，宗法制度解体，家国分离，在家国之间，由于宗族衰微，产生了一个中间地带，这是相对独立的社会领域，它部分地取代了宗族的领域。在这个社会领域，产生了新的社会身份和人际关系，它脱离了血缘关系和等级制度，是一种平民化的社会身份和社会关系。在这种历史条件下，"亲亲""尊尊"的宗法伦理不再能够有效地调节新的社会关系，发生了"礼崩乐坏"，这就要求在家庭伦理、国家伦理之外建立新的社会伦理，以规范新的社会关系。新的社会伦理的建构，不能凭空产生，只能从旧的伦理中转化生成，也就是说只能从宗法伦理中转化生成。

后宗法社会家国同构，就是把家庭（族）关系推广到社会、国家领域，形成尊卑长幼之间的社会秩序和君臣官民之间的政治秩序。在这个社会关系的基础上，形成了家国同构的伦理体系，就是把家庭（族）伦理推广到社会、国家领域，形成社会伦理和政治伦理，即把孝悌推广为尊长爱幼、忠君爱民。儒家指出，孝悌不限于家庭（族）范围，还要推扩到社会，形成社会伦理，即把家庭（族）伦理社会化，也是把社会伦理家庭（族）化。《礼记·祭义》描述了孝悌外推而成为社会伦理的轨迹："七十杖于朝，君问则席。八十不俟朝，君问则就之，而弟达乎朝廷矣。行，肩而不并，不错则随。见老者，则车徒辟；斑白者不以其任行乎道路，而弟达乎道路矣。居乡以齿，而老穷不遗，强不犯弱，众不暴寡，而弟达乎州巷矣。古之道，五十不为甸徒，颁禽隆诸长者，而弟达乎搜狩矣。军旅什伍，同爵则尚齿，而弟达乎军旅矣。"这就是孔子说的"弟子入则孝，出则悌"（《论语·学而》）；孟子说的"亲亲而仁民，仁民而爱物"（《孟子·尽心上》）；荀子说的："遇乡则修长幼之义，遇长则修子弟之义"（《荀子·非十二子》）；《孝经》说的："教以悌，所以敬天下之为人兄者也"，从而实现"四海之内皆兄弟也"（《论语·颜渊》）。这样，恩德化的社会伦理就初步形成了。

春秋战国时期的乡土社会是以家族为中心扩展生成的，主要体现为一种乡邻关系，这是最基本的、直接的社会关系，所以社会伦理也主要是一种乡邻关系的规范。乡邻之间的伦理规范就是各个家庭、家族之间互助、和睦，即所谓"相保、相受、相葬、相救、相赒、相宾"[1]。孟子说："死

---

[1] （汉）郑玄注，（唐）贾公彦疏：《周礼注疏》卷一〇，上海世纪出版股份有限公司、上海古籍出版社，2010，第367页。

徙无出乡，乡田同井，出入相友，守望相助，疾病相扶持，则百姓亲睦。"① 传为汉代韩婴所著的《韩诗外传》也追叙道："古者八家而井田……八家相保，出入更守，疾病相忧，患难相救，有无相贷，饮食相招，嫁娶相谋，渔猎分得，仁恩施行，是以其民和亲而相好。"② 可以看出，这种乡邻互助关系也带有了恩德性质，就是所谓邻里之间的"仁恩施行"，达成和谐社会。在春秋战国时期，邻里之间也出现了尊长爱幼、互敬互让的风气，《礼记·曲礼上》就说，"邻有丧，舂不相；里有殡，不巷歌"，这就是对邻里、乡党的尊重。这些新的社会伦理的出现，标志着恩德文化已经在社会生活领域形成。这种伦理已经深入人心，成为一种社会风尚。即使在秦代，虽然经过法家的毁坏，恩德文化仍然在民间存在。《史记·淮阴侯列传》记载，韩信少年时家贫，父母双亡，经常食不果腹。淮水边上有个以为人家漂洗纱絮为生的老妇人，人称"漂母"，漂母可怜他，就天天把自己的饭菜分给他吃，使其免于饥饿。韩信后来发达，被封为淮阴侯，仍不忘漂母的一饭之恩，就派人找到漂母，以千金相赠，这便是"一饭千金"典故的由来。由此可见，恩德伦理已经在民间社会发生，后来经由儒家的提倡，成为主流文化。

二 新的身份与社会伦理规范

在春秋战国时期，出现了新的社会身份和社会关系。首先是平民知识分子即游士出现，士与权贵的关系不再是等级隶属关系，而具有了某种独立的身份，形成了一种利益交换式的宾主关系。其次，由于官学下移，产生平民化的教育，教师的社会角色出现了，形成了新型的师生关系。最后，就是由于等级制度的瓦解，人的身份独立，家族以外的社会交往也展开了，形成了朋友关系。在这三种新的身份和社会关系之上就形成了新的社会伦理。这个新的社会伦理的建构，主要是儒家所倡导的恩德。宾主关系、朋友关系、师生关系，更为突出地体现了恩德规范，在这个基础上建构了社会生活领域的恩德文化。

春秋战国时期社会伦理的恩德化，首先体现在士与权贵之间的"知遇之恩"上。西周的士为底层贵族，他们与贵族的关系是等级隶属关系，其伦理规范是无条件的忠诚、服从。春秋战国时期，权贵与家臣的关系也悄悄地发生了变化，人身依附关系瓦解。这时，无条件的忠诚、服从理念

---

① （清）焦循撰，沈文倬点校：《孟子正义》，中华书局，1987，第358～359页。
② （汉）韩婴撰，许维遹集释：《韩诗外传集释》卷四，中华书局，1980，第143页。

就瓦解了，而新的伦理就出现了，也就是形成了一种施恩—报恩的关系和伦理规范。《吕氏春秋》记载，春秋时晋国的豫让，为智氏家臣。智氏被灭掉后，豫让为其报仇，刺杀赵襄子未遂，身死。"豫让之友谓豫让曰：'子之行何其惑也？子尝事范氏、中行氏，诸侯尽灭之，而子不为报；至于智氏，而子必为之报，何故？'豫让曰：'我将告子其故。范氏、中行氏，我寒而不我衣，我饥而不我食，而时使我与千人共其养，是众人畜我也。夫众人畜我者，我亦众人事之。至于智氏则不然，出则乘我以车，人则足我以养，众人广朝，而必加礼于吾所，是国士畜我也。夫国士畜我者，我亦国士事之。'豫让，国士也，而犹以仁之于己为念，又况于中人乎？"（《吕氏春秋·季冬纪第十二·不侵》）这里道出了一个新的伦理观念，就是"夫众人畜我者，我亦众人事之"，"夫国士畜我者，我亦国士事之"，这就是恩德，它的准则不同于宗法伦理的"亲亲""尊尊"，而是对我有恩，我则报恩，否则即使为家臣，也不必尽忠。

春秋战国时期产生了出身平民的游士群体。游士不隶属于固定的贵族，没有固定职业，多依靠自己的特长投靠权贵门下，是谓门下客。门客有独立的身份，不从属于任何人，与恩主的关系是临时性的，是为了取得报酬；恩主养士也是为了利用其一技之长，实现政治图谋。他们除了给予报酬，还必须通过礼贤下士、尊崇厚养，以建立恩情，获得门客的感恩、报恩。这种宾主之间的恩德关系，春秋时期已经初露端倪，而在战国时期大行其道，出现了以养士著名的"四君"，即魏国的信陵君、赵国的平原君、楚国的春申君、齐国的孟尝君等。这些贵族为了实现自己的政治目的，养了许多门客，其中多为平民，并且不乏鸡鸣狗盗之徒。恩主与门客的关系，不同于西周的君主、贵族与士的等级隶属、人身依附关系，而是一种互相利用和施恩—报恩的关系。著名的"冯骥弹铗"的故事，就体现了恩主与门客的施恩—报恩关系。冯骥作为孟尝君的门客，不满意"食无鱼""出无车""无以为家"，公开发牢骚，要求提高待遇，孟尝君都一一给予满足。孟尝君派他到封地收债，他烧毁债券"市义"，为孟尝君营造了安稳的后方，从而不辱使命，报答了恩主。战国时期的几个著名刺客，也都是贵族以优厚的待遇换得他们舍命报恩。如韩国大臣严遂与相国韩傀有仇，严遂就结交勇士聂政，待之以礼。聂政感恩，曰："嗟乎！政乃市井之人，鼓刀以屠，而严仲子乃诸侯之卿相也，不远千里，枉车骑而交臣，臣之所以待之，至浅鲜矣，未有大功可以称者。而严仲子举百金为亲寿，我虽不受，然是深知政也。夫贤者以感忿睚眦之意，而亲信穷僻之人，而政独安可嘿然而止乎？且前日要政，政徒以老母。老母今以天年终，政将为知己者用。"(《史记·刺客列传·聂政》)聂政待母亡后三年，前往刺杀韩傀，得手后也自杀身亡。此外，燕国的太子丹礼遇荆轲，荆轲感恩刺杀秦王，慷慨赴死，也是一例证。这种施恩—报恩的观念和行为，不同于贵族社会的等级附属关系，也不同于雇凶杀人的市场规则，而是建立在某种情感交换的基础上，也就是聂政所说的"为知己者用"。这种门客与恩主之间的施恩—报恩的关系，构造了新的社会伦理，取代了等级制度下的"亲亲""尊尊"关系。中国传统社会流行"士为知己者死"的信条，就是恩德的体现。

春秋战国时期，由于等级制度瓦解，宗法制度松弛，平民社会的人际交往产生了朋友关系，也形成了新的社会伦理观念"友"。友的原意是兄弟之谊，《尚书·康诰》云："元恶大憝，矧惟不孝不友。"《尚书·君陈》云："惟尔令德孝恭，惟孝友于兄弟。"春秋时，由于家庭伦理泛化为社会伦理，包括以兄弟之情比拟于朋友之谊，友成为家庭伦理的延伸，而成为社会伦理范畴。孔子重视友情，认为与朋友交往是件很快乐的事情，"有朋自远方来，不亦乐乎"(《论语·学而》)。孔子认为人与人之间应该互相学习，主张结交益友："三人行，必有我师焉；择其善者而从之，其不善者而改之。"(《论语·述而》)孔子说："益者三友……友直，友谅，友多闻，益矣。"(《论语·季氏》)在朋友交流中要"切切偲偲"(《论语·子路》)，"就有道而正焉"(《论语·学而》)。《论语·学而》也记载了孔子的学生子夏的言论："子夏曰：'贤贤易色；事父母，能竭其力；事君，能致其身；与朋友交，言而有信。虽曰未学，吾必谓之学矣。'"

在春秋战国时期，朋友成为五伦之一。《礼记·中庸》曰："天下之达道五，所以行之者三。曰君臣也，父子也，夫妇也，昆弟也，朋友之交也，五者天下之达道也。"孟子提出"明人伦"，就是五种关系："父子有亲，君臣有义，夫妇有别，长幼有序，朋友有信。"后来董仲舒也把朋友关系列为"六纪"之一。由于等级制度废弛，家庭血缘关系淡化，社会交往增加，朋友关系得到重视。《诗经·小雅·伐木》歌颂了朋友之间的情谊，以修补人际关系的疏远化即"民之失德，干糇以愆"，该诗曰："嘤其鸣矣，求其友声，相彼鸟矣，犹求友声。矧伊人矣，不求友生，神之听之，终和且平。"朋友关系的建立，甚至产生了生死之交。著名的"管鲍之交"体现了"友"的含义：

> 管仲曰："吾始困时，尝与鲍叔贾分财利，多自与，鲍叔不以我

为贪，知我贫也；吾尝为鲍叔谋事而更穷困，鲍叔不以我为愚，知时有利不利也。吾尝三仕三见逐于君，鲍叔不以我为不肖，知我不遭时也。吾尝三战三走，鲍叔不以我为怯，知我有老母也。公子纠败，召忽死之，吾幽囚受辱，鲍叔不以我为无耻，知我不羞小节而耻功名不显于天下也。生我者父母，知我者鲍子也。"

管仲为齐相国后，也报答了鲍叔的知遇之恩："鲍叔既进管仲，以身下之。子孙世禄于齐，有封邑者十余世，常为名大夫。"（《世纪·管晏列传》）《吕氏春秋·季冬纪第十二·士节》记载：

> 北郭子召其友而告之曰："说晏子之义，而尝乞所以养母焉。吾闻之曰：'养其亲者，身伉其难。'今晏子见疑，吾将以身死白之。著衣冠，令其友操剑奉笥而从，造于君庭，求复者曰：'晏子，天下之贤者也，去则齐国必侵矣。必见国之侵也，不若先死。请以头托白晏子也。'因谓其友曰：'盛吾头于笥中，奉以托。'退而自刎也。其友因奉以托。其友谓观者曰：'北郭子为国故死，吾将谓北郭子死也。'又退而自刎。"

这个故事说明朋友之间可以托付生死。《列子·汤问·伯牙绝弦》记载：

> 伯牙善鼓琴，钟子期善听。伯牙鼓琴，志在高山，钟子期曰："善哉，峨峨兮若泰山！"志在流水，钟子期曰："善哉，洋洋兮若江河！"伯牙所念，钟子期必得之。子期死，伯牙谓世再无知音，乃破琴绝弦，终身不复鼓。

这个故事说明了朋友关系建立在互相理解和共同的志趣基础上。

儒家把这种朋友关系比拟为兄弟关系，友是兄弟之谊的推广，以此建立了一种家庭之外的恩德关系。友谊也具有恩德性质，是双方之间的施恩—报恩关系，往往是年长、地位高者为施恩一方，年幼、地位低者为受恩和报恩的一方。"子夏曰：'君子敬而无失，与人恭而有礼。四海之内皆兄弟也。君子何患乎无兄弟也？'"（《论语·颜渊》）国人之间虽然没有血缘关系，但仍然有兄弟之情，互相施恩、报恩，这就是普通人之间的友爱。《孝经》也借孔子的话说："[君子]教以悌，所以敬天下之为人兄者也。"更把一般社会关系当作兄弟关系的泛化——朋友关系。朋友关系作为兄弟关系的延伸，也不是平等的关系，也具有控制性，只是由于朋友关系属于社会体制的边缘，因此较之其他社会关系而言，其控制性要弱一些罢了。

西周官学中的教师是官员，师生关系是上下级之间的等级关系。春秋战国时期，产生了私学，形成了新的师生关系。由于官学下移，士人可以开馆授徒，平民子弟也可以入学，而孔子成为最早的私学教师。孔子"有教无类"，"子曰：'自行束脩以上，吾未尝无诲焉。'"（《论语·述而》）这种学生缴纳学费、教师收徒授业的关系，就产生了不同于官学的新的师生关系和伦理。儒家把这种师生关系比拟作父子关系，即后世所谓"师徒如父子"。这种师生关系也是一种施恩—报恩的关系，即教师施恩于学生，学生报恩于教师。先秦的师生伦理思想集中体现在《管子·弟子职》篇。汉代刘向、刘歆父子把该篇从《管子》中抽出，归入《六艺略》的"孝经"类。该篇记载了弟子事师的礼节、规范，应该是齐国稷下学宫制定的学生守则。该篇云："先生施教，弟子是则。温恭自虚，所受是极。见善从之，闻义则服。温柔孝悌，毋骄恃力。"这里把师生伦理归入孝道，强调教师对弟子的主体地位，弟子对教师应该遵行孝德。《荀子·礼论》中说："礼有三本：天地者，生之本也；先祖者，类之本也；君师者，治之本也。"这里把君师并提，可见师的地位之尊，后人据此归纳出"天地君亲师"五尊。《荀子·大略》云："言而不称师，谓之畔（叛）；教而不称师，谓之倍（背）；倍畔之人，明君不内（纳），朝士大夫谓之者涂不与言。"荀子甚至提倡"师云亦云"。《吕氏春秋·尊师》中规定了学生服侍师长的义务，几乎像子女服侍父母一样：

> 生则谨养，谨养之道，养心为贵；死则敬祭，敬祭之术，时节为务。此所以尊师也。治唐圃，疾灌浸，务种树，织葩屦，结罝，捆蒲苇；之田野，力耕耘，事五谷；如山林，入川泽，取鱼鳖，求鸟兽。此所以尊师也。视舆马，慎驾御；适衣服，务轻暖；临饮食，必蠲洁；善调和，务甘肥；必恭敬，和颜色，审辞令；疾趋翔，必严肃。此所以尊师也。

可以看出，师生关系是教师主导的，类似父子关系。师生关系体现为教师爱学生，是为施恩；学生爱教师，是为报恩。孔子授徒的实践就体现了这种师生之间的恩德。孔子对学生充满感情，爱护备至，一方面，对学生教诲有加，因材施教，呕心沥血，育成弟子三千、贤人七十二；另一方面，对学生的生活也关心备至。《论语·雍也》记载:"伯牛有疾,子问之,自牖执其手,曰:'亡之,命矣夫!斯人也而有斯疾也!斯人也而有斯疾也!'"《论语·先进》记载:颜渊死,子曰:"噫!天丧予!天丧予!"《孔子家语·七十二弟子解》记载:子路遇害,"孔子痛之,曰:'吾自有由,而恶言不入于耳。'"《礼记·檀弓上》云:"孔子哭子路于中庭。有人吊者,而夫子拜之。既哭,进使者而问故。使者曰:'醢之矣。'遂命覆醢。"这是孔子对学生的恩情。同样,孔子的学生也对老师的恩情予以回报。孔子游说各国,其弟子也不惧艰难困苦地追随他,甚至厄于陈蔡,仍然弦歌不绝。在孔子彷徨的时候,问子贡:"赐,《诗》云:'匪兕匪虎,率彼旷野',吾道非邪?吾何为于此?"子路、子贡都为老师报不平,但只有颜回最理解孔子之道,安慰老师说:"夫子之道至大,天下莫能容。虽然,夫子推而行之,世不我用,有国者之丑也,夫子何病焉?不容,然后见君子。"孔子很感到欣慰,"孔子欣然叹曰:'有是哉,颜氏之子!使尔多财,吾为尔宰。'"(《孔子家语·在厄》)当时别有用心的人诋毁孔子,学生们奋起维护老师的声誉。"叔孙武叔毁仲尼",子贡辩驳道:"无以为也。仲尼不可毁也。他人之贤者,丘陵也,犹可逾也。仲尼,日月也,无得而逾焉。人虽欲自绝,其何伤于日月乎?多见其不知量也。"(《论语·子张》)孔子发出这样的感慨:"回也视予犹父也,予不得视犹子也。非我也,夫二三子也!"(《论语·先进篇》)从这一段的述说,我们也可以看出孔门弟子对孔子的这份至诚感人的敬爱之情。孔子死后,弟子服孝三年,唯子贡墓庐六年乃去,体现出深厚的师生情谊。"二三子三年毕丧,或留或去,惟子贡庐于墓六年。之后群弟子及鲁人处于墓如家者百有余家,因名其居曰孔里焉。"(《孔子家语·终记解》)《孟子》记载:"昔者孔子没,三年之外,门人治任将归,入揖于子贡,相向而哭,皆失声,然后归。子贡反,筑室于场,独居三年,然后归。"(《孟子·滕文公章句上》),故孟子云:"以德服人者,中心悦而诚服也,如七十子之服孔子也。"(《史记·孔子世家》)

第四节 政治领域恩德文化的形成

恩德文化发生于春秋战国时期,其中恩德政治的源头可以追溯至春秋时期的霸道。在春秋时期,由于人文精神的兴起,神的权威衰落,而作为神的代表的周天子的权威也因之衰落,于是天子失尊,诸侯并起,天下纷争。在这种情势之下，形成了新的政治秩序——霸道，这是恩德政治的雏形。自古以来就形成了一种主流观点，认为霸道是与王道相反的强权政治，法家是其思想代表，而战国时的秦国和后来的秦帝国就是施行霸道的国家。但从古至今，这种传统观点也遭到了质疑。质疑者反对王道与霸道截然对立的观点，认为霸道对王道有所继承，对春秋霸道的王道成分给予了举证。但是，由于这种质疑没有进一步对霸道的内涵作深入发掘，也未能明确地阐释王道和霸道的关系，因此也就未能推翻传统观念而改变对霸道的定性，从而没有成为主流观点。笔者认为，王道与霸道不是对立的两极，霸道是王道衰微的产物，对王道有所继承，也有所改造；霸道糅合了德治和法治，是法家思想的发源地，也一定程度上体现了儒家思想；霸道具有恩德内涵，是恩德政治的初始形态。霸道的恩德内涵，既体现在内政上，也体现在外交上。这种恩德政治与春秋时期整个恩德文化的建构是同步的，是恩德文化的一部分。

一 外交方面霸道的恩德性质

霸道是春秋时期的政治模式，它在王道衰微之时兴起，成为各个诸侯国奉行的内政和外交的理念和规范。春秋时期，社会发生根本性的变革，宗法封建贵族社会开始转为后宗法皇权士绅社会。在经济领域，井田制废弛，公田变为私田。在政治领域，贵族等级制度瓦解，平民出身的官僚开始登上政治舞台。在思想文化领域，礼崩乐坏，新的伦理观念开始形成。于是，西周建立的王道政治就瓦解了，而代之以霸道。

管子、荀子等先贤已经认识到，霸道区别于上古时期的帝道（虚构的大同之世），也区别于西周的王道（宗法封建政治），这是时代的变迁使然。《管子·禁藏》曰："凡有天下者，以情伐者帝，以事伐者王，以政伐者霸。"荀子认为，"王夺之人，霸夺之与，强夺之地"（《荀子·王制》）。《管子·小问》记载，"桓公问管仲曰：'寡人欲霸，以二三子之功，既得霸矣。今吾有欲王，其可乎？'"管仲推荐鲍叔牙回答，鲍叔牙推荐宾胥无回答，宾胥无以现在的君王不懂礼为由作了否定的回答。于是齐桓公则称："以此观之，则吾不必王矣。"这段对话，实质上表明了时代变迁，实行王道已经不可能了，只能实行霸道。

霸道的建立首先是由诸侯国之间的关系决定的。在西周时期，周天子统领天下，诸侯国尊奉周天子，诸侯国之间各有等级名分，不可逾越，"礼乐征伐自天子出"，保证了诸侯国之间的稳定关系。自西周灭亡，天子失势，王纲解纽，于是诸侯并起，摆脱天子节制，对内变法图强，对外争霸图存，强者侵凌弱者，强者之间也互相征伐，加之蛮夷的威胁，各国形成了普遍的危机感。诸侯为了维护集体的安全，必须建立一个新的秩序，而这个新秩序需要一个霸主来主持，以替代周天子权威的缺失。《左传》成公七年记载："七年春，吴伐郯，郯成。季文子曰：'中国不振旅，蛮夷入伐，而莫之或恤，无吊者也夫！'《诗》曰：'不吊昊天，乱靡有定。'其此之谓也！有上不吊，其谁不受乱？吾亡无日矣！君子曰：'知惧如是，斯不亡矣。'"这里的吊，意为善君，指霸主，季文子提出需要一个霸主来消除天下乱局、建立秩序。此时虽然周王室衰微，但王道还没有完全失去权威，各个诸侯国也没有形成取代周天子、一统天下的野心；而且历史上也没有出现大一统王朝的先例可供效法，大国、强国的想象还不及此，而只能是模仿周天子的权力模式，作为盟主称霸诸侯。于是，诸侯国中的大国、强国就成为霸主。霸主名义上受周天子统辖，还要在一定程度上礼敬周天。《管子·小匡》记载了齐桓公礼敬周天子的事迹："葵丘之会，天子使大夫宰孔致胙于桓公，曰：'余一人之命，有事于文武，使宰孔致胙。'"且有后命曰："以尔自卑劳，实谓尔伯舅，毋下拜。"齐桓公最初以自己称霸天下为由，打算接受，管仲谏言天命未移，不可僭越君臣之理。于是齐桓公接受了谏言，"桓公惧，出见客曰：'天威不违颜咫尺，小白承天子之命，而毋下拜，恐颠蹶于下，以为天子羞。'遂下拜，登受赏。服大路、龙旗九游、渠门赤旂。天子致胙于桓公而不受，天下诸侯称顺焉"。这说明，虽然霸主具有了支配诸侯的权势，但仍然不能完全取代周天子的地位，还要在形式上尊崇王室，故此打出了"尊王攘夷"的旗号，以号令诸侯。

在强国、大国的征战中，获得胜利者，经过会盟，就成为盟主，亦即霸主。盟主既仗势强力征服诸侯，同时也要有道德感召力，以笼络盟国。大国、强国要称霸，也要笼络小国、弱国；小国、弱国要自保，只能依靠大国、强国，故而结成联盟。盟主具有了支配某些小国、弱国的权威；而后者作为盟友，依靠前者保护并支持前者，他们互相支撑，形成了一个利益共同体，以此达到国际关系的平衡。各诸侯国的政治需求交互作用，就形成了霸权政治，春秋五霸就是这样形成的。齐国之所以成为第一个霸主，就在于齐桓公重用管仲，改革内政，导致国力强大，才对外建立了霸权。《国语》记载，齐桓公"即位数年，东南多有淫乱者，莱、莒、徐夷、吴、越，一战帅服三十一国。……荆州诸侯莫敢不来服。……海滨诸侯莫敢不来服。与诸侯饰牲为载，以约誓于上下诸神，与诸侯勠力同心。……岳滨诸侯莫敢不来服，而大朝诸侯于阳谷。……隐武事，行文道，帅诸侯而朝天子"（《国语·齐语·桓公帅诸侯而朝天子》）。《左传·庄公十五年》记载："十有五年春，齐侯、宋公、陈侯、卫侯、郑伯会于鄄。""十五年春，复会焉，齐始霸也。"齐桓公开了霸业的先河，后来的大国、强国都仿效齐桓公争霸，从而形成霸道。《左传·昭公四年》记载，楚灵王召集诸侯会盟，关于用何种方式臣服诸侯，楚灵王说："吾用齐桓。"这表明齐桓公开辟的霸道已经形成了传统，得到公认。

　　霸道既是政治实践的产物，也继承和改造了传统政治资源，这个传统资源就是西周的"礼"。周礼规定了诸侯与天子以及诸侯国之间的关系，而当这种关系解体后，政治实践又以新的内涵改造了周礼，使其适合争霸需要。一方面，霸道把西周的诸侯长制度加以改造，变成了霸主对诸侯国的支配权力。司马光指出："王"为天子称号，"伯"为诸侯之名，"霸"为诸侯之长。"周衰，二伯之职废，齐桓、晋文纠合诸侯，以尊天子，天子因命之为侯伯，修旧职也。伯之语转而为霸，霸之名自是兴。"（司马光《迂书》）霸作为诸侯长，可以节制周边小国，而霸主就是利用这个传统制度，获得了名义上的合法性，建立其霸权。另一方面，霸主代行天子的职能，建立和维护天下秩序，等于是"替天行道"。齐桓公率先打出"尊王攘夷"的旗号，获得了道义上的合法性，成为一代霸主，以后的霸主也接过了这个旗号。春秋时期的霸主虽然事实上脱离了周王室的节制，但表面上不违王道，仍以尊王为号召，在形式上也要得到周天子承认。如齐桓公称霸，还要请周天子确认其方伯地位，"周襄王使宰孔赐桓公文武胙、彤弓矢、大路、命无拜"，授予其统领周边诸侯的权力。再如晋文公称霸，也经由周王承认，"王命尹氏及王子虎、内史叔兴父策命晋侯为侯伯"，如此等等。

　　霸道是强权政治与道德政治的结合，也是儒家思想和法家思想的结合。在实现霸业的斗争中，既有道德规范即礼的制约，也有强权政治的法则。《管子·霸言》曰："霸王之形，德义胜之，智谋胜之，兵战胜之，地形胜之，动作胜之，故王之。"可见霸道包含着道德和强权两种因素。正是由于霸道的两重性，才形成了对它的不同评价。一方面，孔子没有完全否定霸道，也没有完全肯定霸道，而是有所批评，也有所赞成。孔子强调："天下有道，则礼乐征伐自天子出；天下无道，则礼乐征伐自诸侯出。"（《论语·季氏》）这明显是对春秋时期的诸侯征战、称霸不满。孔子向往西周的宗法封建政治，也就是实行德政。他主张"克己复礼"，"兴灭国，继绝世，举逸民"。孔子讲："为政以德，譬如北辰，居其所而众星共之。"（《论语·为政》），也是反对霸道的强权政治。另一方面，孔子对霸道包含的德治内涵也给予了一定的肯定。春秋第一个霸主是齐国，孔子对管仲和齐桓公有所称赞："桓公九合诸侯，不以兵车，管仲之力也。如其仁！如其仁！"（《论语·宪问》）"管仲相桓公，霸诸侯，一匡天下，民到于今受其赐。微管仲，吾其被发左衽矣！岂若匹夫匹妇之为谅也，自经于沟渎而莫之知也。"（《论语·宪问》）这就是对霸道符合德治（仁）的一面的肯定。《史记·孔子世家》记载齐景公问孔子："昔秦穆公国小处辟，其霸何也？"孔子的看法是："秦，国虽小，其志大。处虽辟，行中正。身举五羖，爵之大夫，起缧绁之中，与语三日，授之以政。以此取之，虽王可也，其霸小矣。"孔子把秦穆公的治国之道提升到可以"王天下"的高度，可见他认为霸道与王道有相通处，霸道甚至可以转化为王道。同时，他也认为霸道不完全符合王道，主要是霸道中具有强权政治因素，但霸道可以提升到王道，所以他说："齐一变，至于鲁，鲁一变，至于道。"（《论语·雍也》）这就是说，齐国的法治（霸道）不如鲁国的礼治，鲁国的礼治不如王道的德治，但法治可以转化为礼治，礼治可以转化为王道。

荀子作为儒家别宗和法家思想的先驱，现实主义地肯定了霸道。他按照历史顺序将治道分为"王道""霸道""强道"三个等级，政治品格依次递减。就三者关系而言，这是比较符合历史实际的。这里的王道是西周时期施行的礼治（实际上是宗法封建政治），霸道是春秋时期施行的德法兼治，强道是战国时期施行的法治（指刑政而非现代法治）。他认为："王夺之人，霸夺之与，强夺之地。夺之人者臣诸侯，夺之与者友诸侯，夺之地者敌诸侯。臣诸侯者王，友诸侯者霸，敌诸侯者危。"（《荀子·王治篇》）可见，荀子不认为霸道与王道截然对立，而认为霸道虽然逊于王道，但较之"强道"更接近王道，更有合理性。霸道是"友诸侯"，就是笼络、协和诸侯，一定程度上体现了礼。他说："隆礼尊贤而王，重法爱民而霸。"（《荀子·强国》）其霸道的内涵包括了重法和爱民，结合了儒法二家，成为符合时势的治国之道。荀子认为王者与霸者之别在于，"用国者义立而王，信立而霸"（《荀子·王霸》），"修礼者王，为政者强"，"王者富民，霸者富士，仅存之国富大夫，亡国富筐箧，实府库"（《荀子·王制》）。他指出霸道不及王道，但也有可取之处，如立信、为政、富士等。荀子还指出"粹而王，驳而霸"，说的是王道单一，霸道驳杂，具有兼收儒法的性质。

孟子最先明确地将"王"与"霸"对立起来，从而把霸道等同于强道。罗根泽先生认为："春秋以至战国之初，霸字只谓势为诸侯之长。及孟子始用为政治名词，以王表仁，以霸表力。"① 战国时期的孟子对霸道持批判态度，是因为他坚持了复古的王道立场，主张为政以德，反对强权政治；也因为战国时期霸道中的王道精神已经丧失，事实上变成了强道，成为强权政治的代名词。孟子曰：

> 以力假仁者霸，霸必有大国，以德行仁者王，王不待大。汤以七十里，文王以百里。以力服人者，非心服也，力不赡也；以德服人者，中心悦而诚服也，如七十子之服孔子也。《诗》云："自西自东，自南自北，无思不服。"此之谓也。（《孟子·公孙丑上》）

因此，孟子否定霸道，认为霸道违反了礼制，擅自征讨，僭越了天子之权，他说：

> 五霸者，三王之罪人也；今之诸侯，五霸之罪人也；今之大夫，今之诸侯之罪人也。天子适诸侯曰巡狩，诸侯朝于天子曰述职。春省耕而补不足，秋省敛而助不给。入其疆，土地辟，田野治，养老尊贤，俊杰在位，则有庆，庆以地。入其疆，土地荒芜，遗老失贤，掊克在位，则有让。一不朝，则贬其爵；再不朝，则削其地；三不朝，则六师移之。是故天子讨而不伐，诸侯伐而不讨。五霸者，搂诸侯以伐诸侯者也，故曰：五霸者，三王之罪人也。……（《孟子·告子下》）

但是，另一方面，孟子似乎对霸道也没有完全否定，而对其实践有所肯定。孟子曰："尧、舜，性之也；汤、武，身之也；五霸，假之也。久假而不归，恶知其非有也？"（《孟子·尽心上》）他的意思是，霸主假借仁义行霸道，但借用久了，就不知道他是否真的行仁义了，也就是说，霸道也不得不遵行仁义。

孟子以恃德和恃力来区分王霸，并且否定霸道，这种王霸对立的观点在后世成为主流。但对这种主流观点历来也不乏持异议者，它们指出这种观点不符合历史事实。董仲舒指出："《春秋》之道，大得之则以王，小得之则以霸。故曾子、子石盛美齐侯安诸侯，尊天子。霸、王之道，皆本于仁。"（《春秋繁露·俞序》）在董仲舒看来，"霸、王之道"的内在一

---

① 罗根泽：《诸子考索》，人民出版社，1958，第123页。

致性是"皆本于仁",只是有大得与小得之差别。司马光也继承了这个观点,在收入《传家集》的《迂书》一文中,认为"王道""霸道"都是"道"的体现,并无质的区别。他说:"道岂有二哉!"区别只在于"得之有浅深,成功有小大耳"。司马迁叙述春秋霸主事迹,也多举其德政,如齐桓公"修善政""赡贫穷";晋文公"修政,施惠百姓";秦穆公"施德诸侯";宋襄公"修行仁义"等,表明霸道中有王道。这些质疑表明,传统关于霸道的定性是不合理的,需要重新定性。事实上,春秋战国时期,霸、王往往合成一个词语,用"霸王""霸王之道""霸王业"等指称霸道和霸业,可见那个时候人们认为王道与霸道并非对立,而是有一致之处,可以相通。

霸道首先体现在外交方面,这是因为诸侯国之间的争霸给内政方面造成了压力,才促成了内政方面的变革,形成了国内的霸道政治。外交方面的霸道就是诸侯国关系方面的规范,这个规范首先依仗强权,讲求"威"。霸主实际上并非周天子任命,其称霸在先,周天子认可在后,而且也只是名义上的、形式上的认可。实际上是征伐的胜利者与败者建立盟约,规定霸主和盟国各自的权利和责任。《左传》成公九年记载,晋国与郑国缔结的盟约上,就明白地书写着"为强是从"。据《春秋》记载,在242年间,诸侯国之间的战争多达483次之多,包括大国之间的争霸战争和大国征服、兼并小国的战争。《管子》曰:"明一者皇,察道者帝,通德者王,谋得兵胜者霸。故夫兵,虽非备道至德者,然而所以辅王成霸。"还说:"主之所以为功者,富强也。故国富兵强,则诸侯服其政,邻敌畏其威。虽不用宝币事诸侯,诸侯不敢犯也。"(《管子·兵法》)这就一语道破了霸道的强权本质。荀子论及霸道时说:"乡方略,审劳役,畜积、修斗而能颠倒其敌者也。诈心以胜矣,彼以让饰争,依乎仁而蹈利者也。"(《荀子·仲尼》)这是说霸道是表面上讲仁义礼让,而实际是依靠强力、欺诈而追求利益。

但是,春秋时期诸侯之间战争虽然有吞并,但主要目的是征服、称霸,而不是扩张领土。荀子曰:"彼霸者不然,辟田野,实仓廪,便备用,案谨募选阅材伎之士,然后渐庆赏以先之,严刑罚以纠之。存亡继绝,卫弱禁暴,而无兼并之心,则诸侯亲之矣;修友敌之道以敬接诸侯,则诸侯说之矣。"(《荀子·王制》)《左传·僖公四年》记载:"冬,叔孙戴伯帅师会诸侯之师侵陈,陈成,归辕涛涂。"《左传·僖公十五年》记载,秦晋交战,晋国战败,秦大臣建议灭掉晋国,而秦穆公听从子桑的谏言,为了建立两国友好关系而释放了晋惠公。《左传·宣公十二年》记载，楚庄王伐郑，胜之，郑襄公出降，请求做楚国的属国而免于灭国，楚庄王许之，而与之盟："王曰：'其君能下人，必能信用其民矣，庸可几乎？'退三十里而许之平。潘尪入盟，子良出质。"《左传·襄公十七年》还记载：

> 冬十月，晋复伐卫，入其郛。将入城，简子曰："止。叔向有言曰：'怙乱灭国者无后。'"卫人出庄公而与晋平，晋立襄公之孙般师而还。

类似事例还有很多，说明了结盟、确立霸主是强力而为，霸权往往是战争的结果；也说明了臣服而不灭国是霸道的规则。当然，只有大国、强国才有权称霸，而相对弱小的国家是没有资格称霸的。《左传·庄公二十一年》记载，小国宋国与楚国争霸，因此触怒楚王，怒而扣留了宋襄公：

> 二十一年春，宋人为鹿上之盟，以求诸侯于楚。楚人许之。公子目夷曰：小国争盟，祸也。宋其亡乎？幸而后败。

盟主与盟国之间除了强权，也有道义，这就是所谓礼。春秋各国，礼义衰而未绝，诸侯间在一定程度上（至少在表面上）仍然遵守礼，讲求德，树立信义，以获得称霸的道义资源。霸主首先要尊王攘夷，以获得道义上的优势。公元前636年，狄人攻周，周襄王出逃于郑。晋文公出兵勤王，击退狄人，护送天子回京。晋国由此得到了诸侯的信任，而且获得了南阳之地的开拓之权，建立了霸业。《左传·昭公二十五年》记载，诸侯会盟，盟主晋国要求盟国帮助周王室，包括平定其内乱、支援其粮食以及卫成事宜："夏，会于黄父，谋王室也。赵简子令诸侯之大夫输王粟、具戍人，曰：'明年将纳王。'"辅助周王室被看作霸主的责任。此外，霸主称霸也必须有道义的资本，奉行仁义，和睦诸侯，即所谓"五伯之霸也，勤而抚之，以役王命"（《左传·成公二年》）。《左传·宣公十一年》记载，陈国夏徵舒弑君，楚国率领诸侯征伐，诛杀夏氏，也就势灭了陈国。楚国大夫认为此举不义，对楚君说："今县陈，贪其富也。以讨召诸侯，而以贪归之，无乃不可乎？"最后说服了楚君，恢复了陈国。秦晋之战，晋国战败，秦国成为盟主。"十月，晋阴饴甥会秦伯，盟于王城。"秦穆公问阴饴甥，秦国会如何处置晋国国君，阴饴甥对秦穆公说，君子会以为国君必定会被放回，如此"服者怀德，贰者畏刑，此一役也，秦可以霸"。于是"秦伯曰：'是吾心也。'遂改馆晋侯，馈七牢焉。"（《左传·僖公十五年》）这个事例说明了霸道也要依托信义。

霸主拥有支配盟国的权力，也负有保护盟国的责任。虽然孟子说"春秋无义战"，但诸侯国之间的交往包括盟主与盟国的关系都要合乎规范，发动战争也要找到道德的依据，而不能随意侵凌他国，否则就被指责为不义。盟主善待盟国也是礼的内容。《左传·昭公三十年》记载，晋顷公卒，郑国使臣前往吊丧，晋国嫌其礼数不周，郑使对曰："诸侯所以归晋君，礼也。礼也者，小事大，大字小之谓。事大在共其时命，字小在恤其所无。……"道出了互相间的合乎礼节的关系。霸主与盟国要缔结盟约，盟约中对相互关系有具体的规定，这个规定也要合乎礼。《左传·襄公十一年》记载：

> 秋七月，同盟于亳。范宣子曰："不慎，必失诸侯。诸侯道敝而无成，能无贰乎？"乃盟。载书曰："凡我同盟，毋蕴年，毋壅利，毋保奸，毋留慝，救灾患，恤祸乱，同好恶，奖王室。或间兹命，司慎、司盟、名山、名川、群神、群祀、先王、先公、七姓十二国之祖，明神殛之，俾失其民，队命亡氏，蹛其国家。"

这个盟书把盟主和盟国的责任详列，并且以誓言的方式书写下来，可以看出霸道的大概内容。霸主的权力包括向盟国征收贡赋；征伐不履行责任的盟国；在争霸中可以要求盟国出兵助战；盟国之间互相帮助救灾等。如《左传·襄公十一年》记载，郑国向晋国求和，订立盟约，郑国向晋国缴纳贡赋：

> 郑人赂晋侯以师悝、师触、师蠲，广车、軘车淳十五乘，甲兵备，凡兵车百乘，歌钟二肆，及其镈、磬，女乐二八。

盟主可以有罪的名义讨伐盟国。如《左传·襄公十一年》记载："晋侯使叔肸告于诸侯。公使臧孙纥对曰：'凡我同盟，小国有罪，大国致讨，苟有以藉手，鲜不赦宥，寡君闻命矣。'""二年春，郑师侵宋，楚令也。"（《左传·襄公二年》）霸主征伐他国，盟国有责任出兵助战，否则为背盟。如《左传·桓公十年》记载："初，北戎病齐，诸侯救之，郑公子忽有功焉。"盟主召开盟会，诸侯必须来朝，否则就会因背盟而被征讨。如《左传·文公元年》记载："晋文公之季年，诸侯朝晋，卫成公不朝，使孔达侵郑，伐绵、訾及匡。晋襄公既祥，使告于诸侯而伐卫，及南阳。"《左传·文公二年》记载："晋人以不朝来讨，公如晋。"《左传·文公十五年》记载："新城之盟，蔡人不与。晋郤缺以上军、下军伐蔡，曰：'君弱，不可以怠。'戊申，入蔡，以城下之盟还。"《左传·桓公八年》记载："夏，楚子合诸侯于沈鹿。黄、随不会，使薳章、让黄。楚子伐随，军于汉、淮之间。"类似的记载还有很多。盟国背叛盟主，或者不入盟，也要遭受讨伐，如"六人叛楚即东夷。秋，楚成大心、仲归帅师灭六"（《左传·文公五年》）。"二十三年春，齐侯伐宋，围缗，以讨其不与盟于齐也。"（《左传·僖公二十三年》）"秋，楚成得臣帅师伐陈，讨其二于宋也。"（《左传·僖公二十三年》）

另一方面，霸主也对盟国负有责任，这在盟约中也有规定。盟主的责任包括：保护盟国不受他国侵犯；帮助维护盟国的权力结构，平定盟国的内乱；调节盟国之间的纠纷；对盟国的灾害予以救助；等等。《管子》总结了霸主维护诸侯间秩序的责任："霸王之形，象天则地，化人易代，创制天下。等列诸侯，宾属四海，时匡天下，大国小之，曲国正之，强国弱之，重国轻之，乱国并之，暴王残之，僇其罪，卑其列，维其民，然后王之。"（《管子·霸言》）盟主必须信守盟约，有道义担当，才能获得拥戴。霸主要承认盟约的神圣性，履行盟约，不可随意违约。《左传·闵公元年》记载："狄人伐邢。管敬仲言于齐侯曰：'戎狄豺狼，不可厌也。诸夏亲昵，不可弃也。宴安鸩毒，不可怀也。'《诗》云：'岂不怀归？畏此简书。'简书，同恶相恤之谓也。请救邢以从简书。齐人救邢。"这里提出了夷夏之辨，认为应该抵御狄人，救邢国。《左传·僖公元年》记载："夏，邢迁于夷仪，诸侯城之，救患也。凡侯伯，救患，分灾，讨罪，礼也。"这里说盟国邢国迁到夷仪，诸侯帮助它修建城墙。霸主对盟国有救济危难、分担灾祸、讨伐罪责的义务，这是合乎礼的。《左传·僖公十三年》记载："十二年春，诸侯城卫楚丘之郛，惧狄难也。"这也是说诸盟国帮助卫国筑城抵御狄人侵略。《左传·宣公元年》记载："楚子、郑人侵陈，遂侵宋。晋赵盾帅师救陈。宋公、陈侯、卫侯、曹伯会晋师于棐林，伐郑。"这是盟主率领诸侯救助盟国，抵御侵略。《左传·襄公六年》记载："秋七月，楚子在城父，将救陈。卜战，不吉；卜退，不吉。王曰：'然则死也。再败楚师，不如死。弃盟，逃仇，亦不如死。死一也，其死仇乎？'"楚昭王认为，背弃盟约，放弃盟主的责任，不如战死。最后，他终于在救陈战役中病死。由此可见当时诸侯对盟约的神圣性的认同。

盟主对于盟国的危难，必须予以救援，反之则失去道义。《左传·成公十八年》记载，楚国进攻宋国，宋国向盟主晋国求援，执政韩献子曰："欲求得人，必先勤之，成霸、安强，自宋始矣。"《左传·昭公十一年》记载："楚师在蔡，晋荀吴谓韩宣子曰：'不能救陈，又不能救蔡，物以无亲。晋之不能，亦可知也已！为盟主而不恤亡国，将焉用之？'"可见盟主意识到负有解救盟国的责任。《左传·哀公二十年》记载，越国包围吴国，晋国与吴国曾经有盟约，"好恶同之"，应该救援，但晋国距离遥远，力所不及，就派使臣前往越国告罪，说明情况，并致歉意。调节盟国的纠纷，也是盟主的责任。《左传·隐公八年》记载，郑国与宋国、卫国冲突，齐国加以调节，"齐人卒平宋、卫于郑。秋，会于温，盟于瓦屋，以释东门之役"。盟主还负有平定盟国内乱的责任，《左传·襄公二十三年》记载：陈国公子黄向楚国控诉权臣庆虎、庆寅把持国政，结果楚君杀了二庆的使者，并且在庆虎、庆寅被陈国人杀死后，送公子黄回国。这些事件都体现了盟主对盟国的责任。

盟主还有帮助盟国救灾的责任，这也是获得人心的手段。春秋时期，秦晋争霸，《左传》记载：

> 冬，晋荐饥，使乞籴于秦。秦伯谓子桑："与诸乎？"，对曰："重施而报，君将何求？重施而不报，其民必携，携而讨焉，无众必败。"谓百里："与诸乎？"，对曰："大灾流行，国家代有，救灾恤邻，道也。行道有福。"丕郑之子豹在秦，请伐晋。秦伯曰："其君是恶，其民何罪？"秦于是乎输粟于晋，自雍及绛相继，命之曰泛舟之役。（《左传·僖公十三年》）

这里明确提出了"重施而报"的恩德原则。还有：

> 为宋灾故，诸侯之大夫会，以谋归宋财。（《左传·襄公三十年》）
>
> 夏，归粟于蔡，以周亟，矜无资。（《左传·定公五年》）

这些都是盟主援助盟国救灾的记录。

盟主的权力也不是绝对的强权，必须信守盟约，以礼对待盟国，盟国才能礼奉盟主，否则就不能使诸侯信服，霸主也就失去了道义的权威。《左传·昭公三年》记载："昔文、襄之霸也，其务不烦诸侯。令诸侯三岁而聘，五岁而朝，有事而会，不协而盟。"就是指盟主对待盟国要守礼，不能过分烦扰。当然，如果盟主不能保护盟国，就有盟国出于自身利益背弃盟约，投靠新的盟主，如《左传·襄公十一年》记载：晋国率领盟国伐郑，郑国不敌，决定臣服于晋国，派使臣通知盟主楚国："孤以社稷之故，不能怀君。……"如果盟主不能公正对待盟国，甚至会导致盟国背弃盟约，另投其他霸主。《左传·成公五年》记载：

> 许灵公诉郑伯于楚。六月，郑悼公如楚，讼，不胜。楚人执皇戌及子国。故郑伯归，使公子偃请成于晋。秋八月，郑伯及晋赵同盟于垂棘。

这个事件是许国君主到盟主楚国控诉郑国君主，郑国君主到楚国去申诉，没有打赢官司，还被扣留了公子等。郑国君主认为不公，就背盟而与晋国结盟，投靠了新的霸主。还有一个正面的事例，《左传·襄公二十四年》记载：晋国为霸主，时范宣子执政，诸侯的贡赋很重，郑国感到难以承受。于是郑国子产给范宣子书信，说："子为晋国，四邻诸侯不闻令德，而闻重币，侨也感之。侨闻君子之长国家者，非无贿之患，而无令名之难。夫诸侯之贿聚于公室，则诸侯贰。若吾子赖之，则晋国贰。……夫令名，德之舆也；德，国家之基也。有基无坏，无亦是务乎？……""宣子说，乃轻币。"宣子接受了告诫，减轻了盟国的贡赋。

盟主也要尊重盟国，待之以礼，不能随意侵犯或侮慢他国。《管子·侈靡》曰："国虽强，令必忠以义；国虽弱，令必敬以哀。强弱不犯，则人欲听矣。"《左传·襄公十九年》记载："十九年春，诸侯还自沂上，盟于督扬，曰：大毋侵小。"《左传·襄公二十八年》记载："……侨闻之，大适小有五美：宥其罪戾，赦其过失，救其灾患，赏其德刑，教其不及。小国不困，怀服如归。"盟主负有维护盟国之间的秩序的责任。如《左传·襄公二十七年》记载：齐国乌馀叛乱，占据诸侯土地；晋国平定了叛乱，赵文子对晋平公谏言归还被乌馀占领的盟国领土："文子言于晋侯曰：'晋为盟主，诸侯或相侵也，则讨而使归其地。今乌馀之地邑。皆讨类也，而贪之，是无以为盟主也。请归之。'公曰：'诺。孰可使也？'对曰：'胥梁带能无用师。'晋侯使往。""皆取其邑，而归诸侯。诸侯是以睦于晋。"

还有一件相反的事：晋国逼迫鲁国返还汶阳之田于齐国，以及莒国受楚国侵犯而不救，从而丧失了霸主的道义和责任，导致盟国有二心，因此受到秦国的攻打。《左传·成公九年》记载:"秦人,白狄伐晋,诸侯贰故也。"可见霸主也要讲信义,爱护盟国,才能维护霸主地位。当时的人都认为背弃盟约是不道德的,也必然导致失败。《左传·成公十五年》记载:

> 楚将北师,子囊曰:"新与晋盟而背之,无乃不可乎?"子反曰:"敌利则进,何盟之有?"申叔时老矣,在申,闻之,曰:"子反必不免,信以守礼,礼以庇身,信礼之亡,欲免得乎?"

相应地,盟国也负有对霸主的责任,就是依附、服从和支持霸主,包括缴纳贡赋、出兵助战等。"小所以事大,信也。大所以保小,仁也。背大国,不信;伐小国,不仁。"(《左传·哀公七年》)这里大国的仁与小国的信,是对应的施恩—报恩关系。盟国要依礼侍奉霸主,即所谓"善事大国"。在春秋霸道之下,也形成了小国依存大国的生存策略。盟国要讲求信义,维护霸主地位,不能无故背弃盟约。"子展曰:'小所以事大,信也。小国无信,兵乱日至,亡无日矣。'"(《左传·襄公八年》)《左传·襄公二十七年》记载,宋国子罕对宋平公曰:"凡诸侯小国,晋、楚所以兵威之,畏而后上下慈和,慈和而后能安靖国家,以事大国,所以存也。无威则骄,骄则乱生,乱生必灭,所以亡也。"这里宋国正是把大国的威胁、压迫当作自我约束的保障。

盟国的责任首先是缴纳贡赋,如《左传·成公八年》记载:

> 五月甲辰,会与邢丘,以命朝聘之数,使诸侯之大夫听命……郑伯献捷于会,故亲听命。

这里是说晋国主持盟会,颁布盟国缴纳的朝贡数目。盟国还要按时朝见盟主,遇有盟主婚丧、即位等大事,要依礼朝拜。"凡诸侯即位,小国朝之,大国聘焉,以继好,结信、谋事、补阙,礼之大者也。"(《左传·襄公二年》)《左传·襄公八年》记载:由于盟主楚国索求过多,郑国不堪重负,子驷请求郑成公改投晋国,成公不同意:"公曰:'楚君以郑故,亲集矢于其目,非异人任,寡人也。若背之,是弃力与言,其谁昵我?免寡人,唯二三子。'"可见,盟国对霸主也有道义约束。《左传·成公元年》记载:周王室的刘康公打算乘晋国调节周天子与戎人的冲突之机,偷袭戎国,叔服反对,"叔服曰:'背盟而欺大国,此必败。背盟,不祥;

欺大国，不义；神人弗助，将何以胜？'"

霸主之间也可能为了友好、和平举行盟会，如《左传·襄公二十七年》记载，宋国向戌为了消弭战争，实现和平，联络晋国、楚国、齐国、秦国举行盟会，这些大国都同意，各个属国也参加，盟会在宋国举行，成为一个重大的国际事件。但这种情况不多。盟会多在盟主与盟国之间举行，意在确立霸主的地位和规定盟国的责任。

道义与强权结合的霸道，是以德为主导的，从而形成了恩德政治。所谓恩德政治，在诸侯之间的关系上，就是霸主与盟国之间的强权与道义结合的关系被解释为施恩与报恩的关系。《管子》曰："德之以怀也，威之以畏也，则天下归之矣。"（《管子·君臣下》）《左传·僖公二十五年》记载中也说"德以柔中国，刑以威四夷"。那么德的内涵是什么呢？其实，霸道所讲的德，就是恩德。恩德本来就具有两重性，一为爱的属性，就是以施恩为爱的给予，以报恩为爱的回报；一为支配性和依附性，即施恩者以施恩支配受恩者，受恩者以报恩依附施恩者。霸主与诸侯国之间的恩德政治继承和改造了西周的德治，二者有关联也有区别。周礼的德治实际是礼治，就是建立在宗法贵族制度上的"亲亲""尊尊"。而恩德政治，是建立在平民化的社会关系以及诸侯之间不相统属的国际关系之上的新型政治伦理，它一方面施行强权政治，另一方面也恩威并施，讲求道义，形成恩情，把情感权力化。霸主为了称霸诸侯，往往不采取灭国的手段，而采取施以恩惠的手段。如《管子·小匡》记载。齐桓公"伐谭、莱而不有也，诸侯称仁焉"。《左传·僖公十五年》记载，秦国打败晋国，俘获晋惠公，但最后释放了他，没有灭掉晋国，获得了晋国君臣的感恩，"晋大夫三拜而稽首，曰：'君履后土而戴皇天，皇天后土，实闻君之言。群臣敢在下风。'"《左传·文公八年》记载，晋国以不来朝见为由伐卫国，惩罚卫国之后，"晋郤缺言于赵宣子曰：'曰卫不睦，故取其地。今已睦矣，可以归之。叛而不讨，何以示威？服而不柔，何以示怀？非威非怀，何以示德？无德，何以主盟？……'宣子说之。"面对霸主、大国的征伐，小国往往以不灭国为受恩，而臣服于大国、霸主，如《左传·襄公二十五年》记载：晋国伐齐，齐国求和，"公使子服惠伯对曰：'君舍有罪，以靖小国，君之惠也。寡君闻命矣。'"

霸主履行保护、救济、礼遇盟国的责任，来维系盟主与盟国的友好关系，造成盟国的感恩之情，从而使得盟主的霸权得到了盟国的拥护，拥有了道义的合法性。霸主意识到不可一味逞强，要亲近邻国、盟国，才能建立权威。如《左传·僖公七年》记载："管仲言于齐侯曰：'臣闻之，招携以礼,怀远以德。德礼不易,无人不怀。'齐侯修礼于诸侯,诸侯官受万物。"这里的德、礼就是霸主对盟国施行恩惠。《国语·管仲教桓公亲邻国》记载:

> 桓公曰:"吾欲从事于诸侯,其可乎?"管子对曰:"未可。邻国未吾亲也。君欲从事于天下诸侯,则亲邻国。"桓公曰:"若何?"管子对曰:"审吾场,而反其侵地;正其封疆,无受其资;而重为之皮币,以骤聘眺于诸侯,以安四邻,则四邻之国亲我。……"

这里把邻国的感恩怀德作为称霸的条件之一。盟主为了笼络盟国,往往会施以恩惠,减轻贡赋,给予便利。如《国语·齐语·桓公霸诸侯》记载:

> 桓公知诸侯之归己,故使轻其币而重其礼。故天下诸侯罢马以为币,缕綦以为奉,鹿皮四介;诸侯之使垂櫜而入,稛载而归。故拘之以利,结之以信,示之以武,故天下小国诸侯既许桓公,莫之敢背,就其利而信其仁,畏其武。桓公知天下诸侯多与己也,故又大施忠焉。可为动者为之动,可为谋者为之谋,军谭、遂而不有也,诸侯称宽焉。通齐国之鱼盐于东莱,使关市几而不征,以为诸侯利。诸侯称广焉。筑葵兹、晏、负夏、领釜丘,以御戎、狄之地。所以禁暴于诸侯也;筑五鹿、中牟、盖与、牡丘,以卫诸夏之地,所以示权于中国也。教大成,定三革,隐五刃,朝服以济河而无怵惕焉,文事胜矣。是故大国惭愧,小国附协。唯能用管夷吾、宁戚、隰朋、宾胥无、鲍叔牙之属而伯功立。

齐桓公成就霸业,不仅由于国力强盛,也由于扶助小国,有兴灭继绝之功,而获得了声誉。《国语·齐语》云:

> 桓公忧天下诸侯,鲁有夫人、庆父之乱,二君弑死,国绝无嗣。桓公闻之,使高子存之。狄人攻邢,桓公筑夷仪以封之。狄人攻卫,卫人出庐于曹,桓公城楚丘以封之。天下诸侯称仁焉。是故诸侯归之。

《左传·成公九年》记载季文子告诫范文子:"德则不竞,寻盟何为?"《国语·晋语·范文子论胜楚必有内忧》记载,晋国伐郑国,范文子曰："吾闻之，唯厚德者能受多福，无德而服者众，必自伤也。"这些史实都表明霸道有德礼内涵。这种强者对弱者的责任，被理解为一种恩惠，弱者产生了感恩、报恩之心，才会拥戴盟主，维持其霸权。《管子·小匡》记述，诸侯得到了齐国的恩惠，产生了感恩之心，归附齐国："是故大国之君惭愧，小国之君附比。是故大国之君事如臣仆，小国诸侯欢如父母。"《左传·昭公十三年》记载：

> 十三年春，叔弓围费，弗克，败焉。平子怒，令见费人执之，以为囚俘。冶区夫曰："非也。若见费人，寒者衣之，饥者食之，为之令主，而共其乏困。费来如归，南氏亡矣。民将叛之，谁与居邑？若惮之以威，惧之以怒，民疾而叛，为之聚也。若诸侯皆然，费人无归，不亲南氏，将焉入矣？"平子从之，费人叛南氏。

这是通过对被征伐国的百姓施恩，获得民心，从而征服该国的事例。还有一例，《国语·臧文仲如齐告籴》记载，鲁国发生饥荒，派使臣带着玉器到齐国请求购买粮食，齐国君主答应了。"齐人归其玉而予之籴。"但也有相反的事例，如晋国背恩不报，对秦国的饥荒不救，《左传·僖公十四年》记载：

> 冬，秦饥，使乞籴于晋，晋人弗与。庆郑曰："背施，无亲；幸灾，不仁；贪爱，不祥；怒邻，不义。四德皆失，何以守国？"虢射曰："无损于怨，而厚于寇，不如勿与。"庆郑曰："背施，幸灾，民所弃也。近犹仇之，况怨敌乎？"弗听。退曰："君其悔是哉？"

晋国的背信弃义遭到了秦国的讨伐，《左传·僖公十五年》记载："晋饥，秦输之粟；秦饥，晋闭之籴。故秦伯伐晋。"

霸主对于盟国也要尊重，合于礼，才能得到盟国的感激和服从。为了在争霸中得到诸侯的支持，大国往往给小国以厚赠，以联络感情。在这方面齐桓公作出了表率：卫国家畜散失，"齐桓公城楚丘以封之"，"与之系马三百"，于是"天下诸侯称仁焉"。（《左传·僖公九年》）齐桓公过燕国境时，燕君送桓公到燕国境外，齐桓公把燕君过境之地全部赐给他，于是"诸侯闻之皆朝于齐"。《管子》主张赏赐小国，以取得其支持而与大国争霸："赐小国地，而后可以诛大国之不道者。"（《管子·中匡》）管仲云："审吾疆场，反其侵地，正其封地，毋受其货财，而美为皮币，以极聘觇于诸侯，以安四邻，则邻国亲我矣。"而后"四邻大亲"（《管子·小匡》）。《管子·霸言》也强调施恩于诸侯："夫欲用天下之权者，必先布德诸侯。是故先王有所取，有所与，有所诎，有所信，然后能用天下之权……以天下之财，利天下之人……攻逆乱之国，赏有功之劳。"这些措施保证了霸业的实现，"故东夷、西戎、南蛮、北狄、中国诸侯莫不宾服。与诸侯饰牲为载书，以誓要于上下，荐神。然后率天下定周室，大朝诸侯于阳谷。故兵车之会六，乘车之会三，九合诸侯，一匡天下。甲不解垒，兵不解翳，弢无弓，服无矢，寝武事，行文道，以朝天子。"（《管子·小匡》）

霸道本身就包含着强权与道义两个方面，而这两个方面是矛盾的，调和只是暂时的，其历史发展必然导致二者的冲突和破裂。最后，刑政代替了德政，霸道转化为强道，霸业转化为大一统。

就历史实践而言，霸业朝向大一统的方向发展。在争霸斗争中，随着大国的野心膨胀，以及周天子权威的彻底丧失，各大国已经不满足于仅仅称霸，从而产生了吞并天下的企图和实践。霸道作为德政和刑政的混合，本身就有强道的因素，如齐桓公称霸时，先后灭掉了谭、遂等数十个小国；另一个霸主晋文公也吞并了三十多个小国，只不过还有施行德政的一面而已。打着"尊王攘夷"旗号的霸道，毕竟以强力为基础、以国家利益的最大化为目的，而信义只是一种手段，当这种手段不适用时，就干脆被抛弃了。于是历史进程的趋势就是强权日盛而道义渐衰，最后彻底抛弃霸道，而施行强道。

霸道消亡，强道确立，是随着周王室的衰亡，"尊王"的旗号被抛弃为契机的。在春秋时期，特别是早期，周王室还有残余的威望，诸侯、霸主也要礼敬周天子，征伐还要取得周王的同意。《左传·僖公二十八年》记载，晋国打败楚国，"丁未，献楚俘于王，驷介百乘，徒兵千。郑伯傅王，用平礼也"。周王也赏赐晋君各种物品，"晋侯三辞，乃从命。曰：'重耳敢再拜稽首，奉扬天子之丕显休命。'受策以出。出入三觐。"整个春秋时期，这样的例子很多。周王室在霸道环境下苟延残喘，而在春秋末期完全失去威权，走向衰亡。周王室与诸侯的矛盾由来已久，随着诸侯的坐大而加剧，周王室不断被诸侯侵凌。早在西周末年，申侯联合犬戎，攻占周都镐京，幽王被杀，西周灭亡，而东周开始。在整个春秋时期，周王室的权威、地位日益低落，发生了多起诸侯侵凌周王室的事件，最恶劣者如郑国强割周地之麦、禾，周桓王率领诸侯讨伐郑国，被郑国打败，周桓王受伤。至战国初年，周王室彻底失去天下共主的地位，诸侯也无须假尊王之名去争取霸主地位，而干脆抛开周天子的认可，直接夺地灭国，兼并天下。于是大国就彻底撕下了"尊王"的面具，也不再以称霸为目的，霸道也就无用了，被抛弃了，而代之以强道。正如清儒顾炎武所说："春秋时犹尊礼重信，而七国绝不言礼与信矣；春秋时犹宗周王，而七国绝不言王矣；春秋时犹严祭祀重聘享，而七国则无其事矣；春秋时犹论宗姓氏族，而七国则无一言及之矣；春秋时犹宴会赋诗，而七国则不闻矣；春秋时犹赴告策书，而七国则无有矣。"①

从诸侯擅自称王就可以看出霸道的瓦解。在战国时期，各国诸侯纷纷称王，周天子已经名存实亡。如公元前344年魏惠王自称为王。公元前334年，魏惠王与齐威王互相承认王号，此即"徐州相王"。这一举动僭越了王号，否定了周王独尊的天下共主地位。秦于公元前325年称王。魏王尊韩威侯为王，并且在公元前323年约会韩、赵、燕、中山诸国君，互相承认王号。公元前288年，秦昭王自称西帝，尊齐湣王为东帝，进一步把上帝的称号作为国君的尊称。《战国策》记载，魏国要恢复周天子的地位，但失败了：

　　魏王为九里之盟，且复天子。房喜谓韩王曰："勿听之也，大国恶有天子，而小国利之。王与大国弗听，魏安能与小国立之。"（《战国策·韩策三·魏王为九里之盟》）

可见战国时期，周天子已经不受大国尊崇，各国皆欲取而代之。最后秦灭周，各国都无动于衷，予以默认。

战国时期的国际关系，已经不是诸侯结盟、大国称霸，而是合纵、连横，秦国吞并各国，各国抵抗吞并的战争。韩非说："上古竞于道德，中世逐于智谋，当今争于气力。"（《韩非子·五蠹》）这个描述对于战国时期是准确的。《战国策·秦策一》记载：苏秦始将连横说秦惠王曰："……以大王之贤，士民之众，车骑之用，兵法之教，可以并诸侯，吞天下，称帝而治。……"可见其时吞并天下已经成为谋士奉献给强国的国策。这样，在战国时期，诸侯国在兼并战争中仅剩下齐、楚、燕、韩、赵、魏、秦七个国家。此时，主张信义的霸道就被抛弃，而法家主张的强道大行其道。正如苏秦对秦王所言："行义约信，天下不亲。于是乃废文就武，厚养死士，缀甲厉兵，效胜于战场。"（《战国策·秦策一》）战国

---

① （清）顾炎武著，陈垣校注：《日知录校注》，安徽大学出版社，2018，第749页。

时期各国之间的交往，已经根本不用打着信义的旗号，而是赤裸裸的武力征伐；各国君主重视的是智谋，即如何利用各国的矛盾而为己用，道义完全被抛弃。如司马迁所言："当是之时，秦用商君，富国强兵；楚、魏用吴起，战胜弱敌；齐威王、宣王用孙子、田忌之徒，而诸侯东面朝齐。天下方务于合从连衡，以攻伐为贤。"（《史记·孟子荀卿列传》）

　　霸道向强道的转化，是从文化落后的"蛮夷"国家争霸开始的。吴国、越国、楚国和秦国等非中原国家，文化落后、野蛮，更多地体现了霸道的强权本质。这些国家本来就缺少中原文化的底蕴，奉行强权政治。司马迁写道："天子微，诸侯力政，五伯代兴，更为主命。自是之后，众暴寡，大并小。秦、楚、吴、越，夷狄也，为强伯。"（《史记·天官书》）吴国、越国、楚国、秦国是蛮夷之国，不讲礼法，在外交、内政上实行强道，是谓"强霸（伯）"。公元前606年，楚庄王陈兵于周都洛阳城下，周定王派王孙满前往慰劳，楚庄王借机询问周鼎的大小轻重，暴露了取代周天子的野心。吴越争雄，也是一个标志性的事件。吴国打败越国，本来要吞并越国，但越国贿赂吴国大臣，卑辞厚币，取悦于吴王勾践，而吴王也以做霸主自足，答应越国做吴国的属国。最终越国经过"十年生聚，十年教训"，得以强大，乘吴王率军出征争霸、国内空虚之际，攻下吴国。于是夫差自杀，吴国灭亡。这里揭示了越国不守道义、霸道沦丧的两个事实。一是越国背弃盟约，反叛吴国。当初越国失败求和，吴国要与其订立盟约，确定越国作为吴国的属国，但越国本来就不想守约，于是托词不立书面盟约，而仅口头约定，"吴王乃许之，荒成不盟"。越王勾践"然后卑事夫差，宦士三百人于吴，其身亲为夫差前马"。但越国臣服吴国只是一个假象，暗地里卧薪尝胆，蓄养国力，最终起兵灭吴。这种阴谋诡计违反盟约，是对霸道的背弃。二是吴国战败求和，吴王乞求如当年越国那样，做越国的属国，而越王不许，"越王曰：'昔天以越赐吴，而吴不受；今以吴赐越，孤敢不听天之命，而听君之令乎？'乃不许成。"（《国语·吴语·勾践灭吴夫差自杀》）可见越国不守信义，违背霸道，灭人之国，实行了强道。这个事件，预示着霸道的衰落和消亡。霸道的消亡最终由秦国完成。秦国乃不讲道义的"虎狼之国"，它已经放弃了称霸的目标，确立了兼并天下的国策，最终灭亡六国，建立了大一统国家。

　　秦帝国废除恩德政治，施行法家政治，运用强道，依靠严刑峻法，酷虐百姓，导致民怨沸腾，统治的合法性丧失。最后陈胜、吴广揭竿而起，天下响应，推翻了秦王朝。当初项梁、项羽起兵反叛秦朝，还是想遵循霸道模式，项羽自称西楚霸王，分封六国，但由于霸道已经衰亡，难以复兴，最后被刘邦打败，回归大一统政治。但在对外交往方面，从汉朝开始，也延续和改造了霸道传统，形成了中央政权与藩属国的恩德政治关系。中央政权对疆域之外的异族（如西域）实行类似霸主对盟国的统治方略，把强权和怀柔合为一体，在武力控制的同时，也施以恩惠，建立了一种恩德政治。这个传统，在以后的中国政治中一直延续下来，演变为中央政府与藩属国的政治模式。中央政府对待藩属国，采取了恩威并施的方式，不仅以武力控制，还要通过册封、联姻、赏赐、互市、予以保护等恩惠政策，求得其忠诚回报；藩属国也尽臣子之礼，以朝贡、上贺表、屏藩中原等来报偿中央政府，从而建立了中华天下共同体。

二 内政方面霸道的恩德性质

在国内政治领域，霸道也体现了恩德观念。西周还是民本政治，没有形成恩德政治，但也产生了恩德政治的萌芽，因为民本思想就包含着对民的某种尊重和同情。《诗经·大雅·民劳》云："民亦劳止，汔可小康。惠此中国，以绥四方。"该诗可能形成于西周晚期或东周早期，其时周文化已经衰落。诗人规劝周王体恤民众，给予恩惠，虽然还没有脱离民本思想，但已经有了对民众施恩的恩德政治的萌芽。真正的恩德政治是在春秋战国时期形成的，这就是霸道政治。

在春秋时期诸侯争霸的形势下，产生了诸侯国的生存危机，于是就有建立国际秩序的要求，形成了霸主政治；同时也产生了富国强兵的压力，形成了新的国内政治模式。这种外交和内政方面的新的政治模式，在历史上被称为霸道。霸道的外交和内政方面是一致的，二者基于同一理念，构成恩德政治。霸道在外交方面的实践就是大国对小国的强权与道义结合的"霸业"，在内政方面的实践就是德治与法治并用的新政。国际上的霸业需要国内的新政的支持，国内的新政也需要国际上的霸业的推动，二者相辅相成。"桓公二年，践位召管仲。管仲至，公问曰：'社稷可定乎？'管仲对曰：'君霸王，社稷定。君不霸王，社稷不定。'"（《管子·大匡》）这就说明了霸道实践的外交和内政方面互为因果的统一性。

春秋时期，礼崩乐坏，旧的制度、伦理已经不符合富国强兵的需要，新的社会环境逼迫诸侯国改革内政，包括经济、政治、文化领域的改革，如齐国的管仲新政、鲁国的"初税亩"、郑国的"铸刑鼎"等。由于打破了世卿世禄的等级制度，平民政治兴起，旧的"亲亲""尊尊"宗法礼制不再适用，《孔子家语》记载：

子贡曰:"陈灵公宣淫于朝,泄治正谏而杀之,是与比干谏而死同,可谓仁乎?"子曰:"比干与纣,亲则诸父,官则少师,忠报之心在于宗庙而已,固必以死争之。冀身死之后,纣将悔寤,其本志情在于仁也。泄治之于灵公,位在大夫,无骨肉之亲,怀宠不去,仕于乱朝。以区区一身,欲正一国之淫昏,死而无益,可谓捐矣。《诗》云:'民之多辟,无指立辟',其泄之谓乎?"(《孔子家语·子路初见》)

这里提出了一个问题,就是春秋时期与前朝不同,商周时期家国一体,家族伦理与政治伦理一体化,所以才有比干死谏之德,这是一种宗法伦理。而在春秋时期,家国一体的政治制度瓦解,家族伦理与政治伦理分化,所以死谏就失去了伦理依据。在这个历史条件下,要获得政治凝聚力,就只能建立新的政治伦理。这种新政治伦理有两种设计:一种是法家的思想,施行法治,建立刑赏制度,即"刑政"或称"力政";另一种是儒家的思想,施行德治,建立施恩—报恩的政治伦理,即"德政"。在春秋时期的新型政治中,刑政和德政还没有分化,有德治的一面,也有法治的一面,二者对立互补,还没有形成独立的法家政治实践和儒家政治实践。这种德法兼治的政治模式,体现在《管子》一书中。该书虽然托名管仲所作,实际上成书于战国至秦汉时期,一般认为是管仲一派的文集,它一定程度上反映了春秋时期最早称霸的齐国的政治实践和思想。《管子》杂糅了法家、儒家、道家思想,体现了德治与法治观念的融合,特别是体现着恩德政治思想,因此比较全面地展现了霸道的内涵。

各诸侯国改革内政,首先是建立法治,取代礼治,实行强权政治。《管子》主张以法治国:"有生法,有守法,有法于法。夫生法者君也,守法者臣也,法于法者民也。君臣上下贵贱皆从法,此谓为大治。"(《管子·任法》)这种法治观念是法家思想的源头,而与早期儒家倡导的以王道为标的的德政不同。霸道主张建立君臣、君民之间的权力关系、利益关系,以代替过时的"亲亲""尊尊"的宗法关系。《管子》指出:"明主在上位,有必治之势,则群臣不敢为非。是故群臣之不敢欺主也者,非爱主也,以畏主之威势也;百姓之争用,非以爱主也,以畏主之法令也。……故《明法》曰:'尊君卑臣,非计亲也,以势胜也。'"(《管子·明法解》)由此可见,强权政治是霸道的内涵之一。

但霸道还不是纯粹的法家政治,在强权之外,它还强调礼乐教化,有王道的思想资源,一定程度上体现了儒家的政治理念。战国末期的荀子,对霸道有了更客观的认识，他提出了历史上的王道（西周）、霸道（春秋时期）、强道（战国时期）的划分，体察到了霸道与王道的内在关联，故认为"隆礼尊贤而王，重法爱民而霸"（《荀子·强国》）。在君民关系上，霸道发扬了周文化的民本思想，不止于消极地"保民"，而是更积极地施恩于民，提出了"爱民"和"以人为本"的主张，以求得民众的报恩，使得统治具有民意基础，让百姓在征战中为国效力。儒家把宗法伦理中的"亲亲"推广到社会政治领域，也就是以君主为君父，以百姓为子民，要求君明、臣忠、民顺。有子曰："其为人也孝弟，而好犯上者，鲜矣！不好犯上，而好作乱者，未之有也。君子务本，本立而道生。孝弟也者，其为仁之本与！"（《论语·学而》）《国语·晋语》记载，骊姬向晋献公进言："为仁与为国不同。为仁者，爱亲之谓仁；为国者，利国之谓仁。故长民者无亲，众以为亲。苟利众而百姓和，岂能惮君？"可见在春秋时期就已经把家族伦理的"亲亲"推广到政治领域，即"众以为亲"，并且形成了普泛的伦理范畴"仁"。

霸道政治主张仁政，各个诸侯国普遍推行爱民、富民政策。《管子·霸言》说："夫霸王之所始也，以人为本。"《管子·牧民》说："政之所兴，在顺民心。政之所废，在逆民心。顺乎民心，民恶忧劳，我佚乐之；民恶贫贱，我富贵之；民恶危坠，我存安之；民恶灭绝，我生育之。""从其四欲，则远者自亲；行其四恶，则近者叛之。"《吕氏春秋·上德》言："为天下及国，莫如以德，莫如行义。以德以义，不赏而民劝，不罚而邪止。"这个主张区别于法家去礼义而重赏罚的主张。

但霸道政治不是对西周王道的遵循，而是作了改造。首先是补充了法治精神，实现了德治和法治的互补。《管子·霸言》曰："夫抟国不在敦古，理事不在善政，霸王不在成曲。"《管子·正世》曰："圣人者，明于治乱之道，习于人事之始终者也。其治人民也，期于利民而止。故其位齐也，不慕古，不留今，与时变，与俗化。"事实上，施行霸道的国家是德法兼治，《管子》把德治纳入法治之中："所谓仁义礼乐者，皆出于法。此先圣之所以一民者也。"（《管子·任法》）正是德法兼治的霸道，才得以富国强兵，实现霸业。《管子·小匡》曰："匹夫有善，可得而举，匹夫有不善，可得而诛，政成国安，以守则固，以战则强，封内治，百姓亲，可以出征四方，立一霸王矣。""故德之以怀也，威之以畏也，则天下归之矣。"（《管子·君臣下》）值得注意的是，霸道中的德政与刑政的关系不是并列的，而是以德治为主导，以法治为辅助。《管子·势》曰："先德后刑，顺于天，微度人。"这就区别于战国时期的法家政治，而与儒家的"德主刑辅"一致。

由于霸道在特定历史条件下对西周的王道有所继承、改造，包含着德治的内容，因此也被早期儒家代表人物给予有限的肯定。孔子认为有两种政治模式，一种是刑政，就是后来的法家政治，另一种是德政，即儒家主张的王道。他说："道之以政，齐之以刑，民免而无耻；道之以德，齐之以礼，有耻且格。"（《论语·为政》）孔子反对前者而赞成后者，也就是主张德政，尊崇王道，反对刑政。但是，孔子对霸道不是完全否定，而是给予一定的肯定。郑国子产是春秋时期著名的政治家，他主张立法治国，推行"铸刑书""丘赋"等一系列改革措施，同时也实行德治，实现了强国富民。孔子以"惠人"称赞子产，他认为子产"有君子之道四焉：其行己也恭，其事上也敬，其养民也惠，其使民也义"（《论语·公冶长》）。对于子产的德法兼治，孔子也给予积极的评价。"孔子曰：'善哉！政宽则民慢，慢则纠之以猛。猛则民残，残则施之以宽。宽以济猛，猛以济宽，政是以和。……'及子产卒，仲尼闻之，出涕曰：'古之遗爱也。'"（《左传·昭公二十年》）可见德法兼治的霸道具有现实性，是一种恩德政治，得到了儒家先贤的认可。

霸道并不是西周王道的延续，而是经过改造的恩德政治，就是把西周的"亲亲""尊尊"的宗法封建政治改造为德法兼治的恩德政治。所谓恩德政治，就是把权力的合法性建筑在君主对臣民施恩，以换得报恩的基础上。《管子·版法解》曰："凡君所以有众者，爱施之德也。爱有所移，利有所并，则不能尽有。故曰：'有众在废私。'"春秋时期，恩德伦理形成，这是一个划时代的事件。当时的统治者意识到，只有施恩惠于民众，民众才能为其效忠，反之则会成为敌对力量。《管子·形势解》曰："民之所以守战至死而不衰者，上之所以加施于民者厚也。故上施厚，则民之报上亦厚。上施薄，则民之报上亦薄。故薄施而厚责，君不能得之于臣，父不能得之于子。故曰：'往者不至，来者不极。'"这就是一种施恩—报恩的恩德政治观。这个恩德政治较之西周的民本政治更为积极，民不只是消极的、需要体恤的生产力，更成为爱的对象，也可以付出爱的回报。在这个基础上，形成了恩德化的身份伦理。所谓身份伦理，就是把施恩与报恩的责任与社会身份结合，以建立社会关系的合法性，形成了君君、臣臣、父父、子子的社会秩序。具体说来，政治领域的恩德就是君主施恩即宽仁地治理臣民，臣民报恩即尽忠君主。《管子·形势解》曰："山者，物之高者也。惠者，主之高行也。慈者，父母之高行也。忠者，臣之高行也。孝者，子妇之高行也。故山高而不崩，则祈羊至。主惠而不解，则民奉养。父母慈而不解，则子妇顺。臣下忠而不解，则爵禄至。子妇孝而不解，则美名附。""主牧万民，治天下，莅百官，主之常也。……敦敬忠信，臣下之常也。"这种恩德性的身份伦理，使施恩、报恩成为不同身份的社会责任，也成为一种权力关系。恩德政治注重惠民，以求得民众的支持，这就意味着统治者意识到民意的重要性，以爱民为施政的出发点，争取民意。孔子提出了"仁者爱人"的思想；继之者孟子、荀子指出德政的核心是爱民，荀子曰：

> 选贤良，举笃敬，兴孝弟，收孤寡，补贫穷，如是，则庶人安政矣。庶人安政，然后君子安位。……故君人者欲安，则莫若平政爱民矣；欲荣，则莫若隆礼敬士矣；欲立功名，则莫若尚贤使能矣；是君人者之大节也。三节者当，则其余莫不当矣；三节者不当，则其余虽曲当，犹将无益也。（《荀子·王制》）

春秋时期的亲民政策，不同于周礼的"亲亲"，后者是宗法礼教中的血缘亲情、宗法伦理，前者是打破宗法关系，把亲情推广到整个社会人群，形成一种恩爱、恩德。而且，春秋时期霸道的亲民政治也超越了西周的民本政治，即不仅仅是以民众不反抗为目的的"保民"，而是强调主动地爱民、亲民，并且把"以民为本"发展到了"以人为本"。春秋统治者把百姓与君主的关系比作子女与父母的关系，把家庭的恩德伦理推广到政治领域。如《左传·襄公十四年》记载：晋悼公对师旷说，卫国人赶走了国君，太过分了。师旷对曰："或者其君实甚。良君将赏善而刑淫，养民如子，盖之如天，容之如地。民奉其君，爱之如父母，仰之如日月，敬之如神明，畏之如雷霆，其可出乎？……"正是出于恩德政治观念，对于民众驱逐昏君、暴君才给予认同。春秋统治者更自觉地、主动地施惠于民，强调得民心，以求获得民众的感恩、报恩。《管子·霸言》曰："夫争天下者，必先争人……得天下之众者王，得其半者霸。"可见王业与霸业，其道相通，而成就大小不同，都在于得众人之心。《管子》提出了恩德政治的总纲："通之以道，畜之以惠，亲之以仁，养之以义，报之以德，结之以信，接之以礼，和之以乐，期之以事，攻之以言，发之以力，威之以诚。"（《管子·幼官图》）《管子》强调政治必须顺民心，《牧民》篇说："政之所兴，在顺民心；政之所废，在逆民心。"《管子·版法解》指出："凡众者爱之则亲，利之则至。是故明君设利以致之，明爱以亲之。徒利而不爱，则众至而不亲；徒爱而不利，则众亲而不至。"这些关于"得人心"的主张，都落实在惠民上，以求获得臣民的拥戴为回报，从而形成了亲民政治。《管子》主张"明王之务，在于强本事，去无用，然后民可使富；论贤人，用有能，而民可使治；薄税敛，毋苟于民，待以忠爱，而民可使亲。三者，霸王之事也，事有本，而仁义其要也"。通过施恩惠得到民众的拥护，即所谓"上不加勉，而民自尽竭"（《管子·五辅》）。管子反对单纯以强力治理百姓，桓公曾经对管仲说："我欲胜民，为之奈何？"管仲反驳说："此非人君之言也，夫胜民之为道，非天下之大道也。使民畏公而不见亲，祸亟及于身。君之国岌乎！"（《管子·小问》）"桓公又问曰：'寡人欲修政以干时于天下，其可乎？'管子对曰：'可。'公曰：'安始而可？'管子对曰：'始于爱民。'"（《管子·小匡》）管仲对齐桓公谏言爱民为本："管子对曰：'君若将欲霸王举大事乎？则必从其本事矣。……齐国百姓，公之本也。人甚忧饥，而税敛重；人甚惧死，而刑政险；人甚伤劳，而上举事不时。公轻其税敛，则人不忧饥；缓其刑政，则人不惧死；举事以时，则人不伤劳。'"（《管子·小匡》）

霸道政治的亲民政策，其目的在于使民众亲和统治者，报恩于统治者，如同子女报恩于父母。"茌民如父母，则民亲爱之。道之醇厚，遇之有实，虽不言吾亲民，而民亲矣。"（《管子·形势解》）这就意味着爱民必须付诸实践，给民众以实际利益，施恩才能获得报恩。恩德政治的实践，史书多有记载。管子采取一系列的爱民、惠民措策，如："入国四旬，五行九惠之教。一曰老老，二曰慈幼，三曰恤孤，四曰养疾，五曰合独，六曰问疾，七曰通穷，八曰振困，九曰接绝。"（《管子·入国》）《管子·入国》记载："年七十以上，一子无征，三月有馈肉；八十以上，二子无征，月有馈肉；九十以上，尽家无征，日有酒肉。死，上共棺椁。劝子弟，精膳食，问所欲，求所嗜。此之谓老老。"《管子·小匡》记载："［齐桓公］定令于百吏：使税者百一钟，孤幼不刑，泽梁时纵，关讥而不征，市书而不赋，近者示之以忠信，远者示之以礼义。行此数年，而民归之如流水。"这些惠民措施赢得了百姓的拥护，使得政治权力具有了合法性。

霸道政治把统治的合法性建立在德政上。子产实行德治和法治并行的政策，使得国家富强。《左传·成公十八年》记录晋悼公的治国之道："晋侯悼公即位于朝。始命百官，施舍、己责，逮鳏寡，振废滞，匡乏困，救灾患，禁淫慝，薄赋敛，宥罪戾，节器用，时用民，欲无犯时。……凡六官之长，皆民誉也。举不失职，官不易方，爵不逾德，师不陵正，旅不逼师，民无谤言，所以复霸也。"《左传·襄公三十一年》记载，子产从政三年，百姓颂扬之，曰："我有子弟，子产诲之；我有田畴，子产殖之。子产而死，谁其嗣之？"这就说明，实行霸道的国家，施行了爱民、惠民的政策，也获得了民众的拥戴，从而建立了一种施恩民众、民众感恩的政治关系。《左传·庄公十年》记载：

> 十年春，齐师伐我。公将战，曹刿请见。其乡人曰："肉食者谋之，又何间焉？"刿曰："肉食者鄙，未能远谋。"乃入见。问："何以战？"公曰："衣食所安，弗敢专也，必以分人。"对曰："小惠未徧，民弗从也。"公曰："牺牲玉帛，弗敢加也，必以信。"对曰："小信未孚，神弗福也。"公曰："小大之狱，虽不能察，必以情。"对曰："忠之属也。可以一战。战则请从。"

在这里可以看出，当时统治者已经自觉地施惠于民，实践了恩德政治，并且把恩德政治作为国家强盛的根基。还有，《左传·襄公十年》记载：

> 晋侯归，谋所以息民。魏绛请施舍，输积聚以贷。自公以下，苟有积者，尽出之。国无滞积，亦无困人，公无禁利，亦无贪民。祈以币更，宾以特牲，器用不作，车服从给。行之期年，国乃有节。三驾而楚不能与争。

以上描述了晋国救济饥民的德政，从而获得了民望。《国语》记载，楚国使臣申包胥问勾践越国凭什么可以战胜吴国？勾践回答："在孤之侧者，觞酒、豆肉、箪食，未尝敢不分也。饮食不致味，听乐不尽声，求以报吴。愿以此战。""越国之中，疾者吾问之，死者吾葬之，老其老，慈其幼，长其孤，问其病，求以报吴。愿以此战。""越国之中，吾宽民以子之，忠惠以善之。吾修令宽刑，施民所欲，去民所恶，称其善，掩其恶，求以报吴，愿以此战。""越国之中，富者吾安之，贫者吾与之，救其不足，裁其有余，使贫富皆利之，求以报吴。愿以此战。""越国南则楚，西则晋，北则齐，春秋皮币、玉帛、子女以宾服焉，未尝敢绝，求以报吴。愿以此战。"（《国语·吴语·勾践灭吴夫差自杀》）越王陈述的这些政绩，表明了统治者要以仁政获得百姓的支持，这是战胜吴国的保障。越王的亲民，获得了民众的感恩、报恩，故能君民一心打败吴国，报仇雪耻。《国语》记载，越国民众纷纷请战："国之父兄请曰：'昔者夫差耻吾君于诸侯之国，今越国亦节矣，请报之。'勾践辞曰：'昔者之战也，非二三子之罪也，寡人之罪也。如寡人者，安与知耻？请姑无庸战。'父兄又请曰：'越四封之内，亲吾君也，犹父母也。子而思报父母之仇，臣而思报君之仇，其有敢不尽力者乎？请复战。'勾践既许之……果行，国人皆劝，父勉其子，兄勉其弟，妇勉其夫，曰：'孰是君也。而可无死乎？'是故败吴于囿，又败之于没，又郊败之。"（《国语·越语上》）

在诸侯国内部的权力斗争中，权臣也会以施恩百姓来获得民众的支持，施恩成为政治斗争的手段。《左传·昭公三年》记载，齐国的陈氏家族为了窃取权力，邀结人心，对百姓实施恩惠："齐旧四量，豆、区、釜、钟。四升为豆，各自其四，以登于釜。釜十则钟。陈氏三量皆登一钟，钟乃大焉。以家量贷，而已公量收之。山木如市，弗加于山；鱼、盐、蜃、蛤、弗加于海。"还有，《左传·文公十六年》记载："宋公子鲍礼于国人，宋饥，竭其粟而贷之。年自七十以上，无不馈饴也，时加羞珍异。无日不数于六卿之门。国之才人，无不事也；亲自桓以下，无不恤也。公子鲍美而艳，襄夫人欲通之，而不可，夫人助之施。昭公无道，国人奉公子鲍以因夫人。"《左传·襄公二十九年》记载：

> 郑子展卒，子皮即位。于是郑饥，而未及麦，民病。子皮以子展之命，饩国人粟，户一钟，是以得郑国之民，故罕氏常掌国政，以为上卿。宋司城子罕闻之，曰："邻于善，民之望也。"宋亦饥，请于平公，出公粟以贷；使大夫皆贷，司城氏贷而不书，为大夫之无者贷。宋无饥人。叔向闻之曰："郑之罕，宋之乐，其后亡也，二者其皆得国乎！民之归也。施而不德，乐氏加焉，其以宋升降乎？"

可见施恩—报恩的伦理已经深入人心，并且成为一种政治实践。

在春秋时期，由于政治秩序紊乱，等级制度瓦解，君主与士人的关系不再是周礼规定的"亲亲""尊尊"关系，而变成了一种直接的利益交换关系。由于世卿世禄制度的瓦解和士在诸侯国之间的流动，各国君主不能像西周那样仅仅凭借亲缘关系和等级名分来支配臣子，臣子可以选择君主，所谓"朝秦暮楚"。在这种情势下，就产生了两种思想路线：一方面是早期法家强调君臣之间的强权支配和利益交换关系，也就是所谓法治；另一方面是早期儒家主张的施恩与报恩关系，也就是所谓德治。这两者似乎相反，但却有内在的一致性，即君主必须以名利或情感来笼络臣子，以求得臣子的效忠。因此，这两种路线在霸道中兼用不悖，互相补充、融为一体。《吕氏春秋·仲秋纪第八·爱士》曰："衣人以其寒也，食人以其饥也。饥寒，人之大害也；救之，义也。人之穷困甚如饥寒，故贤主必怜人之困也，必哀人之穷也。如此则名号显矣，国士得矣。"这里明确地把利益关怀作为"得士"的手段。《左传·庄公十四年》记载："郑厉公自栎侵郑，及大陵，获傅瑕。'傅瑕曰：苟舍我，吾请纳君。'与之盟而赦之。六月甲子，傅瑕杀郑子及其二子，而纳厉公。"这里是说，傅瑕被俘虏后，以帮助厉公归国为君作为条件，获得释放，二人结盟，最后完成了这个利益交换。可见君臣关系已经发生了根本性的变化。霸道主张通过对臣下施恩，获得忠诚。春秋时期，政治紊乱，周礼规定的宗法伦理瓦解，于是形成了"食君之禄，忠君之事"的恩德政治。时人多以食禄作为忠君的根据。《左传·襄公十五年》记载："季子曰：食焉，不辟其难。……利其禄，必救其患。"这种食君禄、忠君事的伦理，就是把君臣之义定性在施恩—报恩关系上，而知恩图报就成为臣子尽责的根据。《左传·昭公二十年》记载，卫国的齐豹将作乱，要杀害公孟絷，提前通知公孟絷手下的宗鲁，因为宗鲁是齐豹推荐给公孟絷的。但宗鲁不肯离开公孟絷，因为得到了他的恩惠。最终，齐豹奋力保护公孟絷，为主人捐躯。这个故事可以看出，春秋时期的人就很重视知恩图报了。《吕氏春秋》记载：秦穆公出行，辕马跑脱，被一群农夫捉住分食。秦穆公没有惩罚他们，还对他们说，吃马肉不同时喝酒会伤身，就送酒给他们喝。一年后，秦国与晋国交战，秦穆公被晋军包围，危急时刻，那些分食马肉的300多农民奋勇参战，打败了晋军，解救了秦穆公。所以说，"人主胡可以无务行德爱人乎？行德爱人，则民亲其上，民亲其上，则皆乐为其君死矣"（《吕氏春秋·仲秋纪第八·爱士》）。《吕氏春秋》还记载一个故事：赵简子有两匹白骡子，他很喜欢。一个小吏胥渠有病，医嘱要服食白骡之肝，于是他上门向赵简子索求。赵简子家臣主张杀死胥渠，而赵简子不同意，说："夫杀人以活畜，不亦不仁乎？杀畜以活人，不亦仁乎？"于是让厨师杀掉白骡，取肝脏给胥渠。"处无几何，赵兴兵而攻翟，广门之官，左七百人，右七百人，皆先登而获甲首。人主胡可以不好士？"这也是权贵与下属之间的恩德关系。（《吕氏春秋·仲秋纪第八·爱士》）《管子》曰：

> 凡立朝廷，问有本纪。爵授有德，则大臣兴义。禄予有功，则士轻死节；上帅士以人之所戴，则上下和。授事以能，则人上功。审刑当罪，则人不易讼。无乱社稷宗庙，则人有所宗。毋遗老忘亲，则大臣不怨。举知人急，则众不乱。行此道也，国有常经，人知始终，此

霸王之术也。"(《管子·问》)

这是一种君贤臣忠的恩德政治。春秋时期，有两个现象值得注意，一个是出现了国君与臣下的盟约。《左传·昭公元年》记载，由于郑国公孙楚作乱，郑简公与大夫盟誓，"郑伯及其大夫盟于公孙段氏"。这说明其时国君与臣子的关系发生了改变，绝对的等级臣服关系变成了一种宣誓效忠的关系，其中就体现了施恩—报恩伦理。另一个就是君主注重对臣下的赏赐，这是向臣下施恩，以求获得臣下的忠诚作为回报。这种赏赐往往是非常丰厚的，不仅有金钱、实物，还有土地、城池。齐桓公就曾赐予管仲大量采邑。《左传·襄公十一年》记载，"晋侯以乐之半赐魏绛"，就是说晋悼公把郑国缴纳的贡赋中的乐队，分一半赐给有功劳的臣子魏绛。《左传·襄公十五年》记载："晋侯赏桓子狄臣千室，亦赏士伯以瓜衍之县。曰：'吾获狄土，子之功也。微子，吾丧伯氏矣。'"在下面的叙述中，羊舌职赞赏这种赏赐，说"能施也"，是"明明德"。《左传·襄公二十六年》记载："郑伯赏入陈之功，三月甲寅朔，享子展，赐之先路三命之服，先八邑；赐子产次路再命之服，先六邑。"《左传·襄公三十年》记载："子产为政，有事伯石，赂与之邑。子大叔曰：'国皆其国也，奚独赂焉？'子产曰：'无欲实难，皆得其欲，以从其事，而要其成。非我有成，其在人乎？何爱于邑？'"春秋时期的赏赐，与西周等级制度下的依礼赏赐不同，不是"亲亲"，而是"尊贤"，甚至带有了浓厚的私恩、笼络性质。诸侯国君主为了笼络臣下，甚至对没有亲近关系的客卿格外加恩。《左传·定公九年》记载：齐侯赏赐攻城有功之人，先赏犁弥，犁弥让给首先登城的东郭书，"公赏东郭书，辞，曰：'彼，宾旅也。'乃赏犁弥"。这里说的"宾旅"，就是客卿。《国语·管仲教桓公亲邻国》记载，管仲建议齐桓公以重金搜罗士人："为游士八十人，奉之以车马、衣裘，多其资币，使周游于四方，以号召天下贤士。"可见其时君臣关系已经建立在利益交换的基础上了。

由于君臣关系建立在恩德之上，一种新的政治道德标准"忠"就形成了，这个忠诚的基础就是对君恩的回报。君主对臣下的施恩，会得到忠心的回报。《左传·昭公十三年》记载：楚灵王众叛亲离，走投无路，"王沿夏，将欲入鄢。芋尹无宇之子申亥曰：'吾父再奸王命，王弗诛，惠孰大焉？君不可忍，惠不可弃，吾其从王。'乃求王，遇诸棘围以归。夏五月癸亥，王缢于芋尹申亥氏。申亥以其二女殉葬"。这件事情表明了一种新的伦理在形成，就是基于报恩而建立的忠诚观念。同样，对君主而言，也要对臣下的忠诚给予回报，这也是一种施恩，于是也规定了在恩德政治中君主的责任。例如《左传·僖公二十四年》记载："晋侯赏从亡者，介之推不言禄，禄亦弗及。"介之推耻于与那些无功受禄者为伍，隐居而死。"晋侯求之，不获，以绵上为之田，曰：'以志吾过，且旌善人。'"君主也主动通过施恩建立这种恩德政治。在政治生活中，施恩成为一种笼络人心的手段，《左传·昭公十年》记载，陈桓子对齐国公子等实施恩惠，广结善缘，扩张势力：

桓子召子山，私具帷幕、器用、从者之衣屦，而反棘焉。子商亦如之，而反其邑。子周亦如之，而与之夫于。反子城、子公、公孙捷，而皆益其禄。凡公子、公孙之无禄者，私分之邑。国之贫约孤寡者，私与之粟。曰："《诗》云：'陈锡载周。'能施也。桓公是以霸。"公与桓子莒之旁邑，辞。穆孟姬为之请高唐，陈氏始大。

恩德首先是在私人关系中出现的，就是由于宗法政治的颓败，传统的道德责任瓦解，只能依靠私人之间的利益交换来维系政治关系。但是，这种状况导致了私恩泛滥，有可能违背公义，甚至出现了因个人恩怨而违背国家利益的情况。《管子·大匡》记载："明年，朝之争禄相刺，折领而刎颈者不绝。"《左传·宣公二年》记载，郑国与宋国交战，"将战。华元杀羊食士，其御羊斟不与。及战，曰：'畴昔之羊，子为政；今日之事，我为政。'与入郑师，故败。君子谓：'羊斟非人也，以其私憾，败国殄民，于是刑孰大焉？《诗》所谓'人之无良者，其羊斟之谓乎，残民以逞'。"《管子》揭示了私恩基础上的政治的局限，指出："众人之用心也，爱者憎之始也，德者怨之本也。其事亲也，妻子则孝衰矣；其事君也，有好业、家室富足，则行衰矣；爵禄满，则忠衰矣。唯贤者不然。"（《管子·枢言》）"惠主丰赏厚赐以竭藏，赦奸纵过以伤法。"（《管子·七主七臣》）在这种情况下，必须对私恩有所规范，把恩德制度化，成为一个系统的道德规范。那么如何解决这个问题呢？法家先驱主张建立刑赏制度，以法治代替私恩。《管子》中体现了这种法治思想，它提出，"天下无私爱也，无私憎也"，所以要"赏罚明，则德之至者也，故先王贵明"。（《管子·枢言》）"夫爱人不私赏也。"（《管子·正第》）儒家则主张把私恩变成公恩，使其符合公义，从而建立恩德规范。"子曰：'私惠不归德，君子不自留焉。《诗》云：人之好我，示我周行。'"（《礼记·缁衣》）《管子》也体现了这种规范化的恩德思想，即一方面在道德建设上主张建立正确的荣辱观,"先王重荣辱,荣辱在为"(《管子·枢言》),从而杜绝私心;另一方面,主张把恩德变成身份伦理,使得施恩、报恩与君臣责任结合。《管子·君臣上》曰:"夫为人君者,荫德于人者也;为人臣者,仰生于上者也。为人上者,量功而食之以足;为人臣者,受任而处之以教。""君善用其臣,臣善纳其忠。"就是把这个施恩、报恩伦理制度化,从而形成了恩德政治。由此,施恩与报恩就不再是私人之间的道德,而成为一种政治伦理规范,恩德政治就产生了。实际上,春秋政治是把法家的主张和儒家的主张结合并用,形成了霸道政治。

同时,统治者也明白,不仅要施恩于民,还要让民众知恩图报,这就要推行礼义教化,这也是把施恩、报恩行为规范化的途径。与王道的"礼不下庶人"以及强道的用严刑峻法威吓百姓不同,霸道政治主张教民知礼。《管子·版法解》曰:"凡人君者,欲众之亲上乡意也,欲其从事之胜任也。而众者,不爱则不亲,不亲则不明,不教顺则不乡意也。……必先顺政教,万民乡风。"《管子·侈靡》曰:"'政与教孰急?'管子曰:'夫政教相似而殊方……'"这里提出了政治实践与政治教化的关系问题,认为二者相辅相成并且同样重要。《左传·僖公二十七年》记载:

> 晋侯始入而教其民,二年,欲用之。子犯曰:"民未知义,未安其居。"于是乎出定襄王,入务利民,民怀生矣。将用之,子犯曰:"民未知信,未宜其用。"于是乎伐原以示之信。民易资者,不求丰焉,明征其辞。公曰:"可矣乎?"子犯曰:"民未知礼,未生其共。"于是乎大蒐以示之礼,作执秩以正其言。民听不惑,而后用之。出谷戍,释宋围,一战而霸,文之教也。

请注意这里的结论:"一战而霸,文之教也。"这是把建立霸权的根据归结为道德教化。管子主张德教,提出"礼义廉耻"为国之四维。《管子·五辅》篇提出:"曰:然则得人之道,莫如利之;利人之道,莫如教之以政。"继而推出"德、义、礼、法、权"五项治国教民的常规。《管子·山权数》曰:"则君请以国策十分之一者,树表置高,乡之孝子聘之币,孝子兄弟众寡不与师旅之事。树表置高而高仁慈孝,财散而轻。"这是为了树立恩德文化实行的国家宣传教化政策,有效地推广了恩德文化。

霸道政治德法兼治、强权与道义结合的两重性,随着大国征战和国内矛盾的发展而发生了分裂。在国际关系方面,各国抛弃了道义而转向强权,称霸变成了吞并天下;而在内政方面,由于追求国家利益的最大化,逐渐偏离德政,而施行刑政,于是霸道变成了强道。特别是秦国,在商鞅主政之下,施行严刑峻法、奖励耕战的政策,完全抛弃了爱民、惠民的德政。《战国策·秦策一》记载:

> 卫鞅亡魏入秦,孝公以为相,封之于商,号曰商君。商君治秦,法令至行,公平无私,罚不讳强大,赏不及近亲,黥、劓其傅。期年之后,道不拾遗,民不妄取,兵革大强,诸侯畏惧。然刻薄寡恩,特以强服之耳。

荀子对秦国的强权政治作了批评,指出它背离王道,排斥儒家思想:"故曰:佚而治,约而详,不烦而功,治之至也,秦类之矣。虽然,则有其諰矣。兼是数具者而尽有之,然而县之以王者之功名,则侗侗然其不及远矣!""是何也?""则其殆无儒邪!故曰粹而王,驳而霸,无一焉而亡。此亦秦之所短也。"(《荀子·强国》)秦国逐渐脱离霸道政治,奉行强道,对内是严酷的刑法统治,摒除了德政;对外也不讲德、礼,只讲武力,不是作为霸主统领诸侯,而是吞灭人国,兼并天下。这意味着无论是内政还是外交,霸道所蕴含的恩德政治已经不复存在了。

强道已经彻底清除了霸道的王道因素,抛弃了儒家思想,采纳了法家思想。法家思想本来在春秋时期就滥觞于管子学派,战国时期经过荀子的吸收、阐发,传至申不害、韩非、商鞅,发扬光大,形成独立的法家思想体系。法家的主张不同程度上被各国采用。特别是秦国用法家思想治国,富国强兵,最终灭亡六国,统一天下。法家思想完全否定王道、德政,抛弃恩德政治,主张利用人性之恶,以刑赏治国;而且颠倒了霸道的先赏后刑的次序,主张刑先赏后,用国家权力驱使百姓耕战。儒家的德政、礼教主张则被各国统治者抛弃,春秋时期孔子游说七十余国,其说不被采用;战国时期孟子学说也不受各国君主采纳。《史记·商君列传》记载:商鞅游说秦王,先讲上古帝道,秦王不感兴趣;再讲德政,秦王仍然不感兴趣;再讲法治,秦王大悦。鞅曰:"吾说君以帝王之道,比三代,而君曰:'久远,吾不能待。且贤君者,各及其身显名天下,安能邑邑待数十百年以成帝王乎?'故吾以强国之术说君,君大说之耳。然亦难以比德于殷周矣。"这说明强道比王道、霸道更适合统治者的需要,也顺应了历史趋势。

春秋时期的霸道,本来就包含着儒法两种思想,在后来的历史演变中，二者的矛盾激化，形成了儒法两条道路和两种思想体系。法家和儒家思想不是凭空产生的，而是有其现实基础的，春秋时期的霸道实践就是其社会土壤。从思想资源上说，霸道是法家思想和儒家思想的发源地，儒家的始祖孔子、法家的先驱荀子等，都从霸道实践中获得了社会经验，形成和发展了自己的思想理论。霸道的德政一面，是儒家思想发生的社会实践基础。孔子主张德政，是以周政为理想楷模的，但西周遥远，而春秋霸道的实践提供了现实经验。孔子对霸道中的德政因素予以肯定，并且希望在各诸侯国实施，因此也注重各国的这种实践经验。孔子的贡献是对德政理念作了恩德的阐释，建立了一整套君君、臣臣、父父、子子的恩德理念。后来孟子进一步建立了君民、君臣之间的恩德政治理论。霸道的刑政一面，则成为法家思想的社会实践基础。

第五节　恩德文化对礼物文化的改造

一　恩德文化的摧折与复兴

在春秋战国时期形成的恩德文化，在秦代遭受了法家文化的摧折，曾经一度趋于消亡，但在汉代又得到复兴。在战国时期，各国在变法和争霸中，开始重视法治，以达到强国目的。法家先驱则从这个实践中提炼出法家理论。法家不讲恩德，而是利用人性趋利避害的弱点。以赏罚为治国原则。《管子》中的法家思想体现了齐国的法治实践经验。荀子是带有法家思想的儒家人物，可以看作法家思想的先驱者。他主张道德教化与刑法治理并重，才能达到盛世。因此荀子的法治思想也根基于各国的法治实践。秦国的政治实践也体现了韩非、商鞅的理论，更极端地发展了法家的刑政思想，最后获得了成功，建立了中央集权的大一统帝国。秦朝的法家政治主要体现在君民、君臣关系上颠覆了恩德政治。在君臣关系上，废除了恩德政治的"君明臣忠"原则，不施君恩，不听谏言，造成暴君政治。《史记·秦始皇本纪》记载："制曰：'朕闻太古有号毋谥，中古有号，死而以行为谥。如此，则子议父、臣议君也，甚无谓。自今已来，除谥法。朕为始皇帝。后世以计数，二世三世至于万世，传之无穷。'"在这里可以看出，秦始皇废除了谥法，也否定了子议父、臣议君的君臣关系，实行了单向的君主专制。在君民关系上，秦统治者单向地对百姓施行绝对控制，严刑峻法、横征暴敛，修长城、建阿房宫，耗费天下民力。最后，传至二世，奸臣赵高弄权，民间陈胜起事，秦王朝寿终正寝，表明了法家政治的失败。秦王朝覆亡的历史教训在于，秦帝国完全抛弃了礼物文化传统，实行了法家政治即"控制性的社会—文化模式"，没有建立约束统治者和笼络被统治者的政治伦理，以严刑峻法压迫百姓，缺乏权力的合法性，最终失去人民的信任，引起反抗，二世而亡。

汉代统治者吸取了秦政的教训，在经过一段道家思想主导的无为而治后，施行了"罢黜百家，独尊儒术"，继承了礼物文化的某些因素，接续了春秋霸道即恩德政治，把统治的合法性建立在君主与臣民之间的施恩—报恩伦理之上，从而恢复了春秋战国时期产生的恩德文化。应该指出的是，秦帝国施行法家政治，这是在政治领域废除了恩德，并不是，也不可能在社会生活领域和家庭生活领域全面地废除恩德文化，在这两个领域，恩德文化得以保留和维护。如秦国在法律上也维护了家庭伦理中的父子、夫妻之间的恩德秩序，《睡虎地秦墓竹简》中有这样的法条："子盗父母，父母擅杀、刑、髡子及奴妾不为公室告。子告父母，臣妾告主，非公室告，毋听。"这里的意思是，如果父母、主人侵犯子女、臣妾，而子告父母、臣妾告主，属于家庭关系范围（非公室告），为了维护父母、主人与子女、臣妾的尊卑关系，对于这类案件，官府不予受理。这表明，恩德文化仍然保留在秦朝的家庭生活领域，政府也承认这一现实，并且以法律维护之。正是由于秦帝国保留了社会生活和家庭生活领域的恩德文化，才使得汉代全面恢复恩德文化得以可能，因为政府可能改变政治文化，但并不能改变社会领域和家庭领域的文化，秦帝国不能，汉帝国也不能，他们改变的只是政治文化。汉代政府改变了秦代的法家政治，并且恢复了儒家思想的正统地位，从而全面地恢复了恩德文化。

汉代对恩德文化的恢复，包括对法家思想的吸收，施行了德法兼治。本来原始儒家是主张德治的，但并不排斥刑法，只是反对"不教而诛"，而主张德教优先、德主刑辅。儒家以周礼为德治的标本，西周是贵族社会，"刑不上大夫，礼不下庶人"，德治与法治是分家的。春秋战国以后，贵族社会瓦解，形成平民社会，儒家主张对整个社会施行德治，以法治辅助之，实际上是礼下庶人。法家则排斥了德治，而发展、完善了法治，主张"法不阿贵"，实际上是刑上大夫，在法律面前人人平等。汉代在政治上是"汉承秦制""儒表法里"，正如汉宣帝所言："汉家自有制度，本以霸王道杂之，奈何纯任德教，用周政乎？"（《汉书·元帝纪》）把德治与法治结合起来，这个结合的基础，就是恩德文化本身带有的爱和控制性双重属性，一方面是统治者对民众施行恩惠，另一方面是统治者因此拥有了支配民众的权力，包括行使刑罚的权力。恩德文化把法家的刑政纳入了自己的体系，对于不忠不孝者给予制裁，就具有了合理性，这种控制性与爱的属性相配合，使得恩德文化具有了两面性。

二　恩德文化是礼物文化的变体

礼物文化在文明社会瓦解，西方社会走向了契约关系和个体本位文化，导致神的退隐以及人与世界、人与人的分离，建立了主体性，从而彻底地终结了礼物文化。但中国社会、文化没有走向契约关系和个体本位文化，也没有形成主体性，而是走向后宗法社会和恩德文化。恩德文化离开了礼物文化，但没有彻底终结礼物文化，而是继承了礼物文化的某些因素，并且加以改造，成为礼物文化的变异形态。

恩德文化的建立，是对礼物文化的改造，形成了礼物文化的变体。儒家以仁爱建构人际关系和伦理体系，一方面适应了后宗法社会，另一方面也以某种形式继承了礼物文化（儒家的大同之世）的精神。孔子倡导仁，这个仁一方面是对具体伦理规范（忠孝等）的概括，另一方面也是一种理想的价值，这个理想的价值是超越现实关系的，其思想资源就是大同之世的礼物文化。中国的理想社会是尧、舜、禹时期，即所谓大同世界。这个世界的人际关系是超越私利的、普遍有爱的，实际上就是一个礼物社会。"大道之行也，天下为公。选贤与能，讲信修睦，故人不独亲其亲，不独子其子，使老有所终，壮有所用，幼有所长，矜寡孤独废疾者，皆有所养。男有分，女有归。货恶其弃于地也，不必藏于己；力恶其不出于身也，不必为己。是故谋闭而不兴，盗窃乱贼而不作，故外户而不闭，是谓大同。"（《礼记·礼运》）这个大同世界一直是儒家的理想，成为他们遵循的"大道"。儒家秉持这个大道，推行了文化建设。但是他们也知道世事变迁，不可能重返大同，只能建设小康："今大道既隐，天下为家，各亲其亲，各子其子，货力为己，大人世及以为礼。城郭沟池以为固，礼义以为纪；以正君臣，以笃父子，以睦兄弟。以和夫妇，以设制度，以立田里，以贤勇知，以功为己。故谋用是作，而兵由此起。禹、汤、文、武、成王、周公由此其选也。此六君子者，未有不谨于礼者也。以著其义，以考其信，著有过，刑仁讲让，示民有常。如有不由此者，在势者去，众以为殃，是为小康。"（《礼记·礼运》）那么大同与小康所遵循的道是什么关系呢？儒家认为，大同世界成为过去，但这个"大道"却隐而未失，它变通为小康世界的道即礼。所谓"太上贵德，其次务施报"，其中太上所重之德，即大同世界之大道；而其次重施报，则是小康社会的礼，就是有限的礼物文化即周礼，后来被改造成为恩德文化。孔子提出了仁的理念，就是对大同理想的概括和继承。儒家以仁爱精神继承了大同理想，同时也以礼物文化为范本，以小康社会的实际为基础，建构了恩德文化。春秋战国时期的历史条件，在一定程度上限制和扭曲了礼物文化。春秋战国时期毕竟已经进入了文明时代，纯粹的礼物赠予已经不可能。首先是神人已经发生了分离，世俗化的社会形成，礼物交换的神圣性不复存在。其次是人与人也发生了分离，个体、家族、社会的界限已经初步形成，人与人之间的亲密关系分离，私产的出现也使得礼物交换偏向于物质性、功利性。最后，春秋战国时期虽然贵族等级制度消亡，但社会关系仍然不平等：家族内部有家长制，社会上有贫富、尊卑之分，政治领域有君臣、官民之别，这使得礼物交换失去了对等性。在这种历史条件下，重建礼物文化的努力不可能充分实现，因而只能使礼物文化发生变异，获得有限的实现。这种变异就是把家庭、社会、国家的管理者作为施恩方，把被管理者作为受恩方和报恩方，以有爱心的管理作为施恩即礼物的赠予，以有爱心的接受管理作为感恩、报恩即礼物的回赠，从而建构了后宗法社会和恩德文化。

  儒家对礼物文化的内涵进行了改造，使其变成了礼物文化的变体——恩德文化。所谓恩德文化，就是把人与人的基本关系以及天人关系定性为施恩与报恩，在这个基础上建立起一套伦理规范。儒家在一定程度上继承了礼物文化的赠予性，把"仁"作为基本的伦理原则，而仁即"忠恕而已"。忠恕之道即"推己及人"，也就是"己所不欲勿施于人"，"己欲立而立人，己欲达而达人"，实际上就是把恩惠施于对方。同时，仁也是双向的，要求受恩一方感恩，并且以报恩作为回赠，从而形成了某种赠予与回赠的礼物交换关系。但这个赠予和回报不是对等的，是一种身份责任，带有控制性，因此不是真正的礼物交换关系，而是其变异形态。儒家伦理的核心是恩德，无论是家族伦理的孝悌、社会伦理的友善，还是政治伦理的忠义，都是人与人之间的施恩—报恩关系。而且，天人关系也是施恩—报恩关系，神和自然施恩于人，人对神和自然报恩，而且神恩与人恩相通，人恩体现着神恩，神恩转化为人恩。在恩德的基础上，建立了后宗法社会的文化体系。春秋战国以后，经过几个世纪的努力，恩德文化在社会生活中生根，并且最终被统治者认可而成为主流文化，从而建构了一个礼物社会和礼物文化的变异形态。

三 恩德文化的礼物属性和反礼物属性

恩德文化虽然具有礼物交换的性质，但并不是原始的、纯粹的礼物文化，而是变异的、有限的礼物文化。这个特殊的礼物文化属于"赐予—回报的社会—文化模式"，具有赠予性和控制性的两重性。

一方面，恩德文化具有礼物文化的渊源，也具有一定的礼物文化属性，可以看作礼物文化的遗存。恩德的核心是仁，仁有礼物文化即"大同"精神的渊源，也是其他德目如孝、悌、忠、义等的概括、抽象，这些德目是仁的具体化。仁的内涵是恩爱，尽管恩爱不同于现代的爱，但仍然是爱的一种历史形态，带有爱的成分。孔孟以"爱人"定义仁，就是指为对方着想，施爱于对方，即所谓"以己推人"。因此，在一定意义上恩爱就是一种礼物的赠予形式。同时，恩德要求对施恩的回报即感恩、报恩，如此才合乎礼义。这种感恩、报恩是对爱的感知和回应，发自仁心，也是一种爱，从而成为一种礼物的回赠。所谓"礼尚往来"就是礼物的赠予性体现。恩德文化对施恩与报恩双方都有所约束，而非单方面的赠予或接受。施恩者要对受恩者表现出爱心，如父对子之慈、兄对弟之友，夫对妻之义，君主对臣民之德，都溢出了一己之私，体现出仁爱。同时，恩德也要求受恩者对施恩者回报，表现出对施恩者的感激和爱戴，如子对父之孝、弟对兄之悌，妻对夫之贤，臣民对君主之忠。恩德文化反对扬朱的极端利己主义，也不同于现代西方的个人主义，而主张人与人的恩爱，从而在一定程度上成为一种"人的交换"，构建了一种变异的礼物文化。从积极方面说，恩德排除了个体的孤立性，以施恩和报恩的责任把人与人凝聚成一个共同体，建构了"父慈子孝""兄友弟恭""夫德妻贤"的家庭秩序和"尊老爱幼""尊卑有序""朋友互信"的社会秩序，以及"君明臣忠""官良民顺"的政治秩序，故此孔子说："礼之用，和为贵。"（《论语·学而》）而和，就是一种礼物交换关系。

另一方面，恩德受到了社会关系的限制，也不是纯粹的礼物文化，而是其变异形态。原始礼物社会瓦解后，进入文明社会，礼物文化的基础不复存在，所以不可能保留纯粹的礼物文化，而只有其残余和变异形态。中国后宗法社会和恩德文化就是礼物社会和礼物文化的变异形态。在恩德文化中，施恩与报恩成为不同社会身份的责任，施恩带有控制性，报恩带有依附性，而不是一种独立的、单纯的爱的行为，因此不同于真正的礼物交换，也不同于现代社会的施爱与回报。由于施恩一方与受恩一方是不平等的，施恩者为强者、尊者、管理者，如父母、兄姐、丈夫、长辈、年长者、男性、君主、官吏等，而受恩者是弱者、卑贱者、被管理者，如子女、弟妹、妻子、晚辈、年幼者、女性、臣子、民众等，前者可以支配后者，于是社会管理与道德行为混杂在一起，权力获得了合法性。恩德把礼物赠予权力化，把爱变成了道德控制和占有，使得礼物赠予和回报关系变成了一种变相的控制—依附关系。

恩爱的控制性根源于施恩—报恩责任与社会身份结合，形成身份伦理。一方面，施恩者的社会身份高于受恩者，前者具有主动性，后者具有被动性。另一方面，施恩者是出于自己的意愿而不是出自对方的意愿去"爱"受恩者的，即所谓推己及人，"己欲立而立人，己欲达而达人"，于是施恩就变成了一种变相地强加于人。同样，报恩者也不是出自自己的意愿，而是按照施恩者的意愿回报，也就是变相地被施恩者控制和占有，依附施恩者。"父慈子孝"，就是父母出自对子女的爱，以自己的意愿为子女做主，而不顾及子女的意愿；子女也有责任以顺从回报父母加于自身的恩惠，而压制自己的意愿。如父母为子女选择配偶，是"为子女好"而施的恩惠，因此是不可违抗的"父母之命"；子女要以顺从感恩、报恩。由于赠予者可以支配受赠者，受赠者依附于赠予者，使得礼物赠予的对等性流失，而具有了某种控制性。因此，这不是纯粹的礼物赠予，而在某种意义上成为一种情感的放债和软性的奴役。

恩德作为礼物文化的变异形态，存在着赠予性和控制性之间的矛盾。在恩德文化中，过度地倾向于控制性，偏重施恩方的权力，就会弱化赠予性；而偏重赠予性，强调自由意志，就会弱化控制性，这两种倾向都会导致恩德文化解体，因此恩德文化必须在赠予性和控制性这两极之间寻找平衡。早期儒家还一定程度上保留着贵族的独立人格，因此在恩德文化的建构中比较强调礼物赠予性，施恩方与受恩方的关系相对宽松，具有一定的独立性。如孔子对待君主的态度就保留着一定的自主性，即所谓"邦有道，则仕；邦无道，则可卷而怀之"（《论语·卫灵公》）。再如，子思对鲁缪公以朋友待士不满，称应该以师礼待之，从而一定程度上把君臣的关系平等化："缪公亟见于子思，曰：'古千乘之国以友士，何如？'子思不悦，曰：'古之人有言曰，事之云乎，岂曰友之云乎？'"（《孟子·万章下》）孟子更强调了君臣交往的对等性，主张双向的赠予："君之视臣如手足，则臣视君如腹心。君之视臣如犬马，则臣视君如国人。君之视臣如土芥，则臣视君如寇仇。"（《孟子·离娄下》）只是到了后来，随着君主专制的加强，恩德文化日益倾向于控制性，礼物交换的不对等性日益严重。汉代董仲舒用阴阳关系来规定人伦，认为"君臣父子夫妇之义，皆取诸阴阳之道，君为阳，臣为阴；父为阳，子为阴；夫为阳，妻为阴"。（《春秋繁露·基义篇》）进而论证了"君为臣纲，父为子纲，夫为妻纲。"于是施恩方成为控制性的主导一方（阳、纲），而受恩方成为被动性的一方（阴、目）。董仲舒还发挥说："君不名恶，臣不名善。善皆归于君，恶皆归于臣。"（《春秋繁露·王道通三》）双方的关系更加不平等，并且在制度上固化。至于明代，朱元璋甚至以孟子提倡民贵君轻、君臣之恩对等为由，把《孟子》删节，并且一度取消了孟子配享文庙的资格。朱元璋还宣布"率土之滨，莫非王臣。寰中士大夫不为君用，是自外其教者，诛其身而没其家，不为之过"[①]。君臣之间的恩德关系变成了严酷的主奴关系。在家庭领域，父子、夫妇关系也日益紧张，片面强调子孝和妇德，提出了"三从四德"。正是因为恩德文化的内在矛盾，后宗法社会的统治者嫌其控制性不足，还吸取了法家的法治思想，于是法家的法治与儒家的德治结合，成为恩德文化的控制性的一面。

　　恩德文化的礼物文化属性和反礼物文化属性的两重性，还体现在其他一些方面。第一，恩德的普遍性和差等性的矛盾限制了礼物交换的普遍性。一方面，儒家建构恩德文化，改造和推广了"亲亲"原则，主张爱一切人，即"仁者爱人"，"泛爱众，而亲仁"，具有普世性，符合了礼物交换的基本准则。另一方面，恩德文化又主张爱有差等。恩德以家族伦理为中心，外推而成，因此仁爱不是兼爱，而是有差等的，也就是遵循"亲亲"原则，关系近，就具有优先性，爱就多；关系远，就不具有优先性，爱也少，即由家族到乡党，再到国人，再到天下人，爱逐渐递减。这就意味着施恩是有差等的，就是依据亲疏远近而多寡不同；与此对应，报恩也是有差等的，依据亲疏远近而有所区别。孔子说"非其鬼而祭之，谄也"（《论语·为政》），就是以本家族为中心的伦理。孟子反对墨子的"兼爱"思想，认为这是抹杀爱的差等性，是"无父无君"。儒家的恩爱也不同于西方的"博爱"，后者是上帝赋予的无差别的一体之爱，而且是爱一切人，包括有罪的人和敌人，甚至是"打左脸，给其右脸"。而恩爱不仅有差等，还否定了对"恶人"的爱，对恶人要"以其人之道还治其人之身"，甚至要"食肉寝皮"。恕道也不包括敌人、小人，对他们要"以直抱怨"。这种礼物赠予的差等秩序实际是由施恩—报恩的利益关系决定的，关系越近，就越可能得到回报，因此获得的赠予就越多；反之则不然，这是"熟人社会"的法则。因此，恩德作为礼物文化，就受到了

[①] （明）朱元璋：《御制大诰三编》，上海古籍出版社，1995，第347页。

限制和扭曲，它违反了礼物赠予的普遍原则，即无条件的"人的交换"。

第二，恩德的世俗性，限制了礼物交换的绝对性。中国社会是世俗社会，宗教信仰薄弱，恩德也具有世俗性，这意味着礼物赠予失去了神圣性和绝对的依据。上古社会的礼物文化具有神圣性，是一种神人、群己、物我之间的融合，因此，其动机是真诚的、纯粹的。同时，赠予和回赠是对等的，不存在单向的赠予，也不存在赠予和回赠的不对等性、差等性，这意味着礼物交换的纯洁性、公正性。而在中国后宗法社会，神权让位于王权，信仰让位于伦理，因此礼物交换的神圣性丧失，礼物的赠予和回赠仅仅出于人情和道德的规定，从而失去了绝对的根据。董仲舒试图以天人合德的观念论证恩德的神圣性和普遍性："天者群物之祖也，故遍覆包含而无所殊，建日月风雨以和之，经阴阳寒暑以成之。故圣人法天而立道，亦博爱而亡私，布德施仁以厚之，设谊立礼以导之。"（《春秋繁露·对策二》）但这种天人合德的论证并不强有力，神恩与人恩之间的同一关系仍然只是一种类比性的推演。而且，在社会生活中神恩观念已经衰落，恩德已经植根于世俗生活，从而失去了神圣性。因此，在失去了神圣性保障的世俗社会，施恩和报恩就可能成为一种功利的行为，甚至出现逃避责任、有爱不施、受恩不报等现象，其中所产生的控制性、虚假性和差等性，都意味着礼物交换的瓦解。

第三，恩德存在着情理统一性，也存在着情与理的矛盾，从而违背了礼物交换的自愿性、自然性。上古社会，礼物交换是在部落内部或邻近部落之间进行的，通过礼物交换直接达成情感的沟通，并没有理性的介入，因此是一种社会无意识行为，具有自愿性、自然性。由于文明社会精神结构的分化，感性与理性分离，恩德就具有了情和理两个层面。与西方伦理的充分理性化不同，恩德的感性层面与理性层面结合在一起，没有充分分化。恩德的基础是感性层面的恩情，就是具体的礼物交换所产生的感情；而恩德的理性层面是抽象的责任，即所谓恩义，二者的复合构成恩德文化。恩德文化强调情理统一、合情合理，以避免以情悖理或以理伤情，这也就是所谓"中庸之道"；但是情理矛盾仍然存在，而且必然发生冲突。解决这个冲突的原则就是"以理节情"、理性主导，这样，恩德文化就违背了礼物交换作为"人的交换"的自愿性、自然性，变成了对社会责任的服从。

第四，恩德的义与利的矛盾，消解了礼物交换的纯粹性。礼物交换本质上是非功利的情感的交换，但是，后礼物社会发生了利益的分化，尽管这种分化还不彻底，但仍然导致了礼物交换被利益关系侵蚀，从而丧失了单纯的情感性。恩德文化强调重义轻利、不讲利益而只讲情义，以保证礼物交换的纯粹性，但是，由于施恩与报恩都建立在现实关系之上，恩惠本身就是利益的给予，由此利益因素就必然直接或间接地介入，由此就丧失了礼物赠予的纯粹性，而间接地变成了利益的交换。因此，恩德文化带有私己性。如恩德文化中的孝道，就有"养儿防老"的实际考虑；君主爱民的"仁政"，也是基于"水能载舟亦能覆舟"的考虑，以及有效驭民的政治功利性。这样，在实际运用中，恩德就会带有实用的目的，甚至藏有私心，变得不那么纯粹，从而导致自我解构。

第五，恩德的虚拟化，导致了礼物交换的虚假性。恩德作为身份伦理，把道德责任与社会管理职能结合在一起，赋予社会管理以道德属性，这就产生了两重性。一是积极方面，即家长、君主、官员负有了慈爱的责任，使得权力有了道德的约束。二是消极方面，即施恩成为一种身份权力，于是礼物交换就可能变成一种剥夺。如皇帝、官府并不需要做出对百姓有益的事情，其存在本身就是对百姓施恩，需要百姓感恩、报恩；其他高等级的社会身份也同样拥有了不施之恩，而低等级的社会身份也就被强加了必报之恩。这种虚拟化的恩情关系也就失去了礼物交换的对等性，变成了一种权力关系。

总之，恩德文化既具有礼物文化的属性，又具有反礼物文化的属性，这使得中国文化具有了矛盾性，并且成为礼物文化的变异形态。

第三章 中国恩德文化的思想理论建设

在春秋战国时期，周朝衰亡，家国一体的宗法封建贵族社会解体，而在秦以后，形成了家国同构的后宗法皇权士绅社会。在新旧社会交替之际，也发生了文化的转型，一方面是礼崩乐坏，另一方面是新的文化——恩德文化的生成和建构。文化的生成是一个自然历史过程，同时也是自觉的创造，特别是文化的思想理论层面的创造，体现了对文化的自觉意识。恩德文化建构的主体是新崛起的平民知识分子——士，特别是儒家之士，他们改造了周文化的核心——礼，建构了恩德文化。

第一节 恩德文化建构的基本理念

文化的思想理论的建设不是盲目的，必须有所遵循，也就是要围绕着某些基本理念从事创造。恩德文化的建设也同样遵循着一些基本理念，这些基本理念作为文化的纲要，构成了恩德文化建设的宗旨和原则。

一 社会控制的亲和性

中国文化是伦理本位文化，伦理的基本功能是规范人际关系，其内涵包括两方面，一是亲和性，二是控制性。所谓亲和性，就是人们共存于社会共同体之中，必须具有共同的利益和价值观念，建立和谐的关系，从而能够互相协作。所谓控制性，即管理者对被管理者的支配性。社会人群是有阶层、等级划分的，各个阶层、等级之间具有权力关系，高阶层、等级是管理者，支配低阶层、等级，低阶层、等级是被管理者，要服从高阶层、等级。伦理乃至文化的功能就是要确定这种人际关系的准则，并且为这种人际关系提供合法性，也就是说明为什么要有这种亲和性和控制性，以及如何实现这种亲和性和控制性。如何使这种亲和性和控制性合理化，就是文化建构的宗旨和目标。不同民族的文化体现着不同的亲和性和控制性。欧洲古代社会有国王、贵族、平民三个等级，国王统治贵族，贵族统治平民。为了确定这个社会关系的合法性，欧洲文化建立了宗教的权威，神意是合法性的根源。基督教一方面确定了来自上帝的普遍的爱，以建立亲和性的人际关系，使得不同阶级的人群可以共处于社会共同体之中；另一方面也规定了上帝赐予的王权和贵族的权力，以建立社会控制的合法性。秦以后的中国社会是世俗化的后宗法皇权士绅社会，没有世袭的等级制度，宗教不具有主导地位，这种社会状况导致中国文化建设具有特殊性。后宗法社会家国同构，家庭层面是家长管理家庭成员，形成父子、夫妇、兄弟关系；国家层面有君主、官吏（士大夫）和平民三个层级，皇帝统率官吏，官吏管理百姓。这种社会关系需要确定相应的伦理文化体系，以亲和的方式实现社会控制，这是文化建设的基本目标。在中国世俗社会，人际关系虽然也有神意根据（天道），但这个根据并不具有直接性，需要经过伦理的中介才能发生规范作用。这是因为自周代以来就确立了这样的观念：天道通人道，天意在人心，即所谓"天视自我民视，天听自我民听"，故人意才是根据。但是，平民社会的人意不能由管理者单方面决定，只能来自双方的协商。秦帝国就是不顾民意，按照统治者单方面的意志处理政治关系，肆意酷虐百姓，导致王朝的覆灭。秦以后的统治者意识到不能单靠严刑峻法压服百姓，必须让统治者的意志与民意相互协调，才能长治久安。这就是说，建立比较和谐的人际关系，只能诉诸管理者和被管理者的共同意志（虽然不是平等的），构成一种交换关系（虽然不是等价的），这就是恩德规范。这种亲和性的思想原型是宗法伦理的"亲亲"即血缘亲情，而控制性的思想原型是宗法伦理的"尊尊"即等级观念。但儒家改造了"亲亲""尊尊"，使其转化为一种施恩—报恩伦理，即管理者（君主、官吏、家长等）以仁爱之心管理被管理者（臣民、家庭成员等），此即施恩；被管理者以感恩之心服从管理者，此即报恩，施恩者与报恩者之间既有亲和性，也有控制性，亲和性是为了以最小的成本实现社会控制。这样，就从伦理角度确定了人际关系的准则，从而建构了恩德文化。

春秋战国时期各个学派对社会文化的建构提出了自己的方案。道家面对社会变革带来的社会文化的混乱，把治世的理想寄托在归返自然之道之上。道家主张自然无为，独立逍遥，维护人的天性，这既否定了人际关系的亲和性，如"相濡以沫，不如相忘于江湖"（《庄子·大宗师》）；也否定了人际关系的控制性，如"小国寡民，使有什伯之器而不用，使民重死而不远徙。虽有舟舆，无所乘之。虽有甲兵，无所陈之。使民复结绳而用之。甘其食，美其服，安其居，乐其俗。邻国相望，鸡犬之声相闻，民至老死不相往来"(《老子》第八十章)。总之，道家思想具有自然主义倾向。这种自然主义的社会理想只是一种空想，不可能实现。墨家面对政治、道德秩序的混乱，主张兼爱、非攻、交相利、尚贤、尚同、明鬼等，具有平等精神和民粹主义、信仰主义倾向，体现了底层游民的意识。墨家的以兼爱达成的亲和性与儒家以仁爱达成的亲和性不同，前者是平等互利的爱，后者是施恩—报恩的差等之爱。墨家主张在兼爱基础上达成无差别的社会控制——"尚同"，也带有乌托邦倾向。面对社会动乱、列国争雄，法家抛弃了西周的"亲亲""尊尊"思想，也反对儒家的德治主张，而从巩固国家秩序、争霸天下的国家主义立场，提出了加强社会控制而无视社会亲和性的主张，即以严刑峻法威慑百姓，建立绝对服从国家意志的社会秩序。法家的暴力控制虽然一时成功(统一天下)，但很快就失败了(二世而亡)。

儒家以人文精神为核心，确定了文化建设的社会控制的亲和性宗旨，这个宗旨的内涵就是以文明代替暴力，以德治统领法治。儒家继承、改造了周文化的人文精神。春秋战国时期礼崩乐坏，周文疲敝。孔子矢志继承、复兴周文化，以"克己复礼"为己任，他声称："周监于二代，郁郁乎文哉，吾从周。"(《论语·八佾》)但是，孔子的工作并不是简单地恢复周礼，而是在周文化的基础上再造文明。儒家对周礼的内涵进行了改造，去除了周礼的鬼神文化内涵和贵族等级观念，赋予其道德内涵和全民性。儒家对周礼也作了新的阐释，认为"礼之用，和为贵"，把社会和谐作为礼的目标。中国文化具有和合精神，家庭生活讲"家和万事兴"，社会交往讲"和气生财"，政治讲"政通人和"，外交讲"协和万邦"。但文化建构的宗旨还有另一面，就是要施行社会控制，讲求尊卑长幼的伦理秩序，形成身份伦理即名教。儒家提出了"礼别异，乐合同"，即礼用于区别身份，即加强控制性，乐用于调和人情，即增进亲和性。孔子主张控制性与亲和性并重，即宽与猛相辅相成，"宽以济猛，猛以济宽，政是以和"(《左传·昭公二十年》)。汉代"罢黜百家，独尊儒术"，但也吸收了法家的法治思想，即所谓"儒表法里"。恩德文化的亲和性，归根结底还是实现社会控制的手段。恩德文化就是依照控制性与亲和性的统一的宗旨建构起来的。

总之，恩德文化建设依据社会控制的亲和性宗旨，一方面要求人与人互相施恩、报恩，具有亲和性；另一方面又通过施恩—报恩形成了尊卑长幼之别，具有控制性。

二 人文化成与天人合德

恩德文化是神恩转化为人恩的产物，因此具有人文精神，恩德文化是本着人文精神建构的。人文精神在古代中国被称为"文"，恩德文化就是"文"的建设。在春秋战国时期，各家学派共同建立了一套人文体系。"文"指称一切打上了人的烙印的事物，因此文不是自然物，而是人文。同时，"文"也区别于巫神文化，而是文明。《周易》："象曰：风行天上，小畜；君子以懿文德。"（《坤·小畜·象传》）"文明以健，中正而应，君子正也。"（《坤·同人·象传》）这里的"文"已经具有了德性的内涵。此外，文还有文雅的含义，与"野"相对，是贵族精神的体现。春秋时期的文，主体不是西周的贵族，而是平民知识分子即士，而其理想化的身份就是君子。孔子把西周的君子从阶级身份转化为道德身份，君子的道德品格塑造了文，因此这个文的高级形态就是"雅"，"雅"与"俗"相对，是对贵族精神的继承。而"俗"继承了西周的"野人"文化，是文的低层次。孔子以"文"来指称新的人文思想，也以"文质彬彬"来形容君子风度。这样，新的社会文化系统即"文"就形成了。这个"文"已经不是西周的礼乐体系了，它分化为政治、伦理、法律、艺术等不同的子系统（尽管这种分化并不彻底），构成了复杂的大文化系统。特别值得注意的是，春秋时期的"文"不再是周礼实践性的、仪式性的符号系统，而是以复杂的语言系统为主要形态，形成了一套概念体系，特别是百家争鸣后产生的各种哲学、伦理、政治思想，成为文化的理性、理论层面，从而成为更成熟的、更高级的文化形态。其实在春秋战国之后，礼乐已经不再是主要的文化规范，而仅仅作为祭祀、朝觐、礼节等仪式残存，所以不能称为礼乐文化了。因此，春秋战国以后的文化不仅是礼乐文化的延续，更是被改造的"后礼乐文化"。故章学诚说："周衰文弊，六艺道息，而诸子争鸣。盖至战国而文章之变尽，至战国而著述之事专，至战国而后世之文体备，故论文于战国，而升降盛衰之故可知也。"[①] 春秋以后，经过儒家等对文的弘扬，新的人文精神逐渐形成。这个新的人文精神的核心就是仁的理念，它强调"天地之间人为贵"。《易传》云："观乎天文，以察时变；观乎人文，以化成天下。"荀子说："凡礼，始乎脱，成乎文，终乎悦校。"（《荀子·礼论》）可见文是礼的泛化形式，是一种新的文化体系。中国文化的特性在于，以人为本，而不是神本或物本，体现了人的价

[①] （清）章学诚：《文史通义新编》，仓修良编，上海古籍出版社，1993，第21页。

值；不是以力自立、恃强凌弱，而是以德自立、人文化成，塑造一个德性的人和世界。

建设人恩主导的恩德文化，需要论证其合理性，特别是要确立其绝对根据，那么这个绝对的根据是什么呢？儒家建构恩德文化体系，采用的基本方略之一是天人合德。天人合德是为了解决天恩与人恩的关系，为人恩找到绝对的根据。从历史发生来看，先有天（神）恩，后来天（神）恩转化为人恩，但天（神）恩并没有消失，仍然独立存在，成为宗教信仰（包括民间信仰）的根据。儒家一方面确立了人恩的主导地位，同时也利用天（神）恩传统思想资源，以图获得恩德文化建设的支援意识。儒家要解决恩德文化的合理性问题，就提出了天人合德的原则。所谓天人合德，就是天（神）恩与人恩具有一体性，人恩源于天（神）恩，天（神）恩是人恩的根据，如此恩德就具有了神圣性、绝对性、合法性。先秦时期，孔子完成了天恩向人恩的转化。孔子讲人恩，很少说天恩，但也不否定天恩。儒家对于恩德文化规范如孝、忠、仁等，一方面强调出自天性，如孔子讲"心安"，孟子讲"恻隐之心""不忍人之心"；同时也讲出自天道，但起初并没有严密地论证二者的关系。《中庸》提出了一个逻辑线索："天命之谓性，率性之谓道，修道之谓教。"这样，就把人的天性归源于天道，于是人恩就不仅有人性的根据，最终还有了天道的根据。但这只是讲了天道支配人道，天道是人恩的根据，却没有说明天道的伦理性以及天人关系的恩德性质，也就是没有说明天道为什么可以支配人道。汉儒论证了恩德文化的天（神）具有伦理性质，天道爱人，对人有恩德，这就与商代的上帝甚至周代的天区别开来，也使得恩德文化具有了神学根据。董仲舒提出了天人合德论，就是认为天有仁爱之心，对人有恩德，而人德象天德，人恩象天恩，天人之间互相感应，从而论证了恩德文化的合法性。董仲舒在《春秋繁露》中说："仁之美者在于天。天，仁也。天覆育万物，既化而生之，有养而成之，事功无已，终而复始。凡举归之以奉人，察于天之意，无穷极之仁也。人之受命于天也，取仁于天而仁也。"[①]但是这种天人合德是一种类比性的、感应性的关系，并不是实质性的联系，所以说服力不强。宋明道学从哲学高度上论证了天恩与人恩的一体性，为人恩找到了绝对的根据。宋明道学认为，天道（理）的基本属性是仁，就是爱人和万物，而"理一分殊"，人也具有了仁的属性，就是仁民爱物。朱熹提出，仁是天性，是理的属性，也是爱的根据，故"所居

[①] （汉）董仲舒撰，（清）凌曙注：《春秋繁露》，中华书局，1991，第183页。

之位不同，则其理之用不一。如为君须仁，为臣须敬，为子须孝，为父须慈。物物各具此理，而物物各异其用，然莫非一理之流行也"[1]。陆王心学认为"心即理"，而心存仁义，故恩德文化具有绝对合理性。陆象山认为道在人体现为本心，仁义即本心："道塞宇宙，非有所隐遁。在天曰阴阳，在地曰柔刚，在人曰仁义。故仁义者，人之本心也。"[2] 这样，"理一分殊"，理作为本体分有为忠孝，为恩德文化的绝对合理性作了终极论证。这样，理（天道）就成为忠孝等伦理范畴的形而上根据，具有了绝对的合理性。于是天人合德，天（神）恩与人恩一体化，恩德文化就具有了绝对性的根据，从而完成了恩德文化体系的建构。

三 孝的本源性与孝忠一体

恩德文化建构遵循了孝的本源性和孝忠一体性原则。孝是家庭伦理，但在家国一体的宗法社会，孝是基本的伦理范畴，覆盖了家庭、社会、国家等领域，所以才有庶人之孝（治家）、士大夫之孝（忠君）、诸侯之孝（治国）、天子之孝（平天下）的说法。后宗法社会家国分离，孝仅仅作为家庭伦理而存在。但是，一方面，家庭仍然是社会的基本单位，孝为基础性的伦理范畴；另一方面，家庭是恩德的最源始的领域，父母与子女的养育关系是人的最初的关系，形成了最初的、最自然的亲情，因此，儒家就从孝开始，以孝为基点，建立恩德文化的体系。恩德文化强调以孝为基础，认为"百善孝为先"，孝为做人之本，只有建立孝心，才可能成为好人。孔子的弟子有子的"孝弟也者，其为仁之本与"（《论语·学而》），把孝道提升到德之本的高度，认为孝是整个伦理的基础，是社会文化秩序的支柱。《论语·学而》曰："其为人也孝悌，而好犯上者，鲜矣。不好犯上而好作乱者，未之有也。君子务本，本立而道生。"就是认为孝具有超出家庭伦理，辐射到社会、国家领域的社会效果。孟子认为五伦中父子一伦最重要："事孰为大，事亲为大。"（《孟子·离娄上》）《孝经》曰："夫孝，天之经也，地之义也，民之行也。"并指出孝是道德之本："夫孝，德之本也。"这种重孝思想与后宗法社会的家庭本位相关，也与恩德文化是由家庭伦理推扩而成有关。由于孝的源始性和基础地位，恩德文化就首先赋予孝以恩德内涵，认为父母对子女有养育之恩，子女对父母有报

---

[1] （宋）朱熹撰：《朱子全书》第十四册，朱杰人、严佐之、刘永翔主编，上海古籍出版社、安徽教育出版社，2002，第606页。

[2] （宋）陆九渊：《陆象山全集》，国学整理社，1936，第6页。

恩之责，这合乎天性人伦。孔子就是以三年免于父母之怀作为守三年之孝的根据，并且以"心安"作为孝的内在根据。孝的恩德内涵一旦确立，恩德文化就具有了坚实的基础。

恩德文化的建构不仅确立了孝的源始性和基础地位，而且坚持了孝忠一体的原则。所谓孝忠一体，就是以孝为本位，推演到社会、国家领域，建立整个伦理文化范畴，从而以家庭伦理为本源，建构了整个文化体系。恩德文化的建构继承和改造了家国一体的传统，依据家国同构的原则，把社会领域的尊卑长幼之间的关系，以及政治领域的君臣、君民、官民之间的关系，都比拟为家庭领域的父子、兄弟之间的施恩—报恩关系，从而按照恩德原则建立相应的社会、政治领域的恩德规范。《孝经》将君比拟为父，将孝亲与事君联系起来："故以孝事君，则忠。""夫孝，始于事亲，中于事君，终于立身。"（《孝经·士章》）历代统治者都重视孝，甚至提出以孝治天下，就是看到了孝的源始性、基础地位以及孝忠一体性。宋明道学从"理一分殊"的原理出发，论证了孝忠一体性。王阳明说："理也者，心之条理也。是理也，发之于亲则为孝，发之于君则为忠，发之于朋友则为信。"① 孝忠一体成为恩德文化建设的基本原则之一，使得家庭伦理扩展为社会伦理和政治伦理，最终建构了完整的恩德文化体系。

四 仁的本体性与体用一源

恩德文化建设不仅是从源始性的孝推演出各种具体的伦理范畴，而且提出了仁为"全德"即最普遍的、最高的范畴，用以统摄其他伦理范畴。这样，恩德文化就具有了一个核心——仁，围绕着这个核心，就可以展开整个体系的建构。儒家提出了仁本说，把仁作为本体，使其具有了超越具体伦理范畴的意义。儒家把仁与道（理）联系起来，认为仁是道（理）的基本属性，从而具有了本体性，成为具体伦理规范的根据。特别是宋明道学，不仅提出了仁作为核心范畴，而且论证了道（理）具有仁的属性，朱熹就提出了"仁者爱之理，心之德也"②。仁的本质是爱，孔孟讲"仁者爱人"，张载讲"仁民爱物"，王阳明提出"天地万物一体之仁"。

仁不仅作为本体（道的属性）具有普遍的爱的内涵，而且也由于"体用一源"而通向孝忠等伦理范畴，具有了恩德内涵。与西方的本体与现象分离不同，儒家强调体用不二，仁礼一体，孔子讲"克己复礼为

---

① （明）王守仁：《王阳明全集》，国学整理社，1936，第79页。
② （宋）朱熹撰：《四书章句集注》，中华书局，1983，第48页。

仁"，仁体现为各种恩德规范，父慈子孝、兄友弟恭、夫德妻贤、君明臣忠、官良民顺都是仁的体现。正是基于仁的体用一源性，恩德文化体系才得以完整展开，宋明道学就利用"礼一分殊"的原理，让仁作为道（理）的根本属性统领各种恩德范畴，从而完成了恩德文化的建构。朱熹讲："所居之位不同，则其理之用不一。如为君须仁，为臣须敬，为子须孝，为父须慈。物物各具此理，而物物各异其用，然莫非一理之流行也。"①总之，仁本性和体用一源性作为基本原则之一，最终完成了恩德文化体系的建设。

五　以儒为主，多元互补

中国恩德文化是多元化的，它的建构事实上遵循了一个原则，就是以儒为主，多元互补。以儒家为主体建构的恩德文化在汉代开始得到确立，儒家思想成为主流，其他各派思想如法家、道家、墨家，以及后来出现的佛教、道教等都被置于主流之外，此即所谓"罢黜百家，独尊儒术"。这一局面一直延续到清朝末年而没有改变。但是，"罢黜百家，独尊儒术"只是中国文化建构的一个方面，此外还有另一个方面，就是在保持儒家思想的主导地位的前提下，对于其他各派思想给以包容、吸收，形成多元互补的文化格局。为什么会有这样的格局呢？首先，这是儒家的中庸之道、中和思想造成的，这是中国文化多元化的主观原因。儒家倡导中庸之道，追求中和，而反对极端化和一元独尊，因此能够容忍、包容其他学派的思想，包括法家、道家和佛家思想。早在先秦时期，儒家主要代表人物孔子和荀子就对有法家思想倾向的"霸道"给予某种肯定，并且吸收了其法治思想。孔子肯定了法家先驱管仲："管仲相桓公，霸诸侯，一匡天下，民到于今受其赐。微管仲，吾其被发左衽矣！岂若匹夫匹妇之为谅也，自经于沟渎而莫之知也。"（《论语·宪问》）这是对霸道包含的德法兼治思想的肯定。孔子对称霸图强的秦国也有所称道。《史记·孔子世家》记载，齐景公问孔子："昔秦穆公国小处辟，其霸何也？"孔子对曰："秦，国虽小，其志大。处虽辟，行中正。身举五羖，爵之大夫，起缧绁之中，与语三日，授之以政。以此取之，虽王可也，其霸小矣。"春秋时期的郑国执政子产主张立法治国，推行"铸刑书""丘赋"等一系列改革措施,,同时也施行德政，实现了强国富民。孔子称赞子产"惠人"，认为子产

---

① （宋）朱熹撰：《朱子全书》第十四册，朱杰人、严佐之、刘永翔主编，上海古籍出版社、安徽教育出版社，2002，第606页。

"有君子之道四焉：其行己也恭，其事上也敬，其养民也惠，其使民也义"（《论语·公冶长》）。对于子产的德法兼治，孔子也给予积极的评价。"孔子曰：'善哉！政宽则民慢，慢则纠之以猛。猛则民残，残则施之以宽。宽以济猛，猛以济宽，政是以和。……'及子产卒，仲尼闻之，出涕曰：'古之遗爱也。'"（《左传·昭公二十年》）可见孔子的宽猛相济的思想吸收了法治思想。汉代以后，儒家学说成为正统思想，对待法家、道家和后来的佛教、道教都相对宽容，没有发生欧洲中世纪那种大规模迫害异端思想的暴力行为，它基本上能够与各家思想实现和平共处，并且互相吸收，达成互补。

其次，社会安定需要多元思想的协调作用，这是中国文化多元化的客观原因。在文化建设中，虽然儒家思想起了主导作用，但儒家单纯地重教化、行德治的思想仍然有缺失，还需要其他学派思想的补充，才能全面地适应社会生活的要求。于是主流文化因应了这种社会生活的需要，包容、吸收了法家、道家等学派的思想。秦王朝排斥诸家思想学说而单独推行法家政治，导致社会崩溃、二世而亡，汉王朝吸取了这个历史教训，对于各派思想采取了开放、包容的实用主义态度，在树立儒家思想的主导地位的同时，对道家、法家思想兼收并蓄。汉初需要休养生息，统治集体就尊崇黄老之术，倡导无为而治。武帝时，因应加强社会治理的需要，就转向独尊儒术。但是汉王朝并没有像秦朝那样毁灭百家，而是在不同程度上采取了容忍、吸收的政策。它对待儒法关系，是"儒表法里"。汉代在政治上是"汉承秦制"，也就是继承法家的法治，使其与儒家的德治融合。汉宣帝说："汉家自有制度，本以霸王道杂之，奈何纯任德教，用周政乎？"（《汉书·元帝纪》）法家的法治补充了儒家的德治，形成了以儒为主、儒法合流的格局。儒家思想不仅融合了法家思想，也融合了道家思想。本来汉初就尊崇道家，后来虽然独尊儒术，但并没有毁灭道家，而是把它置于儒家思想主导之下，成为儒家思想的补充。道家思想成为中国文化的辅助部分，为中国文化开启了一个自然维度，从而一定程度上消解了恩德文化带来的理性压抑。这种儒道互补的格局一直延续下来，成为中国文化的一个特点。后来佛教传入，道教发生，形成了一个信仰领域。儒道二教特别是佛教以其对彼岸世界的追求构成了对儒家思想的冲击。面对这种冲击，主流文化也作出了抵御性反应，也发生过毁佛、灭道等事件，但这只是个别时期发生的事件，并非主流。主流思想对佛道二教的反应还有积极的一面，而且这种积极的反应还是主要的，这就是对佛、道思想的容忍、吸收和改造。特别是宋儒建立了道学，对恩德文化作出了形而上的论证和建构,建立了恩德文化的超越之维,从而回应了佛教的挑战。同时,主流文化对佛道二教也有同化作用,使得佛教中国化了、世俗化了,最后形成了中国化的禅宗教派;道教也进一步世俗化、道德化了,它们都在一定程度上顺应了恩德文化,成为其补充。于是,儒释道三教合流,产生了"三教合一"的局面,形成了所谓"以佛治心,以道治身,以儒治世"的格局。这样,中国恩德文化体系就得到了完整的建构。

第二节 恩德文化建构的方式

一 圣人之教:建立士的话语权

恩德文化的形成,是一个自然的历史过程,同时也是自觉的思想理论建设。对于后者而言,首先要确立士的文化建设主体地位,建立其话语权。商周社会的文化主体是君主和巫师,士仅仅是低级贵族,没有话语权。春秋战国时期平民的士阶层崛起,他们脱离了贵族等级制度的羁绊,成为比较自由的社会群体,他们提出了自己的社会—文化主张。其时平民化的士的群体已经形成,他们结成学派,如儒家、道家、墨家、法家等。士游走各国,向君主推销自己的理念;或者收徒办学,著书立说,最后成为新的文化主体。诸家之中,以孔子为代表的儒家对新文化的建设最为自觉,他们要"克己复礼",以重建社会文化秩序为己任。

士有了文化建设的主体地位,就要求有话语权,这就需要确立士的代表"圣人"的权威。士有了自己的代表"圣人",其思想理论就具有了权威性,可以主导文化建设。圣人概念发源于祖先崇拜,从圣王转化为圣人。在商代巫神文化中,巫觋以占卜传达天命,其时无圣人概念。在西周,巫神文化衰落,天命之德以及先王之教取代了神谕和巫觋的占卜,成为治理国家、人事的依据。西周只有先王、圣王概念,而没有独立于君主的圣人概念,明哲的先王即圣王。西周奉行祖先崇拜,神恩文化向祖恩文化转化,故从周民族的始祖,到后来的文、武、周公,都是圣王。在春秋战国时期,尧、舜、禹以及商汤、文、武、周公等"圣王"成为天道的代表。圣人的产生与道的发现相关。在春秋战国时期,由于巫神文化衰落,人文精神形成,天命转化为道,天道与人道合流。道作为世间的真理,成为理性把握的对象。由于宫廷文化解体,官学下移,"礼失求诸野",平民的士崛起。士拥有文化资源,取代巫觋,成为道的解释者。士需要建立独立的文化权威以获得话语权，其代表就是圣人。圣人独立于权力，成为一种品德高尚之人，于是圣、王分离。荀子曰，"圣者，尽伦者也，王者，尽制者也"（《荀子·解蔽》），已经分离了圣和王。同时，荀子还提出了圣王一体的理想，"非圣人莫之能王"（《荀子·正论》），这标志着圣人的地位高于王者，成为王者的标准。后来，随着士的群体的壮大以及影响力的增强，当世的圣人就逐渐取代古代的圣王，成为文化权威。圣人具有理性能力，对于"卡里斯玛"具有祛魅的作用。圣人有了话语权力，可以为王者师。

圣人是士的代表，是新文化的权威，这个文化权威也是士人制造出来的。老子称道圣人，这个圣人是虚拟的，是以大道治理天下的圣王。这些圣人能够领会"法自然"之天道，无为而治。"是以圣人处无为之事，行不言之教。"（《老子·第二章》）"是以圣人之治，虚其心，实其腹，弱其志，强其骨。常使民无知无欲。"（《老子·第三章》）老子把帝王圣人化、道家化，寄托了其政治理想。庄子笔下的圣人也是圣王，但他对于这些圣人多有非议，而更尊崇那些离世索居的"至人""神人""真人"。《逍遥游》篇记述许由辞却尧的禅让，并且以自然之道来教导尧。《天地》篇记述"华封人"教训尧："始也我以女为圣人邪，今然君子也。"还记述伯成子高训斥禹为政不良。《天运》篇更直接地否定圣人，它记述老聃训导子贡曰："余语汝，三皇五帝之治天下，名曰治之，而乱莫甚焉。三皇之知，上悖日月之明，下睽山川之精，中堕四时之施。其知憯于蛎虿之尾，鲜规之兽，莫得安其性命之情者，而犹自以为圣人，不可耻乎，其无耻也。"他批判圣人（圣王）："毁道德以为仁义，圣人之过也。""圣人不死，大盗不止。"因此，他主张"绝圣弃智"。在庄子笔下孔子也只是受教于老子的道家门生，算不上圣人。很明显，在庄子看来，只有老子才算得上领会天道的真人、至人、神人。

儒家的圣人是能够领会天道，教化天下者。孔子虽然祖述圣王，但已经把圣人道德化："所谓圣人者，德合于天地，变通无方，穷万事之终始，协庶品之自然，敷其大道去而遂成情性。明并日月，化行若神。下民不知其德，睹者不识其邻。此谓圣人。"（《孔子家语·五仪解第一》）这里孔子把圣人的标准定位于有大德的人，并不强调帝王身份。孔子不仅祖述尧舜这些"圣王"，还自信是天道领会者，是圣人的传人："天生德于予，桓魋其如予何？"（《论语·述而》）他多次感叹"吾道不行""吾道衰矣"。他用毕生精力传播人文精神，最终也成为圣人。《中庸》提出了圣人的标准，不是居于高位者，而是具有大德行、可以配天者："唯天下至圣，为能聪明睿知，足以有临也，宽裕温柔，足以有容也，发强刚毅，足以有执也，齐庄中正，足以有敬也；文理密察，足以有别也。溥博渊泉，而时出之。溥博如天，渊泉如渊，见而民莫不敬，言而民莫不信，行而民莫不说。是以声名洋溢乎中国，施及蛮貊。舟车所至，人力所通，天之所覆，地之所载，日月所照，霜露所队，凡有血气者，莫不尊亲，故曰配天。"在商周时期只有祖先神灵才能配天，而在春秋战国时期圣人有了配天的资格和地位，这是一场颠覆性的革命。

孟子认为圣人也是普通人，只是有超常的教养、品格，甚至人人都可以成为圣人。他说："圣人，与我同类者。""何以异于人哉？尧舜与人同耳。"(《孟子·告子上》)"彼丈夫，我丈夫也，吾何畏彼哉？"(《孟子·离娄上》)"舜何人也，予何人也，有为者，亦若是。"圣人的标准是："圣人，人伦之至也。"(《孟子·离娄上》)"舜何人也，予何人也，有为者，亦若是。"(《孟子·离娄上》)孟子以人格充实为标准，阐释了"圣"："可欲之谓善，有诸己之谓信。充实之谓美，充实而有光辉之谓大，大而化之之谓圣，圣而不可知之之谓神。"(《孟子·尽心下》)这里提出，人格充实而有光辉的人，能够教化万民，就是圣人。而且，圣人与神的差别就在于圣人可知，具有人性，而神不可知。这里把圣人定位于能够"大而化之"者，也就是可以传道者。孟子的圣人观不同于孔子，孔子认为圣人是生而知之者，非常人所能及，而孟子则认为圣人是修养的结果，常人也可能成为圣人，这就把圣人道德化了，去除了圣人身上的神性光环。这样，孟子就为圣人当下化奠定了基础。荀子继承了孟子的思想，认为圣人与众人人性相同，区别只在文化修养（"伪"）方面，圣人是学习的结果："故圣人之所以同于众，其不异于众者，性也；所以异于众而过众者，伪也。"(《荀子·性恶》)一方面圣人可以制定礼义、法度，教化大众，"故圣人化性而起伪，伪起而生礼义，礼义生而制法度"。另一方面，圣人是学习而成的："今使涂之人伏术为学，专心致志，思索孰察，加日县久，积善而不息，则通于神明，参于天地矣。故圣人者，人之所积而致矣。"(《荀子·性恶》)荀子认为圣人是道德完善之人，"圣也者，尽伦者也；王也者，尽制者也；两尽者，足以为天下极矣"(《荀子·解蔽》)。可见在他心中圣人与王者是分离的，圣人是非权力化的，而二者结合只是个理想。墨子推崇夏政，以禹为圣人，因为禹的亲民形象符合了墨家平民化的社会理想。同时，墨家也推崇墨子，事实上以墨子为圣人。总之，在春秋战国时期，圣人走下神坛，成为新的士阶层的代表。

孔子最终成为圣人，是在汉代"罢黜百家，独尊儒术"后。但在春秋战国时期，孔子已经在一定范围（主要是儒学后人中）内被尊为圣人。论语记载："叔孙武叔毁仲尼，子贡曰：无以为也！仲尼不可毁也。他人之贤者，丘陵也，犹可逾也，仲尼，日月也，无得而逾焉。人虽欲自绝，其何伤于日月乎？多见其不知量也。"（《论语·子张》）这里还记载陈子禽说子贡贤于仲尼，子贡回答说："夫子之不可及也，犹天之不可阶而升也。夫子之得邦家者，所谓立之斯立；道之斯行；绥之斯来；动之斯和。其生也荣，其死也哀，如之何其可及也？"（《论语·子张》）"子夏、子游、子张以有若似圣人，欲以所事孔子事之，强曾子。曾子曰：不可。江汉以濯之，秋阳以暴之，皓皓乎不可尚已。"（《曾子·外篇·晋楚第九》）《中庸》称："仲尼祖述尧、舜，宪章文武，上律天时，下袭水土。譬如天地之无不持载，无不覆帱，譬如四时之错行，如日月之代明。万物并育而不相害，道并行而不相悖。小德川流，大德敦化。此天地之所以为大也。"《孔子家语》记载：齐景公曾经赞扬孔子："善哉！圣人之智，过人远矣。"师襄子也称颂孔子："君子圣人也，其传曰《文王操》。"

孟子更直接地把圣人当代化，把孔子称作当代圣人。孟子历数各代圣人，直到孔子，感叹今后无继承者："由孔子而来至于今，百有余岁，去圣人之世，若此其未远也，近圣人之居，若此其甚也，然而无有乎尔，则亦无有乎尔。"（《孟子·尽心下》）。孟子奠定了孔子的圣人地位。"孟子曰：伯夷，圣之清者也；伊尹，圣之任者也；柳下惠，圣之和者也；孔子，圣之时者也。"（《孟子·万章下》）"圣之时者也"，就是当代圣人，这样，经孟子之口，就把圣人当代化了。实际上，孟子也暗示自己可以继任孔子的圣人地位，后来也真的成为"亚圣"。荀子说孔子是诸侯仰慕的圣人，"是圣人之不得势者也，仲尼、子弓是也"（《荀子·非十二子》）。

汉代独尊儒术之后，孔子被官方奉为圣人，获得了"万世师表""素王"的称号，具有了绝对的文化权威。总之，圣人概念的形成，标志着人文权威的出现，使儒家成为恩德文化建设的主体。

确立了圣人的主体地位，还要相应地建立圣人之教的权威，也就是让孔孟之书成为文化经典，让孔孟之道成为主流意识形态。圣人之言构造了恩德文化的思想理论体系，在实践上也发挥了教化民众、规范君主的功能。圣人之教的建立，是一个历史过程。在先秦，孔孟之道还没有成为官方意识形态，只是一种学派的思想体系，它的影响主要还在于孔子门徒的传播。孔子一生从事民间教育，弟子三千，贤人七十二。这些弟子散布各国，广为传播其学说；他们又教授弟子，使得孔孟学说得以延续。虽然秦代焚书坑儒，也没有完全断绝其流传。汉武帝出于治理社会的需要，废黜百家，独尊儒术，于是儒家学说成为正统意识形态。其时董仲舒对于儒家思想成为官方意识形态起到了重要作用。从这时候开始，儒家著作开始成为经典，这些经典先有孔子整理过的"五经"，后有孔孟著作"四书"，它们成为士人必读之书。而且，儒家经典成为学校的教科书，儒家之士也开始通过察举和科举，成为官吏队伍的成员和后备力量。于是，圣人之教就成为主流意识形态，成为恩德文化建设的指导思想。

二 以仁释礼：确立核心价值

新文化不能凭空产生，只能在传统的地基上建构。对于春秋战国时期的儒家来说，就是继承、改造已经解体了的周礼，重建伦理、文化规范，这就是"克己复礼"。儒家尊崇周礼，"子曰：'周监于二代，郁郁乎文哉！吾从周。'"（《论语·八佾》）"克己复礼为仁"就是说，要通过恢复周礼，重建伦理、文化体系。儒家虽然讲复礼，但实际上周礼作为贵族社会的行为礼仪规范，已经失去了历史合理性，必须进行改造，而儒家就是在复礼的旗帜下改造了周礼，适应了新的社会现实的需要。文化建设的首要问题是确立核心价值，儒家确立了仁为核心价值，重建了伦理体系，此即"以仁释礼"。

西周没有独立的伦理体系，周礼作为周文化的核心，是宗教、伦理、政治、艺术的集合体。周礼没有形成自觉的价值观念，而是天命主导的社会规范。周礼的主导原则是德，但这个德起初还不是人德，而是天德；不是内在的价值，而是外在的规范，所以西周讲"以德配天""敬德"。一般认为，德是西周才有的概念，周初金文中出现了德字，其本义是天命的规则，偏于政治伦理，是与民本思想相关的。周统治者认为德是天命的体现，也是统治者必须遵行的法则。西周统治者把天命与敬德联系在一起，他们从夏商两代灭亡的历史经验中发现了天命无常，决定国家命运的是统治者是否有德，"天不可信，我道惟宁王德延，天不庸释于文王受命"（《尚书·君奭》）。《尚书·召诰》中指出，夏、商两代覆亡的教训在于"惟不敬厥德，乃早坠厥命"，而周获得天命在于"用德"，"惟我周王灵承于旅，克堪用德，惟典神天。天惟式教我用休，简畀殷命"。因此统治者要敬德，以保国祚，"王其德之用，祈天永命"（《尚书·召诰》）。从根本上说，符合天命的行为规范就是德，而天命体现为民心、民意，因此保民就是敬德。《尚书·康诰》说："用康保民，弘于天，若德裕乃身，不废在王命。"《尚书·召诰》说："呜呼！天亦哀于四方民……王其疾敬德。"这里强调通过修德、敬德来完成保民的天命。马王堆出土的帛书

《五行》中有,"善,人道也,德,天道也",可见战国时期还保留着天德的传统观念。总之,西周的德来自天命,是被动的政治规则,而不是自觉的道德观念。

在春秋战国时期,周礼解体,儒家力图重建礼,但不是原样恢复周礼,而是改造其核心价值,建立自觉的道德体系。由于天命观念的淡化,儒家建构的德不是西周的天德,而是自觉的人德。孔孟认为德不仅是外在的行为规范,更是人的内在的品质,其内涵就是仁。儒家把作为人神之间的祭祀仪式和贵族之间交往礼仪的周礼改造为自觉的伦理规范,其核心价值就是仁。孔子曰"克己复礼为仁",就是把仁作为礼的内涵。《礼记·郊特牲》曰:"礼之所尊,尊其义也。失其义,陈其数,祝史之事也。"这里就把祝史操作的带有神性的周礼,变成了具有伦理内涵的行为规范。孔子说:"礼云礼云,玉帛云乎哉?乐云乐云,钟鼓云乎哉?"(《论语·阳货篇》)孔子还说:"尔爱其羊,吾爱其礼。"(《论语·八佾》),他重视礼的伦理内涵,确定了礼的意义是对物质利益的超越。儒家把礼与德联系起来。德不再是天德,而是人的内在品质,它基于人性,其核心就是仁。周文化不讲仁,也不讲爱,只是讲敬,敬是对祖先神灵的崇拜和对高等级贵族、君主的崇敬。儒家把天德变成了人德,赋予其人文内涵,也把敬转化为对人的爱。这样,就把礼的核心精神改造为仁,而仁的含义是爱。孔子说:"人而不仁,如礼何?人而不仁,如乐何?"(《论语·八佾》)就是强调周礼不是礼仪形式,而是人伦规范,其灵魂即"仁"。儒家把周礼的核心"亲亲""尊尊"作了仁的阐释。首先就是把"亲亲"由血缘亲情变成了普遍的仁爱,即不同社会身份之间的施恩—报恩关系,"仁者人也,亲亲为大"(《礼记·中庸》)。"泛爱众,而亲仁。"(《论语·学而》)其次,儒家也对"尊尊"作了仁的解释,认为礼敬、服从父母、尊长、君主皆为仁,把"尊尊"变成了施恩者对受恩者的支配性权力和受恩者对施恩者的依从性责任。综合起来,"亲亲""尊尊"都有了新的含义:"人道亲亲也。亲亲故尊祖,尊祖故敬宗,敬宗故收族,收族故宗庙严,宗庙严故重社稷,重社稷故爱百姓,爱百姓故刑罚中,刑罚中故庶民安,庶民安故财用足,财用足故百志成,百志成故礼俗刑。"(《礼记·大传》)这里对"亲亲""尊尊"有所继承、发扬,但改变了其内涵,它超越血缘关系和等级服从而成为普遍的"人道",推演而成为亲缘关系之外的"爱百姓",并且得到了百姓的回报即"庶民安""财用足"以至于"百志成",这是一种新型伦理即恩德。对周礼的新的解释,使得祭礼带有了世俗性和伦理性,故《礼记》云:"夫祭有十伦焉,见事鬼神之道焉,见君臣之义焉,见父子之伦焉,见贵贱之等焉，见亲疏之杀焉，见爵赏之施焉，见夫妇之别焉，见政事之均焉，见长幼之序焉，见上下之际焉。"(《礼记·祭统》)这并不是周礼的原始含义，而是后世对周礼的改造和重新阐释。总之，春秋战国时期儒家以仁为核心价值，重建了道德体系。

还有一个问题，即西周的德是礼的功能，是贵族的行为规范，平民只是刑法约束的对象，与礼无关，这就是所谓"礼不下庶人，刑不上大夫"。在春秋战国时期，贵族社会—文化瓦解，平民社会形成，迫切需要建立一套平民社会的伦理规范，于是儒家就把周礼加以改造推广，使其适用于平民社会，成为全民的伦理规范。孔子以仁为核心价值改造周礼，仁是"泛爱众"，故新的伦理规范必然适用于所有的人。孔子整理和改造历史文献（五经），教育平民子弟，把周礼、周文化普及到平民中间。孔子从人本角度重新解释了"刑不上大夫，礼不下庶人"："冉有问于孔子曰：先王制法，使刑不上大夫，礼不下庶人，然则大夫犯罪，不可以加刑？庶人之行事，不可以治于礼乎？孔子曰：不然。……以刑不上大夫而大夫亦不失其罪者，教使然也。所谓礼不下庶人者，以庶人遽其事而不能充礼，故不责之以备礼也。"(《孔子家语·五刑第三十》)孔子把"刑不上大夫，礼不下庶人"解释为因教化程度不同而作的不同要求，认为礼也适用于平民，只是要求低于士大夫，从而把礼仪普遍化、平民化了。孔子反对"不教而诛"，主张对平民进行教化，曰，"爱敬尽于事亲，而德教加于百姓，刑于四海"(《孝经·天子章第二》)，这正是儒家的历史使命。这样，贵族的道德就成为全社会的"民德"，从而建立了新的文化体系。

三 以恩建德：重建文化结构

儒家不仅以仁释礼，确立了文化的核心价值，而且还以施恩—报恩法则建构了新的伦理、文化体系。下面，我们先考察恩的概念。

一个新的概念的出现，往往是一种新的思想观念发生的表征，而恩的概念的产生，标志着恩德的发生。关于"恩"字的意义，《说文解字》这样阐释："恩，惠也，从心因声。"解说版："此字始见于战国文字。从战国文字、篆文一直到隶、楷，字形都从心，表示内心的状态；从因，表示音读，也表示心有所因为恩。在六书中属于形声兼会意。""恩"字产生两千余年，其意义基本没有发生变化，都表示一种给予或获得好处的内心体验和行为。"恩"这个字，在甲骨文、金文中没有，早期的历史文献如《尚书》《左传》《论语》《诗经》《管子》等也没有出现这个概念。商周时期已经有神恩观念，如在商代产生了"报"的概念，但这是对神的祭祀，转义为报神恩，而不是报人恩，不是人伦范畴，因此也没有产生"恩"的文字和概念。"恩"这个字产生于战国时期，最早看到的是《战国策·秦策一》中的"然刻深寡恩，特以强服之耳"。这是说商鞅入秦为相，施行法家政治，国势大张，但又刻薄寡恩。在秦以后的历史文献中，"恩"的概念就越来越频繁地出现了，最后成为恩德文化的基本概念。"恩者仁也"（《礼记·丧服四制》）明确地把恩与仁联系起来，成为恩德的表述。《礼记》不是西周的原始文献，一般认为是战国以后的文献，故体现着那个时代的观念。当然，这并不意味着恩的观念是在战国时期才产生的，因为概念是思想沉淀的产物，概念的形成往往要晚于实际思想的形成。

在春秋时期，恩德观念已经开始形成，并且频频地体现在当时的文献中，只不过不是用恩的概念来表达。当时表达恩和施恩、报恩的概念有"德""爱""惠"，以及"施""报"等。德，是《尚书》中就呈现的概念，其意广泛，有指天道的法则，也有指道德和人的品德，而在春秋时期，天德变人德，用作动词时就有了给人恩惠的意思，如《左传·襄公二十九年》记载："叔向闻之，曰：'……施而不德，乐氏加焉，其以宋升降乎！'"这里的"施"是施恩的意思，"德"是感恩的意思。《管子·君臣上》曰："夫为人君者，荫德于人者也；为人臣者，仰生于上者也。为人上者，量功而食之以足；为人臣者，受任而处之以教。"这里的"德"是施恩的意思。《战国策》中大量以德来指称恩惠，如《卷一·东周策》："景翠得城于秦，受宝于韩，而德东周。"这里的"德"是感恩的意思。而"案兵而毋出，可以德东周，西周之宝可尽矣"。这里的"德"是施恩的意思。类似的话语还有很多，如《卷二十五·魏策四》："……人之有德于我也，不可忘也；吾有德于人也，不可不忘也。"这里的德也是施恩，表达了受恩不忘、施恩不求报的思想。《国语》也有很多以德来表示恩惠的论述，如：

> 《礼志》有之曰："将有请于人，必先有入焉。欲人之爱己也，必先爱人。欲人之从己也，必先从人。无德于人，而求用于人，罪也。"今将婚媾以从秦，受好以爱之，听从以德之，惧其未可也，又何疑焉？乃归女而纳币，且逆之。（《国语·晋语·重耳婚媾怀嬴》）

这里的"德"即施恩，也提出了施恩与报恩的对应性问题。

惠就是好处，作为动词就是给人好处，在春秋时期指予人恩惠，如《左传·成公二年》记载："且先君庄王属之曰：'无德以及远方，莫如惠恤其民，而善用之。'"《左传·襄公二十五年》记载："公使子服惠波对曰：

'君舍有罪，以靖小国，君之惠也。寡君闻命矣。'"《左传·昭公六年》记载："复书曰：'……既不承命，敢忘大惠？'"还有许多，不一一例举。《管子》也多有以施恩为"惠"的说法，如"为主而惠，为父母而慈，为臣下而忠，为子妇而孝，四者，人之高行也"（《管子·形势解》）。"惠者，多赦者也……故惠者，民之雠仇也；法者，民之父母也。"（《管子·法法》）

在春秋时期，"施"和"报"对称就是指施恩和报恩。如《左传·僖公十三年》记载："对曰：'重施而报，君将何求？重施而不报，其民必携，携而讨焉，无众必败。'"《左传·僖公十四年》记载："庆郑曰：'背施，无亲；幸灾，不仁；贪爱，不祥；怒邻，不以。四德皆失，何以守国？'"《管子》说："施报不得，祸乃始昌……悦在施，有众在废私，召远在修近，闭祸在除怨。"（《管子·版法》）此类论说还有很多。在战国时期，"德"的恩德内涵导致"恩德"概念形成。《战国策·楚将伐齐》载：张丐出使鲁国，对鲁君曰："……而君以鲁众合战胜后，此其为德也亦大矣，其见恩德亦其大也。"恩德概念形成，标志着恩德开始成为中国文化的核心。结合恩的概念的运用，可以对恩的内涵作出分析。

第一，恩是一种好处，可以被施予或回报，这就是最原始的意义"惠"。仅仅是内心的爱不能算是恩，一定要有实际的利益、好处，由此可以看出中国文化的实用理性倾向。仅此而言，恩不同于西方文化中的爱，后者强调的是内心的活动，而不一定要有实际的利益。第二，恩作为好处（惠）有赐予的意思，也就是额外给予的好处，而不是应得的利益；也不是平等交换而来的，而是别人施舍的，所以要感恩、报恩。第三，恩也是一种情感表达，也就是所谓"从心"，是发自情感、引发情感的善意行为，带有爱的内涵，因此有"恩情"的概念。第四，"心有所因为恩"；恩不是偶然的事件，而是一种有目的的社会行为，是一种社会角色所负有的社会责任。所以施恩为仁，是一种德行，而感恩、报恩也是一种德行和责任，故施恩—报恩的规范就是恩德。在恩字产生前的春秋时期，以德字表示其意，可见恩是一种德行。由此，恩就与仁相通，仁就是施恩、报恩之心。以上就是对"恩"的概念的初步解释。

儒家依据恩德观念，对周礼进行了重释和重构，把礼作为施恩—报恩规则，以这个规则规定人际关系，从而重建了文化的基本结构。本来周礼也讲礼尚往来，但这是贵族阶级内部的礼仪交往，是礼物文化的残留形式，并不具有施恩—报恩的意义。但儒家以孝为礼的基础，而孝是报父母之恩，推广开来，一切人际关系都是施恩—报恩关系，礼作为人际关系的规范，也就成为恩德法则。孔子提出忠恕之道，即"己欲立而立人，己欲达而达人",就是施爱于人,人与人互相施爱,这就构成礼。孔子云:"或曰:'以德报怨,何如?'子曰:'何以报德?以直报怨,以德报德。'"(《论语·宪问》)这里的"以直报怨"指的是以正义对待怨恨,并不是以德报怨;而孔子的根本理念是"以德报德",就是施恩与报恩对应,这就成为恩德文化的依据。《礼记》是儒家对周礼的解释,核心思想就是"礼尚往来"。《乐记》云:"乐也者,施也;礼也者,报也。乐,乐其所自生,而礼反其所自始。乐章德,礼报情反始也。"汉代刘向提出了"复恩"就是报恩的思想,《说苑》云:

> 孔子曰:德不孤,必有邻。夫施德者,贵不德;受恩者,尚必报。是故臣劳勤以为君,而不求其赏;君持施以牧下,而无所德。故《易》曰:劳而不怨,有功而不德,厚之至也。君臣相与,以市道接,君悬禄以待;臣竭力以报之,逮臣有不测之功,则主加之以重赏,如主有超异之恩,则臣必死以复之。……夫禽兽昆虫犹知比假而相有报也,况于士君子之欲兴名利于天下者乎?夫臣不复君之恩,而苟营其私门,祸之原也;君不能报臣之功,而惮行赏者,亦乱之基也。夫祸乱之原,基由不报恩生矣。[①]

这里前半部分肯定了施恩不求报、报恩不求赏的理想道德,但后半部分则立足于"君臣以市道接"的现实性,把施恩—报恩作为君臣关系、政治伦理的基本法则。董仲舒接续先秦儒家思想,进一步建构恩德伦理。他论证恩德为天道,从而成为人道的根据:

> 君臣、父子、夫妇之义、皆取诸阴阳之道。君为阳,臣为阴;父为阳,子为阴;夫为阳;妻为阴。阴道无所独行,其始也不得专起,其终也不得分功,有所兼之义。是故臣兼功于君,子兼功于父,妻兼功于夫,阴兼功于阳,地兼功于天。……王道之三纲可求于天。(《春秋繁露·基义》)

以恩构德,施恩、报恩即为仁,故曰"恩者仁也"(《礼记·丧服四制》)。于是仁就不是一般的爱,而是被施报法则规定的爱即恩爱,从而成为伦理体系的核心价值;而恩德也成为中国文化的基本构成。以恩构

[①] (汉)刘向撰,向宗鲁校证:《说苑校证》,中华书局,1987,第16~17页。

德，就是以施恩—报恩法则规范德的核心价值仁，就是以恩规仁。仁是一种爱，所以孔孟都说仁者爱人，但仁不是普遍的爱，不是墨家的"兼爱"，也不是西方的博爱，而是恩爱。儒家认为，爱是一种恩惠，而施恩和报恩就是爱和爱的回报。恩德文化主张"己欲立而立人，己欲达而达人"，就是推己及人，爱人如己，施爱于人。不仅施恩是一种爱，报恩也是一种爱，是对这种施恩的感动和回应。但是，恩爱与一般的爱不同，前者有身份之别，后者没有身份之别。由于施恩者与报恩者的身份不同，施恩者为高端身份，是管理者；报恩者为低端身份，是被管理者，故恩不仅包含爱，也包含着敬。恩德的规范是礼，礼主敬，划定了等级身份、尊卑关系，所以恩的含义里就有敬，即施恩者为尊，受恩者为卑，受恩者即卑者对施恩者即尊者要礼敬、顺从。孔子说："资于事父以事母，而爱同；资于事父以事君，而敬同。故母取其爱，而君取其敬，兼之者，父也。故以孝事君则忠，以敬事长则顺。忠顺不失，以事其上，然后能保其禄位，而守其祭祀。盖士之孝也。"（《孝经·士章》）

恩具有交互性，包括施恩和报恩，这是由于恩出自仁爱之心，所以有施恩必有报恩。施恩和报恩是对应的行为，是爱的交换，构成一种社会关系，体现了一种社会责任。施恩不报就是忘恩负义，不施恩而求报恩也是不正当的。但是，施恩、报恩有主动和被动之分：施恩主动，报恩被动。于是，施恩者拥有了道德的优势，受恩者则背负了情感、道德的债务，要通过报恩还债。进一步说，恩作为一种施爱和回报行为，具有权力结构，施恩者与受恩者有身份差别，是管理者、尊者、强者与被管理者、卑者、弱者的关系，也就是管理者、尊者、强者施恩，被管理者、卑者、弱者受恩、感恩、报恩，施恩者拥有了支配受恩者的权力，报恩者负有了服从施恩者的责任，所以恩德文化规定了君臣、父子、兄弟、夫妻之间的权力关系和社会秩序。

四 推恩：文化体系的合成

西周是家天下，天子主要以亲戚封建诸侯，故家国一体，形成"亲亲""尊尊"的宗法制度，"亲亲""尊尊"既是家庭伦理，也是政治规范。春秋战国时期，礼崩乐坏，诸侯侵凌天子，家臣侵凌诸侯，亲戚之国互相征伐，亲不亲，尊不尊，家国一体断裂，宗法文化解体。这个时候，小共同体演变成为大共同体，宗法封建贵族社会转化为后宗法皇权士绅社会。虽然整个社会关系发生了变化，但社会的基本细胞家庭（族）仍然保留下来了，并且形成了家国同构关系。中国社会文化变革有一个规律，就是旧的社会文化形态被新的社会文化形态取代以后,并没有消失,而是作为底层结构和子系统存在,影响着新的社会文化形态。例如,商周贵族社会盛行大规模的奴隶制度,在春秋战国以后不复存在,但奴隶身份仍然保留下来,成为平民社会关系的一种补充,如家奴、官奴,以及人口买卖制度。又如,封建制度在秦以后被郡县制度取代,但直至清代早期,各朝各代仍然为皇族子弟及有功之臣封建藩国,只是已经不同于西周的封国,仅食租税而已。家庭(族)制度、伦理也是如此,宗法社会被后宗法社会取代后,其家庭(族)制度仍然保留下来,成为后宗法社会文化的底层结构。后宗法家庭(族)制度保留了血缘关系和家长制,但对"亲亲""尊尊"规范有所改造,使其内涵恩德化了。儒家把父母与子女的血缘亲情解释为一种施恩—报恩关系,即父母施恩于子女,子女报恩于父母;兄弟关系、夫妻关系作为孝道的延伸,也被定性为施恩—报恩关系,即兄施恩于弟,弟报恩于兄,夫施恩于妻,妻报恩于夫。这样,家庭中的"亲亲""尊尊"就变成了恩德伦理。儒家就把家庭(族)伦理作为社会伦理、政治伦理的起点,进行了新的伦理体系的建构。

  家庭(族)伦理的恩德化只是一个起点,儒家的目的是社会伦理和政治伦理的恩德化,进而建构一个完整的恩德文化。这个途径就是利用家国一体的习惯性文化观念,构造成家国同构的文化体系。儒家倡导超越家庭局限,构建社会共同体,"子曰:'士而怀居,不足以为士矣。'"(《论语·宪问》),这就需要把家庭伦理推广为社会伦理。儒家面对中国人逻辑思维薄弱的状况,采用了类比推理的方式,进行了文化体系的建构。所谓类比推理,就是把两个相似的事物联系起来,认为它们之间具有相同的性质,以此事物解释他事物。孔子就说过:"夫仁者,己欲立而立人,己欲达而达人。能近取譬,可谓仁之方也已。"(《论语·雍也》)这里说的"能近取譬",就是以近的(熟悉的)事物解释远的(不熟悉的)事物。这个"仁之方"就是恩德文化建构的基本方法,它包括两个步骤。首先是以己推人,就是以己心度人心,由爱己而爱人,即"己欲立而立人,己欲达而达人",从而建立恩德关系。其次,是在恩德关系建立起来以后,展开"推恩",也就是把家族恩德规范推广到社会、国家领域,最后建立普遍的恩德规范体系。《孝经·广扬名章》记载:"子曰:'君子之事亲孝,故忠可移于君;事兄悌,故顺可移于长;居家理,故治可移于官。是以行成于内,而名立于后世矣。'"这是把父子、兄弟关系类比为社会关系、政治关系,以家庭伦理的孝悌"移"用于社会伦理、政治伦理。这种推理,就是把家庭领域的恩德关系推广为社会、国家领域的恩德关系，也就是孟子所说的"推恩"。孟子讲"推恩"，不仅包含推己及人的意思，更包含着把家庭领域的恩德推广到社会、国家领域，形成普遍的恩德。孟子说："老吾老，以及人之老；幼吾幼，以及人之幼，天下可运于掌。诗云：刑于寡妻，至于兄弟，以御于家邦。言举斯心加诸彼而已。故推恩足以保四海，不推恩无以保妻子。古之人所以大过人者，无他焉，善推其所为而已矣！"（《孟子·齐桓晋文之事》）这里明确地指出由家庭伦理到社会、政治伦理的推广是"推恩"，即恩德的扩展是把社会上的人当作家里的亲人去爱，把家恩变成普遍的人恩。这种由家庭伦理向社会伦理、政治伦理的类比推理，林毓生认为是一种逻辑的错谬，他说："……如果把家庭伦理与家庭中的亲情扩张或泛滥到政治关系与政治生活中去，那就犯了怀海德（A. N. Whitehead）所说的'措置具体感的谬误'（fallacy of misplaced concreteness）。"[①] 但这种类比推理就是中国古人的思维方式。运用这种类比性的推理，得以建立起一个恩德文化体系。应当指出，文化是自然形成的，社会领域和政治领域的恩德文化并不是圣人倡导"推恩"造成的，也是自然形成的。这就是说，它首先在社会生活中形成，而后才有"圣人"的"推恩"之说；"推恩"说只是在为社会领域和政治领域已经发生的恩德文化作论证，是恩德文化理论建构的一种方法。"推恩"说表明了中国社会的的家庭（族）本位性质以及中国文化的家庭（族）伦理中心性质，社会领域和国家领域的恩德文化必须作为家庭（族）伦理的扩展形态才能获得合法性和得到巩固，故孟子提出了"推恩"说。

作为家庭（族）伦理的孝悌即"父慈子孝""兄友弟恭"以及"夫德妻贤"，可以推广到社会领域，形成社会伦理。中国传统社会主要是家庭与国家两个领域，形成了家国同构关系；中间的社会领域没有发展起来，没有获得独立，而是依附于家庭（族）（往往是宗族关系的扩大）和国家（被国家管控）。因此，也没有形成独立的社会伦理，而只是把家庭（族）伦理推广到社会生活领域，把乡邻之间的长幼关系、朋友关系、师生（徒）关系等视同父子、兄弟关系，故有"尊老爱幼""尊卑有序""朋友互信"的社会伦理规范。在这里，长幼关系、尊卑关系、朋友关系也是恩德关系，即长者施恩于幼者，幼者报恩于长者；尊者施恩于卑者，卑者报恩于尊者；朋友也如同兄弟，兄友施恩于弟友，弟友报恩于兄友。此外，师生关系如同父子关系，师施恩于弟子，弟子报恩于师。

---

① 林毓生：《热烈与冷静》，朱学勤编，上海文艺出版社，1998，第38页。

家庭（族）伦理也可以推广到国家领域，形成政治伦理。宗法社会家国一体，这个原型关系后来被改造为家国同构，从而在政治伦理建构中得到应用，使家庭伦理推广为政治伦理。后宗法社会家国分离，但形成了家国同构关系。因为家国同构，君主与臣民的关系如同父子关系，于是就有"君父"和"子民"和"父母官"之称，君主、官员要"爱民如子"，臣民要"事君如父"。在后宗法社会，政治伦理也是恩德关系，君主与臣民、官员与百姓是施恩与报恩的关系，君主施行德政，施恩于臣民，臣民以忠心报恩于君主；官员清廉自守，善待百姓，是施恩于百姓，百姓奉公守法，是报恩于父母官。于是，从家庭伦理向社会伦理、政治伦理的推广即"推恩"，就建构了一个恩德文化体系。

第三节 恩德文化范畴的建构

恩德文化在不同的社会生活领域形成了不同的范畴，这些范畴从各个角度体现了恩德文化的内涵。

一 孝、悌：家庭领域的恩德文化范畴

由于中国文化是伦理本位的文化，家庭伦理是整个伦理的源头和基础，而孝（悌）是家族伦理的核心范畴，因此孝道成为中国文化的源头和基础，也成为恩德文化建构的起点。

最初的孝不是一个独立的家庭伦理范畴，而是宗法礼教的规范。西周的宗族是社会基本单位，单个的家庭还没有独立，因此孝与祖先崇拜的祖恩文化相关。孝是对祖先和宗族的祭祀行为，体现出祭祀祖先神灵仪式中的虔诚、崇敬的心态。孝的主要表现形式是"祭祀"，以祭祀来维护宗法制度中的血缘关系与等级关系。《国语·鲁语上》："夫祀，昭孝也，各致齐敬于其皇祖，昭孝之至也。"《国语·周语下》："言孝必及神……昭神能孝。"《礼记·礼运》云："礼行于祖庙，而孝慈服焉。"《郭店楚简·唐虞之道》云："亲事祖庙，教民孝也。"孔子也称禹"菲饮食而致孝乎鬼神"（《论语·泰伯》），"修宗庙，敬祀事，教民追孝也"（《礼记·坊记》）。在春秋战国时期，宗法社会向后宗法社会转化，宗法伦理解体，单个的家庭从宗族中独立出来，"孝"从宗族伦理向家庭伦理转变，"孝"的内涵也随之发生变化，孝的对象由祖先、宗族延伸至父母，并且以父母为主要对象，即"善父母为孝"（《尔雅·释训》）、"慈惠爱亲曰孝"

(《逸周书·谥法》），由此形成了单个家庭的孝道。这就是说，从春秋战国时期开始，祖恩文化向家恩（父恩）文化转化。

孝作为恩德的发源地，起初也不只是家庭伦理概念，还涵括了其他领域的伦理。宗法社会家国一体，是家天下的共同体，孝不仅仅规范家族关系，也规范社会关系、政治关系，因此早期的孝也是整体性的伦理范畴。《孝经·孝治章》曰："昔者明王之以孝治天下也……天下和平，灾害不生，祸乱不作。故明王之以孝治天下也如此。""尧舜之道，孝而已矣。"后宗法社会家国分离，依据身份的不同，孝也分化为"天子之孝"（治理天下）、"诸侯之孝"（治理国家）、"士之孝"（忠君）和"庶人之孝"（治家）。其后，孝逐渐成为专门的家庭伦理范畴，但仍然延伸到社会、政治领域，"入则孝，出则悌，守先王之道"（《孟子·滕文公下》）。"夫孝，始于事亲，中于事君，终于立身。"（《孝经·开宗明义章》）最后，孝成为专门的家庭伦理范畴，而从孝中分化出了独立的社会伦理和政治伦理范畴，如友、忠等。

儒家把宗法礼教的血缘亲情（"亲亲"）和等级关系（"尊尊"），赋予仁的内涵，以恩爱阐释孝，这样孝就具有了自觉的道德内涵。宰我反对守三年之孝，孔子质问宰我，"于汝安乎？"，就是把孝的责任植根于内心。荀子曰："请问为人父？曰：宽惠而有礼。请问为人子？曰：敬爱而致文。请问为人兄？曰：慈爱而见友。请问为人弟？曰：敬诎而不苟。请问为人夫？曰：致功而不流，致临而有辨。请问为人妻？曰：夫有礼则柔从听侍，夫无礼则恐惧而自竦也。"（《荀子·君道》）这些家庭伦理规范以孝为基本范畴，规范了父子、兄弟、夫妻之间的关系，这也是施恩—报恩关系。

在中国文化表达人伦关系的诸范畴中，孝是最基础的"德目"，其他德目是由孝推演出来的。这是因为中国古代的宗法社会转化为后宗法社会，家国一体变成了家国同构，家族仍然是基本的单位，而家族伦理的基本范畴孝也就推广为社会伦理和政治伦理的范畴，所以孝具有源始的地位，是整个恩德文化的起点。孔子的弟子有子的"孝弟也者，其为仁之本与"（《论语·学而》）就是把孝道提升到德之本的高度，认为孝不仅是家庭伦理的基本范畴，也是整个伦理的基础性范畴，是整个社会文化的基石。《论语·学而》曰："其为人也孝弟，而好犯上者，鲜矣。不好犯上而好作乱者，未之有也。君子务本，本立而道生。"孟子确定五伦为："父子有亲、君臣有义、夫妇有别、长幼有序、朋友有信。"（《孟子·滕文公上》）孟子认为五伦中父子一伦最重要："事孰为大，事亲为大。"

(《孟子·离娄上》)"孝子之至,莫大乎尊亲。"(《孟子·万章上》)《孝经·开宗明义章》曰:"夫孝,天之经也,地之义也,民之行也。"并指出孝是道德之本:"夫孝,德之本也。"这种重孝思想与家庭本位相关,也与恩德文化是由家庭伦理推广而成有关。

孝体现了子女与父母之间的爱和责任,其根据何在呢?儒家在两个层面上回答这个问题,一个是人的自然天性层面,一个是社会关系层面。"父子之道,天性也,君臣之义也。父母生之,续莫大焉。君亲临之,厚莫重焉。"(《孝经·圣治》)这里是说孝源自人的自然天性。在对人的天性的规定方面,儒家认为人有与生俱来的恻隐之心、不忍人之心,就是同情心、爱心,它成为人的本性。孟子曰:"人皆有不忍人之心。先王有不忍人之心,斯有不忍人之政矣。以不忍人之心,行不忍人之政,治天下可运之掌上。所以谓人皆有不忍人之心者,今人乍见孺子将入于井,皆有怵惕恻隐之心。"(《孟子·公孙丑上》)这个普遍的不忍人之心、恻隐之心都是先天的爱和同情,而父母与子女的亲情是最原始的恻隐之心。有了这种不忍人之心、恻隐之心,施恩和报恩才是可能的,这种人性论为恩德提供了人性基础。但是,仅仅讲不忍人之心和恻隐之心还不够,因为这仅仅是自然天性,还不是自觉的伦理规定,而且它作为自然天性可能失去规范,也可能导向墨家的兼爱,而儒家是反对兼爱而主张差等之爱的。所以,孝不仅是自然亲情,还有社会属性,从而成为伦理范畴。《礼记·缁衣》曰:"三年之丧何也?曰:称情而立文,因以饰群,则亲疏贵贱之节,而弗可损益也。故曰:'无易之道也。'"这里说的"称情而立文",是指孝不但是先天情感,还具有社会性,必须符合普遍的人伦法则,就是恩德。父母对子女慈爱,子女要回报父母之恩,这不仅是自然天性,也是伦理规范,就是恩德。

父母的恩情就是对子女的养育之恩。首先,父母给了子女生命,子女是父母身体的一部分,所以要归还给父母,归还的方式就是对父母的依附,这是孝的第一个含义。所谓"身体发肤,受之父母,不敢毁伤,孝之始也"(《孝经·开宗明义》)。"曾子曰:'身也者,父母之遗体也。行父母之遗体,敢不敬乎?'"(《礼记·祭义》)就是如此论证的。其次,父母养育子女,给子女关爱,子女也要回报父母,这种回报就是尊敬和奉养,这是孝的第二个含义。《诗经·小雅·蓼莪》云:"父兮生我,母兮鞠我。拊我畜我,长我育我,顾我复我,出入腹我。欲报之德,昊天罔极。"《论语·阳货》篇中宰我与孔子的对话也充分地证明了这一点。

宰我问："三年之丧，期已久矣。君子三年不为礼，礼必坏；三年不为乐，乐必崩。旧谷既没，新谷既升，钻燧改火，期可已矣。"子曰："食夫稻，衣夫锦，于女安乎？"曰："安。""女安则为之，夫君子之居丧，食旨不甘，闻乐不乐，居处不安，故不为也。今女安，则为之！"宰我出。子曰："予之不仁也！子生三年，然后免于父母之怀。夫三年之丧，天下之通丧也。予也有三年之爱于其父母乎？"

这里明确地提出了"三年之丧"的根据是报父母的"三年之怀"，推而广之，对于父母的养育之恩，需要终生报恩。孟子也继承了孔子的报恩思想，他说："孩提之童，无不知爱其亲，及其长也，无不知敬其兄。"（《孟子·尽心》）

关于孝的内涵，孔子和儒家作了多方面的规定，主要是"敬"和"养"两方面，即从态度上要尊敬，从行为上要奉养。子女对父母须"爱""敬"交融，所谓"忠爱以敬"（《大戴礼记·曾子立孝》）、"爱而敬"（《大戴礼记·曾子事父母》）。爱出自亲情，而敬则出于名分。爱是感恩，敬是报恩。孝体现在敬的方面，首先是顺从。孟懿子问孝，子曰："无违。""三年无改于父之道，可谓孝矣。""养"就是奉养其身。《论语·里仁》云："父母在，不远游。游必有方。""父母之年，不可不知也。一则以喜，一则以惧。"《礼记·祭统》："孝者，畜也。"其次是关心、体贴，不仅在物质上供养，更要在是精神上使其愉悦。孟武伯问孝，子曰："父母唯其疾之忧。"《论语·为政》云："今之孝者，是谓能养。至于犬马，皆能有养。不敬，何以别乎？""色难。有事，弟子服其劳。有酒食，先生馔。曾是以为孝乎？"总括起来，孝就是敬和养的统一，故《礼记·祭义》云："孝有三，大孝尊亲，其次弗辱，其下能养。"此外，父母身后的祭祀也是孝的内容。"孝子之事亲也，居则致其敬，养则致其乐，病则致其忧，丧则致其哀，祭则致其严，五者备矣，然后能事亲。"（《孝经·纪孝行章》）《礼记·祭统》："孝子之事亲也，有三道焉：生则养，没则丧，丧毕则祭。"孝道不仅包括祭祀父母，也继承了祖先崇拜的内容，是对祖先的礼敬，祭祀祖先，延续后代，所以有"不孝有三，无后为大"和"光宗耀祖"的祖训。孔子还把孝与礼结合，《论语·为政》："生，事之以礼；死，葬之以礼，祭之以礼。"这样，孝就成为整个礼教的核心部分。

孝道包括了施恩、报恩两个方面，一个是父母施恩，就是对子女的慈爱和养育；一个是子女报恩，即对父母的尊敬和奉养，形成"父慈子孝"的美德。慈爱子女是父母的责任和伦理规范，而孝顺父母是子女的责任和伦理规范，二者互相对应，不可缺失。但是，孝道并不是平等的，它偏重于子女对父母的责任，所以《尔雅·释训》说："善父母曰孝。"即善于侍奉父母的行为就是孝道。至于父母的责任，虽然也有规定，但并不与子女的责任对等。在孝道中，父母生育了子女，就已经构成了施恩，这是基本的恩，而"慈"作为父母之恩是附加的，不慈爱子女虽然在道德上有缺失，但并不能抹杀这个基本的恩。这就是说，由于为父母所生，子女就先天地负有了尽孝的义务，即使父母对子女缺乏慈爱，也不能构成子女不尽孝的理由。子女对待父母的意志要"无违"，即顺从，所以有"孝顺"的词组。孟子举出舜的父亲偏爱其弟，虐待舜，而舜仍然孝其父、友其弟的故事，就说明这一点。

因为中国传统家庭是以父子关系为主干的，因此孝是家庭伦理的核心范畴，它决定了兄弟关系、夫妻关系以及与之相对应的伦理范畴。整个家庭关系就是围绕着孝展开的，兄弟关系、夫妻关系附属于父子关系。家庭伦理还有一个范畴"悌"，悌也是孝道衍生出来的。由于嫡长子继承制，父不在，兄就代行父权，成为一家之主，所以有施恩者的潜在身份，那么弟就有了潜在的报恩义务，这个伦理规范就是"悌"，可以说悌就是推延的、弱化的孝。悌同样是兄弟双方的责任，兄友弟恭，互相约束，不可缺失一方。但是，由于宗法制度确立了嫡长子的尊崇地位，而后宗法社会又继承了这个传统，所以兄弟关系就有了控制性，即兄长支配幼弟，幼弟敬从兄长。

家庭伦理还有一个范畴，是规范夫妻关系的"贤"（还有"贞""顺""柔"等表述）。西方家庭的核心是夫妇关系，它建立在契约关系之上，其伦理观念为爱。中国家庭的核心是父子关系，其伦理范畴是孝，夫妻关系是父子关系的延伸。夫妻的责任，在上为奉养父母（公婆），在下为养育后代，这决定了二者不同的身份和地位。孔子以"合二姓之好，以继先圣之后"为根据，推演出夫妇、父子延伸之爱、敬，提出："妻也者，亲之主也。子也者，亲之后也。敢不敬矣？"（《孔子家语·大婚解》）妻子非本族本姓之人，是娶自外族外姓的人，故男尊女卑。丈夫作为家庭主宰，要尽丈夫的责任，关爱妻子，这是对妻子有恩；妻子要对丈夫报恩，顺从丈夫，保持贞节，形成"夫德妻贤"的美德。丈夫要有夫德，妻子要有妻德，二者对应，但并不对等，因为妻子要服从丈夫的意志，报丈夫的恩，而妻子并没有施恩的权利，丈夫无须报恩于妻子，不必服从妻子的意志。

二 友、敬：社会领域的恩德文化范畴

由于商品经济没有得到发展，契约关系没有形成，故中国的民间社会领域没有获得独立的发展，它受到家族领域和政治领域的挤压，基本上是家族领域的扩大和政治领域的延展，因此没有形成独立的社会伦理规范，而只是家庭伦理的延伸、扩展。具体地说，就是孝、悌演化为友、敬等社会伦理范畴，这个社会伦理作为家庭伦理的延伸、扩展，也继承了其恩德性质。

春秋战国时期，家国一体形成的泛化的孝，即"天子之孝""诸侯之孝""士之孝"和"庶人之孝"发生了分化，庶人之孝就专指家庭伦理的孝道，其他的孝即"天子之孝""诸侯之孝""士之孝"就转化为独立的政治伦理范畴和社会伦理范畴，它们都是孝悌的延伸、扩展形式，体现了家庭伦理与社会伦理、政治伦理的同构性。《吕氏春秋·正名》篇中有尹文与齐王之间的对话，尹文曰："今有人于此，事亲则孝，事君则忠，交友则信，居乡则悌，有此四行者，可谓士乎？"齐王曰："此真所谓士已。"这里就是把家庭伦理的范畴（孝悌）扩展到社会、政治领域。民间社会的伦理关系包括了乡邻、朋友、师生、主仆等关系，这些人际关系没有专门的伦理范畴，但以它们类比于父子、兄弟关系，就用家庭伦理范畴"孝悌"推演出社会伦理规范，如乡邻之爱、朋友之谊、师生之礼、主仆之义等。这采用的是类比性的推理，构建了恩德文化体系。

还有一种是关联性的推理，即社会生活、政治生活中的人际关系关联到父子、兄弟关系，所以社会伦理、政治伦理也是以孝悌为本的。《礼记·祭义》云："居处不庄，非孝也；事君不忠，非孝也；莅官不敬，非孝也；战陈无勇，非孝也。五者不遂，灾及于亲。"这是说，如果处理不好社会、政治事务，就会危害父母，所以孝就包括了忠、敬、勇等社会、政治伦理范畴。这一种推理只是建立在不同事物的关联之上，并无必然的因果关系，当然也不符合逻辑。较之前一种类比性推理而言，这种推理方式并不是主要的。

乡邻中的老幼关系、师生关系，相当于父子关系，适用于孝德，故社会伦理有敬老爱幼和"师徒如父子"之训。此外，雇主与仆人关系，也不是平等的契约关系，而是以家长制规定之，如同父子关系。社会生活领域的长幼尊卑之间的伦理范畴，是"孝悌"的延伸、推广，多用

"敬"来指称之。乡邻间的同辈分的关系以及朋友关系则相当于兄弟关系，是悌的延伸、扩展，多用"友"来指称之。"子夏曰：'君子敬而无失，与人恭而有礼。四海之内，皆兄弟也。君子何患乎无兄弟也？'"（《论语·颜渊》）友本来是兄弟之间的情谊，故曰"友于兄弟""兄友弟恭"，后来悌德延伸到社会领域，产生了"朋友"概念。朋友之谊也就称为友。

在民间社会，老者、长者有义务扶助幼者，这是施恩；而幼者尊敬、服从老者、长者，这是报恩。同理，师长教导学生，是施恩；学生尊敬、服从师长，是报恩。朋友之间互相扶助，也有长幼之别，长者如兄，扶助幼者，是施恩；幼者如弟，尊敬、服从长者，是报恩。中国民间社会对朋友也以兄弟相称，可见悌与友谊的渊源关系。朋友本来就在家庭伦理和政治伦理之外，彼此没有直接的社会责任，而且友谊也出自寻求知己的需要，具有平等性，缓解了其他四伦（父子、兄弟、夫妻、君臣）的权力关系带来的控制性，是对恩德文化的某种疏离，所以明代的何心隐、李贽和清末的谭嗣同都肯定朋友一伦的平等性。确实，朋友之间的控制性较之其他四伦要相对弱一些，特别是在传统社会的早期，友谊更多地具有平等性，带有知音的性质，如管仲与鲍叔牙之交、钟子期与俞伯牙之交、羊角哀与左伯桃之交，都带有平等性。但事实上，朋友关系仍然被纳入恩德文化，是悌德的延伸，也带有了长幼之别的控制性，特别是在传统社会后期，朋友的恩德性质日益突出。民间社会把朋友之间的友谊称作"义气"，交朋友叫"结义"。义本来是行为规范，后来就专指朋友之间的友谊。这种义气不仅是爱的责任，也带有控制性，大哥爱护小弟，是施恩方；小弟报效大哥，是报恩方，他们之间并不平等。如《三国演义》中刘、关、张结义，《水浒传》中一百零八将结义，是兄弟之交，但也不是平等的交往，而是被恩德规范，即大哥对小弟施恩，拥有支配权力；小弟对大哥报恩，负有服从义务。

在社会领域的恩德文化范畴有"敬"，如果说友与家庭伦理的悌相对，那么敬则与孝相对，是社会领域对长者、尊者的感恩、报恩态度。《说文解字》说："敬，肃也。"《释名》说："敬，警也，恒自肃警也。"《玉篇》说："恭也，慎也。"《广韵》说："恭也。肃也。慎也。"敬本来是西周提出的概念，它取代了殷商巫神文化中的"畏"，具有某种人文性，其伦理意义在于区分尊卑贵贱，故"礼主敬"。西周的基本社会心态和文化观念是"敬"，周礼主敬，既有宗教性的敬天、敬祖，也包括等级制度下的敬王、敬德。郭沫若说："德的客观上节文，《周书》中说得很少,但德在精神上的推动,是明白地注重在一个'敬'字上。"① 《尚书·周书》中大量使用"敬"的概念,此不一一例举。西周的敬与殷商的巫神文化的"畏"相比,是一种相对人性化的心态,表明人与世界的某种理性的关系;同时也表明人际关系还具有不平等性,是一种非主体间性的外在关系。在恩德文化中,敬被消除了其宗教性的和等级制度的内涵,转化为伦理范畴,以规范施恩者与报恩者之间的关系。敬是一种身份意识,主要是受恩方对待施恩方的态度,即受恩方对施恩方的依从,从而体现了施恩方与报恩方的不平等性和恩德的控制性。《礼记·哀公问》记载:"孔子对曰:'古之为政,爱人为大。所以治爱人,礼为大。所以治礼,敬为大。……弗爱不亲,弗敬不正,爱与敬,其政之本欤。'"《左传·僖公十一年》说:"不敬则礼不行。"《论语》指出:"恭近于礼,远耻辱也"(《论语·学而》)孟子将"恭敬之心"作为"礼"的开端:"恭敬之心,人皆有之……恭敬之心,礼也。"(《孟子·告子上》)郑玄说:"礼主于敬。"《孝经·广要道章》云:"礼者,敬而已矣。""子路问君子。子曰:'修己以敬。'"(《论语·宪问》)荀子认为,"礼"的作用在于"达爱敬之文"(《荀子·礼论》),"故君子之于礼,敬而安之"(《荀子·君道》)。敬的另一面就是谦卑、退让。《左传·昭公二年》云:"忠信礼之器也,卑让礼之宗也。"《礼记·曲礼》说:"是以君子恭敬、撙节、退让以明礼。"敬也涵盖了家庭伦理。孝悌作为身份伦理,不仅有爱的内容,还有敬的内容。子、弟对父、兄,妻子对丈夫报恩,不仅有爱,也要有敬,要顺从。以"孝"而言,子女对父母须"爱""敬"交融,所谓"忠爱以敬"(《大戴礼记·曾子立孝》)、"爱而敬"(《大戴礼记·曾子事父母》),兄弟关系、夫妻之间也需"爱与敬",弟对兄要敬,妻对夫也要"举案齐眉,相敬如宾"。推而广之,社会伦理、政治伦理也包含敬,即对尊长、君主都需要敬。《论语·公冶长》说:"子谓子产:'有君子之道四焉:其行己也恭,其事上也敬,其养民也惠,其使民也义。'"《孝经·圣治章》云:"故亲生之膝下,以养父母曰严。圣人因严以教敬,因亲以教爱。圣人之教,不肃而成,其政不严而治,其所因者本也。"《礼记·哀公问》曰:"弗爱不亲;弗敬不正。爱与敬,其政之本与!"孔疏云:"爱谓亲爱,则仁也;敬谓尊敬,则义也。是仁义为政教之本也。"儒家认为敬可以达成普遍的社会伦理:"子夏曰:'君子敬而无失,与人恭而

---

① 郭沫若著作编辑出版委员会编:《郭沫若全集》历史编第一卷,人民出版社,1982,第336页。

有礼。四海之内，皆兄弟也。君子何患乎无兄弟也？'"（《论语·颜渊》）就是说，恭敬是社会人群之间建立伦理关系的准则。总之，尽管敬是一个普遍的伦理范畴，但主要应用于社会伦理，它与友一样，成为社会伦理的基本范畴。

三 忠、顺：政治领域的恩德文化范畴

在春秋战国时期，西周的家国一体转化为家国同构，本来涵盖家庭和政治领域的孝，就只能作为家庭伦理范畴，而不能再规范政治关系了，这就需要重建政治伦理，首先是建立政治伦理的核心范畴。儒家把忠作为政治伦理的核心范畴，建立忠道，而这个忠也是孝的推演。

忠作为政治伦理范畴形成于春秋战国时期。据考证，在春秋以前，甲骨文和金文均未见忠字，在金文《尚书》和《诗经》中亦未见忠字。但在春秋时期，"忠"字在文献中大量出现，据查，在《左传》中"忠"字出现70处，在《国语》中出现52处，在《论语》中出现18处。忠的这些用法都是在伦理意义上使用的，这说明作为恩德范畴的忠产生于春秋时期。但是，最初规定君臣关系的伦理概念不是忠，而是义，所谓"君臣以义合"，"君子之仕也，行其义也"。在周礼中，父子之间是"亲亲"关系，君臣之间是"尊尊"关系，君臣之间并无亲情可言，只有等级服从责任，这就是所谓义。儒家建构恩德文化，就把家族伦理推广为社会、政治伦理，也就把君臣之义恩德化，由等级关系转化为恩情关系，即君主对臣子施恩，而臣子对君主报恩，这就是忠。"父子之道，天性也，君臣之义也。父母生之，续莫大焉。君亲临之，厚莫重焉"（《孝经·圣治》）这里讲"君亲临之，厚莫重焉"就是恩德关系。

忠的对象是国家还是君主？这个问题是忠道的内在矛盾。中国传统社会君国一体，忠君即爱国，而国家虽然属于君主所有，但还包含着民，故忠君与爱国（民）并不完全一致，可能存在冲突。因此，君国关系也是历史地发生变化的。春秋战国时期儒家就以恩德规范君臣关系，但认为君臣之义本于道，而这个道是国恩而非私恩。君恩带有私恩的性质，国恩带有公义的性质，所以先秦儒家一方面主张君臣之义，另一方面也强调"从道不从君"，也就是认为君臣都应当以国家天下为己任，国恩大于君主的私恩，报国恩重于报私恩。孟子说："民为贵，社稷次之，君为轻。"（《孟子·尽心下》）孟子认为君主与国家有别，对暴君可以诛杀，"闻诛一夫纣矣，未闻弑君也"（《孟子·梁惠王下》）。

汉代贾谊也继承了这个思想，他说："故君以知贤为明，吏以爱民为忠。"（《新书·大政上》）它认为忠君不是忠于一人，而是爱民。随着大一统的中央集权的巩固，国恩与君恩一体化了，从道不从君也变成了从君即从道。这个转变有社会历史的原因，即大一统的中央集权国家需要树立君主的绝对地位，形成君国一体，故报恩对象君国不分，实际上忠于国家需要一个人格化的对象，而君主是国家的代表，故忠君即爱国。汉以后的儒家认为君主代表国家，天然地成为施恩的主体和报恩的对象；君臣之义具有绝对性，即使君德、君恩有失，也要尽忠君的本分。在汉以后的大一统政治中，君恩与国恩的界限被抹杀，从君即从道，忠君成为绝对的原则。

"忠"的原始意义并不具有政治伦理内涵，而只具有心理内涵。"忠"的本义是内心的真诚、正直。《说文解字》曰："忠，敬也，尽心曰忠。从心，从声。"所以春秋时期的忠指待人以诚，而非特指忠君。《周礼·大司徒》曰："中心曰忠。中下从心，谓言出于心，皆有忠实也。"孟子曰："分人以财谓之惠，教人以善谓之忠。"（《孟子·滕文公上》）朱熹解释孔子的"忠恕"概念时也说："尽己之谓忠，推己之谓恕。"（《四书集注》）《论语》中有18个"忠"字，基本都是针对个人的道德修养而言的，是对所有人的、普遍的道德要求。如"与人谋而不忠乎"（《论语·学而》），"忠告而善道之"（《论语·颜渊》），"居处恭，执事敬，与人忠"（《论语·子路》），"言忠信，行笃敬"（《论语·卫灵公》），等等。但是，在春秋战国时期，忠的概念很多用于臣民对待国家、君主，带有了政治含义，如"公家之利，知无不为，忠也"（《左传·僖公九年》），还有"临患不忘国，忠也"（《左传·昭公元年》），"尽忠以死君命"（《左传·宣公十二年》），"失忠与敬，何以事君？"（《左传·僖公五年》）这样，在后世，忠虽然仍然有内在的真诚的含义，但越来越多地用在政治领域，从而演变成为政治伦理的核心概念。于是，忠与孝并列，一个治国，一个治家，"忠孝"成为恩德文化的基本范畴。

忠作为政治伦理范畴也是从泛化的孝中分化出来的。孝最初是作为源始的伦理范畴，后推演到政治领域，形成了忠的政治范畴。童书业先生对此作了精湛的阐释："在'原始宗法制'时代，后世之所谓'忠'（忠君之忠）实包括于'孝'之内……臣对君亦称'孝'，君对臣亦称'慈'，以在原始宗法制时代，一国以至所谓'天下'可合为一家，所谓'圣人能以天下为一家'也。故'忠'可包于'孝'之内，无须专提'忠'之道德。然至春秋时，臣与君未必属于一族或一'家'，异国异族之君臣关系逐渐代替同国同族之君臣关系,于是所谓'忠'遂不得不与'孝'分离。"① 孟子把孔子的孝悌推衍到忠君:"孝子之至,莫大乎尊亲;尊亲之至,莫大乎以天下养。"(《孟子·万章上》)董仲舒也从神学哲学角度,把天子对天的孝作为君主统治的权力根据和伦理规范,他说,"故号为天子者,宜视天如父,事天以孝道也……"(《春秋繁露·深察名号》),春秋战国以后,家国一体转化为家国同构,家族伦理推广为政治伦理。于是,君主就成为"君父",臣民就成为"臣子""子民"。在政治领域,士大夫对国家、君主的孝就是忠,忠成为士大夫的孝,形成特殊的身份伦理。《孝经·士章》曰:"故以孝事君,则忠。"《孝经》将孝亲与事君联系起来:"夫孝,始于事亲,中于事君,终于立身。"至宋代产生了《忠经》,标志着忠与孝更彻底地分离,忠成为独立的伦理范畴。总之,孝延伸、扩展到忠,是家国分离和家国同构的产物。

忠作为恩德文化的政治伦理范畴,是对君主之恩的回报,也要求施恩与报恩对应。施恩的主体是君主,君主奄有四海,是天下臣民之主人,这就是说君主养育天下百姓,如同父母养育子女,故君主对臣民有恩。同时,君主还要像对待子女那样慈爱百姓,节用民力,减轻负担,施恩于民,这就是德政。君主用士大夫管理国家,给予俸禄尊荣,是一种施恩。对于君主的施恩,臣民必须感恩、报恩,像子女孝顺父亲那样忠诚,这就是"以天下养"。百姓要顺从国家的管理,承担赋税、兵役等。士大夫也要忠诚地为国家、君主服务,报答国家、君主的恩情。这就是政治伦理中的忠。但事实上,忠主要是对士大夫而言的,因为他们享受尊荣俸禄,直接地承受君恩,故士大夫要以忠心回报。百姓并不直接地感受到君恩,只知道完粮纳税,也没有受过儒家伦理的教育,所以忠的意识并不强,往往"只知有家,不知有国";国家对他们的要求也没有达到士大夫的忠那么高的伦理水平。百姓主要与国家、君主的代理人——官吏打交道,国家主要要求他们顺从统治,固有"官良民顺"之说,这种"顺"是比较低级的、被动的忠。

"君明臣忠"和"官良民顺",是双向的要求,施恩与报恩对应,缺一则不可。这种施恩与报恩的对应性在早期儒家那里更为鲜明。在春秋战国时期,由于大一统政治尚没有形成,士对诸侯国的君主可以选择,所以往往抱着"合则留,不合则去"的态度,孔子、孟子以及许多士人都是抱着这种态度游仕于各国。孔子感到卫灵公不重用,就说"道不同,不

---

① 童书业遗著:《春秋左传研究》,上海人民出版社,1980,第269页。

相为谋",离开卫国。他们认为君臣的责任是对等的。孔子说:"君使臣以礼,臣事君以忠。"孟子说:"君之视臣如手足,则臣视君如腹心;君之视臣如犬马,则臣视君如国人;君之视臣如土芥,则臣视君如寇雠。"对于早期儒家而言,报君恩与报国恩是一致的,但国恩是更为根本的,是道之所在,而君恩是相对的,只有符合道,君恩才是值得报的。所以儒家对君德有要求,有了君德,这个君恩才与国恩一致。所谓君德,包括亲民,也包括尊贤,君主必须为了国家利益礼敬大臣,"子曰:'大臣不亲,百姓不宁,则忠敬不足,而富贵已过也。大臣不治,而迩臣比矣。故大臣不可不敬也,是民之表也;迩臣不可不慎也,是民之道也。'"(《礼记·缁衣》)。孟子也对君主尊贤礼士有所阐发:"将大有为之君,必有所不召之臣;欲有谋焉,则就之。其尊德乐道,不如是,不足与有为也。故汤之于伊尹,学焉而后臣之,故不劳而王;桓公之于管仲,学焉而后臣之,故不劳而霸。"(《孟子·公孙丑下》)荀子以尊贤礼士为王道:"故成王之于周公也,无所往而不听,知所贵也。桓公之于管仲也,国事无所往而不用,知所利也。吴有伍子胥而不能用,国至于亡,倍道失贤也。故尊圣者王,贵贤者霸,敬贤者存,慢贤者亡,古今一也。"(《荀子·君子》)总之,忠君的前提是君德,君主施恩于臣民,臣民才能忠君。宋太宗令官衙前立石碑,上刻:"尔俸尔禄,民脂民膏。下民易虐,上天难欺。"这就是训导官吏记住百姓是衣食父母,要仁慈对待。

作为对君主施恩的回报,臣子必须"事君以忠"。"子曰:'事君,敬其事而后其食。'"(《论语·卫灵公》)"子夏曰:'事君,能致其身。'"(《论语·学而》)汉代的贾谊在《新书·阶级》中说:"故人主遇其大臣,如遇犬马,彼将犬马自为也;如遇官徒,彼将官徒自为也。顽顿无耻,嗜苟无节,廉耻不立,则且不自好,则苟若而可,见利则趋,见便则夺。主上有败,困而揽之矣;主上有患,则吾苟免而已,立而观之耳。有便吾身者,则欺卖而利之耳。"[①] 刘向也把君臣关系定位于直接的恩德,刘向《说苑》卷六云:

> 孔子曰:"德不孤,必有邻。"夫施德者贵不德,受恩者尚必报;是故臣劳勤以为君,而不求其赏,君持施以牧下,而无所德。故《易》曰:"劳而不怨,有功而不德,厚之至也。"君臣相与,以市道接,君县(悬)禄以待之,臣竭力以报之,逮臣有不测之功,则主

[①] (汉)贾谊撰:《新书校注》,阎振益、钟夏校注,中华书局,2000,第81页。

加之以重赏，如主有超异之恩，则臣必死以复之。……夫臣不复君之恩，而苟营其私门，祸之原也；君不能报臣之功，而惮行赏者，亦乱之基也。夫祸乱之原，基由不报恩生矣。①

刘向强调君主对臣子的施恩和臣子对君主的"复恩"即报恩是对等的。刘向谈论的是君臣之间直接的施恩—报恩关系，而没有论及更为根本的君臣之道，这与先秦儒家的表述有所不同。

汉以后，报恩越来越倾向于成为臣民单方面的责任。汉代董仲舒提出"三纲"之说，即"君为臣纲，父为子纲，夫为妻纲"，而忠君为三纲之首，于是君主施恩与臣子报恩的对等关系就偏向于臣子单方面的报恩责任。董仲舒还以阴阳理论阐释人伦，把君臣关系固定为阴阳关系，从而为三纲找到天道的根据：

君臣、父子、夫妇之义、皆取诸阴阳之道。君为阳，臣为阴；父为阳，子为阴；夫为阳，妻为阴。阴道无所独行，其始也不得专起，其终也不得分功，有所兼之义。是故臣兼功于君，子兼功于父，妻兼功于夫，阴兼功于阳，地兼功于天。……王道之三纲可求于天。（《春秋繁露·基义》）

朱子认为汉代开始儒法合流，继承了"尊君卑臣"的秦制，这固然是事实，但这也是恩德自身的矛盾演化所致，即恩德本身就含有控制性，故能够容纳秦朝的法家政治。于是，在传统社会后期，君明臣忠变成了单方面的臣忠，君主不必礼敬大臣，臣子也必须忠于君主。这体现在对臣节的强调，即把忠君视为臣节，单方面强调臣子的尽忠责任。东汉开国君主刘秀褒奖忠臣，力倡气节，形成"忠臣尽节，以死为贵"的政治伦理。《忠经·天地神明章》曰："天之所覆，地之所载，人之所履，莫大乎忠……为国之本，何莫由忠。忠能固君臣、安社稷、感天地、动神明。"这里把忠君的责任放在首位，改变了早期儒家以孝为首的观念。《忠经·辨忠章》提出，儒家的"三达德"即"仁""智""勇"要以忠为基础，这就颠覆了儒家以仁为本的思想，而为专制统治论证。《忠经·辨忠章》说：

---

① （汉）刘向撰，向宗鲁校证：《说苑校证》，中华书局，1987，第 116～117 页。

夫忠而能仁，则国德彰；忠而能知，则国政举；忠而能勇，则国难清。故虽有其能，必由忠而成也。仁而不忠，则私其恩；知而不忠，则文其诈；勇而不忠，则易其乱。是虽有其能，以不忠而败也。此三者不可辨也。

《忠经》还把君恩当作国恩，以报君恩为报国恩。《忠经·报国章》将忠君的根据归于君主的施恩："为人臣者，官于君。先后光庆，皆君之德。"《忠经·扬圣章》说："君德圣明，忠臣以荣；君德不足，忠臣以辱。不足，则补之；圣明，则扬之。"这里，君臣关系偏于臣子对君主的绝对顺从，施恩—报恩失去了对等性。汉代以后，忠君思想基本没有大的改变，表明恩德政治已经固化。宋代欧阳修、司马光等人也力倡臣节，"为主殉死""忠臣不事二主"，于是绝对忠君思想开始占据了正统地位。宋明道学将"君为臣纲"上升到"天理"的高度，认为"天理"是宇宙的本体，"宇宙之间，一理而已。天得之而为天，地得之而为地，而凡生于天地之间者，又各得之以为性。其张之为三纲，其纪之为五常，盖皆此理之流行，无所适而不在。"① 这样，就将三纲神圣化，从而导致君权的绝对化，甚至出现了"子为父死，臣为君死"，"君虽不仁、臣不可以不忠"，"君虽不君、臣不可以不臣"，以至于"君叫臣死、臣不得不死"等愚忠观，这表明君明臣忠的恩德政治，走向了单向的"忠君"。

政治领域的恩德文化范畴还有"廉"，其渊源也是忠。廉本来是指人格的洁净，是君子修身的内容，如"古之矜也廉。"（《论语·阳货》）"取伤廉章指。廉，人之高行也。"（《孟子·离娄下》）"礼义廉耻，国之四维，四维不张，国乃灭亡。"（《管子·牧民》）廉成为道德的基本范畴。后来廉演化为政治伦理范畴，即为官不贪，遵守政治伦理，故《晏子春秋·内篇》云："廉者，政之本也。"人格廉洁的君子，出仕必然不贪，能够成为好官。因此廉是忠的体现，也是忠道的人格基础。官员要养廉，只有廉洁才能爱国爱民、尽忠于君主，所以中国文化把廉洁的清官作为忠臣。

四 仁、义：总体性的恩德文化范畴

在具体的恩德范畴之上，儒家建构了总体性的恩德范畴"仁"。仁的观念是人文精神的产物。在商代，由于人还没有从神权—王权压迫中获得

---

① （宋）朱熹撰：《朱子全书》第二十三册，朱杰人、严佐之、刘永翔主编，上海古籍出版社、安徽教育出版社，2002，第3376页。

自己的价值，也没有产生普遍的爱心，故不可能产生仁的观念。在西周的宗法封建贵族社会中，人还没有从宗法等级制度下获得独立的价值，没有可能产生对人的普遍的爱，也不可能产生仁的观念。只有在春秋战国形成的后宗法社会中，人文精神发生，人的价值确立，有了对人的爱，才产生和确立了仁的概念和思想。

仁的观念脱胎于德，并且成为德的核心。西周产生了德的概念，但这个德还是天命法则，是天德而非人德，它偏于政治规则，而不是普遍的人伦。这个时期的德还具有外在性，没有进入人的内心世界，故没有仁的内涵。西周初露人文精神的曙光，产生了民本思想，但这只是意识到天命在于民心，故为了"敬天"而"保民"，这是被动地服膺天命，而不是自觉地爱人。总之，西周的德不是出自人性，而是来自天命，它缺乏爱的内涵，不是自觉的道德。西周的礼是德的规范，"礼不下庶人"，只是贵族的行为礼仪体系。它讲"亲亲""尊尊"，前者是血缘亲情，后者是等级服从，也不具有仁的内涵。在春秋战国时期，礼崩乐坏，贵族文化转化为平民文化。孔子要"克己复礼"，并且赋予礼以新的内涵，这就是以仁释礼，并且使其成为平民的文化规范。于是，天德转为人德，德从外在规范进入内心世界，与人性发生关联，成为自觉的道德规范。由于天德变成人德，所以孔子说"道不远人"，"仁远乎哉？我欲仁，斯仁至矣"（《论语·述而》）。长沙马王堆帛书《五行》云："善，人道也，德，天道也。"这里德善有所区分，还没有统一，表露出天德（天道）向人德（人道）转化的历史痕迹。春秋战国时期，天命转化为人道，德善合一，天德转化为人德，德内化为人的品德。自觉的道德是价值的认同，而仁作为核心价值，成为道德的内在根据，故孟子曰："仁者，人心也。"（《孟子·告子上》）郭店楚简曰："仁生于人，义生于道。或生于内，或生于外。"（《郭店竹简·语丛一》）《礼记》曰："德者，性之端也。"（《礼记·乐记》）总之，德的内在根据就是善良心性，这就是仁。

在春秋战国时期，仁的概念伴随着新的伦理观念发生。《尚书》的《虞书》《夏书》《商书》都没有"仁"字，而"仁"在《左传》中至少出现过三次，在《论语》中成为重要的概念，这说明仁的概念发生、确立在春秋战国时期。郭沫若也指出："'仁'字是春秋时期的新名词，我们在春秋以前的真正古书里面找不出这个字，在金文和甲骨文里也找不出这个字。这个字不必是孔子所创造，但他特别强调了它是事实。"[1] 1974

---

[1] 郭沫若：《十批判书》，东方出版社，1996，第87页。

年在河北平山战国中山国墓中出土了"中山王鼎",其中记载有"天降休命于朕邦,又阙忠臣喜,克顺克比,亡不率仁,敬顺天德,以左右寡人,使知社稷之任,臣主之义,夙夜不懈,以亲导寡人"①。这是"仁"最早出现的考古学证据。在孔子之前,仁的概念虽然已经发生,但还没有成为核心的伦理范畴。《左传》中多用仁来作道德评价,但在很多情况下仁只是诸德目之一种,而不是最高的伦理范畴。后来,在历史实践中,这些具体的德目汇总在一起,就形成了作为"全德"的仁的范畴。仁作为"全德",即指仁高于其他诸德目并涵盖之,其他诸德目在不同的方面体现了仁的精神。《左传·襄公七年》曰:"恤民为德,正直为正,正曲为直,参和为仁。"可见仁已经成为德行的总称。在孔子那里,仁具有了根本的意义,成为核心价值和基本的伦理范畴。如子张问仁,孔子答曰:"能行五者于天下,为仁矣。"此五者即"恭、宽、信、敏、惠"。又如樊迟问仁,孔子曰:"居处恭,执事敬,与人忠。""仁者必有勇,勇者不必有仁"。这些论述都说明在孔子那里,仁不是具体的德目,而是"全德",即最基本的也是最高的伦理范畴。

从思想资源上说,仁继承和改造了周礼的"亲亲""尊尊"观念。周礼的"亲亲"关系还限于贵族阶级内部,是宗法社会的血缘亲情,而孔子、孟子把它改造为普遍的人与人的伦理关系,赋予其爱的内涵,以爱亲推扩到爱人,使其成为普遍的价值观念。《中庸》记载孔子的话:"仁者,人也,亲亲为大;义者,宜也,尊贤为大。"在这里,孔子把亲亲观念推广为普遍的人际关系。从现实发生上说,仁直接发源于家族伦理的孝亲观念,推广到社会、国家,就成为普遍的伦理规范。孔子说:"弟子入则孝,出则悌,谨而信,泛爱众,而亲仁。"(《论语·学而》)可见孔子的仁是由孝推广出来的,是孝悌的延伸。孔子的弟子有子说:"君子务本,本立而道生。孝弟也者,其为仁之本与!"(《论语·学而》)这说明孝悌是儒家伦理的出发点,也是仁的基础,仁是孝悌的推广。

中国伦理体系的建构过程,就是把家族关系的父慈子孝、兄友弟恭类比、推广为社会关系的敬长爱幼和政治关系的忠君爱民,从而建构起完整的伦理体系。但是,这些具体的范畴之间的关系,是类比性的,是类比思维的产物,仅仅显示了它们之间的相似性,并没有揭示这些伦理范畴内在的联系。这种类比性的伦理体系建构,林毓生批评其犯有怀特海

---

① 张守中、郑名桢、刘来成:《河北省平山县战国时期中山国墓葬发掘简报》,《文物》1979 年第 1 期。

(A. N. Whitehead)所说的"错置具体感的谬误"(fallacy of misplased concreteness)也就是把相似的事务混为一谈,而抹杀了各自的特质。林毓生还指出,中国文化"如果把邦国当作自己的家庭,或者把家庭事务当作政治事务来处理,那是范畴的混淆"①。如何弥补这种类比性的体系建构的缺陷,揭示这些伦理范畴的本质和根据呢?儒家的办法就是在具体的伦理范畴之上,建立起一个最高的、普遍的范畴,以统领各个具体的伦理范畴,使各个具体范畴归属于这个最高的、普遍的范畴,从而实现它们的共同本质。这个普遍的、最高的范畴就是"仁",它概括、规定了孝、友、忠等具体范畴而成为"全德"。

仁的概念的发生,不仅是对各种具体的伦理范畴(德目)的概括,还有一个途径,就是为了论证忠孝诸范畴的合理性,而把仁设定为一个形而上的范畴,即把仁与天道联系起来,作为道的属性,使其具有本体论的性质,成为绝对价值;同时把各个具体伦理范畴(德目)作为其实际显现。因此,儒家提出了"以仁为本""天地万物一体之仁"的规定。这样,作为身份责任的忠孝诸范畴就以仁为中介而与天道联系起来,成为天道的显现,从而具有了绝对的合理性。董仲舒和宋明道学就致力于建立以仁为基本范畴的形而上哲学体系,以获得身份伦理的合法性。他们以天道、天理,作为仁的根据,而把忠孝等伦理范畴归于仁的统领之下,这就是"理一分殊"。这样,以仁论证诸德目的合理性,就把具体范畴之间的类比性推理,改造为从抽象的一般范畴到具体的现实范畴的逻辑性推理,于是仁就成为普遍的、超越性的伦理价值。这样一来,仁实际上具有了两重性,一方面,仁是孝悌忠信等范畴的概括,具有现实规范性,即"克己复礼为仁",仁礼一致,体现为不平等的、差等之爱;另一方面,仁突破了具体伦理范畴的现实规范性,而具有了超越性,即"泛爱众""天地万物一体之仁",体现了平等的、普遍的爱。

仁的两重意义,是恩德文化的责任伦理范与信念伦理没有分化的产物。现代伦理区分为责任伦理和信念伦理两部分。现代的伦理规范建立在社会关系的基础上,伦理观念与社会关系有统一性,但是也有差别。现代社会关系是契约关系,个体独立、平等,而在这个基础上就形成了两重性的道德规范:一个是现实的道德规范,它与社会关系一致,维护一般人的现实利益,符合主流意识形态,这就是韦伯所说的"责任伦理",或者是李泽厚所说的"社会性道德";另一个是超越性的道德本体,它超越社会

---

① 林毓生:《热烈与冷静》,朱学勤编,上海文艺出版社,1998,第39页。

关系的局限，建立绝对的、普遍的价值，以弥合契约关系造成的分裂，这就是韦伯所说的"信念伦理"，或者是李泽厚所说的"宗教性道德"。西方的宗教、哲学构筑了超越社会关系的信念伦理，这就是普泛性的、绝对的爱。中国文化没有发生责任伦理与信念伦理的分化，而仁作为中国文化的核心价值，既包含了责任伦理属性，又包含了信念伦理属性，二者没有分化而融合在一起。仁的两重属性是由中国文化的恩德性质决定的。在恩德文化中，一方面把人际关系定性为施恩—报恩，这是一种特殊的爱即恩爱，而不是契约关系，因此具有信念伦理的属性；另一方面，这个恩爱是一种身份责任，与后宗法社会关系一致，建立起"君君、臣臣、父父、子子"的社会—伦理秩序，因此又具有责任伦理的属性。仁作为恩德文化的核心范畴，具有责任伦理与信念伦理的双重内涵。儒家认为，仁就是爱人，这种爱是源于天道、人性，是"泛爱众""天地万物一体之仁"，所以超越了社会关系，具有信念伦理意义；同时这种爱又不是墨家的兼爱，当然也不是西方的博爱，而是恩爱，它适应和巩固了后宗法皇权士绅社会的人际关系，有尊卑长幼之分、亲疏远近之别，故具有责任伦理的意义。

　　儒家认为仁不是出于现实功利性，而是出于人性。仁的本义是人与人的亲情，而儒家把这种亲情改造为伦理范畴。许慎在《说文解字·人部》中这样定义："仁，亲也，从人从二。"段玉裁注解说："从人二，会意。《中庸》曰：'仁者，人也。'注：'人也，读如相人偶之人。以人意相存问之言。'……'人耦（偶）'犹言尔我亲密之词，独则无偶，偶则相亲，故其字从人二。"孔子对仁的定义很多，但"爱人"是基本规定。"樊迟问仁，子曰：爱人。"（《论语·颜渊》）孔子说"泛爱众，而亲仁"（《论语·学而》）。他认为仁的行为就是推己及人，施爱于人："夫仁者，己欲立而立人，己欲达而达人。能近取譬，可谓仁之方也已。"（《论语·雍也》）与西方的性恶论不同，儒家代表的中国文化是性善论，认为人天生有恻隐之心、不忍人之心，因此人伦关系就是仁爱的关系。仁爱来源于人的天性，而天性与天命相通，所以具有信念伦理的成分。孟子从人的天性方面阐释了仁的根据，它提出了人有"不忍人之心"，即同情心、爱心，此为人性，人性本仁。《孟子·告子上》："恻隐之心，仁也"，《孟子·公孙丑上》："恻隐之心，仁之端也。"仁爱发自内心，而非外在的伦理规范，故孔子曰："为仁由己，而由人乎哉？"（《论语·颜渊》）这也与西周的"德"的外在性不同。孟子也说"仁者爱人"（《孟子·离娄下》）。《孟子·尽心上》曰，"仁者无不爱也"，"仁者以其所爱及其所不爱"。

《孟子·尽心下》曰："仁也者，人也，合而言之，道也。"曾子曰："仁者，仁此者也。"《礼记·表记》曰："仁者人也，道者义也"；"仁有数义，有长短小大，中心憯怛，爱人之仁也"。汉儒对仁的定义也是爱，西汉董仲舒《春秋繁露·必仁且智》曰："仁者所以爱人类也。"这样，仁就是爱一切人，是普泛之爱。

不只是儒家，其他各家也以爱为仁。《国语·周语下》曰："言仁必及人"；"仁，文之爱也"；"爱人能仁"。《国语·晋语一》曰："为仁者，爱亲之谓仁，为国者，利国之谓仁。"《国语·楚语上》曰："明慈爱以导之仁。"《墨子·兼爱下》曰："兼相爱，交相利"；"兼即仁矣"。《孟子·告子上》曰："仁，人心也。"《庄子·天道》曰："兼爱无私，此仁义之情也。"《韩非子·解老》曰："仁者谓其中心欣然爱人也。"《吕氏春秋·爱类篇》曰："仁也者，仁乎其类者也。"这说明在春秋战国时期，仁已经成为普遍的伦理范畴。

西方的信念伦理是"宗教性道德"，宗教是其主要来源，故讲神对人的圣爱，由圣爱转化为人对人的爱即博爱。而中国的信念伦理及其范畴仁不是来源于宗教，而是来源于大同理想。儒家文化本来是有理想的维度的，但是这个理想是向后看的，就是所谓曾经存在过的"大同之世"：

> 大道之行也，天下为公，选贤与能，讲信修睦，故人不独亲其亲，不独子其子，使老有所终，壮有所用，幼有所长，鳏、寡、孤、独、废疾者皆有所养，男有分，女有归。货恶其弃于地也，不必藏于己；力恶其不出于身也，不必为己。是故谋闭而不兴，盗窃乱贼而不作，故外户而不闭，是谓大同。（《礼记·礼运》）

由于大道失落，进入乱世，回到大同之世失去可能性，故后世圣王只能审时度势，建设小康社会，建立有差等的恩德文化：

> 今大道既隐，天下为家，各亲其亲，各子其子，货力为己，大人世及以为礼。城郭沟池以为固，礼义以为纪；以正君臣，以笃父子，以睦兄弟，以和夫妇，以设制度，以立田里，以贤勇知。以功为己，故谋用是作，而兵由此起。禹、汤、文、武、成王、周公，由此其选也。此六君子者，未有不谨于礼者也。以著其义，以考其信，著有过，刑仁讲让，示民有常。如有不由此者，在势者去，众以为殃。是谓小康。（《礼记·礼运》）

儒家认为，理想的大同社会已经过去，不能回归，但大道隐而不失，仁爱理想作为初衷，仍然应该秉持，以作为价值导向。关于"太上贵德，其次务施报"，在历史维度上可以解释为：上古之德更高尚，不讲求施恩—报恩，后世才建立恩德；在精神境界维度上可以解释为：最高的标准是纯粹的道德，其次才是施恩—报恩规范。爱的不平等性和差等性体现了现实的社会责任，而大道之仁则是理想的精神境界，不能限于履行社会责任而降低精神境界。这就形成了一种与"差序格局"逆向的思想行程，即从社会责任方面讲，是以家族亲情为首重，渐次推广到社会、国家，形成爱的差等；而从精神境界方面讲，却是相反的行程，即以一体之仁为出发点，超越家族界限，以天下为指归，消除差等，达到仁民爱物的高度。孟子曰："君子之于物也，爱之而弗仁；于民也，仁之而弗亲。亲亲而仁民，仁民而爱物。"（《孟子·尽心上》）张载曰："民吾同胞，物吾与也。"（《西铭》）他们虽然还把亲亲放在首位，但却把精神境界提高到了仁民爱物的高度，从而"可以赞天地之化育，则可以与天地参矣"。这样，仁就突破了现实伦理规范，偏向于一种"信念伦理"，达到了"天地万物一体之仁"高度。

儒家伦理的仁，最终成为哲学范畴而具有了本体论性质，从而具有了超越性、绝对性。人性之仁，源于天命，故《中庸》曰："天命之为性，率性之谓道，修道之谓教。"既然仁本于人性、天道，就不限于社会身份，而突破社会关系的局限，成为无差别的大爱。董仲舒也从天道的本体论方面论述了仁，在《春秋繁露·王道通三》中说："仁之美者在于天。天，仁也。天覆育万物，既化而生之，有养而成之，事功无已，终而复始。凡举归之以奉人，察于天之意，无穷极之仁也。人之受命于天也，取仁于天而仁也。"[①] 仁作为爱心，与天道通，并外化为道德。但董仲舒的神学哲学的论证不符合儒家的人文主义倾向，故没有成为主流。真正把仁作为本体论范畴论证的是宋明道学，宋明道学把仁提升到了"天地万物一体之仁"的高度，从而具有了信念伦理的性质

宋明道学建立了仁本说，把仁作为本体论范畴，确立了仁的普遍性、绝对性。这样，仁就超越了责任伦理而具有了信念伦理的属性。张载讲仁民爱物，提出："性者，万物之一源，非有我之得私也。唯大人为能尽其道，是故立必俱立，知必周知，爱必兼爱，成不独成。彼自蔽塞而不知顺

---

① （汉）董仲舒撰，（清）凌曙注：《春秋繁露》，中华书局，1991，第183页。

吾理者，则亦未如之何矣。"① 他在这里以"兼爱"打破了差等之爱。程颐说："仁者，天下之公，善之本也。"② 宋明心学讲万物一体之仁，达到"廓然而大公"的境界。王阳明提出了"天地万物一体之仁"，他说："大人者，与天地万物为一体者也。其视天下为一家，中国犹一人也焉。……其心之仁本若是与天地万物而一也。"③ 在一定程度上，仁本说超越了责任伦理，强调了爱的平等性、普遍性，克服了爱的不平等性和差等性，从而调节了社会关系。

身份伦理有两个特性，一个特性是依据不同的社会身份确定各自的伦理责任，从而缺乏伦理价值的普遍性，形成所谓"特殊主义伦理"；另一个特性是伦理规范与社会关系相一致，具有现实性。就后一种特性而言，身份伦理偏于责任伦理。它为了维护后宗法皇权士绅社会，建立了涵盖家庭、社会、政治等领域的伦理范畴，其中孝悌范畴是为了维护家长制的家庭秩序，忠的范畴是为了维护君主专制的政治秩序，而友、敬等范畴是为了协调社会领域的尊卑长幼秩序。在这些具体的德目之上，形成了一个"全德"即仁，仁概括了各个领域的具体伦理范畴，各个具体的伦理范畴也是仁的体现。因此，从仁的内涵看，就涵括了忠孝等具体的伦理范畴，具有了责任伦理属性。从仁的社会功用上看，仁赋予和维护了社会秩序的合理性。礼是符合社会秩序的行为规范，儒家主张仁礼一体，一方面认为仁是礼的灵魂，从而把作为贵族行为礼仪规范的周礼改造成为平民社会的道德规范；同时也主张仁要符合社会关系，维护社会关系。孔子提出："克己复礼为仁。一日克己复礼，天下归仁焉。"（《论语·颜渊》）认为复礼就是行仁，体现了仁礼一体性。荀子具体地阐释了由各种身份规定的仁："请问为人君？曰：以礼分施，均遍而不偏。请问为人臣？曰：以礼待君，忠顺而不懈。请问为人父？曰：宽惠而有礼。请问为人子？曰：敬爱而致文。请问为人兄？曰：慈爱而见友。请问为人弟？曰：敬诎而不苟。请问为人夫？曰：致功而不流，致临而有辨。请问为人妻？曰：夫有礼，则柔从听侍；夫无礼，则恐惧而自竦也。"（《荀子·君道》）在这里，仁就是各种身份的责任。程颢也说仁与义礼智信具有一体性："仁者，浑然与物同体，义、礼、智、信皆仁也。"④ 这就是说，社会人伦就是仁的

---

① （宋）张载撰：《张横渠集》，中华书局，1985，第35~36页。
② （宋）朱熹撰：《朱子全书》第十三册，朱杰人、严佐之、刘永翔主编，上海古籍出版社、安徽教育出版社，2002，第169页。
③ （明）王守仁：《王阳明全集》，国学整理社，1936，第470页。
④ （宋）程颢、程颐：《二程集》上，王孝鱼点校，中华书局，1981，第16页。

基本内涵，维护社会秩序是仁的根本社会功能。所以，仁不是超然于社会现实秩序的爱，而是带有意识形态性的伦理规范，是为后宗法皇权士绅社会服务的伦理范畴，故而带有责任伦理的意义。

恩德文化把人际关系规定为施恩—报恩关系，即君主、父亲、丈夫是施恩者，臣民、儿女、妻子是报恩者；施恩者拥有了支配报恩者的权力，报恩者负有了服从施恩者的责任。故仁爱是基于身份的恩爱，仁的内涵就是这种具有控制性的恩爱，所谓父慈子孝、兄友弟恭、夫德妻贤、君明臣忠、官良民顺就是一种控制性的恩爱。履行施恩—报恩责任就是仁，而如果有恩不施或知恩不报，就是不忠不孝，就是禽兽，就是不仁。孔子的学生宰我反对为父母守孝三年，孔子就斥责其不仁。可见孔子认为仁体现为报父母之恩的孝道。而且，仁爱也是有差等的爱，有亲疏之别，首先是爱父母、兄弟、夫妻等家人，再推及其他亲属，以及师友、乡邻等社会人群，直至国人、天下人，关系近则爱多，关系远则爱少，形成了一个费孝通所说的"差序格局"。这说明仁是适应社会关系的需要的，不是独立的信念伦理范畴，而带有责任伦理属性。

从原始儒家到宋明道学家都没有意识到和解决仁的两重意义的矛盾，他们既强调"天地万物一体之仁"，又强调人有尊卑、爱有差等，造成了逻辑上的矛盾。仁所具有的绝对性（信念伦理）与现实规范性（责任伦理）的两重性，体现了恩德文化的内在的矛盾，也就是仁的爱的属性与控制性的矛盾。

与仁相关的范畴有"义"，人们常"仁义"并提，可见二者关系之密切。仁作为"心之理"，是内心追求，是行为的动力；义是仁的外在规范，是社会责任，约束人的行为，故仁义一体。郭店楚简《六德》篇提出了"仁内义外"说："仁，内也；义，外也；礼乐，共也。"可见礼乐包含了仁和义，其中礼近义，主外；乐近仁，主内。实际上，义就是恩义，与恩情相对，仁偏于恩情，体现为心性，其外在规范即义。由于社会生活领域的伦理范畴是家庭伦理范畴孝悌的推广，而社会领域没有得到发展，故社会领域的伦理没有形成独立的范畴，于是民间就把义当作社会生活领域的伦理范畴，形成了"义气"这个概念，特别是朋友之间的关系，更以义气规定之。之所以如此，深层根据在于朋友等社会生活领域的人际关系没有自然亲情，情感是后来生成的，只是一种社会责任，故以外在的义命名。

还有一个"耻"，也是与仁相关的范畴。《管子·牧民》云，"礼义廉耻，国之四维。四维不张，国乃灭亡"，把耻提高到基本的伦理范畴之列。日本文化号称"耻感文化",这个耻来源于贵族等级制度,是对等级名分的责任感和荣誉感。而中国文化的耻,虽然有西周贵族社会文化(周礼)的责任感和荣誉感的渊源,但后来转化为恩德文化的范畴,具有了平民文化的属性。这就是说,作为恩德文化范畴的耻不是基于等级责任,而是基于恩德责任,是施恩—报恩规范的内化。中国的耻感与西方的罪感不同,罪感来源于上帝,认为人生而有罪;而中国耻感来源于道德意识,是对于不能履行施恩—报恩责任的愧疚感。由于恩德的核心是仁,仁是内在的良知,需要道德的自觉,而耻就是对于恩德的自觉,不施恩、不报恩都是违背良知,故要反躬自省而知耻,以耻辱感来肯定仁、保障仁。孔子云"知耻近乎勇",就是对于耻感作用的强调。

还有一个与仁相关的范畴"诚"。社会领域的人际关系由于没有建立在契约关系的基础之上,而是一种身份伦理,施恩者与报恩者要建立稳固的伦理关系,就只能倡导自我的真诚,达到互信,这样诚、信就成为一对重要的伦理范畴。诚具有内在性,是心灵的真实无伪,因此诚是仁的内心状态,儒家强调"吾日三省吾身",就是要达到内心的真诚。诚也是通过自省而达到仁的途径。所以有"万物皆备于我矣。反身而诚,乐莫大焉。强恕而行,求仁莫近焉"(《孟子·尽心上》)。"自诚明,谓之性;自明诚,谓之教。"(《中庸·第二十一章》)。这就是说,诚可以回归本性而成仁。总之,只有内心真诚,才能有仁爱之心,从而履行施恩、报恩的责任。

"信,诚也"(《说文》),诚与信互释,也经常并提,说明了二者相通。诚是内心的纯洁,信是对人的责任感,信就是守信义、讲信用,属于外在的行为规范。这就是说,有了内心的诚,就会表现为对外的信。信也是仁的体现,无信则不仁,因为无信就不能履行施恩和报恩的责任。儒家强调社会生活中的信义、忠信,也是为了巩固恩德文化。由于没有形成契约关系,故履行施恩、报恩责任,并无外在的保证,而只能诉诸内在的道德意识,这就是信。信有两个含义,一个是信任别人,一个是自己守信用,这两个含义都是对施恩或报恩责任而言的。从根本上说,信是施恩方与报恩方之间的互信,是对履行施恩、报恩责任的承诺。信是信守对他人的承诺,也是个人的道德修养,是恩德的保障。孔子提倡"敬事而信","谨而信"(《论语·学而》),"上好信,则民莫敢不用情"(《论语·子路》)。孟子说:"可欲之谓善,有诸己之谓信。"《十三经注疏》曰:"己之可欲乃使人欲之,是为善。己所不欲勿施于人也。有之于己乃谓人有之是谓信，人不义不信也。"[①] 这里的"有诸己"就是自己确实有善，有了善心，就会守信于人，也会推己及人，信任别人，从而实践恩德，包括履行施恩和报恩的责任。董仲舒提出了仁义礼智信为"五常"，把信提升到基本的伦理范畴之列。

智也是恩德文化的一个范畴。"智、仁、勇三者，天下之达德也。"（《中庸·第二十章》）"智、仁、勇"相当于西方的"真、善、美"。孟子提出"仁、义、礼、智"，董仲舒扩充为"仁、义、礼、智、信"，是谓"五常"。以上关于智的定位，可见其地位的重要。所谓智，是指智慧、明智，但不是现代意义上的认知能力，而是一种价值判断能力，即对于道的领会能力，也就是对于恩德的自觉。如果离开了对道的领会能力和对恩德的自觉，那么即使有聪明才智，也算不上智，只是小聪明，是一种技艺性的能力。道家的智是"大智若愚"，就是对于自然之道的领会和实践，是对于世俗功利的愚钝、对于礼义教化的舍弃。儒家的智则是仁的延伸，是具有仁爱之心，遵行礼义规范。"樊迟问仁，子曰：'爱人'。问知，子曰：'知人。'樊迟未达。子曰：'举直错诸枉，能使枉者直。'"孟子曰："仁之实，事亲是也；义之实，从兄是也；礼之实，节文斯二者是也；智之实，知斯二者弗去是也。"（《孟子·告子上》）《大戴礼记·王言篇》曰："是故仁者莫大于爱人；知者莫大于知贤。"这里明确地把智定义为对于仁义、孝悌的领会和遵行。

总而言之，中国文化建构了一个总体性的、最高的范畴——仁义，也建立了源始性的、基础性的家庭伦理范畴——孝悌，并且由孝悌推演出作为社会伦理范畴的友敬、作为政治伦理范畴的忠顺以及相关的伦理范畴，这些伦理范畴体现了恩德内涵，从而形成了一个恩德文化的范畴体系。

[①] （清）阮元校刻：《十三经注疏》下册，中华书局，1980，第 2775 页。

第四章 反恩德文化的思想流派

在任何文化体系中，除了主流文化，还存在着非主流的边缘文化或异质文化。恩德文化的主流是儒家思想体系，但同时也存在着道家、墨家、法家等异质文化思想。这些非主流文化思想反对或偏离恩德，与主流文化思想之间存在着既冲突又调和、互补的关系，构成了中国文化的多元性。

第一节 道家对恩德文化的解构与儒道互补

道家是春秋战国时期的主要思想流派之一，道家学说也是一种反恩德文化的思想体系。道家是没落贵族的思想流派，是对春秋战国时期社会变革的反动。在春秋战国时期，传统的宗法封建贵族社会衰落，等级制度瓦解，礼崩乐坏，形成后宗法社会，平民文化开始取代贵族文化。面对这种变革，没落贵族拒绝新兴的社会、文化，转而怀恋国小而民寡的旧时代；同时也以高傲的人格对抗社会道德的沦落。老子、庄子是这种没落贵族思想的代表，他们建立了道家思想体系，反对新兴的主流文化。道家以自然无为来对抗权力和利益的争夺；主张顺从自然天性，反对礼乐教化，从而解构了儒家的恩德文化。从反恩德文化的角度考察道家思想，就可以揭示道家思想的本质和作用，这是一个全新的角度。

一 老子的反恩德文化思想

老子建立了道家哲学，并且在政治文化等领域解构了恩德文化。他提出了自然本位的思想，从而反拨了儒家的伦理本位思想。儒家以道为本体，但儒家的道是伦理性的，天道即人道，道通人性，而人被规定为一种伦理角色，承担着家族、社会、国家的责任。儒家以"仁"界定人的本质，人性是有情有义的，关涉他人，人与人之间以施恩和报恩构成了君臣、父子之间的社会关系和伦理规范，由此形成了恩德文化。而老子的道本体是自然法则,即所谓"人法地,地法天,天法道,道法自然"(《老子·第二十五章》)。这就是说,道就是万物自身的规律,是自然而然的天性,从而摒弃了人为的文明教化。老子认为,人性不是伦理教化而成的,而是非社会化的自然天性,独立无依、少知寡欲才是人的本真状态。他认为,天道、圣人都不会施恩于人,人是自生自灭的自然物。他说,"天道无亲"(《老子·第七十九章》),"天地不仁,以万物为刍狗;圣人不仁,以百姓为刍狗"(《老子·第五章》)。这就从根本上否定了天恩和人恩。既然如此,人的生存就是为己,而非为人,明白为己者才是明智之人。他说:"贵以身为天下,若可寄天下。爱以身为天下,若可托天下。"(《老子·第十三章》)他认为宠辱都有害于己,"得之若惊,失之若惊,是谓宠辱若惊"(《老子·第十三章》)。这里讲的是要摒弃人与人之间的恩怨,而保全自身。既然人的本质是自然天性,就无关乎伦理;既然生而为己,也不会发生恩情关系。老子理想的生存状态是回到上古的自然人:"小国寡民,使有什伯之器而不用,使民重死而不远徙。虽有舟舆,无所乘之。虽有甲兵,无所陈之。使民复结绳而用之。甘其食,美其服,安其居,乐其俗。邻国相望,鸡犬之声相闻,民至老死不相往来。"(《老子·第八十章》)在这种自然状态中,人与人不相往来,也就没有伦理关系,恩德不复存在,这是最理想的生活方式,这种自然化的生活方式从根本上否定了恩德文化。

老子从道法自然的哲学思想出发,提出了自己的社会思想。春秋战国时期,各家各派都提出了自己的社会理念,以求结束乱世,重建社会秩序。儒家的社会理念是重建周礼,实施仁义教化,达到家齐、国治、天下平。在政治领域,儒家主张仁政,施恩于民,实现君德民顺,国泰民安。老子反对仁义教化,他认为仁义教化违反自然天性,是一切祸乱之源。他说:"大道废,有仁义。智慧出,有大伪。六亲不合,有孝慈,国家昏乱,有忠臣。"(《老子·第十八章》)他指出,德、仁、义、礼等文化系统都是离开了大道的乱源:"上德不德,是以有德。下德不失德,是以无德。""失道而后德,失德而后仁,失仁而后义,失义而后礼。夫礼者,忠信之薄而乱之首。"(《老子·第三十八章》)故此,他主张抛弃礼义文化,无为而治。他指出:"道常无为,而无不为。"(《老子·第三十七章》)主张统治者要无欲、无为。无欲就是不压榨百姓;无为就是不干预民生,让民众自然生活。有欲、有为,所以世乱:"民之饥,以其上食税之多,是以饥。民之难治,以其上之有为,是以难治。"(《老子·第七十五章》)如果无欲、无为,民众就会过得很好:"故圣人云:'我无为而民自化，我好静而民自正，我无事而民自富，我无欲而民自朴。'"（《老子·第五十七章》）这种无为而治，老子称为"啬"，"治人、事天，莫若啬"（《老子·第五十九章》）。无欲而啬的政治，就不是恩德政治，不需要对百姓施行恩惠，更不能够压榨百姓，百姓无须报恩，也不受压迫，自然会活得快乐。这是一种无政府主义的政治观。

关于社会关系，特别是统治者与百姓的关系，儒家主张德治，君主施恩于百姓，使得百姓感恩、服从君主。这实际是一种权力关系，君主拥有了道德化的权力，使得对百姓的统治合法化。而老子不接受任何恩德，也反对任何权力控制，主张自然而然地生活，他说："太上，下知有之，其次亲而誉之，其次畏之，其次侮之。"（《老子·第十七章》）这里是说，最理想的君民关系是仅仅知道有君主在（下知有之），其次才是赞誉、畏惧、侮慢。老子认为最理想的君民关系不是民众爱戴或畏惧君主，当然更不是侮慢君主，而是互相无涉，不发生实际关系，这实际上是一种虚君政治。儒家追求君主施恩于民众、民众对君主感恩即"亲而誉之"的恩德关系，不被老子认可；而百姓淡然处之，"功成事遂，百姓皆谓'我自然'"（《老子·第十七章》），才是老子认可的理想状态。他认为得道之人是无恩无怨、无亲无疏、无贵无贱的，"不可得而亲，不可得而疏，不可得而利，不可得而害，不可得而贵，不可得而贱，故为天下贵"（《老子·第五十六章》）。这与恩德文化的控制性的、差等性的人际关系是完全不同的，是一种自然化的关系。

老子反对政治权力，反对法家主张的暴力统治，也反对儒家主张的施恩者支配受恩者，受恩者依从施恩者的德政，而主张解除人际关系的权力控制，恢复自然的、平等的人际关系。他认为道"万物恃之以生而不辞"，"衣养万物而不为主"，"万物归焉而不为主"（《老子·第三十四章》），"生而不有，为而不恃，长而不宰，是谓玄德"（《老子·第十章》）。道施行于社会、国家，就是反对强者支配弱者，主张万物平等，所谓"大制不割"，"孰知其极？其无正"，圣人的作用只是"以辅万物之自然而不敢为"（《老子·第六十四章》）。他反对君主占有天下，"将欲取天下而为之，吾见其不得已。天下神器，不可为也，不可执也。为者败之，执者失之"（《老子·第二十九章》）。他主张施而不求报、功成不受，就是反对施恩—报恩的恩德伦理。他指出，圣人"既以为人己愈有，既以与人己愈多"（《老子·第八十一章》）。"功成身退，天之道也。"（《老子·第九章》）"功成不名有。"（《老子·第三十四章》）在国与国的关系方面，他反对霸道，也反对王道，而主张大国与小国互相谦让，特别是大国要谦下："大国不过欲兼畜人，小国不过欲入事人。夫两者各得其所欲，大者宜为下。"(《老子·第六十一章》)这里的意思是大国不过分控制小国，小国也不过分奉承大国，各得其所，而大国尤其要谦下。这就否定了当时盛行的所谓大国施恩、支配小国，小国感恩、服事大国的霸道法则，而这个霸道也是一种恩德政治的初始形态。

在春秋战国时期，法家主张弱肉强食的丛林法则，儒家主张以施恩获得权力，成为主宰，而老子反对任何控制性。《易经》对儒道两家都有影响，但两家对《易经》的解释不同。儒家贵阳而贱阴，主张以阳制阴，构成一种权力关系；阳成为恩德文化中的施恩方、支配方，阴成为受恩方、依附方，《易传·系辞传》论述道："乾，阳物也；坤，阴物也。阴阳合德，而刚柔有体，以体天地之撰，以通神明之德。"于是就有了后来的三纲、五常之说。老子颠倒了这个次序，崇阴而抑阳，提出"万物负阴而抱阳，冲气以为和"(《老子·第四十二章》)，意思是依靠阴而吸收阳，最后达到阴阳调和，这里阴是根本，阳是辅助。庄子也说："至阴肃肃，至阳赫赫，肃肃出乎天，赫赫发乎地，两者交通成和，而物生焉。"(《庄子·田子方》)他认为肃肃至阴之气发源于天，赫赫至阳之气发源于地，这与儒家天阳地阴、天尊地卑的观念相反，明显是尊阴而抑阳。这就解构了恩德文化，否定了其控制性。在这个哲学思想指导下，老子不主张做强者、支配者，而主张做被动的弱者，提出了贵柔守雌的生存策略。他指出：柔弱是道的应用，"反者道之动，弱者道之用"(《老子·第四十章》)。所以做人处世不应逞强好胜，主张知足、不争："祸莫大于不知足，咎莫大于欲得。故知足之足，常足矣。"(《老子·第四十六章》)"知足不辱，知止不殆，可以长久。"(《老子·第四十四章》)"天之道，利而不害。圣人之道，为而不争。"(《老子·第八十一章》)"上善若水，水善利万物而不争……夫唯不争，故无尤。"(《老子·第八章》)他颠覆了恩德体系中的贵贱、强弱关系，认为"贵以贱为本，高以下为基"(《老子·第三十九章》)。不追求做强者、主宰者，也就是不做施恩—报恩关系中的主动者。他说："用兵有言：'吾不敢为主而为客，不敢进寸而退尺。'"以弱胜强，以客胜主，是老子辩证法的应用。他认为明智者应该示弱守雌，弱者最终会胜过强者："见小曰明，守柔曰强。"(《老子·第五十二章》)"天门开阖能为雌乎？明白四达，能无为乎？"(《老子·第十章》)"知其雄，守其雌，为天下谿：常德不离，复归于婴儿。""复归于无极，知其荣，守其辱，为天下谷。常德乃足……"(《老子·第二十八章》)由于道的辩证法，最终结果是"柔弱胜刚强"(《老子·

第三十七章》），这是对恩德秩序的倒置，是对受恩者与施恩者关系的颠倒，是对强权的蔑视和对弱者的肯定。同时，他也主张强者要示弱，要谦下，以免遭祸患。例如在大国与小国的关系上，他就主张"大国者下流，天下之交，天下之牝"。"大者宜为下。"（《老子·第六十一章》）这实际上就是要求统治者不要以施恩一方自居，压迫被统治者，而要向对方让步。

老子作为道家鼻祖，建立了自然无为的哲学，并且提出了非控制性的社会思想，主张去礼义教化，把人际关系最小化，追求自然的生活，以求明哲保身。老子思想虽然不可能成为主流的文化形态，但却成为恩德文化的解构力量。

二 庄子的反恩德文化思想

庄子继承了老子的自然无为哲学，而且更为彻底地发展了道家思想。儒家的恩德文化对人性的规范是一种道德束缚，而庄子从人的自由的角度反叛恩德文化，解除道德束缚。他主张完全的自然化，彻底否定一切文明教化，以实现"逍遥"。

庄子从老子的自然无为的思想出发，提出了比老子的明哲保身更高的生存目标，就是"逍遥"。逍遥是庄子版的自由概念，即"无所待，以游无穷"。他以寓言的方式描述了逍遥游，即超越时空，如鲲鹏万里，如神人不死。他认为，要实现逍遥，就要无待，即对世界无所希求、无所依赖，从而物化，与世界同一。他认为实现了逍遥游的人就是天性完美的人："使之和豫通而不失于兑，使日夜无隙而与物为春，是接而生时于心者也。是之谓才全。"（《庄子·德充符》）庄子认为消除了人与世界的对立，实现天人合一，就达到了逍遥境界："故其好之也一，其弗好之也一。其一也一，其不一也一。其一与天为徒，其不一与人为徒，天与人不相胜也，是之谓真人。"（《庄子·大宗师》），他把自由建立在消除主客对立的基础上，提出了"天与人不相胜"的思想，虽然带有消极因素，但作为对主体性的反思，这种思想仍然有其深刻之处。

为了实现逍遥，庄子主张无待，即无所希求、独立不依。如何达到无待，庄子说："至人无己，神人无功，圣人无名。"（《庄子·逍遥游》）无己就是去除意志，无功就是不求功利，无名就是不要名分，这样也就没有了主体欲求，与世界不发生冲突，也就没有了社会责任，从而从根本上消除了主客矛盾，落得逍遥自在。这种思想就解构了儒家的恩德文化。儒家恩德文化出自道德追求，是有己；承担社会责任，是有功；确定社会身份，是有名。而在逍遥状态之下，一切道德追求都被超脱，一切社会责任都被废除，一切名分地位都被摒弃。庄子鄙视世间俗务，特别是摒弃政治功利，拒绝进入统治关系之中，认为这妨碍了自由。他的这段话可以说是总括了其无己、无功、无名的思想："故乐通物，非圣人也；有亲，非仁也；天时，非贤也；利害不通，非君子也；行名失己，非士也；亡身不真，非役人也。若狐不偕、务光、伯夷、叔齐、箕子、胥馀、纪他、申徒狄，是役人之役，适人之适，而不自适其适者也。"（《庄子·大宗师》）

先说"无己"。庄子追求逍遥，企图摆脱一切社会文化，这首先就要求消解理性自我，即"无己"，这是实现逍遥的内在条件。所谓无己，就是顺乎天性自然，放弃主观意志，做到无知无欲，从而消除了与外界的矛盾。这就区别于儒家通过修身建立理性自我的思想。他提出"心斋""坐忘"，使自己虚空无念，与外物同一。他虚拟了颜回与孔子的对话：颜回说自己的思想提升了，先是忘了仁义，再是忘了礼乐，最后达到"坐忘"，于是"仲尼蹴然曰：'何谓坐忘？'颜回曰：'堕肢体，黜聪明，离形去知，同于大通，此谓坐忘。'仲尼曰：'同则无好也，化则无常也，而果其贤乎！丘也请从而后也。'"（《庄子·大宗师》）坐忘使人无我，达到了与道通，与世界合一的境界。无己还意味着"无情"，这是继承了老子"圣人不仁"的思想。有情就会产生人际关系，从而发生矛盾。儒家重情，恩德文化就建立在恩情基础上，而恩情关系把自我与他人捆绑起来，从而丧失了自由。庄子主张对万事万物无情，以保持自我的独立和自由。庄子说："是非，吾所谓情也。吾所谓无情者，言人之不以好恶内伤其身，常因自然而不益生也。"（《庄子·德充符》）因为无情，也就是无所希求、无所依赖，从而独立于世界，获得自由。这是对一切社会关系、社会责任的排斥，也是对恩德的否定，因为无情，就不发生恩情关系，也就没有恩义，从而排斥了恩德。庄子认为人际关系妨碍独立、束缚自由，主张人际关系疏远而无争，从而获得逍遥。他讲述了两条鱼相濡以沫的故事："泉涸，鱼相与处于陆，相呴以湿，相濡以沫，不如相忘于江湖。与其誉尧而非桀也，不如两忘而化其道。"（《庄子·大宗师》）这则寓言旨在说明，人与人之间的恩惠是不必要的，不如各自逍遥。对于生死穷通，庄子也淡然处之，不动情，认为这都是自然规律，不应有哀乐之情。他讲述了"老聃死，秦失吊之，三号而出"的故事，对于弟子的责问，庄子认为吊丧哀哭，"是遁天倍情，忘其所受，古者谓之遁天之刑"。他接着说，秦失的举止并无不当，因为"适来，夫子时也；适去，夫子顺也。安时而处顺，哀乐不能入也"（《庄子·养生主》）。这种无情的心态，正是为了免除为人情所累，陷入社会关系的恩恩怨怨。

再说"无功"。所谓无功，就是顺万物之自然，不求功利，无所作为。儒家倡导有为世界观，主张"立德、立言、立功"，就是施恩于人、立功于天下，以求得大治。庄子反其道而行之，反对追求社会功利。以无功思想解构了恩德。他服膺老子的无为哲学，认为无为而无不为，是道的最高境界。庄子主张"不与物交，惔之至也；无所于逆，粹之至也"（《庄子·刻意》）。"故曰，丧己于物，失性于俗者，谓之倒置之民。"（《庄子·缮性》）庄子认为道的应用首先是养生，达到精神的升华，获得逍遥，而治理国家的功业是次要的。他说："道之真以治身，其绪余以为国家，其土苴以治天下。由此观之，帝王之功，圣人之余事也，非所以完身养生也。今世俗之君子，多危身弃生以殉物，岂不悲哉？"（《庄子·让王》）这实际上是说，世俗事物都是不得已而为之的，不值得认真；如果一旦求功，就会"撄人心"，使人失其自然本性。

无功之人，也就无用。庄子主张无用，认为不用之用乃大用，实际上就是放弃社会责任，取消社会身份，自然地生活。这是对恩德文化把社会责任即恩义置于首位的反动。他以寓言说明了无用的内涵，如惠子对庄子说，你的言论大而无用，像一棵充满木瘤而弯曲的大树。庄子回答说："今子有大树，患其无用，何不树之于无何有之乡，广莫之野，彷徨乎无为其侧，逍遥乎寝卧其下？不夭斤斧，物无害者，无所可用，安所困苦哉？"（《庄子·逍遥游》）同样的道理，庄子在《人间世》中还讲述了这样几个寓言：神社里面的一棵栎树，因无用而得到保存。还有，商丘地方有一棵大树，也因为无用而得以不被砍伐，因此"此乃神人之所以为大祥也"。还有，支离疏因其残疾而免除服兵役，还得到国家的救济。这些都是无用的好处。当然这种无用的举例还是在消极避祸意义上的，其积极意义则体现在政治领域的无为而治上。

庄子的无功思想体现在政治上，即无为而治，这是反对儒家的有为而治，当然也就摒弃了施恩于民、报恩于君的恩德政治。他说："故君子不得已而临莅天下，莫若无为。"他要求不施行礼义教化，"绝圣弃智，而天下大治"（《庄子·在宥》）。庄子讲述了黄帝求教于广成子的故事：黄帝要通过仁政施惠于民，问道于广成子："吾闻吾子达于至道，敢问至道之精。吾欲取天地之精，以佐五谷，以养民人，吾又欲官阴阳，以遂群生，为之奈何？"广成子对黄帝的举措不以为意，认为他没有领会道的精华，只得到了道的残渣，并教导他要修心养性、无为而治，使其拜服。在《庚桑楚》中，庄子借庚桑子之口说："且夫二子者，又何足以称扬哉？

是其于辩也,将妄凿垣墙而殖蓬蒿也,简发而栉,数米而炊,窃窃乎又何足以济世哉?举贤则民相轧,任知则民相盗。之数物者,不足以厚民。民之于利甚勤,子有杀父,臣有杀君,正昼为盗,日中穴阫。吾语汝,大乱之本,必生于尧、舜之间,其末存乎千世之后。千世之后,其必有人与人相食者也。"(《庄子·庚桑楚》)在这里,庄子否定了上古圣君尧、舜的治理措施和功绩,指出其危害,而且预言其为祸乱之本,流毒千古。庄子总结自己的处事之道:"无为名尸,无为谋府,无为事任,无为知主。体尽无穷,而游无朕。"(《庄子·应帝王》)

最后说"无名"。无名就是不求名分地位,追求自然的生活。儒家的恩德作为身份伦理,确定了施恩者与报恩者的社会责任,形成了"君君、臣臣、父父、子子"的伦理规范。孔子主张正名,就是要恢复周礼规定的社会名分,建立恩德规范。庄子反对身份伦理,认为社会身份是外在的,功名束缚自然天性,妨碍自由,实际上就是反对担任任何社会角色和责任,特别是担任统治者的角色和责任。他提出了"无名"的思想,而注重"实",所谓实就是自然天性。他在《逍遥游》中虚构了尧欲禅让天下给许由,被许由拒绝的故事,许由的理由就是不求虚名,而要其实,这个实就是逍遥。他还虚构了一个寓言故事,"尧治天下之民,平海内之政,往见四子藐姑射之山,汾水之阳,窅然丧其天下焉。"(《庄子·逍遥游》)这里说尧治理天下很成功,但见到藐姑射之山上的四位得道之人,就怅然若失。忘掉了自己的天子之位。可见做天子并不如做得道逍遥之人。《秋水》篇云:楚王派大夫请庄子出山为官,庄子不允,谓楚大夫曰:"吾闻楚有神龟,死有三千岁矣。王巾笥而藏之庙堂之下上。此龟者,宁其死为留骨而贵乎?宁其生而曳尾于涂中乎?"最后答复曰:"往矣!吾将曳尾于涂中。"这里更鲜明地表达了不肯以自由换取名位的思想。在同一篇之中还讲述了惠子怕庄子觊觎其相位,庄子以鹓雏遨游四海,而鸱以为其欲抢其口中腐鼠的故事加以嘲讽,表达了对自由的追求和对名位的鄙视。

无名也是对支配性的社会关系的否定。在恩德文化中,名分地位规定了支配性的人际关系,即施恩者以施恩来支配受恩者,受恩者以报恩依附于施恩者:父施恩于子,子依附于父;夫施恩于妻,妻依附于夫;兄施恩于弟,弟依附于兄;君施恩于臣,臣依附于君;官施恩于民,民依附于官。而庄子主张人与人之间无所支配、依附,即使君主圣人也不能居功而支配人,百姓也不因为圣人之功而依附之。(《庄子·在宥》)庄子认为理想的统治者是不居功,既不施恩也不求报恩;民众也保持独立无依,无须报恩，双方都达到了逍遥："老聃曰：'明王之治，功盖天下而似不自己，化贷万物而民弗恃；有莫举名，使物自喜。立乎无测，而游于无有者也。'"(《庄子·应帝王》)这里明显地与儒家主张的恩德政治相反对。

无名还包括对礼义教化的否定。儒家尊崇礼义教化，是谓名教。庄子认为，一切文明教化皆属于有名，都是自然天性的束缚，所以都要被破除。在《应帝王》篇中，庄子讲述了儵、忽为浑沌开七窍而致其死的故事，表明文明教化扼杀天性。庄子把文明史看作礼教兴而大道失的历史，这与儒家描绘的圣人之治的盛世截然相反。庄子说："逮德下衰，及燧人、伏羲始为天下，是故顺而不一。德又下衰，及神农、黄帝始为天下，是故安而不顺。德又下衰，及唐、虞始为天下，兴治化之流，浇淳散朴，离道以善，险德以行，然后去性而从于心。心与心识知，而不足以定天下，然后附之以文，益之以博。文灭质，博溺心，然后民始惑乱，无以反其性情而复其初。由是观之，世丧道矣，道丧世矣，世与道交相丧也。"(《庄子·缮性》)他否定文明社会的生活，而向往原始自然的生活，认为这才是理想的合乎人性的生活方式：

> 吾意善治天下者不然。彼民有常性，织而衣，耕而食，是谓同德；一而不党，命曰天放。故至德之世，其行填填，其视颠颠。当是时也，山无蹊隧，泽无舟梁；万物群生，连属其乡；禽兽成群，草木遂长。是故禽兽可系羁而游，鸟鹊之巢可攀援而窥。夫至德之世，同与禽兽居，族与万物并。恶乎知君子小人哉！同乎无知，其德不离；同乎无欲，是谓素朴。素朴而民性得矣。及至圣人，蹩躠为仁，踶跂为义，而天下始疑矣。澶漫为乐，摘辟为礼，而天下始分矣。故纯朴不残，孰为牺尊！白玉不毁，孰为珪璋！道德不废，安取仁义！性情不离，安用礼乐！五色不乱，孰为文采！五声不乱，孰应六律！夫残朴以为器，工匠之罪也；毁道德以为仁义，圣人之过也。(《庄子·马蹄》)

儒家的礼法是恩德文化的规范，而庄子以自由天性否定礼法约束。儒家提倡礼仪道德，主张恢复周礼，实即践行恩德文化。庄子反对恩德，也必然否定礼法，认为礼法是无意义的虚名，不合人的天性，因此可以不顾礼法，率性而行。庄子虚拟了渔父教训孔子的话："礼者，世俗之所为也；真者，所以受于天也，自然不可易也。故圣人法天贵真，不拘于俗。愚者反此，不能法天而恤于人，不知贵真，禄禄而受变于俗，故不足。"

(《庄子·渔父》)庄子还虚拟了一个故事：子桑户、孟子反、子琴张三人为友，子桑户死，其余二人"或编曲，或鼓琴，相和而歌曰：'嗟来桑户乎？而已反其真，而我犹为人猗！'"子贡见之问曰："敢问临尸而歌，礼乎？""二人相视而笑曰：是恶知礼意！"子贡归来问孔子，孔子曰："彼游方之外者也……彼又恶能愦愦然为世俗之礼，以观众人之耳目哉？"庄子还虚构了颜回问孔子的话："颜回问仲尼曰：'孟孙才，其母死，哭泣无涕，中心不戚，居丧不哀，无是三者，以善处丧盖鲁国，固有无其实而得其名乎？回壹怪之。'"(《庄子·大宗师》)孔子回答是孟孙氏已经尽了服丧之道，他能够超越生死，听任自然的安排而顺应变化。这些虚拟的寓言旨在说明，人应该按照自己的自然天性行动，而不受礼法束缚，从而获得自由。庄子反对礼法，就是要破除恩德文化规范，把自我从恩德关系中解脱出来，进入逍遥。

三 道家思想对恩德文化的补充

道家思想对恩德文化发生了两种作用，一个是解构作用，一个是补充作用。所谓解构作用，上面已经论述，主要是自然无为思想对礼义教化的逃避和对恩德责任的消解。由于这种解构作用，儒家代表的主流文化对道家采取了疏远甚至批判的态度。自从汉代"罢黜百家，独尊儒术"之后，道家思想就退出了主流文化，被边缘化。另一方面，道家思想对主流文化也构成了一种补充，缓解了儒家文化的紧张性。由于恩德文化强调礼义教化，以恩德建构人际关系，使得个体被紧紧地束缚于礼法之中，承受着精神的压力。而道家文化则以其超脱性，解除了恩德责任和礼法的压抑，使人回归自然，成为逍遥的个体，这样就可能缓解人的精神世界的紧张，获得某种解脱。当然，这种解脱带有消极性、虚幻性，而不能真正地改变现实。中国士大夫往往在认同儒家思想的同时，也接受道家思想，道家思想成为他们精神世界的后花园。西方文化有宗教信仰，使得人们可以在彼岸世界获得心灵的归宿和安慰。而中国人只有一个世界，现实生存的压力无可解脱，道家则给他们提供了一个精神世界的避风港和桃花源。中国人特别是士人在得意时，往往遵循儒家思想，入世而求上进；但在失意时，又往往回归道家思想，逃避现实世界，求得精神的解脱。一些士大夫为了逃避恩德文化的压抑，服膺老庄，放任阔达，他们不求仕近，不问世事，而纵情诗酒，流连山水，甚至隐居山林、田园，形成了名士文化。竹林七贤、陶渊明、李白、孟浩然等名士都受道家思想的熏陶，逃避恩德文化加诸的责任，以求得心灵的解脱。正是儒道思想的互补，使得中国人特别是士大夫的精神世界更加丰富、健康，而减少了实用理性的片面性。在文学艺术中道家思想的影响更大，它使得文学艺术在社会伦理主题之外，添加了个人精神自由的主题，从而克服了理性主义的局限性，拓宽了文学艺术的表现领域，增强了其生命力。

道家和古希腊的犬儒学派一样，都是对现实不满的产物。早期犬儒学派以道德理想主义反叛现实，后期犬儒学派则丧失了道德理想，以玩世不恭代替了愤世嫉俗。道家是中国的犬儒学派，它以消极无为表达了对现实的不满和逃避。较之西方的犬儒学派，道家更为精致，也比较内敛，既少愤世嫉俗，也少玩世不恭，而多了哲理的深度。道家思想解构了儒家思想为主体的恩德文化，起到了为社会心理减压的作用，减轻了道德理性的压力，从而平衡了精神世界。也许可以说，在一定意义上，道家思想是中国人特别是士人的宗教，起到了宗教的安抚灵魂的作用。当然，道家思想也有消极的一面，它使得世人逃避现实，放弃了反抗，获得虚幻的自我安慰。在民间，形成了道家思想的末端，就是自我欺骗、自我麻醉的意识。中国人面对无力反抗的黑暗，往往乐天知命，甚至抱着消极认命、活一天算一天、好死不如赖活的思想。鲁迅的《阿Q正传》就描写了阿Q的"精神胜利法"，这种自我欺骗、自我麻醉的意识，就是道家思想的变异。

总之，道家思想作为恩德文化的解构力量和补充成分，使得中国文化更加丰富和富有生命力。

第二节 法家对恩德文化的毁坏与儒法合流

恩德文化以儒家思想为代表，在春秋战国时期兴起。而法家是对恩德文化的反动，它以刑赏制度毁坏了恩德文化，造成了秦代的大一统专制王朝。汉代改变了这个格局，"罢黜百家，独尊儒术"，恢复了恩德文化的主导地位，同时也在一定程度上保留了法家思想，形成了"儒表法里"的体系。

一 法家思想的渊源

法家思想的核心是以法治国，与儒家的以德治国相对立。法的前身是刑，与礼（德）相对。在周文化体系内，礼或德是适用于中原、士大夫的，而刑是适用于外夷、平民的，"德以柔中国，刑以威四夷"（《左传·僖公二十五年》），"礼不下庶人，刑不上大夫"（《礼记·曲礼》）在春秋战国时期，宗法封建贵族社会向后宗法皇权士绅社会转化，礼崩乐坏，平民化的思想兴起，儒家主张以德治国，教化平民，礼开始下庶民；法家主张以法治国，刑不避权贵，开始上大夫。这时候许多诸侯国开始变法，施行法治。以前的刑还是统治者的惩罚行为，是君主个体意志的体现，没有普遍标准。春秋末年郑国子产铸刑书，标志着普遍的法开始诞生。而随着法治的施行，法家思想也诞生了。

法家是战国时期兴起的"当朝"的思想流派，被各个诸侯国所重用；而儒家、道家、墨家等属于"在野"的思想流派，不被统治者重用。对于儒家的恩德文化，法家不啻一个毁坏者，它不仅在思想上、文字上攻击恩德文化，也在政治实践上反其道而行之，最终在秦统一六国以后，以焚书坑儒的形式，摧毁了儒家。当然，法家的社会实践还是以秦朝被推翻的结局失败了，而儒家及其恩德文化得到了确立，这可以说法家在反面为恩德文化的崛起提供了助力。但法家思想并没有退出历史舞台，在秦以后，仍然为统治者所吸收，作为儒家思想的补充，此即所谓"儒表法里"。

法家不信天道，不崇拜圣王，主张性恶论，而商鞅、韩非子等正是从这一点出发，抛弃了以礼乐教化建立仁义之邦的王道，而主张以刑赏法治达到富国强兵的强道。法家的社会目标与儒家不同，儒家遵守西周制定的天下秩序，施行王道；而法家为兼并天下、建立大一统的王朝服务，施行强道。儒家有信仰，还讲天道人伦，奉行道德主义、理想主义；而法家不讲天道，不讲仁义，只讲国家利益和君主意志，是完完全全的实用主义、功利主义。法家思想对儒家思想的毁坏，集中在对恩德的批判和背离，它从性恶论出发，以国家利益和君主意志为本，反对施恩—报恩的伦理思想，而主张利用人的私欲，以刑赏手段控制和利用民众。总体上说，法家主张性恶论，反对性善论；主张法治，反对德治；认同利益关系，否定仁爱伦理。

法家思想主要发源于儒家别宗荀子，也有墨家"尚同"以及老子的帝王之术的思想资源。商鞅、韩非子都受教于荀子，而荀子可以看作从儒家向法家转化的关键人物。荀子的思想与儒家主流的相同点在于，同样重视礼乐教化，恢复周文化。但与儒家主流主张性善论不同，荀子主张性恶论，这是其礼教思想的起点，也是其法治思想的起点。荀子认为人性天生自私自利，即"生而有好利焉"，"生而有疾恶焉"，"生而有耳目之欲，有好声色焉"。（《荀子·性恶》）这种人性不仅是生理本能和自然需求即"饥而欲食，寒而欲暖，劳而欲息……"（《荀子·荣辱》），还体现为无限膨胀的欲望即："人之情，食欲有刍豢，衣欲有文绣，行欲有舆马，又欲夫余财蓄积之富也，然而穷年累世不知不足，是人之情也。"（《荀子·荣辱》）这种私欲本性甚至天子也不能例外："夫贵为天子，富有天下，是人情之所同欲也。"（《荀子·荣辱》）总之，在荀子看来，人性本恶，唯利是图："人之生固小人，无师、无法，则利之见耳。"（《荀子·荣辱》）

由于人性本恶，就必然充满争权夺利的冲突，导致社会混乱："夫好利而欲得者，此人之情性也。假之人有弟兄资财而分者，且顺情性，好利而欲得，若是，则兄弟相拂夺矣。"（《荀子·性恶》）于是"残贼生而忠信亡"，"淫乱生而礼义文理亡"（《荀子·性恶》），这成为春秋战国时期的现状。如何解决这个根本问题呢？荀子认为："人之性恶明矣，其善者伪也。"（《荀子·性恶》）这就要施行礼乐教化，改造人性，变恶为善，此即"化性起伪"。所以荀子遵循儒家学说，提倡礼义教化即所谓"圣人积思虑，习伪故，以生礼义而起法度"（《荀子·性恶》）。"礼义法度者，是生于圣人之伪。"（《荀子·性恶》）荀子倡导的礼义法度，是以礼为纲，而法为辅助，也就是"隆礼重法"。所谓"礼者，法之大分，类之纲纪也"（《荀子·劝学》）。荀子认为，礼是修身治国之纲要："人无礼则不生，事无礼则不成，国家无礼则不宁。"（《荀子·修身》）"礼者，治辨之极也，强国之本也，威行之道也，功名之总也，王公由之所以得天下也，不由所以陨社稷也。"（《荀子·议兵》）这个重礼思想，是与儒家一致的。荀子虽然重礼教，但却失去了其基础，即否定人性善，那么礼义教化就逆人性而行，如何能够成功就成为问题。而且，基于性恶论，儒家学说的核心价值仁就无所立足，因为仁发端于恻隐之心。于是，恩德也被抛弃，施恩和报恩就不可能成为基本的社会行为和社会关系，这就根本上违反了儒家思想。性恶论的必然趋势就只能是导向法家思想。

荀子认识到，面对人性之恶，光靠礼教还不能达到治国的效果，还要用强硬的法治手段，因此要礼法并重，"人君者，隆礼尊贤而王，重法爱民而霸"（《荀子·强国》），"至道大形，隆礼至法则国有常"（《荀子·君道》）。总之，荀子主张礼法并用，两手抓，即所谓"治之经，礼与刑"（《荀子·成相》）。这就与正统儒家重礼轻刑有所区别，而为法家提供了思想资源。荀子把法治和人治结合起来，实际上没有脱离人治。他认为法只是君主治国的工具和手段，即"法者，治之端也"，而人是执法者，因此，"法不能独立，类不能自行。得其人则存，失其人则亡"（《荀子·君道》）。荀子力主君主集权，运用法和权术来驾驭权力。他倡导"隆一而治"，强调"人君者，所以管分之枢要也"（《荀子·富国》）。这些思想后来被商鞅、韩非子等继承、发扬。

　　荀子的创造在于对法治的重视。虽然孔子也有德主刑辅的思想，但少有对于法治的论述，只是把法作为一种工具，并没有上升到法治的高度，甚至还把礼治与法治对立起来，否定法治。如孔子说："道之以政，齐之以刑，民免而无耻；道之以德，齐之以礼，有耻且格。"（《论语·为政》）而荀子把法治与德教并提，作为治国的主要方针，这就突破了传统儒家思想的藩篱，而开了法家学说的先河。荀子"隆礼重法"思想就是在礼教的框架内，把法治与道德适当区分，分别运用，这就在一定程度上打破了儒家的伦理本位思想体系。因此，其法治思想具有重要的历史意义。

　　法家的先驱除了荀子，还有管子。管子是春秋时期的改革家，也是儒法并重的思想家和社会实践者。管子的思想学说并没有得到保留，流传下来的《管子》一书，虽然司马迁认为是管子所著，但现代学界多不认同。一般认为《管子》并非管子所作，也不是成书于春秋时期，而是战国至秦汉之际编撰的，很可能是齐国稷下学派相关文献的集合。《管子》的思想糅合了道家、法家、儒家等学说，因此被归入杂家。由于《管子》思想的杂糅性，就产生了两个问题，一个是各种学说难以完全融合，导致思想混杂，一些论述互相矛盾；另一个是各种学说在融合过程中互相吸收，从而偏离了原始的道家、法家和儒家学说。这里主要对《管子》中的法家思想倾向以及对儒家恩德的反拨作出考察。

　　《管子》思想也是以道为逻辑起点，而这个道具有道家属性；同时，道也在其逻辑运动中包容了儒家的德和法家的法，道、德、法融汇为一体。《管子》这样论述了道以及道与德、法的关系："虚无无形谓之道，化育万物谓之德，君臣父子、人间之事谓之义，登降揖让、贵贱有等、亲疏之体，谓之礼，简物、小大一道，杀僇禁诛，谓之法。"（《管子·心术上》）这就由道家的无形无为之道，演化为儒家的德（包括义、礼）和法家的法。《管子》主张以道统礼、法："法出于礼，礼出于治。治、礼，道也。万物待治、礼而后定。"（《管子·枢言》）"故事督乎法，法出乎权，权出乎道。"（《管子·心术上》）但值得注意的是，《管子》虽然以道为本体，但并未秉持儒家思想的根本，即以仁为道的核心，而把道功利化为治国之法术，从而也就背离了恩德文化。《管子》说："礼出乎义，义出乎理，理因乎宜者也。"（《管子·心术上》）《管子》这个理，就是道，而道"因乎宜"，也就是符合实际，这就落入实用性，导向法治。

　　《管子》主张德法并用，也就是政教并行："夫政教相似而殊方。若夫教者，标然若秋云之远，动人心之悲；蔼然若夏之静云，乃及人之体；

鸾然若皓月之静，动人意以怨；荡荡若流水，使人思之，人所生往。教之始也，身必备之，辟之若秋云之始见，贤者不肖者化焉。敬而待之，爱而使之，若樊神山祭之。贤者少，不肖者多，使其贤，不肖恶得不化？今夫政则少别，若夫威形之征者也。去，则少可使人乎？"（《管子·侈靡》）德教可以潜移默化地改变人的品格，使民易于治理；而法治以强力管制，威力更著，二者相辅相成。《管子》主张德、刑并重："教训成俗而刑罚省。"（《管子·权修》）"故德之以怀也，威之以畏也，则天下归之矣。"（《管子·君臣下》）

《管子》主张德教，这一点体现了儒家思想。《管子》说："国有四维"，"一曰礼，二曰义，三曰廉，四曰耻"。"守国之度，在饰四维"，"四维不张，国乃灭亡"。（《管子·牧民》）其中"礼"被阐释为："上下有义，贵贱有分，长幼有序，贫富有度。"其中"义"被阐释为："孝悌慈惠，以养亲戚；恭敬忠信，以事君上；中正比宜，以行礼节；整齐撙诎，以辟刑谬。"（《管子·牧民》）这里把法包含在"义"中。《管子》认为德教为治国之本："凡牧民者，欲民之谨小礼，行小义，修小廉，饰小耻、禁微邪，此厉民之道也。民之谨小礼，行小义，修小廉，饰小耻，禁微邪，治之本也。"（《管子·权修》）《管子》倡导礼教，主张"君德臣忠""父慈子孝"（《管子·立政》），认为这是"理国之道"，"君臣之礼，父子之亲，覆育万人"（《管子·问》）。这里显示了儒家恩德思想的成分。但是，《管子》把德与法并列作为统治手段，并没有鲜明地突出恩德，从而区别于正统儒家。《管子》甚至把德归入法中，提出"所谓仁义礼乐者，皆出于法"（《管子·任法》），这就失去了儒家思想的灵魂，而趋向于法家。

《管子》体现了趋利避害的人性论，这成为其法治思想的根据，也导出了其民本思想。《管子》指出："凡人者莫不欲利而恶害。"（《管子·版法解》）"凡人之情，得所欲则乐，逢所恶则忧，此贵贱之所同有也。"（《管子·禁藏》）这与儒家的天生仁爱的性善论不同，是一种比较温和的性恶论。《管子》主张满足人的趋利避害天性，以得民心，作为治国的基本方针："饮食者也，侈乐者也，民之所愿也。足其所欲，赡其所愿，则能用之耳。"（《管子·侈靡》）"民恶忧劳，我佚乐之；民恶贫贱，我富贵之；民恶危坠，我存安之；民恶灭绝，我生育之。能佚乐之，则民为之忧劳；能富贵之，则民为之贫贱；能存安之，则民为之危坠；能生育之，则民为之灭绝。"（《管子·牧民》）这里从人的趋利避害天性导出了一种善政主张，体现了一种民本思想，从而与儒家的思想相通，而与商鞅等法家的弱民、贫民、愚民、疲民思想不同。《管子》体现了儒家的以人为本的思想："夫霸王之所始也，以人为本。"（《管子·霸言》）"人之不可不务也，此天之极也。"（《管子·五辅》）"政之所兴，在顺民心；政之所废，在逆民心。"（《管子·牧民》）《管子》吸收了儒家的仁爱亲民思想，不主张以暴力管制民众，"桓公曰：'我欲胜民，为之奈何？'管仲对曰：'此非人君之言也。胜民为易。夫胜民之为道，非天下之大道也。君欲胜民，则使有司疏狱而谒有罪者偿，数省而严诛，若此，则民胜矣。虽然，胜民之为道，非天下之大道也。使民畏公而不见亲，祸亟及于身。虽能不久，则人恃莫之弑也，危哉。君之国岌乎。'"（《管子·小问》）这里认为法治是小道，而亲民是大道，这是儒家的仁民思想，而与法家思想相反，体现了《管子》思想的矛盾性。

《管子》的人性论也导出了其法治思想："法者，所以兴功惧暴也；律者，所以定分止争也；令者，所以令人知事也，法律政令者，吏民规矩绳墨也。"（《管子·七臣七主》）针对人的趋利避害天性，《管子》主张以法治国："夫法者，上之所以一民使下也。"（《管子·任法》）法的内容就是刑赏："君之所以为君者，赏罚以为君。"（《管子·君臣下》）对国家官员要行赏罚，"有善者，赏之以列爵之尊，田地之厚"，"有过者，罚之以废亡之辱，僇死之刑"。（《管子·君臣上》）对待民众也要行赏罚："内不以刑，而欲禁邪，则国必乱矣。"（《管子·参患》）"刑杀勿赦则民不偷于为善……严刑罚则民远邪。"（《管子·法禁》）在君臣关系上，《管子》也偏离了儒家的恩德思想，认为君臣之间并不是爱的关系："明主在上位，有必治之势，则群臣不敢为非。是故群臣之不敢欺主者，非爱主也，以畏主之威势也。"（《管子·明法解》）《管子》更具体地提出了君主操控臣子的方法："故明王之所操者六：生之、杀之、富之、贫之、贵之、贱之。此六柄者，主之所操也。"（《管子·任法》）这里体现出君主与臣民之间不是施恩与报恩的关系，而是赏罚者与被赏罚者的关系，这种政治伦理正是法家思想的体现，因此与儒家恩德文化相背离。但与商鞅等不同的是，《管子》的法治思想不那么极端，而意识到刑赏的局限，一方面不主张单靠严刑峻法："刑罚繁而意不恐，则令不行矣；杀戮众而心不服，则上位危矣。"（《管子·牧民》）另一方面又认为一味行赏也会造成不良后果："人君不公，常惠于赏，而不忍于刑，是国无法也。"如此，"则民朋党而下比，饰巧以成其私"（《管子·君臣上》）。所以，《管子》主张德教与刑赏并施。

管子主张以法治天下，从而在一定程度上打破了儒家建构的恩德文化。恩德文化以家为本,以孝悌为德之始源,推广到社会、国家领域,形成爱有差等的差序格局。而管子从国家利益出发,反对家族本位,认为以孝悌为中心的恩德妨碍国家法制的推行,主张以法统一国家、天下,从而打破恩德和差序格局。他说:"以家为乡,乡不可为也;以乡为国,国不可为也;以国为天下,天下不可为也。以家为家,以乡为乡,以国为国,以天下为天下。毋曰不同生,远者不听;毋曰不同乡,远者不行;毋曰不同国,远者不从。如地如天,何私何亲?"(《管子·牧民》)这里明确地区分了家和国,指出二者治法不同,不能以家族伦理治理国家,这就体现出法家的以国为本的思想,从而摧毁了恩德文化的基础即家国同构的社会伦理体系。

总之,从《管子》的法治思想可以看出,它虽然带有儒家的亲民、德教思想,但其对人际关系的规定基本上是利益关系,而不是儒家主张的仁爱关系;臣民是教化和法治对象,而不是施恩对象。因此,《管子》的儒家思想不彻底,没有达到恩德观念的自觉;而法家思想比较突出,从而突破了恩德文化。

二 商鞅的反恩德文化思想

荀子和管子是春秋时期的法家思想的先驱,而法家思想流派的形成是在战国时期,其代表是商鞅和韩非。商鞅是战国时期实践法家思想的代表人物,他不注重理论阐释,而注重政策的制定,《商君书》主要汇集了其治国的政策,这些政策体现了其法治思想。

商鞅与其他法家人物一样,从君主、国家利益出发,把富国强兵作为根本目标。他认为富国强兵的根本就是农战,而要发展农战,必须利用民力。那么,如何利用民力呢?商鞅认为,国家与民众之间的关系不可能是施恩—报恩关系,而是国家驱使民众、利用民众的关系;国家与民众是对立的,国家要强大,必须驯服民众。他说:"昔能制天下者,必先制其民者也,能胜强敌者,必先胜其民者也。"(《商君书·画策》)制民之要义,在于了解人性。商鞅指出:"民之性,饥而求食,劳而求佚,苦则索乐,辱则求荣,此民之情也。民之求利,失礼之法;求名,失性之常。"(《商君书·算地》)这种性恶论与儒家主张的性善论截然相反。针对这种恶的人性,不能施行德治,只能施行法治。商鞅主张用刑赏两手:"凡赏者,文也;刑者,武也。文武者,法之约也。"(《商君书·修权》)这是因为,"民,辱则贵爵,弱则尊官,贫则重赏。以刑治,民则乐用,以赏战,民则轻死,故战事兵用曰强"(《商君书·弱民》)。刑赏不能随意,必须有确定标准，这就是法。法家的法是用以治民的，体现着国家意志，而不是为了保护人民的权利，因此法家的法治与现代的法治根本不同。商鞅强调说："法令者，民之命也，为治之本也，所以备民也。"（《商君书·定分》）"以法治者，强。"（《商君书·去强》）"法任而国治矣"（《商君书·慎法》）。商鞅认为法是国家意志的体现，因此要"法胜民"，不能"民胜法"，就是让民众畏惧、服从法的权威，他提出："民胜法，国乱；法胜民，兵强。"（《商君书·说民》）商鞅提出"壹刑"的主张，就是建立刑法，不分等级，普遍适用全体臣民："所谓壹刑者，刑无等级，自卿相将军以至大夫庶人，有不从王令、犯国禁、乱上制者，罪死不赦。有功于前，有败于后，不为损刑。有善于前，有过于后，不为亏法。"（《商君书·赏刑》）这样就与儒家主张的"刑不上大夫"的亲亲、尊尊理念以及身份伦理相反对。法的另一面就是行赏，以利益诱导民众为国家服务，商鞅提出"壹赏"，就是统一赏罚标准，奖励农战，他说："所谓壹赏者，利禄官爵抟出于兵，无有异施也。"（《商君书·赏刑》）"是以明君之使其民也，使必尽力以规其功，功立而富贵随之，无私德也，故教化成。如此，则臣忠君明，治著而兵强矣。"（《商君书·错法》）

　　以法为本和以德为本，是法家和儒家不同的治国理念。儒家出于性善论，主张以德治国，也就是通过礼义教化和施行仁政，建立君民之间的施恩—报恩关系，达到天下大治。儒家主张德主刑辅，反对严刑峻法，孔子说："道之以政，齐之以刑，民免而无耻；道之以德，齐之以礼，有耻且格。"（《论语·为政》）商鞅认为古今民情不同，不可效于古施行德治，而应效于今施行法治："古之民朴以厚，今之民巧以伪。故效于古者，先德治；效于今者，前刑而法。"（《商君书·开塞》）商鞅反对儒家的恩德政治和礼乐教化，"故凡明君之治也，任其力而不任其德"（《商君书·错法》）。他认为道德只限于个体修养，不能产生普遍的社会效果，所以不能用仁爱治国："仁者能仁于人，而不能使人仁；义者能爱于人，而不能使人爱。是以知仁义之不足以治天下也"（《商君书·画策》）这就是说，施仁义不会改变巧伪之人性，因此要依据当今形势建立法治："故圣人之为国也，不法古，不修今，因世而为之治，度俗而为之法。"（《商君书·壹言》）商鞅认为国与民是对立的，故主张以法弱民，使民依附国家，任由国家驱使。他说："民弱国强；民强国弱。故有道之国，务在弱民。民朴则弱，淫则强；弱则轨，强则越志；轨则有用，越志则乱。"（《商君书·弱民》）这里的朴实忠厚，就是愚昧无知，任由君主驱使。因此商鞅主张愚民："无以外权爵任与官，则民不贵学问，又不贱农。民不贵学则愚，愚则无外交，无外交则勉农不偷；民不贱农则国家不殆。国家不殆，勉农而不偷，则草必垦矣。"（《商君书·垦令》）法家的政策与儒家的教化政策根本对立，也是法治与德治的根本区别。商鞅除了主张"壹刑""壹赏"，还提出"壹教"，就是统一思想，禁止儒家等的思想言论，只允许对民众施行法治教育。"所谓壹教者，博闻、辩慧、信廉、礼乐、修行、群党、清浊，不可以富贵，不可以辟刑，不可以独立私议以陈其上。"（《商君书·赏刑》）这就是愚民，使得百姓无知无识，任由国家驱使。商鞅认为儒家倡导的礼义道德是妨害农战、危害国家的"六虱"："六虱：曰礼、乐，曰《诗》《书》，曰修善，曰孝弟，曰诚信，曰贞廉，曰仁、义，曰非兵，曰羞战。国有十二者，上无使农战，必贫至削。"（《商君书·靳令》）"国用《诗》《书》、礼、乐、孝、弟、善、修治者，敌至，必削国；不至，必贫。"（《商君书·去强》）商鞅主张不给民众以慈爱，也不让民众有智慧道德，这样才能治理民众："辩慧，乱之赞也。礼乐，淫佚之徵也。慈仁，过之母也。任举，奸之鼠也。乱有赞则行。淫佚有徵则用。过有母则生。奸有鼠则不止。八者有群，民胜其政。国无八者，政胜其民。民胜其政，国弱。政胜其民，兵强。"（《商君书·说民》）总之，商鞅反对对百姓施恩德，反对德治，主张法治。

商鞅的法治，具体化为"数"，就是后来的法家倡导的"术"，这是统治民众的方法，君主要用术来运用权力，治理臣民。儒家恩德政治主张爱民、亲民、惠民，以建立统治的合法性。而法家则贱视民众、操弄民众，以刑赏之术达成统治的有效性。商鞅说："主操名利之柄而能致功名者，数也。圣人审权以操柄，审数以使民。数者，臣主之术，而国之要也。故万乘失数而不危，臣主失数而不乱者，未之有也。"（《商君书·算地》）这个数体现的是人治，就是以法为操弄民众的工具。这个数完全是非道德化的，商鞅甚至提出"刑生力，力生强，强生威，威生德，德生于刑"（《商君书·说民》）。公然认为道德是刑法之威的产物。商鞅主张民贫，因为民穷易于驱使："夫民之情，朴则生劳而易力，穷则生知而权利。"（《商君书·算地》）"民，辱则贵爵，弱则尊官，贫则重赏。以刑治民，则乐用；以赏战民，则轻死。故战事兵用曰强。"（《商君书·弱民》）因此要让富者为国捐献，使其成为贫民，再利用其求富欲望，驱使其农战："故贫者益之以刑，则富；富者损之以赏，则贫。治国能令贫者富，富者贫，则国多力，多力者王。"（《商君书·去强》）对于刑赏两手，商鞅偏重于刑罚，提出"重刑轻赏"，"先刑而后赏"（《商君书·壹言》），"治国刑多而赏少"（《商君书·开塞》），"重刑少赏"（《商君书·靳令》),"王者刑九赏一"(《商君书·去强》),这是为了更便利、更少成本地驱使民众。他还主张对轻罪治重刑,连坐,以收震慑之效:"故曰:重刑,连其罪,则民不敢试。"(《商君书·赏刑》)。商鞅认为:"用善则民亲其亲,任奸则民亲其制。合而复者善也,别而规者奸也。章善则过匿,任奸则罪诛。过匿则民胜法,罪诛则法胜民。"(《商君书·说民》)他反对依靠善民治国,主张利用奸民治国:"国以善民治奸民者,必乱,至削;国以奸民治善民者,必治,至强。"(《商君书·去强》)。所谓善民,是指有道德的人,讲孝悌的人,这样的人不易为国家驱使效力。所谓奸民,是指无道德的人,畏刑趋利之人,这样的人易于为国家驱使效力,而且会告发、监视善民,因此可以利用奸民管制善民。

与儒家讲求君恩臣忠、君臣同心同德相反,商鞅认为君臣利益不同,"上与吏也,事合而利异者也",故君不能信任臣,即所谓"不恃其信,而恃其数","吏之与吏,利合而恶同也"。官吏与官吏利益相同,所以不能指望他们互相监督。商鞅的结论是:只有事务相关而利益不同者,才能进行监督,"夫事合而利异者,先王之所以为端也"(《商君书·禁使》)。因此他主张君主亲自把持权柄,不听群臣之言,独断专行,掌控臣下命运。对于官吏的选拔使用,商鞅也是重能轻德,他主张"任其功而不任其德"。商鞅反对贤人政治,不能任用贤人和智者。他认为贤人虽然"善正",但形成朋党,与法治背离:"夫举贤能,世之所治也,而治之所以乱。世之所谓贤者,言正也。所以为善正也,党也。听其言也,则以为能;问其党,以为然。故贵之不待其有功,诛之不待其有罪也。"(《商君书·慎法》)"故遗贤去智,治之数也。"(《商君书·禁使》)

由于商鞅反对礼教德治,主张用严刑峻法统治百姓,故儒家对商鞅多负面评价。司马迁说商鞅"刻薄""少恩",不为无因也。

三 韩非子的反恩德文化思想

韩非子是继商鞅之后的主要法家代表人物。商鞅主要在统治术方面下了功夫,偏于实践经验,而韩非子不仅总结了治国理政的历史经验,而且系统地提出了一套法治理论,因此是法家思想的集大成者。与其他法家一样,韩非子的法治思想依据是性恶论。韩非子认为,人性都是利己的,是贪图安乐,他说:"夫民之性,恶劳而乐佚。"(《韩非子·心度》)"民之政计,皆就安利如辟危穷。"(《韩非子·五蠹》)"夫安利者就之,危害者去之,此人之情也。"(《韩非子·奸劫弑臣》)韩非子甚至认为,父子关系也是一种利害关系,"人为婴儿也,父母养之简,子长而怨;子盛壮成人，其供养薄，父母怒而诮之。子父，至亲也，而或谯或怨者，皆挟相为而不周于为己也"（《韩非子·外储说左上》）。唯人性如此，人主就要善于利用人性，达到富国强兵的目的。韩非子认为，对于臣民百姓，只能施以赏罚："凡治天下，必因人情。人情有好恶，故赏罚可用。赏罚可用，则禁令可立，而治道具矣。"（《韩非子·八经》）这就是通过法律奖励耕战和处罚违法者，以适应人的趋利避害的天性。韩非子认为，赏罚是治理国家的有效手段："赏罚者，邦之利器也。"（《韩非子·喻老》）赏罚不得任意而行，要以法令规定之，以便官民一体遵行。这就是法家所谓法，它体现了统治者的意志，是为了治理民众而设定的，与现代的法制不是一个概念。韩非子主张明法："法者，编著之图籍，设之于官府，而布之于百姓者也……故法莫如显，而术不欲见。是以明主言法，则境内卑贱莫不闻知也。"（《韩非子·难三》）"赏莫如厚而信，使民利之；罚莫如重而必，使民畏之。"（《韩非子·五蠹》）只要臣民都知法、守法，就会达到大治，"明于治之数，则国虽小，富；赏罚敬信，民虽寡，强"（《韩非子·饰邪》）。

  法家的法治思想与儒家的德治思想相对立。韩非子反对儒家的德治思想，认为德治是上古的治国理念，不符合战国时期的实际情况。韩非子提出：上古时期"人民少而财有余，故民不争。"（《韩非子·五蠹》）即上古人民淳朴，可以施行仁义。当今之世"人民众而财货寡，事力劳而供养薄，故民争，虽倍赏累罚而不免于乱"（《韩非子·五蠹》）。即今人性恶而不能施行仁政，只能施行法治。儒家主张恩德政治，就是君主对臣民施恩，臣民感恩于君主，从而实现大治。但韩非子认为，恩德政治不符合当今人性，不利于治国。他说："民固骄于爱，听于畏威矣。"（《韩非子·五蠹》）"爱多者，则法不立。"（《韩非子·内储说上七术》）他认为仁义礼智信是"乱国之术也"，儒学是"愚诬之学"，甚至提出"燔诗书而明法令"（《韩非子·和氏》）。所以，他认为："有道之主，远仁义，去智能，服之以法。"（《韩非子·说疑》）这就从根本上否定了恩德政治。

  韩非子吸收了道家的无为而治的思想，主张君主不理民事，民事由臣下处理，君主只要用好臣子就可以垂拱而治了。因此，处理好君臣关系是韩非子政治思想的核心。韩非子认为，臣子要守法，君主要赏罚分明，不能有私情。"明主之道，必明于公私之分，明法制，去私恩。"（《韩非子·饰邪》）这就与儒家主张的君臣之间的施恩—报恩关系相对立。儒家把君臣关系看作父子关系，以恩德联系起来，君主对臣下施恩，臣下对君主感恩、报恩，达到君臣一体。但韩非子认为，君臣关系不是父子关系、恩德关系，而是利益关系、买卖关系："明主之道不然……且臣尽死力以与君市，君垂爵禄以与臣市，君臣之际，非父子之亲也，计数之所出也。"（《韩非子·难一》）君主不能对臣下亲近："爱臣太亲，必危其身；人臣太贵，必易主位；主妾无等，必危嫡子；兄弟不服，必危社稷。"（《韩非子·爱臣》）

韩非子认为，君臣之间利益不同，君主的利益是实现霸权，"霸王者，人主之大利也"（《韩非子·六反》）。而臣子的利益是获得富贵，"富贵者，人臣之大利也"（《韩非子·六反》）。彼此利益有冲突："君以计畜臣，臣以计事君，君臣之交，计也。害身而利国，臣弗为也；富国而利臣，君不行也。臣之情，害身无利；君之情，害国无亲。君臣也者，以计合者也。"（《韩非子·饰邪》）甚至是"人臣大得，人主大亡"（《韩非子·八说》）。解决君臣关系的根本途径只能是法治，通过赏罚来约束、引导臣子效忠于君主。"明主之所导制其臣者，二柄而已矣。二柄者，刑德也。何谓刑德？曰：杀戮之谓刑，庆赏之谓德。为人臣者畏诛罚而利庆赏，故人主自用其刑德，则群臣畏其威而归其利矣。……人主者，以刑德制臣者也。"（《韩非子·二柄》）。韩非子认为用好刑德两手，就会驾驭臣下尽忠尽力："至夫临难必死，尽智竭力，为法为之。故先王明赏以劝之，严刑以威之。赏刑明则民尽死，民尽死则兵强主尊。刑赏不察则民无功而求得，有罪而幸免，则兵弱主卑。故先王贤佐尽力竭智。故曰：公私不可不明，法禁不可不审，先王知之矣。"（《韩非子·饰邪》）这就完全排除了君臣间的情感关系，将之完全归于利益关系，从而挖掉了恩德政治的根基。

与"礼不下庶人，刑不上大夫"的宗法思想以及儒家的"德治"思想不同，韩非子主张"法不阿贵，绳不挠曲。法之所加，智者不能辞，勇者弗敢争。刑过不避大臣，赏善不遗匹夫。故矫上之失，诘下之邪，治乱决缪，绌羡齐非，一民之轨，莫如法"（《韩非子·有度》）。"明主赏不加于无功，罚不加于无罪。"（《韩非子·难一》）"明君无偷赏，无赦罚。赏偷，则功臣堕其业；赦罚，则奸臣易为非。是故诚有功，则虽疏贱必赏；诚有过，则虽近爱必诛。疏贱必赏，近爱必诛，则疏贱者不怠，而近爱者不骄也。"（《韩非子·主道》）这就在君臣关系上以法治代替了德治，从而否定了恩德政治。

韩非子认为，由于君臣之间是利益关系，臣属都是"苟成其私利"，便"不顾国患"（《韩非子·内储说下》），因此"大臣"或"左右"皆为"人主之所公患"。韩非子认为君臣之间无信，"人主之患，在于信人，信人则制于人。人臣之于其君，非有骨肉之亲也，缚于势而不得不事也"（《韩非子·备内》）。君主要时刻防止臣下对权力的觊觎和操弄。因此，不能以道德来规定君臣关系，他甚至认为"君通于不仁，臣通于不忠，则可以王矣"（《韩非子·外储说右下》）。为了保证君主具有执掌权柄的绝对权力，以驾驭群臣，而防止其欺瞒君主，窃夺权力，韩非子在提出"法"之外，还提出了"术"和"势"的原则。韩非子作为法家的集大成者，将商鞅的"法"、申不害的"术"、慎到的"势"三大法家学派思想融通为一。韩非子对"术"的定义是："术者，因任而授官，循名而责实，操杀生之柄，课群臣之能者也。""术者，藏之于胸中，以偶众端而潜御群臣者也。故法莫如显，而术不欲见。"（《韩非子·难三》）他认为术是君主对法的具体运用技术，不可为臣下所知晓，即"明主之行制也天，其用人也鬼。天则不非，鬼则不困。势行教严，逆而不违。……然后一行其法"（《韩非子·八经》）。"势"是君主的地位、权力，是君主的"胜众之资"，君主要时刻保持君主对臣下的优势地位和威力，以权势震慑和驾驭群臣。以法为纲，法、术、势三位一体，形成完整的统治术，"不可一无，皆帝王之具也"（《韩非子·定法》）。法、术、势一体的统治术，体现了君臣关系的非道德化、非情感化性质，从而也就否定了恩德政治的基础。

　　法家的法治思想主要是在政治领域，体现在君民关系、君臣关系上以赏罚代替恩德。但是，韩非子的反恩德思想也体现在家族关系上，就是对儒家孝悌伦理的毁坏。儒家伦理的发源地在家族领域，它以孝为仁之本源，用孝悌来规范家族关系，即父母对子女有恩，所以要支配子女，而子女要感恩、报恩，孝顺父母；丈夫与妻子、兄姐与弟妹等也是施恩与报恩、支配与服从的关系。因此，儒家重亲情，讲恩义，以孝悌为出发点，推广到社会、政治领域，形成家国同构的社会关系和普遍伦理体系。但韩非子认为，家族关系也是一种利益关系，不是恩德关系，"父母之于子也，犹用计算之心以相待之"（《韩非子·六反》）。韩非子指出："人为婴儿也，父母养之简，子长而怨。子盛壮成人，其供养薄，父母怒而诮之。子、父，至亲也，而或谯、或怨者，皆挟相为而不周于为己也。夫卖庸而播耕者，主人费家而美食、调布而求易钱者，非爱庸客也，曰：如是，耕者且深耨者熟耘也。庸客致力而疾耘耕者，尽巧而正畦陌畦畤者，非爱主人也，曰：如是，羹且美，钱布且易云也。此其养功力，有父子之泽矣，而心调于用者，皆挟自为心也。故人行事施予，以利之为心，则越人易和；以害之为心，则父子离且怨。"（《韩非子·外储说左上》）这就是说，父母与子女如同雇主与佣客，是互相利用的买卖关系。韩非子指出，父母期望子贤，是指望他能有所回报，"父之所以欲有贤子者，家贫则富之，父苦则乐之"，如果子有贤名"而不为父，则父之处家也苦"。此等"贤子""适足以为害耳，岂得利焉哉?"所以"贤子"即"孝子"，"孝子，不非其亲"（《韩非子·忠孝》）。这就把父母与子女的爱完全功利化了，全无亲情可言。他认为，父母与子女的利益关系最鲜明地体现在重男轻女的习俗上，因为生儿可以生产财富、养老："且父母之于子女也，产男则相贺，产女则杀之。"父母如此，乃"虑其后便、计之长利也"（《韩非子·六反》）。韩非子还举出古代圣人舜的例子，以证明父子、兄弟之亲是子虚乌有："瞽瞍为舜父而舜放之，象为舜弟而杀之。放父杀弟，不可谓仁；妻帝二女而取天下，不可谓义。"（《韩非子·忠孝》）王室也是如此，基于利害关系："万乘之主、千乘之君，后妃、夫人、适子为太子者，或有欲其君之蚤死者。"这是因为："夫妻者，非有骨肉之恩也，爱则亲，不爱则疏……丈夫年五十而好色未解也，妇人年三十而美色衰矣。以衰美之妇人事好色之丈夫，则身见疏贱，而子疑不为后，此后妃夫人之所以冀其君之死者也……此鸩毒扼昧之所以用也……"（《韩非子·备内》）这就是说，后妃、夫人怕年老色衰失宠，而太子怕不能继位，故有弑君之念。其原因不在感情，而在利益，即"情非憎君也，利在君之死也"。故人主不能"大信其子"，也不能"大信其妻"。（《韩非子·备内》）

　　有鉴于此，韩非子认为处理家庭关系就不能如儒家所倡导的那样以慈爱为本，慈爱不仅不能养成恩德，反而成为败家之缘由。韩非子认为，人性是爱则娇宠，威则服从，所以不能以爱治家，他说："父母之爱不足以教子，必待州部之严刑者，民固骄于爱、听于威矣。"（《韩非子·五蠹》）"人之情性，莫先于父母，皆见爱而未必治也。"（《韩非子·五蠹》）他认为爱无益于家："慈母虽爱，无益于振刑救死，则存子者非爱也。"母亲对子女的爱并不能存活子女的性命，进一步说，"母不能以爱存家"（《韩非子·八说》），甚至"慈母有败子"（《韩非子·显学》）。因此爱是无用且有害的。韩非子提出了"薄爱""用严"的治家理念。所谓"薄爱"，相对于"厚爱"，就是指"不养恩爱之心而增威严之势"（《韩非子·六反》）。他认为，"厚爱"养成败家子，而"用严"则促使子女成人。韩非子以父亲的"薄爱"与母爱的"厚爱"之不同效果对比，"母之爱子也倍父"，但"父令之行于子者十母"，"故母厚爱处，子多败，推爱也；父薄爱教笞，子多善，用严也"。（《韩非子·六反》）所谓"用严"，就是"教笞",即动用家法管教,而不是靠仁爱教化。

值得特别注意的是,与儒家以家为本、以孝治天下的理念不同,韩非子把国家置于家庭之上,贬低孝的作用,体现了法家的国家主义。韩非子区分"人主之孝"与"匹夫之孝",所谓"人主之孝"就是对国家的效忠,而所谓"匹夫之孝"就是不顾国家利益的家庭之孝,即"听主母之令,女子用国"(《韩非子·亡征》),这样就导致危害国家社稷。儒家的孝,就是"匹夫之孝",因此韩非子抨击孔子倡导的"匹夫之孝":"鲁人从君战,三战三北。仲尼问其故,对曰:'吾有老父,身死莫之养也。'仲尼以为孝,举而上之。"(《韩非子·五蠹》)韩非子主张对君主之忠高于对父母之孝,为了国家,可以舍弃孝。这实际上是法家的国家主义对儒家的家族主义的压制,也是法家的国家伦理对儒家的家族伦理的毁坏。

四 恩德文化对法家思想的吸收

在春秋战国时期,法家思想与儒家思想对立,最后的趋势是法家思想占了上风,被秦国等一些国家采用。秦国一统天下,全面施行法家政治,并且以焚书坑儒的手段毁坏了儒家文化。但法家政治的压迫性也导致了秦帝国二世而亡,表明了其局限性。汉代独尊儒术,建立了恩德文化。法家思想在秦以后虽然失去了主流地位,但并没有灭绝,而是作为恩德文化的补充成分得以保存。儒家的德政强调伦理教化,认为君主有德就会施恩于民,民众有德就会报恩于君主,从而达成国泰民安。但这在事实上不能完全做到,因为伦理教化不能保证造就明君、良民,统治者与被统治者之间的矛盾也并不会因德政而完全消弭。因此,国家机器就必须具有镇压功能,用强力维护国家权力。这样,强调暴力控制的法家思想就有存在的理由。在秦以后,由于法家所憧憬的大一统帝国已经建立,其历史任务已经完成,所以在恩德文化建立、儒家思想成为主导以后,儒法之间已经不构成对抗,而可以互补,形成所谓"儒表法里"局面。秦以后的统治者利用儒家的德治和法家的法治两手维系其统治,而且在恩德文化中容纳了法家思想。在这个意义上,法家思想并没有退出历史舞台,而是与儒家思想合流,被恩德文化吸收。法家思想与儒家思想之所以能够合流,有两个原因。一方面从统治手段上讲,儒家虽然强调德治,但也不排斥法治,只是把法治置于德治统领之下,作为一种德治的补充手段。儒家反对施行严刑峻法,主张宽仁爱民;反对不教而诛,主张德教为先。他们只是反对单一的法治,并不反对法治作为辅助手段,而是主张德主刑辅。因此,历代统治者在确立了儒家的德政的同时,也吸收了法家的法治,作为德政的辅助手段。另一方面，从恩德文化内部的构成方面讲，恩德文化虽然有爱的属性，同时也有控制性，即作为施恩方的管理者对作为报恩方的被管理者拥有支配权力，这种支配权力是伦理性的、软性的，同时也是制度性的、强制性的，而法家的法治正好具备了后者，符合了恩德文化的需要。由于德法一体，恩德文化也包含了法律等强制手段。法家主张刑赏制度，恩德文化把它纳入了权力结构中，为了维护恩德秩序，不仅要以教化驯服民众，对于违反恩德文化者，严重的还以刑罚处置。历代君主虽然标榜以德治国，其实也依靠严刑峻法施行专制统治。因此，法治也成为恩德文化的控制性的一种手段。法家思想还包括君臣关系中的一套统治权术，体现了君臣关系的对立一面。这些统治权术虽然不能公开地宣示施行，但历代统治者却一直在暗中施行，把驾驭臣下之术作为恩德政治的一种补充。自汉以后，儒法合流，法家思想被恩德文化吸收，成为其辅助部分；法家制度也被后宗法社会的政治制度吸收。正如汉宣帝所言："汉家自有制度，本以霸王道杂之。奈何纯任德教，用周政乎！"（《汉书·元帝纪》）汉代以来，承袭、改造了秦制，部分保留了法家的政治、法律制度，包括大一统的皇权专制制度，以及严密的法律体制。故谭嗣同在《仁学》中说："二千年来之政，秦政也，皆大盗也；二千年来之学，荀学也，皆乡愿也。惟大盗利用乡愿，惟乡愿媚大盗。"梁启超也在《清代艺术概论》中说："汉代经师，不问为今文家古文家，皆出荀卿；两千年间，宗派屡变，壹皆盘旋荀学肘下。"两人的话中有这样两个意思，一个意思是汉代以后的政治是秦政，这个论断虽然有抹杀德政之嫌，但也揭示了中国政治制度继承了秦代的法家政治的事实；另一个意思是儒家文化自汉代以后，吸收了法家思想，已经偏离了孔子代表的原始儒家，而实际上继承了含有法家思想的荀子学说，从而成为恩德文化的主导思想。

总之，汉代以后的中国文化，并不是复制了原始儒家设计的恩德文化，而是在这个基础上吸收了法家思想、制度的新的恩德文化。

第三节　墨家和杨朱对恩德文化的批判

一　墨家对恩德文化的批判

战国时期，以墨子为代表的墨家兴起。墨家学说属于游民阶层的思想体系，它反对正在兴起的恩德文化。

儒家主张并且建构了恩德文化，而墨家则反拨了恩德文化，二者对立的原因在于社会基础不同，因此形成了不同的价值观。儒家是春秋战国时期新生的平民化的士阶层的代表，具体地说，是游士的代表。由于社会变革、礼崩乐坏，作为底层贵族的士从依附天子、诸侯的体制中游离出来，成为平民化的游士。同时，由于官学下移，平民化的教育兴起，也产生了新的平民之士。在旧体制土崩瓦解的形势下，平民之士无所归附也成为游士。儒家的代表孔子就是平民化的游士，他游历多国，遍干诸侯，而不得任用，最后只能以授徒为业。游士和儒家学派主张建立恩德文化，以确立士与国家的关系以及人际关系。在战国时期，很多游士归属法家，被体制吸收，成为官吏，如秦国的商鞅、李斯等。墨家代表了游民阶层，墨家学说是游民阶层的思想体系。关于墨家学派的社会基础，传统说法是它代表了小生产者群体，这一观点不够准确。在春秋战国时期，所谓小生产者主要指刚刚从对贵族领主的人身依附关系中挣脱出来的自耕农和手工业者。但是，具有了独立身份的自耕农束缚于土地上，不可能形成墨家那样的流动群体。独立出来而有固定职业的手工业者还没有形成广大的社会阶层，不可能组成强大的社会群体，也不具有流动性。如曾经为楚国攻宋出力的工匠公输班，只是以个人技艺效力楚王，而并没有像墨家那样形成自己的群体。墨家的社会基础是从旧体制中分离出来的没有固定职业的流动人口，即游民阶层。春秋战国时代，宗法封建贵族社会解体，向后宗法皇权士绅社会转化，在这个社会转型过程中，一些隶属于贵族的"民"从人身依附关系中解脱，他们失去了土地，也失去了固定的职业而成为自由职业者即游民，这个群体应该是很庞大的。值得注意的是，战国时期贵族养士，就是收养能够为其所用的游士和游民，其中的所谓"鸡鸣狗盗之徒"就是游民。法家称游民为"堕民"，它从鼓励耕战以达到富国强兵的理念出发，主张抑制游民，迫使其务农，"堕民不窳，而庸民无所于食，是必农。"（《商君书·垦令》。墨家主要代表了游民阶层，如墨子的弟子禽滑厘带领三百徒众为宋国守城，这些人可以脱离乡土、国家，说明他们没有土地和固定职业，属于游民阶层。总之，在春秋战国时期，游士与游民成为社会上的两个阶层，他们都形成了自己的思想体系和代言人，前者是儒家和孔子，后者是墨家和墨子。

游民阶层的社会存在，决定了其社会意识，游民阶层的流动性导致其难以形成恩德观念，而墨家思想则体现了游民的价值观念。游民无固定职业、人生充满不确定性，形成了较强的宗教意识，故墨家主张"尊天事鬼"。游民居无定所，四处流动，其家族体系被破坏，故墨家家族伦理淡化，没有形成孝的观念。游民突破国界，国家观念淡薄，故墨家没有形成忠的观念，而主张非战。游民之间平等，没有尊卑长幼的等级，而且需要互相救助，故墨家主张兼相爱、交相利。其他如节用、尚贤、尚同等观念也与游民阶层的生存方式相关，体现了游民阶层的价值观。游民阶层也形成了自己的群体，这就是墨家团体。这个团体需要领袖和代言人，他就是墨子。这个团体也有自己的思想体系，这就是墨家思想。墨子本人出身于劳动者，其言论多为平民而发。《墨子·贵义》中提到，墨子欲见楚献惠王，但楚王的使者担心墨子的学说可能被楚献惠王当作"此下人之所为"而不被采纳。孔子当年出访列国，虽然不被诸侯重用，但由于具有士的身份，还能被以礼相待，而墨子连这个待遇也享受不到，可见墨家人物社会身份之低下。传统学说认为墨家的思想资源是"夏政"，这是因为其平民性思想带有了原始文化的因子，包括对神的信仰和普遍的爱的观念。

　　墨家思想与儒家一样，也是从周文化生发出来的，是周文化的发展和改造。但儒、墨二家同源而异流，甚至互相反对。儒家继承和改造了周代的礼乐制度，把家国一体的宗法文化改造为家国同构的后宗法文化，并且发扬了周文化的民本思想，建立了人本思想，继而建立了一个由家族伦理到社会伦理、政治伦理的恩德文化。这里的关键是把周文化的对天的崇拜即神恩转化为对人的崇拜即人恩，包括父母兄弟之恩、乡亲朋友之恩和君主国家之恩。而墨家则继承和发扬了周文化的神（天）崇拜思想，同时也改造了周文化，建立了普遍的爱的伦理，并且把人文精神建立在神的意志之下，这就是墨子的"尊天事鬼"思想和"兼相爱，交相利"思想。墨家反对儒家的恩德，体现为肯定天志而否定人恩；其次体现在墨家的兼爱思想对儒家的仁爱思想的批判；最后就是墨家对儒家倡导的礼乐文化的批判。

　　墨家也反对法家，法家学说是国家本位，主张以刑赏压迫和利用民众为统治者服务，而墨家是民本位，主张爱民利民；法家不尊神而尊王，墨家尊神而不尊王。但二者也有相同处，墨家重赏罚，而不像儒家重教化，它主张以天和君主的赏罚来建立兼爱思想，而法家正是接受和改造了墨家的这个主张，去掉其天志思想，代之以国家意志；去掉其兼爱思想，代之以刑赏思想，所以法家兼有儒家（荀子）和墨家的思想源头。

　　墨子把墨家的思想概括为以下几点："凡入国，必择务而从事焉。国家昏乱，则语之尚贤、尚同；国家贫，则语之节用、节葬；国家说音湛湎，则语之非乐、非命；国家遥僻无礼，则语之尊天、事鬼；国家务夺侵凌，即语之兼爱、非攻。故曰择务而从事焉。"(《墨子·鲁问》)墨家的这些基本观念都构成了对儒家恩德思想的反拨，下面逐项论述之。

儒家与墨家的世界观不同，故思想体系也不同。儒家也敬天，但把天道归于人道，天恩转为人恩，以施恩—报恩责任规定人际关系，建立了恩德文化。而墨家认为"天志"独立于人，具有完全的神性，故以天恩排除人恩，因尊天而提倡"兼爱"，从而反拨了恩德文化。

"尊天事鬼"是墨家思想体系的逻辑起点，也是其政治、伦理观念的根据。墨子信天，以天志为根本。墨子认为，作为行为准则的"法"，不能寻求于父母、师长和君主，而只能向天寻求，他说："法不仁，不可以为法，故父母、学、君三者，莫可以为治法。"(《墨子·法仪》)这就在根本上反对了儒家以孝忠为本的恩德观念。儒家恩德是从对父母的孝出发的，延伸到对君、师的报恩。而墨子认为父母、师、君皆不可法，这就摧毁了礼教的根基。墨子把神的意志作为法的根据，提出了"天志"说。所谓天志，就是天的意志，决定人的行为准则。墨子曰："义不从愚且贱者出，必自贵且知者出。……然则孰为贵，孰为知？曰：'天为贵，天为知而已矣!'"(《墨子·天志中》)天既然为贵、为知，就要以天为本，遵从天道。这样，从天子到普通人都要遵从天志即天之所欲："戒之慎之，必为天之所欲，而去天之所恶。曰天之所欲者何也？所恶者何也？天欲义而恶其不义者也。""今天下之士君子，欲为义者，则不可不顺天之意矣。"(《墨子·天志上》)这就是尊天。为什么要尊天呢？儒家认为尊天命是为了报答天恩，而墨家则不强调报天恩（虽然也认为天对人有爱、有恩），而偏重于讲天的赏罚，即尊天有赏，逆天有罚："顺天意者，兼相爱，交相利，必得赏；反天意者，别相恶，交相贼，必得罚。"(《墨子·天志上》)墨家思想的真谛，在于以神意来论证人伦，建立"兼爱"的社会关系，以实现理想社会。因此，墨家思想本质上不是神权思想，而是人本思想，是把天的意志作为建立和保障兼爱思想的工具。墨子云："我有天志，譬若轮人之有规，匠人之有矩。"(《墨子·天志上》)可见尊天事鬼是为了爱人利民。二是在政令上赏善罚恶，推行兼爱。这与儒家重教化的思想有别。"是故古之圣王发宪出令，设以为赏罚以劝贤，是以入则孝慈于亲戚，出则弟长于乡里，坐处有度，出入有节，男女有辨。是故使治官府，则不盗窃，守城则不崩叛，君有难则死，出亡则送。此上之所赏，而百姓之所誉也。"(《墨子·非命上》)所以陈柱评论说："约而言之，孔墨之异，在墨本于天，孔本于父母。"(《墨学十论》)天无情、无恩，只是以祸福指引人的行为，故墨家不承认恩德。父母有恩，故儒家倡导恩德。所以陈柱接着评论道："故儒家以孝治天下，人民视君如父母，贤君视民如赤子；其治重情感，故利害之计较不甚明，而变化不生。墨家则不然，本之于天而天本无情感者；故重实利而情感薄，故利害之计较严，而变化易起。故孔墨同言孝，同言爱，同言贤，而趋向各各不同，盖出发之点殊途也。"①

墨家思想以"天志"为根本，最终落实到爱民上，这也是对西周民本思想的继承和发展。墨子认为天道爱民："且吾所以知天之爱民之厚者有矣，曰以磨为日月星辰，以昭道之；制为四时春秋冬夏，以纪纲之；雷降雪霜雨露，以长遂五谷麻丝，使民得而财利之；列为山川溪谷，播赋百事，以临司民之善否；为王公侯伯，使之赏贤而罚暴；贼金木鸟兽，从事乎五谷麻丝，以为民衣食之财。"(《墨子·天志中》)这就是说，天给民以爱是天道，而人道要遵循天道，就是兼爱。墨子认为，人世的行为规范即人道，必须法天，形成"法仪"，这个法相当于儒家或墨家的道，是万事万物的根本法则，墨子认为这个法仪就是"兼爱"。墨子曰："天下从事者不可以无法仪，无法仪而其事能成者，无有也……然则奚以为治法而可？故曰莫若法天……天何欲何恶者也？天必欲人之相爱相利，而不欲人之相恶相贼也。奚以知天之欲人之相爱相利，而不欲人之相恶相贼也？以其兼而爱之、兼而利之也。奚以知天兼而爱之、兼而利之也？以其兼而有之、兼而食之也。"(《墨子·法仪》)

墨子提出"兼"与"别"之分，作为兼爱伦理的社会关系基础。"兼"是自己与他人联系在一起，从而利人互爱；"别"是把自己与他人割裂开来，从而利己互害。墨子认为兼则使社会和谐，别则使社会对立，他说："今吾本原兼之所生，天下之大利者也；吾本原别之所生，天下之大害者也。"(《墨子·兼爱下》)故而墨子大力倡导"兼以易别"，企望建立和谐的人际关系："故君子莫若审兼而务行之，为人君必惠，为人臣必忠，为人父必慈，为人子必孝，为人兄必友，为人弟必悌。故君子莫若欲为惠君、忠臣、慈父、孝子、友兄、悌弟，当若兼之不可不行也。此圣王之道而万民之大利也。"(《墨子·兼爱下》)这里的忠孝悌关系已经与儒家不同，它建立在"兼"的基础上，去掉了控制性，而具有了平等性；去掉了差等性，而具有了普遍性。

在"兼"的社会关系之上，形成了兼爱的伦理思想。兼爱有两个含义，一个是无差别地爱一切人；另一个是互相施爱，平等互利。前一种兼

---

① 陈柱著，马东峰主编：《墨子研究》，北京理工大学出版社，2020，第153页。

爱的含义确认了爱的普遍性，即不分贵贱亲疏、爱无差等。墨子认为人皆天之民，故平等一体："今天下无大小国，皆天之邑也；人无分幼长贵贱，皆天之臣也。"（《墨子·法仪》）因此，天意就是爱一切人："爱人，待周爱人，而后为爱人。不爱人，不待周不爱人，不周爱，因为不爱人矣。"（《墨子·小取》）周爱人，就是爱一切人。他还说"厚不外己，爱无厚薄"。"爱人之亲若爱其亲，其类在官苟。兼爱相若，一爱相若。一爱相若，其类在死也。"（《墨子·大取》）《墨子·兼爱》上篇侧重于父子、兄弟、君臣之爱；中篇则讲强弱、富贫、贵贱、诈愚之间的爱；下篇则强调爱寒者、爱饥者、爱疾病者与爱死丧者，兼爱的范围不断扩大。这个兼爱就与儒家的仁爱即差等之爱有所区别。儒家从宗法礼教出发，主张先爱亲人，再推及他人，爱有亲疏之别，形成费孝通所说的"差序格局"。而墨子从天志出发，主张平等地爱一切人，从而破除了恩德文化的"差等之爱"，所以孟子斥责墨子的兼爱是"无父"。

兼爱的第二个含义就是爱是对等的、互利的，体现了爱的相互性。墨家主张爱人如爱己，"视人国若其国，视人家若其家，视人身若其身"（《墨子·兼爱中》）。"爱人若爱其身"（《墨子·兼爱上》），如此才有真爱。而且爱不是单向的恩赐，而是一种主体间性行为，即所谓"兼相爱，交相利"（《墨子·兼爱下》），这是因为只有平等互爱才是可能的爱："夫爱人者，人必从而爱之；利人者，人必从而利之。"（《墨子·兼爱下》）兼爱才能达到互利："天之意，不欲大国之攻小国，大家之乱小家也，强之暴寡，诈之谋愚，贵之傲贱，此天之所不欲也。不止此而已，欲人之有力相营，有道相教，有财相分也。"（《墨子·天志中》）总之，这是一种平等互利的爱。儒家的恩德把伦理行为与社会关系结合为一体，主张强势一方施恩于弱势一方，从而施恩者具有了支配受恩者的权力；而受恩者要报恩于施恩者，并且从属于施恩者。这种仁爱双方是不平等的，一方主动，具有支配性，另一方被动，具有依附性。这个控制性的恩德与不平等的社会关系是一致的，形成了君臣、父子、兄弟、夫妻、朋友之间的身份伦理。墨子主张爱是双方的对等的行为，是互利的行为，而不是单方面的施恩和报恩，这种兼爱思想破除了儒家恩德的不平等性、控制性。墨子把兼爱建立在利益互惠的基础上，提出了"交相利"的思想。墨子主张爱与利的统一："仁，仁爱也；义，利也。爱、利，此也。所爱、所利，彼也。爱、利不相内、外，所爱、利也不相外内。其为仁，内也，义，外也。举爱与所利也，是狂举也，若左目出，或目入。"（《墨子·经说下》）这种兼爱伦理体现的是一种平等互利的社会关系，区别于儒家恩德的义利分离、重义轻利的思想。墨子的兼爱思想，与儒家不同之处，就是儒家把仁爱建立在自然人性之上，就是孔子说的"心安"，孟子说的"恻隐之心""不忍人之心"，而墨子的兼爱建立在共同的利益交换之上，这体现了游民阶层的价值观。

墨子认为兼爱是实现理想社会的途径，他以兼爱阐释了其社会理想："是故诸侯相爱，则不野战；家主相爱，则不相篡；人与人相爱，则不相贼；君臣相爱，则惠忠；父子相爱，则慈孝；兄弟相爱，则和调。天下之人皆相爱，强不执弱，众不劫寡，富不侮贫，贵不敖贱，诈不欺愚。凡天下祸篡怨恨可使毋起者，以相爱生也。"（《墨子·兼爱中》）这种思想体现了游民阶层的价值观，而基于游民阶层的价值观，墨家建立了一个"兼爱"的乌托邦。墨家的尊天、兼爱思想与欧洲的基督教文化有相同之处，只是它没有得到发展而中绝了。

墨家不仅提出了"尊天""兼爱"的基本观念，而且提出了一整套政治、伦理思想，构成了对恩德文化的全面反拨，也体现出游民阶层的价值观念。

墨子的政治主张是"尚同"。尚同作为其政治体制的设想，就是建立上下一致的行政系统，从里长、乡长、国君，逐级服从，最后统一于天子。《墨子·尚同上》说："正长既已具，天子发政于天下之百姓，言曰：'闻善而不善，皆以告其上。上之所是必皆是之，上之所非必皆非之。上有过则规谏之，下有善则傍荐之。上同而不下比者，此上之所赏，下之所誉也。'"如此，则政令统一，天下大治："天下既已治，天子又总天下之义，以尚同于天。故当尚同之为说也，尚用之天子，可以治天下矣；中用之诸侯，可以治其国矣；小用之家君，可以治其家矣。是故大用治天下不窕，小用之治一国一家而不横者，若道之谓也。"（《墨子·尚同下》）墨家作为游民思想体系，具有民粹主义倾向，但民粹主义也必然导致威权主义，尚同思想就是民粹主义的产物。这种思想抹杀了个体利益和个性，尊崇领袖权威，如墨家团体服从"巨子"就是例证。因此，墨家的尚同思想是法家君主专制思想的发源地之一。但是，墨家的尚同不同于法家的君主专制，因为它不是以君主意志为本，而是以天意为本，君主要服从、执行天意，而天意就是爱民。这就首先要求国君、天子是服从天意的仁人。如何保证天子做仁人、行仁政呢？那就是天意的赏罚，若尚同于天，则天下治；不同于天，则天降灾祸："察天子之所以治天下者，何故之以也？曰：唯以其能一同天下之义，是以天下治。夫既尚同乎天子，而未上同乎天者，则天灾将犹未止也。故当若天降寒热不节，雪霜雨露不时，五谷不孰，六畜不遂，疾灾戾疫，飘风苦雨，若臻而至者，此天之降罚也，将已罚下人之不尚同乎天者也。"（《墨子·尚同中》）这个以天意约束君主的天赏天罚思想被董仲舒继承，提出了天人感应的思想。

总的说来，墨家的尚同思想与儒家的政治理念有所不同。儒家的恩德政治，是君主施恩于臣民，臣民报恩于君主，君臣之间也存在着某种对话关系，臣子可以讽谏君主，君主要虚心纳谏，并且形成了谏议制度。这样，建立在恩德上的君臣关系，可以保证君主不失德。而墨家不讲恩德，不讲对话，只讲服从，下级对上级负责，臣对君负责，君对天负责，把正义寄托于天对天子的约束。墨家的"尚同"政治观念，体现出游民阶层尊崇权威、渴望政治一体化的思想。

儒家虽然也讲尊贤，但并不彻底，还讲"亲亲""尊尊"，体现了一种恩德观念。在儒家文化中，任人唯贤建立在恩德基础上，即君主重用人才，给与高官厚禄，是施恩，以求得其报恩。墨家与儒家不同，它主张尚贤，是在尚同的前提下重用人才。墨家用人才，不讲门第、亲疏，重才干，体现了平民阶级的政治诉求，法家正是借鉴了此观念建立了用人制度。墨子说："故古者圣王甚尊尚贤而任使能，不党父兄，不偏贵富，不嬖颜色。贤者举而上之，富而贵之，以为官长；不肖者抑而废之，贫而贱之，以为徒役。"（《墨子·尚贤中》）墨家主张对人才要予以高官厚禄，不是君主施恩，也不是为了臣下的报恩，而是为了使民众尊重、服从官吏，以利于办理政务。墨子说："故古圣王高予之爵，重予之禄，任之以事，断予之令。夫岂为其臣赐哉？欲其事之成也。曰：爵位不高，则民弗敬；蓄禄不厚，则民不信；政令不断，则民不畏。举三者授之贤者，非为贤赐也，欲其事之成。"（《墨子·尚贤上》）可见墨家不认同恩德政治。

儒家主张仁礼一体，把礼乐作为恩德文化的制度载体和教化手段，故孔子讲"克己复礼为仁"。墨家主张非乐、节葬，这表达了对儒家礼乐制度的异议。儒家继承和发扬西周的礼乐文化，主张通过礼乐教化达到新民、治国，因此重礼乐。而墨子不认同礼乐文化，指责其靡费，而提出节葬之说，墨子云："是故子墨子之所以非乐者，非以大钟、鸣鼓、琴瑟、竽笙之声，以为不乐也；非以刻镂、华文章之色，以为不美也；非以刍豢煎炙之味，以为不甘也；非以高台、厚榭、邃野之居，以为不安也，虽身知其安也，口知其甘也，目知其美也，耳知其乐也，然上考之，不中圣王之事；下度之，不中万民之利。是故子墨子曰：为乐，非也！"（《墨子·非乐上》）墨家批判礼乐文化不中万民之利，是从经济角度考量，即礼乐耗费民财，不利民生。首先是制作乐器耗费民财，贫困百姓："今王公大人,虽无造为乐器,以为事乎国家,非直掊潦水,折壤坦而为之也,将必厚措敛乎万民,以为大钟、鸣鼓、琴瑟、竽笙之声。"(《墨子·非乐上》)其次演奏乐曲耗费人力,妨碍生产:"今王公大人,唯毋处高台厚榭之上而视之,钟犹是延鼎也,弗撞击,将何乐得焉哉!其说将必撞击之。惟勿撞击,将必不使老与迟者。老与迟者,耳目不聪,股肱不毕强,声不和调,明不转朴。将必使当年,因其耳目之聪明,股肱之毕强,声之和调,眉之转朴。使丈夫为之,废丈夫耕稼树艺之时;使妇人为之,废妇人纺绩织纴之事。今王公大人,唯毋为乐,亏夺民衣食之财,以拊乐如此多也。是故子墨子曰:为乐,非也!"(《墨子·非乐上》)三是欣赏音乐耗费时间,浪费精力,妨碍政务:"今大钟、鸣鼓、琴瑟、竽笙之声,既已具矣,大人然奏而独听之,将何乐得焉哉?其说将必与贱人,不与君子,与君子听之,废君子听治;与贱人听之,废贱人之从事。今王公大人,惟毋为乐,亏夺民之衣食之财,以拊乐如此多也。是故子墨子曰:为乐,非也!"(《墨子·非乐上》)墨子的这些论述否定了儒家礼乐文化,体现了爱民、节俭的平民意识,特别是游民阶层的价值观。游民居无定所,也没有固定的社会交往,因此不需要礼乐制度,而视之为无用的靡费。儒家重视道德教化,倡导礼乐制度,而墨家的治国理念不是倚重礼乐教化,而是倚重统治者的爱民、利民的政策以及天子的赏罚措施,以获得民众的认同:"今若夫兼相爱、交相利,此其有利且易为也,不可胜计也。我以为则无有上之说者而已矣。苟有上说之者,劝之以赏誉,威之以刑罚,我以为人之于就兼相爱、交相利也,譬之犹火之就上、水之就下也,不可防止于天下。"(《墨子·兼爱下》)至于统治者的仁义之心,则由天的赏罚来保证:"天子为善,天能赏之;天子为暴,天能罚之;天子有疾病祸祟,必斋戒沐浴,洁为酒醴粢盛,以祭祀天鬼,则天能除去之,然吾未知天之祈福于天子也,此吾所以知天之贵且知于天子者。"(《墨子·天志中》)。因此,墨子提出非乐,表面上是因为礼乐耗费民财,不利于民生,但实际上是不认可恩德文化,是对礼乐教化的否定。

墨家不只主张非乐,而且整体上不认同礼乐文化。墨家尊天事鬼,重视对天、鬼的祭祀:"墨子云:故古圣王治天下也,故必先鬼神而后人者此也。故曰官府选效,必先祭器祭服,毕藏于府,祝宗有司,毕立于朝,牺牲不与昔聚群。"(《墨子·明鬼下》)但墨家对儒家礼乐文化的繁文缛节则有所批判,主要是对于厚葬文化的批判。儒家主张三年之丧,并且要耗费资财厚葬,以彰孝道。墨子提倡节葬,理由还是厚葬耗费民财,不利民生:"厚葬久丧,重为棺椁,多为衣衾,送死若徙,三年哭泣,扶后起，杖后行，耳无闻，目无见，此足以丧天下。"(《墨子·公孟》) 因此墨家提倡节葬："棺三寸，足以朽体；衣衾三领，足以覆恶；以及其葬也，下毋及泉，上毋通臭，垄若参耕之亩，则止矣。死则既已葬矣，生者必无久哭，而疾而从事，人为其所能，以交相利也。此圣王之法也。""故曰：子墨子之法，不失生死之利者，此也。"(《墨子·节葬下》) 就是说节葬对死者和生者都有利，可见墨子更考虑生者的利益，这体现了贫民的价值观。墨子的节葬思想受到了儒家的猛烈攻击。墨家虽然以节用为由反对厚葬，但这也只是表面的理由，更根本的原因是墨家认同天恩而不认同人恩，首先是不认同儒家的孝道。儒家的孝道是恩德的基础，它认为父母生养子女，就是对子女施恩，所以子女要把自己的一切都奉献给父母以报恩，故"视死如生"，厚葬就是报恩的一种方式。而墨子虽然也提倡孝，但他认为孝不是依附性的报恩，而是一种对父母的爱，是父子之间的"兼相爱，交相利"，所以他又说"孝，利亲也"，"孝，以亲为芬，而能能利亲，不必得"(《墨子·经说上》)。这就是说，孝是承担对父母的责任，尽力做对父母有利之事，而不必事事都满足父母的心愿。这说明墨子主张的孝是一种兼爱，不是恩爱，它注重给父母实际利益，而不是失去自我、依附父母，不必事事顺从父母。由此推知，死后之事，并不那么重要，仪式可以从简，表达哀思即可。墨子认为"三年之丧"的孝道，是人子依附父母、缺乏独立性的体现："公孟子曰：'三年之丧，学吾之慕父母。'子墨子曰：'夫婴儿子之知，独慕父母而已。父母不可得也，然号而不止，此亓何故也？即愚之至也。然则儒者之知，岂有以贤于婴儿子哉？'"墨子主张三日之丧，遭到非议，他辩解说："公孟子谓子墨子曰：'子以三年之丧为非，子以三日之丧亦非也。'子墨子曰：'子以三年之丧非三日之丧，是犹保谓撅者不恭也。'"(《墨子·公孟》) 儒家以孝为伦理之根据，墨子则认为天下人的利益高于孝亲，此乃圣人之道："圣人不得为子之事。圣人之法，死亡亲，为天下也。厚亲，分也；以死亡之，体渴兴利，有厚薄而毋，伦列之兴利为己。"(《墨子·大取》) 这就否定了孝道的至上性，而提倡为己，即把当代人、活人的利益放在首位。

总体上说，墨家思想与儒家思想之区别，主要在于儒家以人道言天道，而墨家以天志言人道；儒家倡导仁爱，爱有差等，爱为施恩—报恩，墨家倡导兼爱，平等互利；儒家重教化、尚礼乐，墨家重赏罚、主非乐；儒家重孝道、主厚葬，墨家重公利、主节葬。这些差别体现了墨家对恩德文化的批判。此外，墨家还主张"非攻"的和平思想，这体现了底层游民的利益和诉求，也是对法家征战思想的反拨。

在战国后期，在法家打击"堕民"的政策之下，游民阶层受到压制，墨家随之失势。墨家作为一个思想派别在秦以后中绝，这主要是由社会变革导致的。秦以后，城邦式的诸侯国不复存在，形成了一个大一统的中央集权国家，它对游民的限制和束缚大大加强，压缩了他们的活动空间；而且在小农经济为主体的农业社会中，底层流动人口大大减少，因此游民难以成为一种政治势力。墨家的社会基础是游民，游民阶层的削弱，使墨家失去了立足的根基。而且，墨家的兼爱思想与主流的具有差等性的仁爱思想冲突，其信仰主义也与实用理性相背，所以其社会乌托邦思想也难以实现，故被排除于中国主流文化体系之外。秦以后，墨家的组织形式也随之解体，后来产生的侠以及游民组织如民间会党，也只是其余波和变体，而失去了其积极的社会意义。

必须强调的是，墨家代表的是春秋战国时期的游民阶层思想，而这个时期的游民阶层刚刚形成，它不同于秦以后的大一统社会的游民群体，前者的身份还没有固化，故还有自己的社会理想和信仰；而后者的身份已经固化，故不具有建设性，而具有破坏性。因此，这个时期的游民阶层的思想体系不同于秦以后的大一统社会的游民阶层的思想观念。

秦以后，墨家思想并没有完全消失，而是融化于中国文化之中，这主要是一种侠义精神。所谓侠义，就是在家族、国家之外的社会空间（江湖）中、在法律之外行侠仗义、打抱不平，这种行为主要出现在早期传统社会之中，形成一种侠义精神。如司马迁《史记·游侠列传》所言：游侠救人于危难，"不爱其躯，赴士之厄困"；不矜夸自己的施恩行为，"既已存亡死生矣，而不矜其能，羞伐其德。"侠施恩不求回报，"事了拂衣去，深藏身与名"，这与儒家主张的施恩—报恩伦理规范不同。侠义精神继承了墨家思想，其施恩不求报的精神消解了恩德文化的支配性。在传统社会中后期，侠的社会空间消失，侠的社会角色也不复存在，但侠义精神渗透到主流文化之中。同时，儒家、法家也在某些方面继承、改造了墨家思想，如董仲舒的天人感应学说继承、改造了墨子的天志思想；法家的刑赏制度和绝对君权学说继承、改造了墨子的重赏罚和尚同思想。此外，墨家的注重实践、埋头苦干的精神，也在主流文化中得到继承。儒家强调知行合一，注重社会实践，主张经世济用的精神，应该也有墨家思想的影响。

二 杨朱学派对恩德文化的批判

杨朱学派也是先秦时期有一定影响的思想流派，《孟子·滕文公下》

说:"杨朱、墨翟之言盈天下,天下之言,不归杨则归墨。"杨朱站在利己主义的立场上,对恩德的批判较之其他学派更为彻底。杨朱的思想简略地记载在《庄子》《孟子》《韩非子》等先秦文献中,在秦以后的文献《吕氏春秋》《列子》中也有记载,而《列子·杨朱》的记述最为详细。《列子》虽然托名列御寇所著,但学界普遍认为是晋人伪作,或者是晋人依托部分先秦文献增益而成。这样,《列子·杨朱》中所记述的杨朱言论就可能不是其原貌,而依据该文考察杨朱思想也就成为问题。但是,笔者认为,除了依据先秦文献,也需要参照《列子》的记述考察杨朱,这是因为《列子》中可能保留了一些杨朱学派的思想资料,对杨朱基本思想的记述还是有一定根据的;而且《列子·杨朱》虽然不是先秦文献,但在晋代成文后也产生了重要影响,事实上以伪托的方式续写、重建了一个近乎失传的思想流派,从而具有思想史的意义。杨朱一派被归为道家支流,这有一定道理,因为他们都反对道德理性,主张回归自然天性。但二者有本质的不同,主要是对自然的规定不同:道家主张自然,但不认为自然是自我、感性,而认为是无知无欲无我,同于大通,故走向自然主义。杨朱也主张自然,但认为自然是自我、感性,故走向利己主义、享乐主义。

　　杨朱思想的核心是"为我""贵己"。他说:"古之人损一毫利天下而不与也,悉天下奉一身不取也。人人不损一毫,人人不利天下,天下治矣。"(《列子·杨朱》),这句话可能出自《孟子·尽心上》:"杨子取为我,拔一毛利天下而不为也。"杨朱提出为我、贵己,不但针对墨家的"兼爱",也是针对儒家的仁爱、恩德思想。儒家提倡仁爱,建立恩德,事实上把自我置于为他的施恩—报恩体系之中,导致了自我的泯灭和他者化。杨朱肯定自我的独立性,信奉一种无政府主义,主张人人为己,各不相爱,可以达到天下大治;而儒家的仁爱思想、恩德文化不利于自我,应该加以反对。杨朱反对儒家的身份伦理,体现在对"名"的批判上。在为我的基础上,杨朱提出了"去名"的思想,他说:"凡为名者必廉,廉斯贫;为名者必让,让斯贱。""名乃苦其身,灼其心",因此要取实而去名。他说的名,表面看是名声即道德声誉,实际上是指与人的身份(名分)相称的道德责任,这就是儒家的"名教"。儒家倡导身份伦理,主张各种身份负有相应的道德责任,也就是施恩—报恩的责任,如孝、忠等。杨朱认为这种身份伦理(名)要求人们为他而不利己,是对于自我的戕害,所以虽然好听,但有害。因此他反对"名",也就是反对与身份相对应的伦理责任。他认为与名相对的是"实",而实就是人的本性,他认为人性就是图享乐："则人生也奚为哉？奚乐哉？为美厚尔，为声色尔。"故名与实相反，不能"守名而累实"。他举例说，那些享有仁义之名的人，都深受其苦；而负万世骂名的人，则享有人生之乐："天下之美归之舜、禹、周、孔，天下之恶归之桀纣。"然而舜、禹、周、孔"凡彼四圣者，生无一日之欢，死有万世之名"。而桀、纣"彼二凶也，生有从欲之欢，死被愚暴之名"（《列子·杨朱》）。杨朱认为圣人与暴君都归于一死，但圣人"苦以至终"，而暴君则"乐以至终"，所以要留实（享乐）而去名（道德责任）。这种思想与道家反对仁义教化有一致性，只不过道家要求回归自然而清心寡欲，而杨朱要回归感性而纵欲享乐。

杨朱以为己反对恩德（仁爱），以感性反对身份伦理（名教），在一定程度上击中了恩德文化的要害，所以孟子极力抨击杨朱，说："杨氏为我，是无君也；墨氏兼爱，是无父也。无父无君是禽兽也。"（《孟子·滕文公下》）另一方面，杨朱思想本身也有重大缺陷，就是张扬绝对的自我，抹杀了人的社会性；张扬极端利己主义，否定了爱的价值；张扬感性享乐，而抹杀了理性。而更重要的是，当时社会并没有建构起契约关系，所以杨朱的"为己"思想并没有成为一种健全的个人主义，而成为极端利己主义。杨朱提倡为己，但并没有解决合理地建构人际关系问题，从而也就不能建立一个有效的伦理规范和社会秩序。人人为己必然发生社会冲突，从而导致自然主义、无政府主义，陷入丛林法则。健全的个人主义不是极端利己主义，它要求建立契约关系，在这个基础上建立责任伦理和信念伦理，而这一切都是杨朱思想所不具备的。总之，杨朱思想虽然具有解构主流思想的作用，但不能建构起一个合理的伦理体系，从而不能有效地建立和维护社会秩序。这样，杨朱思想缺乏现实性而成为一种思想异端，没有成为主流意识形态，因此杨朱作为一个学派在历史中消失了。

三 墨家、杨朱思想的遗留和变异

墨家和杨朱作为两个学派，在秦以后没有得到延续，但是他们的思想并没有灭绝，而是通过变异保存在恩德文化中，成为一种隐在的思想，影响着人们的思想和生活。

墨家作为一个思想派别在秦以后中绝，这主要是由社会变革导致的。秦以后，城邦式的诸侯国不复存在，形成了一个大一统的中央集权国家；而且小农经济为主体的农业社会，使得底层流动人口大大减少，墨家的社会基础是游民，因此墨家失去了立足的根基。而且，墨家的兼爱思想与主流的具有差等性的仁爱思想冲突，其信仰主义也与实用理性相悖，所以其社会乌托邦思想也难以实现，被排除于中国主流文化体系之外。秦以后，墨家的组织形式也随之解体，后来产生的侠以及游民组织如民间会党，也只是其余波和变体，而失去了其积极的社会意义。但墨家思想的因素并没有完全消失，而是融化于中国文化之中，这主要就是侠义思想。墨家主张兼爱、非攻、平等，这些思想在墨家消失后，遗留在侠文化之中。所谓侠，就是在家族、国家之外的社会舞台（江湖）上行侠仗义、抱打不平，这种行为主要出现在游民社会之中，形成一种亚文化。如司马迁《史记·游侠列传》所言：游侠救人于危难，"不爱其躯，赴士之厄困"；不矜夸自己的施恩行为，"既已存亡死生矣，而不矜其能，羞伐其德"。侠施恩不求回报，"事了拂衣去，深藏身与名"，是其根本特性，而与儒家主张的施恩—报恩伦理规范不同。侠义文化继承了墨家思想，其施恩不求报的精神突破了恩德文化的重报恩的思想。同时，儒家、法家也在某些方面继承、改造了墨家思想，如董仲舒的天人感应学说继承、改造了墨子的天志思想；法家的刑赏制度和绝对君权学说继承、改造了墨子的重赏罚和尚同思想。此外，墨家的注重实践、埋头苦干的精神，也在主流文化中得到继承。儒家强调知行合一，注重社会实践，主张经世济用的精神，应该也有墨家思想的影响。

杨朱思想一开始就是作为异端思想发生的，其反社会、反伦理的倾向，使得它不可能得到普遍的社会认同，也无法得到延续。但杨朱思想仍然对中国文化发挥了潜在的影响。一方面，一些异端思想从杨朱思想中吸取了个人主义，当然这种思想不是直接照搬，而是有所改造，如魏晋玄学思想、王学左派中就有个人主义倾向，应该也有杨朱思想的渊源。另一方面，杨朱思想虽然不具有合法性，但在民间仍然以反道德的形式流传，如"人不为己，天诛地灭""各人自扫门前雪，莫管他人瓦上霜"等俗语，起着解构主流文化的作用。这些思想之所以有市场，在于恩德文化本身具有一定程度上的控制性和虚假性，不能完全收服人心和规范社会生活，因此人们实际上就可能违背恩德文化规范、信奉利己主义，而杨朱学派则提供了思想资源。

总之，墨家思想和杨朱思想虽然不具有合法性，但仍然以变异形式存在并发挥着潜在的影响，成为恩德文化体系中的异质因素。

第五章　中国恩德文化的性质

第一节　恩德文化的两重性

我们先给中国恩德文化下一个定义。所谓恩德文化，就是以施恩—报恩责任规定人际关系和天人关系（包括人与神的关系和人与自然的关系）。

一　恩德文化的爱的属性

中国文化是伦理本位的文化，而这个伦理就是恩德。恩德文化具有两重性，即爱的属性和控制性。

恩德文化的核心价值是恩爱，所谓恩爱，就是以施恩—报恩作为爱的给予和回报。恩德文化的基本范畴是"仁"，仁发源于周礼中的"亲亲""尊尊"，但儒家把它由血缘亲情和宗法伦理改造为社会性的恩爱。孔子、孟子在论述仁的时候，确定了"仁者爱人"的基本内涵。这就是说，恩德文化以爱人为基本的准则。与西方文化不同，中国文化不是建立在契约关系的基础上，而是建立在身份伦理的基础上。它设定人不是独立个体，人与人之间的关系不是契约关系，而是天然地具有情感联系，这就是仁爱之心。这种仁爱之心体现在社会行为上，就是施恩—报恩。施恩—报恩就是依据社会身份付出相应的爱。施恩—报恩不是偶然的行为，而是一种社会角色的分工和责任，即管理者包括长者、尊者施爱于被管理者包括幼者、卑者，幼者、卑者报恩于长者、尊者。这种施恩和报恩都是爱的形式，具有交互性，构成了双方的社会责任。恩爱不仅是一种道德情感的表达，也构成了后宗法社会的社会关系，即君臣、父子、兄弟、夫妻、朋友之间的交往秩序，形成了长幼尊卑之道。我们从家庭关系、社会关系以及政治关系几个方面来考察这种恩爱关系。

在家庭伦理方面，家庭成员之间具有恩爱关系，首先是父母与子女之间的恩爱，这就是孝道的基础。儒家认为，父母生养子女、教育子女，就是一种慈爱之心的表达。父母的慈爱是天性，也是社会责任。反过来，子女承受了父母的慈爱，必须知恩图报，这就是尽孝。尽孝不仅包括奉养父母，更要尊敬父母、服从父母，让父母愉快。子女要把最大的爱给予父母，而且认为无论如何也不能回报父母的生养之恩。这种父子之间的恩爱就是"父慈子孝"。其次是兄弟之间的恩爱关系，这就是"悌"。兄要爱护弟，兄一定程度上代行了父母的职权，也分享了父母对子女的爱给弟。弟也要敬爱、顺从兄，一定程度上像对待父母那样爱兄。这种兄弟之爱如手足，这就是"兄友弟恭"。最后，夫妻之间也是恩爱关系，丈夫要爱护妻子，尽丈夫的责任；妻子要敬爱丈夫，尽妻子的责任，此即"夫德妻贤"。如此，就建构了和谐、和睦的家庭关系。

在社会伦理方面，是把家庭关系的"亲亲"之爱推广到乡邻、朋友、师生等家庭以外的社会领域，形成互敬互爱的和谐的人际关系。恩德文化要求对待家庭之外的人，也要像对待家人一样施爱，即"泛爱众""推己及人"。这就是对待尊者、长辈、年长者要像对待父母、长兄那样尊敬、扶助；对待卑者、儿童、年幼者要像对待子女、弟妹那样爱护、帮助；朋友之间像兄弟那样友爱，师生之间像父子那样爱敬。这样，就形成了尊卑长幼之道，构建了一个和谐、和睦的乡土社会。

在政治伦理方面，君民关系、君臣关系和官民关系也体现了恩爱的原则。政治伦理建立在爱民的基础上，就是统治者对民众施以恩惠，以获得民众的爱戴，从而构成政治的合法性。中国的政治伦理也是家庭伦理的延伸，君主是君父，臣民是子民，官员是父母官。政治伦理要求君主像爱护子女那样爱护臣民，施行德政，这是施恩；同时要求臣民像敬爱父母那样忠于君主，服从君主，这是报恩，达到君明臣贤，爱民忠君，从而构建一个和谐、和睦的国家。官民关系是君民关系的延伸，也是一种恩德关系。官是君主的代表，是父母官，要求爱民如子；民也要像孝敬父母那样顺从父母官，做到官良民顺，从而建立良好的政治秩序。

恩德文化的爱的属性，体现在施恩与报恩的交互性之中。施恩是一种爱，报恩也是一种爱，而且施报具有对应性，互为前提，不是单方面的责任和行为。孝的前提是父慈，然后才有子孝；悌的前提是兄友，然后才有弟恭；妻贤的前提是夫德，然后才有妻贤；臣忠的前提是君明，然后才有臣忠；民顺的前提是官良，然后才有民顺，反之亦然。这种恩德的交互性使得爱的交流成为可能，也使得社会责任和权利在一定意义上相匹配，从而保持了社会关系的良性互动。

仁是涵盖各个具体伦理范畴的"全德",最集中地体现了恩德文化的爱的属性。孔孟都说"仁者爱人",仁就是人与人之间的爱的本性。儒家认为仁来自人的天性,天道体现在人性上,所以人具有仁爱的本性。"天命之谓性,率性之谓道,修道之谓教"展现了这个逻辑线索。宋明道学提出了"仁民爱物""天地万物一体之仁",使得仁成为本体论的范畴。

二 恩德文化的控制性

仁爱或恩爱并不是现代的爱,它具有时间和空间的规定性。具体地说,恩德文化一方面具有爱的属性,另一方面也具有控制性。施恩—报恩作为身份责任,与社会关系一体化,因此也成为一种社会关系的规范。由于施恩与报恩之间具有不对等性,即施恩者是管理者、尊者、强者,受恩者是被管理者、卑者、弱者,于是就形成了一种"亏欠",即施恩者具有道德的优势,受恩者负有亏欠感,这种亏欠导致了施恩者对受恩者的支配性。麦金太尔指出:"我们发现自己处于一个给予和接受的关系网络的特定位置,通常我们能够给予什么、给予多少在一定程度上取决于我们之前接受了什么、接受了多少。"[1] 在道德感形成的幼年时期,父母和家庭中的长者是最重要、最直接的给予者,然后是老师和其他社会成员。这样就形成了一种亏欠的关系。"如果这样理解,那么使独立的实践推理者出现并得以维持的那些关系就是一些他们从一开始就有所亏欠(in debt)的关系。"[2] 有"亏欠"就有"偿还"的要求。但这里只是提出了道德发生的根源,这种道德并不一定是恩德,由于西方伦理建立在契约关系之上,因此对"亏欠"的偿还是以爱的方式完成的,形成了一种爱的交换,而没有形成恩德。而在中国,这种"亏欠"提出了"报恩"的要求,形成了恩德。

恩德的爱的属性发源于周礼的"亲亲",而恩德的控制性发源于周礼的"尊尊","尊尊"作为等级权力被改造为施恩方对报恩方的支配权力。中国的后宗法皇权士绅社会废除了宗法封建贵族社会的等级隶属关系,也没有形成个体独立基础上的契约关系,而只能建立一种伦理性的关系,这就是恩德关系,即把权力的合法性建立在施恩—报恩关系上。社会上的管理者、尊者、强者,与被管理者、卑者、弱者之间形成一种施恩—报恩关

---

[1] 〔美〕阿拉斯戴尔·麦金太尔:《依赖性的理性动物:人类为什么需要德性》,刘玮译,译林出版社,2013,第81页。

[2] 〔美〕阿拉斯戴尔·麦金太尔:《依赖性的理性动物:人类为什么需要德性》,刘玮译,译林出版社,2013,第81~82页。

系。如林语堂所说:"这种社会环境,为恩典的发源地,它产生于在势者与需要保护的人二者之间的私人关系。"① 这样,德礼一体化,即恩德不仅仅是一种伦理规范,也构成一种社会关系,从而成为身份伦理。为什么施恩—报恩关系是一种权力关系呢?莫斯指出:"礼物如果得不到回报,而且是更多的回报,就会毁掉收受礼物的一方;这一方面造就了主人,另一方面也产生出奴隶。"② 这里解释了奴隶社会产生的文化根源,同时也可以解释中国恩德文化产生的根源。恩德文化是管理者、尊者、强者对被管理者、卑者、弱者施恩,被管理者、卑者、弱者对管理者、尊者、强者报恩,因此必然是不对等的,也就是被认为前者是主动的,施与得多,后者是被动的,回报得少,导致"亏欠"无法全部偿还,所以有"滴水之恩当涌泉相报"的说法。这样,就造成了施恩方成为主人,而报恩方成为变相的奴隶,产生了施恩方对报恩方的权力支配关系。孝悌忠义等伦理范畴同时也是不同社会身份的责任,即管理者为施恩方,而被管理者为报恩方,从而在施恩—报恩的伦理关系中就体现了一种权力关系,即施恩者支配受恩者,受恩者依从施恩者,构成了一种道德化的身份等级。这个身份等级在家庭领域就是父子关系、兄弟关系和夫妻关系;在社会领域就是长幼关系、尊卑关系、朋友关系、师生关系等;在政治领域就是君民关系、君臣关系、官民关系等。这样,恩德制度化,权力道德化,道德权力化。所以荀子曰:"少事长,贱事贵,不肖事贤,是天下之通义也。"(《荀子·仲尼》)董仲舒提出"君为臣纲,父为子纲,夫为妻纲",规定了施恩方对报恩方的控制性关系。新儒家多不承认恩德文化的控制性,认为"三纲"是董仲舒对原始儒家思想的扭曲,不是儒家思想的真义。杜维明就说:"从结构上讲,'三纲'与'五伦'不能并存。要接受'五伦'就不能接受'三纲','五伦'是双轨,父慈、子孝、兄友、弟恭。朋友要有'信',甚至夫妇要有'别'也是在平等互惠基础上立论的。"③他以五伦的双向性即施恩—报恩的对应性来否定恩德的不平等性,这种说法并不合理,因为"五伦"的施恩—报恩关系是不平等的,本身就包含控制性,所以必然导致"三纲"。所以谭嗣同否定五伦之说,认为五伦中只有朋友一伦"不失自主之权",合乎平等、自由的原则,其余四伦皆不合乎平等、自由之原则。

---

① 林语堂:《吾国与吾民》,中国戏剧出版社,1990,第180页。
② 〔法〕马塞尔·莫斯《礼物——古式社会中交换的形式与理由》,商务印书馆,2016,第8页。
③ 杜维明:《一阳来复》,上海文艺出版社,1997,第19页。

施恩本身是一种爱的表达，但这种爱是恩爱，是一种权力关系，爱权力化，成为一种软性的社会控制。由于恩德文化取消了个体独立性，施恩出自施爱者的身份责任，而不考虑受恩者的意愿，故"推己及人"，"己欲立而立人，己欲达而达人"，虽然可能是善意，但也会把自己的意志加给他人，从而具有了权力支配性。如父母出自"为子女好"的心愿，去决定子女的婚姻、事业选择，这就是以自己的意志强加于子女，构成了对子女的权力支配。在政治领域，君主以百姓为子民，建立了统治的合法性，虽然不乏爱民的动机和惠民的举措，但要求百姓以服从自己为回报，毕竟是对百姓的一种强制性的管理，是一种权力支配。故宫养心殿有一副清朝雍正皇帝书写的对联："惟以一人治天下，岂为天下奉一人"，看似"天下为公"，而实际上是以"一人治天下"为施恩，以"天下奉一人"为报恩，也就是所谓"以天下养"。恩德的控制性体现了一种占有性的爱，即把爱（仁）理解为一种占有，让对方服从自己的意志。施恩者认为自己的意志是善良的意志，对方必须服从。

恩德的控制性，不仅在于施恩者的权力意志对于受恩者的支配，更在于受恩者负有了报恩的责任，具有了自觉的对施恩方的依附性。报恩者接受了施恩者的"恩惠"，就是欠了债务，需要还债，这种报恩实际上把自身的权利让渡给施恩者。感恩是付给施恩者的欠条，报恩是高利息的还债。这就是说，施恩和报恩这种交换往往是不对等的，因为施恩者是支配者，拥有权力，而报恩者是被支配者，不拥有权力。孔子说，"惠则足以使人"（《论语·阳货》）就揭示了施恩（惠）者拥有了对受恩者的支配性权力。

恩德文化的爱的属性与控制性是对立的，也是统一的。一方面爱是对应的、相互的行为，而有爱不施或受恩不报都是不仁的行为；另一方面施爱是恩赐，要求对方感恩、报恩，服从施恩方，从而构成了控制性。对于有恩不报者，轻则道德谴责，重则法律制裁，如历朝历代都以不忠不孝为违反人伦，大逆不道，严加处罚。所谓后宗法社会的"儒法合一""儒表法里"，实际上就是恩德的爱的属性与控制性的合一。

第二节 恩德文化的身份伦理性质

一 恩德是一种身份伦理

春秋战国时期，宗法封建贵族制度瓦解，社会身份混乱，导致礼崩乐坏。儒家要重建伦理规范，首先就要求"正名"，即重新确定身份责任，依据社会身份确定伦理责任，也就是把伦理规范与社会身份关联起来，造成了一种身份伦理。安乐哲认为中国伦理是"角色伦理"，实际上更确切的命名是身份伦理，因为西方的社会角色与中国的身份性质不同，前者建立在契约关系之上，具有独立性，而且可以选择；后者建立在恩德关系之上，具有依附性和不可选择性。儒学被称为"名教"，就是身份伦理。关于"名教"，胡适有所批判，但却对它作了不确切的、肤浅的阐释。胡适说："'名教'便是崇拜写的文字的宗教；便是信仰写的文字有神力，有魔力的宗教。"① 这里把"名"解释为名称，乃误解。实际上，所谓名，不是一般的名称，而是名分，也就是社会身份，这是确定道德责任的根据。《左传·桓公二年》载，师服指出："夫名以制义，义以出礼，礼以体政，政以正民。是以政成而民听，易则生乱。"这里的"名"就是身份。这种社会身份已经不是贵族等级身份了，而是平民化的社会关系中的社会角色，包括君、臣、父、子、兄、弟、夫、妇、朋友等。儒家倡导以不同的社会身份来规定不同的道德规范，君臣父子等各有与身份相称的道德责任，也就是施恩—报恩责任，形成了君明臣忠、官良民顺、父慈子孝、兄友弟恭、夫德妻贤、朋友互信等恩德规范。关于这种身份伦理的学说，就是名教。晋袁宏《后汉纪·献帝纪》云："夫君臣父子，名教之本也。"儒家提出要有身份意识，守身份责任，"君子思不出其位"（《论语·宪问》），"君子素其位而行，不愿乎其外"（《中庸》），这就是要自觉地遵行身份伦理。孔子说："必也正名乎？""名不正则言不顺，言不顺则事不成，事不成则礼乐不兴，礼乐不兴则刑罚不中，刑罚不中则民无所措手足。"（《论语·子路》）这里讲述的道理，就是通过在社会关系上正名分即明确社会身份，进而确定伦理责任，建构各个社会身份的道德规范，达到伦理上的自觉。"齐景公问政于孔子，孔子对曰：'君君、臣臣、父父、子子。'"（《论语·颜渊》）有的西方人认为这句话是同语反复，实际上并非如此，而是讲身份伦理责任。这里说君要像君、臣要像臣、父要像父、子要像子，是讲各个身份的人要负起相应的伦理责任，而这个伦理责任就是施恩—报恩。《左传·文公十八年》有"父义，母慈，兄友，弟恭，子孝"的"五教"。《大学》有"为人君止于仁，为人臣止于敬，为人子止于孝，为人父止于慈，与国人交止于信"的"五止"。《礼记·礼运》有"父慈，子孝，兄良，弟悌，夫义，妇听，长惠，幼顺，君仁，

---

① 胡适：《中国文化的反省》，华东师范大学出版社，2013，第152页。

臣忠，十者谓之人义"的"十义"。孟子有"父子有亲，君臣有义，夫妇有别，长幼有序，朋友有信"（《孟子·滕文公上》）的五伦。荀子有："请问为人君？曰：以礼分施，均遍而不偏。请问为人臣？曰：以礼侍君，忠顺而不懈。请问为人父？曰：宽惠而有礼。请问为人子？曰：敬爱而致文。请问为人兄？曰：慈爱而见友。请问为人弟？曰：敬诎而不苟。请问为人夫？曰：致功而不流，致临而有辨。请问为人妻？曰：夫有礼，则柔从听侍；夫无礼，则恐惧而自竦也。"（《荀子·君道》）这些论述都是阐释名教即身份伦理。对于名教，谭嗣同给予了最严厉而深刻的批判，他说："俗学陋行，动言名教，敬若天命，而不敢逾……上以制其下，而下不能不奉之，则数千年来，三纲五常之惨祸烈毒由是酷焉矣。君以名桎臣，官以名轭民，父以名压子，夫以名困妻……于钳制之术不便，故不能不有忠孝廉节，一切分别等衰之名……忠孝既为臣子之专名，则终不能以此反之。"① 林语堂著《吾国与吾民》，提到了恩德与名分的关系，他说："恩典是以为社会上名分观念的要素，亦为孔子理想中的君子统治的具人性的父母政治之逻辑结果。"②

秦代以后，身份伦理成为主流文化，同时儒学各家也开始为其作论证，以使其获得合法性。董仲舒的神学哲学论证了身份伦理的绝对合理性，它以天德合人德，提出天有阴阳，人有尊卑，形成了"三纲五常"的伦理规则。宋明道学从哲学高度为恩德文化的身份伦理作终极论证，就是建立了"理（道）"本体，证明身份责任是理的规定。程朱理学认为"性即理"，而人性就包含忠孝。程颐说："夫有物必有则，父止于慈，子止于孝，君止于仁，臣止于敬。"③ 朱熹说："理只有这一个，道理则同，其分不同。君臣有君臣之理，父子有父子之理。""所居之位不同，则其理之用不一。如为君须仁，为臣须敬，为子须孝，为父须慈。物物各具此理，而物物各异其用，然莫非一理之流行也。"④ 陆王心学从主观方面为恩德文化作出终极论证，认为"心即理"，而心存仁义，故恩德文化具有绝对合理性。陆象山认为道在人体现为本心，仁义即本心："道塞宇宙，非有所隐遁。在天曰阴阳，在地曰柔刚，在人曰仁义。故仁义者，人之本

---

① （清）谭嗣同：《仁学》，印永清评注，中州古籍出版社，1998，第93页。
② 林语堂：《吾国与吾民》，中国戏剧出版社，1990，第181页。
③ （宋）程颐撰：《周易程氏传》，王鹤鸣、殷子和整理，九州出版社，2011，第211页。
④ （宋）朱熹撰：《朱子全书》第十四册，朱杰人、严佐之、刘永翔主编，上海古籍出版社、安徽教育出版社，2002，第606页。

心也。"① 王阳明说："理也者，心之条理也。是理也，发之于亲则为孝，发之于君则为忠，发之于朋友则为信。"② 这样，陆王心学就把理（道）化为心性，成为忠孝的绝对根据，为恩德文化的绝对合理性作了终极论证。

身份伦理有两个特性，一个是伦理规范与社会关系相一致，从而导致责任伦理与信念伦理未分化；另一个是依据不同的社会身份确定各自的伦理责任，从而缺乏伦理价值的普遍性，形成所谓"特殊主义伦理"。现代社会关系是契约关系，个体独立、平等，而在这个基础上就形成了两重性的道德规范。一个是现实的道德规范，就是与社会关系一致，维护一般人的现实利益，符合主流意识形态，这就是韦伯所说的"责任伦理"。另一个是超越契约关系的局限，倡导绝对的、普遍的爱，以弥合社会关系造成的分裂，这就是韦伯所说的"信念伦理"。在依据社会身份建构的身份伦理中，没有发生伦理规范与社会关系的分化，只是依附于、服务于社会关系，没有形成独立的、超越社会关系的信念伦理或宗教性道德，而实际上偏于责任伦理。本来哲学应该超越道德，不仅要论证社会关系和责任伦理的合法性，还要论证其局限性，进而提出超越社会关系的信念伦理。但是，董仲舒的神学哲学和宋明道学只是论证了身份伦理的合法性，而没有反思其局限性和提出独立的超越社会关系的信念伦理。董仲舒认为"三纲五常"就是效法天德，而"天不变，道亦不变"。宋明道学认为理（道）为本体论范畴，"理一分殊"，理分有为每个身份的伦理责任，由此身份伦理就是天经地义的。朱熹说："天命之谓性，命，便是告札之类；性，便是合当做底职事，如主簿销注，县尉巡捕。"③ 他把理决定的性确定为身份责任，企图证明恩德文化的绝对合理性。这样，责任伦理或社会性道德与信念伦理或宗教性道德没有分化，或者说偏于责任伦理和社会性道德，而缺失独立的信念伦理和宗教性道德。恩德文化以其实践性、差等性而与社会关系契合，形成责任伦理或社会性道德，而信念伦理或宗教性道德又得到确立、发展。这就导致了恩德文化缺乏超越性维度和绝对性根据。为了弥补这个缺陷，中国文化设置了仁的范畴，提出了"以仁为本""天地万物一体之仁"，以获得道德的绝对性和普遍性。仁体现了恩德文化的信念伦理的因素，带有了普遍伦理价值的萌芽。但是，儒家的仁实际

---

① （宋）陆九渊：《陆象山全集》，国学整理社，1936，第6页。
② （明）王守仁：《王阳明全集》，国学整理社，1936，第79页。
③ （宋）朱熹撰：《朱子全书》第十四册，朱杰人、严佐之、刘永翔主编，上海古籍出版社、安徽教育出版社，2002，第192页。

上具有两重性，一方面是平等的、普遍的爱，即"泛爱众""天地万物一体之仁"；另一方面作为孝悌忠信等范畴的概括即"全德"，仍然是不平等的、差等之爱，而非平等的、普遍的爱。因此，恩德文化虽然有信念伦理的成分，但偏于符合社会关系的责任伦理或社会性道德，而没有分化出独立的信念伦理或宗教性道德。

身份伦理赋予各种身份不同的道德责任，而缺乏价值的普遍性。现代伦理是普遍伦理，它建立在平等的社会关系和契约关系之上，不管社会角色如何不同，都要承担同样的道德责任，也有同样的道德评价标准，体现了平等的、普遍的价值，从而形成韦伯所谓的"普遍主义伦理"。中国理性的普遍性没有充分发展，普适性价值没有形成，只能依据社会身份设定不同的道德责任，即不同身份的施恩和报恩的责任，从而形成了韦伯所谓的"特殊主义伦理"（ethical particularism）。帕森斯比较了解中国的特殊主义伦理与西方的普遍主义伦理：

> 文明最高的道德责任，在理论上或实际上，绝大部分是"非个人地"应用于所有人身上，或者大部分其范围均无关乎涉及任何特定的个人关系。……在这方面，清教徒的道德代表的是将基督教普遍倾向强化的结果。它对于社会上的偏袒徇私具有极强的敌意。在这方面，儒家道德与之正相反，儒家道德认可的是一个人对另一个特殊个人的"个别"关系。——并且特别强调"仅只"这种关系。在儒家道德系统认可与接受之下的整个中国社会结构，主要的是一种"分殊主义"的关系结构。①

但是，他没有进一步揭示出，在这个特殊主义伦理中的"个别"关系是施恩—报恩关系，也就是恩德。在恩德文化中，要区分亲疏、长幼、尊卑，如父子、兄弟、夫妇、朋友、君臣"五伦"，每一伦的双方分别负有了特殊的施恩与报恩责任，从而形成一种特殊主义的伦理，如父慈子孝、兄友弟恭、夫德妻贤、君明臣忠等。在这种身份伦理中，施报双方的伦理责任不同，道德要求不同，各自所享有的权利也不同，即施恩方如父、兄、夫、君等就要求慈、友、德、明，并且拥有了控制性；而报恩方如子、弟、妻、臣等就要求孝、悌、贤、忠，并且负有了依附性。在这种身份伦理中，也没有形成统一的价值准则，虽然强调仁，但仁不是普遍的

---

① 杨联陞：《中国文化中"报""保""包"之意义》，中华书局，2016，第71页。

爱，而是恩爱，是基于不同身份而有所不同的爱，施爱（恩）与受爱（恩）双方不平等，而且对不同对象的爱也具有差等性。

　　身份伦理也不同于所谓的"角色伦理"。美国学者安乐哲研究儒家伦理，建立了"儒家角色伦理学"（Confucian Role Ethics）。安乐哲依据杜威的实用主义哲学，以角色关系来建构伦理体系。他认为儒家伦理是通过社会角色（role）之间的关系建构的，而这个角色首先是家庭角色，推及其他社会角色。儒家由己推人，以角色关系建立了普遍伦理。他认为在现代社会，角色伦理可以克服西方基于个人主义而建立起来的理性化伦理的弊端，而建构起一种社群主义的伦理体系。安乐哲以角色伦理阐释儒家伦理，是一种创见，具有一定的合理性，因为儒家伦理就是赋予不同的身份以不同的伦理责任，如父慈子孝、兄友弟恭、夫德妻贤、君明臣忠、官良民顺等，从而建构了"君君、臣臣、父父、子子"的社会秩序。但是，他对角色伦理的内涵以及功能的阐释却不符合儒家伦理的实际，因此他对角色伦理的合理性及其现代意义的肯定就产生了偏颇。首先，安乐哲使用的基本概念角色（role）是西方意义上的，而不是中国文化的概念，以它来阐释儒家伦理就产生了误读。现代西方的社会角色基于契约关系，具有独立性、平等性、流动性。人虽然是社会角色，负有社会责任，但首先是一般的人，拥有平等的权利；人也可以选择自己的角色。因此，人不等于社会角色，不是角色的等价物。西方现代伦理不是由特殊的角色之间的关系决定的，而是由一般的人际关系（契约关系）决定的，具有普遍性。而且，伦理除了角色责任，还体现出作为独立的人的自身的价值，所以有责任伦理与信念伦理的分立与统一。中国儒家文化没有相应的"角色"概念，只有"名分"概念。名分也是一种社会角色，但不同于西方的社会角色，而是后宗法皇权士绅社会的身份。这种身份不是基于契约关系，而是基于不平等的社会关系，首先是家族关系，然后再推及其他社会关系。因此，身份是固定的、不独立的、不平等的，基本上不能选择，不能流动；它有责任而无权利。身份之间的关系是施恩—报恩关系，不同的身份具有不同的施恩或报恩责任，从而形成一种身份伦理，故此身份伦理是恩德。身份伦理既是一种责任伦理，也带有信念伦理的成分，是二者未分化的形态。安乐哲混淆了现代社会的角色概念与中国传统社会的身份概念，认为中国社会的身份是自然生成的、可以自主选择的，而且认为角色关系和角色责任可以构成新的现代伦理，这种对儒家身份伦理的阐释是一种误读，它遮蔽了儒家身份伦理的恩德本质和控制性、私己性、差等性等，从而也就不能克服现代伦理的弊端并取代现代伦理。

二　身份伦理的私己性和为他性

现代伦理建立在人的"共在"的基础上，具有了普遍性，它形成了共同的道德规范和价值观。现代伦理不会因为个体差异而奉行不同的标准，如善恶的标准是确定的，不会各有各的标准。恩德文化作为身份伦理，没有形成普遍的价值，而具有私己性。所谓私己性，就是在施恩—报恩关系中，每个人都以自己为中心面对他人，对自己有恩惠就是善，反之则为不善。施恩是为他的，但必须有回报，这才是价值之所在；报恩也是为他的，但必须以受恩为前提，施恩和报恩都要落实到自己身上。这样，爱就成为以自己为中心的恩惠，成为一种人情关系。这种人情关系不是普遍的伦理规范，而是我他之间的特殊情感和价值，具有私己性。如父母有养育之恩，就有爱，要尽孝报恩；他人对我没有恩惠，就不能产生恩情和孝的责任。所以孔子说："非其鬼而祭之，谄也。"（《论语·为政》）这就是说，不是自己家的祖宗，对自己无恩，就不能祭祀，也没有孝的责任。这样，每个人只能爱对自己有恩情关系的人，而难以产生普遍的爱。总之，恩德文化产生了一种私己性，而缺乏价值的普遍性，这是其根本缺陷。梁启超认为传统中国重私德，而西方伦理重公德，这个私德和公德之分，实际上就是身份伦理与一般伦理之分，也是恩德文化的私己性与现代文化的普遍价值之分。梁启超说："旧伦理之分类，曰君臣，曰父子，曰兄弟，曰夫妇，曰朋友。新伦理之分类，曰家族伦理，曰社会伦理，曰国家伦理。旧伦理所重者，则一私人对于一私人之事也。新伦理所重者也，则一私人对于一团体之事也。……是故公德者，诸德之源也，有益于群者为善，无益于群者为恶。此理放之四海而准，俟诸百世而不惑者也。"[①] 身份伦理基于个体的身份意识，是我他关系的规范，故本质上是一种私德。中国文化基于家族本位和身份伦理，没有形成公德，而只有私德，这就导致在社会生活中以私德代替公德，或者说通过私德发挥公德的作用。林语堂也指出了恩德的私己性："这种社会环境（按：指人治社会），为恩典的发源地，它产生于在势者与需要保护的人二者之间的私人关系。它可以代替公义的地位，往往如此。"[②]

为了克服私己性带来的普遍价值的缺失弊端，恩德文化采用了类比性的推理建立普遍的价值，就是要求推己及人，将心比心，把自己的欲望推

[①] 梁启超：《新民说》，商务印书馆，2016，第 19~20 页。
[②] 林语堂：《吾国与吾民》，中国戏剧出版社，1990，第 181 页。

移到他人身上，从而建立普遍的恩德关系。孔子说"己所不欲，勿施于人"又说"己欲立而立人，己欲达而达人，能近取譬，可谓仁之方也已"。《大学》说："所恶于上，勿以使下。所恶于下，勿以事上……此之谓絜矩之道。""如不欲上之无礼，则必以此度下之心，而亦不敢以此无礼使之。不欲下之不忠于我，则必以此度上之心，而亦不敢以此不忠事之。"《中庸》引述孔子的话："君子之道四，而丘未能一焉。所求乎子，以事父，未能也。所求乎臣，以事君，未能也。所求乎弟，以事兄，未能也。所求乎朋友，先施之，未能也。"此即要求子事父、臣事君、弟事兄、朋友事朋友，夫、君、兄、友首先要做到，也是说推己及人。"能近取譬"这种类比推理一定程度上建立了人与人之间的共同价值，避免了极端的利己主义，从而一定程度上克服了恩德文化的私己性。但是，这种共同的价值建立在推己及人的前提下，是一种"推恩"，它毕竟只是概念的推演，而不能等同于人我之间的真实关系；人我之间的真实关系主要是身份关系，所以推己及人也不能充分有效地克服恩德的私己性，也就不能充分有效地建立起普遍的爱和道德责任。而且，这种身份伦理的推广仍然以自己为中心，必然产生差等性，这是私己性的扩大，削弱了道德的普遍性。

恩德文化的私己性不同于现代的个体价值，个体价值是建立在个体独立的基础上的，是对个体权利的肯定，它维护自己的利益和权利，也反对侵害他人的利益和权利。而恩德文化的私己性并没有确立独立的个体价值，它把自我作为施恩者或报恩者而归属于对方，从而失去了自我。恩德文化的私己性也不同于极端利己主义，极端利己主义如杨朱是一切为我，不顾他人利益，而恩德文化的私己性建立在我他之间的施恩—报恩关系之上，是以自我去建构他人，也以他人建构自我，处于一种我为他人、他人为我的人我交互的状态，这种伦理抑制了极端利己主义，建立了一种特殊的群体价值。

恩德是由自己与他人的施恩—报恩关系构成的，这就是说是以自我与他人之间的利益关系定位的，因此，以自己为基准，是否对自己有恩（包括施恩和报恩），就成为爱的标准，即对自己有恩则以为爱，对自己无恩，则不以为爱，这样就很容易形成一种以私情、私利为导向的伦理取向。这样，恩德文化的私己性把爱变成了一种"人情"。费孝通先生说："在这种富于伸缩性的网络里，随时随地是有一个'己'作中心的，这并不是个人主义，而是自我主义……一切价值是以'己'为中心的主义。"[1]

---

[1] 费孝通：《乡土中国》，北京大学出版社，2012，第45页。

爱应该是超出个人利益之上的，具有普遍性，但是身份伦理的爱基于私人感情，这可能导致一种恩德化的自我中心主义，例如，以与我的恩情关系确定是非善恶，对我有恩，就有爱，反之则无爱或仇视，这样就失去了伦理的普遍性。在日常生活中就经常出现"你仁我义"，"你不仁，我不义"的现象，这就失去了道德的普遍性。私己性产生了私恩与公义的矛盾，如亲属、朋友违反了公德、触犯了国法，但因为有亲情、恩情，就可能加以袒护、包庇，而大义灭亲则被视为无情无义。这种情况不仅仅是个人遇到的问题，伦理规范和国法也会对私恩让步，如孔子云："父为子隐，子为父隐，直在其中矣。"（《论语·子路》）历代法律都规定对直系亲属知情不举、掩护其罪责可以免于追究，从而产生了私己性与普遍价值之间的矛盾。为了解决这个冲突，恩德文化设定了普遍的伦理范畴"仁"，以仁统领恩德，在一定程度上缓解了这个矛盾。尽管如此，私己性是恩德文化的固有特性，它与伦理的普遍性的矛盾是难以从根本上克服的。

恩德文化不仅具有私己性，还有相反的一面即为他性。无论是施恩者还是报恩者，都被要求履行一种身份责任，就是君、臣、父、子的角色责任，通过施恩或报恩把自己给予对方，这就构成了一种为他性。孔子说，"君子贵人而贱己，先人而后己，则民作让"（《礼记·坊记》），就是通过施恩、报恩而为人去我，从而也就具有了无我性。孔子说"克己复礼为仁"，即克制自我，把自我交付他人，履行恩德责任，以合乎"礼"。王阳明说："君子之学，为己之学也。为己故必克己，克己则无己。无己者，无我也。世之学者执其自私自利之心，而自任以为为己；漭焉入于堕堕断灭之中，而自任以为无我者，吾见亦多矣。呜呼！自以为有志圣人之学，乃堕于末世佛、老邪僻之见而弗觉，亦可哀也夫！"[1] 他们都是在肯定的立场上明确地提出了中国文化的无我性。恩德文化的无我性，不同于道家的无我性，道家讲"虚己""无待"，既没有欲望，也没有责任，而恩德文化的无我性是为他、舍己，有追求、有责任。这种为他性或无我性，否定了个人主义，限制了私心，因为要为己，必先为人，所谓先人后己，因此中国文化不同于西方的个人本位文化。从历史的合理性上说，在生产力低下、物质财富匮乏的情况下，限制个体价值有其合理性，它避免了弱肉强食和极端利己主义，而维系了社会的稳定。辜鸿铭也提出，中国文化是为他人的文化，儒教是"无我的宗教"。梁漱溟发

---

[1] （明）王阳明撰：《王阳明全集》（上），吴光、钱明、董平、姚延福编校，上海古籍出版社，1992，第272页。

现了中国文化的为他性、无我性,认为这是中国文化重情(爱)的体现,他说:"人在情感中,恒只见对方,忘了自己。慈母每为儿女而忘身;孝子亦每为其亲而忘身。夫妇间、兄弟间、朋友间,凡感情厚底必处处替对方着想,念念以方为重而放轻了自己。所谓'因情而有义'之义,正从对方演来,不是从自己立场出发。"[1] 这是恩德文化的为他性、无我性的好的一面。但是,另一方面,由于恩德文化的支配性和爱的占有性,以及相应的依附性和被占有性,施恩、报恩双方都没有主体性,没有个人意志,而成为恩德文化中的非主体的构成物,这也导致了自我意识和个体权利的失落。在恩德文化中,自我没有独立的权利,只有为他的责任,不能直接争取自己的权利,自己的利益只能寄托在施恩者的仁爱之上,由施恩者来给予,如子女的利益只能依靠父母的慈爱,百姓的利益只能依靠君主、官员的仁德。同时,施恩者也没有自主性,他们的利益也不能自己争取,也只能通过施恩来获得报恩者的回报,例如很多父母为子女辛劳一生,最终换取了子女的孝心和养老送终;也有清官为民操劳,廉洁奉公,获得俸禄、升迁和民众的赞誉。但由于施报双方的权利不平等,施恩方具有支配性,所以施恩方往往在不施恩的情况下,夺取报恩方的利益,如历史上大多数统治者所为。这种为他性与私己性构成了看似对立、其实一体的两面,即每个人都从自己的感受对待他人,但又不是出自自由意志,而是被动地履行责任。

在恩德文化中,个体必须依附于恩德关系中的对象,不具有独立性,从而造成了一个去个体化的群体,包括家族、社会、国家都是恩德关系造成的去个体化的松散的集体。由于个体从属于群体,中国文化认为个体存在的意义在于对这些群体所具有的价值,而不在于个体自身的价值。从积极方面说,是个体通过施恩—报恩投入群体,寻求群体的认同。从消极方面说,是个体价值消失,个体通过施恩—报恩而成为群体的附属。中国传统社会的个体与其所在的群体绑在一起,个体为群体负责,群体也要为个体负责,个体与群体荣辱与共,如个体的成功,也是家庭、家族、乡里的荣耀;反之,个体的耻辱也会辱没祖宗、家庭,甚至骂人也要辱骂其祖宗后代,犯罪也可能祸及家庭、宗族等。还有,由于私己性。导致这个无我的群体性是松散化的小集体主义,也就是以自我与他者之间构成的施恩—报恩关系形成的群体意识,它必然是松散化的小集体主义。家族主义、地方主义等都体现了这种松散化的小集体主义。

---

[1] 梁漱溟:《中国文化要义》,世纪出版集团、上海人民出版社,2012,第87页。

三 身份伦理的差等性

身份伦理的私己性也导致了差等性。恩德文化从自己与他人的施恩—报恩关系出发建立社会关系，社会关系被恩情规定，这样，由于恩情的大小差异，自己与他人之间就有了亲疏远近之别，形成了不同的等级，构成了差等性。所谓差等性，就是依据不同的社会身份而施恩、报恩，施恩和报恩的对象不同，爱的大小多少也有所不同，从而限制了爱的普遍性。"推恩"是恩德的差等性的成因，恩德文化是从家族伦理推演而成的，形成了差序格局。家族是基本的生活单位，施恩—报恩关系最为直接、亲密，其中父子关系要重于兄弟关系、夫妻关系，所以父子之爱要重于兄弟之爱和夫妻之爱。由家庭伦理推广出去，其他社会身份之间的施恩—报恩关系相对间接、疏远，逐渐减弱，形成差等。由家庭到家族、宗族，恩德关系就间接、疏远一些，亲情就更为淡化一些。而乡邻之间的恩德关系更间接、疏远一些，故恩情更淡化一些。依此类推，由家而族而乡里而国家而天下，恩德关系由亲而疏，恩爱也由大而小，形成了费孝通说的"差序格局"。费孝通认为中国传统的人际关系格局是从自我出发与他人结成网络，不断扩展，它"以'己'为中心，像石子一般投入水中，和别人所联系成的社会关系，不像团体中的分子一般大家立在一个平面上的，而是像水的波纹一般，一圈圈推出去，愈推愈远，也愈推愈薄"[1]。"从己到家，由家到国，由国到天下，是一条通路。《中庸》就把五伦作为天下之达道。"[2] 这种人际关系的构成就是"差序格局"。孔孟都强调爱的差等性，孔子说："非其鬼而祭之，谄也。"（《论语·为政》）孟子批判墨子的"兼爱"思想，认为是无父无君。孟子对墨子信徒主张的"爱无差等，施由亲始"作了这样的回答：

徐子以告夷子。夷子曰："儒者之道，古之人若保赤子，此言何谓也？之则以为爱无差等，施由亲始。"徐子以告孟子。孟子曰："夫夷子信以为人之亲其兄之子为若亲其邻之赤子乎？彼有取尔也。赤子匍匐将入井，非赤子之罪也。且天之生物也，使之一本，而夷子二本故也。盖上世尝有不葬其亲者，其亲死，则举而委之于壑。他日

---

[1] 费孝通：《乡土中国》，北京大学出版社，2012，第43~44页。
[2] 费孝通：《乡土中国》，北京大学出版社，2012，第45页。

过之，狐狸食之，蝇蚋姑嘬之。其颡有泚，睨而不视。夫也，非为人，中心达于面目，盖归反而掩之。掩之诚是也，则孝子仁人之掩其亲，亦必有道矣。"徐子以告夷子，夷子怃然为间曰："命之矣。"

孟子在这里指出了夷子说法的矛盾性，即爱无差等和施由亲始的"二本"，而主张"一本"，即"爱有差等，施由亲始"。差等之爱体现了身份伦理的局限性，即从家族本位出发，以施恩多少来决定报恩多少，从而构成了差序格局。《礼记·丧服四制》云："其恩厚者，其服重，故为父斩衰三年，以恩制者也。"这里说的是，因为父亲恩厚而戴重孝，而其他人的丧礼因为恩轻则无须戴重孝。可知恩德文化的法则，就是根据施恩的多少决定回报多少，从而构成了爱的差等性。孟子坚持身份伦理，反对"爱无差等"的普遍伦理，他说："夫物之不齐，物之情也，子比而同之，是乱天下也。"这里以物有不同特性而比附身份不同，不能兼爱，不仅逻辑上不合理，而且也抹杀了人的平等性。

恩德文化的差等性适应了后宗法社会的社会关系，构筑了相应的伦理规范。后宗法社会以家族为本位，推广而成为社会关系，相应的伦理规范也是以家庭伦理为中心推广而成的，从而保证了家族关系的中心地位，也保证了这个伦理秩序的现实性。在一个宗教文化薄弱的社会里，不可能建立起如欧洲那样的"爱一切人"的信念伦理，而只能依据亲情关系建立一个亲疏有别的身份伦理。另一方面，以家族伦理为中心的差等之爱事实上削弱了仁爱的普遍性原则，故在亲近的人和一般关系的人之间，就有亲疏远近之别，产生爱的偏向。中国社会形成了一个"熟人伦理"，对于亲人、朋友、同事等就有多一些爱，而对于陌生人就相对冷漠，甚至产生"向亲不向理"的倾向。中国社会长期存在家族主义、地方主义、小团体主义等现象莫不与恩德文化的差等性有关。

总之，中国恩德文化是一种身份伦理，这是中国文化区别于他民族文化的特殊之处。身份伦理具有私己性和差等性以及信念伦理与责任伦理未分等特性，这些特性带有前现代性，需要加以改造，使其向现代文化转化。

第三节 恩德文化的有限理性特质

确定了恩德文化的身份伦理特性，就可以在这个基础上进一步从理性的角度确定中国文化的基本性质。身份伦理是依据不同的社会身份确立各自的伦理责任，从而缺失了理性的普遍性。恩德是以感恩为基础确立的道德理性，把理性建立在个体感性之上，从而缺失了理性的绝对性。这就意味着中国文化的理性是有限理性。

一 理性决定文化的性质

理性是文化的自觉层面和主干部分，因此理性决定着文化的性质，给文化定性的标准是理性。原始文化是前理性的文化，而文明社会的文化是理性主导的文化。各个历史阶段的文化是由理性的发展状况决定的，如欧洲古希腊、罗马产生了人文精神和科学精神的萌芽，是理性精神的初步发生；中世纪的宗教信仰压倒理性，具有前理性、超理性的性质；现代社会理性精神复兴，理性成为主导。不同民族的文化特性也是依据其理性的特殊性决定的。作为东方文明重要一支的中国文化，其性质也由其理性的特性决定。这就是说，研究中国文化，就要考察中国文化的理性的构成，如价值理性与工具理性之间的关系；理性成分与非理性成分的关系，包括理性与感性、神性、超越性的关系等。

所谓"实用理性"概念是从康德的"实践理性"转化而来的，"实用理性"的概念揭示了中国文化的诸多特点，如偏于伦理、重视经验、一个世界等，对这些特点的概括有其合理性。但是，以"实用理性"概括中国文化还不够全面，中国文化的一些其他特性被遗漏。而且，实用理性把中国文化作为与西方文化并列的文化类型，只是一种空间化的定性，没有在时间性上作出规定，即没有在文化的历史向度上定位，指示出中国文化发展的方向。因此，应该更进一步对中国文化作出新的定性。

首先要确定理性概念。理性可以定义为人类所拥有的自觉地把握世界和自身的智慧和能力。理性区别于蒙昧，是文明的根据。文明的母体是原始文化，原始文化是巫术文化，具有蒙昧性，也就是不具有自觉性，是非理性的文化。后来理性发生，原始文化瓦解，形成理性主导的文明。理性对神性祛魅，使人类具有了自觉性，可以自觉地把握自身和世界。理性指导感性，拥有抽象能力，具有概括性、综合性，形成了知识系统（工具理性）和价值系统（价值理性），这个理性也被康德称为知性。此外，理性也区别于超理性。理性具有现实性，是适应现实生存的意识。在理性主导的现实生存中，也有对理性的反思和对现实世界的超越追求，形成了精神的超越层面——超理性或称批判理性，如哲学、审美以及宗教信仰等对现实世界的超越。这种区分大体上合乎康德的理性分类，即一个是理论理性，具有认识功能；另一个是实践理性，具有意志功能。只是康德把道德与信仰、哲学并列，都归于实践理性，并列入本体领域（超验领域），这是不合理的。实际上，道德属于知性，不属于超理性，而信仰和哲学以及艺术（审美）才属于超理性。

接下来就是西方文化的性质问题。西方文化的理性发育比较充分，代表了一般理性，因此可以用一般理性定性西方文化。从历史发展上看，在脱离了原始社会之后，古希腊、罗马文化成为欧洲人文精神和科学精神的源头。在人文精神方面，古希腊确立了人的主导地位。在古希腊的神话和宗教中，神人化，具有自然的人性，神人和谐地生活在一个宇宙中。古希腊哲学也是围绕着人开展的，体现了高度的理性思维水平。古希腊早期哲学家普罗泰戈拉曾说："人是万物的尺度，是存在的事物存在的尺度，也是不存在的事物不存在的尺度。"[1] 古希腊先哲苏格拉底、柏拉图和亚里士多德，把理性提升到新的高度。苏格拉底呼唤人要"认识你自己"，发挥人的理智能力和道德本性，建立一个人的哲学。柏拉图确信存在着人类可以把握的普遍的真理，他把世界的本体界定为理念，这是最高的哲学抽象，用理念来解释世界上的万物。柏拉图认为神就是最高理念"善"，而"任何人凡能在私人生活或公共生活中行事合乎理性的，必定是看见了善的理念"[2]。亚里士多德把人定义为有灵魂的理性动物。人的灵魂包括营养灵魂或称植物性灵魂、感觉灵魂或称动物性灵魂，以及理性灵魂。其中理性灵魂统摄了营养灵魂和感觉灵魂，是最高级的灵魂形式。亚里士多德认为理性是人特有的一种认知能力，是人区别于动植物的本质特征，人凭借理性把握事物的本质。亚里士多德运用理性建造了知识的大厦，他把知识分为思辨的知识、实践的知识和创造的知识。他认为思辨的知识包括数学、物理学和第一哲学（神学）等；实践的知识包括伦理学、政治学、经济学等；创造的知识包括诗学等。亚里士多德是一个百科全书式的学者，他的研究成果包括了众多的自然科学和人文科学的领域。古希腊文化的理性不仅体现为人文精神，还体现为科学精神。古希腊人崇尚科学，产生了探索自然奥妙的兴趣，在天文学、数学、物理学等领域有所建树。虽然这个时期还不能形成系统的科学知识，但理性的运用却成为科学精神的源头。古罗马有一个"希腊化"时期，成为古希腊文化的继承者和发展者。进入中世纪后，希伯来文化（基督教）以其神性否定了古希腊、罗

---

[1] 〔古希腊〕柏拉图：《柏拉图全集》第二卷，王晓朝译，人民出版社，2003，第664页。
[2] 〔古希腊〕柏拉图：《理想国》，郭斌和、张竹明译，商务印书馆，1986，第279页。

马文化的人文精神和科学精神,建立了宗教主导的文化,从而以否定的形式为欧洲文化补充了超理性的维度。再经由文艺复兴和启蒙运动对中世纪文化的否定,理性精神得以复兴,形成了其充分形式,这就是现代理性;同时也保留和发展了宗教和哲学、艺术等超理性精神。这样,西方文化就成为理性主导的现代文明。可以说,西方文化中理性发育比较充分、全面,具有了一般理性的性质,并且凭借理性率先进入现代文明。西方的一般理性文化有以下七个基本特性。

第一点,西方文化建立了理性和超理性的平衡。它为理性找到了绝对性的根据,这个根据包括超理性的宗教和哲学,由此构成此岸和彼岸两个世界或经验和超验两个领域。古希腊人开始了哲学思考,把理性的根据归于实体(如柏拉图的理念)。中世纪的基督教神学又把信仰作为人类道德和认识的根据。后来康德综合了这些属性,建立了理性主义的哲学体系,包括经验领域的纯粹理性(知识)、情感领域的判断力(审美)、本体领域的实践理性(伦理、宗教、哲学)。总之,理性主导的西方文化不仅有经验层面的理性,还有超验层面的超理性,后者是前者的根据和反思。第二点,确立了主体性。由于人与世界分离,发生主客体的对立:人与自然对立,是征服者与被征服者的关系;人与人对立,是竞争者之间的关系。由此确立了人的主体性地位,世界成为人支配的对象。古希腊就提出了"人是万物的尺度",笛卡尔以我思作为哲学的出发点,康德提出了先验自我是认识的根据,于是主体性哲学确立。第三点,理性分化。在主客体分离的基础上形成了主客观的分离,认知方面与情意方面分化,理性以及理性主导的文化本身也发生了分化,形成了价值理性(人文精神)与工具理性(科学精神),它们各自发展,互相支撑和制约。第四点,理性与感性分离,理性独立,充分发展,并支配感性。西方文化的理性与感性分化比较彻底,并且确立了理性对于感性的主导地位,而感性居于理性的从属地位。特别是启蒙运动之后,建立了理性的权威,理性成为一种权力,确立了道德、法律、科学等对社会生活的支配地位,形成了理性主导的文化。第五点,由于伦理规范建立在契约关系的基础上,特别是现代性的建立和发展,导致个性独立,个体价值成为理性的核心,形成个体本位文化。西方文化的主体性就建立在个体性的基础上,成为个体主体性。这种个体本位文化产生了自由、平等的价值观,也形成了市场经济、民主政治、司法独立等制度文化。第六点,理性的充分发展,形成了理性的普遍性,也就是理性普遍地应用于社会生活的各个领域,形成了系统的知识体系(科学观)和普遍的价值体系(伦理观),可以说理性像一把标尺,衡量和指导了人的心理和社会，于是人成为理性化的人，世界成为理性化的世界。另一方面，现代社会区分了公共领域和私人领域，保留了私人的自由空间，其中感性得以保留，从而拥有了制约理性的力量，抵抗着理性的霸权。

以上对一般理性以及一般理性主导的西方文化作了分析。在这个参照物下，就可以考察中国文化的特质。

二 有限理性文化的社会根源

既然理性是文化的主导，规定着文化的性质，那么用什么概念来为中国文化定性呢？笔者提出了"有限理性"的概念来界定中国文化，以区别于西方文化的"一般理性"性质。"有限理性"不仅揭示了中国文化构成的空间特性，即偏于价值理性，也揭示了其时间特性，即理性发展的不充分性，从而指明了中国文化的现代发展方向是建设全面的理性。同时，由于一般理性带有先天的缺陷，导致现代性的负面作用，而"有限理性"也可能具有某种优越性，可以弥补现代性的缺失。一般理性文化的基本特点就是各种文化要素彻底分化、各自独立，并且得到充分发展，如此岸与彼岸、感性和理性、工具理性和价值理性、个体价值和集体价值、普遍伦理和私人空间、责任伦理和信念伦理等都充分分化，各自独立，并且得到充分发展。相对于一般理性文化，有限理性文化的基本特性是各种文化要素分化不彻底，发展不充分，保留着一定的融合性。

从社会基础上看，中国有限理性文化的形成有这样几个条件。第一，中国古代是农耕文明，春秋战国以后是以小农经济为主。孟子描绘了一幅小农经济的理想画面："五亩之宅，树之以桑，五十者可以衣帛矣。鸡豚狗彘之畜，无失其时，七十者可以食肉矣。百亩之田，勿夺其时，数口之家可以无饥矣。"（《孟子·梁惠王上》）相对于西方的工商社会，中国小农的生产方式和生活方式重视经验，对技术的要求不高，导致工具理性不发达；感性和理性没有充分分离，具有经验性、直觉性、情理合一的特性。第二，中国社会拥有家族本位的社会关系。中国古代的家族关系没有被打破，家族是基本的社会细胞，在西周形成了宗法封建贵族社会，也就是家天下的分封制，家国一体，家族关系与政治结构统一，宗法伦理是基本的社会价值体系。在春秋战国以后，家国分离，宗法社会、文化瓦解，以儒家为主重建了后封建社会和后宗法文化。所谓后封建社会，就是皇权士绅社会。所谓后宗法文化，就是把家族伦理泛化，外推形成社会伦理和政治伦理，建立家国同构的文化。在后封建社会，每个人都是家族、社会中的一个特定身份，个体不独立，形成群体本位（首先是家族本位），建立了君臣、父子、兄弟、夫妻、朋友之间的支配性关系。此外，家族为中心的"熟人社会"，也限制了普遍理性，保留了情理合一的特性。第三，中国文化是后封建社会的平民文化。自春秋战国开始，贵族社会瓦解，贵族消亡，转化为平民化的皇权士绅社会。在这个社会制度的基础上就形成了平民文化。中国平民文化崇尚实用，注重实践，关注现实，崇尚道德，哲学思考不发达，即道德理性发达，而超理性相对薄弱。第四，中国社会是世俗社会，宗教没有世俗权力，道德和王权主宰社会生活。这就形成了"一个世界"的观念，而宗教信仰相对薄弱。同时，这个世俗化又是不充分的，君主仍然以神的代表即天子名义而获得权力的合法性，对天和祖先的崇拜仍然是社会生活的重要组成部分。

　　中国文化的有限理性特质，形成于特定的历史环境。从历史上看，相对于马克思所说的古希腊是"正常的儿童"，中国文化则是早熟的文明，而早熟的文明也必然是停滞的文明。由于中国文化过早地理性化，理性也必然发展不充分，非理性的成分没有充分去除，这导致理性与非理性、感性没有得到充分的分化，保留了一定的混融性，形成了有限理性文化。神话传说和巫术仪式是原始文化的基本形式，体现了人类童年时期的幻想、记忆和情感特性。古希腊神话中的神祇远离人间，住在高高的俄林波斯山上，互相嫉妒、争斗，充满欲望，是神的人化，体现了人类童年的幼稚、天真，而没有过早的理性化。而中国的神话传说很早就理性化、历史化了，变成了三皇五帝的世系，是人的神化。中国神话的主人公是人间的有德的帝王，为民除害造福，如女娲造人、补天；炎帝教民播种五谷；黄帝、嫘祖教民养蚕；后稷教民栽种五谷；舜喝野菜汤，吃糙米饭，孝父爱弟；后羿射九日；鲧和禹舍命、舍家治理水患；等等。中国古代的巫术仪式也很早就渗入了理性的因素，如《尚书·尧典》中记述了舜帝命夔做乐官，曰："'夔！命汝典乐，教胄子，直而温，宽而栗，刚而无虐，简而无傲。诗言志，歌咏言，声依永，律和声。八音克谐，无相夺伦，神人以和。'夔曰：'於！予击石拊石，百兽率舞。'"原始巫术仪式本来没有伦理教化的功能，但在传世文献中成为伦理教化的手段，说明中国文化的早熟，导致对原始巫术的理性阐释。中国古代的历史文献《尚书》，有《虞书》《夏书》，记载了虞夏时代的统治者尧舜禹的事迹，如《尧典》《皋陶谟》《禹贡》《甘誓》等。这些记载展现了品德高尚、施行仁政的部落领袖的形象。这些记载肯定经过了后世的改造，被理性化、理想化、道德化了，这是中国文化的理性早熟造成的。商周时期巫术仪式变成了国家文化礼仪，其顶峰是周礼。"子曰：殷因于夏礼，所损益可知也。周因于殷礼，所损益可知也。"（《论语·为政》）国家文化礼仪是中国文明的直接发源地，它糅合了早期宗教和道德、政治、法律等，它们没有发生分化，成为一个浑融的文化体系。中国社会、文化定型于周秦之际，以后延续了两千余年。西周扭转了殷商的巫神文化，开始向人文转化，"周人尊礼尚施，事鬼神而远之"（《礼记·表记》），建立了人文性主导的礼乐文化，并且提出了民本思想，呈现理性的曙光。到春秋战国时期，百家争鸣，特别是儒家学说的建树，更有了对人的发现，从而确立了人文精神。春秋战国以降，建立了一个最高范畴"道"，这个道是天人合一的，既是天道，也是人道，主宰了自然和人事。道家认为，"道生一，一生二，二生三，三生万物"（《老子·第四十二章》），道"先天地生"（《老子·第二十五章》），"神鬼神帝，生天生地"（《庄子·大宗师》），"故道大，天大，地大，人亦大，域中有四大，而人居其一焉"（《老子·第二十五章》）。道高于天地神灵，人与天地鬼神并列，从而超越了巫神文化和神本主义，具有了理性思想的萌芽。儒家认为天道通人性："天命之谓性，率性之谓道，修道之谓教。"（《中庸》）道的人性内涵就是"仁"，"仁者爱人"（《孟子·离娄下》），这是一种道德理性。围绕"仁"这个基本范畴，形成了孝悌、友敬、忠顺等伦理范畴体系。在春秋时期继承和发展了礼乐文化，形成了"文"的系统，即后礼乐文化。这个"文"突破了周礼的仪式性的、实践性的符号系统，产生了一套概念体系，建立了复杂的理论思想系统。特别是在百家争鸣之后，形成了各种哲学、伦理、政治学说，成为文化的理性、理论层面，从而形成了一种更成熟的、更高级的文化形态。到了宋明两代，道也称为"理"，产生了以道学为代表的形而上哲学。道就是最高理性，是伦理的根据。以道为最终根据，以仁为核心伦理范畴的中国文化具有了理性主导的性质。

中国文化没有发生天（神）人的彻底分离，主客体也没有彻底分化，导致理性发育不充分、不完全，保留着一些前理性的特征。韦伯曾经比较儒教和犹太教，认为儒教没有充分祛魅，而犹太教有比较充分的祛魅，因此犹太教是理性的宗教，而儒教则不是充分理性的宗教。他更提出，道教没有祛魅，不是理性的宗教。所谓的祛魅，就是以伦理去除巫术，成为理性的宗教。韦伯一方面肯定儒教的理性倾向，说："就像儒家的中国知识分子，他们根本上对神灵置之不论。大体上他们只是单纯地支持古代传下来的仪式，就像中国的官绅知识圈子和一般而言我们现在类似的圈子，所做的一样。"① 他又说："就像受过教育的古希腊人一样，有教养的儒教徒带有怀疑的态度对待巫术的信仰，虽然有时也会接受鬼神论。"② 另一方面，他又认为儒教祛魅不彻底，说："我们必须提醒自己，巫术在正统的儒教里有被认可的地位，并且也自有传统主义的影响力。"③ 他认为，巫术或传统主义在儒教的体现主要是祭祀与占卜，他说："士人阶层的起源我们已无由得知。表面上看来他们显然曾经是占卜师。中国皇权之具有最高祭司长的政教合一的性格，以及中国文献因而具有的特色（诸如官方的史书，具巫术效果的战争与祭礼的颂歌，还有历书以及仪式与祭典方面的书籍），决定了他们的地位。"因此，中国人"想要得到心灵之慰藉与宗教之指引的个人需求，便停留在巫术的泛灵论、与崇拜功能性神祇的水平上"④。韦伯关于儒教未充分祛魅的论说有其合理性，符合儒学的实际；但也有不足之处。一是把儒学当作宗教，这种定性不当。儒学虽然也称儒教，但中国的伦理本位文化混淆了宗教和伦理，"教"不仅指称宗教，也指称伦理教化。儒学虽然有宗教因素，包含了关于天的信仰和祖先崇拜，但主要是伦理体系，它不是指向彼岸，而是指向此岸，因而不是宗教。二是韦伯确定儒教祛魅不彻底，只以巫术的去留为标准，因此只谈儒教与巫术的关系，这不全面。实际上儒学祛魅之不彻底，理性之不充分，除了保留了原始蒙昧性（主要是对天的崇拜和祖先崇拜）以外，还有主客分离不彻底、理性与感性分离不充分等特征，这些特征是"天人合一"的体现，表明理性发展得不充分。我们可以把韦伯关于儒教的祛魅论述，扩展到整个中国文化的理性化上面，确定其有限理性的特质。

三 恩德文化的有限理性内涵

恩德文化的有限理性性质主要体现在以下几个方面。第一，恩德文化确立了人与世界的恩德关系，包括了人与神、人与自然、人与人之间的施

---

① 〔德〕韦伯：《韦伯作品集 V 中国的宗教 宗教与世界》，康乐、简惠美译，广西师范大学出版社，2004，第248页。
② 〔德〕韦伯：《韦伯作品集 V 中国的宗教 宗教与世界》，康乐、简惠美译，广西师范大学出版社，2004，第312页。
③ 〔德〕韦伯：《韦伯作品集 V 中国的宗教 宗教与世界》，康乐、简惠美译，广西师范大学出版社，2004，第283～284页。
④ 〔德〕韦伯：《韦伯作品集 V 中国的宗教 宗教与世界》，康乐、简惠美译，广西师范大学出版社，2004，第169页。

恩—报恩关系，但主要是人与人之间的恩德关系。因此，中国文化的理性与神性没有充分分离，也没有充分祛魅。中国文化形成了"天人合一"的世界观，宗教和形而上学不发达，没有形成独立的超理性的领域，而是形成了与西方"两个世界"不同的"一个世界"。自从西周特别是春秋战国以来，人文性确立，神性减弱，没有形成宗教主宰的社会和文化，而是形成了一个世俗社会和世俗文化。"子不语怪、力、乱、神。"（《论语·述而》）"季路问事鬼神，子曰：未能事人，焉能事鬼？曰：敢问死。曰：未知生，焉知死？"（《论语·先进》）"樊迟问知，子曰：务民之义，敬鬼神而远之，可谓知矣。"（《论语·雍也》）孔子的这些言论体现了中国文化的人文性，也表明了中国文化神性的薄弱。中国在脱离原始文化之后，没有形成韦伯所说的理性（道德）的宗教，而是形成了早期宗教和伦理一体化的国家文化礼仪，就是殷礼和周礼。殷礼还是巫神文化因素主导，而周礼则很大程度上理性化、人性化了。中国的本土化宗教道教前身是带有巫术性的民间信仰，只是在佛教传入后，才仿照佛教规制改造而成，但依然保留了许多巫术的因素（如符咒、法术、炼丹术、长生、成仙等），伦理化程度不高。佛教是外来宗教，后来也被中国化了，带有了世俗性，即追求现实功利性，很少深入灵魂。而且中国人对佛教的信仰也不是非常虔诚，往往是儒释道同时信仰。同时，中国人形而上的哲学思考也不发达，主流文化偏重伦理建构而忽视哲学思辨，具有经验理性的特性。唯有贵族文化的遗存——道家具有哲学的玄思，但没有成为主流。儒家的道虽然是最高理性，但这个道既是天道，也是人道，偏于伦理，不同于西方的形而上学的"存在"，不是纯粹的本体论范畴。所以，"子曰：道不远人"（《中庸》），"子曰：人能弘道，非道弘人"（《论语·卫灵公》）。"一个世界"使得中国文化具有讲求实际的"实用理性"的特质，也导致了理性缺乏绝对性的根据，也缺乏对现实的超越和批判意识。

第二，在恩德文化中，人与自然是一种恩情关系，因此人与自然也没有充分分离，这是"天人合一"的另一种含义。由于农耕文明，中国文化中没有形成人对自然的主体性，工具理性不发达，偏重于道德理性。工具理性的缺失，是中国文化的一个重大问题，它导致了中国进入现代社会的障碍。同时，强大的人文传统也免除了工具理性的霸权，这也可能成为一种优势。

第三，在恩德文化中，施恩—报恩双方互相依存，我为他而存在，他也为我而存在，所以没有发生主客分离，也没有确立主体性的主导。道家确定"道法自然"，主张人的自然化，反对主体性和文明教化。除了荀子主张人定胜天，正统儒家主张天人合一，也不具有充分的主体性。在人与自然的关系上，中国文化不主张征服自然，而主张人与自然和谐相处。在人与人的关系上，个体不独立，以恩情连接为一体，也没有确立个体主体性。故中国文化不主张对立、竞争，而主张和谐友爱，这就形成了"中和"的哲学范畴和伦理规范。

第四，中国文化的基本构成是恩德，而恩德是恩情与恩义的复合，恩情是感性，恩义是理性，恩德文化就是情理一体的结构，这就意味着中国文化的理性与感性未充分分离。儒家认为道既是天理，又通人性，天理即人性，是感性与理性的统一。程颐说："理也，性也，命也，三者未尝有异。"[1]"在天为命，在义为理，在人为性，主于身为心，其实一也。"[2]中国文化的感性和理性没有充分分化，理性没有充分独立于感性，没有形成理性的绝对主导，理性的发展不充分。西周形成了礼乐制度，乐主情，礼主理，"情见而义立，乐善而德尊"（《乐记》）。这种制度与意识形态合一，蕴含着情理合一的文化结构。在春秋战国礼崩乐坏之后，儒家主导重建的后礼乐文化继承了情理一体的结构。儒家认为情是性的表现，"性之好恶喜怒哀乐谓之情"（《荀子·正名》），而性通天命，"天命之谓性"，所以道就不是理性实体，而是情理一体。中国文化不是以理灭情，也不是以情废理，而是主张情欲有天然的合理性，同时主张"以理节情"，达到"合情合理"。在思维方式上，理性的薄弱体现为抽象思维和逻辑推理薄弱，而重视经验，意象思维、直觉感悟发达。这种思维方式也适应了农业社会的生产和生活的需要。

第五，恩德文化是伦理本位文化，它没有发生工具理性和价值理性的充分分化，文化结构偏于道德理性，而工具理性没有得到独立的、充分的发展。中国的道不是古希腊的逻格斯，而是道德法则，因此中国文化偏于伦理。中国的科学、宗教、法律、艺术等文化形态没有得到独立发展，附属于伦理体系之中，故中国文化有以德治国、德法一体、伦理与宗教不分（儒教）、艺术伦理化（文以载道）、哲学偏于伦理学等特性。新儒家等文化保守主义学派对中国文化的肯定，基本上也是基于伦理本位的定性。梁漱溟区分了"情理"和"物理"，前者关乎品性，可称之为"理性"；后者关乎智能，可称之为"理智"，认为"西洋偏长于理智而短于理性，中

---

[1] （宋）程颢、程颐：《二程集》上，王孝鱼点校，中华书局，1981，第274页。
[2] （宋）程颢、程颐：《二程集》上，王孝鱼点校，中华书局，1981，第204页。

国偏长于理性而短于理智"①。他还更直接地说："西洋长处在'人对物'；而中国长处则在'人对人'。"② 这是说西方文化长于科学技术，中国文化长于伦理道德。熊十力提出了中国文化的"德性本体"说。牟宗三认为中国文化是道德本位，西方的自由首先是"知性自由"，中国的自由首先是"德性自由"，而其中"德性自由"更为本源，为"知性自由"奠基。他也认识到中国文化的道德理性吞没了知性，故提出"道德理性自我坎陷"说，主张使仁智有所分离，产生"纯粹的知性"，进而开出智之独立系统。唐君毅提出了中国文化的"道德主体"说。杜维明提出了中国文化的"理想人格"说。成中英认为，"中国哲学在本质上是价值哲学，是对宇宙价值、人生价值、人类价值、社会价值深沉的肯定与体验"③，它偏向于"实用理性"或"实践理性""生命理性"，而缺少"纯粹理性""理论理性"。其他文化保守主义者也大都认同伦理本位说。其他学派如启蒙主义学派、马克思主义学派对中国文化的批判，也是从其伦理本位着眼，认为其缺乏科学精神，而且是落后的、反动的道德文化。

中国文化中"知（智）"的内涵不是客观知识，而是道德意识，"仁义礼智信"五常中的智，就是对于道德的自觉。宋明道学的"格物致知"不是对客观事务的固有属性的认知，而是内在的良知的发明，从中推求出"道"，而这个道是伦理本体。王阳明为了实践"格物致知"，格了多日竹子而不能体道，后来就转向心学。张载以及程颢、程颐区分了"德性之知"和"闻见之知"，认为德性之知是超越感官印象的对于伦理道德的根本领会，而闻见之知是在感官印象基础上所形成的知识，这就是说，这种"闻见之知"属于"技"的层面，而非道的层面，是低级的认识，只有道德领会才达到了道德层面，是高级的智慧。所以，中国文化不重视客观知识，没有形成科学体系。

第六，恩德文化具有世俗性，故中国文化的批判理性薄弱。西方文化是理性主导的，同时也形成了超理性的层面，它对于理性有所超越，有所反思，形成了批判理性。康德在纯粹理性之上，建立了实践理性，这是本体领域，故有批判理性之生成。而黑格尔则在绝对精神阶段，设置了艺术、宗教、哲学等作为理性的最高形式，形成了文化的反思形态，从而肯定了自由精神。总之，批判理性构成了对理性的反思，从而制约了理性的

---

① 梁漱溟：《中国文化要义》，世纪出版集团、上海人民出版社，2005，第113页。
② 梁漱溟：《中国文化的命运》，中信出版集团，2016，第175页。
③ 成中英：《中国文化的现代化与世界化》，中国和平出版社，1988，第230页。

霸权。而中国文化主要是道德理性，缺乏超越意识，没有形成批判理性。道既是道德理性，又是最高本体，二者没有发生分离，故道是不可超越的，"天不变道亦不变"，这就构成了道德理性的绝对权威，而缺乏反思、超越意识。中国历史上虽然有一些异端思想，但没有对道德理性本身的反思和批判。道家反对儒家的伦理之道，主张无为的自然之道，这导致虚无主义，而没有达成批判理性。宋明道学以理（道）为本体论范畴，建构了一个"道德形而上学"，但这个本体论建构不充分，没有与伦理学剥离，其批判理性也比较薄弱，主要还是为恩德文化作论证，没有自觉地对恩德文化作出反思、批判。不仅哲学如此，艺术也遵从"文以载道"，高度道德化，当然也有对现实的批判，但比较薄弱，没有形成反思性、批判性的艺术思潮。中国宗教不发达，也道德化，对现实的超越、批判精神薄弱，所以梁漱溟说中国文化是"以伦理代宗教"。明末清初的异端思想家对传统的道学有所批评，但这种批评是局部的，主要在政治领域，并没有在根本上达成对道德理性的批判。总之，中国文化缺乏批判理性，导致自由思想难以发生、发展。

以上对中国文化作出了有限理性的定性。这个定性揭示了中国文化理性构成的不全面和发育的不充分特性，从而区别于西方的一般理性文化。但是，有限理性文化也有其历史的合理性和现代意义，就是把它作为思想资源，运用于现代文化的建设，可以避免理性特别是工具理性的霸权，而保留感性和人文精神的空间；也可以克服主体性的局限，而建立主体间性。因此，既要发展一般理性，也要保存和弘扬中国文化的优良特性。

第六章 中国恩德文化的调适

自从春秋战国时期形成恩德文化以来，中华文明又持续辉煌了两千余年，至今未绝，这证明了恩德文化的强大凝聚力和生命力。但是，任何文化体系都不是完全自洽、绝对合理的，都有内在的矛盾和缺陷，中国文化也不例外。文化作为一个系统，具有自我调整的机能，可以在一定程度上克服内在的矛盾，弥补自身的缺陷，这就是文化调适。中国恩德文化也具有调适的功能，它在不改变基本结构和核心价值的情况下，对内部关系作了某些调节，在一定程度上弥合了自身的缺陷，缓和了内在的矛盾，从而能够更好地发挥社会功能。

第一节 恩德文化对内在矛盾的调节

恩德文化的基本矛盾体现为三种形式，第一种是施恩与报恩的矛盾，即施报冲突；第二种是恩情与恩义的矛盾，即情理冲突；第三种是人所负有的社会责任与所享有的权利、利益的矛盾，即义利冲突。针对这些矛盾，恩德文化自身也作出了调整，提出了一系列的伦理规则，一定程度上缓解了恩德文化的内在矛盾。

一 中庸和忠恕：消弭施报对立

恩德文化首先需要调适的是施恩与报恩的关系问题。由于中国社会没有形成契约关系，施恩—报恩不仅是一种伦理规定，而且与社会身份结合在一起，构成一种权力关系，成为一种社会管理方式。作为尊者、长者、强者的施恩者，对作为卑者、幼者、弱者的受恩者有管理的职能；而后者作为报恩者对前者有服从的责任，从而形成了君臣、父子、兄弟、夫妇、朋友之间的支配—服从关系。道德与权力的结合，在没有形成契约关系的后宗法社会具有一定的历史合理性，成为一种可行的社会管理方式。其积极方面是,以施恩—报恩责任确立了社会关系,而且管理者与被管理者都受到道德约束,减缓了社会矛盾。恩德文化的消极方面是控制性,即施恩者具有支配性权力,受恩者负有服从的责任,这种控制性一旦过度,就可能激化社会矛盾。施报双方的矛盾有这样几种情况。第一,施恩是以己推人,虽然是为他者着想,但又是从自己的意志出发,即"己欲立而立人,己欲达而达人",以自己的喜好(己欲立)来爱人(立人),抹杀他人与自己的差异,无视他人的意志,就有了强加于人的可能。如父母为子女着想,替子女作主选择配偶,就是一种强加于人,损害了子女的自主权。第二,由于施报双方的地位不平等,施恩者是管理者、尊者、强者,拥有支配报恩者的权力,受恩者是被管理者、卑者、弱者,必须服从施恩者,这种支配性很容易走向极端,变成一种严酷的权力压迫,也就是鲁迅所说的"吃人的道德"。施恩者可能对受恩者索求无度,把恩惠变成了一种债务,而且是高利债,导致双方的冲突。例如统治者认为自己对百姓皇恩浩荡,百姓必须无条件地报恩,因此严酷地压榨百姓,导致官民冲突。第三,恩德要求对施恩有回报的责任,施恩、报恩应该对应,孔子说过"君使臣以礼,臣事君以忠"(《论语·八佾》)。孟子甚至说:"君之视臣如手足,则臣视君如腹心。君之视臣如犬马,臣视君如国人。君之视臣如土芥,臣视君如寇仇。"(《孟子·离娄下》)但这只是理想状况,事实上二者的地位不平等,二者的平衡也缺乏客观标准,因此就会出现施恩大于报恩,或者施恩小于报恩,甚至出现虚假施恩或受恩不报的情况。为了避免施报双方的冲突,恩德文化对施报双方的关系作了调适。

为了达到施报双方的和谐,就要划定施恩和报恩对应的标准,以避免冲突。但恩情是直接的人际关系,是不可量化的,不能通过市场交易达成,因此如何平衡施恩与报恩就成为问题。中国文化提出了一个重要的伦理范畴——中庸,就是施报对应的准则。中庸的含义就是不走极端,程颐曰:"不偏之谓中,不易之谓庸。中者天下之正道,庸者天下之定理。"[①]孔子倡导中庸,"中庸之为德也,其至矣乎?"(《论语·雍也》)"君子中庸,小人反中庸。"(《中庸》)中庸有调和的意思,因此也叫中和。为什么中庸之道在中国文化体系中具有这么重要的意义呢?因为中国文化的核心是恩德,而中庸是调节施报双方关系的准则,是恩德的润滑剂,可以调和施报双方的矛盾。以往对于中庸的解释多停留于表面上,肯定者谓之避免极端,否定者谓之调和主义,都没有触及根本。中庸不是认识论的概

---

① (宋)程颢、程颐:《二程集》上,王孝鱼点校,中华书局,1981,第100页。

念，而是价值论的概念，是对价值差异的折中选择，其根本精神是采取中道立场，兼顾双方，达成妥协。儒家反对绝对依从施恩者，也反对绝对依从报恩者，而主张照顾双方的利益和诉求。对于施恩者而言，施恩要与身份适应，不要过度和不及，既不赞成宗教式的慈善主义，也反对杨朱那种极端的利己主义。对于报恩者而言，报恩也要与自己的能力适应，不要过度和不及，既不主张犬马式的报恩，也反对忘恩负义。这种中庸式的调和在传统社会是一种较好的处理方式，一定程度上调节了人际关系，特别是调和了统治者和被统治者的关系，避免了社会矛盾的激化。中国人讲求和，不主张对立、斗争，根本上说就是恩德文化的特性。

中庸之道是一种解决施报双方关系的客观准则，但是中庸本身不是一个具体的标准，而是一个模糊的中间地带。因此，要确定施报双方的结合点，需要双方都有互让互利之心。这就是说，施行中庸之道还需要一个主观的条件，就是施报双方有良好的意愿，而这就是所谓忠恕之道。孔子称"吾道一以贯之"，这个一以贯之的道，曾子阐释为："夫子之道，忠恕而已矣。"（《论语·里仁》）"子贡问曰：'有一言可以终身行之者乎？'子曰：'其恕乎！己所不欲，勿施于人。'"（《论语·卫灵公》）为什么孔子如此重视忠恕之道呢？因为这是回到恩德的初心即仁，从恩德的主观源头方面调节施报关系，以配合从客观方面调节施报关系的中庸之道。朱熹云："尽己之谓忠，推己之谓恕。"[1] 忠就是对人要有真诚之爱，帮助他人，即所谓"己欲立而立人，己欲达而达人"。恕就是将心比心，理解、宽谅他人，做到"己所不欲，勿施于人"。"子曰：'何以报德？以直报怨，以德报德。'"这与"以牙还牙，以眼还眼"不同，是恕道的体现。恕道还包括"礼让""犯而不校"等内容。忠和恕实为一体两面，都是仁的体现，是为了调节施报关系设立的主观准则。如果有忠恕之心，施恩者就会为受恩者着想，尽力去帮助对方，并且谅解对方的难处，而不会强求对方；而受恩者则会感恩戴德，并且尽力报恩，而不会计较施恩的多寡，从而化解矛盾，达成互谅互爱。

恩德文化以客观的中庸之道和主观的忠恕之道来调节施报关系，使得恩德文化的矛盾得到了一定的调节，从而缓和了社会关系。中国历史上不乏礼让爱人的谦谦君子，在政治领域也有"礼让为国"的明君和以国为家的忠臣义士，就是中庸之道和忠恕之道的践行者。但是，施报双方的矛盾是恩德文化体系内在固有的，不可能从根本上克服。恩德文化中的施报

---

[1]（宋）朱熹编撰：《四书章句集注》，长江出版社，2016，第63页。

双方既是一种爱的关系，也是一种权力关系，尽管进行了主客观方面的调整，但这个基本性质不会改变。由于社会关系没有契约化，人我界限不清，必然产生施报双方的矛盾。恩德文化企图用中庸和忠恕等伦理观念调和施报双方的矛盾，虽然有一定效果，但不能从根本上改变社会关系，其作用是有限的。中国恩德文化早期还是强调施报对等、施报平衡，如既主张子孝，也主张父慈；既主张臣忠，也主张君明。虽然这种身份伦理事实上并不平等，但毕竟在施报双方中没有绝对导向一方，达到了某种平衡。而在传统社会后期，恩德文化的控制性加强，偏于施恩方对受恩方的支配和受恩方对施恩方的服从，强调无条件的报恩。具体说来，就是子女对父母的无条件尽孝，臣民对君主的无条件尽忠，而不以父和君主是否施恩为前提。恩德文化后期的这种偏向，导致了恩德文化中施报关系的失衡，加剧了恩德文化的矛盾。

二 以理节情：恩义制约恩情

恩德包括情理两个层面，施恩和报恩都基于爱心，这是基础层面，而恩情上升到理性层面就形成恩义，这就是道德规范，即抽象的施恩与报恩的义务、责任。恩情与恩义之间有一致性，恩情是恩德的基础，恩义是恩德的规范。同时，二者也有矛盾，情理之间可能不相符合，由此产生了依情还是依理的冲突，也就是恩情与恩义的冲突。恩情与恩义之间的矛盾是恩情的私己性、具体性与恩义的社会性、抽象性的矛盾，也就是私恩与公义的矛盾。西方文化具有一般理性的品格，把人定位于理性，以理性来控制感性，建立道德规范。而中国恩德文化具有有限理性特质，感性和理性未充分分化，具有情理一体的特性，而情理一体的本质就是恩情与恩义的一致。恩德的基础是恩情，是个体对于恩惠的情感，属于感性，其反思形式即有限理性。有限理性具有了以情为本、情理一体的特性。

恩德文化脱胎于周代的礼乐文化，乐主情，礼主理，"乐由中出，礼自外作"，"情见而义立，乐善而德尊"。（《乐记》）二者没有分化，情理一体由是而成。早期儒家认为情是性的表现，情性一体，情为性的内容，荀子曰："性之好恶喜怒哀乐谓之情"，"性者，天之就也；情者，性之质也；欲者，情之应也"。（《荀子·正名》）这体现了情理一体的观念。《中庸》曰，"天命之谓性，率性之谓道，修道之谓教"，故情理一体。中国文化强调了情理一体、情理和谐的原则，就是对有限理性的理想化。情理一体，实际上是把恩情与在这个基础上形成的理性（恩义）统一起来，避免发生冲突。它承认情的合理性，同时也承认理的必要性，调和二者而不偏废一方。中国人判断事物的标准是"合情合理",讲道理也是要求"入情入理"。对情理和谐地强调,一定程度上防止了情欲泛滥的非理性倾向,也一定程度上防止了理性压迫感性的理性主义倾向,保持了恩德文化的社会功能。欧洲的理性与感性的冲突往往产生悲剧,如《罗密欧与朱丽叶》的悲剧,就是源于家族荣誉与个体爱情之间的冲突。而中国文化则力求情理的协调,不仅在生活中调和情理,更体现在文艺作品上多以大团圆为结局,如《四郎探母》就是通过情(夫妻、母子之间的恩情)与理(效忠国家的责任)之间的协调获得了美满的结局。

但是,一个严重的问题是,恩情与恩义并不是完全匹配的,二者可能不对等。恩德文化具有私己性,也就是施恩、报恩的主体是个体,恩情是对于具体的恩惠而产生的体验,是个体情感。同时,恩义是恩情的理性化,由此就构成了恩义的社会性和抽象性。这就是说,恩义是个体的社会责任,也是身份伦理的规范,有抽象性。这样,恩情的私己性、具体性与恩义的社会性、抽象性可能产生矛盾。一旦脱离了具体的施恩或报恩行为,恩义就具有了虚拟性,并不一定真的有恩于个体,如国家、君主可能只是名义上对个体有恩,实际上并无恩惠可言,所以就难以产生恩情,故恩义缺乏恩情的支撑,从而丧失了了有效性。由于恩德的感性(恩情)很难充分支撑理性(恩义),理性(特别是社会、政治领域的恩德)在相当程度上被弱化、虚化。在社会领域,由于公共领域没有发育出来,公民社会没有形成,恩德主要体现在熟悉的朋友、乡邻关系上,对异域的陌生人则效用不彰,虽然有恩义规范,但缺少恩情支撑,比较冷漠,难以建立普遍的社会理性。在政治领域,恩德的普遍性也有限,官员、士大夫阶层更认同恩德,因为他们享有俸禄,比较具体地感受到了国(君)的恩情;而对于底层百姓而言,并没有具体领受过国(君)的恩情,国(君)恩只是虚化的概念(恩义),所以难以建立普遍的政治理性。中国社会中的人情大于王法的徇私舞弊之风,只知有家不知有国的家族主义,都与恩德的理性薄弱有关。即使在家庭领域,恩情也不能与恩义完全符合,如父子、兄弟之间也会为了财产发生争斗。这样,恩德就难以摆脱感性的局限,而在一定程度上失去了普遍理性,从而弱化了调节社会关系的能力。恩德的情与理、感性与理性的矛盾难以调和,所谓"合情合理"只是一种中庸的理想,实际上难以实现,不能从根本上解决恩德的情与理的冲突。春秋时期的伍子胥受到楚王的迫害,恩情不复存在,他愤而引来外敌,灭掉楚国,鞭尸复仇,从而弃绝恩义。汉代李陵,战败被俘,汉武帝误以为其降敌,灭其全家,恩情也不复存在,于是他投降匈奴,违背恩义。明末吴三桂因爱妾陈圆圆被掠,"冲冠一怒为红颜",降清而抛弃了民族大义。这些行为,合情但不合理,舍情而就理还是舍理而就情一直是恩德文化的矛盾。中国文化从恩情出发,把恩情当作理的基础和前提,再强调情理一体,必然形成悖论。

为了解决这个冲突,仅仅强调情理一体是不够的,还必须区分私恩和公义,对私恩加以限制,也就是限制私己性的恩情,弘扬社会性的公义。为了调节情理冲突,恩德文化提出了"以礼节情"的原则,强调"发乎情,止乎礼义"(《毛诗序》),就是确定了理性对情感的规范作用,实际上就是恩义对恩情、公义对私恩的制约作用,确立了公义压倒私恩的原则。在个人恩情与恩义发生矛盾的情况下,私人情感要服从恩义的规定,而不能以情背理。

以理节情的原则,一定程度上扭转了恩德文化的感性化倾向,强化了理性因素;也一定程度上克服了恩德文化的私己性,强调了公义的优先性,从而使得恩德文化具有了一定的普适性。但是,这种规定也与恩德的构成相冲突,由于强调了理(恩义)的主导性,就可能发生矛盾,使得恩义失去了恩情的基础,因而效果有限,并且产生了理性化的弊端。唐代的李翱就从理性主义出发否定情感,提出了"情者,性之邪也"。至宋明道学更强调性即理,而贬低情。道学家把情归入"气质之性",甚至把情归入欲望,把情理关系变成理欲关系,要以理制欲,"存天理,灭人欲"。邵雍认为"性公而明,情偏而暗",王阳明也认为七情"俱谓之欲,俱为良知之蔽"。这表明,在传统社会后期,情理一体的恩德体系开始分裂,情理冲突加剧,导致向理性层面倾斜。恩德的基础是感性的恩情,而离开恩情对恩德的设定必然失效。另一方面,作为对理学以理抑情的反拨,王学左派则肯定了情合乎性,甚至产生了以情代理的倾向。何心隐反对"无欲"之说而提倡"寡欲";李贽提出了"童心说",把未受到理性污染的本心称为童心,从而否定了以理节情。传统社会的后期,艺术理论摆脱了以理节情的框架,走向主情说:徐渭提出了"真情"说,汤显祖提出了"第云理之所必无,安知情之所必有邪",袁宏道倡"性灵"说,冯梦龙提出"立情教"的主张,袁枚等也倡"性灵",龚自珍倡"尊情"说,等等。至此,情理一体的恩德文化开始走向衰亡。

三 重义轻利:责任高于权利

中国恩德文化把施恩、报恩与社会身份联系起来,施报之间的权力支配关系成为基本的社会关系,而这种关系不同于西方社会的契约关系。因此，施恩、报恩就不只是一种伦理行为，也构成一种社会关系。恩德基于恩惠，是利益的互动，利益成为恩德的基础，而在这个基础上产生了恩德的理性层面即恩义，这是社会责任。利即恩惠与义即恩义应该是互相匹配的，从社会关系方面说，就是享有的权利、利益与负有的社会责任相符合，如子女的孝的责任要与获得家长爱护和养育的利益相匹配，父母的慈的责任也要与获得子女尊敬和养护的利益相匹配；臣民的忠的责任要与获得君主对臣民权利、利益的保护相匹配，君主爱民的责任也要与获得臣民忠顺、奉养的利益相匹配。"子曰：'舜其大孝也与！德为圣人，尊为天子，富有四海之内，宗庙飨之，子孙保之。故大德必得其位，必得其禄，必得其名，必得其寿。'"（《中庸》）这是以舜帝为例，从施恩者的角度说明恩德是义（社会责任）与利（享有的权利和利益）的统一。孔子还从报恩者角度说明恩德的义利统一性："故君民者，子以爱之，则民亲之；信以结之，则民不倍；恭以莅之，则民有孙心。"（《礼记·缁衣》）理想的情况应该是义与利的统一，这实质上就是责任与权利、利益的统一。由于恩德的私己性，恩德基于恩惠，是利益的互动，这是恩德的内在逻辑。利（恩惠）在先，有恩、有利才有义（恩义），获得相应的权利和利益才可能履行社会责任；如果没有恩惠即获得应有的利益和权利，社会责任即义就是空的。如果处于一个合理的社会，能够保障人的权利和利益，那么相应的社会责任、义务与享有的权利、利益也必定是一致的，也就是义利一致。但是，在中国传统社会中，作为施恩方的管理者与作为受恩方的被管理者之间本来就是不平等的，各方负有的社会责任、义务与享受的权利、利益并不等同，也就是义与利不匹配，如君主对百姓的恩惠往往是名义上的，并无实质内容，而百姓对国家的责任（如缴纳赋税、服劳役、兵役等）则是实在的，这样就导致了人民对国家恩德的不认同，导致对社会责任的轻忽和逃避，对社会、国家的事情有利就做，无利就不做，甚至为个人利益而损社会、国家利益。

其实，恩德本身就包含着利益关系，只是它把利益的获得建立在施报关系中。在施恩—报恩关系中，利益不能直接获得，必须通过施恩或报恩行为才有合法性。这就是说，只有先为他人，施恩于人或报恩于人，才能得到回报，即施恩得到报恩，报恩得到施恩，从而获得利益，这种利益是间接的、隐蔽的。如果只求获得恩惠，不求履行责任，追求直接获得利益，违背恩义，也就是为我而不为他人，那就是追求私利，不具有合法性，这就导致了恩德文化具有张扬义而否定利的偏向。对义的强调和对利的贬抑是恩德文化的固有弊病。这个弊病在恩德建立之初，还不那么严重，但随着大一统国家的建立，小共同体变成了大共同体，家族伦理与社会、国家伦理的冲突发生了，体现为义与利即社会责任与个体权利的冲突。

为了保证社会责任得以履行，恩德文化就提出了义利之辨，建立了重义轻利的原则。这个原则不应脱离历史规定，解释为一般的道德与利益的关系，导致要道德不要利益的观点，因为道德本身也是基于利益的。义利之辨应该在恩德的范围内解读。从根本上说，所谓义，就是施恩、报恩的责任；所谓利，就是施恩、报恩获得的恩惠。所谓义利之辨，在伦理领域是道义与恩惠的关系；在社会关系领域是社会责任与社会权利的关系。重义轻利的信条规定了恩义、社会责任优先的原则，而把恩惠、社会权利置于其次的地位。孔子不反对合理的利益追求，但认为利益追求必须符合道义，也就是获得的权利和恩惠必须符合社会责任和恩义。"子曰：'富与贵，是人之所欲也，不以其道得之，不处也。贫与贱，是人之所恶也，不以其道得之，不去也。'"（《论语·八佾》）。孔子、孟子都耻于谈论利益："子罕言利，与命，与仁。"孔子还说："君子喻于义，小人喻于利。"（《论语·里仁》）义与利成为分辨道德高下的试金石。孟子比较极端地强调义利之辨，面对梁惠王"亦将有以利吾国乎"的提问，孟子回答说："王，何必曰利，亦有仁义而已矣。"（《孟子·梁惠王上》）孟子讲："为人臣者怀利以事其君。为人子者怀利以事其父，为人弟者怀利以事其兄，是君臣、父子、兄弟终去仁义，怀利以相接，然而不亡者，未之有也。"（《孟子·告子下》）这就是不以利为出发点，只以义为出发点。孟子把义提到了超越一切利益的高度，对个人而言，就要舍生取义，对国家而言，也是以义为准则，不以求利为目的。他把道义与利益根本对立起来，事实上就抹杀了恩德的利益交换性质，而变成了绝对的道德责任。后来的儒家学者也都强调了重义轻利的原则，如董仲舒曰："正其谊（义）不谋其利，明其道不计其功。"（《汉书·董仲舒传》）但是他还说："天之生人也，使人生义与利，利以养其体，义以养其心。心不得义不能乐，体不得利不能安。"他还说："体莫贵于心，故养莫重于义。义之养生人大于利。"（《春秋繁露·身之养重于义》）可以看出，董仲舒在强调义的重要性的同时，也肯定了利的必要性，并没有否定利。而到了传统社会后期，这个趋势改变了，强调了义的绝对性，甚至否定了利的合理性。在传统社会后期，私欲膨胀，义利冲突，个体价值开始冲击恩德规范，宋明道学就是在这种语境之下来谈论义利关系的。道学家开始强调义与利的对立，把求利当作私心、私欲，主张重义轻利，甚至是存义去利。如陆象山就从心志的角度阐释"君子喻于义,小人喻于利",他说:"人之所喻,由其所习;所习,由其所志。志乎义,则所习者必在于义。所习在义,斯喻于义矣。志乎利,则所习者必在于利。所习在利,斯喻于利矣。"[1]

重义轻利的信条调整了恩德的内在构成,扭转利益优先的倾向,以义统利,一定程度上避免了功利主义、物质主义的弊病,从而发挥了其调节社会关系的功能。中国传统社会是一个尊崇道德的社会,不提倡对物质利益的过分追求,这使得中国文化具有了道德品格,中国社会成为一个礼仪之邦。在中国历史上不乏大公无私、舍生取义者,他们构成了中华民族的脊梁。在私利与公义冲突的情况下,强调公义优先,这在生产力低下的传统社会有其合理性,避免了人欲横流、陷入丛林法则的局面,有助于稳定社会关系,保护了古典时代的文明。但是,这种调整也逆转了恩德的基本结构,把先利后义、义利相符的内在逻辑变成了先义后利、重义轻利,导致恩德文化的内在冲突。这种调整虽然克服了一种偏向,却又产生另一种偏向,并不能彻底解决恩德文化中存在的社会责任与个体权利、利益的矛盾。重义轻利,实质上是把恩德的权利内涵抽掉,单独地强调社会责任优先,也就是把恩德的恩惠去掉,单独强调恩义,这在逻辑上和实际上都是矛盾的。如孔子就认为义利冲突时可以去掉利益保存义:"子贡问政,子曰:'足食足兵,民信之矣。'子贡曰:'必不得已而去,于斯三者何先?'曰:'去兵。'子贡曰:'必不得已而去,于斯二者何先?'曰:'去食,自古皆有死,民无信不立。'"(《论语·颜渊》)可是,连根本的利即生命都失去,还谈什么信义?这就不具有合理性了。唐代安史之乱时,张巡坚守睢阳,杀妾以充军粮,部下效法,食奴仆及老弱妇孺,最后城破之时,3万多军民仅剩400余人;而张巡慷慨就义,成为道德楷模,后名列凌烟阁。可见为了这个忠君之义,牺牲了人们生命也在所不惜。重义轻利的信条认为,即使没有实际的恩惠,也要履行恩义,恩义可以脱离恩惠而存在,这违背了恩德的互惠原则,毁坏了恩德的基础。特别是在国家和人民的关系上,把国家利益置于民众利益之上,导致政治理性的压迫。在后期传统社会,在重义轻利的原则下,片面强调报恩,而不强调施恩,不管君主对臣民、父亲对子女有什么实质的恩惠,而强调施恩者的名分规定了臣民、子女报恩的义务,从而导致了愚忠愚孝。父母对子女无慈爱,也要尽孝,所谓"天下无不是的父母","父教子亡,子不得不亡",把孝绝对化;君主对臣民无恩,也要尽忠,所谓君可以不明,臣不可以不忠,把忠

---

[1] (宋)陆九渊:《陆象山全集》,国学整理社,1936,第175页。

绝对化。这意味着恩的真实存在缺失了，恩德成为片面的责任，恩义被虚化了。恩义虚化的结果，导致了恩德的基础被破坏，失去了真实的效力，从而具有了虚假性。所以中国社会中长期存在着社会压迫、假公济私、假道学的现象，与此有关。

第二节 恩德文化对自身缺陷的弥补

恩德文化的内在缺陷，主要是私己性和差等性，在这两个方面，恩德文化都有所调整，从而在一定程度上弥补了恩德文化的缺陷。

一 去私立公：克服恩德文化的私己性

恩德文化具有私己性，这是其缺陷之一。所谓私己性，就是以自我与他人相对，履行施恩或报恩责任，施恩应该有回报，这是我施恩的所得；报恩也以获得恩惠为前提，这是我报恩的根据，无论施恩还是报恩最后总要落实到我的利益之上，对我施恩或者报恩就可能是善，反之就可能是不善。这种私己性可能导致道德准则的私人化，丧失了伦理价值的普遍性，甚至可能导致私欲膨胀，假公济私，以施恩或报恩为由获取私利，从而违反公义。为了弥补这个缺陷，恩德文化就强调去私立公，以公义压制私欲。

在中国文化中，公私是对立的，即所谓去私立公。韩非说"背私为之公"（《韩非子·五蠹》）。贾谊《新书·道术》曰"兼覆无私谓之公"。《伪古文尚书·周官》曰："以公灭私，民允其怀。"首先要对中国文化的公私概念作一个辨析。一般地说，个人为私，集体为公，为自己是私心，为集体是公心。但是在恩德关系中，因为个人没有与他人分离，所以公私界限也不分明。在恩德文化中，公与私是相对的，如个体为私，但君主又代表公，忠君即公心；父母是个体，但代表家庭，故对个人而言是公，孝是公心。中国的公私关系与西方不同，西方文化中的公私关系建立在契约关系的基础上，公是个体的集合，私是个人，公私不是对立的，而是以个体利益（私）为本位，集体、社会利益（公）只是个体利益的集合，公不能损害私；同时，个体利益（私）也不能损害集体、社会利益（公）。中国文化中的公私关系是建立在恩德之上的，是对立关系。施恩、报恩的主体是自我，自我是私，施恩、报恩的对象是他者，这个他者可能是集体，也可能是个体，但由于施恩、报恩行为本身代表了公义，所以施恩、报恩即为公，而不履行施恩、报恩责任则为私；以自我归属于施恩或报恩的对象即去私立公。这就是说，履行恩德责任，施恩、报恩，从而把自我归属于对方，即有公心，故无我为公；脱离恩德关系，不履行施恩、报恩责任，自我独立，即有私心，故有我为私。在家庭领域中，父慈、兄友、夫德，是对子、弟、妻施恩，是为了和睦家庭，而奉献了自己，因此是公心；子孝、弟恭、妻贤，是报恩于父、兄、夫，也是为了和睦家庭，奉献了自己，因此也是有公心。在社会领域，敬老爱幼、和睦邻里、热心公益，是舍己为人，因此也是公心。在国家领域，君主对臣民仁德，官员对百姓仁爱，是公天下，为有公心；臣民效忠君主、国家，奉献自己，是有公心。因此，《说苑·复恩》云："夫臣不复君之恩，而苟营其私门，祸之原也；君不能报臣之功，而惮行赏者，亦乱之基也。夫祸乱之源基，由不报恩生矣。"①

这里把不报恩说成"苟营其私门"。贾谊也说："故化成俗定，则为人臣者主而忘身，国而忘家，公而忘私，利不苟就，害不苟去，唯义所在。"（《汉书·贾谊传》）相反，在家庭领域父不慈子不孝、兄不友弟不恭、夫无德妻不贤为私；在社会领域不尊老、不爱幼、不睦乡里、不积德行善为私。在政治领域，君不仁臣不忠、官不良民不顺为私。恩德文化倡导去私立公，以大公无私为德，就是一个无我的文化，去私立公的文化。值得注意的是，汉字的公不仅有集体、社会的意思，还有公平、公正的意思，这两个字义的关联，实际上体现了恩德文化的内在逻辑，就是施恩、报恩不仅要求克己奉公，也要求在施恩方与报恩方之间得到平衡，施行互惠，才是公平、公正，而单方面的施恩与报恩或者二者不对等，就是不公平、不公正。

恩德文化的为他性、无我性与私己性一体两面，也构成了内在的矛盾。恩德文化建立在我与对方的施恩或报恩关系之上，是否产生恩情（这是施恩和报恩的基础）以自我为准，从而形成私己性。私己性默认了对私人利益和私心的承认，即对我施恩，我才报恩；对我报恩，我才施恩，这就与为他性、无我性产生了矛盾。恩德文化的为他性、无我性是指施恩或报恩是把自我交付他人，履行无条件的施恩—报恩责任，这是一种"义"，也就是公。恩德文化的私己性产生了私心，而利他性、无我性则产生了公心，这一私心和公心的矛盾难以统一。这种由私己性和利他性、无我性对立产生的公私关系是恩德文化难以克服的基本矛盾，义利之辨、

----
① （汉）刘向撰：《说苑斠补》，云南人民出版社，1959，第104页。

理欲之辨，都是围绕公私矛盾。义是公，利是私，所以要重义轻利，程颐说"义与利，只是个公与私也"①。理是公，欲是私，所以要以理制欲，朱熹云："人主所以制天下之事者，本乎一心。而心之所主，又有天理、人欲之异。二者一分，而公私邪正之涂判矣。"②

在恩德文化的历史演变中，公私矛盾从调和走向对抗。本来"公"是古代的社会性质和圣贤的品格，尧舜禹时期是"天下为公"的时代，尧舜禹是大公的典范。春秋战国时期，礼崩乐坏，个体开始摆脱礼教，社会进入无序状态，故孔子倡导"克己复礼"，就是反对个体独立，把个体归属于"公"。儒家先驱也倡导去私立公，但他们知道大公无私是圣人的境界，庶民百姓不可能做到，所以只要求庶民百姓做到不以私害公，履行施恩、报恩责任，也就是不做小人即可；而对于君子则要求以圣人为榜样，去私立公。孔子一方面把公说成天道，而只有三王（成汤、文王、武王）可以做到"三无私"，即所谓"天无私覆，地无私载，日月无私照。奉斯三者以劳天下，此之谓三无私"（《礼记·孔子闲居》）。而君子以"克己复礼为仁"，就是以克己为去私，以复礼为立公，做到"公而忘私"，从而达到仁的最高境界。所以私心与公心，就成为分别小人和君子的标准，而且去私心也成为自我修养、达到仁的境界的关键。曾子要"吾日三省吾身"，《中庸》讲"君子慎其独"，就是去私心立公心。但是，作为行为规范，早期儒家并不一律要求去私，《论语》记载，学生原宪问："克、伐、怨、欲不行焉，可以为仁矣？"孔子回答："可以为难矣，仁则吾不知也。"（《论语·宪问》）这里孔子说克己很难，并没有肯定绝对要去私。实际上孔子基本的观点是"以己推人"，推己虽然也有克己的因素，但并不是不要己。而是要把自己扩大到他人，形成施恩或报恩，即"己欲立而立人，己欲达而达人"，这样私就扩大为公了。

公私矛盾在传统社会后期尖锐化，体现为私欲膨胀，恩德规范败坏，忠孝之道不行，于是后儒要求压制私心，去私立公。宋明道学把"去私立公"由对君子、士大夫的要求扩大为对一般人的要求。王阳明讲的"致良知"就是要求所有人遵行不离伦常日用的修己之道，他说"与愚夫愚妇同的便是同德"。道学以天理为公，以人欲为私，提出"存天理，去人欲"。二程提出："不是天理，便是私欲……无人欲即皆天理。"③ 道学

---

① （宋）程颢、程颐：《二程集》上，王孝鱼点校，中华书局，1981，第176页。
② （宋）朱熹撰：《朱子全书》第二十册，朱杰人、严佐之、刘永翔主编，上海古籍出版社、安徽教育出版社，2002，第639页。
③ （宋）程颢、程颐：《二程集》上，王孝鱼点校，中华书局，1981，第144页。

强调了去私欲即致良知,从而明天理。道学区别了道心与人心、理与欲,认为道心、理体现为性,性为公心;人心、欲望是私心,背离天理。私欲不仅破坏恩德文化规范,导致不忠不孝,而且也是障蔽天理、毁坏良知的万恶之源。因此要正心诚意,穷理尽性,以理制欲,恢复良知,以明天理。朱熹曰:"做到私欲净尽,天理流行,便是仁。"[1] 王阳明说:"此心无私欲之蔽,即是天理。""若良知之发,更无私意障碍,即所谓'充其恻隐之心'。"[2] 对恩情也分别了私情与公情,清代钱泳在笔记《履园丛话》中写有一段话:"然情有公私之别、有邪正之分。情而公,情而正,则圣贤也。情而私,情而邪,则禽兽矣。可不警惧乎!"[3] 这就是说,要克制私情,私情要让位于公情,恩情就区分出了高低、是非。公私之别的理论建构,目的在于制止私欲膨胀对恩德文化的破坏,从而发挥其正面功能,包括以公心制约君主、官吏的私欲,履行其爱民责任;也包括以公心限制庶民百姓的利益要求,使其感恩、报恩,而不至于犯上作乱。于是,在整个社会上,公私之别得以确立。

"去私立公"在一定程度上弥补了恩德文化的私己性缺陷,使人克服利己之心,仁爱他人。所以中国历史上不乏克己奉公之人,出现了一些清官、贤人,他们成为道德表率。"去私立公"把恩德文化推到了一个道德制高点,一定程度上抑制了个人主义,这是其正面作用。同时,"去私立公"也造成了人的精神桎梏,它抹杀了恩德文化中在一定程度上允许存在的个人利益、欲望,导致了个人独立性的丧失和个性的泯灭。对去私立公的极端强调,也违背了恩德文化的施报对应关系,即要求不求报恩而施恩,不以受恩为前提而报恩,从而事实上否定了恩德文化。这种趋势在传统社会后期尤其明显,这不能不说是"去私立公"之说的负面作用。

二 以仁为本:弥合恩德文化的差等性

恩德文化是家族伦理的推广,就是由孝悌推广出社会伦理、政治伦理范畴,在这个过程中就发生了递减效应,形成了差序格局。恩德的内涵是人与人之间的恩爱,这是"推恩"的结果,就是从父母与子女之爱外推,形成社会领域、政治领域的爱。"子曰:'君子之事亲孝,故忠可移于君;事兄弟,故顺可移于长;居家理,故治可移于官。是以行成于内,而名立

---

[1] (宋)黎靖德编:《朱子语类》卷六,王星贤点校,中华书局,1986,第117页。
[2] (明)王守仁:《王阳明全集》,国学整理社,1936,第2~4页。
[3] (清)钱泳撰:《履园丛话》下,张伟校点,中华书局,1979,第603页。

于后世矣。'"(《孝经》)但是,这种外推以父母兄弟之间的恩为重,以其他人的恩为轻,从而形成了恩爱的差等性。恩德以亲族关系为中心,社会伦理和政治伦理只是家族伦理的延伸,而没有形成普遍的、平等的价值。"父子之道,天性也,君臣之义也。父母生之,续莫大焉。君亲临之,厚莫重焉。故不爱其亲而爱他人者,谓之悖德;不敬其亲而敬他人者,谓之悖礼。"(《孝经》)这就是爱的差等性。爱的差等性虽然依据亲缘关系即"亲亲"原则推演,实际上是由恩的大小决定的:关系近,施恩的回报大,所以施恩也比较多,恩爱就多;而关系远,施恩的回报就小,所以施恩就比较少,恩爱就比较少。这样,由家族到乡党,再到国家、天下,恩就由大到小,爱也越来越稀薄。爱的差等性是有限理性的体现,表明普遍理性的薄弱。儒家反对墨子的"兼爱",认为抹杀了爱的差等,是"无父无君"。恩爱也不同于西方的"博爱",博爱是上帝赋予的对所有人无差别的爱,而恩爱有差等,不能一视同仁;也不是对一切人的爱,对恶人则视之为禽兽,无爱。

恩德的差等性有其现实依据,这就是后宗法社会的社会关系。西周是家国一体的宗法社会,形成了以家族伦理为基本构成的宗法伦理,宗法伦理对应着等级制度,如昭穆制度等,构成了亲疏关系,但由于没有形成恩德,还没有形成差序格局。宗法社会在春秋战国以后瓦解,形成了后宗法社会。后宗法社会仍然以家族作为基本细胞,但家国分离,家天下变成了一人之天下,于是家族伦理不能涵盖整个社会关系领域。这就要求建立家族伦理之外的社会伦理和政治伦理。春秋战国时期开始,形成了家国同构关系,于是家族伦理推广到社会、政治领域,即把社会人群之间的关系以及国家领域的君臣、官民关系都类比为家庭成员间的关系,像尊长如父兄,朋友如兄弟,君臣、官民如父子等。孝悌扩展为社会、国家领域的恩德,在这个过程中人际关系不断疏远,恩情也不断被稀释,发生递减,从而具有了差等,形成了差序格局。恩德文化的差等性一方面适应了后宗法社会的实际,维护了家族本位的社会关系,同时也造成了家族主义、地域观念以及对陌生人的冷漠等。由于中国文化中宗教信仰薄弱,没有形成独立的信念伦理或宗教性道德,而只有身份伦理,难以形成普遍性的爱,故不能克服恩德文化的差等性。恩德文化的差等性虽然符合现实的社会关系,但缺失了爱的普遍性,不能有效地发挥文化的调节社会关系的作用,因此迫切地需要克服恩德文化的差等性弊端。

为了克服差等性带来的局限,恩德文化诉诸理想性,也就是建立恩德的理想维度。西方社会伦理与社会关系之间既有一致之处，也有差异，形成了信念伦理与责任伦理的区分。信念伦理或宗教性道德具有超越社会关系的理想性、普遍性，可以发挥调节社会关系的功能；而责任伦理或社会性道德是适应社会关系的行为准则，具有现实性、规范性，可以维护、巩固社会关系。恩德文化是伦理体系与社会关系的一体化，没有发生信念伦理或宗教性道德与责任伦理或社会性道德的分化，或者说偏于责任伦理或社会性道德，而缺乏独立的信念伦理、宗教性道德，也就是缺失了理想性的维度。儒家文化是有理想维度的，但这个理想不是存在于宗教领域，而是存在于历史的开端，即大同之世。在大同之世，"大道之行也，天下为公"，而后来"大道既隐"，产生了私心。孔子作为圣人，要回归大道，提出了仁学，从而建立了文化的理想维度。

在春秋时期，仁的概念形成，概括了家族伦理（孝悌）以及由此推广而成的社会伦理、政治伦理范畴，成为最高的、最核心的伦理范畴。孔子就是以仁为核心建立起新的伦理体系，因此其学说被后世称为仁学。《左传·襄公七年》曰："恤民为德，正直为正，正曲为直，参和为仁。"这里已经将"德""正""直"概括为综合性的概念"仁"。为了解决伦理的普遍性问题，儒家提出了以仁为本的观点。孔子说："仁者，人也。"（《中庸》）孟子说："仁也者，人也。合而言之，道也。"（《孟子·尽心下》）儒家以仁爱来扩展孝悌，意图建立恩德的普遍性，但这种论述还是没有建立一种恩德的形而上学的根据。至于董仲舒，则以天道为本，以人道法天道，他说："仁，天心，故次以天心。"他依据其"天人感应"和"人副天数"说，认为仁乃是对于天心的效法。这种神学形而上学的论述还是一种比附，说服力不强。程颐主张："孝弟于其家，而后仁爱及于物，所谓亲亲而仁民也。故为仁以孝弟为本。论性，则仁为孝弟之本。"[1] "[孝悌]谓之行仁之本则可，谓之是仁之本则不可，盖仁是性也，孝弟是用也。性中只有仁义礼智四者，几曾有孝弟来？"[2]这就明确地建立了仁本说，并且把"孝第也者，其为仁之本与"解读为"孝第为行仁之本"。朱熹也赞成仁本说，他在《四书章句集注》中注释如下："本，犹根也。为人，犹曰行仁。若上文所谓孝弟，乃是为仁之本，学者务此，则仁道自此而生也……故为仁以孝弟为本。论性，则以仁为孝弟之本……谓行仁自孝弟始，孝弟是仁之一事。谓之行仁之本则

---

[1] （宋）程颢、程颐：《二程集》下，王孝鱼点校，中华书局，1981，第1133页。
[2] （宋）程颢、程颐：《二程集》上，王孝鱼点校，中华书局，1981，第183页。

可，谓是仁之本则不可。"① 朱熹对论语中这一句的解释未必准确，但从逻辑上说，仁本说比孝本说更合理。王阳明也认为："心即理也，此心无私欲之蔽，即是天理，不须外面添一分。以此纯乎天理之心，发之事父便是孝，发之事君便是忠，发之交友、治民便是信与仁。只在此心去人欲，存天理上用功便是。"② 这里，王阳明把孝视作仁体之用。

以仁为本，在一定程度上超越了孝忠等恩德范畴的有限性，弥合了恩爱的差等性，扩大了恩德的普遍性。这样，恩德文化就在一定程度上发挥了普遍的爱的功能，进一步调节了社会关系、巩固了社会秩序，使得恩德文化具有了更大的生命力。从仁的超越性出发，就建立了恩德的等级，这个等级颠倒了恩德的原初次序，即不是以孝为本，而是逾越了孝的狭隘范围，扩展到更广阔的社会领域。个人之间的恩德如朋友之恩等，可以看作私恩，这是恩德中最低的等级，必须服从更高的等级，如家恩、国恩，否则为了私恩而违背孝、忠，就是以私害公；家恩也必须服从更高的等级国恩，即以国恩为公，家恩为私，故而要移孝作忠。这种恩德等级，可以在一定程度上克服了恩德文化的私己性，避免以私谊危害社会和国家的公义。但是，由于恩德文化本身的私己性结构，不可能从根本上解决恩德内在的矛盾。例如，《三国演义》中关羽感恩于曹操的礼遇，故在华容道上私放曹操，这是以私恩危害国恩，但社会评价仍然赞许关羽的义气。特别是由于孝是恩德文化的基点，统治者以孝治天下，故当家恩与国恩发生矛盾时，虽然家恩侵害了社会利益和国家利益，并不能绝对地以忠否定孝，国恩往往还要对家恩让步，承认家恩的合法性。例如历代法律都以"子为父隐"为合法；对于以孝的名义产生的犯罪，都给予减轻甚至免除处罚，就证明了这一点。

如何把道德理想付诸实际，克服恩德文化的有限性，实现仁的大爱呢？儒家认为，这是士大夫的志向和责任。儒家把孝的内涵扩大，由家族伦理推广为社会、政治伦理，把社会责任纳入孝的范围，而且成为更大的孝："子曰：'夫孝，德之本也，教之所由生也。复坐，吾语女：身体发肤，受之父母，不敢毁伤，孝之始也。立身行道，扬名于后世，以显父母，孝之终也。夫孝，始于事亲，中于事君，终于立身。'"（《孝经·开宗明义章》）中国文化有所谓三不朽之说："太上有立德，其次有立功，

---

① （宋）朱熹撰：《朱子全书》第六册，朱杰人、严佐之、刘永翔主编，上海古籍出版社、安徽教育出版社，2002，第68页。

② （明）王守仁：《王阳明全集》，国学整理社，1936，第2页。

其次有立言，虽久不废，此之谓不朽。"(《左传·襄公二十四年》)所谓立德、立言可以包含在前面说的精神境界方面，这就是"内圣"。所谓立功则在于社会志向，属于"外王"的实践方面。普通百姓践行孝悌并且推广到乡里就做到仁了，但士人则应该有"修身、齐家、治国、平天下"的志向。对士而言，齐家只是最初步的责任，治国、平天下才是最大的责任。士一旦出仕，就以身许国，移孝作忠，这意味着对国家和人民的报恩责任超越了对家族的报恩责任，从而超越了家族伦理的局限，克服了恩德维护的差等性局限，把恩德推广到天下。

宗教也在一定程度上弥合恩德文化的差等性。佛教从印度传入，得以传播和延续，表明中国文化需要信仰的维度。从文化调适的角度说，就是佛教的普遍的慈悲观念，建立了一个宗教性的道德，它摒弃了世俗关系，对天下人慈悲为怀，一定程度上抹平了恩德的差等性。但是，佛教的性空之说，也与恩德文化根本对立，而且由于实用理性强固，宗教信仰相对薄弱，这种宗教性道德的作用也是有限的，不能从根本上克服恩德的差等性局限。

以上在精神境界上和事功方面阐述了中国文化对差等性的补充、提升，使得恩德文化具有了普遍理性和理想的维度，这在一定程度上加强了恩德调节社会关系的功效。在中国历史上，士大夫以天下为己任，超越了家族伦理的界限，承担了社会、政治的责任，维护了社会的稳定、发展；普通百姓也不乏大仁大义者。但是，由于差等性是恩德的基本属性之一，它与仁爱理想之间仍然存在着矛盾，亲疏等级仍然限制着恩德文化的品格，从而限制着恩德文化的社会效用。

三 移孝作忠：重构家恩与国恩的关系

恩德的差等性显著地体现在家恩与国恩的关系方面。中国后宗法社会是家国同构关系，实际上家与国是二元性的，家是基本的社会单位，而国是聚合家的政治共同体，家国之间并没有有机的联系。这样，家国之间就有内在的矛盾，这种矛盾也体现在家族伦理与政治伦理的关系上。孝与忠是恩德文化的两个基本范畴，孝是家庭伦理的基本范畴，是恩德的基点；忠是孝的推演，是政治伦理的基本范畴，它们之间的关系是本源与推演的关系，依照差序格局，这就产生了家恩重于国恩的逻辑内涵。在先秦，还是孝重于忠。但是，随着大一统的国家的建立和强化，就要求国家统领家族，因此就要求国恩重于家恩，从而发生了家国关系的历史演变。从总体上说，孝与忠的关系经历了从先秦的孝重于忠，到汉唐之际的孝、忠并重而向忠偏移，再到宋元明清时期的忠重于孝，这个历史趋势体现了中国传统社会的专制化的进程，也表明了国恩压倒家恩的历史趋势。

先说孝与忠的逻辑关系。恩德文化以孝为逻辑起点和基本范畴，认为仁发源于孝即子女对父母的感恩之心，由此构造了父子、兄弟、夫妇之间的关系。同时，恩德文化又把家庭伦理推演为社会、政治伦理，即由孝出发，推演成整个文化范畴体系，在社会领域是把孝悌推广为尊长爱幼，朋友互信；在国家则是把孝悌推广为忠君爱民，从而构造了君君、臣臣、父父、子子的社会秩序。这样，通过一种类比性的推演，孝与忠就具有了同构关系。所以孔子说："孝慈，则忠。"（《论语·为政》）《礼记》说："忠臣以事其君，孝子以事其亲，其本一也。"（《礼记·祭统》）"君子之事亲孝，故忠可移于君；事兄悌，故顺可移于长；居家理，故治可移于官。"（《孝经·广扬名章》）"夫孝，始于事亲，中于事君，终于立身。"（《孝经·开宗明义章》）这个推理产生了两个问题，一个是掩盖了家国之间的矛盾，二是产生了家恩与国恩哪个更重要的问题。第一个问题是，由家恩推广为国恩，于是孝忠一体，但事实并不如此，家国之间还存在着矛盾，孝与忠之间也有冲突：孝亲未必忠国，也可能孝而不忠。伍子胥为报家仇而引外敌灭祖国的故事，说明了这一点。第二个问题是孝与忠之间的关系得出了矛盾的结论。其一，孝为根本，是恩德的基点，具有根本性，而忠是孝的推演形式，不具有根本性，因此依据恩德文化的差等性，孝重于忠。其二，忠是孝的扩大，也是孝的极致，即所谓"士之孝"，突破了家孝，而升华到国孝；孝是私恩，而忠是国恩，国大于家，公大于私，因此忠重于孝。这就产生了忠孝关系的悖论。

在恩德文化的早期即春秋战国时期，强调孝在恩德文化中的基础、源头地位，孝高于忠，同时孝与忠的矛盾还不突出，处于相对平衡状态。在这个时期，一方面西周形成的家国一体制度和观念还没有完全消退，家族在社会中仍然是基本细胞。家族伦理还处于中心位置。另一方面，中央集权的大一统国家也没有形成，君主的绝对权威也没有树立，因此原始儒家的文化重建还是立足于已有的伦理资源即家族伦理的孝，再推广到国家伦理的忠。孔子的弟子有子认为孝悌是仁的基础，"其为人也孝弟，而好犯上者鲜矣；不好犯上而好作乱者，未之有也。君子务本，本立而道生，孝弟也者，其为仁之本与？"（《论语·学而》）这里是强调孝者具有仁心，有利于邦国。孟子也把孝作为人伦的基点，可以达之天下："亲亲，仁也；敬长，义也，无他，达之天下也。"（《孟子·尽心上》）《大戴礼记·曾子大孝》曰："民之本教曰孝……夫仁者，仁此者也；义者，义此者也；忠者，忠此者也；信者，信此者也；礼者，礼此者也。"春秋战国时期，忠的地位还不高，很多情况下还用泛化的孝来阐释忠。如曾子曰："身者，亲之遗体也。行亲之遗体，敢不敬乎？故居处不庄，非孝也；事君不忠，非孝也；莅官不敬，非孝也；朋友不信，非孝也；战陈无勇，非孝也。五者不遂，灾及乎身，敢不敬乎？"（《大戴礼记·曾子大孝》）以孝为德之根本，故孝高于忠，反映了家重于国的现实，这在春秋战国时期成为共识。《论语·子路》载，叶公语孔子曰："吾党有直躬者，其父攘羊，而子证之。"孔子曰："吾党之直者异于是：父为子隐，子为父隐，直在其中矣。"孔子站在孝的立场上，否定了依照国法揭发父亲罪行的行为，实际上是认为孝大于忠，家庭伦理高于政治伦理。曾参认为养亲为大，效忠君主为轻，他说："吾父母老。食人之禄，则忧人之事，故吾不忍远亲而为人役。"（《孔子家语·七十二弟子解》）。《孝经》中记载孟子也这样看待孝与忠的关系问题：

> 桃应问曰："舜为天子，皋陶为士，瞽瞍杀人，则如之何？"孟子曰："执之而已矣。""然则舜不禁与？"曰："夫舜恶得而禁之？夫有所受之也。""然则舜如之何？"曰："舜视弃天下犹弃敝蹝也。"（《孝经·尽心上》）

孟子主张，不能依照国法定罪父亲，因为这就违反了孝道；但身为天子不执行国法，又违反了政治伦理，解决的办法就是放弃天子之位，带着父亲远遁天涯。这个案例也体现了家庭伦理高于政治伦理。孟子说："父子之间不责善，责善则离，离则不详莫大焉。"他主张在家庭伦理责任和社会伦理责任发生冲突时，以家庭伦理责任为重，即孝高于善。可见，在中国传统社会早期，忠是依托于孝的。出土的战国初期的儒家文献《郭店楚墓竹简》中有《六德》一篇，提出"为父绝君，不为君绝父；为昆弟绝妻，不为妻绝昆弟。为宗族杀朋友，不为朋友杀宗族"。这反映了当时家族伦理高于政治伦理和社会伦理，孝重于忠的状况。郭店楚简的《唐虞之道》曰："尧舜之行，爱亲尊贤。爱亲故孝，尊贤故禅。孝之施，爱天下之民。禅之传，世亡隐德。孝，[仁]之冕也。禅，义之至也。六帝兴于古，皆由此也。爱亲忘贤，仁而未义也。尊贤遗亲，义而未仁也。"这里提出了"爱亲尊贤"，也就是家庭伦理与政治伦理并重，但孝具有"仁之冕"的性质，故更为本源。

在春秋战国时期的社会生活中，也体现了孝重于忠。这是因为，那个时代的家族势力还很大,而且大一统的国家还没有形成,各诸侯国分立,绝对君权也没有建立,故恩德文化侧重于家庭伦理的孝,认为孝重于忠,家庭责任高于国家责任。如《韩诗外传》卷七记载:

> 齐宣王谓田过曰:"吾闻儒者丧亲三年、丧君三年,君与父孰重?"过对曰:"殆不如父重。"王忿然曰:"曷为士去亲而事君?"对曰:"非君之土地,无以处吾亲;非君之禄,无以养吾亲;非君之爵,无以尊显吾亲。受之于君,致之于亲,凡事君,以为亲也。"宣王悒然,无以应之。①

还有伍子胥为报父仇的故事也说明了这一点。春秋时期,在楚国的权力斗争中,楚平王杀了伍子胥的父兄,伍子胥逃到吴国,借助吴兵打败楚国,掘了楚平王的坟墓,鞭尸泄愤。这在时人眼里是合理的,因为家恩大于国恩,报家仇可以不顾国恩。《吕氏春秋·仲冬纪》之《忠廉》篇记载了一件事情。楚国的直躬因为父亲偷了羊,他向官府告发父亲。官府把他父亲抓起来,拟处死,直躬请求代父受刑。临刑之时,他说:"父窃羊而谒之,不亦信乎?父诛而代之,不亦孝乎?信且孝而诛之,国将有不诛者乎?"于是"荆王闻之,乃不诛也"。这个案例也记载于《论语·子路》和《庄子·盗跖》中,应该是真实的。这个故事表面上看是忠孝两全,实际上是孝大于忠,国法为家庭伦理让了步。《战国策·韩策二·韩傀相韩》云:"臣所以降志辱身,居市井者,徒幸而养老母。老母在,政身未敢以许人也。"从中也可以看出,为了尽孝,可以放弃仕途,不去尽忠,时人认为是合理的。

秦汉以降,至于魏晋南北朝、隋唐五代,中国传统社会进入中期,恩德文化也进入中期。这个时期的恩德文化由孝重于忠,转为孝与忠并重,其间虽然有摆动,但大体上还是维持了某种平衡状态。这是因为,一方面已经建立了大一统的中央集权国家,君主的地位提高了,君权在某种程度上高于宗族权力;另一方面,家庭作为社会细胞仍然具有基础地位,特别是世家大族的经济实力、政治地位很高,某种程度上制约着王权。汉魏晋时期,施行察举,就是由乡里推举孝廉、贤良方正,再由朝廷任命官员,体现了家族权力对国家政治的影响,国家对家族权力的某种让步。特别是

---

① (汉)韩婴:《韩诗外传》卷七,载《增订汉魏丛书》,西南师范大学出版社、东方出版社,2011,第53页。

魏晋时期，世家大族垄断政治，形成了士族门阀，皇帝也要依靠世家大族，实行九品中正制度。唐代世家大族的势力虽然有所消减，但仍然强大，构成了对王权的制约。同时，在这个时期君权上升，忠的地位也提高了，不再是依附孝，而是达到了孝忠并列。因此，这个时期的恩德文化就在重孝与重忠之间徘徊，试图兼顾二者而避免冲突。司马迁引用《孝经》的话说："夫孝始于事亲，中于事君，终于立身。扬名于后世，以显父母，此孝之大者。"（《史记·太史公自序》）托名孔子而实际上形成于秦汉之际的《孝经》，把孝推广到政治领域："以孝事君则忠，以敬事长则顺。"（《孝经·士章》）"立身行道，扬名于后世，以显父母，孝之终也。"（《孝经·开宗明义章》）这就是说，士人用尽忠的办法来实现孝道。如孝子寒窗苦读，获得官职，光宗耀祖，最大程度地实现了孝道。《孝经》把孝变成了不同身份的责任，规定了庶人之孝，在家庭孝顺父母；士人之孝，在国家，"忠顺不失，以事其上，然后能保其禄位，而守其祭祀，盖士之孝也"（《孝经·士章》）；诸侯之孝、天子之孝则在民、国家、天下。这种以身份来规定孝、忠责任的观念，试图弥合孝与忠的矛盾，实际上并不能解决孝与忠何者为重的问题，但也隐含了士人、诸侯、天子的孝就是对国家、天下的忠，对他们而言，忠重于孝。《晋书》记载，刘斌说："敦叙风俗，以人伦为先；人伦之教，以忠孝为主。忠故不忘其君，孝故不忘其亲。若孝必专心于色养，则明君不得而臣；忠必不顾其亲，则父母不得而子也。是以为臣者，必以义断其恩；为子也，必以情割其义。在朝则从君之命，在家则随父之制。然后君父两济，忠孝各序。"（《晋书·庾纯传》）这里虽然主张"君父两济，忠孝各序"，但事实上强调了忠重于孝。颜之推认为孝和忠并重，依据情况可以选择一方而放弃另一方，各有其道理。他说："诚臣徇主而弃亲，孝子安家而忘国，各有行也。"①

汉代开始，加强了君权，提升了忠的地位，忠与孝并列，甚至有忠高于孝的说法。汉武帝认为："夫所谓才者，犹有用之器也，有才而不肯尽用，与无才同，不杀何施！"（《资治通鉴·汉纪十一》）武则天亲撰《臣轨》，强调"忠"的至上性："臣之事君，犹子之事父，父子虽至亲，犹未若君臣之同体也。"② 另一方面，汉魏时期提倡以孝治天下，孝的地位仍然很高。《孝经·孝治章》曰："昔者明王之以孝治天下也……天下和平，灾害不生，祸乱不作。故明王之以孝治天下也如此。"《汉书·文

---

① 王利器撰：《颜氏家训集解》（增补本），中华书局，1993，第391页。
② （唐）唐武后撰：《臣轨》，载《丛书集成初编》第893册，中华书局，1985，第1页。

帝纪》载文帝诏曰:"孝悌,天下之大顺也;力田,为生之本也;三老,众民之师也;廉吏,民之表也。朕甚嘉此二三大夫之行。"《三国志》曾记载,太子曹丕在宴会上让宾客讨论一个问题:"'君父各有笃疾,有药一丸,可救一人,当救君邪?父邪?'众人纷纭,或父或君,时原在坐,不与此论。太子咨之于原。原悖然对曰:'父也。'太子亦不复难之。"这说明孝与忠的地位不相上下。两晋继承了"以孝治天下"的政策,晋武帝下诏曰:"有不孝敬于父母,不长悌于族党,悖礼弃常,不率法令者,纠而罪之。"(《晋书·武帝纪》)实际上是孝忠并用,孝为忠用。武则天曰:"夫纯孝者,则能以大义修身,知立行之本。欲尊其亲,必先尊于君;欲安其家,必先安于国。故古之忠臣,先其君而后其亲,先其国而后其家。何则?君者,亲之本也,亲非君而不存;国者,家之基也,家非国而不立。"[①]这个论说已经开始把忠作为孝的基础,提出忠大于孝了。

在制度上,汉魏晋时期施行了举孝廉制度,把孝道与仕途连接,从而使得孝道政治化,实现了孝忠一体化。另一方面,忠也进入了制度体系。汉代把"不忠"入罪,分为大逆不道、不道、违礼不敬三种。隋唐时期,孝道进入国家的上层建筑:体现在礼乐典章制度、文化教育、法律法规等各个领域。在政治制度上,科举考试、官员选拔升迁、丁忧、致仕等规定,都体现了重孝道的精神。隋唐开始以科举代替察举(举孝廉),实际上结束了乡里推荐人才、倚重孝道治国的方略,而转向国家直接选用人才,体现了国家权力的加强。但总的说来,这个时期孝道与社会文化、政治制度还融合在一起,孝与忠一体化了。

宋元明清是中国传统社会的晚期,恩德文化也到了后期。这个时期,家族的地位下降,世家大族基本不复存在,社会充分平民化,王权加强了对中国社会的控制。宋代编《百家姓》,把皇族的姓"赵"排在钱、孙、李等大族姓氏的前面,表明了这一点。这样恩德文化就转向重视忠,忠重于孝。托名东汉马融著的《忠经》,有人认为出于唐代,嫌证据不足;而《四库全书提要》认为出自宋代,比较可信。《忠经》的产生,标志着恩德文化后期,由前期重视孝道到后期重视忠道的演变。当然,这个时期的统治者也重视孝道,认为这是社会安定的根本。宋太祖赵匡胤于开宝三年(970)"诏诸道州府,察民有孝悌彰闻……为士庶推服者以闻"[②],以后

[①] (唐)武则天撰:《武则天集》,罗元贞点校,山西人民出版社,1987,第16~17页。
[②] (宋)王称:《东都事略》卷二,《景印文渊阁四库全书》,台北:台湾商务印书馆,1986。

成为制度，延续至明清。在法律上也维护孝道，宋代刑法大典《宋刑统》沿袭唐律，把不孝罪列入"十恶"之一种。南宋末期咸淳年间，"诏民有以孝悌闻于乡者，守、令其具名上闻，将旌异劳赐焉"①。熙宁三年（1070）又下诏令，政府对孝悌力田之人给帖付身。《明实录》记载，朱元璋登基之始，就以孝悌忠信的礼仪昭告天下："居家有礼则长幼序而宗族和，朝廷有礼则尊卑定而等威辨。"②但是，这个时期忠的地位空前提高，总的趋势是忠君重于尽孝。《忠经》，把忠提到了至高的地位。《忠经·保孝行章》曰："夫惟孝者必贵于忠，忠苟不行，所率犹非其道。是以忠诚不及之而失其守，匪惟危身，辱及亲也。故君子行其孝必先以忠，竭其忠则福禄至矣。"这是强调要先忠后孝。程颐认为："人之处家，在骨肉父子之间，大率以情胜礼，以恩夺义。唯刚立之人，则能不以私爱失其正理，故家人卦，大要以刚为善。"③这里提出，家孝是以情胜礼、以恩夺义的"私爱"，而刚立之人则可以超越"私爱"而符合"正理"，这个正理就是对君国的忠。明代的《赵贞女蔡二郎》被高明改编为《琵琶记》，原作的故事情节为蔡伯喈科举高中后弃亲背妇被暴雷震毙，意在宣扬孝道，而改作的故事是蔡伯喈科举高中，欲辞官养亲而皇帝不准，致父母饥寒而死。后来妻子赴京相聚，忠孝两全，获得旌表。这是提倡舍弃"小孝"，而顾"大孝"，移孝作忠，符合了统治者的需要，所以明太祖朱元璋对其大加赞赏："五经四书，布帛菽粟也，家家皆有；高明《琵琶记》，如山珍、海错，贵富家不可无。""由此日令优人进演"④这个时期，忠的地位高于孝，"移孝作忠"成为不刊之论。在春秋战国时期，"移孝作忠"的本义是由孝推演出忠，即孔子所谓"君子之事亲'孝'，故'忠'可移于君"（《孝经·广扬名章》），这只是一种逻辑的推演，并非要放弃孝而尽忠。但到了传统社会后期，移孝作忠被解释为放弃孝而尽忠，以忠代替孝。体现在制度上，就是一方面旌表孝行，树立孝德楷模，维持孝道；另一方面，孝要为忠让路，提倡舍家为国，如臣子丁忧，皇帝可以以国家需要为名"夺情"，令其免于守孝三年而继续任职。

对家恩（孝）与国恩（忠）关系的调节，形成了国恩重于家恩的观念，从而加强了国家的聚合力，改善了家恩重于国恩而造成的散漫状态，

---

① （元）脱脱等撰：《宋史》第三册，中华书局，1977，第908页。
② "中央研究院"历史语言研究所编：《明太祖实录》卷七三，"中央研究院"历史语言研究所，1962，第1337页。
③ （清）李光地撰，刘大钧整理：《康熙御纂周易折中》上，巴蜀书社，2014，第180页。
④ （明）徐渭著，李复波、熊澄宇注释：《南词叙录注释》，中国戏剧出版社，1989，第2页。

这就适应了大一统的中央集权国家的需要。中国历史上出现了许多"移孝作忠"的英雄，如汉代霍去病说出了"匈奴未灭，无以家为？"的豪言壮语，并且为国家民族立下了不世之功；岳飞从军，抗击金兵，岳母刺字"精忠报国"，也是舍家为国的典范，为后人所敬仰。另一方面，国恩重于家恩，与以孝悌为本源的恩德文化发生了矛盾，而且也难以从根本上改变家族主义，因此家国矛盾是难以最终克服的。

总之，文化调适对中国恩德文化的缺陷和内在矛盾有所弥补和缓和，从而保障了其社会功能的有效发挥。但是，这种调适是有限的，不能在根本上解决恩德文化的根本缺陷和内在矛盾，而要从根本上解决这个问题，只能靠中国文化的现代转型。

第七章　中国恩德文化的比较研究

第一节　中国恩德文化与西方文化之比较

一　中西文化的源头不同

中国文化源于人恩，具有有限理性的特性。在礼物文化解体后，形成了基于人恩的"赐予—回报的社会—文化模式"，构成了恩德文化，形成了一个世俗化的世界。商代是神权社会，建立了神恩文化，包括对上帝的崇拜和祖先崇拜。西周把神恩文化转向祖恩文化，也发生了理性精神的萌芽，即民本思想。至春秋战国时期，周文化发生裂变，早期宗教衰落，人文精神兴起，祖恩演化为家恩即父母之恩，以父母施恩、子女报恩建构了孝的伦理范畴。由于家国一体转化为家国同构，家族伦理成为恩德文化的源头，后推广为社会、政治伦理，即孝作为恩德文化的原始范畴，推广为社会、政治领域的伦理范畴如友、忠乃至仁等，如此家恩推广为普遍的人恩，建构了恩德文化。因此，中国文化是人恩文化，不是神恩文化。由此可知，中国恩德文化是自下而上建构起来的。

西方文化具有一般理性精神，其源头是二元化的，一是神本精神，二是人文精神。古希腊、罗马文化产生了人文精神和科学精神的萌芽，形成了人本文化。欧洲中世纪建立了教权统治，人本文化变成了神本文化。文艺复兴和启蒙运动复兴了人文主义，但宗教并没有消失，而是成为超越世俗文化的彼岸世界，即上帝之爱成为一种博爱精神，形成了具有超越性的普适性价值。这样，西方文化就有了神恩文化（宗教）与人本文化（理性）两个源头，二者叠加为二元一体的文化。

与中国相比，西方较早地克服了父权家长制，而且家族伦理没有成为社会伦理的基础，也没有形成人恩文化。西方也产生过父权家长制，但是在文明进程中发生了对父权的颠覆。古希腊梭伦变法,个体从家庭中独立,家庭没有成为社会的基本细胞。此后,建立了契约关系,父权家长制也被契约关系取消。此外,宗教文化也消除了父权,基督教以上帝为天父,是绝对的权威,而在神面前是人人平等的,而且都有原罪,不允许建立世俗社会父亲的权威,因此只有神恩,没有人恩。

西方文化有"弑父"传统,古希腊神话就有弑父情结,第一代天神乌拉诺斯被儿子克罗诺斯阉割,第二代天神克罗诺斯又被儿子宙斯推翻。古希腊悲剧《俄狄浦斯王》则记述了主人公杀父娶母的命运。对原始父权制的反抗和颠覆,使得西方文明没有走向祖先崇拜,也避了人恩文化。弗洛伊德在《文明及其不满》一书中,把西方民主制度的产生归因于对父权的反抗,认为文明的发展过程就是从"原始父亲"的专制向"兄弟联盟"的民主转变的过程。《历史的终结》一书的作者,美国著名学者福山解释了西方父权文化的消失:

> 在西方社会里父亲的权威必须和其他来源的权威竞争,譬如孩子的老师、老板、国家,还有至高无上的上帝。以美国来说,子女叛逆,反抗父母亲的权威,早已经内化成这个国家的一部分,青少年只有通过这个阶段,才像是真正长大成人;反抗父母变成了一项仪式。[①]

由于理性早熟,中国没有产生弑父文化传统。中国神话中没有弑父情结,在女娲补天、后羿射日等故事中,这些祖先都是造福于人类的,他们只可能是崇拜的对象,不可能形成弑父传统。在古史的传说时代,黄帝、尧、舜、禹等都是有德的帝王,为民造福,从而确立了像父亲一样的权威,成为敬仰的对象,也不可能产生弑父冲动。据传舜曾经遭遇暴虐的父亲和邪恶的弟弟谋害,但孝心不改,终于获得尧的禅让,也使得家庭归于和睦。这些故事说明,中国的神话、传说中不仅没有弑父情结,而且已经确立了对父权的尊崇,为以后的祖先崇拜和孝道奠定了基础。值得注意的是,《封神演义》和《西游记》里面有这样的故事:李靖夫人怀胎三年,生下来一个肉球,被李靖一剑劈开,跳出哪吒,这预示着哪吒与父亲的绝缘。童年的哪吒闹海屠龙,天神降罪,其父李靖欲杀哪吒,哪吒割肉还

---

① 〔美〕弗兰西斯·福山:《信任——社会道德与繁荣的创造》,李宛蓉译,远方出版社,1998年,第102页。

母，剔骨还父，与父母恩断义绝。这个故事含有弑父倾向，也消解了父母之恩，但这个思想可能来源于佛教，而非中国本土。倒是割肉还母、剔骨还父的情节，体现了子女为父母所有的恩德观念。这个故事的结局是，哪吒最终也回归家庭和秩序，成为托塔李天王手下的天将，这就符合了中国固有的孝亲观念。还有一个文学形象，也体现了对父权的反抗和回归，这就是《西游记》里的孙悟空。孙悟空是从石头中生出来的，无父无母，也不遵守父权制规则，大闹龙宫、地府、天宫，最后被如来佛压在五行山下。如来佛安排唐僧取经路过，解救悟空，收为徒弟，进入佛门，于是一路上降妖捉怪，保护师父到西天取得真经，修成正果，封为斗战胜佛。在这里，如来佛和唐僧具有类似父亲的身份，代表了父权秩序。孙悟空形象在取经前是一个反父权制的造反英雄，这可能与印度神话的神猴原型有关；后来被唐僧解救，拜师报恩，护持师父西天取经，降妖捉怪，成为父权制下维护秩序的角色。

二　中西文化的结构不同

中国文化是有限理性文化，其基本构成是恩德，施恩—报恩成为基本的社会关系准则。第一，中国恩德文化是伦理本位，即价值理性主导，而工具理性缺失。第二，恩德文化中人与对象（主要是他人）之间的关系不是各自独立的契约关系，而是恩爱的关系，也就是施恩—报恩关系。第三，施恩与报恩是对应的，双方互动，既有爱，也有控制性，即施恩方施恩给受恩方，从而拥有了支配受恩方的权力；受恩方对施恩方报恩，从而负有了依附、服从施恩方的责任。第四，恩德文化是身份伦理，即伦理责任与社会身份结合在一起，管理者即尊者、长者、强者是施恩方，被管理者即卑者、幼者、弱者是受恩—报恩方，形成了尊卑长幼之别和"君君、臣臣、父父、子子"的社会—伦理秩序。中国文化没有形成此岸与彼岸世界的对立，宗教不具有主导地位，儒教不是宗教，而是道德理性，这就是辜鸿铭说的中国有义和礼统一的"良民的宗教"。

西方文化具有一般理性的性质。理性精神发源于古希腊罗马，产生了科学精神和人文精神的萌芽。中世纪希伯来文化传入，产生了宗教文化即神恩文化，古希腊、罗马文化湮灭。文艺复兴和启蒙运动恢复了古希腊、罗马文化传统，复兴了科学精神和人文精神，也保留了宗教作为现代文化的超越层面，形成了西方文化此岸与彼岸对立的二元一体结构。西方文化的二元一体结构，决定了西方文化的一般理性性质，它具有理性文化层面，也具有超理性文化层面（宗教以及哲学、艺术）；具有工具理性（科学精神），也具有价值理性（人文精神），因此西方文化是理性主导的文化。西方文化有神恩，而没有人恩。由于人成为独立个体，不可能成为施恩或报恩的主体或对象。由于建立了契约关系，人际交往是平等的交换关系，也没有可能形成恩德文化。

西方文化是二元性的文化，世俗世界和超越的世界并立，由此形成了责任伦理或曰社会性道德与信念伦理或曰宗教性道德的分离。信念伦理源于宗教，是上帝之爱赋予人的超越性道德即博爱，它超越了社会关系规定的责任伦理的局限，弥合因契约关系而疏离的人际关系。责任伦理源于现实的社会关系，而西方社会关系是契约关系，因此伦理规范就是为了维护这种社会关系而设立的，它体现了一定的意识形态，具体地规范了人的现实行为。责任伦理具有现实性，具有历史的局限性。信念伦理是最高的伦理层次，提升着责任伦理。责任伦理要符合契约关系，同时也要与信念伦理结合，把爱的原则渗透于自身。一般说，伦理具有自律性和他律性两重性，是矛盾的统一体，责任伦理偏于他律性，受到舆论和法律的保障；而信念伦理偏于自律性，受到信仰和良知的保障。当然信念伦理与责任伦理互相作用，责任伦理要有一定的自律性，也要有道德良知的保障，不全是外在的规则。信念伦理超越责任伦理，超越社会关系，而具有本源性、普遍性和理想性。康德论证道德具有形而上的绝对性，是一种"绝对命令"，指的就是信念伦理而不是责任伦理。信念伦理偏于自律，而非他律，是自己内在要求主导的伦理原则。但这个自律又是通过"外在的超越"即信仰建立的。基督教认定，上帝爱人，施恩于人类，创造了人类，也创造了世界万物，供人类居住、使用；而且为了拯救人类于罪恶，上帝牺牲了自己的儿子耶稣。因此，人类就要报答上帝，报恩的方式就是要信仰主，遵循主的教导，像主爱人那样爱一切人。爱上帝是最大的爱，其次才是爱人。《圣经》说："夫子，律法上的诫命，那一条是最大的呢？"耶稣对他说："你要尽心、尽性、尽意爱主你的神。这是诫命中的第一，且是最大的。其次也相仿，就是要爱人如己。这两条诫命是律法和先知一切道理的总纲。"人对人的爱是模仿神对人的爱。上帝把爱分享给每一个人，因此人际关系中的爱是一种平等的关系，是自由的主体对另外一个自由的主体的同情和关怀。《圣经》说："我赐给你们一条新命令，乃是叫你们彼此相爱；我怎样爱你们，你们也要怎样相爱。你们若有彼此相爱的心，众人因此就认出你们是我的门徒了。"这样，博爱就形成了西方伦理的核心。西方的信念伦理或宗教性道德是博爱，就是遵从上帝的教导爱一切人。博爱是无差别的爱，不分远近亲疏，甚至没有恨，主张"爱你的仇敌"。《圣经》说："你们听见有话说：'当爱你的邻舍，恨你的仇敌。'只是我告诉你们，要爱你们的仇敌，为那逼迫你们的祷告。这样，就可以作你们天父的儿子，因为他叫日头照好人，也照歹人；降雨给义人，也给不义的人。你们若单爱那爱你们的人，有什么赏赐呢？就是税吏不也是这样行吗？你们若单请你弟兄的安，比人有什么长处呢？就是外邦人不也是这样行吗？所以，你们要完全，像你们的天父完全一样。""我告诉你们这听道的人，你们的仇敌要爱他，恨你们的要待他好。诅咒你们的要为他祝福，凌辱你们的要为他祷告。"博爱也不要求回报，是平等的爱，施爱者并不拥有支配施爱对象的权力，受爱者也不从属于施爱者。在上帝第四诫中要求人类"孝敬父母"，但对父母的爱不能超过对上帝的爱，爱父母不是感恩父母，感恩的对象只能是上帝。耶稣说："谁对父母的恩情比对我的恩情更加深厚，就配不上我。"

中国文化没有信念伦理与责任伦理的分化，也就没有独立的信念伦理。与西方的性恶论不同，儒家代表的中国文化是性善论，认为人天生有恻隐之心、不忍人之心，因此人伦关系就是仁爱的关系，也就是施恩—报恩的关系。仁爱来源于人的天性，而天性与天命相通，所以恩德具有信念伦理的成分。恩德要求天下人相爱，就是要"推己及人"，"泛爱众"，"老吾老以及人之老，幼吾幼以及人之幼"，"仁民爱物"，直至天下大同，这些都超越了实际关系，而具有了理想性。但与西方文化的信念伦理比较，中国恩德文化的信念伦理成分并不独立，也不充分。与西方文化讲爱一切人，包括你的仇敌和恶人不同，仁爱虽然也讲"泛爱众"，但不是爱一切人，而是只爱合乎基本道德规范的人，首先是不包括狄夷等不开化的人、不忠不孝的小人，他们被当作禽兽，不在被爱之列，"子曰：君子而不仁者有矣夫，未有小人而仁者也。"(《论语·宪问》)其次是对于仇敌，也不讲爱，而是"以直报怨"。再次，仁爱是有差等的爱，有亲疏之别，首推是爱父母、兄弟、夫妻等家人，再推及其他亲属，再推及师友、乡邻等社会人群，直至国人、天下人，关系越近爱越多，关系越远而爱越少，形成了一个"差序格局"。这个"差序格局"从根本上说是施恩—报恩关系决定的，也就是说，关系越近，施恩得到回报的可能越大；关系越远，施恩得到回报的可能越小，所以爱有差等。

恩德文化也要求自律，把德行归于人的内在要求，儒学是对自己负责的"为己之学"，要求"吾日三省吾身"，以求成为道德完善之人。如孔子说，"为仁由己，而由人乎哉？""我欲仁，斯仁至矣。"就此而言，恩德文化超越了现实需要，有信念伦理的成分。这个自律不同于西方文化对神的信仰，而是凭借自己的道德良心，是一种"内在的超越"。但这个自律也是受施恩—报恩原则约束，也就是受现实规范——礼的制约，因此并不充分，也具有他律性。

在责任伦理层面，西方文化基于契约关系，以个体价值为核心，划定了人我界限和各自的权利，责任伦理的原则就是恪守社会责任和维护个体价值。责任伦理虽然受到信念伦理制约，有自律性一面，但更直接地受到社会关系制约，偏于他律性。这种责任伦理构成了现代性的核心理念，也构成了法律的伦理基础。责任伦理保护个体利益，也产生了"原子式的个人主义"倾向。同时，西方文化也把博爱原则渗透到责任伦理中，以沟通信念伦理与责任伦理。但是，由于个体之间以及个体与群体之间的分离和对立，责任伦理与信念伦理仍然有差异和对立，发生信念伦理的超现实性和责任伦理的现实性的冲突，甚至产生"人人为自己，上帝为大家"的倾向。

恩德文化也具有责任伦理的成分。身份伦理基于社会现实，把恩德与社会身份、责任结合起来，形成仁礼一体，从而又兼有了责任伦理成分。恩德符合礼，有控制性，为现实的社会关系服务，形成君臣父子等不同身份的社会责任。恩爱有差等，以家族关系向外推延，形成"差序格局"，体现了人们的实际利益关系。这些说明恩德具有现实原则，是适应社会关系的需要的，不是信念伦理。中国恩德文化讲求施恩报恩，虽然也包括精神上的关怀，但不是灵魂的拯救，而主要是物质利益方面的帮助和回报，如孔子讲"己欲立而立人，己欲达而达人"，就是偏于实际利益的帮助。这一点，也是区别于西方文化的。恩德文化的责任伦理成分也不充分，不是纯粹的责任伦理，而是一种身份伦理，即不是基于普遍的社会责任，而是基于有限的身份责任。恩德文化不是基于契约关系，而是把个人置于施恩—报恩关系之中，成为"为他"的存在者，从而消除了自我的独立性，这与责任伦理相抵触。施恩者有了支配他人的权力，也被施恩责任支配；报恩者把自我归属于施恩者，被报恩责任支配，从而被剥夺了个体的权利，违背了责任伦理的基本原则，所以也不是真正的责任伦理。总之，中国恩德文化不是充分的责任伦理，而是有限的责任伦理即身份伦理。

三 中西文化的核心价值不同

中西文化具有共同的品质，就是都具有人文精神，都把爱作为核心价值，但不同的是，中国讲仁爱，西方讲博爱。博爱本来是基督教的观念，文艺复兴以后，产生了现代理性，人文精神发生，博爱思想转化为世俗的道德理性，形成了"自由、平等、博爱"的价值观。中国文化也拥有人文精神，是一种肯定人的价值的文化。自西周以来，中国就开始摆脱了神权文化，确立了民本思想，产生了人文精神的萌芽。从春秋战国时期开始，更有了人的发现，讲仁爱，确立了人文精神。中国文化不是物本主义，不推崇工具理性；也不是神本主义，不是以神作为根本的价值；而是以人作为根本的价值，提倡"天地之性人为贵"，"人者，神之主也"。孔子确立了"仁"为道德的核心，而"仁者爱人"，中国文化就成为仁爱的文化。西方的博爱与中国的仁爱都是爱，有共同性，成为核心价值，这一方面必须肯定。

中西文化都讲爱的交互性。西方文化主张爱是人与人之间的情感交换，要以爱来交换爱。柏拉图就确定了爱的交互性。斯宾诺莎说："感恩或谢忱是基于爱的欲望或努力，努力以恩德去报答那曾经基于同样的爱的情绪，以恩德施诸我们的人。"① 这也就是说，爱是对施爱者和受爱者双方的约束，双方必须付出爱。这也意味着施爱与回报是对应的，不是单方面的。哈贝马斯主张建立"交往理性"，达到人际关系的和谐，实际上是确立爱的交互性。中国文化讲施恩—报恩，这是一种双向的爱，也具有交互性。中国文化主张施恩与报恩是双方的爱的义务，不可缺失一方，反对有恩不施，也反对受恩不报，力求达到互爱互敬、和谐一体的境界。

中西方文化都以爱为核心价值，但爱的根源不同。西方的博爱源于神恩，中国的仁爱源于人恩，故爱的具体内涵也不同。中国文化讲恩德，这个恩德包括神恩，也包括人恩，神恩与人恩一体化，但主要是人恩。神恩就是天恩，天是自然与神的合体，因此感天恩包括对神的感恩和对自然的感恩。但天（神）恩并不独立存在，天（神）一般不管人事，不直接降恩于人；天道通过人性体现为人道，而人道就是君臣父子之间的伦理，于是神恩就转化为人恩。商周社会具有巫神文化和贵族等级制度，只有神恩，没有人恩。在春秋战国时期，建立了世俗化的平民社会，神恩转化为人恩。中国恩德文化的人性根据是性善论，即认为人性源于天道，"天命之谓性"，而天道具有仁的属性，所以人有仁爱之心，知道施恩—报恩。传统社会的人际关系是依据施恩—报恩的伦理规范建立起来的，是君臣父子之间的恩爱关系，这就是说，仁爱是人恩的产物。

西方文化的核心价值是博爱，博爱源自神恩。基督教主张人有原罪，

---

① 〔荷〕斯宾诺莎：《伦理学》，贺麟译，商务印书馆，1962，第161页。

故人性本恶，神拯救人的灵魂，通过赎罪把人从沦落的世间超拔出来，进入天国，体现了对人的爱。《圣经》说："神救了我们，以圣召召我们，不是按我们的行为，乃是按他的旨意和恩典；这恩典是万古之先，在基督耶稣里赐给我们的，但如今借着我们救主基督耶稣的显现才表明出来了。他已经把死废去，借着福音，将不能坏的生命彰显出来。"这就是说，只有人神关系中才有施恩—报恩，而这种报恩不是外在的奉献，而是内在的信仰。神的爱通过信仰形成人与人之间的爱，即人信仰上帝，回报神恩，就是把上帝的爱施与他人，形成了博爱。"神就是爱，住在爱里面，就是住在神里面……我们爱，因为神先爱我们"（《新约·约翰一书》）。因此西方的恩德是神恩，不是人恩，博爱源于神之爱。西方人对人没有恩典，只有爱，而这个爱是分享了上帝的爱，是平等的爱。英文中的 grace 是恩典的意思，专指神恩，不指人与人之间的感情。英文对人的感谢是另一个词 gratitude（"感激之情"），它是对他人帮助的谢意，有平等性，没有报恩的意思。国内往往把英文中的"感激之情"译作"感恩"，容易造成误读，以为西方也有人与人之间的恩德。例如，前面引述的斯宾诺莎的话中有"感恩"一词，这是在翻译中使用了中文概念，这个概念打上了恩德文化的烙印，因而与原文的意思不同。原文的意思是"感激之情"（gratitude），是对爱的回报，不同于对神的恩典（grace）的感恩和报恩，也没有中国文化中的施恩—报恩的意思。由于神之爱在于拯救灵魂，故人与人之爱也重在精神层面，虽然也体现在物质方面的互相帮助，但主要还是精神的关爱，这也是与中国的恩德不同的。

总之，中国文化的核心价值是仁爱，出于善良的人性，形成人恩；西方文化的核心价值是博爱，出于圣爱，来自神恩。

中国恩德文化属于身份伦理，即赋予不同的身份以相应的伦理责任，从而建立人际关系。这个身份不是现代的社会角色，社会角色是一种可以选择、转换的社会分工，社会角色之间的关系是平等的契约关系；而中国的身份是后宗法社会中固定的名分，它不是建立在契约关系之上的，不是平等的，也是不可选择和转换的。身份有确定的责任，这个责任就是施恩—报恩，从而形成了身份伦理。身份伦理最原初的形态是家庭（族）伦理，是父子关系、兄弟关系、夫妇关系的规范，通过施恩—报恩，达成父慈子孝、兄友弟恭、夫德妻贤的家庭秩序。恩德文化是家庭（族）伦理的推广，形成了社会生活伦理和政治伦理。中国社会的基本单位是家庭（族），家国同构，家族伦理恩德的发源地，即孝悌推广为社会伦理，形成朋友、乡邻、师生、主仆等恩德关系；推广为政治伦理，形成君臣、君民、官民等恩德关系，从而构成恩德文化体系。此外，身份伦理也产生了差等性。由于家庭伦理范畴孝是恩德文化的源头，外推而成为社会伦理、政治伦理诸范畴，由此产生了爱的差等性，即以施恩—报恩关系的远近多少，建立人际关系和伦理关系。恩德文化首先以父母与子女之爱为最亲，其次是兄弟、夫妻之爱，再次为宗族之爱，最后为朋友、乡邻、国人、天下人之爱，越推爱越稀薄。

西方文化没有产生身份伦理，因为西方伦理建立在契约关系之上，社会角色是可以选择的、转换的，他们遵行共同的伦理规范，在平等交往中形成了普遍伦理，而没有形成身份伦理。从发生学的角度看，西方社会文化是家庭伦理与社会伦理、政治伦理平行，后者不是家庭伦理的推广。自古希腊梭伦变法，就打破了血缘关系，个体独立，建立契约关系，家庭不再是社会基本单位，家庭伦理、社会伦理和政治伦理都遵从统一的价值，故伦理法则也没有形成私己性和差等性。西方个体独立，基于契约关系，在个体交往中形成了伦理规范，故维护了个体价值；同时也有信念伦理，超越了个体价值，这个价值体系不具有私己性。西方文化的核心价值——博爱，是普适性的，无论何种社会角色都必须遵行同样的伦理规范，不会因远近亲疏而异，故没有形成差等性。当然，西方的责任伦理维护个体利益，也会导致人与人之间的距离和对立，所以霍布斯说"人对人是狼"，萨特说"他人便是地狱"，而信念伦理虽然超越了个体价值，但仍然不能完全达成人际关系的充分和谐。

在家族伦理方面，中西也有所不同，特别是近代以来，西方家庭伦理建立在契约关系、个体独立的基础上，故有平等性。西方家庭是以夫妻关系为主轴的，在现代社会，夫妻关系是平等的，是爱和责任把双方结合在一起；兄弟姐妹的关系也是平等、友爱的，相互之间都没有恩德关系和从属关系。西方文化认为子女是上帝送给父母的礼物，不从属于父母，父母只是未成年子女的监护人，养育子女是一种社会责任，不具有施恩的性质，也没有绝对支配子女的权力；子女成人后就独立了，不受父母支配，也无须报恩于父母。兄弟、夫妻之间不是恩德关系，具有人格的独立性。西方文化认为家庭伦理的核心是爱，这种爱是平等的、互相的。在社会伦理方面，西方文化把人际关系准则确定为个体独立、平等交换、尊重他人。在社会生活中，无论是在雇主与雇员之间，还是在同事、朋友、邻里之间，都要求平等交往，互相尊重，保持距离，不具有支配性和依附性。这种建立在契约关系之上的责任伦理一方面保护了个体权利，同时也带来了人际关系疏远化的弊病，成为现代性的负面因素。

由于后宗法社会继承了宗法制度，中国家庭以父子关系为主轴，兄弟关系、夫妻关系都从属于父子关系，因此孝就决定了兄弟关系的"悌"（兄友弟恭）和夫妻关系的"贤"（夫德妻贤）。由于儿子脱胎于父母，被父母养育，故属于父母的一部分，要终身报恩。推而广之，父子关系以及兄弟关系、夫妻关系都是恩德关系，即父、兄、夫施恩于子、弟、妻，子、弟、妻报恩于父、兄、夫。这种施报关系是一种爱的关系，是互相施爱的亲情。这样，恩德文化建立了亲密的家庭关系，赋予每个人以特定的伦理责任，形成了一个生活共同体。但是，恩德文化也是权力关系，产生了控制性，即施恩方与报恩方的不平等，形成所谓"父为子纲，夫为妻纲"，实际上还有"兄为弟纲"，即兄代行父权。

在社会伦理方面，西方社会建立了契约关系，个人平等、独立、互不干涉，同时也提倡必要的互助。这种文化保证了个体的独立、平等，但也容易导致人际关系的疏远化。中国恩德文化也建立了人与人之间的恩德关系，即敬老爱幼、邻里互助、朋友互信，突出了人际关系中的亲爱之情，也消除了人的孤立存在，建立了一个人情社会。另一方面，中国恩德文化也具有控制性和不平等性。恩德文化的施恩—报恩原则也可能僭越了他人的自由和权利。所谓"己欲立而立人，己欲达而达人"固然有助人为乐的美德，但也容易以自己的愿望（即使是好的愿望）强加于人，干涉了他人的自由。

在政治伦理方面，中世纪是王权神授；西方现代政治文化建立在契约关系之上，人民与政府之间订立了契约关系，人民出让部分权利给政府，使其管理国家；同时政府受到人民的监督。这里政府与人民之间没有恩德关系，官员不是父母官，而是被雇佣的公仆；而且出于性恶论，政府管理者被认为是潜在的罪犯，必须以法律制度约束之，这就形成了三权分立的制度。这种政治一方面限制了政府的权力，避免了政府权力的绝对化，另一方面也可能导致管理者的职业化、官僚主义等弊端。中国恩德文化强调君臣、君民、官民之间的施恩—报恩关系，各个身份都履行自己的责任（是社会责任也是伦理责任），君主、官吏要爱民，臣民要忠君，形成君明臣忠、官良民顺的秩序。一方面这种恩德政治可能成为一种亲民政治，带有人情、人性的成分，从而克服理性化政治的机械性。另一方面，这种恩德政治也可能以要求报恩为名侵犯了人民的权利，为专制制度服务。

第二节 中日恩德文化之比较

在中国和日本的文化体系中，恩德都具有核心的或者重要的地位，因此可以称中日文化为恩德文化。但中日恩德文化之间既有相同之处，又具有重要的差异，不能等同。因此，就需要对中日恩德文化进行比较研究，以深入地把握中国文化和日本文化。总体上说，中国文化整体地恩德化了，是充分的恩德文化，而日本文化则是部分地恩德化了，是有限的恩德文化。

一 中日恩德文化的相同处

日本也有恩的观念，恩在日本是重要的伦理范畴，因此日本文化在一定意义上也是恩德文化。鲁思·本尼迪克特对日本的恩德文化有精湛的研究，她认为日本文化是"各人相互有恩的巨大网络"。传统的日本社会是贵族等级社会，天皇与贵族之间、贵族内部的不同等级之间、贵族与平民之间有不可逾越的身份差别。因此，日本传统社会有人身依附关系，讲求等级服从。同时，为了加强等级之间的黏合力，日本文化也有恩的观念，认为上层阶级对下层阶级有恩，下层阶级对上层阶级有报恩的义务，报恩的形式就是忠于等级身份所负有的职责，服从上层阶级。日本的恩德文化与贵族等级制度结合在一起，强调高等级对低等级有恩惠，要求低等级既要服从等级权力，也要感恩、报恩。这与西方贵族等级制度只讲等级服从，不讲感恩、报恩不同；也与中国平民社会不强调等级服从而强调感恩、报恩不同。日本的恩德文化与等级制度融合为一体，体现在家庭、社会、政治领域，形成孝、忠等伦理范畴。日本的儒学专家下见隆雄指出："近代日本可以说是以儒家文化为背景的'教育敕语'时代。毫无疑问，充斥在教育敕语中的'忠'与'孝'，是源自中国古来的儒教思想。"[1]白川蓉子也指出："[孝]出自儒教，是封建社会人际关系所定十条义理中的重要一条。其后，为君尽忠的'忠义'和为父尽孝的'孝道'合二为一，忠孝一体化。'忠孝'成为道德伦理上不可替代的精神支柱，并一

---

[1] 〔日〕下见隆雄：《依赖母性的思想》，日本研文出版社，2002，转引自栾竹民、施晖《现代日本社会中的"孝"——兼与中国比较》，《教育文化论坛》2015年第1期。

直延续到二战结束。"①

在家庭伦理中，父亲的身份最高，母亲次之，子女是低等级，父母对子女有恩，子女要服从父母以报恩。丈夫与妻子的关系也大体上如此，丈夫有恩于妻子，妻子要服侍和服从丈夫。在政治领域，武士、家臣与主君的关系也体现了施恩与报恩的观念。主君对于武士、家臣是施恩者，为了报恩，武士、家臣要忘我舍身，这被看作一种非常崇高的行为。与中国的"赵氏孤儿"故事相似，日本也流传着一个舍子报主恩的故事。日本历史上有一个著名的人物菅原道真，他被政敌流放，政敌还要杀害他的幼子。而其幼子被菅原道真的旧臣源藏藏匿起来。为了保护旧主的幼子，源藏挑选了一个与其相像的孩子做替身，交给菅原道真的政敌。这个替身的父亲家族受过菅原道真的恩惠，所以他和孩子的母亲都心甘情愿地献出自己的孩子。更为残酷的是，替身的父亲还被委任鉴定首级是否为菅原道真的幼子，而他坦然地宣称是。于是，自己的孩子被害，而昔日主君的幼子得救了。替身的生父回家后，对等候的孩子母亲说："喂，老伴高兴吧，儿子已经效忠了。"② 明治维新以后，出于政治的需要，日本统治阶层把以往对于藩主和大名的忠诚转移到天皇身上，建构了"皇恩""国恩"这一最高恩义形式，国民也以报"皇恩""国恩"为最高义务。

恩德文化有情感的层面即恩情，也有理性的层面即恩义，恩义在日本称为"义理"。所谓义理，鲁思·本尼迪克特称其为做事必须遵循的规则，它包括"报答的义理"，也就是处理恩情关系的准则。鲁思·本尼迪克特说："在日本，所谓'义'，就是确认自己在各人相互有恩的巨大网络中所处的地位，既包括对祖先，也包括对同时代的人。"③ 她在其成名作《菊与刀》中列出了日本文化中恩的种类，有皇恩、亲恩、主恩、师恩等。与恩对应的义务有忠——对天皇、法律、日本国家的责任；孝——对双亲及祖先（含对子孙）的责任；任务——对自己的工作的责任。还有与恩对应的义理，包括对社会的责任、对主君的责任、对近亲的责任、对他人的责任、对非近亲的责任等。④ 由此可见，日本的恩的观念渗透在

---

① 〔日〕松永伍一编：《"孝敬父母"再考》，日本明治图书，1980，转引自栾竹民、施晖《现代日本社会中的"孝"——兼与中国比较》，《教育文化论坛》2015 年第 1 期。
② 故事见〔日〕新渡户稻造《武士道》，张俊彦译，商务印书馆，2017，第 52~53 页。
③ 〔美〕鲁思·本尼迪克特：《菊与刀》（增订版），吕万和等译，商务印书馆，2012，第 90 页。
④ 参见〔美〕鲁思·本尼迪克特《菊与刀》（增订版），吕万和等译，商务印书馆，2012，第 106~107 页。

社会生活的众多领域，构成了一种恩德文化。

中日文化都有恩的观念，构成了伦理的核心，联结了人与人之间的情感。中日的恩的观念具有相同的性质。首先，它们都是人恩，而不是神恩。西方文化有神恩无人恩，神恩是神对人类的爱，人们要报神恩，就要按照神的教导爱他人。西方伦理建立在人与人之间的契约关系之上，其伦理观念的核心是爱，而爱是平等的施与和回报。所以，爱是西方文化的核心概念，它具有平等的性质。中日传统社会虽然也有神恩，但主要是人恩，天皇虽然有神格，但皇恩实际上是人恩。中日文化都以人恩为基础构成了一种互动的而又具有支配性的伦理关系。

其次，中日的恩德文化具有不同于西方的社会基础，但都具有不平等性。中国与日本的社会性质不同，一个是平民性的后宗法皇权士绅社会，一个是贵族性的封建领主社会；但与西方社会相比又有共同点，就是都缺乏西方社会那种契约关系，都具有不平等性。日本是等级制度，中国是后宗法制度，在这种社会关系中，个人都缺乏独立性，而具有依附性。在这个社会关系的基础上，伦理观念也不可能是平等的，不是平等的爱，而只能是不平等的恩爱。中国和日本的恩德文化的核心价值不是普遍的爱，是恩爱，它有爱的内涵，也有控制性。所谓恩的观念，就是一方对另一方施以恩惠，施恩方就具有了支配受恩方的权力，而受恩方则承担了以牺牲自身权利回报施恩方的义务。恩爱是一种爱的形式，但又是扭曲的爱，是一种以爱获得支配权力的伦理行为，体现为孝、忠、义等恩的形态，衍生出礼、义、廉、耻、信、智等伦理范畴。日本的恩爱也不是普遍的爱，恩爱是不平等的。本尼迪克特说："但是，'爱'这个词在日文中特指上级对下级的爱。西方人也许会觉得这种'爱'其实是'庇护'（paternalism）之意，但在日语中，它的意识不仅在'庇护'，而是一种亲爱之情。"[①] 这种爱就是恩爱。本尼迪克特又补充说，由于现代以来受到西方文化的影响，爱这个词也用于同辈之间。中日文化以恩情代替爱，以恩义代替普遍的理性，恩衍化为一种普遍的权力，支配了整个社会生活。

二　中日恩德文化的相异处

中日恩德文化虽然有相同之处，但也有相异之处，而这种相异之处具有根本性。

[①] 〔美〕鲁思·本尼迪克特：《菊与刀》（增订版），吕万和等译，商务印书馆，2012，第95页。

首先，中日恩德文化的核心价值不同，所以各自的品格也不同。在中国文化中，恩的根据是仁，仁是最高伦理范畴，涵盖了具体的伦理范畴如孝、忠等。仁的本质是爱人；恩是仁的体现，施恩—报恩为仁。中国哲学认为，道既是天道，又是人道，道体现为人性，即所谓"天命之谓性，率性之谓道，修道之为教"。孔孟认为人性就是仁，而人性由天道规定，故仁也是天道赋予的。仁不同于现代的爱，其核心是恩，是恩爱，即强者对弱者施恩，弱者对强者报恩。孔孟讲"仁者爱人"，何谓爱人？就是"己欲立而立人，己欲达而达人"，就是施恩于人。同样，受恩者也必须对施恩者感恩、回报，履行孝、忠、义等义务，这就是报恩。施恩—报恩就是恩爱。所以，在中国文化中，恩德的核心是仁，仁是恩爱，施恩、报恩就是爱人、行仁，仁是最高法则。

日本文化中的恩没有本体论的根据。这首先是因为日本文化没有形成仁这样的核心价值。日本文化中没有一个统摄一切的核心范畴，各个领域的义理并不贯通。这些义理没有西方那种超验的本体，如上帝之爱；也没有中国那种伦理本体，如仁。日本虽然接受了儒家文化的一系列观念，如忠、孝、信、义、诚、勇等，也有仁的观念，但并没有把仁作为统领诸伦理范畴的最高范畴和核心价值。在日本文化中，仁并不是最高的理念，不是人的本性，也不是根本的伦理法则，仅仅是一种个人化的情感，一种在义理之外的同情心。本尼迪克特认为："事实上，'仁'在日本是被排斥在伦理体系之外的德目，丧失了它在中国伦理体系中所具有的崇高地位。"[①] 新渡户稻造在其《武士道》中，就把仁释为"恻隐之心"，是一种"温文尔雅的感情"和"对他人痛苦的同情"。而这只是一种个人的品质，而非普遍的道义，也不是核心价值。新渡户稻造认为，仁只对武士的勇猛品格的一种补充，而非根本品格。可见，在日本的语境中，仁不是绝对的法则，只是需要适当节制的情感。正因为如此，恩德在日本文化体系中没有本体论的根据，不具有中心地位，不能形成普遍的伦理范畴，而只具有有限的、局部的意义。由于缺乏仁作为核心精神，日本恩德文化只讲义，就是等级之间的效忠、服从，而没有更普遍的人性内涵。中国文化也讲忠孝等"义"，但前提是符合仁，如果不仁，就不会履行这个义务。在日本文化中，下级效忠上级是绝对的义务，它本身就是最高的伦理，不

---

① 〔美〕鲁思·本尼迪克特：《菊与刀》（增订版），吕万和等译，商务印书馆，2012，第108页。

受更高的伦理原则管辖，所以不能履行这个义务就是耻，至于这个义务是否符合仁，则不在考虑之内。正因为仁不具有本体性，所以与中国文化不同，日本文化中恩德不具有核心地位，它依附于等级服从制度，是等级制度的一种补充。

其次，中日恩德在文化体系中的地位不同。中国的恩德具有普遍性，不仅适用于一切社会关系，而且也包括人与自然、人与神的关系。中国文化建立在天人合一的基础上，人与神、人与自然、人与人之间都有施恩—报恩的关系，神、自然都被称为天，都有恩于人，所以有天恩，人要报天恩。由于天人合一的观念，天恩就变成了人恩，赋予人恩以合法性。在社会关系上，从家族伦理到社会伦理到政治伦理，都受到恩德观念的支配，孝、友、忠体现着这三个领域的恩的观念，孝为家族伦理的核心，友为社会伦理的核心，忠为政治伦理的核心。可以说，中国伦理以恩为核心，恩的观念支配着一切社会关系。

日本文化的恩的观念也具有相当大的支配力，主要体现在家族伦理和政治伦理之中。它认为父母抚养子女、主君任用家臣、天皇统御臣民都是在施恩；子女孝顺父母、家臣忠于主君、臣民忠于天皇都是在报恩。但是，日本文化的恩德并不覆盖全部的人际关系，它只是在上下等级身份之间存在，如在父母与子女、家臣与主君、臣民与天皇之间存在，因此恩德是等级制度的附属观念。而在同一等级身份之间，不存在必然的恩德关系，它们之间是平等的、独立的。这就是说，在日本的社会生活领域，由于人与人之间不存在等级关系，故没有施恩—报恩关系，也不讲恩德。这与中国人与人之间普遍存在的恩情关系不同。中国人伦是家族伦理的延伸，一般的人际关系也相当于家族关系，如同事、朋友如兄弟（姐妹），年长者与年幼者、师徒之间如父母等，它们之间都有施恩和报恩的关系。而在日本，同事之间、朋友之间都是平等的，没有恩情关系，也不需要建构恩情关系。因此，日本人与人之间的交往是非恩情化的，额外的施恩并不受欢迎，因为它意味着一种需要偿还的债务负担。"尽管文化的特殊性使日本人易于接受报恩思想，但在日本，乐于受恩仍非平常。他们不喜欢随便受恩而背上人情债……日本人对大街上发生的事故一般不大理睬，并不只是因为缺乏主动性，而是因为他们认为，除了官方警察，任何人随便插手都会使对方背上恩情债。明治维新以前，有一条著名的法令：遇有争端，无关系者不得干预。在这种情况下，如果不是有明确的职责而出面帮助，会遭人怀疑是不是想从中捞点什么好处。既然知道帮助别人会使当事人感恩领情，人们便都不积极乘机插手，反而慎重对待。"① 而在中国，一般的人与人之间也有恩情关系，也要施恩和报恩，因为这是建构和谐的人际关系所必需，是正常的伦理。因此可以说，中国的恩是普遍的，也是积极的、建构性的；而日本的恩是不普遍的、被动的、非建构性的。也可以说，中国的恩德文化是整体性的文化，而日本的恩德文化只是局部性的文化。

还有，中日恩德文化中孝与忠的关系不同。中国恩德文化以孝为本，由家族伦理推广为社会、政治伦理，故孝重于忠。中国先秦时期儒家主张孝重于忠，后期提倡移孝作忠，但也维护孝的本原性，主张忠不废孝。由于日本是贵族等级社会，故在日本的恩德中，忠具有绝对性，是最高的伦理范畴，而孝低于忠。当孝与忠之间产生矛盾的时候，应该毫不犹豫地选择后者。正如美国著名人类学家鲁思·本尼迪克特在《菊与刀》中所写到的那样："孝道在日本就成了必须履行的义务……只有在与对天皇的义务冲突时可以废除孝道。"②

此外，中日恩德文化的情理关系也不尽相同。恩德文化包括情感层面和理性层面，也就是既有"恩情"层面，也有"恩义"层面，这一点在中日文化中都是存在的。但是，恩情与恩义的关系在中日文化中并不相同。中国恩德文化以恩情为基础，情理一体，互相支撑，构成了中国文化的整体结构。中国传统文化的感性与理性未充分分化，道德、政治、法律等意识形态被情感化，因此中国文化重情感，中国社会是人情社会。中国恩德文化情理未分，它既是一种普遍的伦理关系，又是一种本源的情感状态。恩德文化是恩情与恩义的统一，但恩情是恩义的基础。中国的恩首先意味着一种恩情，是一种感性的关系，它源于人的天性。孔子认为人天生就对父母有孝顺之心，如同父母天生就对子女有慈爱之心；孟子认为人天生有同情心即"恻隐之心""不忍人之心"，这是仁义的根源。恩的情感层面具有本源性，而恩义建立在恩情的基础上，恩义要依附于恩情。

日本文化中的恩德虽然也有情的成分，但情并不主导"义理"，义理具有独立性，不建立在情的基础上。这就是说，日本的恩情和恩义不相统属、各自独立。日本文化中没有对恩德的本体论式论证，恩德也不以情感为基础。鲁思·本尼迪克特提出，日本文化中义理与人情是分离的，义理是社会的、普遍的，人情是个人的、偶然的，它与义理平行，具有独立

---

① 〔美〕鲁思·本尼迪克特：《菊与刀》（增订版），吕万和等译，商务印书馆，2012，第72页。
② 〔美〕鲁思·本尼迪克特：《菊与刀》（增订版），吕万和等译，商务馆书馆2012，第100页。

性，并不受义理统属。新渡户稻造认为，"例如对双亲的行为，唯一的动机应该说是爱，但在缺少爱的情况下，就必须有某种其他权威来命令履行孝道。于是人们就用义理来构成这个权威"①。在日本，家长对子女、贵族对家臣、天皇对臣民的恩首先属于义理，并不以情感关系为前提；子女对父母、家臣对主君、臣民对天皇的报恩也首先属于义理，不以情感关系为前提。这就是说，恩德首先是一种义理，而非感情，不管父母、主君和天皇是否对子女、家臣、臣民有爱心，都不影响他们之间的恩义，都需要报恩。日本也讲恩情，但这不是根本，只是无关宏旨的个人的感情，恩义才是根本。这种恩的构成，是与日本社会的等级制度相关的，它很难形成不同等级之间的恩情，而只有建立外在的恩义，以巩固等级制度。这与中国恩德文化在平民社会基础上形成恩情，在恩情基础上形成恩义是不同的。

中日恩德文化也还有另外一个不同点，即中国的恩是双向的，施恩和报恩对应；而日本的恩是偏于单向的，强调报恩。中国文化不仅规定了受恩者报恩的义务，也规定了施恩者施恩的义务，家长、君主管理者对子女、臣民等被管理者有施以恩惠的义务，这不是象征的功能，而是实际的行为。因此，中国的报恩要以施恩为前提，而不是单向的施恩或报恩；如果没有施恩，报恩也就失去了根据。根据这个原则，就有父慈子孝、君明臣忠等一系列对应的伦理规范。例如在政治领域中，儒家就认为君主不贤德，就可以施行废立甚至革命。孟子曰："君之视臣如手足，则臣视君如腹心；君之视臣如犬马，则臣视君如国人；君之视臣如土芥，则臣视君如寇仇。"（《孟子·离娄下》）当然，在传统社会后期，这种对应性发生了偏斜，更加强调了报恩，但并没有从根本上改变恩的双向性。

日本的恩德文化有单向性，它认为高等级身份对低等级身份施恩并不是主动的、实际的，而是名义上的；而低等级身份对高等级身份的报恩则是主动的、要付诸实际的，不以高等级身份施恩于低等级身份为前提。日本的孝道是单方面的，孝顺父母不以父母慈爱子女为前提，子女要无条件地行孝。在政治上，日本的统治者也并不把通过施恩建立的与被统治者的情感联系作为维系统治的必要条件，而是更直接地强调等级服从，因为他们认为统治本身就是一种恩。所以日本天皇之所以能够"万世一系"，没有发生改朝换代，原因也在于此。中国那种"水能载舟亦能覆舟"的观念在日本并不存在，所以也没有德治的理念，贵族对平民也无须实行仁

---

① 〔日〕新渡户稻造：《武士道》，张俊彦译，商务印书馆，2017，第24页。

政。日本的政治是无情的等级统治，德川家康颁布的法令甚至规定："对武士无理，对上级不逊的庶民，可立即斩杀。"①

由于日本恩德文化偏向于报恩，故耻是一个重要范畴，本尼迪克特把日本文化称为耻感文化。耻与恩相对，是指下级对上级即被施恩者对施恩者报恩的义务感，如果不能报恩，就是耻辱。从表面上看，耻是一种自尊心，但这种自尊心是建立在报恩的观念之上的。本尼迪克特说："在日本，自尊心是与对施恩者报恩联系在一起的。"② 耻感是建立在等级制度和恩德文化的基础上的，具有约束性，因此本尼迪克特说："真正的耻感文化依靠外部的强制力来做善行。"③

正是由于日本恩德文化的单向性，人们把恩当作一种需要偿还的债务。本尼迪克特认为，由于恩不同于无条件的爱，所以在日本"'恩'是债务，必须偿还"；"但在日本，'报恩'被看作与'恩'全然不同的另一个范畴"。④ 这实际上是说恩的单向性，即施恩只是一种等级身份的象征性功能，施恩者并没有施恩的义务，而受恩者有报恩、还债的义务。

三 中日恩德文化差异之根源

中日恩德文化之间为什么具有上述差异呢？首先，二者的起源不同。中国恩德文化的渊源是祖先崇拜。中国社会在走出原始社会后，并没有以文明宗教取代祖先崇拜，反而使祖先崇拜宗教化，成为普遍的信仰和社会伦理。特别是在西周，"德治主义"取代了殷商的"鬼治主义"，提倡敬天法祖，祖先与天一道成为崇拜对象。一旦祖先被神化为崇拜对象，一切都是祖先所赐、所保佑，就要感谢、报答祖先的恩德，由此形成了祖恩，神恩文化转为祖恩文化。在春秋战国时期，祖先崇拜也就延伸到活着的长辈，就要感谢、报答家长的恩德，从而形成了家恩。家恩推广到社会、国家，就形成了以孝为本源的恩德文化体系。因此，《礼记》说，"礼也者报也……反其所自始……礼报情，反始也"。这里说礼是关于报答人情的规范，根源于对祖先的报恩（反始）。于是，源于祖先崇拜的中国恩德文

---

① 〔美〕鲁思·本尼迪克特：《菊与刀》（增订版），吕万和等译，商务印书馆，2012，第59页。
② 〔美〕鲁思·本尼迪克特：《菊与刀》（增订版），吕万和等译，商务印书馆，2012，第119页。
③ 〔美〕鲁思·本尼迪克特：《菊与刀》（增订版），吕万和等译，商务印书馆，2012，第202页。
④ 〔美〕鲁思·本尼迪克特：《菊与刀》（增订版），吕万和等译，商务印书馆，2012，第105页。

化，以孝为始基，就具有了覆盖一切人伦领域的特征，也具有了恩情作为本源、恩义奠基于恩情的特性。

日本的恩德文化起源是多元的，不只是祖先崇拜。作为政治伦理的恩，应该起源于神道教，是神崇拜与权力崇拜的结合。日本的本土宗教是神道教，它带有早期宗教性质，缺乏经典和统一的教义。神道教发源于自然崇拜，同时也掺入了祖先崇拜的内容。它崇拜天照大神等神灵，认为它们是日本民族的保护神；同时又认为天皇是天照大神的后裔，神人合一，最后形成了天皇崇拜。日本民族认为，天皇代表神灵祖先，降恩于大和民族，日本成为神国，所以要效忠于天皇，报神恩和国恩。这样，随着神道教的政治化，神恩就与人恩同一，形成了带有政治性的恩德观念。明治天皇于1882年颁发的《军人敕谕》中，阐述了"恩"和"忠"的观念："朕赖汝等为股肱，汝等仰朕为首领。朕能否保护国家以报上天之恩，报祖宗之恩，端赖于汝等恪尽其职。"① 神道教是恩德文化的重要渊源，但不是唯一的渊源。鲁思·本尼迪克特认为，日本文化中多个理念（义理）各自独立，不存在统一的价值根据，这也体现在恩的理念上。除了神恩、国恩，还有家族伦理中的父母之恩、社会伦理中的师恩以及政治伦理中的主君之恩等，这些恩的理念有其独立的文化渊源。家族伦理的父母之恩和社会伦理的师恩以及政治伦理的主恩等应该与神道教无关，这些恩的观念或者来自氏族社会伦理的遗留，或者来源于封建等级制度的政治需要，也可能与儒家文化的影响有关。总之，日本的恩的起源是多元的、不统一的。

其次，还有一个差异，即中国文化是世俗文化，而日本文化带有宗教性与世俗性混合的性质。中国文化是伦理本位，虽然有宗教信仰，但不起主导作用。孔子讲"未知生，焉知死"，"子不语怪力乱神"，把宗教信仰置于伦理之下。因此中国文化属于世俗文化，神恩淡薄，也少有神爱。但社会伦理又需要建构一种情感上的联系以聚合社会人群。于是，不是神恩而是人恩，不是神爱而是世俗的恩爱构成了基本的伦理观念。

日本有神道教信仰，不是单纯的世俗文化；但也不是单纯的宗教文化，没有形成欧洲那种宗教统治，而是世俗文化与宗教文化的混合，因此具有神恩与人恩一体化的特点。在日本，皇恩即神恩，人恩获得了神恩的名义和绝对权威。特别在明治维新后，神道教与天皇制结合，形成了神权

---

① 转引自〔美〕鲁思·本尼迪克特《菊与刀》（增订版），吕万和等译，商务印书馆，2012，第194页。

与王权的一体化。所以新渡户稻造说:"神道的教义包含了可以称为我们民族感情生活中两个压倒一切的特点——爱国心和忠义。"[1]

再次,中日恩德文化的社会基础不同。中国恩德文化的社会基础是家族制度。中国社会在走出原始社会进入文明社会的时候,家族没有解体,个体没有独立,家族被保留下来,成为社会的基本细胞。在中国宗法社会,血缘亲情成为基本的社会关系,而在后宗法社会,形成了施恩—报恩的家族伦理,它成为社会伦理和政治伦理的源头和基础,它推广到整个社会生活中,就形成了中国传统社会的伦理关系。

日本的恩德文化的基础不是家族制度,而是封建领主制度。日本社会不是以家族为基本单位的宗法社会,而是以等级制度构成的封建社会,其社会关系不是家族制度的扩展,而是以领主与家臣关系为核心构成不同等级身份之间的关系。日本奉行长子继承制,非长子脱离家庭独立谋生,没有形成独立的家族系统。因此,不是家族关系而是主臣关系直接地规定了日本文化的性质。日本文化包括家族伦理,但不是家族伦理的延伸。日本的社会关系脱离了血缘关系,因此文化体系不是依据血缘亲情建构,而只能依据抽象的义理即等级服从。日本的家族伦理也不是建立在血缘亲情的基础上,而是等级制度在家庭中的体现,如父子关系、夫妻关系等都比照等级制度建立,是一种服从原则。而且,对天皇的忠不能比附于对父亲的孝,因为天皇具有神性。本尼迪克特说:"说天皇是国民之父是不够的,因为父亲在家庭中虽然可要求子女尽一切义务,'却可能是个不值得尊重的人'。天皇必须是远离一切世俗杂虑的圣父。"[2] 所以说,恩并不起源于血缘亲情,不是家族伦理的延伸,恩的情感性就不具有基础性而只能居于依附地位。

最后,中日恩德的文化背景不同。中国传统社会是后宗法皇权士绅社会,贵族精神衰亡,形成了平民文化。平民化的社会没有等级服从,需要建构一种伦理上的主从关系。恩德文化构成了实际的控制性关系,父与子、君与臣、民与民之间都是一种主从关系。平民社会的社会关系决定了恩德文化的双向性和情感性,尽管这也是一种不平等的关系。此外,贵族文化具有自律性,平民文化缺乏自律性而需要他律,而恩德文化就以互相约束的恩德规范构成了一种他律性。中国西周贵族文化讲"耻",耻感在

---

[1] 〔日〕新渡户稻造:《武士道》,张俊彦译,商务印书馆,2017,第19页。
[2] 〔美〕鲁思·本尼迪克特:《菊与刀》(增订版),吕万和等译,商务印书馆,2012,第114页。

春秋时期还有保留，故有"礼义廉耻，国之四维"。但在后来的平民文化中，耻感消减，甚至沦落成为"面子"，以社会评价代替了内心耻感，形成他律性。

与中国的平民文化背景不同，日本的恩德具有贵族文化的背景。日本文化的典范是所谓"武士道"，即武士阶级的道德行为规范，耻感就主要发生于武士阶级，体现了武士效忠于领主的道德观念。等级制度决定了日本的恩德文化的单向性和非情感性，它是与等级服从相对应的。这就是说，恩主要指下级对上级的服从，报恩甚至不需要以施恩为前提。此外，贵族社会需要一种自律性的文化，这是贵族精神的体现。因此，日本文化讲求以报恩为核心的身份责任，以忠于身份责任为荣，以违背身份责任为耻。武士道以耻为核心，形成了所谓耻感文化。

日本文化的恩德观念附属于等级观念，没有成为核心价值，没有形成完整的恩德文化体系，因此日本在现代化进程中遇到的文化阻力较少，与西方文化的冲突也较之中国为弱，这是日本现代化较早成功的原因之一。

第八章 习俗形态的中国恩德文化

广义的文化是一种生活方式，包括三个基本形态，即日常生活层面上的习俗文化、制度层面上的制度文化、精神生活层面上的精神文化。中国恩德文化也具有这三种形态，我们可以通过对这些文化形态的考察，更完整地了解恩德文化。

习俗文化是最基础的文化形态。所谓习俗文化，就是在日常生活中形成的惯例和传统，它主要包括家庭生活领域和社会生活领域的文化。习俗文化体现了恩德本质。

第一节 家庭生活领域的恩德文化

家庭是中国传统社会的基本单位，家庭伦理也是恩德文化的发源地，因此家庭生活领域的恩德文化最为典型。家庭关系主要是由父子关系、兄弟关系和夫妻关系构成的。在这些关系中，父子关系是基本的关系，其次是兄弟关系，再次是夫妻关系，故孝悌成为基本的家庭伦理范畴。这种以父子关系为主轴的中国家庭结构与以夫妻关系为主轴的西方家庭结构不同，它更重视父系亲缘关系。恩德文化以孝悌为本，《增广贤文》云，"父子亲而家不退，兄弟和而家不分"，就是强调父子关系和兄弟关系在家庭关系中的基础性地位。中国的家庭不是独立的单位，而是存在于家族、宗族之中，形成复杂的血缘关系结构，因此家族或宗族是家庭关系的扩展。

一 父子关系的恩德规范

家庭是恩德文化的发源地。从幼年开始，人就接受了父母的爱，长大以后要回报父母的爱，这就构成了一种原初的恩德。但是，在这种爱的关系中，接受和给予是不对等的。麦金太尔指出："而且通常我们接受的和给予的东西无法通约：比如在关心和教育中给予我们的与父母在生病或年老时需要我们给予他们的这二者之间就没有可比性。"[1] 在西方平衡施爱与回报爱有两种途径。一个途径是把爱归源于上帝，上帝赋予的圣爱是无私的，因此人与人之间的施爱与回报也是无私的。另一个途径是以爱的代际传递平衡施爱与回报爱，如海宁格认为："从上一代手中接受的东西又给予下一代时，他们达到了施与受的平衡。"[2] 但是，中国是世俗社会，要求爱的施予得到现世的回报，于是就有了施恩—报恩的孝道。父子之间的恩德就是孝道，完整的说法是父慈子孝。在父子关系中，父母一方是施恩方，具有主导性、支配性，子女是报恩方，拥有被动性、依附性，因此形成所谓"父为子纲"。作为施恩方，父母慈爱于子女，体现在这样几个方面。第一，父母生育了子女，给了子女生命，是生育之恩，所以子女附属于父母，生下来就被施恩了，负有了报恩责任。第二，父母养育子女，使其成活、成人，是养育之恩。第三，父母教导子女，安排其就学，使其懂得人情事理，成为合格的社会角色，是教养之恩。一些大家庭往往有庭训、家训等教导子女的手段，著名的如《颜氏家训》《朱子家训》等。这方面，严父与慈母有别，母亲偏重于生活方面对子女的关爱，父亲更偏重于品性方面对子女的教导。第四，父母为子女安排婚嫁、生计，是护持之恩。第五，父母还要负责照顾、看护孙子、孙女，这是对子女慈爱的延续，是隔代的养育之恩。因此，不仅子女要报父母之恩，孙辈也要报祖辈的养育之恩。第六，父母拥有的社会地位、人际关系对子女的生存发展是一种重要的资源，特别是富贵之家对子女的荫庇作用更显著，这是荫庇之恩。第七，父母辛劳一生，会把遗产留给子女，这也是一种恩泽。

正因为父母有恩于子女，对子女负有了近乎无限的家长责任，因此也就拥有了近乎无限的家长权力，它体现在这样几个方面。第一，父母可以依照自己的意志支配子女做事，子女不能违抗，这些事包括生活琐事，也包括子女的婚姻、就业等终身大事。第二，父母可以按照自己的意愿培育子女的学识、人格，使其"肖"于己，子女必须遵从。第三，父母拥有处罚子女的权力。中国家庭有"家法"，就是父母拥有了某种准法律权力，可以处置不孝子弟，包括体罚（如下跪）、刑罚（鞭笞等）等，致死致伤也不负或者少负法律责任；甚至家族还有处死家族成员的权力，如对

---

[1]〔美〕阿拉斯戴尔·麦金太尔：《依赖性的理性动物：人类为什么需要德性》，刘玮译，译林出版社，2013，第82页。
[2]〔德〕伯特·海宁格等：《家族星座治疗：海宁格的系统心理疗法》，周鼎文译，张老师文化事业股份有限公司，2001，第52页。

通奸者以沉塘惩处等。这就是民间说的"父要子亡,子不得不亡"。父母对子女的严厉责罚也是家教的不可或缺的手段。《颜氏家训》云:"笞怒废于家,则竖子之过立见。"① 《颜氏家训》记述道:"王大司马母魏夫人,性甚严正。王在湓城时,为三千人将,年逾四十,少不如意,犹捶挞之,故能成其勋业。"② 第四,父母作为家长拥有家庭财产的所有权和支配权,决定着家产的使用和分配。父母也有权把不孝子女逐出家门,废除其继承权。第五,父母拥有子女为其养老送终的权利,"养儿防老"是父母养育、慈爱子女的现实动机。不奉养老人为不孝,这是大罪过。

子女作为受恩者,要感恩,并且负有了报恩的责任,这就是孝顺。子女的孝顺是全方位的,《孝经》归纳为:"孝子之事亲也,居则致其敬,养则致其乐,病则致其忧,丧则致其哀,祭则致其严。五者备矣,然后能事亲。"(《孝经·纪孝行章》)子女对父母的爱是终生的,孟子曰:"大孝终身慕父母。"孝顺表现在这样几个方面。第一,子女要顺从父母的意志,所以孔子说孝即"不违"。这不仅包括在日常事务上子女要听从父母安排,子女的重大人生选择也要听从父母安排,婚姻要听从"父母之命,媒妁之言";职业选择也要听从父母的安排。第二,子女对于父母的过错,不能公然指责、批评,而要委婉进言,耐心劝谏,父母不听从也不能违抗。所以《礼记·曲礼上》云:"子之事亲也,三谏而不听,则号泣而随之。"《增广贤文》云:"天下无不是的父母。"③ 对外要"为尊者讳":"子有过,父当隐;父有过,子当诤。"④ 相传舜的父亲纵容其弟加害舜,而舜仍然孝顺父亲,友于兄弟,就是孝悌的典范。第三,子女要终身奉养父母,为父母养老,使其安度晚年。"父母在,不远游,游必有方。"儿子不能与父母别居,《颜氏家训·后娶第四》云:"《后汉书》曰:'安帝时,汝南薛包孟尝好学笃行,丧母,以至孝闻。及父娶后妻而憎包,分出之。包日夜号泣,不能去,至被殴杖,不得已,庐于舍外,旦入而洒扫。父怒,又逐之,乃庐于里门,昏晨不废。积岁余,父母惭而还之。后行六年服,丧过乎哀。'"⑤ 第四,尽心侍候父母,衣食父母优先,即所谓"有酒食先生馔,有事弟子服其劳"。要关怀父母冷暖,"凡为人子之礼,冬温而夏清,昏定而晨省,在丑夷不争"(《礼记·曲礼上》)。父母生病要

---

① 王利器撰:《颜氏家训集解》(增补本),中华书局,1993,第41页。
② 王利器撰:《颜氏家训集解》(增补本),中华书局,1993,第13页。
③ (清)周希陶编:《重订增广》,岳麓书社,1987,第33页。
④ (清)周希陶编:《重订增广》,岳麓书社,1987,第42页。
⑤ 王利器撰:《颜氏家训集解》(增补本),中华书局,1993,第39页。

尽心治疗，细心服侍，"亲有疾，饮药，子先尝之"，"父母有疾，冠者不栉，行不翔，言不堕，琴瑟不御。食肉不至变味，饮酒不至变貌，笑不至矧，怒不至詈。疾止复故。有忧者侧席而坐，有丧者专席而坐"。（《礼记·曲礼上》）第五，要尊重父母，子女对父母的态度要"敬"，不能平起平坐，更不能不恭敬。要和颜悦色；还要履行一套礼敬父母的家庭规矩，如早晚问安，为父母祝寿，出行请示等。"为人子者，居不主奥，坐不中席，行不中道，立不中门，食飨不为概，祭祀不为尸。听于无声，视于无形。不登高，不临深。不苟訾，不苟笑。""夫为人子者，出必告，反必面，所游必有常，所习必有业，恒言不称老。"（《礼记·曲礼上》）第六，孝的最高境界是让父母愉快。这就要求子女愉快地侍奉父母，即孔子说的"色难"；然后就是做父母喜欢的事情，不管这些事情有多么难，都要牺牲自己满足父母的需求。"曾子曰：'孝子之养老也，乐其心不违其志，乐其耳目，安其寝处，以其饮食忠养之，孝子之身终。终身也者，非终父母之身，终其身也。是故父母之所爱亦爱之，父母之所敬亦敬之，至于犬马尽然，而况于人乎？'"（《礼记·内则》）二十四孝的故事中有许多就是如此，如老莱子娱亲等。第七，要把自己当作父母生命的延续，立身处世不辱父母声名；要推孝为忠，建功立业，光宗耀祖，此为大孝。"父母既没，慎行其身，不遗父母恶名，可谓能终矣。"（《礼记·祭义》）第八，要为父母养老送终，隆重地办理丧事，这就是所谓"慎终追远"。子女在丧礼中要表现哀戚，遵守各种礼仪规矩，如穿丧服、守灵、送葬等，表达对父母逝去的哀痛。《礼记·间传》云："斩缞之哭，若往而反；大功之哭，三曲而偯；小功缌麻，哀容可也，此哀之发于声音者也。"《孝经·丧亲》云："为之棺、椁衣、衾而举之；陈其簠、簋而哀戚之；擗踊哭泣，哀以送之；卜其宅兆而安措之……"儿子还要守孝三年，其间不能办理婚嫁、祝寿等喜事；为官者要丁忧回乡，"父母之丧，三年不从政"（《礼记·曲礼上》）；大孝子要庐墓三年。不仅如此，父母去世后，子女还要永世怀念父母，设立牌位，每年的忌日或特定节日（如清明）要祭祀、扫墓。《孝经·丧亲》曰："为之宗庙，以神享之；春秋祭祀，以时思之。"总之，孝就是终生报父母之恩。

二　兄弟关系的恩德规范

兄弟关系是父子关系派生出来的，故孝悌并称。兄弟关系也是施恩和报恩关系，这就是所谓"兄友弟恭"。兄弟都是父母所生，有共同孝顺父母的责任，情同手足，因此《增广贤文》云："世上最难得者兄弟。"兄弟之间有长幼之别，兄负有次家长的责任。父母在世，兄受父母之命，照管弟，协助管理家业。父母去世后，兄就代行父母的责任和权力，管理家业，照顾弟，即所谓"长兄为父，长嫂为母"。《颜氏家训·后娶第四》记述汉代薛包在丧父母后爱护其弟的事迹："既而弟子求分财异居，包不能止，乃中分其财；奴婢引其老者……田庐取其荒顿者……器物取其朽败者……弟子数破其产，还复赈给。"① 兄要负责安排弟的生活，包括帮助弟成家立业。弟有困难，兄要倾力相助。这就是兄对弟的施恩。由于兄负有了对弟施恩的责任，也就有了支配弟的权力。这是仅次于父母的权力。这些权力包括：可以按照自己的意志支配弟做事，当然要在合理的范围内；可以代行父母之命，安排弟的人生，包括就学、婚嫁和就业等。而弟受恩于兄，就要报恩于兄。这种报恩体现在这几点。第一，弟要服从兄的管教，听从兄的安排、支配。第二，兄有需要、困难，弟必须全力帮助解决。第三，弟要尊重、礼敬兄。

三 夫妻关系的恩德规范

夫妻关系也是由父子关系决定的，夫妻对上一辈是子女，对下一辈是父母。夫妻关系从根本上说是服从于孝道，近说是为了服侍父母，对父母尽孝；远说是为了生养子女，延续香火，对祖宗尽孝。夫妻关系既然是从父子关系派生的，那么就必然以丈夫为主，以妻子为从，夫妻之间的关系就是一种主从关系，即所谓"夫为妻纲"。夫妻之间的恩德关系是丈夫施恩，妻子报恩，即"夫德妻贤"，这样就达到了家庭和谐。丈夫施恩于妻子包括这几个方面。第一，对妻子要怜爱，所谓怜爱是中国文化中男人对女人的爱恋方式，这不是平等的爱，而是把女子当作可爱的弱者而喜欢、保护、关怀。也正是基于这种爱的方式，才有妻子的"柔"的理想性格。第二，丈夫负有赚钱养家的责任，要给妻子以安定的生活，供养妻子、孩子。第三，丈夫也给了妻子名分，包括对子女的权威，在家族和社会中的地位，所谓夫贵妻荣。第四，丈夫要保证妻子的合理权利，不能随意离弃妻子，所谓"糟糠之妻不下堂"。丈夫纳妾也要尊重正妻的地位。

丈夫给了妻子恩惠，负起了相应的责任，也就享有了相应的权力。这个夫权包括六个方面。第一，丈夫作为一家之主可以凭借自己的意愿支配妻子，安排其做事。第二，如果妻子犯有过错，丈夫有惩罚妻子的权力，包括打骂的权力。第三，如果妻子有严重的过失，丈夫有休妻的权力。但

---

① 王利器撰：《颜氏家训集解》（增补本），中华书局，1993，第39页。

丈夫不能随意休妻，必须有足够的理由，此即所谓"七出之条"，如不孝顺父母、不敬丈夫、不能生育、不贞等，否则不可以休妻。第四，丈夫拥有家庭财产权，可以支配使用，而妻子没有财产权和财产支配权。第五，妻子的人身也附属于丈夫，丈夫可以支配妻子的人身，极端情况下丈夫甚至可以卖掉、出典妻子。第六，丈夫可以纳妾，妻子不能阻拦。

妻子作为受恩方，负有报恩的责任，要终生对丈夫感恩、报恩。妻子报恩体现在这样几个方面。第一，妻子要自觉地顺从丈夫的意志，这就是所谓"夫唱妇随"。妻子要有柔顺的性格，放弃自己的独立人格，独立性太强的女性不受欢迎。第二，妻子要安于家庭主妇的角色，操持家务，生养子女，服侍丈夫，做贤妻良母。第三，妻子要守妇德，忠贞于丈夫，不能与他人私通；还要终身不事二夫，丈夫生前不改嫁，丈夫死后不再婚，甚至殉夫。俗话说"嫁鸡随鸡，嫁狗随狗"，就是这个意思。第四，以丈夫为尊，在言语行为上礼敬丈夫，《增广贤文》（《重订增广》）云："痴人畏妇，贤女敬夫。"所谓"举案齐眉，相敬如宾"，是理想的夫妻关系。第五，做好儿媳妇，与丈夫一道孝顺父母，丈夫去世后也要终身孝敬公婆。《礼记·昏义》云："成妇礼，明妇顺，又申之以著代，所以重责妇顺焉也。妇顺者，顺于舅姑，和于室人，而后当于夫……"第六，妻子要做丈夫的贤内助，相夫教子，对丈夫负有襄赞劝谏之责，俾使丈夫合于正道。《重订增广》云："妻贤夫祸少"[1]，"恶妇令夫败，贤妇令夫贵"[2]。同时，妻子也有配合丈夫教育子女的责任。第七，妻子要容许丈夫纳妾，拥有"不妒"的美德，否则就是"妒妇"。

妻子在家庭中的从属地位，奠定了整个社会男女关系的基础，家庭伦理扩大到整个社会领域，就必然形成男尊女卑的关系，形成了对妇女的一般道德要求，即所谓"三从四德"。所谓"三从"就是未嫁时从父，出嫁后从夫，夫死后从子。所谓"四德"，就是妇德、妇言、妇容、妇工。

四 家族关系和宗族关系的恩德规范

在中国传统社会，家庭不是独立的单位，家庭之上有家族。家族是家庭的扩大形式，是直系亲属构成的家庭共同体。随着家庭成员的长大成人、娶妻生子，就会分家，形成多个独立的家庭，这些独立的家庭的家长拥有共同的父辈，形成了亲近的亲戚关系，从而形成了家族。家族在家庭

---

[1] （清）周希陶编：《重订增广》，岳麓书社，1987，第20页。
[2] （清）周希陶编：《重订增广》，岳麓书社，1987，第40页

之上，设有族长，这个族长一般由辈分最高的嫡系长辈担任。族长对各个家庭负有一定的管理之责，如处理财产分割、解决家庭之间的纠纷，以及分配公共福利等。家族伦理作为家庭伦理的扩大，具有恩德性质，亲戚之间也负有施恩—报恩责任。族长要慈爱家族成员，这是施恩；家族成员要敬爱、服从大家长，这是报恩。家族成员之间也要依照辈分和亲疏远近建立恩德关系，建立扩展了的孝悌秩序。这种家族领域的恩德同样具有爱的属性，是一种基于血缘亲情的爱。同时，家族领域的恩德也具有控制性、差等性。

宗族关系是家族关系的扩展。这里要区分一下家庭、家族和宗族：家庭是同居共财的近亲血缘团体，主要成员是父、己、子三代的直系亲属（也有四代同堂甚至五代同堂的家庭）。家族是不同居、不共财的家庭联合体，这些家庭的家长有同一个近祖（父亲或祖父）。宗族则是同姓的家族联合体，他们有共同的远祖。宗族作为家族聚合体，多聚族而居，具有一定的地域性，成为乡土社会的基本单位，从而就跨越了家庭领域而与社会领域交叉。中国社会领域之所以没有得到充分发育，除了国家的控制，还因为宗族关系限制了社会领域的独立发展。宗族是乡土社会重要的构成单位，乡土社会与宗族多有重合处，因此社会关系受到宗族关系的制约，没有获得充分的独立，同时宗族也替代了一部分乡土社会的功能。宗族伦理一方面是家庭—家族伦理的扩展，同时也具有了一定的社会伦理的性质。但是，宗族毕竟不能完全涵盖社会领域，社会关系溢出了宗族关系，因此社会领域也有一定的独立性。

在后宗法社会前期和中期，宗族主要还是由世家大族所组成，而在后宗法社会后期，宗族制度则推广到一般平民阶层，并且在明清时期发展到高峰，成为乡土社会的重要组织形态。宗族制度有文化职能，包括建立祠堂祭祀祖先、修族谱联络族人、设立学堂教育子弟等；设立族田救济贫弱、抚恤鳏寡孤独的经济功能；还有建立族规，设立族长以规范族人行为，调节族人纠纷，处罚违法、违规行为等伦理、司法职能。宗族拥有民间自治的某些权力，同时宗族也与国家发生直接的关系，担负着部分国家管理的职能。许多宗族领袖既是乡土社会的骨干，也作为乡绅协助国家施行对民间社会的管理。

宗族伦理是家庭伦理的扩展形态。维持宗族关系的核心理念是尊祖敬宗，在一个共同的祖先之下，维系了血缘亲情，而这个血缘亲情的伦理规范是恩德，也就是族人之间的施恩—报恩准则。宗族伦理以孝道为核心，讲求族人之间的尊卑长幼关系，提倡尊长爱幼，扶弱济贫，从而把家庭伦理与社会伦理衔接起来。

第二节　社会生活领域的恩德文化

社会生活领域是介于家国之间的地带。传统社会主要有两个领域，即作为私人领域的家和作为政治领域的国。由于家国同构，没有形成独立的公共领域，这是小农经济基础上的社会生活的特性。公共领域是市场经济的产物，这是传统社会所不具备的。但是，中国传统社会在家国之间仍然有一个模糊的中间地带，这就是社会活动的空间。这个空间并不独立，是家庭、家族关系的扩大，也是国家领域的延伸，是家国之间的边缘地带。

社会生活领域的伦理是家庭伦理的扩大，因此也是一种恩德文化形态。社会生活领域的恩德文化除了体现在宗族关系上，还体现在乡邻关系、朋友关系、师生关系、主仆关系等方面，也体现在一般的人际关系上。

一　乡邻关系的恩德规范

乡邻关系是乡土社会除家族关系之外的一般社会关系，人们也把家庭（族）伦理推广为乡土社会的伦理。在传统社会中，人们的日常交往多在乡邻之间，故有"远亲不如近邻"之说。乡邻之间要互相敬爱，建立友情，相处以礼："邻有丧，舂不相；里有殡，不巷歌。"（《礼记·曲礼上》）乡土社会就像一个大家庭一样，把孝悌规则扩大到相邻之间，长者、尊者为父兄，幼者、卑者为子弟，前者施恩于后者，后者报恩于前者；同时前者支配后者，后者依从前者。这样，按照长幼尊卑次序施行恩德，奉行尊老扶幼、尊卑有序、扶危济困、忍让互助等原则，就建立起乡土社会的秩序。乡邻关系的一个重要方面就是长幼关系。一般的乡邻之礼，主要就是敬老，如"年长以倍，则父视之；十年以长，则兄视之；五年以长，则肩随之。群居五人，则长者必异席"。"谋于长者，必操几杖以从之。长者问，不辞让而对，非礼也。""侍坐于长者，屦不上于堂，解屦不敢当阶。就屦，跪而举之，屏于侧。乡长者而屦，跪而迁屦，俯而纳屦。""侍饮于长者，酒进则起，拜受于尊所；长者辞，少者反席而饮。长者举，未釂，少者不敢饮。""长者赐，少者、贱者不敢辞。"（《礼记·曲礼上》）乡里也有一些公共活动，如乡饮酒之礼，也是要明长幼之序，

《礼记·经解》云:"乡饮酒之礼,所以明长幼之序也。"

在乡邻关系中不但有长幼之分,还有尊卑之别。中国社会的主要阶层是士农工商,其中士上可以为官吏,下可以为乡绅。那些有文化的读书人,特别是取得了功名的读书人如孝廉、秀才、举人以及致仕的官员,乃至大家族的族长,都是乡绅。乡绅是乡土社会的主体,是尊者,是乡邻关系中的施恩方。这些乡绅多为年长者、德高望重者、知书达理者,他们受到乡民的尊重,也被国家承认。西汉时设置的三老、孝悌、力田等身份均系年高德劭、淑行勤劳的乡贤,是乡绅中的卓著者。这些乡绅负有维护乡土社会秩序,处理家乡公共事务的责任,包括调节乡民之间的纠纷;主持公共事业,如建立祠堂、庙宇、学校等;举办各类文化活动,如节日庆典、祭祀、文艺演出等;办理慈善事业,如赈济灾民、救济穷人、修桥铺路等。此外,这些乡绅代表了乡土社会的自治权,也被官府承认,往往委派他们担任里正、保甲长等职务,这样他们就兼有了乡土社会和国家的双重代表身份,成为沟通国家和乡土社会的桥梁。因此,官府办事也要与乡绅沟通,乡民也多通过他们与政府打交道,向政府争取乡民利益,这也是一种乡绅对乡民的恩惠。这些乡绅有施恩的责任,也就拥有了相应的权力,这些权力包括两个方面。第一,处理乡里公共事务的权力。乡绅虽然没有法定的权力,但他们拥有被乡土社会承认的权威,一般乡间事务、纠纷都是由这些乡绅商议处理。第二,乡绅也可以作为政府的代表,拥有了某种政治权力,可以代政府执行某些法令,也可以影响政府的某些决策(如官府断案往往听从乡绅的意见)。

一般乡民是受恩者,因此也是报恩方。乡民对乡绅的报恩主要体现在这几方面。第一,要听从乡绅的决定,按照乡绅的安排办理公共事务,服从他们对乡民纠纷的裁决。第二,获得乡民的礼敬,在言语称呼上(如称老爷)和行为举止上(如见面行礼)要尊卑有别。第三,对待有善行的乡绅,以建立祠堂、立碑以及口头传诵等形式歌颂、纪念之。历史上也多有乡民赋予某乡绅以"某善人"的称号,就是一种报偿性的嘉奖。当然,乡绅中也不乏横行乡里鱼肉乡民者,顾炎武就曾经在其著作《生员论》中,痛斥那些秀才、举人中不良者的恶行。

二 朋友关系的恩德规范

在社会生活领域,人际关系还包括朋友关系。朋友是家庭之外的亲密伙伴，朋友不是以血缘关系结合在一起的，而是以志向、趣味相合结合在一起，所以《增广贤文》（蒙训增广改本）云："父母养其身，朋友长其志。"① 朋友关系是兄弟关系的扩大，故有"在家靠父母，出门靠朋友"之说。朋友之间也以兄弟相称，挚友之间甚至还要正式结拜兄弟，宣誓"不愿同年同月同日生，但愿同年同月同日死。"《颜氏家训》云："四海之人，结为兄弟，亦何容易。必有志均义敌，令终如始者，方可议之。"② 对朋友要以亲人视之，待之以礼："曾子曰：'朋友之墓有宿草而不哭焉。'"（《礼记·檀弓上》）"父之仇弗与共戴天，兄弟之仇不反兵，交游之仇不同国。"（《礼记·曲礼上》）朋友结合的纽带是友谊，故朋友关系有平等的一面，但也并不完全如此，还有不平等的一面。朋友之间也有长幼之分，这样年长一方就负起了照顾年幼一方的责任，而年幼一方就负有了服从年长一方的义务。这就形成了一种类似悌德的施恩—报恩的关系。兄友要对弟友加以照顾，这个责任包括两个方面。第一，指导、教导弟友，使其走正路，成为君子。第二，兄友对弟友有保护、帮助之责，帮助弟友解决人生中遇到的困难。由于兄友对弟友有恩惠，所以也就有了相应的权利，这些权利包括三个方面。第一，兄友可以支配弟友做合理范围内的事情，在遇到困难时，兄友可以要求弟友为自己出力，甚至可以支配弟友的生命。在《水浒传》中宋江与李逵的关系，典型地体现了朋友关系的本质。宋江是李逵的兄长，对李逵有恩，李逵事事听从兄长安排。后来宋江被奸臣下毒，为了不让李逵在自己死后造反报仇，坏了自己的忠义之名，宋江临死时招来李逵，骗其喝下毒酒，然后才说明缘由。李逵知情后说，愿意陪大哥上路，含笑而死。第二，兄友可以安排弟友的人生。如在《水浒传》中，宋江把扈三娘许配给矮脚虎王英，并不征求双方的同意。第三，兄友对弟友也有责罚之权，对于弟友的过失，兄友可以责骂、殴打，也可以绝交、解除朋友关系。

作为弟友要报恩于兄友，这是作为朋友的责任。这个报恩的责任包括四个方面。第一，服从兄友的意志，做好兄友交付的事情。第二，兄友有困难，弟友要帮助兄友，两肋插刀，万死不辞。第三，弟友要尊敬兄友，爱戴兄友，维护友情，永不背叛。第四，对兄友的过失，要劝谏做诤友。

---

① 陶金华、朱雪梅译注：《中国古典名著译注丛书——中国蒙学精粹》，广州出版社，2001，第48页。
② 王利器撰：《颜氏家训集解》（增补本），中华书局，1993，第123页。

"士有争友，则身不离于令名。"（《孝经·广扬名章》）

三 师生关系的恩德规范

除了朋友关系，社会交往中还有师生关系。教师是传道者，教师的始祖是孔子，而孔子是"万世师表"，有帝师之尊，故中国传统社会尊重教师，师被列为五尊（"天地君亲师"）之一。《礼记·曲礼上》云："凡学之道，严师为难。师严而后道尊，道尊然后民知敬学。"《增广贤文》云："尊师以重道，爱众而亲仁。"① 师生关系是父子关系的推广，"师徒如父子"，"一日为师，终身为父，忘恩负义，禽兽之徒"②。因此，师生关系也是恩德关系，教师就是施恩方，而学生是报恩方。教师要爱学生，像父母爱子女一样。孔子与子路相处多年，建立了深厚的感情。子路遇难后，孔子痛不欲生："孔子哭子路于中庭。有人吊者，而夫子拜之。既哭，进使者以闻故。使者曰：'醢之矣。'遂命复醢。"（《礼记·檀弓上》）教师施恩于学生，主要体现在以下几个方面。第一，教师"传道、授业、解惑"，教导学生在知识、道德、人格方面成长，是学生的人生导师。第二，教师在学业结束以后，仍然对学生的生活、事业给予帮助、指导，可以说是终生对学生有恩。第三，教师把学生引入师门，进入了一个相当于家庭的集体，由此学生可以凭借教师的关系和影响，在社会上立足；同学之间也可以互为奥援，建立起密切的人际关系。

教师对学生有恩，也就拥有了支配学生的权力。这些权力包括四个方面。第一，教师可以在一定程度上让学生做符合自己需要的事情，包括在生活方面的服务。第二，教师可以责罚有过错的学生，包括体罚。第三，教师可以利用自己的权威指导学生的学术思想，而不允许学生背离教师所传授的学说。第四，师生关系是终生的，师生之间的恩情也是终生的，教师可以终生支配学生，可以影响其人生道路的选择，对背叛师门或人格有亏的学生，可以逐出师门，从而使其名誉扫地。如孔子指责学生冉求助季康子为恶，声称："非吾徒也，小子鸣鼓而攻之可也。"（《论语·先进》）

作为受恩方的学生，负有报恩的责任，除了缴纳学费，还体现在这样几个方面。第一，在学期间接受教师的教导，努力学习，做好学生。《管子·弟子职》曰："先生施教，弟子是则。温恭自虚，所受是极。……朝益暮习，小心翼翼。一此不解，是谓学则。"第二，学生学成

---

① （清）周希陶编：《重订增广》，岳麓书社，1987，第1页。
② （清）周希陶编：《重订增广》，岳麓书社，1987，第71~72页。

后建功立业，为业师扬名，报答师恩。第三，维护师道尊严，对教师毕恭毕敬，执弟子之礼，终生不改。即使天子，也不敢让先生行臣礼，也要礼敬之："凡学之道，严师为难。师严而后道尊，道尊而后民知敬学。……大学之礼，虽诏于天子，无北面，所以尊师也。"（《礼记·曲礼上》）在日常生活中，要遵守一套尊师的礼节："从于先生，不越路而与人言。遭先生于道，趋而进，正立拱手。先生与之言则对，不与之言则趋而退。"（《礼记·曲礼上》）"先生书策琴瑟在前，坐而迁之，戒勿越。虚坐尽后，食坐近前。坐必安，执尔颜。长者不及，勿儳言。正尔容，听必恭。勿剿说，勿雷同。必则古昔，称先王。侍坐于先生，先生问焉，终则对。请业则起，请益则起。父召无诺，先生召无诺，唯而起。"（《礼记·曲礼上》）《管子·弟子职》曰："出入恭敬，如见宾客。危坐乡师，颜色毋怍。受业之纪，必由长始。一周则然，其余则否。始诵必作其次则已。"第四，侍奉教师的日常生活，包括起居饮食出行等。《管子·弟子职》记述了弟子侍奉教师的各个方面，包括侍候教师上课、饮食、就寝，以及为教师洒扫庭除、晚上点火照明等。如《管子·弟子职》曰："摄衣共盥，先生乃作。沃盥彻盥，汜拚正席，先生乃坐。"第五，继承教师的衣钵，弘扬教师的学说，延续教师的学术生命。此外，师生关系还包括职业领域中的师徒关系，师徒之间也讲恩德，遵守一般师生关系的规范。但是，师徒之间更带有家族关系的性质，甚至要签订契约，确立徒弟对师父的人身依附关系。

四 主仆关系的恩德规范

社会生活领域的恩德文化还有主仆关系。主仆关系一方面发生在家庭中，有家庭伦理的内涵；另一方面也属于一般社会关系，有社会伦理内涵。主仆关系有两种，一种是仆人卖身给主人，没有人身权利；另一种是雇佣关系，雇工有人身权利，但这两种情况都不是契约关系，即使雇主与雇工也不是充分的契约关系，他们签订的契约本身也带有人身依附性质，本质上还是恩德关系。主人是施恩方，仆人（或雇工）是报恩方，彼此互动，构建了一种特殊的社会关系。主人对仆人的施恩体现在这样几个方面。第一，主人为仆人提供了生计，养活了仆人。第二，主人会把仆人视为家人，体现出某种亲情和关爱，有的甚至会为其婚配、养老送终。第三，主人对仆人也会有奖赏，建立某种激励机制。主人对仆人施恩，也就负有了相应的权力，主要体现为这样几个方面。第一，主人可以任意指使仆人做他需要的事情，仆人不能拒绝。第二，主人对仆人有某种人身权利，特别是卖身奴婢，可以出卖、转让给他人；主人可以为其选择配偶，对女性奴婢可以收房为妾。第三，主人有处罚仆人的权力，包括打骂、体罚和经济处罚以及单方面的解雇权力等。

仆人作为受恩方，有报恩于主人的责任，这主要体现在这样几个方面。第一，仆人要努力工作，服从管理，尽职尽责。第二，仆人要像家庭成员那样自觉地、主动地为主人着想，尽家庭成员的责任，成为值得信任的忠仆。第三，仆人要在危难之时挺身护主，不离不弃，与主人同命运。春秋"赵氏孤儿"的故事，讲晋国权臣赵朔被灭门，其子被门客公孙杵和朋友程婴舍命救出，就是忠仆护主的典范（主人与门客的关系相当于主仆关系）。第四，仆人要对主人恭敬有礼，言语行为要谦卑，符合身份。《红楼梦》中的焦大，曾经追随贾家长辈，有护主之功，可以算是忠仆，但酒后骂街，揭穿了贾府内的污龊，逾越了仆人的身份，结果被主人惩罚，捆绑起来，灌了马粪。

在现代社会中，职业伦理是社会伦理的重要组成部分。但是在中国古代社会，由于自给自足的自然经济限制了商品经济的发展，职业身份化，职业伦理恩德化，没有形成基于平等交换的契约关系，导致职业伦理没有发展起来，而职业伦理被身份伦理取代，上面讲述的主仆关系就不是一种职业伦理，而是身份伦理，带有恩德性质。中国古代社会由士农工商构成，商人为四民之末，其地位不仅低于士人，也低于农、工。历朝历代几乎都重农抑商，贱视商人，在经济上"重租税以困辱之"；在政治上不允许商人及其子弟参加科举、做官，有的朝代还在服饰、乘车等方面对商人作出歧视性的规定。这是为什么呢？从经济方面说，统治集团认为商业发达会破坏农业、瓦解自给自足的自然经济，因此要重本抑末、重农抑商。在政治上，商人在体制外经商致富，甚至富可敌国，也冲击了官僚社会官贵民贱的政治秩序，构成了对朝廷权威的威胁，因此要加以防范和打压。此外，还有文化上的原因，就是商品交换是平等互利的关系，它自然地要求建立基于契约关系的伦理规范，这就对施恩—报恩关系和恩德规范构成了一种挑战。这就是说，在商品交换中，商人与雇工、顾客、合作伙伴的关系，不可能是施恩—报恩的关系，只能是平等的关系，这就意味着商人的身份地位无法纳入恩德文化体制，他们既不是施恩者，也不是报恩者，而成为恩德文化体制的潜在的破坏者。为了维护身份伦理和恩德文化秩序，对商人这种体制外的身份，只能人为地加以贬低，以毁坏其平等性的品格。这就使得商人成为某种意义上的贱民，商业也成为某种意义上的贱业。这种经济上、政治上、文化上对商业和商人的排斥、压制和贬低，阻滞了中国社会的发展，更延缓了中国社会现代化的进程。

第三节　社会生活领域恩德文化的边缘形态

一　江湖文化对恩德文化的偏离

中国社会生活领域有一个边缘区域，就是游民社会，也就是俗称所谓"江湖"。游民是疏离主流社会的边缘人群，他们失去了"正业"，脱离了乡里、宗族关系，游走于社会边缘。游民包括游走四方的流动人口，如漕运工、乞丐、卦师、走贩、游医、卖艺者、妓女；还有靠从事违法活动谋生的土匪、骗子、偷窃者、盗墓贼、贩私盐者等；游走四方的僧尼道士以及民间信仰的传播者也属于这个社会人群。这些人群有自己的组织即各种帮会，如青帮、红帮、哥老会、三合会、袍哥；也有准宗教组织如五斗米道、白莲教、天地会等。游民形成了自己的文化形态，就是所谓江湖文化。江湖文化是恩德文化的特殊形态，它疏离主流文化，成为一种边缘文化。在父子、兄弟、夫妇、君臣、朋友五伦中，江湖文化最推重朋友一伦，因为"在家靠父母，出门靠朋友"，朋友是游民社会最可以依靠的关系。江湖文化淡化孝道，因为他们游走江湖而疏离家族，四海为家。1967年，上海发现一座明代墓葬，出土一部小说《新编全相说唱足本花关系出身传》，内容是：刘备、关羽、张飞三人结义为兄弟，关羽与张飞为了摆脱家庭羁绊，全力干一番大事业，约定互杀对方全家。结果两家灭门，只有关羽儿子关索因张飞不忍心而活了下来。这个故事在根本上违背了中国重视伦理亲情的价值观，而体现了游民重视江湖义气的价值观。江湖文化也不讲对国家的忠，因为国家是游民的对立面，无恩于他们，而且国家把他们视为危险人群，严加防范、镇压，因此游民也不负报国恩的责任，不用完粮纳税，也经常与政府发生冲突，甚至成为造反的先锋。游民结成帮会，而帮会往往成为反抗朝廷的秘密组织，在历史上发生过多次帮会造反，如源于五斗米道的黄巾起义、元朝末年的明教起义、清朝的白莲教起义、太平天国起义也是拜上帝教和天地会发动的，清末革命党发动的起义也有会党参加。江湖中人对于普遍的仁也不认同，而是以帮内的"义气"为基本的价值。所谓义气，就是把家族伦理中的孝悌转移于江湖社会，形成朋友关系，亲密者成为结拜兄弟。在江湖组织中，首领也往往具有家长般的地位，其成员要像孝敬父母、大哥那样尊敬、服从首领。江湖文化淡化仁德，突出恩德的私己性，崇尚"义"，就是讲哥们义气和小团体的情义，甚至为了哥们义气违反公义。江湖间的朋友之间要互助相爱，宣称"不愿同年同月同日生，但愿同年同月同日死"，"为朋友两肋插刀"等。但江湖社会的伦理内外有别，对于这个圈子、组织之外的人，就不那么义气了。如《水浒传》里孙二娘开黑店卖人肉包子；李逵劫法场救宋大哥，对围观的民众只管抡起板斧排头砍过去，全然不顾他人性命。这种义气也是施恩—报恩关系，大哥要提携、保护小弟，小弟要忠诚、维护大哥。当然，这也不是平等的关系，而是一种控制性的关系。《水浒传》里面描写的一百单八将聚义梁山泊，他们之间要依据社会地位、入伙时间、年龄等排座次，而宋江作为首领则具有大家长的地位。其他江湖组织也有等级划分，如青帮、红帮都有辈分之分，这种身份差异规定了施恩—报恩的责任。各种帮会也都立有帮规，以确保恩德秩序，对于不仗义的成员可以进行处罚，宛如家法、国法。

二　名士文化对恩德文化的疏离

江湖文化的主体是下层的游民，而名士文化的主体是边缘化的士。其实任何主流文化都有叛逆性的边缘文化作为对立面，如古希腊的犬儒文化就是一种叛逆性的边缘文化。名士是中国后宗法社会产生的非主流的文人群体，他们置身于社会主体之外，放弃了恩德文化的责任，脱离了士的正途，不求仕进报国，也不做乡贤造福桑梓，而甘愿过一种远离官场、世俗的淡泊生活。对恩德责任的疏离，是名士文化的根本性质。名士往往多才多艺，他们不务"正业"，不以研习儒家经典、科举出仕为志业，而擅长诗词歌赋、琴棋书画等"小道"。虽然有的名士如苏东坡等也进入仕途，但志不在此，不愿受官场束缚；有的则半途辞官而去，如陶渊明"不为五斗米折腰"，郑板桥也是中途辞官。他们往往志行高远，特立独行，不遵礼法，行为乖张，多有惊世骇俗之举，是为名士风度。例如：阮籍好为青白眼看人，与女性亲密接触不避嫌，为母亲服丧期间出席酒宴等。王子猷雪夜造访戴安道，经宿方至，不入而返。人问其故，王曰："吾本乘性而行，兴尽而归，何必见哉？"（《世说新语·任诞》）"刘伶恒纵酒放达，或脱衣裸形在屋中。人见讥之，伶曰：'我以天地为栋宇，屋室为裈衣，诸君何为入我裈中！'"（《世说新语·任诞》）他们的生活方式独特，或者隐居山林，或者纵情诗酒，甚至流连青楼。由于拥有卓越的才艺和有魅力的人格，他们往往赢得社会民众的赞誉、钦慕。

大致说来，名士可以分作几种类型。第一种是隐士型，他们隐居山林田园，以求得心灵得宁静，其典范如陶渊明，他辞官归隐，"久在樊笼里，复得返自然"，"采菊东篱下，悠然见南山"，乐在田园，而远离世俗，何其淡泊。同一类型的还有严子陵、孟浩然、林和靖等，他们都无意仕进。严子陵与汉光武帝有交，但屡次拒绝应召出仕，躬耕垂钓富春江畔而终老。孟浩然大半生远离官场，写下了许多有真情的诗作。"吾爱孟夫子，风流天下闻。红颜弃轩冕，白首卧松云。"这是李白对孟浩然隐士风度的描绘。林和靖一生不仕，隐居西湖，结庐孤山，梅妻鹤子，传为佳话。第二种是逍遥型，他们纵情山水诗酒，放达不羁，追求身心的自由，典范如李白，他被放出宫后远离官场，游遍名山大川，高唱"人生得意须尽欢，莫使金樽空对月"，何其豪爽。同一类型的还有谢灵运、苏轼等。谢灵运一生或为官或隐居，喜好探险深山幽谷，多结交文士，享有盛名。苏轼宦海沉浮，看破名利，故寄情山水，写下了许多感悟人生的诗篇。第三种是愤世嫉俗型，他们非圣无法，反抗礼教，因此也与主流社会、文化冲突，导致悲剧性的结局。"魏晋之际，天下多故，名士少有全者。"（《晋书·阮籍传》）如嵇康，傲岸睥睨，与引荐他出仕的山巨源绝交，自称"非汤、武而薄周、孔"；拒绝接见慕名而来的高官钟会，因而罹祸，临行前长叹"《广陵散》于今绝矣"，又何其悲壮洒脱。同一类型的还有阮籍、何心隐、李贽、郑板桥等。阮籍性格孤傲，"好为青白眼"，每纵酒避祸，常作途穷之哭。何心隐为王学左派代表之一，他"五伦去其四"，只尊朋友一伦，狂放不羁，作为异端被下狱殴死。同为王学左派的李贽也是因为思想异端，行为惊世骇俗，下狱而死。郑板桥善书画，为"扬州八怪"之一，常臧否人物，有狂名，中年入仕，晚年弃官，卖画为生，诗酒度过余生。第四种是颓放型，他们放浪形骸，流连秦楼楚馆、勾栏瓦舍，喜好诸种玩乐，典范如柳永，他大半生除了填词就是流连青楼，被皇帝剥夺了科举的资格，于是自称"奉旨填词柳三变"，何其风流倜傥。同一类型的还有秦观等。明末留恋秦淮名妓的钱谦益、冒辟疆等也有此类名士风度。最值得一提的是关汉卿的一首曲子，把自己的风流写尽：

  我是个蒸不烂、煮不熟、捶不匾、炒不爆、响珰珰一粒铜豌豆，恁子弟每谁教你钻入他锄不断、斫不下、解不开、顿不脱、慢腾腾千层锦套头？我玩的是梁园月，饮的是东京酒，赏的是洛阳花，攀的是章台柳。我也会围棋、会蹴趵、会打围、会插科、会歌舞、会吹弹、会咽作、会吟诗、会双陆。你便是落了我牙、歪了我嘴、瘸了我腿、折了我手，天赐与我这几般儿歹徒症候。尚兀自不肯休。则除是阎王亲自唤，神鬼自来勾，三魂归地府，七魂丧冥幽。天哪，那其间才不向烟花路儿上走。①

名士疏远恩德文化，比较推重自我。在父子、兄弟、夫妇、君臣、朋友五伦中，名士都无所推重，特别是对社会、国家的关系比较疏淡，对恩德责任尽量疏远化。在社会关系上，不结交俗人，不耐人情往来，只与知己者交往，显得不合群。在政治上，多远离政治，视为俗务，与统治者不合作，有的甚至对立。当然也有的名士实际上关心政治，只是对政治的黑暗感到绝望，采取了疏远政治的态度。统治者对于名士的态度因人而异，对于有的名士采取笼络、延揽政策，以图为我所用；有的则弃之不理，因为觉得他们无用且不妨碍统治权力；有的则采取打压政策，如魏晋统治者迫害名士，杀孔融、嵇康等，明代朱元璋甚至对不为王用的士人（其中包括名士）杀无赦。

名士人数不多，但世代传承，影响巨大，所以成为一种文化。首先，名士获得了社会的名望，成为文化名人，他们的故事广泛传颂，有的成为历史典故，令人欣赏、崇敬。《世说新语》就记载了许多名士的风流韵事。其次，名士不仅成为一种社会身份，而且成为一种生活态度，形成了所谓名士风度，很多人虽然不做名士，但也接受他们的思想、效法他们的行为，成为一种高雅的标志和风尚。

名士文化有其历史的、思想的渊源。从历史上看，先秦的狂狷文化是其源头。狂者狂傲不羁，狷者拘谨自守，均脱离社会主流，是名士的两种原型。子曰："不得中行而与之，必也狂狷乎！狂者进取，狷者有所不为也。"（《论语·子路》）孟子曰："宁为狂狷，勿为乡愿。"（《孟子·尽心下》）二者都对狂狷有所保留，也有所肯定。《论语·微子》中记载了一则有关楚狂接舆的故事，"楚狂接舆歌而过孔子……孔子下，欲与之言，趋而避之，不得与之言"，也隐约透露出孔子对楚狂有敬仰之意。班固《汉书》把"狂狷"之士写入列传，对其人格有所褒扬。刘勰《文心雕龙·辨骚》以狂狷之士来评价屈原，称其"依彭咸之遗则，从子胥以自适，狷狭之志也"。王通从狂狷角度评价名士文章："鲍照、江淹，古之狷者也，其文急以怨；吴筠、孔珪，古之狂者也，其文怪以怒。"② 李白以狂人自居，自称"我本楚狂人，凤歌笑孔丘"。

---

① （元）关汉卿撰：《关汉卿散曲集》，李汉秋、周维培校注，上海古籍出版社，1990，第27页。
② （隋）王通著，（宋）阮逸注：《文中子中说》，上海古籍出版社，1989，第13页。

先秦是名士文化发端的时期，庄子是名士的精神导师，他塑造了一个远离世俗社会、心灵自由、逍遥无待的理想形象。还有宁愿饿死不食周粟的伯夷、叔齐，"偃卧松雪间"的商山四皓，愤懑自沉的屈原，都成为名士的原型，为后人所效法。名士文化形成于魏晋时期，竹林七贤、陶渊明等成为标准的名士形象。以后各代都有不同面貌的名士出现，名士文化传统得以形成。从思想渊源上看，名士文化主要吸收了道家、佛家（禅宗）思想，特别是道家清静无为、逍遥自得的思想和风范，成为名士的主导思想；而佛家的色空思想，也引导名士超越世俗世界。

名士文化有其历史作用。首先，名士文化为士人摆脱精神苦闷提供了一个出路，使他们挣脱了名教枷锁，一定程度上获得了精神的解放。其次，名士文化解构了恩德文化，消解恩德责任，无论是施恩责任还是报恩责任，都被风流扫去，从而使得中国文化内部具有了制约的力量。最后，名士文化生产了一批文化精品，包括诗词歌赋、琴棋书画，乃至哲学、美学思想等。由于名士不拘礼法，思想比较自由，因此这些文化精品突破了恩德文化的框架，更富于个性，更富有自由精神，也更富有创造性，从而丰富了中国文化。

第九章　制度形态的中国恩德文化

在现实生活层面之上，文化还有制度层面。社会制度也是文化的一种形态，它作为骨骼支撑着文化体系，以强制性的力量规范了社会生活。中国恩德文化的特性在于，文化充分地制度化，制度充分地体现着恩德观念。中国制度文化包括政治制度、法律制度和教化（教育）制度等形态，它们都具有恩德属性。

第一节　政治制度领域的恩德文化

一　中国政治的有限专制性质

在后宗法皇权士绅社会，家国同构，国恩是家恩的扩大，所以中国政治是一种恩德政治。中国政治制度以国家的权威和力量维护恩德文化，同时这种制度本身也体现了恩德观念。关于中国政治的性质，西方人称之为"东方专制主义"，五四时期的启蒙主义也作如是说。但中国的文化保守主义不认同此说，因为中国有民本政治传统。辜鸿铭提出中国是道德的政治，虽然没有宪政，但有一部"道德的宪法"。梁启超也说："要之我国有力之政治理想，乃欲在君主统治下，行民本主义之精神。"[①] 钱穆认为，中国政治制度有对君权的制约机制，如内阁、相权和谏议制度都对君权构成制约。胡秋原说："中国专制主义，无宗教为后盾，且因儒学加以驯化，在保持统一之下，成为有限的专制主义……"[②] 确实，中国政治不同于一般的专制政治，皇帝的权力并不是绝对的，皇帝虽然名义上拥有无上的权力，但皇权也受到政治伦理的制约，并且受到士大夫的权力制约，因

[①] 梁启超：《先秦政治思想史》，东方出版社，1996，第5页。
[②] 胡秋原：《古代中国文化与中国知识分子》，中华书局，2010，第249页。

此称为有限的专制主义比较恰当。一般把中国政治伦理概括为民本思想，就是要求统治者以民为国家之本，施行爱民的德政。但仅仅说民本思想还没有说到根本，这只是从利害关系角度强调民在国家中的地位，并没有揭示中国政治的伦理内涵。民本政治在西周就形成了，但儒家的政治伦理超越了民本思想，它提出了仁政思想，建立了恩德政治。从根本上说，中国政治是一种恩德政治，统治者与被统治者之间有一种施恩—报恩关系，这种政治伦理限制了专制主义。

恩德政治是贤人政治，也就是德政。孔子说："为政以德，譬如北辰，居其所而众星共之。"（《论语·为政》）德政是人治，不是法治，要求执政者的贤德。孔子曰："为政在人，取人以身，修身以道，修道以仁。"（《中庸·第二十章》）为了保证统治者与被统治者之间的恩德关系，中国政治制度致力于树立君德、官德和民德。首先是树立君德，因为中国政治是"定于一尊"，君主拥有最终权力，所以行仁政的关键就是君主有爱民之心。为了养成君德，中国政治建立了对皇储的教育制度，设立太子太师、太子太傅、太子太保等职，以儒家经典培养皇帝的接班人。还设立经筵制度，即设立讲席，聘请鸿儒为皇帝讲解经学。除了教育，对皇权的道德约束还体现在君主敬畏道德评价。中国是尊重历史的国家，君主可能不畏惧神的惩罚，但是畏惧历史上的恶评，如果作为昏君、暴君被载入史书，就上愧对祖宗，下愧对子孙，因此书写历史成为规范君主德行的一个手段。历代都设立史官，早期传统社会史官有相对的独立性，可以比较客观地记载政治的得失利弊，而君主不能直接干预。先秦时期有"在齐太史简，在晋董狐笔"，直书君之恶。汉代史官司马迁著《史记》也秉笔直书，多触及时政之弊。虽然后代史官的独立性逐渐丧失，但后代为前代修史已经成为惯例，君主也要考虑后代修史的褒贬，况且还有民间野史，也让君主有所忌惮。此外，历代都有对君主驾崩后的谥号制度，就是依据君主生前的德行、政绩，给予盖棺论定。这也构成了对君主德行的制约机制。

另外，在政治制度上，对君权也有约束机制。士大夫与君主之间的权力制衡，主要体现在设立谏议制度，以规谏君主的施政；设立三省制度和相权，以限制皇权。大臣不仅被赋予治理民众的权力，也参与了中央决策。重大政策和措施要听取群臣的意见，甚至包括皇后、太子的废立，在特殊的情况下元老重臣甚至有拥立皇帝的权力。这些制度起到了一定的作用，保证了在一般情况下政治得以正常运行，不至于陷入混乱无序。当然这些制约也是软性的，以君德为前提。君德对恩德政治的保证是有限的，历史上的明君并不多,虽然昏君、暴君也不多,但毕竟出现了一些君主失德导致的政治紊乱,甚至国家被颠覆的现象。其次是树立官德。第一是官吏选拔制度,通过察举或科举,考察或考试对儒家经典思想的实践、领会,保证官吏来源的质量。第二是建立对官员的考核、升迁罢黜制度,保证官员的廉洁。但这些措施对官员的约束也是有限的,权力带来的利益和诱惑往往会突破道德、制度约束。历代出现了一些清官廉吏,但毕竟数量有限,而贪腐者远远多于廉洁者。第三是建立民德,主要是通过教化、表彰,让民众有孝悌忠顺之心,辅之以刑法威吓,使民众不敢有违抗行为,以保证恩德政治顺利推行。但这种教化的作用也是有限的,特别在政治领域,一旦剥夺了民众的生存权,就会发生民众的暴动。中国朝代更替,主要是农民起义造成的,这说明了恩德政治效力的有限性。

二 君民关系的恩德规范

中国传统社会的政治制度,体现了一种恩德关系,即国家、君主是施恩者,民众是受恩、报恩者,这种施报关系构成了统治基础。《礼记·坊记》曰:"子云:'上酌民言,则下天上施;上不酌民言,则犯也;下不天上施,则乱也。故君子信让以莅百姓,则民之报礼重。《诗》云:先民有言,询于刍荛。'"这里明确地提出了君主施恩、民众报恩的思想。君恩主要体现在这样几个方面。第一,君主受命于天,富有天下,"普天之下,莫非王土,率土之滨,莫非王臣"。因此,君主治理天下,建立秩序,使万民得以生息,故君权本身就是对万民的恩惠。第二,君主像慈父一样施行德政,轻徭薄赋,重教慎刑,抚恤孤老,赈济灾民,君主的仁爱之心体现了对万民的恩惠。根据《汉书》和《后汉书》的记载,两汉皇帝大都颁布过优抚高年的诏令,颁赐物品有衣食和王杖两种,对于贫老无依者赐帛以蔽体,赐食以充饥。宋代对高龄老人赐予"士"或"公士"爵位,并发给粟米、绢帛等。如果有天灾,朝廷不仅要赈济灾民,君主往往还要下罪己诏,检讨自己的德行政绩,表示对天下苍生的关爱。新君登基,往往大赦天下罪犯,也体现了仁爱之心。第三,君主以国家力量防止异族入侵,保护民众的安定生活。第四,国家兴修水利、道路等公共设施,造福民众。特别是黄河水患,危害严重,历代统治者都大力整治。因此,有西方学者认为东方专制主义根源于水利社会。

君主施恩于民众,也就拥有了相应的支配民众的权力,这种权力包括五个方面。第一,君主对臣民有人身支配权力,可以命令民众做国家需要的任何事情,无须征得民众的同意,包服劳役、兵役等均由君主规定之;

也可以征调天下美女入宫为嫔妃或宫女，而无须征得民众同意。第二，君主拥有天下，可以占有和支配一切财富，君主可以动用国家财富为自己享用，历代君主都大兴土木、兴建宫殿、陵墓，典型如秦始皇造长城、阿房宫、始皇陵，耗尽天下民力、财富，终致灭亡。第三，民众对财富的占有权是相对的，最终所有权在君主，君主可以剥夺之，如可以无限制地征收赋税（当然事实上有限制，要受到道德、舆论和士大夫的制约），可以下圣旨抄没臣民家产充公等。第四，君主对民众拥有处罚权，君主可以制定、颁布法令，也可以在法外处治民众。第五，君主作为上天的代表，是圣人，拥有垄断思想的权力，可以教导、管制民众的思想信仰。对于后知后觉、不知不觉的民众，君主、士大夫有教化的责任和权力。对于不合其意的思想，君主、官员可以禁绝，如历代都有文字狱。即使是亚圣孟子，由于其著作中有妨碍君主专制之言论，也被朱元璋删削，其牌位也曾一度被移出孔庙。

在君民关系上，君主有德就是明君，如唐太宗等。君主失德主要表现为荒淫无道、横征暴敛、酷虐百姓，典型如隋炀帝等，就不会有好下场。

民众作为受恩方，负有了报恩于君主的责任，这些责任包括三个方面。第一，服从国家的管理，遵守法律，完粮纳税，服劳役、兵役，做顺民。第二，国家有难，如遇到外敌、内乱时，要舍身、舍家以报国恩。第三，听从君主、圣人教诲，抵制异端邪说，尽忠尽孝。如果民众不感恩、报恩于君主，不遵从法令，甚至造反，就是刁民、暴民，会受到制裁、镇压。

三 君臣关系的恩德规范

政治文化还包括君臣关系方面，而君臣关系也是恩德关系。《说苑·复恩》云："夫臣不复君之恩，而苟营其私门，祸之原也；君不能报臣之功，而惮行赏者，亦乱之基也。夫祸乱之源基，由不报恩生矣。"[1]

君臣之间的恩德关系首先与官吏的任用制度有关。中国的政治制度很重要的一项内容就是官吏选拔、升迁、罢黜制度，这个制度的要点在于，第一是通过一套考察、选举办法，最终由皇帝决定，因此他们要报君恩；第二是选拔、考核官吏的标准是道德化的，以儒家思想为准。汉代选拔官吏是察举，就是举孝廉。汉代颁布了一部《孝廉法》，作为选拔官吏的依据。《孝廉法》规定，虽有博学宏词、贤良方正等科，唯以孝廉为重。

---

[1] （汉）刘向撰：《说苑斠补》，云南人民出版社，1959，第104页。

合乎孝廉标准者，由地方举送，由朝廷任命为官。武帝元光元年（前134）十一月，"初令郡国举孝廉各一人"，以后形成了规模化和常态化的举孝廉，成为选拔官吏的正规途径。宋代已经施行了科举制度，但仍然沿用了汉代的举孝廉制度，作为科举制度的补充。隋唐至清代，施行科举制度，考试内容也是阐释儒家典籍，检验应试者对忠孝思想的把握。科举中第最终要经过殿试，由皇帝钦点，并且任命为官，所以登第者也是天子门生。至于官吏升迁罢黜，由吏部考核，最终还是由皇帝决定。这个制度保证了君主是官吏的施恩方，而官吏是对君主报恩的一方。

官员是国家统治民众的工具，对民众而言代表国家，对君主而言则是臣下，因此君民关系也适用于君臣关系。但君臣关系有其特殊性，是比君民关系更直接、亲密的关系。君臣关系是父子关系的变种，故称君父、臣子。君臣关系也是恩德关系，君主是施恩方，臣子是受恩方、报恩方。君主施恩主要体现在这几个方面。第一，君主通过察举或选举，甚至可以破格选拔、任用官吏，给予富贵尊荣。第二，君主授予臣子权力，臣子分享了君主的权力。第三，君主对贤德的臣子给予提拔、重用。第四，君主对于有大功的臣子给予荣誉性的褒奖，如封给爵位，进入功臣纪念馆（如汉代的麒麟阁、唐代的凌烟阁等），建立纪功碑等；清代有赏戴三眼花翎、赏穿黄马褂等。对于功臣的家属也给予殊荣，如给功臣母亲、妻子以命妇封号，给予功臣子弟承袭爵位、官职的荫庇制度，这就是所谓封妻荫子。第五，君主往往对臣子有额外的赏赐、眷顾，如逢年过节或臣子家有婚丧大事，君主往往有赏赐；臣子生病，君主也往往会慰问或派太医诊治等。

君主施恩于臣子，也就负有了相应的支配臣子的权力，这种权力包括这样几个方面。第一，君主可以决定官员的升迁罢黜，如对于有过失的官员给予罚俸、降职、流放等处罚。第二，君主可以剥夺官员的自由，决定官员的生死，所以有言"君教臣死，臣不得不死"，甚至还可以株连罪臣亲属，祸灭九族。第三，君主可以剥夺官员的财产，对于有罪官员可以抄没财产充公。

君臣之间的恩德关系不是平等的，本质上还是具有控制性，即君主是主人，臣子是奴仆，所以司马迁在《报任安书》中说："文史星历，近乎卜祝之间，固主上所戏弄，倡优蓄之，流俗之所轻也。"民国初年许指严撰写的《南巡秘记补编》，记载了一个故事：有一次，纪晓岚想为一个官员求情，乾隆得知后怒骂道："朕以你文学优长，故使领四库全书，实不过以倡优蓄之，尔何妄谈国事！"可见臣子的真实地位。

君主能够任用贤臣，虚心纳谏，是为明君。君主不信任贤臣，独断专行，甚至信用奸臣、宦官，残害忠良，这就是昏君、暴君。中国历史上有明君，但也不乏昏君、暴君，说明恩德政治有弊端。

臣子受恩于君主，就要毕生报恩，这就是尽忠。《孝经·事君章》云："子曰：'君子之事上也，进思尽忠，退思补过，将顺其美，匡救其恶，故上下能相亲也。'"臣子报恩体现在这样几个方面。第一，恪尽职守，做好官、清官，为国家效力，为百姓造福，这是根本。周公辅佐文王，勤于政事的事迹，就是榜样。《颜氏家训》云："昔者，周公一沐三握发，一饭三吐餐，以接白屋之士，一日所见者七十余人。"① 第二，忠诚于君主，不背叛君主，在改朝换代时要为君主守节，不事二主，甚至自裁以尽忠。伯夷、叔齐不食周粟的故事流传下来，体现了这种观念。《颜氏家训·文章第九》云："不屈二姓，夷、齐之节也。"② 第三，外敌入侵，国家有难时要守土有责，为国献身。历史上流传许多名臣为国捐躯的事迹，就是忠君爱国的榜样，如岳飞、文天祥等。《颜氏家训·文章第九》云："泯躯而济国，君子不咎也。"③ 第四，要辅佐君主，为君主出谋划策。要当诤臣，对君主的过失要直言敢谏，不怕触犯君主，肝脑涂地而不惜，即所谓"文死谏，武死战"。《礼记·曲礼下》云："为人臣之礼，不显谏，三谏而不听，则逃之。"这还是春秋时期的观念，秦汉以后形成大一统政治，谏而不听，也不能逃走，只能"文死谏"了。历代都有敢于死谏的忠臣，如唐代魏征敢于犯颜直谏，多得到唐太宗的采纳；明代海瑞直谏嘉靖皇帝，甚至讥讽"嘉靖者，言家家皆净而无财用也"，因而被下狱，但嘉靖皇帝死后他为之号哭泣血。第五，要服从君主。执行君主的旨意。要崇敬君主，守臣子之礼，如面见君主要跪拜，呼万岁等。《礼记·经解》云："故朝觐之礼，所以明君臣之义也。"第六，要做忠臣，为了君主、国家的根本利益与奸臣做斗争，即使杀身亦在所不惜。历史上流传许多忠臣与奸臣斗争的故事，激励人们做忠臣。第七，臣子要把君主作为父亲，以孝子之心对待，关心君主的健康安危，《礼记·曲礼下》云："君有疾，饮药，臣先尝之。"在君主去世时，要像父亲去世那样悲痛，为君父治丧。《礼记·

---

① 王利器撰：《颜氏家训集解》（增补本），中华书局，1993，第 124 页。
② 王利器撰：《颜氏家训集解》（增补本），中华书局，1993，第 258 页。
③ 王利器撰：《颜氏家训集解》（增补本），中华书局，1993，第 362 页。

经解》云:"丧祭之礼,所以明臣子之恩也。"

臣子忠于君主、国家,是为忠臣、贤臣。臣子辜负君恩,蒙蔽圣聪、结党营私、专权祸国、贪污舞弊,就是奸臣。历代都有忠臣、贤臣,也有奸臣祸国的现象,说明恩德政治有弊端。

四 官民关系的恩德规范

官民关系是君民关系的实际体现,官员代表君主行使权力,统治百姓,因此官民关系也是一种恩德关系。官员对民众施恩,主要体现在这样几个方面。第一,官员受君主的委托,治理百姓,为民作主,是民之父母官,其职能就是施恩。第二,官员勤政爱民,关心民瘼,兴利除弊,造福百姓,此政绩即是恩德体现。第三,官员能够清廉自守,不搜刮民财,减轻了人民负担,被视为恩德的体现,因此这些清官、好官为百姓所称道、感激。第四,官员有司法权,要依法治理,公平断案,不徇私情,以安定社会,这也被视为对百姓的恩德。

官员的权力是国家授予的,具有合法性,同时官员施恩于民,其权力也就拥有了伦理的正当性。官员的权力体现在这样几个方面。第一,官员拥有政治权力,可以依法征收赋税、征发徭役等。第二,官员拥有刑事裁判权和民事裁判权,可以依法处置百姓,剥夺其人身自由和财产以至于生命。第三,官员拥有控制社会生活的权力,可以管制百姓的社会、文化活动,如取缔某些结社,宗教信仰和封禁某些文艺作品等。

百姓受恩于官员,就要报恩,这就是"官良民顺"。这种报恩体现在这样几个方面。第一,百姓服从官员的权力,奉公守法,听从官府的管理,不作奸犯科,做良民。第二,百姓要尊崇官员的权威,遵行一套礼仪,如对官员下跪,称老爷,自称小民等。第三,百姓要爱戴好官、清官,讴歌颂扬,包括为他们建立祠堂,立碑,离任时跪送挽留,送万民伞等。海瑞任兴国知县,多有政绩,官声卓著。当其离任之时,"老稚卧辙下,拥公车不得行。绘公像而尸祝之者,遍阛阓无虚日。初建生祠于尊经阁,岁久祠废。乃迎公像合祀卢公祠焉。"[①] 从中可见兴国地方百姓对海瑞离任的不舍和感激之情。第四,在忠奸斗争中,支持忠臣,反对奸臣,做义民。如明代苏州市民反抗阉党,支持忠臣的斗争。

---

① 崔国榜修,金益谦纂:同治《兴国县志》卷三十九《艺文五》,同治十一年刻本。

第二节　法律制度领域的恩德文化

一　法律对恩德文化的维护

法律制度是文化的另一种形态。中国的法律制度既强力维护恩德文化，也体现了恩德内涵。西周社会是贵族社会，礼刑分离，"礼不下庶人，刑不上大夫"，礼只适用于贵族，刑法只适用于庶人。春秋战国以后，贵族社会变成了平民社会，儒家提倡以礼乐教化平民，实行德治；法家主张法不阿贵，实行法治，他们都取消了贵族和平民的分界。在汉代以后，礼法一体化，就是所谓"儒表法里"，实际上是德治与法治一体化。从根本上说，中国的法律是强力维护恩德文化的手段，这体现在以下几个方面。

第一，传统社会的法律，不是维护个人的人身权利，而是为了维护恩德秩序。这集中地体现法律对于不孝、不忠等罪行的严厉惩处上面。《孝经·五刑章》云："子曰：'五刑之属三千，而罪莫大于不孝。要君者无上，非圣者无法，非孝者无亲，此大乱之道也。'"历代皆有对君主、皇室的"大不敬"罪、"谋逆"罪，就是为了保证臣民对君主的忠诚。明代甚至对于谋反者处以凌迟之刑，而且还要诛灭其直系亲属。隋朝开始有"十恶"重罪，唐律沿用之，这十恶包括："一曰谋反，二曰谋大逆，三曰谋叛，四曰恶逆，五曰不道，六曰大不敬，七曰不孝，八曰不睦，九曰不义，十曰内乱。"唐律曰："五刑之中，十恶尤切，亏损名教，毁裂冠冕，特标篇首，以为明诫。"

第二，法律也规定了君主的特权地位。君主可以凌驾于法律之上，不受法律管辖，君主的意志具有法律效力，一方面君主可以按照自己的意志制定法律，另一方面还可以以诏令的形式法外处治官民。

第三，法律还把恩德法律化。法律依据不同身份，确定了施恩与报恩的责任和权力。如汉代法律规定了子孙有赡养父母、祖父母的责任。唐律保护家长的支配地位，规定子孙必须遵从祖父母和父母的教令，否则构成"违反教令"罪；祖父母、父母在，子孙不得别立户籍、分异财产，否则构成"别籍异财"罪；子孙婚姻必须由祖父母、父母作主，不可自专；家庭财产由家长支配，其他人不得自主占有、使用，否则构成犯罪。又如唐律规定，"夫者，妻之天也"，还规定了丈夫拥有单方面的解除婚姻的权力,列出所谓"七出"之条。清律规定"一户人口,家长为主",还规定家长对家庭成员拥有处分权,对于"违反教令"者可以"依法处罚"。实际上历代法律都以恩德文化中的身份伦理为基础,把"三纲"规定的不同身份及其社会责任制度化、强制化。

第四,法律保护恩德文化的尊卑秩序,维护施恩方对受恩方的支配权力,因此对于破坏这个秩序者予以处罚。但是,法律对于施恩方即尊者比较宽松,对于受恩方即卑者比较严厉。《周礼》有"八辟"之条,凡属于亲、故、贤、能、功、贵、勤、宾者犯法,须经特别审议程序,以减免其罪。曹魏时期,"八辟"正式入律,隋代《开皇律》沿用了这一制度,符合该条者,可以减罪一等。汉律规定了对长辈不敬的严厉处罚。《二年律令·贼律》规定:"殴詈泰父母、父母、假大母、主母、后母,及父母告子不孝,皆弃市。"①《二年律令·贼律》简46~47曰:"以县官事殴若詈吏,耐。所殴詈有秩以上,及吏以县官事殴詈五大夫以上,皆黥为城旦舂。长吏以县官事詈少吏者,亦得毋用此律。"② 这里规定对下级侵犯上级处重刑,而上级侵犯下级则无罪。唐律和明律都规定妻子殴打丈夫处以重罪,而丈夫殴打妻子依伤情或不入罪或减罪。清代更加重了对于子女、妻子干犯父母、丈夫的量刑,而进一步减轻了后者对前者侵犯的量刑。清代法律还特别维护了主奴之间的尊卑关系,主人侵犯奴婢从轻,奴婢侵犯主人从重。

第五,法律对子女控告长辈,即使有理由,也要治罪,作为其破坏孝道的代价。如北魏法律规定,子孙告父母、祖父母皆入罪。宋律规定:妻告夫罪"虽得实,徒两年"。

二 恩德对法律的指导和渗透

法律不仅保护恩德文化,也渗透了恩德观念。恩德文化实际上是以礼统法,以德治统领法治。《唐律疏义》曰:"德礼为政教之本,刑罚为政教之用。"儒家认为,法律只是德教的补充,德教成功就可以不用法律。"子曰:'听讼,吾犹人也。必也使无讼乎!'"(《论语·颜渊》)他认为,道德教化的成功可以从根本上避免诉讼的发生。但实际上,礼教不能代替刑法,所以还要以刑法补充礼教。在传统社会里,基于伦理本位,道德具

---

① 张家山二四七号汉墓竹简整理小组编著:《张家山汉墓竹简[二四七号墓]》(释文修订本),文物出版社,2006,第13页。
② 张家山二四七号汉墓竹简整理小组编著:《张家山汉墓竹简[二四七号墓]》(释文修订本),文物出版社,2006,第15页。

有统领一切的地位，所以辜鸿铭以中国有道德的宪法否认中国是专制社会。这就是说，恩德像宪法一样统领了法律。恩德观念对法律的指导和法律中体现的恩德观念有以下几个方面。

第一，恩德观念介入法律，法律贯彻了恩德观念。汉代开始，儒家伦理向法律渗透，即以儒家思想指导法律，甚至可以避开法律条文而依据儒家经典《春秋》判定案件。董仲舒首倡"春秋决狱"，他说："《春秋》之听狱也，必本其事，而原其志，志邪者不待成，首恶者罪特重，本直者其论轻。"① 这里不仅提出了以春秋所体现的伦理原则处理案件的思想，更提出了"原心定罪"的思想，就是看犯罪的动机，恶者重处，善者轻处，这就导致法律直接地贯彻了恩德观念。有一个以恩德代替法律的极端例子，《旧唐书·太宗本纪》记载：贞观六年"十二月辛未，亲录囚徒，归死罪者二百九十人于家，令明年秋末就刑。其后应期毕至，诏悉原之。"② 这里说的是唐太宗法外开恩，放一批死囚回家探亲，限期返回，最终这些死囚无一人逃亡，皆自动归狱，因此获得减刑。当然这件事情没那么简单，有可能如王夫之所言，是唐太宗"好名"，与死囚约定如期归狱则免死，是以皆从之。

第二，法律定罪考虑血缘亲情之间的恩德关系，以维护人伦，实际上把恩德置于法律原则之上。孔子曾经提出了"亲亲相隐"的思想，《论语·子路》记载："叶公语孔子曰：'吾党有直躬者，其父攘羊，而子证之。'孔子曰：'吾党之直者异于是，父为子隐，子为父隐，直在其中矣。'"故汉代法律有"亲亲得相首匿"原则，即"自今子首匿父母，妻匿夫，孙匿大父母，皆勿坐。其父母匿子，夫匿妻，大父母匿孙，罪殊死，皆上请廷尉以闻"（汉宣帝四年诏书）。后来历代也都沿用了这个原则。此外，孝行可以抵罪，汉代缇萦救父的故事，就是因孝行而获得赦免的事例。《续通鉴长编》卷二三记载：太平兴国七年（982）"深州陆泽县民邢超通官租，里胥督租，与超斗，超殴里胥死。超子神留年十六，诣吏求代父，州以闻，戊申，特诏减死"③。这也是子代父求死，以孝行获得减刑的案例。《宋史·刑法二》："仁宗时，单州民刘玉，父为王德殴死，德更赦，玉私杀德以复父仇，帝义之，决杖，编管。"④ 此事非止一例，

---

① （汉）董仲舒撰，（清）凌曙注：《春秋繁露》，中华书局，1991，第46页。
② （后晋）刘昫等撰：《旧唐书》，中华书局，1975，第42页。
③ （宋）李焘撰：《续资治通鉴长编》第一册，中华书局，1992，第527页。
④ （元）脱脱等撰：《宋史》第十五册，中华书局，1977，第4990页。

宋代自"太祖、太宗以来,子有复父仇而杀人者,壮而释之"①。可见为父复仇属于孝行,可以获得减刑或免刑。

第三,基于伦理本位原则,法律对于德行显著者网开一面,从宽处理,以推动恩德教化。《宋史·刑法三》:熙宁三年(1070)"令州县考察士民,有孝悌力田为众所知者,给帖付身。偶有犯令,情轻可恕者,特议赎罚"②。

第四,基于以德统法和明德慎罚的原则,制定了恤刑制度,对特定对象减刑、免刑。恤刑制度适用对象包括老幼妇笃疾者。古代司法制度中赎刑、录囚、赦宥、存留养亲等制度均以恤刑思想为指导。《汉书·刑法志》记载了景帝、宣帝时期颁行的宽宥高年的律文。以后历代法律也都有相关规定。《宋史·刑法一》:"庆历五年,诏罪殊死者,若祖父母、父母年八十及笃疾无期亲者,列所犯以闻。"③ 就是说死刑犯若为家中独子独女、亲老或笃疾无所归养者,有司列名上奏朝廷,由皇帝裁决是否予以减刑。北魏法律也有存留养亲的规定,即死刑犯家中父母或祖父母高龄而无人奉养,可以奏请犯人留养其家人,直至被奉养人去世,再来服刑。这些法律规定都是恩德观念在法律中的体现。

第五,基于身份伦理,法律有例外。一是对于皇族可以法外处治,如清代对于皇族犯法,交宗人府论处。二是对于功臣可以法外开恩,汉、北魏、唐、宋等朝代还颁发了功臣及其子孙免于死罪的"丹书铁券"。

第三节 教化、教育制度领域的恩德文化

在中国传统社会,教化与教育是一体化的,都是为了维护恩德文化,而且都被体制化了,形成了一种制度。

一 教化的恩德灌输功能

恩德文化是一种身份伦理,而身份规定了贤愚差别,即士大夫为贤,民众为愚,即孔子说的"唯上智与下愚不移",因此要对民众施行教化。教化是对民众施行思想灌输的行为,目的是规训民众,使其接受既成的文

---

① (元)脱脱等撰:《宋史》第三十八册,中华书局,1977,第13386页。
② (元)脱脱等撰:《宋史》第十五册,中华书局,1977,第5008页。
③ (元)脱脱等撰:《宋史》第十五册,中华书局,1977,第4977页。

化规范，成为特定的社会身份，从而巩固既有的社会秩序。施行教化的主体在古代是国家，在现代是社会，教化的对象是个体，建构了个人与国家、社会的关系。教化带有权力属性，所以归入制度文化领域。费孝通说，教化是一种权力，与横暴的权力、同意的权力并列。① 但是，教化权力是一种软性的权力，不同于法律、政治等硬性的权力，故董仲舒说："圣人之道，不能独以威势成政，必有教化。"② 中国的教化制度，目的是维护恩德文化，内容也是灌输恩德文化。广义的教化是对一切人的教化，包括对君主的教化，所以有对皇储的教育、为皇帝开设的讲席等；也包括对官吏的教化，所以有察举、科举中对士人的考察，检验其接受教化的成效；还有对百姓的教化，使其接受孝忠思想。但是，由于君主是天子，是垂范天下的圣人，是施行教化的最高主体；而官吏是士大夫，是圣人门生，是君子，是道德楷模，自身可以通过修身而道德化，所以不是教化的主要对象，而是施行教化的主体，百姓才是教化的主要对象。

西周的教化是贵族阶级中施行的礼教，《周礼》成为教化的规程，而"礼不下庶人"，百姓没有资格被教化。春秋战国时期，贵族社会解体，平民社会形成，儒家把"礼不下庶人"改为"礼下庶人"，对平民施行教化。《礼记·学记》云："建国君民，教学为先"，"君子如欲化民成俗，其必由学乎！"。齐国就已经开始了对平民的教化实践，《管子》记载了施行教化的事例。《管子·侈靡》曰："'政与教孰急？'管子曰：'夫政教相似而殊方……'"《管子·版法解》曰："凡人君者，欲众之亲上乡意也，欲其从事之胜任也。而众者，不爱则不亲，不亲则不明，不教顺则不乡意。……必先顺政教，万民乡风。"汉代以后，教化制度得以确立，并且不断强化、完善，统治者更把教化作为德政的基础。董仲舒提出："夫万民之从利也，如水之走下，不以教化堤防之，不能止也。是故教化立而奸邪皆止者，其堤防完也；教化废而奸邪并出，刑罚不能胜者，其堤防坏也。"他主张施行"三纲""五常"教育，以维护社会秩序。康熙皇帝强调教化的重要性："谕礼部：朕维至治之世，不以法令为亟，而以教化为先。其时人心醇良，风俗朴厚，刑措不用，比屋可封。长治久安，茂登上理。盖法令禁于一时，而教化维于可久。""今欲法古帝王，尚德缓刑，化民成俗。"③

---

① 参见费孝通《乡土中国》，北京大学出版社，2012，第107~112页。
② （汉）董仲舒：《春秋繁露》，上海古籍出版社，1989，第65页。
③ 《清实录》卷三四，《圣祖仁皇帝实录》第4册，中华书局，1986年影印本，第461页。

教化制度包括这样几个方面。第一，家教，包括家训、家书等。家教是日常生活中的父母对子女的教导，养成伦理规范。家训、家书是传世的家庭伦理规范。如三国时期的诸葛亮《诫子书》，南北朝时期的《颜氏家训》，两宋时期的《范氏家训》《朱子家训》，清代的《曾国藩家书》等最为著名。家书、家训多在修养品格、和睦家庭、待人处世、忠君报国等方面对子女后代进行教诲。

第二，宗族、乡里的教化活动。首先是制定乡规民约，相当于一种民间立法，其内容也多为伦理教化之规。北宋《吕氏乡约》规定"德行相劝、过失相规、礼俗相交、患难相恤"。明代王守仁建立《南赣乡约》，规定"自今凡尔同约之民，人人皆宜孝尔父母，敬尔兄长，教训尔子孙，和顺尔乡里"①。还有乡饮酒礼也是对乡民进行教化的形式。乡饮酒礼作为嘉礼之一，在西周盛行，直到清代仍在实行。它不仅是一种饮食礼仪，更是一种教育方式，发挥了尊老、礼贤、互敬等教化功能。讲约也是教化的形式。讲约制度起于清顺治九年（1652），规定每月朔望日举行，讲约地点是直省各州县大乡大村人民稠密之处，讲约人是"于举贡生员内拣选老成者，以为约正；再选朴实谨守者三四人以为值月"。讲约内容是讲解圣贤之道、忠孝之义，以教化民众。此外还有社学，就是宗族设立讲堂，请老师来讲学，宣讲圣人之教、忠孝之道。

第三，更广泛的社会教化，如历代都有"善书"的撰写和流传，如"三字经""女儿经""弟子规"等，影响甚著，成为社会教化的教科书。

第四，继承乐教传统，官方鼓励民间演艺活动进行忠孝思想的宣传。历代演艺说唱等文艺活动多有宣传忠孝的节目，成为群众喜闻乐见教化的一种形式。

第五，旌表制度，即国家表彰忠孝模范。春秋战国时期就已经开始建立了表彰孝子的制度。《管子·山权数》曰："则君请以国策十分之一者，树表置高，乡之孝子聘之币，孝子兄弟众寡不与师旅之事。树表置高而高仁慈孝，财散而轻。"汉代就制定了褒奖孝悌、力田的制度。惠帝四年（前191）春正月"举民孝弟力田者复其身"②，褒奖孝悌，免除徭役；高后元年（前187）二月"初置孝弟力田二千石者一人"，"欲以劝厉天下，令各敦行务本"③；文帝十二年（前168）诏令："遣谒者劳赐三老、孝者

---

① 参见邓辉、陈伟编著《乡贤文化的前世今生》，湘潭大学出版社，2016，第90页。
② （汉）班固撰，（唐）颜师古注：《汉书》，中华书局，1962，第90页。
③ （汉）班固撰，（唐）颜师古注：《汉书》，中华书局，1962，第96页。

帛人五匹，悌者、力田二匹，廉吏二百石以上率百石者三匹。及问民所不便安，而以户口率置三老孝悌力田常员，令各率其意以道民焉。"① 将表彰和置任孝悌并行。由此可知，自文帝以来县乡下置孝悌确已成定规。东汉延续此制度，孔融为北海相时对甄士然、临孝存两名孝子"命配食县社"②。宋太祖赵匡胤开旌孝之风，于开宝三年（970）"诏诸道州府，察民有孝悌彰闻……为士庶推服者以闻"③。清代规定各地建忠义孝悌祠一座，祠内立石碑；另外设节孝祠一座，祠外建有大坊，凡是本地应给予旌表者，均题名于其上，身后设位其中。此外，还有碑刻这种教化形式，在城镇多有官府和私人立的碑刻，其内容或为圣贤名人的格言警句，或者记载贤人善事，发挥隐恶扬善的作用。④

第六，国家强制性地宣讲忠孝，以及要求民间学习法律和圣谕。宋初开宝年间，宋太祖赵匡胤诏令天下"举孝悌彰闻"，首开有宋一代官方推动、施行的宣讲劝孝之风气。明清时期为强化中央集权，开始出现宣讲"圣谕"的教化活动，先后颁布的有明太祖的"圣谕六言"、顺治帝的"圣谕六条"、康熙帝的"上谕十六条"、雍正帝的《圣谕广训》等。明太祖还要求民间每户必须有一本《大诰》，遵从者除死刑犯外犯罪可以减轻一等；违者则"迁居化外，永不令归"。清朝颁布的康熙帝的"上谕十六条"规定："敦孝弟，以重人伦；笃宗族，以昭雍睦。和乡党，以息争讼；重农桑，以足衣食。尚节俭，以惜财用，隆学校，以端士习。黜异端，以崇正学；讲法律，以儆愚顽。明礼让，以厚风俗；务本业，以定民志。训子弟，以禁非为；息诬告，以全良善。诫窝逃，以免株连；完钱粮，以省催科。联保甲，以弭盗贼；解仇忿，以重身命。"⑤

二 教育的恩德培育功能

传统社会的教化也包括学校的教育。教育本来属于社会领域，不属于政治领域，但中国社会领域不独立，被国家掌控；而且教育的内容主要不是掌握科学知识，而是学习圣人之言，施行伦理教化；特别是教育与科举制度联系在一起，是培养官吏的后备队伍，故教育除了具有一般社会属

---

① （汉）班固撰，（唐）颜师古注：《汉书》，中华书局，1962，第124页。
② 杨义堂、陈力、于宏文：《新乡贤归来》，山东人民出版社，2018，第8页。
③ （宋）王称：《东都事略》卷二，《景印文渊阁四库全书》，台北：台湾商务印书馆，1986。
④ 参见王友良《苏州碑刻的社会教化功能及其启示》，《廉政文化研究》2021年第3期。
⑤ 《清实录》卷三四，《圣祖仁皇帝实录》第4册，中华书局，1986年影印本，第461页。

性，还具有政治属性。中国的教育是由国家统制的，一方面太学或国子监以及各级官学，由政府主办、管理；另一方面民间私塾、学院也要受到国家的管制，教学内容也是官定的，以儒家经典为主，并且以科举为目的。因此，传统教育具有教化的性质，主要是一种意识形态的灌输，这样传统教育就可以纳入一种制度文化领域。

西周的教育是官学，官办教育，官师一体，官员充当教师。《礼记·学记》曰："古之教者，家有塾，党有庠，术有序，国有学。"官学对贵族子弟进行教育，是礼教的一部分，通过学习"六艺"，为礼乐文化培养人才，也培养统治人才。自春秋始，官学下移，孔子首开私学，招收平民子弟，这是民间教育的开端。以后底层发蒙教育主要是私塾，而高层教育主要是官办的太学、国子监或地方的官办学校。宋明以后，私人讲学兴起，各地办了许多书院，听众常有数百人至数千人，最多甚至有上万人，可见影响之大。

学校教育作为教化制度的一种，打上了恩德文化的烙印，这体现在以下几个方面。第一，教育的目的之一是培养官吏的后备队伍，为察举或科举提供人才，从而维护和巩固恩德政治，这就是"学而优则仕"的实际意义。国家办的太学（或国子监），是教育的顶端，培养高端人才，主要是培养官吏。太学从乡里选拔"好文学，敬长上，肃政教，顺乡里，出入不悖"者入学。董仲舒云："养士之大者，莫大乎太学：太学者，贤士之所关也，教化之本原也。"（班固《汉书·董仲舒传》）其他地方官学或民间私塾、学院也主要是为科举做准备，培养官僚后备队伍。第二，教育目标是培养品学兼优的人才，使其成为恩德文化的精英。无论是官学还是私学，培养的士，都是中国社会的中坚力量，也是恩德文化的精英人士，即使不参加科举的学子或落第者，也会作为乡绅成为乡里的文化精英。中国教育培养的士，其社会地位与欧洲古代的骑士相当，而文化修养则高于骑士。第三，教育的内容是灌输儒家意识形态，其核心是恩德文化的忠孝观念。学校教育以儒家经典"四书""五经"为主。教育与科举考试对接，在唐以后科举考试制度改为考经义，从而成为教育的指挥棒。第四，教育体制内的人际关系主要是师生关系，而师生关系属于恩德关系，即教师施恩于学生，学生报恩于先生，这个方面，前面已经有所论述。第五，国家对生员给予恩惠，免除赋税和劳役、兵役，生员可以见官不跪拜等，而学子、士人则以忠诚于君主、国家来报恩，这体现了国家与士人之间的恩德关系。

第十章 精神形态的中国恩德文化

恩德文化除了有现实生活层面和习俗形态,以及社会制度层面和制度形态,还有超越性的精神生活层面和精神形态。精神形态的文化包括宗教信仰、文学艺术和哲学,它们与一般意识形态不同,不直接依附于社会存在,而具有相对的独立性。在这些领域里,恩德观念渗透其中,使其成为恩德文化的一种形态;同时,这些文化形态也具有超越性,以其自由本质突破、提升了恩德文化。

第一节 恩德文化中的宗教信仰

一 恩德文化对宗教的疏离和包容

宗教是中国恩德文化的一种形态,但中国宗教具有两重性,一是现实性,体现了恩德观念;二是超越性,突破了恩德文化的现实层面。宗教的两重性一方面体现在宗教思想即教义中,同时也体现在宗教信仰活动中。

在商周时期产生的早期宗教,是对于上帝、天的信仰。早期宗教是政教一体化的,形成了神权政治。在春秋时期,早期宗教衰落,政教发生了一定程度的分离,周天子失去了作为天的代表的权威,迷信思想也被人文精神战胜。儒家作为人文精神的主流,疏离早期宗教,采取了"敬鬼神而远之"的态度,而转向人文理性。具体说来,就是承认鬼神的存在,所以要礼敬之,主要是重祭祀;同时,也不以宗教规定人事,认为人事自有礼义规则,不能以非理性的鬼神干预。孔子最典型地体现了这种宗教观。一方面,孔子承认有天命,这是不能违抗的客观法则,所以他说:"君子有三畏:畏天命,畏大人,畏圣人之言。"(《论语·季氏》)但他认为天命并不是鬼神的意志,而体现为伦理规范;天命可知,所以并没有形成一种对天命的强烈的宗教信仰。早期宗教信仰是对神的崇拜，而且神意不可知，人不能与神平起平坐，神意主宰一切。但孔子认为天道可知，天道即人道，行仁义即行天道，故圣人之言与天命是同列的。孔子重视对鬼神的祭祀，主要是从孝道的角度考虑的，认为祭祀祖先神灵是"慎终追远"，是为了建立和加强对父母的孝顺。对于鬼神的存在与否，孔子采取存而不论的态度，认为存在与否不重要，重要的是祭祀鬼神体现的伦理意义，他说，"祭如在，祭神如神在"（《论语·八佾》），就是不追问鬼神是否存在，但要以诚心祭祀，这是道义的要求。他还说："未能事人，焉能事鬼？""未知生，焉知死？"（《论语·先进》）认为离开人事谈论鬼神无意义，现实人生才重要。

后世儒家也采取了孔子的立场，重视伦理和此岸世界，淡薄信仰和彼岸世界。儒家对待宗教的态度，也成为中国人普遍的思想。但宗教信仰的薄弱，特别是缺乏高等级的文明宗教，也造成了精神世界的形而上维度的空缺。由于没有建立彼岸世界，就可能找不到人生的终极意义和归宿，而且对待死亡需要来世的补偿，对现实的苦难也需要彼岸世界的安慰，这就是高等级的文明宗教存在的意义。外来文明宗教的传入解决了这个问题，补充了恩德文化的信仰维度。东汉末年，佛教自印度传入，经过几个世纪的传播，成为中国主要的宗教。佛教与中国的早期宗教不同，具有精神性和伦理属性。作为本土民间信仰的道教也随后兴起。主流文化对佛道二教采取了容纳、消化的态度，使得宗教成为恩德文化的补充部分。其间也有若干排斥宗教的行动，如北魏太武帝灭佛、北周武帝禁佛道二教、唐武宗禁绝除了道教以外的一切宗教、周世宗限制佛教等。而且，即使在主流文化接纳了宗教以后，儒家也有排斥宗教的举动，如韩愈曾谏迎佛骨，宋明道学也抵制佛道二教。但从总体上看，还是容纳、消化了宗教，于是儒释道三教并存。崇信儒学的士大夫们也大都信仰佛道，只是并非虔信，而采取了实用主义的态度。中国人主要还是遵信礼教，对神则采取"宁信其有，不信其无"的实用主义态度。中国主流文化不仅容纳了宗教，也改造、消化了宗教，使其符合恩德观念。

中国人对宗教采取了实用主义的态度，人神之间也体现了恩德关系。而这种恩德关系并不是宗教体现的神恩，而是把神恩人恩化了、功利化了。早期宗教的神恩带有非理性的暴力压迫性质，恩德文化建立后，改造了神恩，把它转化为人恩，这个人恩带有道德属性，以恩爱为核心价值。外来的佛教是高等级的文明宗教，神恩不带有暴力压迫性，神恩体现为一种绝对的爱（慈悲），是拯救灵魂的超越性宗教。恩德文化改造了宗教，使其具有了人恩性质。宗教学权威学者休斯顿·史密斯在《人的宗教》中把宗教分为两种类型，一种是基于无条件的信仰，即"人—神模式"，西方人的信仰属于这种模式；一种是基于交换的信仰，即"人—人模式"，中国人的信仰属于这一种模式。这一模式是以人与人之间的利益交换的方式对待神明，用对神的忠诚换取神赐予的好处。所谓"基于交换的信仰"即"人—人模式"，就是恩德文化对宗教的改造，使信仰恩德化了。普通中国人信仰宗教，目的不是拯救灵魂，而是获得神佛的保佑，获得现世的利益。普通中国人宗教活动的主要内容不是忏悔和净化灵魂，而是祈祷神佛赐福、免灾，并且向神佛许愿，如果得到保佑，就会给予报答，如贡献祭品、重塑金身、修建庙宇等。这样，宗教信仰就成为一种施恩—报恩行为。中国人信仰某一种宗教的标准不是看这个宗教是否为真，而是看是否灵验，也就是是否可以得到实际的恩惠。在戏剧《目连救母》中，目连的母亲本来信佛，但她在生活中屡屡不能如愿，对佛失望之余，她宣布不信佛了。《乌盆记》中的张别古，在向城隍许愿后，又想到自己衣食无着，哪有钱买猪头、三牲还愿，于是就向城隍宣布撤愿。可见中国人信仰宗教是一种恩德行为，即认为神赐福、保佑是施恩，还愿是报恩。

中国宗教被纳入恩德文化，所以人们多以实用主义态度看待宗教，往往信仰多种宗教，并不以信仰之真为宗旨，而以求得保护为目的。梁漱溟说：中国人"于圣贤仙佛各种偶像，不分彼此，一例崇拜"[1]。统治者利用宗教教化百姓，所以儒释道并崇。唐太宗一改初唐独崇道教的政策，施行三教并行，命令国子监祭酒孔颖达、沙门慧净、道士蔡晃讨论三教。北周周武帝曾经下诏建立通道观，汇合儒、道、佛三教中人，"今可立通道观，圣哲微言，先贤典训，金科玉篆，秘迹玄文，所以济养黎元，扶成教义者，并宜弘阐。一以贯之"[2]。《马可波罗游记》讲述了忽必烈对各种宗教的态度，他说自己对佛教、犹太教、伊斯兰教和基督教一视同仁，"我对于四者，都表示敬仰，恳求他们中间真正的，在天上的一位尊者给予帮助。"[3] 明朝开国皇帝朱元璋制定了儒释道三教并用的宗教政策："三教之立，虽持身荣俭之不同，其所济给之理一，然于斯世之愚人，于斯三教有不可缺者。"[4] 清朝雍正皇帝也颁布上谕："域中有三教，曰儒，曰释，曰道，儒教本乎圣人，为生民立命，乃治世之大法大经，而释氏之明心见性，道家之

---

[1] 梁漱溟：《中国文化要义》，学林出版社，1987，第69页。
[2] （唐）令狐德棻等撰：《周书》，陈勇等标点，吉林人民出版社，1995，第42页。
[3] 〔意〕马可·波罗：《马可·波罗游记》，梁生智译，中国文史出版社，1998，第106页。
[4] （明）朱元璋撰，胡士萼点校：《明太祖集》，黄山书社，1991，第216页。

炼气凝神，亦于我儒存心养性之旨不悖，且其教旨皆于劝人为善，戒人为恶，亦有补于治化。"① 这个上谕，充分体现了佛教和道教在中国文化中的辅助地位和补充作用。中国民众为了祈福禳灾，大都佛道并拜。历史上多有兼融儒释道的民间信仰，在庙中一并供奉着孔子、老子和佛祖之像。

此外，中国人把忠孝观念纳入宗教教义当中，弱化了宗教的出世倾向，而把佛教的苦修苦行改造为行善积德；同时以因果报应观念配合了恩德文化的报恩思想。这样，宗教对现实世界和文化的超越、批判就被弱化，而成为恩德文化的一个子系统。当然，宗教特别是佛教仍然具有出世倾向，从而与现实世界和主流文化发生冲突，这一点也是要明确的。中国历来有儒释道三教之说，现在则有儒教是否为宗教的争论，但问题的本质不在于儒教是否属于宗教，而在于佛道二教与儒学并列，实际上是把佛道伦理化了，其宗教品格被削弱了。

二 佛教对恩德文化的认同和超越

佛教是从印度传入的宗教，它弥补了中国文化的信仰维度的缺失，与实用理性文化构成了一种互补关系，所以在中国得到确立和发展。中国主流文化执着于世俗功利，这种实用理性文化虽然可以指导世俗生活，但不能安顿灵魂，解决人生意义的终极问题。佛教对中国主流文化的补充，在于建立了超越性的信仰维度和彼岸世界，给人们被世俗生活压抑、禁锢的精神世界开辟了一个出路。佛教认为人生的本质是苦，而通过修行就可以渡过苦海，使得灵魂达到极乐世界。这样，就给世人提供了精神解脱之路，也成为主流文化的补充部分。当然，佛教仅仅是中国文化的非主流部分，它没有改变中国文化的世俗性，更不能撼动儒家思想的主流地位。从根本上说，佛教思想是出世的，与入世的儒家思想相反对，特别是与恩德相反对，从而构成了对恩德文化的冲击。

首先，佛教对恩德文化的冲击体现在对世事人生的根本看法上。恩德文化认为道是人与世界的根本，道化生万物，体现于万物；而且道通人性，化为仁义，从而形成了一个实在的德性世界。而佛家认为世界不是实体，一切皆为因缘和合的产物，就是所谓"缘起性空"。《缘起偈》曰："若法因缘生，法亦因缘灭；是生灭因缘，佛大沙门说。"② 因缘化生的世

---

① 胡道静等主编：《藏外道书》第19册，巴蜀书社，1992，第427页。
② 〔日〕高楠顺次郎、渡边海旭、小野玄妙等：《大正新修大藏经》第14册，台北：新文丰出版公司，1983，第768页。

界不具有实在性,《金刚经》云:"一切有为法,如梦幻泡影,如露亦如电,应作如是观。"① 如此现实世界就空幻无常,即所谓诸色为空,《心经》云:"色不异空,空不异色;色即是空,空即是色。"② 而真实的世界只是彼岸的极乐世界。因此,就要参悟佛法,破除无明。这种缘起性空思想否定了道主宰的现实世界,而构造了一个超越性的彼岸世界,从而冲击了恩德文化的现实基础。

其次,恩德文化主张内圣外王,认为通过施行仁义可以获得生存意义,在实践恩德中感受到人生的快乐,形成奋发有为的"乐感文化"。而佛家认为,人生根本上是苦的,释迦牟尼目睹生老病死,参透众生皆苦。佛法有"四谛",即"苦谛""集谛""灭谛""道谛"。"苦谛"是指人生为苦海,这是对人生意义的根本否定。"集谛"是指苦的原因,主要在于人们对世界人生的错误看法即无明,产生情爱,这是人生苦恼之源。"灭谛"是指消除无明,灭尽烦恼,达到涅槃境界。"道谛"是指修行的方法。苦谛是四谛中最基本的,其他三谛皆由苦谛衍生。出于苦谛,佛家认为一切世俗行为,皆为业报。《大品·婆私吒经》中说:"世间依业而存在,人之存在亦依业。有情为业所结缚,犹如行车为辖结。"③ 故佛家主张苦修禁欲,参悟佛法,消除业报,希求来世。这样,佛家以所谓的"苦感文化"否定了"乐感文化",从而否定了恩德文化的社会理想。

再次,恩德文化认为恩爱的核心是亲情关系,推广为普遍的恩德,故人与人之间是仁爱(恩爱)关系,施恩、报恩构成了人的社会责任。而佛家认为爱即世俗的欲念,是一切灾祸、痛苦的根源,《杂阿含经》第三三四经云:"缘眼、色,生不正思惟,生于痴,彼痴者是无明,痴求欲名为爱,爱所作名为业。"④ 爱生于六根,在《杂阿含经》第一九八经中曾提到"眼触生爱,耳、鼻、舌、身、意触生爱"⑤。爱的身体性导致苦和一切恶,在《中阿含经·大品释问经》中说:"拘翼!念者,因思缘思,从思而生,由思故有,若无思者,则无有念,由念故有欲,由欲故有爱、不爱,由爱、不爱故有悭、嫉,由悭、嫉故有刀杖、斗诤、憎嫉、谀谄、

---

① 赖永海主编,陈秋平译注:《金刚经·心经》,中华书局,2010,第112页。
② 赖永海主编,陈秋平译注:《金刚经·心经》,中华书局,2010,第127页。
③ 慧岳法师编,悟醒译:《汉译南传大藏经》(第27册),元亨寺妙林出版社,1995,第179页。
④ (南北朝)天竺三藏求那跋陀罗译,王建伟、金晖校释:《杂阿含经校释》(一),华东师范大学出版社,2014,第445页。
⑤ (南北朝)天竺三藏求那跋陀罗译,王建伟、金晖校释:《杂阿含经校释》(一),华东师范大学出版社,2014,第108页。

欺诳、妄言、两舌，心中生无量恶不善之法，如是此纯大苦阴生。"① 佛家认为，只有"断爱"即舍弃一切情欲，才能获得彻悟、解脱。《杂阿含经》中说："欲能缚世间，调伏欲解脱，断除爱欲者，说名得涅槃。"② 这就是说，人与人之间的一切社会联系都是无明的、虚妄的，所以要舍弃一切亲情爱欲，进入真如境界。所以出家人就要隔断亲情，断绝尘缘。这样，佛家就解构了恩德文化的根本——仁爱。佛家讲慈悲，也是一种爱，但这不是世俗之爱，而是对世人的怜悯，志在超度众生，脱离苦海，进入极乐世界。

复次，恩德文化主张施恩者有权支配报恩者，报恩者有责任服从施恩者，从而形成了君臣、父子等"亲亲""尊尊"的社会—伦理关系。佛教也主张报恩，包括"报父母之恩、报众生之恩、报国王之恩、报三宝之恩"，但这个报恩不同于儒家恩德，具有某种平等性。佛家主张众生平等，认为"一切众生皆有佛性"，"一切众生皆是未来佛"；在佛法面前"果报平等""福德平等"；而且众人都深受生老病死之苦、欲念情爱之累，都需要慈悲关怀。对于恩德文化的核心——孝道，佛教以"互为父母"的轮回观点，打破恩德文化的等级性。《大乘本生心地观经》中说："众生恩者，即无始来，一切众生轮转五道，经百千劫，于多生中互为父母。以互为父母故，一切男子即是慈父，一切女人即是悲母。昔生生中有大恩故，犹如现在父母之恩，等无差别。如是昔恩犹未能报，或因妄业生诸违顺，以执著故反为其怨。何以故？无明覆障宿住智明，不了前生曾为父母。所可报恩互为饶益，无饶益者名为不孝。以是因缘诸众生类，于一切时亦有大恩，实为难报。如是之事名众生恩。"③ 报众生恩的思想打破了社会身份的隔离和身份伦理，否定了人与人之间的支配、依从关系，抹平了亲疏、贫富、贵贱之别，消除了恩德文化的不平等性。

最后，恩德文化主张仁爱即恩爱是差等之爱，有亲疏之别，形成一种"差序格局"。而佛家一方面否定世俗之爱欲，另一方面又主张对待众生有慈悲之心。"慈"就是慈爱众生给予快乐；"悲"就是悲悯众生去除痛苦，慈悲就是一种超越性的爱。佛把慈悲无差别地给予众生，是一种普世的大爱。例如对于孝敬父母，儒家主张只能孝敬自己的父母，而不是孝敬

---

① 中国佛教文化研究所点校：《中阿含经》，宗教文化出版社，1999，第577页。
② （南北朝）天竺三藏求那跋陀罗译，王建伟、金晖校释：《杂阿含经校释》（四），华东师范大学出版社，2014，第443页。
③ 圆香语译：《大乘本生心地观经》，东方出版社，2020，第44页。

其他人的父母；虽然也要有对他人的爱，但只能低于对父母的爱。但佛教主张对一切人慈悲为怀，孝敬一切人的父母："一切男子是我父，一切女人是我母，我生生无不从之受生，故六道众生皆是我父母。"① "是菩萨应起常住慈悲心，孝顺心，方便救护一切众生，而反恣心快意杀生者，是菩萨波罗夷罪。"② 这样，佛家就以普遍的慈悲之心而超越了恩德文化的差等之爱。

佛教以彼岸世界来否定现实世界，以空的观念否定仁义道德，以平等关系否定了恩德关系，以普遍的慈悲超越了恩爱，造成了对主流文化的冲击，也引起了主流文化的反弹。周武帝毁佛诏书云："父母恩重，沙门不敬，悖逆之甚，国法难容，并退回家，用崇孝治。"③ 从唐代的韩愈到宋明道学，对佛教都有所批判。韩愈《谏迎佛骨表》云："臣某言：伏以佛者，夷狄之一法耳。自后汉时始流入中国，上古未尝有也……佛本夷狄之人，与中国言语不通，衣服殊制；口不言先王之法言，身不服先王之法服，不知君臣之义、父子之情。"④ 这里直指佛教与主流文化的根本区别"不知君臣之义、父子之情"，就是违背了恩德文化的根本忠孝。宋明道学家也站在主流文化的立场上批判佛教，他们的批判更系统、更学理化。张载批判了佛教的世界观，谓："释氏不知天命而以心法起灭天地，以小缘大，以末缘本，其不能穷而谓之幻妄，真所谓疑冰者与！夏虫疑冰，言无所知识也。"⑤ 在这里他认为佛教离开了天命（道）而以心法抹杀了世界的实在性。张载还说："释氏语实际，乃知道者所谓诚也，天德也。其语到实际，则以人生为幻妄，有为为疣赘，以世界为荫浊，遂厌而不有，遗而弗存。……舍真际而谈鬼神，妄也。所谓实际，彼徒能语之而已，未始心解也。"⑥ 在这里他批判了佛教的鬼神信仰违背了儒家的天德。张载还指出，佛教与儒学的根本区别源于儒学讲求理性，而佛教言鬼神不讲求理性，体现了儒家的实用理性与佛家的信仰主义的冲突。他说："万物皆有理，若不知穷理，如梦过一生。释氏便不穷理，皆以为见病所致。"⑦ 朱熹批判佛教以空论世："吾儒万理皆实，释氏万理皆空"；批判佛教只知

---

① 濑永海主编，戴传江译注：《梵网经》，中华书局，2010，第260页。
② 濑永海主编，戴传江译注：《梵网经》，中华书局，2010，第208页。
③ （明）朱元璋撰，胡士萼点校：《明太祖集》，黄山书社，1991，第216页。
④ （唐）韩愈：《韩昌黎全集》，国学整理社，1935，第456~457页。
⑤ （宋）张载：《张载集》，章锡琛点校，中华书局，1978，第26页。
⑥ （宋）张载：《张载集》，章锡琛点校，中华书局，1978，第65页。
⑦ （宋）张载：《张载集》，章锡琛点校，中华书局，1978，第321页。

"克己",而无"复礼",即只有"内圣"而无"外王";批判佛教"绝类止善,残害人伦"①。

尽管主流文化曾经抵制佛教,但由于实用理性的中国文化超越性的薄弱,需要补充信仰维度,以满足人的超越性追求,因此佛教并没有被消灭,反而在民众、知识分子以及权贵中间获得了信仰。这样,佛教就以与主流文化对立互补的形式扎根于中国,中国文化在一定程度上具有了信仰的维度,从而以其超越性缓解了恩德文化的禁锢。原始佛教在传播过程中与主流文化融合,产生了儒释道"三教合一"的倾向,形成了所谓"以佛治心,以道治身,以儒治世"的格局。宋代名僧契嵩极力倡导儒佛一致:"儒、佛者,圣人之教也。其所出虽不同,而同归乎治。儒者,圣人之大有为者也。佛者,圣人之大无为者也。有为者以治世,无为者以治心。"② 契嵩在《孝论》中主张"以五戒十善,通儒之五常",使之达到"异号而一体"③ 的效果。一方面,主流文化对佛教思想也有所吸收,如宋明道学的形成,就是儒释道融合的产物,特别是接受了佛教的影响,才使得儒学成为心性义理之学。另一方面,佛教也中国化了,尤其是儒化。其实佛经在翻译过程中就有意无意地被中国文化同化了,借用了儒家、道家学说的某些概念,如恩、孝等,从而对佛经作出了中国化的阐释,是谓"格义";而且有意回避或改写了一些与中国文化冲突的原始佛教的论述。在汉桓帝初年,著名的佛经翻译家安世高游化至中国,在洛阳译经。据方立天先生说:"安世高在翻译佛经时,就自觉不自觉地调整译文,以免与当时中国社会政治伦理观念相冲突。他译《尸伽罗越六方礼经》一卷(见《大正藏》卷),'六方'谓亲子、兄弟、师徒、夫妇、主从、亲属朋友的伦理关系。原书意思是,双方均平等自由,如主从关系,主人敬重奴仆,奴仆爱护主人,但这在安译中就被删节了,显然是为了和中国社会的奴仆绝对服从主人的风尚相一致。"④ 在佛教传播的过程中,佛教被主流文化改造了,一定程度上接受了主流文化观念,从而具有了中国特色。中国佛教产生了诸如天台宗、华严宗、禅宗等教派,这些教派接受了主流

---

① (宋)朱熹撰:《朱子全书》第十八册,朱杰人、严佐之、刘永翔主编,上海古籍出版社、安徽教育出版社,2002,第3885页。
② (宋)契嵩撰,钟东、江晖点校:《镡津文集》,上海世纪出版股份有限公司、上海古籍出版社,2016,第149页。
③ (宋)契嵩撰,钟东、江晖点校:《镡津文集》,上海世纪出版股份有限公司、上海古籍出版社,2016,第23页。
④ 方立天:《中国佛教散论》,宗教文化出版社,2003,第380~381页。

文化的影响，具有了世间性和人本倾向，从而具有了"治心"的世俗功能。从恩德文化的角度上说，这个改造主要体现在佛教的恩报思想以及对忠孝观念的接受方面。

首先，佛教的因果报应思想与儒家的恩德结合，形成了恩报观念。佛家也讲施恩、报恩，并且把施报关系确定为因果关系，本质上是发慈悲心，普度众生。佛教报恩观宣扬"以真法施一切有情，令发无上大菩提心，是人当得证菩提时，广度众生无有穷尽，绍三宝种使不断绝，以是因缘名为报恩"①。佛教讲"四恩"，《大乘本生心地观经》卷二《报恩品》说："世间之恩，有其四种，一父母恩，二众生恩，三国王恩，四三宝恩。如是四恩，一切众生平等荷负。"② 为了适应中国文化观念，在最初译经过程中就用了恩、孝的概念。但从译文看，虽然佛教提倡报恩，但不同于恩德文化中的报恩，它主要是感谢、回报的意思。原始佛教的恩报思想与恩德文化有以下几点不同。第一，儒家的恩德是不同身份的人之间通过施恩、报恩建构一种社会关系，形成一种身份伦理和社会责任。佛教的恩报是发慈悲心而获得的报偿，不构成社会责任和社会关系，本质上是社会关系、社会责任之外的一种慈善行为。如《中阿含经》卷九云："彼人惠施众生，给与父母、奴婢、妻子，亦复广及沙门、婆罗门，造诸功德，种天上之福。"③ 第二，恩德文化认为施恩和报恩是一种自觉的选择、伦理的实践，与宿命论无关；而佛教的恩报体现了因果报应思想，带有神秘主义和宿命论倾向。佛教主张善恶果报，让人在现世行善积德，在来世获得果报，也会在现世得到报应。如《大乘本生心地观经》卷二指出，世人如能受持、读习、解说、书写此经中的《报恩品》，广令流布，则"福智增长，诸天卫护，现身无疾，寿命延长；若命终时，即得往生弥勒内宫，睹白毫相超越生死，龙华三会当得解脱，十方净土随意往生，见佛闻法入正定聚，速成阿耨多罗三藐三菩提如来智慧"。更有作恶者坠入阿鼻地狱之说，以惩戒作恶者。佛经中有许多善行获得报偿、恶行获得惩罚的故事，用以说明恶有恶报、善有善报的因果关系。这些报恩故事不仅有对人发善心获得报偿，还有很多是对动物发慈悲心，获得动物或神灵的报偿。第三，恩德是社会关系的规范，具有不平等性，施恩者可以支配受恩者，报恩者要依附施恩

---

① 圆香语译：《大乘本生心地观经》，东方出版社，2020，第49页。
② 圆香语译：《大乘本生心地观经》，东方出版社，2020，第42页。
③ （晋）瞿昙僧伽提婆译：《中阿含经》第1册，华文出版社，2013，第209页。

者，而且施恩—报恩也依据亲疏关系有差等。佛教的恩报不带有支配性—依附性，也不具有差等性，而是强调众生平等，体现了施恩者与报恩者之间的某种平等关系。佛教伦理是人子恭敬供养礼事六方众生，六方众生当同等回敬。佛教轮回观念认为，一切众生皆互为父母，因此，恭敬供养对象也不限于父母，而是一切众生，即"礼敬六方众生"，这六方众生是"父母为东方，师长为南方，妻妇为西方，亲党为北方，僮仆为下方，沙门、婆罗门、诸高行者为上方"①，即恭敬供养的对象是父母、师长、妻妇、亲族、童仆、沙门、婆罗门等众生。这种报恩说突破了恩德文化的孝道，体现了众生平等的思想。

虽然佛教的恩报思想与恩德文化有本质的区别，但在佛经的翻译以及佛教的流传过程中，佛教中国化了，主流文化的恩德思想渗入佛教中，导致因果报应说与恩德文化融合在一起，彼此很难区分。特别是一些佛教俗讲，为了获得社会效果，把恩报思想与恩德思想融合，把佛教提倡的慈悲善行与儒家的仁义德行混合在一起，使得恩报故事世俗化，带有了恩德意义。这种混合也使得恩德文化得到了宗教信仰的支持，获得了强化。长期以来，中国人分不清儒家恩德与佛教恩报的关系，把二者混在一起，甚至有的学者也不加区分，以"报"来笼统地界定中国文化。佛教的六道轮回、因果报应之说，融合于恩德文化之中，以来世的报应为现实行为立下了不可逾越的规范，从而强化了恩德文化。所以佛教也获得了历代大多数统治者的承认与尊奉。

其次，中国佛教接受了孝道，但对孝的内涵有所改造。原始佛教也讲孝敬父母，但与恩德之孝意义有别。如汉译《中阿含经》卷十一《善知识品》中佛陀说法："比丘当知，父母恩重，抱之、育之，随时将护，不失时节，得见日月。以此方便，知此恩难报。是故，诸比丘！当供养父母，常当孝顺，不失时节。"②佛教讲的孝，体现了一种契约式的关系，要求父母、子女双方同时履行责任。据印度佛教典籍记载，佛法在强调子女对父母尽孝的同时，也强调父母对子女履行应尽的义务，否则就得不到子女的孝敬与奉养，这与中国的孝道强调儿女对父母的绝对服从和单方履行义务是完全不同的。佛经云："供养父母，令其安乐，除苦恼者，实有大福。若汝于父母，恭敬修供养，现世名称流，命终升天上。"③汉译佛

---

① （南北朝）佛陀耶舍、（南北朝）竺佛念译：《长阿含经》，华文出版社，2013，第335页。
② （晋）瞿昙僧伽提婆译：《中阿含经》第1册，华文出版社，2013，第280页。
③ （南北朝）求那跋陀罗译：《杂阿含经》3，华文出版社，2013，第1577页。

经中也用了孝的概念，但与儒家的孝的概念有重要的区别。汉译佛经里讲的孝，除了尊敬、奉养父母，并没有自身从属于父母，一切依从父母意志的论述，而这是中国孝道的根本。佛教孝道观是子女敬父母，父母亲其子女，具有相互亲爱的思想，而不同于中国恩德文化的偏重于子女对父母的单方面的责任。早期汉译佛典《长阿含经》卷十一《善生经》中提出，人子当以"五事"敬顺父母："一者供奉能使无乏，二者凡有所为先白父母，三者父母所为恭顺不逆，四者父母正令不敢违背，五者不断父母所为正业。"① 这里讲对父母物质奉养、与父母沟通、对父母恭顺、不违逆父母合理的教导、支持父母正当事业等。同时，佛教孝道观还提出了父母须以"五事"敬亲子："一者制子不听为恶，二者指授示其善处，三者慈爱入骨彻髓，四者为子求善婚娶，五者随时供给所须。"② 主要也是讲供养、教育子女。佛教还把孝推广到众生，以众生为父母而孝敬之。《大方便佛报恩经》卷一《序品》云："一切众生亦曾为如来父母，如来亦曾为一切众生而作父母。""一切男子是我父，一切女人是我母。我生生无不从之受生，故六道众生皆是我父母"③。这样，孝也就等同于慈悲，而消除了恩德文化中孝与对他人之爱的差等性。

佛教除了认可世俗的孝行，还把孝纳入佛家的修行之中，使之脱离了世俗性。《佛说父母恩重难报经》中道："欲得报恩，为于父母书写此经，为于父母读诵此经，为于父母忏悔罪愆，为于父母供养三宝，为于父母受持斋戒，为于父母布施修福，若能如是，则得名为孝顺之子；不做此行，是地狱人。"这是以自身信仰、修行而行孝道。在《根本说一切有部毗奈耶》卷七中，佛陀还提出子女使父母信教是行孝："若父母无信心者，令住信心；若无戒者，令持禁戒；若性悭者，令行惠施；无智慧者，令起智慧。子能如是于父母处，劝喻策励，令安住者，方曰报恩！"④ 这种报恩、行孝的思想是与儒家的孝道根本不同的，实际上是以信仰行为代替实际的报恩、行孝。

中国佛家对孝的论述更多地接纳了儒家的孝道，更多地讲求报父母之恩。如中国僧人编著的《父母恩重经》《盂兰盆经》等。《父母恩重经》中有这样的句子："哀哀父母，生我劬劳。昊天之恩，岂能不报？"前两句取自《诗经》，其思想完全重复了儒家的孝道。北宋僧人契嵩更深入地论述了佛教与儒教的孝道思想的一致："夫孝，诸教皆尊之，而

---

① （南北朝）佛陀耶舍、竺佛念译：《长阿含经》，华文出版社，2013，第335页。
② （南北朝）佛陀耶舍、竺佛念译：《长阿含经》，华文出版社，2013，第335页。
③ 本书编委会编：《乾隆大藏经》第159册，宗教文化出版社，2010，第149页。
④ 河北省佛教协会编：《大正新修大藏经》第23册，河北省佛教协会2005，第658页。

佛教殊尊也。"[1] 中国佛家提出小孝与大孝的区分,契嵩提出孝有世间孝和出世间孝之分,世间孝即供养父母是小孝,使父母看破生死,皈依三宝,脱离苦海是出世间孝为大孝,即所谓:"出世间之孝,则劝其亲斋戒奉道,一心念佛,求愿往生,永别四生,长辞六趣,莲胎托质,亲觐弥陀,得不退转。人子报亲,于是为大。"[2] 这实质是把孝的意义非世间化了、佛学化了。契嵩也对孝道作了儒佛融合的解释:"佛也极焉,以儒守之,以佛广之,以儒入之,以佛神之,孝其至且大矣。"[3]（《孝论·广孝章第六》）他认为孝道属于慈悲之心,广被众生,以符合佛法,即所谓:"孝出于善。而人皆有善心。不以佛道广之。则为善不大而为孝小也。佛之为道也,视人之亲,犹己之亲也;卫物之生,犹己之生也。故其为善,则昆虫悉怀,为孝,则鬼神皆劝。资其孝而处世,则与世和平,而亡忿争也;资其善而出世,则于世大慈,而劝其世也。"[4]（《孝论·孝出章第八》）这里把孝等同于慈悲,符合了佛法,也消解了孝道的不平等性和差等性。总之,佛教一方面接受了恩德文化的孝道,同时又掩盖了孝道与佛法的差异,并且对孝作出了宗教化的阐释。

再次,佛教对于恩德文化的报君恩思想有所接受,也作了特殊的阐释。原始佛教主张脱离红尘,不敬王者。早期汉译佛典《阿含经》中也没有"报国王恩"一说,体现了当时法王高于人王的社会现状。后来的《大乘本生心地观经》则提出了"报国王恩",理由是国家尽属国王,他们行正法,则能给众生带来安乐。慧远区别在家修行的佛教徒与出家的僧人,主张在家者必须遵行王法,而出家者不必遵行王法。他作的《沙门不敬王者论》云,"在家奉法则是顺化之民。情未变俗迹同方内,故有天属之爱奉主之礼","出家则是方外之宾。迹绝于物","知生生由于禀化,不顺化以求宗。求宗不由于顺化,则不重运通之资。息患不由于存身,则不贵厚生之益。此理之与形乖,道之与俗反者也"[5]。但在中国王权至上、王法统治一切的历史条件下,佛教为了生存,也必

---

[1] (宋)契嵩撰,钟东、江晖点校:《镡津文集》,上海世纪出版股份有限公司、上海古籍出版社,2016,第48页。
[2] (明)袾宏著、张景岗点校:《莲池大师全集》下,华夏出版社,2011,第186页。
[3] (宋)契嵩撰,钟东、江晖点校:《镡津文集》,上海世纪出版股份有限公司、上海古籍出版社,2016,第54页。
[4] (宋)契嵩撰,钟东、江晖点校:《镡津文集》,上海世纪出版股份有限公司、上海古籍出版社,2016,第55页。
[5] (晋)慧远大师著,弘化社编,(清)沙健庵编辑,(清)项智源增补:《净宗初祖庐山慧远大师文钞》,宗教文化出版社,2016,第2页。

须崇敬王权、遵守王法。为了不违背佛法，慧远又作了特殊的解释，说："是故凡在出家，皆隐居以求其志，变俗以达其道。变俗则服章，不得与世典同礼。隐居则宜高尚其迹。夫然，故能拯溺俗于沈流，拔幽根于重劫。远通三乘之津，广开人天之路。是故内乖天属之重，而不违其孝。外阙奉主之恭，而不失其敬。"① 这里巧妙地把佛教徒的"变俗"作为隐居者孝父母和敬王者的特殊方式予以肯定，以图消解世俗伦理与佛教教义的冲突。

总之，佛教中国化的过程中，对恩德文化中的忠也有所接受，并且对忠作了宗教化的阐释，同时也掩盖了忠与佛教教义的差异，以图获得合法性。

三 道教对恩德文化的认同和逃避

东汉时期，黄老思想与方仙道合流成黄老道，成为一宗教团体。道教依托道家，奉老子为教主，以《老子》为经典，吸收了老子的道本体论和自然无为的思想、庄子的自由逍遥的思想。历史上也有把道家与道教混为一谈，但实际上二者并不相同。一是二者在文化形态上不同，道家是具有哲学精神的思想流派，主要流行于士大夫阶层；道教是宗教形态，更多地流行于宫廷和民间大众之中。二是二者的思想内容不同，道家是独立的思想流派，而道教不仅吸收了道家思想，也吸收了儒家的伦理纲常思想、糅合了易学和阴阳学说、墨家的尊天明鬼思想以及民间的神仙方术等，是多种思想的融汇。三是二者的思想追求不同，道家的终极目标是回归自然天性，获得精神自由，主张独立而逍遥；而道教的终极目标是得道成仙或通过修炼而获得长生。此外，道家与道教在社会文化中的作用不同，前者对主流文化的解构作用突出，后者虽然也有解构作用，但更多的是对主流文化的补充作用。因此，不能混淆道家思想与道教文化，而要有所区别。道教的基本思想可以归纳这样几点。一是不满足现实人生，企望修炼成仙或者长生健体，这是其根本目标。二是主张修身养性，清静无为，获得精神的解脱。三是行善修福，获得善报。李之绍对道教的概括较有代表性："道家者流，出黄帝老子，以清净虚无为宗，颐神养性为事，长生久视为著效，神仙飞升为极致。"②

首先，道教重视身体性命，企望修炼成仙。道教认为世俗社会纷乱

---

① （晋）慧远大师著，弘化社编，（清）沙健庵编辑，（清）项智源增补：《净宗初祖庐山慧远大师文钞》，宗教文化出版社，2016，第50页。
② 王川编著：《峄山碑刻集》，齐鲁书社，2016，第69页。

不静，生命有限，导致人生虚妄无福，解脱之法就是通过修炼，得道飞升，进入神仙世界，获得永生。因此，道教很重视身体性命，产生了许多道教方术，如炼丹、房中术、引导术等。道教主流教派之一的正一道，突出地体现了道教重法术的特性。正一道不重身心修持，崇拜神仙法术，以画符念咒、降神驱鬼、祈福禳灾为能事。至于明清时期，道教衰落，思想品质下降，多神崇拜、内丹炼养，以及立善积功等行为观念进一步深入民间，并且与儒佛通俗之说以及民间传统的宗教、迷信观念融合，在社会生活中产生广泛的影响。与儒家的重视道德修养和社会责任不同，道教重视个体生命，甚至提倡出家修行，抛弃家国责任，对集体理性的恩德文化具有一定的解构作用。因此，也引起了"不语怪力乱神"、重视社会责任的主流文化对道教的批判和抵制，斥之为虚妄荒诞。但是，道教对于个体生命的重视，弥补了儒家思想的缺失，满足了人们的永生幻想，因此也有了一定的社会文化土壤，作为主流文化的补充形式存在下来。

其次，道教不仅重视养生，也重视精神的解脱，倡导性命双修，这一点继承了老庄的思想。道教主张修身养性，达到清虚之境，从而否定了世俗人生。金元之际兴起的全真教派完成了由重视身体修炼向心性修养的转化。该教派注重修炼"性命"，认为"性者神也，命者气也"，"气神相结，谓之神仙"。全真教派认为清静无为乃修道之本，主张返璞存真、明心见性。全真教派的道主王重阳提出身假性真、先性后命的思想。他说："性为真，身是假。"①"惟一灵是真，肉身四大是假。"② 这里明显吸收了佛教思想。他从身假性真思想出发，认为恢复真性而不是肉体养生才是长生："是这真性不乱，万缘不挂，不去不来，此是长生不死也。"③ 他认为明心见性是成仙的第一条件，而明心见性即要内心清静。他说："夫修行者，常清静为根本大乘之法。"④ "清静是根源，真门户。"⑤ 身心清静就是远离情欲，除去妄念，无思无虑而回归真性，最终得道成仙。这里体现了道教清修思想与世俗生活的冲突，它必然导致与恩德文化的冲突。道教不仅从思想上否定世俗生活，也在实践上冲击了社会家庭，从而对恩德文化构成了破坏。王重阳视家庭为"火宅""牢狱"，视父子、夫妻亲情为

---

① 张继禹主编：《中华道藏》第 26 册，华夏出版社，2014，第 351 页。
② 张继禹主编：《中华道藏》第 26 册，华夏出版社，2014，第 394 页。
③ 张继禹主编：《中华道藏》第 26 册，华夏出版社，2014，第 392 页．
④ 张继禹主编：《中华道藏》第 26 册，华夏出版社，2014，第 395 页。
⑤ 张继禹主编：《中华道藏》第 26 册，华夏出版社，2014，第 336 页。

"金枷玉锁",要求道徒看破红尘,斩断世间恩情,抛弃家庭财物,跳出樊笼,出家修道。王重阳说:"凡人修道,先须依此十二个字:断酒色财气、攀缘爱念、忧愁思虑。"① 这里体现了道教作为宗教的超世俗性,而这必然与世俗社会文化发生冲突。道教直接否定了人的社会责任和伦理义务,一定程度上解构了恩德文化。

道教体现了一定程度的平等自由的思想,从而反拨了不平等的恩德文化。道教认为不管人的社会地位如何,都不是自由之人;人人可以通过修行而成仙,道教就是要普济众生,所以在终极意义上人人平等。王重阳在《三州五会化缘榜》的文告中宣称:"平等者,道德之祖,清静之元。首看莱州,终归平等。为玉花金莲之根本,作三光七宝之宗源。普济群生,遍拔黎庶。"② 他又作:

> 平等平等,复过莱州,须行救拯。害风儿阐化匀均,化良归善肯。二仪三耀,常为正。察人心,恰如斗称。若不高,更没于低也。神仙有应。③

这种众生平等的思想可能受到佛教的影响,它对恩德文化区分尊卑长幼、亲疏远近的思想是一种反拨,以信仰的形式肯定了人的平等追求。

道教认为,人受社会关系之束缚,处于不自由状态,而通过修炼,可以摆脱情欲,获得内在的清静;通过出家修行,可以摆脱家庭、社会的束缚,获得解脱,最终得道成仙,长生不老,进入自由世界。这种思想否定了世俗社会的合理性,冲击了主流文化的伦理秩序。马丹阳的《丹阳继韵》云:"今朝誓状谨相投,做个灰心物外俦。炼气颐神常乐,上街展手略无羞。劈开世网归真趣,跳出樊笼得自由。参从本师云水去,逍遥坦荡驾神舟。"④ 他还作词:

> 养家苦 赠宁伯功
> 养家苦,没程头。一朝身死作阴囚,见阎王,不自由。修行好,有程头。三千功满不为囚,做神仙,得自由。⑤

---

① 张继禹主编:《中华道藏》第 26 册,华夏出版社,2014,第 372 页。
② 张继禹主编:《中华道藏》第 26 册,华夏出版社,2014,第 381 页。
③ 张继禹主编:《中华道藏》第 26 册,华夏出版社,2014,第 344 页。
④ 张继禹主编:《中华道藏》第 26 册,华夏出版社,2014,第 389 页。
⑤ 张继禹主编:《中华道藏》第 26 册,华夏出版社,2014,第 517 页。

谭处端也有词：

南乡子
物物不追求，免有人前宠辱忧。世路巧机齐放下，休休，顺著人情不自由。最好把身囚，落魄随缘云水游。乞食存心消旧孽，修修，譬似无常限到头。①

这种摆脱一切社会关系的自由逍遥的思想对恩德文化强调的社会责任是一种解脱，也是一种反拨，它解构了恩德文化，缓解了精神压力，从而起到了平衡精神世界的作用。

最后，道教在传播、发展过程中，也与其他文化发生了融合，特别是接受了儒家的忠孝思想，从而发生了变异。早期道教经典《太平经》说："道用时，家家慈孝"，"三纲六纪所以能长吉者，以其守道也"。可见道教一开始就融合了儒家思想。六朝至隋唐时期产生了道教的孝道派，该教派吸收了儒家孝道，奉行孝道成仙，被看作南宋初年成立的道教净明派的前身。净明道主张融合三教，接续了道家的"道"的学说和"涤除玄鉴"的思想，接受了儒家的伦理观和佛教的"普度众生"说，提出"以本心净明为要，而制行必以忠孝为贵"，达于"无上清虚之境"。金元之际的主流教派全真教更体现了儒释道三教合一的特性，包括仙佛合一的成仙信仰，道禅融合的明心见性说、先性后命的内丹之说以及佛教式的禁欲主义，特别是接受了儒家的纲常伦理，以求获得合法性。全真教派把道家典籍《老子》、儒家典籍《孝经》、佛家典籍《般若心经》都纳入道家经典，体现了三教思想的融合。《全真教祖碑》说："先生劝人诵《道德清静经》，《般若心经》及《孝经》，云可以修证。"② 王重阳以道统一三教："儒门释户道相通，三教从来一祖风。"③ 王重阳把儒释道混合起来，特别强调儒家的忠孝伦理，他说："诀曰：第一先须持戒，清静忍辱，慈悲十善，断除十恶，行方便，救度一切众生，忠君王，孝敬父母师资，此是修行之法。"④ 其他道教派别也多接受了儒家的伦理思想，如元代的真大教派留有《慈善孝子报恩成道经》残本，提出了"忠于君，孝于亲，诚于

---

① 张继禹主编：《中华道藏》第 26 册，华夏出版社，2014，第 542 页。
② 陈垣编纂，陈智超、曾庆瑛校补：《道家金石略》，文物出版社，1988，第 452 页。
③ 张继禹主编：《中华道藏》第 26 册，华夏出版社，2014，第 277 页。
④ 张继禹主编：《中华道藏》第 26 册，华夏出版社，2014，第 394 页。

人"的信条。全真教主张"内而修己，外而济世"，在社会生活中践行仁义，是为"行功"。王重阳曰："行功，乃别有真功真行。晋真人云：'若要真功者，须是澄心定意。打叠神情，无动无作，真清真净。抱元守一，存神固气，乃是真功也。若要真行者，须是修仁蕴德，济贫拔苦。见人患难，常行拯救之心。或化诱善人，入道修行。所行之事，先人后己。与万物无私，乃真行也。伏愿诸公，早垂照鉴。'"① 这种思想乃来源于儒家。入世行善的思想虽然与道教的基本宗旨相悖，但符合了主流文化，使得道教具有了更大的合法性。

在恩德文化的大系统中，道教也渗入了忠孝观念。《太平经》曰："人生之时，为子当孝，为臣当忠。"② 东晋道士葛洪认为只有忠孝、和顺、仁信之人才有可能成仙，《抱朴子·对俗》曰："欲求仙者，要当以忠孝、和顺、仁信为本。若德行不修，而但务方术，皆不得长生也。"③ 唐代道士张蕴、胡慧超等人宣扬"净明灵宝忠孝之道"，在当时影响很大。南宋时期，江西南昌西山玉隆万寿宫周真公、何守让等创立净明忠孝道。《净明忠孝全书》强调，修道"始于忠孝立本，中于去欲正心，终于直至净明"④。净明道把忠孝观提升到立教之本、修道之基，认为忠孝是道的根本。元代净明道重要经典《太上灵宝净明四规明鉴经》曰："道者，性所有，固非外而铄。孝悌，道之本，固非强而为。得孝悌而推之忠，故积而成行。行备而道日充。是以尚士学道，忠孝以立本也。本立而道日生矣。"⑤ 该经以舜和比干为例，说明只有尽忠尽孝才能成仙作圣。净明道主张忠孝建功，以达成君安民富，百姓长寿，四海太平。这种主张体现了净明道与恩德文化的一体性。总起来说，道教思想有别于主流文化，但同时也很大程度上贴近、融入了主流文化。

四 恩德文化中的民间信仰

中国人的宗教信仰除了佛道二教，还有民间信仰。民间信仰是原始巫术文化和原始宗教的遗留形式，带有迷信因素，还没有达到高等级的文明宗教的水平。在商周时期，原始巫术文化和原始宗教一方面演化为早期宗教和国家文化礼仪，同时也在民间保留下来，作为民间信仰成为一种

---

① 张继禹主编：《中华道藏》第 26 册，华夏出版社，2014，第 335 页。
② 王明编：《太平经合校》，中华书局，1960，第 408 页。
③ 王明：《抱朴子内篇校释》，中华书局，1985，第 53 页。
④ 张继禹主编：《中华道藏》第 31 册，华夏出版社，2014，第 596 页。
⑤ 张继禹主编：《中华道藏》第 31 册，华夏出版社，2014，第 562 页。

"文化记忆"。民间信仰主要存在于社会底层,底层民众通过对这些神祇的祭祀和崇拜,求得它们的保佑和帮助。这些民间信仰崇拜的对象包括这样几个类型。第一类是自然崇拜的遗留形式,如对山神、河神、海神、雷神、雨神的崇拜,还有对某些动物的崇拜,如北方的狐仙崇拜等。这些自然神可以对人类造成危害,也可以为人类造福,所以人类就以迷信的方式祈求它们除害、造福。第二类是对某些具有赐福人类功能的神祇的崇拜,如灶神崇拜、财神崇拜、城隍崇拜、观音崇拜等。这些神祇掌握着某种权力或资源,可以造福人类,因此要崇敬供奉。如灶神主管一个家庭的饮食起居等方面,故家家供奉;财神管财运,故商家多供奉;城隍管一方平安,故各个地方都有城隍庙;观世音本来是佛教的佛,在民间成为可以免除灾祸、赐福人类的神祇,如要生儿子就去拜观音,故称送子观音;还有文昌帝君是掌管士人的功名利禄的神祇等。第三类是对某些成神(仙)的贤人的崇拜,如关公崇拜、妈祖崇拜、冼夫人崇拜、保生大帝崇拜等,这些被神化的贤人也有保佑世人的功能,如关羽是忠义之人,死后成神,民间特别是海外华人供奉关公甚为普遍;妈祖也是世人,擅长法术,升天成神,保佑航海者,成为海神;冼夫人生前是少数民族首领,多有善绩,死后受到人们的崇拜而成神;保生大帝名吴本,生前行医济世,死后成为医神。第四类是一些地方性的民间宗教,如汉代的太平道、五斗米道,元代及以后的白莲教、天理教、拜上帝教、一贯道等。这些民间宗教有些是从正规宗教中分化出来的,如白莲教就是从佛教分离出来的,洪秀全的拜上帝教也是从基督教信仰中演化生成的。一些少数民族也有自己的民间宗教,如满族有萨满教等。第五类是一些行业也有自己的祖师崇拜,把一些历史人物当作本行业的祖师爷、保护神,如木匠、瓦匠等的祖师爷是鲁班,戏剧的祖师爷是唐明皇,医生的祖师爷是华佗,妓女以管仲为本行业的祖师爷和保护神,等等。

  民间信仰是民间自发的信仰形式,与主流宗教有所区别,因此主流文化对民间信仰采取了既容纳又控制的态度。主流文化认为民间信仰属于"淫祀",不列入"正祀",即不给予其正统文化的地位;同时由于民间信仰有深厚的社会基础,与主流文化冲突不大,而且有相合之处,就是都遵守恩德规范,所以一般采取容纳的态度,对有些民间信仰甚至通过"封神"予以承认,如在民间信仰的基础上,朝廷对于保生大帝、妈祖、关公等予以褒封。当然,那些被利用造反的民间信仰就受到打击和禁绝,如明代禁止白莲教,清代禁止天理教、拜上帝会等。

  民间信仰主要不是精神追求,而是为了获得超自然力量的保佑、帮助。作为恩德文化的一个子系统,民间信仰也恩德化了,恩德观念渗透到神人关系中。信众与神祇之间的施恩—报恩互动:人们祈求神灵保佑、帮助,向神灵许愿。如果神灵赐福、保佑,就还愿,报答神灵,包括供奉神灵、为神灵造庙宇或祠堂、塑像等。民间信仰活动的主要形式是祭祀,除了日常的供奉,在相关的节庆中还要举行各种活动,如礼拜仪式、贡献祭品、祈祷、游行等,体现出信众对神祇的崇拜、感恩、祈求。特别是在大灾大难降临时,民间信仰活动就更显得必要,如在瘟疫流行、旱灾水灾发生等时候,往往要举行仪式,祈求神灵庇佑,祛除灾害。在神人之间的恩德关系中,施恩方是神祇,具有支配力,报恩方是信众,要信从神祇。神祇法力无边,可以赐福人类,而信众要以供奉、祭祀等方式报恩神祇,所以神祇与信众不是平等的关系。信众为了求得神祇的恩惠,甚至贿赂神祇。例如,在腊月二十三(或云腊月二十四)即过小年的时候,要祭灶君。传说这一天灶君要升天,向玉皇大帝汇报本家做的善事、恶事,决定这一家人来年的命运,于是家家供奉灶神。宋代诗人范成大有诗记曰:

古传腊月二十四,灶君朝天欲言事。云车风马小留连,家有杯盘来典祀。猪头烂熟双鱼鲜,豆沙甘松粉饵圆。男儿酹献女儿避,酹酒烧钱灶君喜。婢子斗争君莫闻,猫犬触秽君莫嗔。送君醉饱登天门,杓长杓短勿复云,乞取利市归来兮。

直至现代,北方地区在农历腊月二十三还要贴对联:"上天言好事,下界保平安"(或"上天言好事,回宫降吉祥"),希望灶王爷上天多说好事,并且回来保佑家庭平安。按照习俗,在这一天要供奉"灶糖"也就是麦芽糖,用来粘住灶王爷的嘴巴,免得他上天说坏话。鲁迅对这个风俗有过评论,认为与请人吃饭(拉关系)是一个性质。这个习俗生动地体现了民间信仰的恩德性质。

第二节 恩德文化中的文学艺术

文学艺术是文化的子系统,承载着特定的文化精神,因此文学艺术的基本主题被特定的民族文化规定。另一方面,文学艺术又处于文化的超越层面,它超越一般文化观念,具有审美意义,体现着自由的精神,从而存在着潜在的主题。这就是说,中国文学艺术在现实层面上体现了恩德主题，同时在超越层面上具有反恩德的潜在主题。

一 恩德文化对文学艺术主题的规定

中国恩德文化对文学艺术的影响是巨大的，它规定了中国文学的现实品格和基本主题。恩德文化具有伦理本位性质，因此中国文学艺术具有鲜明的伦理品格，惩恶扬善，是非分明，而相对不强调文学的真实性。恩德文化具有实用理性性质，因此中国文学艺术具有强烈的社会性，注重抒发家国情怀，而相对不注重描写个体命运。中国文学艺术具有厚重的现实关怀，关注此世的生存，而相对不注重灵魂的安顿。在这个基础上，形成了中国文学艺术的恩德主题，也就是施恩和报恩的主题。恩德主题贯穿于家庭生活、社会生活和政治生活等领域。西方文学艺术的基本主题是爱与恨，包括爱情主题和复仇主题，这与其个体独立和契约关系有关，也与西方文化的一般理性有关。古希腊史诗是欧洲文化的源头，其中《奥德修斯》是复仇主题，《伊利亚特》是爱的主题与复仇主题的交织。在以后，欧洲文学艺术形成了爱情主题传统和复仇主题传统，前者如《罗密欧与朱丽叶》等，后者如《哈姆雷特》等。此外，受到宗教和哲学的影响，欧洲文学艺术还有死亡（命运）主题，它渗透着形而上的思考，即对生存意义的追寻。这个主题的代表有古希腊悲剧《俄狄浦斯王》和德国诗剧《浮士德》等。

中国的恩德文化衍生出施恩和报恩的主题，而没有形成爱情主题传统和复仇主题传统，也没有形成死亡（命运）主题传统。这主要因为中国社会个体不独立，捆绑于各种恩情关系（包括家庭、社会、国家）之中，人作为恩德的载体成为施恩和报恩的角色，于是爱和恨都不是个体行为，而是一种恩德行为，所以少有独立的爱情，只有被规定的恩爱；少有个体的仇恨，只有被规定的恩仇（家仇、国仇）。同时，恩德文化不强调仇恨，而注重恩爱，故中国文学艺术淡化复仇，而突出施恩和报恩。中国文化具有世俗性、实用理性，宗教信仰和哲学思考相对薄弱，故也没有形成死亡（命运）主题。在中国古代神话中，神明成为为民造福的圣人，如女娲造人，后羿射日，鲧窃息壤，大禹治水，黄帝、尧、舜、禹为民造福等故事，都体现了神灵祖先对世人的恩情以及世人的报恩精神。中国汉族没有长篇史诗，但是《诗经》中的短篇史诗如《公刘》《生民》等记载了周民族祖先的伟大功绩，带有祖先崇拜的痕迹，也成为恩德文化的源头。后世的文学艺术也集中在孝顺父母、行侠仗义、忠君爱国的内容，形成了孝、义、忠三个大的主题。所谓孝，就是孝顺父母，报父母的恩，并且衍生出兄弟、夫妻之恩爱，属于家族领域的恩德主题。所谓义，就是行侠仗义，施恩或报恩于朋友、师长、主人等，属于社会领域的恩德主题。所谓忠，就是忠君爱国，报君主的恩，属于国家领域的恩德主题。其中家庭领域的孝悌主题相对薄弱，这是因为传统社会家庭生活比较狭窄、简单，故事性不强，不容易成为文学描写的对象；只是在传统社会后期才有《金瓶梅》《红楼梦》等专门描写家庭生活的作品，但它们不是正面讴歌孝悌，而是暴露和批判家庭伦理的溃败、瓦解。

恩德文化对文学艺术主题的影响有三种途径，一种是社会生活的影响，一种是意识形态的影响，还有一种是历史记叙的影响。先说第一种途径。文化体现在社会生活中，恩德文化也体现在社会生活中，从家族到社会、国家，贯穿着父子、乡邻、君臣等的社会关系，这些社会关系都体现着恩德。在家族中行孝，在社会中行义，为国家尽忠，是传统社会生活的主旋律。而且，人们也以恩德观念解释社会现象，评价社会现象。文学艺术是社会生活的产物，它不可避免地打上了恩德文化的烙印。因此，艺术家在观察、选取、提炼社会生活现象，形成文学艺术题材和内容时，就不可避免地采取了恩德视角，选取施恩、报恩题材，表达恩德观念，从而形成了恩德主题。再说第二种途径。在社会文化的基础上，形成了一定的意识形态，包括文学艺术理论，它们塑造着人的世界观，规范和指导着文学创作，规定着文学艺术的主题。中国传统社会的意识形态就是儒家的礼法道德，它被概括为"道"或"理"，而恩德是其基本结构。中国传统的文学艺术理论也是受这个意识形态规定的，因此提出了"文以载道"的原则，而这个道就是忠孝等恩德。中国文学在这个文学理论的指导下，必然以肯定恩德为宗旨。如《文心雕龙》就说："文之为德也大矣"，"道沿圣以垂文，圣因文而明道"。这个"文以明道"的思想体现在文学创作中，就形成恩德主题。恩德化的文学观念强调文学艺术的教化作用，"归于令人为忠臣、为孝子、为贤牧、为良友、为义夫、为节妇、为树德之士、为积善之家"。最后是第三种途径，即历史记叙对文学艺术的影响。由于神话、史诗传统薄弱，中国文学艺术特别是叙事性文学艺术主要脱胎于史传，文学艺术的题材多从史传中选取。《左传》《战国策》以及《史记》《三国志》等史书记载了大量历史故事，特别是一些纪传体史书的人物故事具有传奇性，这些故事后来演化为文学作品。在这些历史传记中，体现了鲜明的恩德内涵，也形成了文学艺术的主题。如荆轲为了报答太子丹的恩情，舍身刺秦王的故事；冯谖为报孟尝君之恩，为其解困的故事；韩信以千金报漂母"一饭之恩"的故事；刘关张结义的故事；诸葛亮为报三顾茅庐之恩而鞠躬尽瘁的事迹；岳飞精忠报国的事迹等，都带有恩德观念，激励、感染着人们。这些历史事迹被史书记载，后来成为文学艺术的题材。在文学艺术的历史发展中，虽然逐渐摆脱了历史题材的限制，取材于现实生活，但仍然继承了恩德主题。

二 文学艺术中的恩德主题

中国恩德文化可以划分为家族、社会、国家三个领域，形成了以孝为核心的家族伦理、以义为核心的社会伦理和以忠为核心的政治伦理。同时，文学艺术的主题也相应划分为家族领域的孝悌主题、社会领域的义侠主题和国家领域的忠良主题，这些主题结合为恩德这个基本主题。

中国恩德文化发源于家族伦理，因此中国文学艺术的主题也首先围绕着孝悌展开。中国家族关系是以父子关系为中心的，而夫妻关系和兄弟关系附属于父子关系，因此孝成为家族伦理的基本范畴，展开为悌、贞节等伦理范畴。中国家族伦理的理想模式是父慈子孝、兄友弟恭、夫德妻贤。尽管孝悌是中国文化的基本伦理范畴，但在文学艺术题材方面，孝悌主题并不突出，甚至显得薄弱，这是因为固化的家族伦理给文学描写留下的空间有限，人的真实情感被家族关系和家族伦理束缚，难以充分地展开为感人的情节。孝的思想更多地表现在抒情诗和叙事性文学艺术非主题性的情节之中。表达孝的思想的抒情诗如孟郊的《游子吟》："慈母手中线，游子身上衣。临行密密缝，意恐迟迟归。谁言寸草心，报得三春晖。"在叙事性文学艺术中，《三国演义》写徐庶为了尽孝，不得不离开刘备而跟随曹操；《水浒传》写宋江之孝、李逵之孝，都是次要情节，没有成为主题。当然也有以孝为主题的作品，主要集中在一些话本、杂剧中。《搜神记》中的《干将莫邪》，以为父报仇的故事体现了孝的主题。宋元话本较早出现孝的题材，宋代话本小说《汪信之一死救全家》，写汪信之被诬告谋反，家人被捕。汪信之投案自首，被处斩，而全家得救。元杂剧有刘唐卿的《降桑葚蔡顺救母》，塑造了孝子蔡顺形象。蔡顺放弃求取功名侍奉双亲。母亲不思饮食而只想吃桑葚，因正值隆冬而不得，蔡顺便设香祷告天神，其孝心感动天神，化雪降雨，令桑树长满桑葚，救活了母亲。还有无名氏的《小张屠焚儿救母》也是行孝主题。张屠的母亲得了不治之症，张屠欲将三岁的儿子做祭品，焚儿救母。其孝心感动天神，救活其母，保住其儿，全家团圆。明清小说中也有行孝的内容，但多不是主要情节，少有孝的主题。

中国文学艺术中婚姻生活的题材也体现着恩德主题。在文学艺术作品中，正面表现爱情主题的不多，这是因为中国没有个人恋爱过程，婚姻是凭"父母之命，媒妁之言"，所以几乎没有恋爱故事，也少有爱情表达。中国文学艺术中有通过对夫德妻贤的家庭生活描写，表达夫妻之间的恩爱。在抒情性文学艺术领域，有一些悼亡诗，表达了夫妻之间的恩情。这种恩情也不同于西方的爱情，主要是一种亲情，带有更多的伦理性。中国悼亡诗的思想内容，主要是丈夫书写妻子之贤淑品德以及与其相濡以沫的经历，表达怀念之情。如苏东坡悼念亡妻的《江城子·乙卯正月二十日夜记梦》：

十年生死两茫茫，不思量，自难忘。千里孤坟，无处话凄凉。纵使相逢应不识，尘满面，鬓如霜。
夜来幽梦忽还乡，小轩窗，正梳妆。相顾无言，惟有泪千行。料得年年肠断处，明月夜，短松冈。

再如清人纳兰容若的《青衫湿》：

青衫湿遍，凭伊慰我，忍便相忘。半月前头扶病，剪刀声、犹共银釭。忆生来小胆怯空房。到而今独伴梨花影，冷冥冥尽意凄凉。愿指魂兮识路，教寻梦也回廊。咫尺玉钩斜路，一般消受，蔓草斜阳。判把长眠滴醒，和清泪、搅入椒浆。怕幽泉还为我神伤。道书生薄命宜将息，再休耽，怨粉愁香。料得重圆密誓，难禁寸裂柔肠。

由于婚姻是遵"父母之命，媒妁之言"的产物，即使有和谐的婚姻，也是"举案齐眉，相敬如宾"，少有故事性可言，故婚姻生活题材比较薄弱，但仍然有一些婚姻题材的叙事性作品体现了恩德主题。魏晋南北朝时期的志怪小说就有歌颂夫妻之义的作品，如《搜神记》中的《韩凭夫妇》讴歌了不畏强暴、忠于婚姻的韩凭夫妇。"三言"中有以身相许报恩的故事，如：《喻世明言》卷五《穷马周遭际卖䭔媪》中，卖䭔媪对马周有收留、引荐之恩，马周在发迹后不顾对方的低下地位和寡妇身份，毅然娶其为妻作为报答。《醒世恒言》卷三《卖油郎独占花魁》中，为了报答秦重的关爱之情和救助之恩，莘瑶琴不顾其家境贫寒，毅然嫁给了他。这里体现的不是现代的爱情，而是婚姻关系的恩德内涵。

戏曲中也有夫妻情义的主题。《永乐大典》收录的戏文《张协状元》，写张协中状元后忘恩负义、抛弃前妻，后迫于情势复合的故事，表现了"糟糠之妻不下堂"的夫妻之义，而这个义并不是以爱为前提的，是一种伦理规范。明代戏曲《琵琶记》写蔡伯喈中状元后，被逼入赘宰相家，不得与妻子团圆、尽孝父母，后历经坎坷终于团圆，并且被皇帝旌表。这个故事也表达了对夫妻之义和孝道的宣扬。《荆钗记》《白兔记》《拜月亭》写夫妻离散，屡遭磨难，终于团圆的故事，彰显了夫妻情义。这些剧目并不强调夫妻的爱情，而是强调夫妻间的责任、名分，就是夫妻之间的恩义，即使尤爱，也要遵守夫妻之义。

此外，还有许多故事是受恩者与恩人结成儿女亲家，以此报恩。这些故事彰显了婚姻不是基于爱情，而是恩情。《儿女英雄传》的主要情节围绕报恩展开：十三妹搭救安公子与张金凤，于是二人就设计报恩，最后将十三妹嫁与安骥，婚姻圆满。后来，十三妹也知恩图报，激励安骥苦读，后中探花。还有一些鬼狐化身为美女报恩的故事，也体现出了婚姻关系中的恩德，如《聊斋志异》中就多有此类故事。在《花姑子》中，安幼舆五年前放生猎獐，其女深感救父之恩，为其献身生子，而且不顾"业行已损其七"、百年不得飞仙的代价，救活恩主。《王成》等是写报恩许婚的故事。元杂剧《洞庭湖柳毅传书》也是婚姻报恩主题。在《山神庙裴度还带》中，裴度捡到了琼英救父的玉带，使得琼英的父亲得救。琼英的母亲为报恩将琼英许给裴度，裴度考中状元，与琼英完婚。还有许多类似许婚报恩的故事。一些民间故事和取材于民间的戏曲也体现了婚配的恩德主题。如经过改编的黄梅戏《天仙配》，原来是东汉董永遇仙的故事，元代编成杂剧，明代以后出现多种剧本。该故事原本写书生董永卖身葬父，孝行感天，玉帝命七仙女下凡与其结为百日夫妻。七仙女凭劳作成果为董永赎身后，告知实情，并赠送宝物给董永，重返天庭。董永进贡七仙女所赠之宝而得官，归途遇七仙女送子下凡。后董永娶傅员外之女为妻。这里的夫妻之义是为了报偿孝道，而夫妻之爱是附属性的。

从反面书写夫妻恩德主题即描写违背夫妇之德受到惩罚的作品较多。"三言""二拍"中的一些作品，描写了违背夫德、忘恩负义而受到惩罚的故事。如《金玉奴棒打薄情郎》借金玉奴之手惩罚了负心薄幸的莫稽。还有根据明代《包公案百家公案》和《三侠五义》及其续书《续七侠五义》改编的戏曲《铡美案》，写了陈世美背弃夫妻之义被惩处的故事。这个故事几乎家喻户晓，陈世美成为负心汉的代名词。还有很多惩罚淫夫淫妇的故事，如《水浒传》中的宋江杀阎婆惜、武松杀潘金莲、西门庆，石秀杀潘巧云、裴如海等，都是杀淫夫淫妇的。这里谴责的主要不是对爱的背叛，而是对夫妻责任的背叛。

直接体现兄弟之恩情（悌）主题的作品，相对于社会题材中的结义兄弟故事，就显得薄弱了。其原因也是兄友弟恭的关系束缚了真实的人情，也很难形成文学故事。当然也有少量作品体现了这个主题，如明代戏曲《杀狗记》，写因奸人挑拨，兄弟失和，最终得释前嫌而和好的故事，宣扬了兄弟情义。

社会伦理规范着家族以外的社会领域中人与人的关系。在传统社会中社会伦理仿照家族伦理，人与人之间负有了施恩和报恩的责任。一般把这种类似于孝悌的社会伦理范畴称为义。在中国，由于商品经济不发达，在家族与国家中间，没有形成独立的社会领域，社会领域不发达，依附于家族或者国家，其边界也比较模糊。传统社会有两种形态，一是乡土社会，一是江湖社会。乡土社会是在地理上接近、由若干家族组成的共同体，其间的人际关系是家族关系的扩大。另外一种是江湖社会，主要是由游民和社会边缘人群（无业者、流动职业者、僧道、妓女、盗贼流寇以及民间会社成员等）构成，其人际关系具有不固定性、偶然性。中国文学艺术在社会领域的恩德主题，主要体现为对侠义思想的宣扬。侠义主题可以分为侠和义两个具体的主题，它们有异也有同。同者在于，都是家族以外的社会伦理关系，是对他人的善行。异者在于，侠是江湖世界的伦理规范，侠的主体是体制外的独立个体，强调其自由意志，施恩不求报，有墨家文化的渊源；而义是主流社会的伦理规范，其主体是体制内的身份，强调其社会责任，多表现为朋友、师徒、乡里之间的施恩、报恩，属于儒家文化的范围。但二者之间也互相渗透，往往混杂在一起。

关于侠的主题，形成了侠客文学艺术。游士在战国时期兴起，是旧的贵族等级制度崩坏后，流落在社会边缘的人群。墨家群体为游士的源头，后来产生了依附于贵族大家的游士，游士继承了墨家的行侠仗义精神。《韩非子·八说》："弃官宠交谓之有侠"，"有侠者，官职旷也"。侠是体制外的身份，对庙堂秩序构成威胁、破坏。秦汉之际，形成了大一统的国家，而"侠以武犯禁"，遭到统治者的打压、禁止，游侠逐渐消失。但由于人们对社会正义的追求不能在体制内得到实现，故向往侠客和侠义精神，这种想象产生了侠客文学艺术。司马迁的《史记》有《游侠列传》，后来以此为范本，形成侠客文学艺术。诗歌也有歌颂侠义之风的，如李白的一些诗作，但侠义主题更多地体现在叙事性的文学艺术作品中。侠客文学艺术虚构了一个王法之外的江湖世界，描写侠客不受礼法约束，快意恩仇，除暴安良，施恩不求报，"事了拂衣去，深藏身与名"。这种源于墨家的思想对恩德主题有所偏离。如元杂剧《赵氏孤儿》写了程婴舍弃自己的儿子搭救被残杀的赵盾的后代，还有韩厥、公孙杵臼也为此奉献了性命。这个故事的思想内涵，不仅有儒家的社会正义，更有墨家的侠义精神。那些牺牲者与赵氏及其孤儿并无关系，只是打抱不平，为伸张正义而付出了自己的生命和后代。清代成书的《绿野仙踪》属于神怪奇幻小说，但具有侠客文学的特质。它书写社会黑暗，恶势力横行，而冷于冰修得法术，斩妖除魔，扶危济困，最后以侠义行为被上帝垂青，得道成仙。

侠客文学艺术也不可避免地受到主流文化的制约和影响，后期侠客文学艺术中的侠客角色也失去了独立性，而成为明君、忠臣的奴仆。这个时期侠客文学艺术的代表作有明代的《争春园》、清代的《绿牡丹》《永庆升平》《盛朝鼎盛万年青》《七剑十三侠》等。这些作品中的侠客虽然在体制之外，但都依托官府，为国为民除害。这些侠客文学艺术被主流文化同化，也变成了恩德主题的一种，如《施公案》《彭公案》和《三侠五义》及其续书，把侠客变成了体制内执法的衙役、捕快，其主题也成为一种报皇恩、官恩之义。

义在恩德文化中的本义是伦理责任，后来专门指民间所说的义气，即在家族之外的社会领域人际关系中的恩德规范，体现了朋友、师生、邻里之间的恩爱。义的主题多表现为朋友之间的情义，而在恩德文化中朋友是等同于兄弟的，彼此之间负有了施恩和报恩的责任。抒情文学中多有歌颂友情之作，表达了朋友之义，如著名的李白《赠汪伦》："李白乘舟将欲行，忽闻岸上踏歌声。桃花潭水深千尺，不及汪伦送我情。"叙事文学中多有义气主题。《聊斋志异》中的《田七郎》写了一个朋友之义的故事。贫穷猎户田七郎秉性正直，富家公子武承休羡慕其人品而欲与之结交，多有馈赠。田七郎拒绝接受。后田七郎因误伤人命而吃了官司，武承休出重金买通官府和苦主将他解救出来。后来，武承休因县官徇情枉法获罪。田七郎杀死了叛主的恶仆、武承休的仇家和徇情枉法的县官，也自刎而死。朋友之义的主题在"三言"中多有表现，如：《俞伯牙摔琴谢知音》中，俞伯牙摔琴以报钟子期知遇之恩。《羊角哀舍命全交》中，羊角哀为报左伯桃解衣并粮之恩，自杀以助兄斗鬼。在《三国演义》《水浒传》等作品中，主题（或主题之一）就是朋友之义。《三国演义》写了刘备对汉室之忠、诸葛亮对蜀汉之忠，这是忠的主题；同时也重点写了刘关张之间的义气。三国题材的戏曲也多歌颂忠义主题，如元杂剧《单刀会》（关汉卿作）歌颂了关羽的忠勇、义气。《水浒传》也有忠义主题，故有《忠义水浒传》之名。忠的主题表现为宋江等聚义梁山是为了"替天行道"，待机受招安，报效朝廷。而义的主题是写群雄聚义，互相依靠，同生共死。《水浒传》书写朋友之义比写对国家之忠要生动得多，而且水浒英雄归顺朝廷导致了悲剧结局，故主要体现为义的主题。《水浒传》的义主题体现了朋友之间的恩爱、情义，即所谓"有福同享，有难同当"，"不愿同年同月同日生，但愿同年同月同日死"。这些故事生动地体现了朋友之义的恩德本质。例如宋江对李逵有恩，李逵尊宋江为大哥，死心塌地追随宋江，随他上梁山，为他劫法场，跟他受招安；宋江被奸臣下毒，临死前为了不让李逵报仇造反，坏了自己的名声，给李逵服毒，李逵知情后，竟然甘愿与大哥同死。这里体现了朋友之间的恩德带有支配性和依附性。

国家政治领域的恩德主题体现为忠君爱民思想。中国抒情性文学艺术中也有忧国忧民的主题，《离骚》就表达了屈原对故国、君王的眷恋和忧思。历代诗人多有忧国忧民的诗作，即所谓"居庙堂之高则忧其民，处江湖之远则忧其君"。诗圣杜甫在安史之乱中，写了许多忧国忧民的诗篇，著名的有"三吏""三别"等。爱国词人辛弃疾的词作也体现了以身许国的豪情壮志。其他一些感怀身世的诗词也多抒发怀才不遇、报国无门的愤懑哀思。叙事文学艺术中的恩德主题有几个具体的类型。其一是忠奸斗争题材，塑造舍生取义的忠臣形象。忠臣爱国救民，而奸臣误国害民，他们的斗争体现了善恶的对立。值得注意的是，这些故事中君主往往是比较昏聩的，结局也多有悲剧性。这个题材的代表作有元代戏曲《东窗事犯》，写奸臣秦桧陷害爱国将领岳飞的故事，谴责了奸臣误国的罪行；还有歌颂清官忠臣海瑞的《海公大红袍全传》等。明清之际李玉的戏曲作品《清忠谱》，取材于明末苏州市民反抗阉党的事迹。该剧讴歌了坚守正义、反抗奸党的忠臣周顺昌以及众多市民的形象，宣扬了为国为民献身的忠义精神。其二是忠臣良将报国题材，写抵抗敌国的斗争，塑造爱国英雄形象，其间往往也交织了忠奸斗争。典范如《杨家府演义》《说岳全传》等，写杨家将满门忠烈和岳飞精忠报国的故事，其间也杂有忠奸斗争故事，也是家喻户晓。元代戏曲《牧羊记》写苏武牧羊的故事，歌颂了对国家的忠诚。其三是清官爱民题材，写清官惩治贪官、为民除害的故事，也往往表现了社会的黑暗不公，如歌颂包公的《龙图公案》《蝴蝶梦》《鲁斋郎》及众多的包公戏，写包公不畏权贵，敢于拿触犯国法的皇亲国戚开刀问斩。这里很少正面表现君主对臣民的慈爱和恩惠，主要写臣民的忠君爱国，说明了政治领域的恩德也是偏于报恩的，君主施恩往往是虚拟的。

《西游记》是神话小说，其主题多有争议。笔者认为，是写人的归化主题，也就是孙悟空接受了恩德教化，从化外之猴归化为人间角色，尽忠行义，最终成佛的过程。孙悟空是从石头中生出的石猴，这个身份的寓意是，非人类，也无父无母，没有社会关系，不遵伦理规范，是化外之"人"。他作为一个自然人的身份任意而行，占据花果山为王，到东海龙王处抢来镇海神针，下地狱涂掉生死簿，大闹天宫，打败天兵天将，逼玉皇大帝封"齐天大圣"，简直无法无天。孙悟空战败被压在五行山下，被唐僧救出，孙悟空感恩而拜唐僧为师，许以护送西天取经，建立了师徒之义。同时，孙悟空又人了佛门，要遵从佛祖旨意，行佛法，这是一种"忠"（实际上是世俗社会对帝王的忠的宗教化体现）。取经成功后，唐僧师徒都封了佛界神职，悟空被封了"斗战胜佛"，功德圆满。这体现了孙悟空被恩德教化，接受忠义，从化外之猴转化为化内之人的过程。

文学艺术多重主题的冲突，是恩德文化的差等性导致的。恩德文化以家族伦理推广为社会伦理、政治伦理，而恩爱也由孝推广为义和忠，其间就产生了"差序格局"，也就是由恩的大小决定的亲疏远近关系。文学艺术所展现的社会生活，必然涉及家庭、社会和国家领域，也必然体现家族伦理、社会伦理和政治伦理。文学艺术故事中往往交织着多个领域的恩德规范，因此其思想线索也往往是多元复合的，包括孝悌、侠义、忠良等主题。这些主题之间往往发生矛盾，从而就产生了文学艺术多重主题之间的冲突。

首先是家族伦理内部的冲突，也就是家族成员之间不同恩德的冲突。家族伦理包括父母与子女之间的关系，其伦理范畴是孝；兄弟姊妹之间的关系，其伦理范畴是悌；夫妻关系，其伦理范畴是贞节。由于家长制，家族伦理以孝为首要范畴，孔子说："夫孝，德之本也，教之所由生也。"（《孝经·开宗明义章》），这就是说父母与子女的关系是基本的、首要的，制约和规定着其他家族关系。这些家族关系和伦理范畴之间也必然产生矛盾，如中国家庭中普遍存在的婆媳矛盾，隐含着夫妻关系与父母关系的冲突。在文学主题中，这种矛盾也体现出来。典型的是长篇叙事诗《孔雀东南飞》，就体现了夫妻恩爱与对母亲的孝的冲突。诗歌讲述了焦仲卿、刘兰芝夫妇恩爱有加，但由于婆婆不喜欢刘兰芝，逼迫儿子休妻，儿子被迫听从。休妻后，刘兰芝投水自尽，焦仲卿也上吊身亡。按照恩德文化观念，孝大于夫妻之恩爱，儿子必须为孝牺牲自己的夫妻情义。但夫妻恩爱是真挚的，这种牺牲是不合理的，也是难以承受的；而焦仲卿也以自尽表达了对孝道的抗议。这个故事说明了家族中恩德的不合理性。

其次是家国之间的冲突在文学艺术主题中的显现。恩德文化以家族伦理为基础，社会伦理和政治伦理是其推广形式，因此家族伦理在逻辑上先于、重于社会、政治伦理，此即"百善孝为先"。但在国家领域，君主是更大的君父，并且握有强权，于是"国恩""君恩"就事实上高于"家恩"。家与国的责任、伦理有时一致，有时又会发生冲突。在先秦，没有形成大一统的国家，家国一体，故儒家重孝道，为了尽孝可以不尽忠。秦以后，大一统形成，家国一体分离，国就重于家，强调"移孝作忠"。文学作品也体现了这个矛盾。例如"伍子胥报楚王仇"，就是以报家仇（建立在报家恩的基础上）废弃对国家君主的报恩责任（以楚王不仁为前提）。但在后来，随着君权的加强，就不肯定这种行为了，对国家、君主的报恩具有了绝对性。当然，忠孝两全是理想的主题，如《四郎探母》体现了家恩与国恩的矛盾，杨四郎被辽国俘虏召为驸马，思念母亲而无法探亲，忠孝皆不得，后来两国和好，终于成行，忠孝两全。

最后，社会伦理与政治伦理之间也会发生矛盾，这就是社会领域的恩德与国家领域的恩德的冲突。这种社会伦理与政治伦理的矛盾在文学艺术中也有体现，就是忠义之间的冲突。忠义往往是一体的，如《三国演义》中的刘、关、张关系，既是兄弟之义，也是君臣之忠。但是，忠义之间也有区别甚至冲突，如《西游记》的主题交织着忠与义，孙悟空为了取经，降妖驱魔，是对于佛祖的"忠"（这是世俗忠君的宗教体现）；他保护师父、爱敬师父，又是"义"，这里忠、义是一体化的，孙悟空就是在忠和义的双重伦理责任之下一路前行的。但从艺术描写上看，义胜于忠，孙悟空对师父的爱和敬主导了其行为，才一路上与妖魔斗争，保护师父。在"三打白骨精"中，师父误会悟空杀人，将其逐出佛门，断绝师徒关系，孙悟空不禁洒泪而别；回到花果山后，听到师父有难，就立刻前往解救，并且归队，体现出悟空对师父的情义。但对于佛祖或是玉帝等统治者，悟空并无敬爱之心，也小有违抗、调侃，只是迫于其威势、权力，不得不敬奉而已。这表明忠的主题是虚写的，而义的主题是实写的。

《三国演义》中的忠义之间基本统一，如刘、关、张的结义与匡扶汉室（忠）的政治目标是一致的；刘备与关羽、张飞既是兄弟关系，也是君臣关系。但是，忠与义也有矛盾，如关羽被曹操俘虏后，得到曹操厚待，最后放还，这是朋友之恩。后来曹操赤壁大战败北，被关羽截在华容道上，性命将不保，但出于报恩，关羽放了曹操。这就是取朋友之义（对曹操的报恩）而背国家之忠（对蜀汉的忠）。刘备与关羽是结义兄弟，情同手足；同时也是君臣关系，这种忠、义关系由于关羽的死而发生冲突。关羽被杀，刘备为了报兄弟之仇，不顾国家利益，兴兵伐吴，导致兵败身死，也是取朋友之义而背国家之忠。可以看出，在忠义矛盾中，《三国演义》认为义要服从于忠、忠是高于义的，不赞成以朋友之义压倒国家之忠。但是同时，也肯定义合乎人情，如对关羽释放曹操的义举，仍然是正面描写的，体现了关羽的高尚品德，这种描写体现了忠义关系的二律背反。

《水浒传》从另一个角度展示了忠义矛盾，通过忠对义的否定和义对忠的牺牲的描写，有肯定义的倾向，对于忠则有所否定。本来群雄聚义，是为了替天行道，即义是为了忠，但梁山聚义本身，还是由于君主重用奸臣。天下无道，逼上梁山，故义的合理性不在于忠，而在义自身。作品写梁山弟兄的义气，体现出兄弟友爱，这已经打破了招安的合理性。由于忠高于义，故宋江接受了招安，但招安后为朝廷征方腊，却导致结义兄弟死的死、残的残，流亡的流亡，出家的出家，多不得善终；宋江自己也被奸臣毒死，造成了悲剧结局。特别是宋江临死前毒死李逵，更表明了宋江弃义而就忠的悲剧性。这个结局表明了个体情义与国家责任之间的冲突。小说虽然宣扬忠义，但人物的悲剧命运却导致了对义的肯定和对忠的否定。

三 文学艺术对恩德主题的突破

中国文化把人置于无所不在的恩德体系之中，导致个体的独立性被取消，人成为施恩或报恩的主体和对象。恩德的实践，往往需要人牺牲自己的权利和自由，孝就要求为长者奉献，义就要求为他人奉献，忠就要求为君主奉献。这种牺牲正是恩德主题的体现。但恩德文化对人的压制，必然引起反抗，而文学艺术具有审美超越性，表达了这种反抗性，从而导致了对恩德主题的反拨。

恩德对人的牺牲首先是对感性的压制。恩德是理性（恩义）主导的，强调人际关系的道德属性，这对人的感性欲望是一种压制，此即所谓"以理制欲"。但理性的压制必然带来感性的反抗，这种反抗也体现在文学艺术之中。性欲是人的最强烈的欲望，但中国文化对于性欲只是有限的肯定，而有所限制，提出了"以理节情"的规范。恩德文化一方面说"食色性也"，同时又把欲望置于理性之下，所谓"发乎情，止乎礼义"。这个礼义就是恩德规范，不可逾越。宋明道学更提出"存天理，灭人欲"，走到了以理灭欲的极端。中国文学艺术往往通过欲望书写，解构恩德主题，实际上是把人际关系特别是男女关系还原为欲望关系。它一方面反对诲淫诲盗，另一方面也难以根除欲望书写，因为欲望毕竟存在于深层心理结构之中，愈压迫、禁止，就会愈加强烈地表现出来。这样，一些作品就会产生明暗两个主题，一个是表面上符合理性的道德主题，一个是潜在的违背理性的欲望主题。道德主题虽然冠冕堂皇，但缺乏人性的内涵，没有吸引力；而欲望主题虽然不登大雅，但却符合人性，而富有吸引力。早期诗歌如《诗经》以及后世的民歌，多不避感性，有一些赤裸裸的欲望书写。传统社会末期，欲望膨胀，冲破伦理束缚，文学艺术作品中也体现出欲望主题。在明清小说中，有些作品力图以报恩为名使得欲望合法化，如《喻世明言》中的《闲云庵阮三偿冤债》，写闺阁小姐陈玉兰向阮三郎报恩酬情，《众名妓春风吊柳七》写名妓谢玉英向词人柳永报恩酬情；《警世通言》中的《钱舍人题诗燕子楼》，写歌妓关盼盼向礼部尚书张建封报恩酬情；《醒世恒言》中的《卖油郎独占花魁》，写花魁娘子莘瑶琴向卖油郎秦重报恩酬情。这些故事虽然符合了报恩伦理，但不符合正统的男女关系规范，在实际上已经以报恩为由把欲望合法化了。还有不少故事不加掩饰地描写狎狭、冶游，更直接越出了礼教规范。还有一些故事，写善良的妖魅化身美女，与男人发生性爱的故事，如《聊斋志异》中就有许多这样的故事。这些故事本来是违反伦理的，属于宣淫，但由于女主角非为人类，就避免了直接触犯道德规范，而满足了读者的感性欲望。还有才子佳人小说，往往写郎才女貌，因缘巧合而成良缘，实际上是在礼教框架内，满足人的潜在的性爱欲望，因此也属于欲望主题。这个类型的小说有《玉娇梨》《平山冷燕》《好逑传》《金云翘传》《定情人》，还有《雪月梅传》《驻春园小史》《铁花仙史》等。

一些作品以道德主题掩饰欲望主题。最著名的是《金瓶梅》的欲望书写。表面上该书具有道德主题，作者开宗明义写了抨击"酒色财气"的《四贪词》，劝诫世人遵守道德；该书对西门庆纵欲身亡的描写，也似乎意在暴露和批判淫邪行为，提倡贞洁自律，但其绘声绘色的性爱描写，却透露出作者的真实趣味所在，就是渲染性放纵的快乐。该书之所以难以禁绝，也在于其巨大的感性魅力，带来了假想的性的满足。感性的快乐冲破了书中的道德教化，从而也就解构了道德主题。西门庆与潘金莲等人的淫乱，完全违反了夫妻恩义，欲望冲破了恩德，形成了一个隐性的欲望主题。类似作品还有"三言""二拍"等作品，其中一些故事津津乐道地描写不伦的性爱故事，末尾再予以谴责，而且多以恶报结尾。但这些理性批判不能掩盖其感性吸引力，反而被其解构。更有甚者，几乎完全抛开理性，赤裸裸地进行欲望书写，如《绣榻野史》以及《品花宝鉴》《花月痕》《青楼梦》等诲淫诲盗的色情文学作品，都是以欲望主题来解构恩德主题的。

由于明代商品经济发展，市民阶层形成，伦理观念也有所改变，体现在两性关系方面，就是对性爱的宽容和对贞节规范的突破。《喻世明言》

中的《蒋兴哥重会珍珠衫》，写蒋兴哥对出轨的妻子的宽容，离婚后复合的故事。这个故事没有把王三巧写作潘金莲一类的人物，而是作为正面人物予以理解、同情；蒋兴哥也宽容大度，不忘旧情，最终夫妻团圆。这就一定程度上宽容了婚外情，破除了夫妇恩德的禁忌。

其次是文学艺术的社会批判主题否定了恩德文化。尽管恩德文化是主流，统治了人们的思想，恩德也成为文学的基本主题，但由于恩德文化本身的缺陷，以及社会生活的溃败，人们会自觉不自觉地在文学艺术中揭露、抨击社会的黑暗和道德的沦丧，从而产生了社会批判主题。这些文学作品通过社会批判，也暴露了恩德文化的虚假和不人道，从而否定了恩德文化。宋元话本小说中就多有抨击社会黑暗的作品，如《错斩崔宁》《简帖和尚》《宋四公大闹禁魂张》等。元杂剧《窦娥冤》（关汉卿作）也暴露了社会黑暗和司法不公。还有许多作品也采取了社会批判的立场和主题，如"三言""二拍"、《聊斋志异》《镜花缘》等都有揭露和批判社会黑暗、人性堕落的内容。《聊斋志异》中的《促织》《席方平》《红玉》《商三官》《向杲》等篇书写了世间的黑暗和主角的反抗，多以悲剧结尾，从而揭穿了传统价值的虚伪。典范性的具有社会批判主题的作品是《儒林外史》，该书深刻地批判了科举制度对士人的束缚、腐蚀，对士林的腐败作了揭露，例如周进、范进等的仕途悲剧，遽駪夫、匡超人、马二先生等人格的毁灭，还有娄四、杜慎卿等假名士的沽名钓誉，从而否定了所谓报国恩、君恩的仕进之路的合理性，揭露了恩德文化的虚假性。此外，该书还揭露了恩德文化"以理杀人"的本性，如鼓励女儿殉夫的王玉辉，就是中了贞节观念的毒，而丧失了亲情、人性。

以理想化的乌托邦世界对抗现实世界的作品，也体现了对恩德文化的消极反抗。陶渊明的《桃花源记》以及《搜神后记》中的《桃花源》《韶舞》《袁相根硕》《穴中仙馆》和《幽明录》中的《刘晨阮肇》《黄原》等，写了超然世外，没有王法管制的世外桃源，表达了对恩德文化特别是恩德政治的逃避心态。

再次，还有一些发兴亡感慨的史诗性的作品，体现了对国家、民族命运的思考，也溢出了忠的主题，如《三国演义》以及孔尚任的戏剧《桃花扇》。这些作品一方面表达了对国家的忠诚，也通过国家兴亡、朝代更替的描写和思考，表达了深邃的历史意识。《三国演义》的主题体现了天命与人事的矛盾。按照传统观念，国家的命运是由天命决定的，而天命体现为民心，即所谓"天视自我民视，天听自我民听"，因此忠君爱民就是天道的体现。按照正统历史观，得人心者得天下，但在《三国演义》

中，虽然以君明臣忠的蜀汉政权为正统，但最后的结局却是蜀国、吴国失败，曹魏一统天下，最后政权归于司马氏。这个结局就否定了有德者得天下的概念，体现了天命无常思想，从而否定了恩德文化的合法性。《桃花扇》描写了朝代的更替，通过兴亡之思，表达了对家国命运的思考，"眼看他起朱楼，眼看他宴宾客，眼看他楼塌了"（《桃花扇》），其中包含着对忠君、爱国的怀疑和失望。

最后是文学艺术的审美意义对恩德主题的超越和批判。恩德建立在恩情、恩爱的基础上，但恩爱并不是纯粹的爱，而在一定程度上扭曲了爱；恩义作为伦理责任束缚、压抑了爱的感情。人不是伦理性的实体，而是追求自由的生物，有爱的要求。他虽然不得不依存于社会关系和伦理体系之中，但这种不可遏制的自由和爱的要求一定会表现出来；它在现实中难以实现，但在文学艺术中得以伸张。文学艺术不仅有现实层面，也有审美层面。文学艺术的现实层面体现着特定的伦理观念，因此中国文学有恩德主题。同时，文学艺术的审美层面体现着自由和爱的要求，它超越意识形态，突破恩德主题，恢复了人的自由天性。中国文学艺术虽然以恩德主题为主导，但优秀的作品仍然突破恩德主题，体现了审美价值也就是人的价值。这样，就在恩德主题之外，产生了超越恩德的审美主题。审美主题多以纯真的爱来冲破恩德，体现着人性的光辉。它区别于欲望书写，不是回到感性欲望，而是升华为超理性的自由精神。

一些带有神话色彩的志怪小说，以超现实的笔法，书写了爱情主题，表达了对自由的爱的向往和对恩德文化的反抗。魏晋南北朝志怪小说中写了人神、人鬼之爱，这种爱恋不受礼法约束，体现了自由的理想，如《搜神记》中的《紫玉韩重》《天上玉女》等；《幽明录》中的《卖胡粉女子》《庞阿》等。唐代和宋金元的志怪小说中也有爱情主题的作品，如沈既济的《任氏传》、陈玄佑的《离魂记》、李朝威的《柳毅传》等带有神话色彩的爱情主题作品。《聊斋志异》继承和发展了志怪传统，写了许多爱情主题的作品，其中《阿宝》《连城》《瑞云》《乔女》《白秋练》《连琐》《晚霞》《婴宁》《小翠》《狐谐》等讴歌了人鬼、人狐之间的美好爱情，描写了一些善良、热情的女性形象，突破了恩德文化中的女德桎梏。

传奇小说也以浪漫的精神书写了爱情主题，突破了礼法限制。唐传奇中的爱情主题比较突出，如蒋防的《霍小玉传》、白行简的《李娃传》、元稹的《莺莺传》等；宋传奇中的《娇红记》写自由的爱情追求与现实的冲突所造成的悲剧。明代传奇中爱情题材作品大大增多，这些作品都讴歌了大胆、热烈、执着的爱情，突破了礼教的束缚。

话本小说源自民间，更大胆地突出了爱情主题。宋元话本小说《碾玉观音》《闹樊楼多情周胜仙》等书写了自主爱情的悲剧；《快嘴李翠莲记》写了个性鲜明的女子与家庭礼教的冲突产生的悲剧。明代的"三言""二拍"体现了市民阶层的爱情观，进一步打破了传统礼教。如"三言"中的《卖油郎独占花魁》《玉堂春落难逢夫》《宋小官团圆破毡笠》《宿香亭张浩遇莺莺》等；"二拍"中的《通闺闼坚心灯火》《李将军错认舅》《莽儿郎惊散新莺燕》等，都写了违背父母之命、私定终身的爱情。此外，还有《杜十娘怒沉百宝箱》，描写了妓女杜十娘追求爱情受骗的悲剧，也讴歌了杜十娘的刚烈、坚贞的品格。

诗词、戏曲也多有爱情主题。唐代白居易的《长恨歌》和元杂剧《梧桐雨》（白朴作）以及清朝的《长生殿》（洪昇作）出自同一题材，都有双重主题，即一个是爱情主题，一个是"忠"的主题。爱情主题是对唐明皇与杨贵妃之间爱情的讴歌："上穷碧落下黄泉，两处茫茫皆不见"，"在天愿做比翼鸟，在地愿为连理枝"。这种爱其情感真挚令人同情，其悲剧结局令人惋惜。忠的主题强调了君主负有的国家责任：描写了因为贪恋杨玉环美色，"从此君王不早朝"，谴责了唐明皇因私情误国误民的昏聩行为。这种互相矛盾的主题，体现了恩德政治规范（国家责任）与爱的冲突，而真挚的爱情超越了国家责任，获得了人们的同情。元杂剧《西厢记》（王实甫作）也写了张君瑞与崔莺莺的自由恋爱的故事。他们一见钟情，逾墙幽会，私定终身，没有"父母之命，媒妁之言"，违背伦理，不具有合法性，于是作者就以另外一种恩德为其开脱，建立合法性，这就是张生救了崔莺莺一家，对崔家有恩，而且获得了许婚的诺言。但这个理由仍然不够，于是又有了高中状元，奉旨完婚的情节，从而弥补了私通的道德缺失，具有了充分的合法性。由于用了这些曲笔，该剧表达了对男女自由结合的肯定和讴歌，从而破除了恩德主题，而建立了爱和自由的主题。此外，元杂剧《墙头马上》（白朴作）也正面描写了"淫奔"故事，讴歌了爱情的真挚，突破了传统礼法道德。《倩女离魂》（郑光祖作）写痴心女鬼魂与心上人"私奔"，终于还魂成亲的故事，歌颂了对爱情的执着。汤显祖的《牡丹亭》，写杜丽娘的爱情觉醒，与柳梦梅梦中相恋，死而复生，最终团圆的故事，讴歌了真挚的爱情。昆曲《牡丹亭》也描写了因爱而复仇的故事，表达了爱情的觉醒。明代高濂的戏曲作品《玉簪记》写乱世中书生潘必正与尼姑陈妙常自行结合，最终潘复试得官，迎娶陈妙常。孟称舜的《娇红记》写王娇娘与"同心子"申纯正相爱，双双殉情的故事，堪称中国的"罗密欧与朱丽叶"。还有清代黄图珌的《雷峰塔》，写蛇精白娘子化身为人与许宣相恋，后被法海识破，把白娘子镇压在雷峰塔下，许宣削发为僧。这个故事体现了情与法理的冲突，法海代表的法理摧毁了爱情，但该作品肯定了爱情，而否定了法理。

具有审美主题的典范性著作是《红楼梦》。《红楼梦》的主题不是传统文学的恩德，而是自由和爱，因此鲁迅才说："自有《红楼梦》出来以后，传统的思想和写法都打破了。"《红楼梦》也写了恩德，如贾母对宝玉、黛玉的疼爱，贾政对宝玉的严厉管束也是出于恩爱。在这种恩爱的笼罩下，为了报恩，宝玉就承担了对家族尽孝的责任，背负着这种责任，他就应该走"仕途经济"之路，听从家长安排婚姻等。但作者并不认同这个恩德，而是描写了与此相背离的真爱和自由追求。作品揭示出，恰恰是这种父母长辈的恩爱，葬送了宝玉的幸福和黛玉的生命。宝玉出自自由和爱的天性，不满足于家族给予的富贵生活，也不接受长辈安排的仕进之路和金玉良缘，而是追求自由的人生和真实的爱情，为此背弃父母之恩、孝顺之义也在所不惜。所以《红楼梦》树立了一个空前的主题，就是自由和爱的主题。这个主题完全背离了恩德主题。表面上看，曹雪芹写了三个线索，一个是宝黛爱情的线索，一个是大观园女性命运的线索，一个是大家族兴衰的线索，三个线索构成了一个社会人生的大悲剧。一是爱情追求与家族责任的冲突导致的悲剧：宝玉不顾一切地爱上了黛玉，但黛玉不符合传统的贤妻良母的标准，因此爱情不能实现，所以黛玉含恨而亡，而宝玉出家。二是恩德文化下女性命运的悲剧。大观园女性虽然各个花容玉貌，心地纯洁，是"水做的骨肉"，但在传统社会和恩德文化之下，只能以身报家族之恩，于是众芳零落，成为宗法礼教的牺牲品。这个悲剧体现了作者对被压迫女性的同情，谴责了男尊女卑、三从四德的礼法。三是恩德文化下大家族的命运悲剧。荣宁二府虽然依靠元妃带来的皇恩鼎盛一时，但最后仍然因腐化而败落，因失宠而被抄家，由此揭示了恩德政治的虚伪、腐朽和传统社会的黑暗、没落。总之，小说书写了传统社会末世的新人的追求和悲剧，表明了对传统人生道路的批判。"好一似食尽鸟投林，落了片白茫茫大地真干净"，这个以佛学的"空"概括的人生悲剧，表达了作者的悲悯之情，这是一种大爱的主题。总之，《红楼梦》书写了自由和爱的追求与恩德文化的冲突，最彻底而决绝地确立了自由和爱的主题。

第三节　恩德文化中的诗学思想

　　诗学是西方古典的语言艺术理论，中国古代也产生了诗学，它发源于礼乐文化，以《诗大序》《乐记》为源头，以《文心雕龙》为完备的体系，直至传统社会末期，产生了一系列论著。中国诗学与西方诗学有一个根本的不同，西方诗学与美学分立，美学是形而上的哲学思辨，诗学是形而下的实证研究；而中国美学与诗学一体化，诗学发达，美学没有形成独立学科，美学思想寓于诗学中。中国诗学思想具有两重性，一方面具有了社会现实性，符合了恩德文化；另一方面具有了审美超越性，突破了恩德文化的局限。

一　诗学思想与恩德文化的契合

　　中国艺术发端于礼乐文化，中国诗学也是在礼乐文化解体后产生的。在周礼中，礼乐一体，音乐、诗歌、舞蹈都从属于礼，是礼的仪式。"子曰：……言而履之，礼也。行而乐之，乐也。"（《礼记·仲尼燕居》）这就确认了艺术（乐）从属于礼，是为礼服务的。春秋战国时期，礼崩乐坏，乐演化为早期艺术，儒家要重建礼乐文化，就要对艺术的性质作理论的思考，从而产生了诗学。中国诗学的建构也是一个历史过程，其早期形态带有修辞学的性质。在古希腊的早期公民社会中，出于政治演说、诉讼演说和典礼演说的需要，产生了修辞学。修辞的宗旨在于发挥语言的技巧说服对方，修辞学就是关于说服的方式和技巧的学说。古希腊的修辞学与诗学分立，诗学是关于诗艺的理论，而修辞学是关于语言的社会运用的学问。中国没有形成公民社会，也没有产生像古希腊那样的对于演说、论辩的需要，因此虽然也有关于语言运用的方式、技巧的论说，但只是一些只言片语，没有形成独立的修辞学理论。中国也有关于语言的技巧和运用的理论，只不过它不是产生于社会辩论的领域，而是产生于诗学领域；不是关于说服的技巧、方式的理论，而是关于发挥诗歌的交际功能的理论。这就是说，中国的诗学具有了修辞学的性质，但这个修辞功能不是发挥语言的论辩、说服作用，而是发挥语言促进人伦和睦的伦理作用。中国的修辞学是诗学的早期阶段，主要发生在春秋时期，而秦以后的诗学就越过了修辞学阶段，进入了诗学的伦理学阶段。在西周时期，礼乐文化形成，这是一种早期国家文化礼仪，是一种宗教、政治、伦理、艺术未分化的文化形态。这个时期，对艺术的自觉还没有形成，诗学还没有发生。在春秋时期，礼乐文化开始瓦解，宗教、政治、伦理、艺术开始有了初步的分化。这个时期，儒家代表的士阶层主张恢复礼乐文化，发挥礼乐文化的和睦人伦的作用，于是就有了对礼乐文化的研究，这种研究就产生了诗学。最初的诗学形态带有修辞学性质，就是研究如何利用诗，实现其交际功能。春秋时期还要遵从周礼，诸侯、贵族之间交际讲求礼节，不仅要用"雅文"，在饮宴中还要赋诗言志。所以，中国诗学起始于对《诗经》的研究，偏重于修辞学，包括对诗的技巧和功能的研究，如"赋比兴"就是对《诗经》修辞手法的总结。早期诗学注重语言的交际性、艺术性和动情性，而与西方修辞学注重论辩性、逻辑性、理性不同。孔子说："不学诗，无以言。""言之无文，行而不远"就是说诗具有交际功能，带有修辞学性质。春秋以后，随着历史发展，贵族社会转化为平民社会，赋诗言志的交际活动不复存在，而且诗歌等艺术独立于现实生活领域，成为个体抒情的手段，因此诗的交际功能趋于消失，只在中国诗歌独有的唱和形式中，保留了个体之间的交际功能。因此，随着恩德文化的建立，秦以后诗学的修辞学功能转化为伦理学功能，它主张艺术为恩德文化服务，艺术成为恩德教化的特殊手段。孔子认为诗"可以兴、可以观、可以群、可以怨"，重点是讲诗歌的和谐人伦的伦理功能，也包括交际功能即"可以群"，这表明了诗学从修辞学阶段向伦理学阶段的过渡。

儒家诗学认为艺术是道德的象征。《乐记》云："故酒食者所以合欢也，乐者所以象德也，礼者所以缀淫也。"说艺术"象德"，就是说艺术是道德的表征。孟子说"充实之谓美，充实而辉光之谓大"，都是把美、艺术道德化。儒家追求的理想人生是道德的，也是审美的，是道德与审美的统一，所以孔子才讲："兴于诗，立于礼，成于乐。"在这一叙述中，艺术并不独立于生活，而是生活的一部分，并且贯穿于生活的各个环节中，成为人格的自我塑造过程：诗培育情感，礼确立规范，乐使人格得以完成。《文心雕龙》建立了"文以明道"的艺术观，对艺术作了根本性的定性。它提出"道沿圣以垂文，圣因文而明道"，这个道是天道，也是伦理本体，由此艺术具有了伦理本质。

中国诗学强调艺术和睦人际关系的伦理学功能，从而巩固了恩德文化。《诗大序》云："故正得失，动天地，感鬼神，莫近于诗。先王以是经夫妇，成孝敬，厚人伦，美教化，移风俗。"《乐记》指出："礼乐返人道之正"，"乐也者……可以善民心，其感人深，其移风易俗，故先王著其教焉"。"德成而上，艺成而下。""乐也者施也，礼也者报也。乐，乐其所自生；而礼，反其所自始。乐章德，礼报情，反始也。"艺术以其情感性成为一种培养恩情的养成手段："是故乐在宗庙之中，君臣上下同听之，则莫不和敬；在族长乡里之中，长幼同听之，则莫不和顺；在闺门之内，父子兄弟同听之，则莫不和亲。故乐者，审一以定和，比物以饰节，节奏合以成文。所以合和这里就说通过父子君臣，附亲万民也，是先王立乐之方也。"（《乐记》）这里说乐可以和睦人群，就是培育恩情，艺术要培养恩德情感。

与西方诗学与美学分立不同，中国诗学包含着美学，或者说中国美学诗学化。中国诗学具有伦理性，与恩德文化一致，同时也包含着美学思想，对恩德文化有所突破。

二 诗学的情本体思想对恩德文化的冲击

中国诗学是主情的，提出了情本体论的艺术本质观，从而突破了恩德文化以恩义主导恩情的桎梏，使得情感获得了解放。在恩德文化中，恩情与恩义组合成恩德，但恩义（理）主导恩情。先秦即有"发乎情，止乎礼义"，"以理节情"之说，宋明道学建立了理本体，提出了"存天理，灭人欲"的主张。这种思想以理性压抑了感性，限制了人的自由。但中国的诗学理论是主情的，认为情感是艺术的本质，进而建立了情本体论诗学。中国诗学与西方诗学不同，不是基于认识论，不讲模仿现实、反映现实，而是基于价值论，讲表现情感。儒家重情，情理一体化，认为艺术是情的表现。道家讲真，审美是归真，这个真不是认识论的真，而是本性的真、价值论的真，因此情也是自然之情。道家讲无情，但主要是指排除世俗之情，而保留自然之情，因为自然天性中就包括情。中国诗学认为艺术的本质不是认识现实、再现现实，而是情感与世界的会通，是以情体道。在西方，直到康德才把艺术划入情感领域，而中国古代诗学更早地体认到了这一点。

"诗言志"是最初的艺术本质观，兴情论是由言志说演化而来的。这里的志，还没有发生情与理的分化，二者融合在一起。由于诗歌等艺术天然地偏向于情感，因此言志说就倾向于表情说。在先秦，兴是一种诗歌的写作手法，故有"赋、比、兴"之说。同时，兴还是一种诗性的生活体验，可以使人超离世俗生活。所以孔子讲"诗可以兴"，"兴于诗，立于礼，成于乐"（《论语·泰伯》），孔子认为有了兴，才通向礼，最后达到天人合一之乐，于是才有了真实的生存。《诗大序》把言志说作了偏向于情感论的解释："诗者，志之所之也，在心为志，发言为诗。情动于中而形于言，言之不足故嗟叹之，嗟叹之不足故咏歌之，咏歌之不足，不知手之舞之，足之蹈之也。"《乐记》认为音乐之美源于感物生情："凡音之起，由人生也。人心之动，物使之然也。感于物而动，故形与声。声相应，故生变，变成方，谓之音。"（《乐记·乐本篇》）但此时的主情说还在理与情之间寻找平衡，没有发生冲突。为了避免情与理的冲突，于是儒家诗学要以理节情，即所谓"发乎情，止乎礼义"。《乐记》讲："乐也者，情之不可变者也；礼也者，理之不可易者也。乐统同，礼辨异，礼乐之说，管乎人情矣！"（《乐记·乐情篇》）但同时，又指出："是故情深而文明，气盛而化神，和顺积中而英华发外，唯乐不可以为伪。"（《乐记·乐象篇》）这里虽然还讲以理节情，但不经意间又把情本体化，认为情本身就是真情，不可以作伪，这意味着情无须依附理，甚至可以摆脱理的规范。六朝时期，礼教衰微，审美意识觉醒，情从志中分离，兴情说发生。陆机《文赋》说："诗缘情而绮靡，赋体物而浏亮。"情感成为诗歌的本质特性。刘勰以道来规定文，认为文乃道的演化物，同时又认为情是文的本性，提出"情文"概念，从而使情与道相符而具有了本体论的地位。《文心雕龙》的主题是理性化的明道论，但在具体展开诗学论述时，又是感性化的主情论。刘勰在开篇《原道》《征圣》《宗经》三篇中提出了"道沿圣以垂文，圣因文而明道"的论证，理性的道成为文的本质。但以后各章中既讲言志，又讲缘情，已经偏离了理性的道。它体现了诗学的情感性与伦理性的矛盾，从而就自觉不自觉地修正和超越了主流意识形态。刘勰也力图调和理与情的矛盾，他说："故情者文之经，辞者理之纬；经正而后纬成，理定而后辞畅，此立文之本也。"（《文心雕龙·情采》）情为经，理为纬，"经正而后纬成"，已经向情感论倾斜。严羽说："诗者，吟咏情性也。盛唐诸人惟在兴趣，羚羊挂角，无迹可求。故其妙处透彻玲珑不可凑泊，如空中之音，相中之色，水中之月，镜中之象，言有尽而意无穷。"（严羽《沧浪诗话》）以后缘情说成为诗学的主流，言志说逐渐淡出，而情逐渐取代理成为中国诗学的本体论范畴。主流文化是理（道）本体，而诗学是情本体，这是对恩德文化的颠覆。

中国诗学的兴情论与中国艺术形态的特殊性有关，也与中国哲学的天人合一性质有关。中国艺术的主要形式为表现艺术，诗、乐、舞为其原始形式，后来也以抒情诗、抒情散文、风景画等为主，这与西方艺术的史诗传统以及中国传统社会后期的戏剧、小说等再现艺术为主要形式不同。中国传统社会后期产生了叙事艺术，如小说、戏剧（中国戏剧带有抒情性，类似于现代的歌舞剧）。中国诗学认为，再现艺术也是写情的，只不过这个情不是主体之情,而是"人情物理"。戏剧大师李渔说:"传奇无冷、热,只怕不合人情。"(《闲情偶寄·演习部》)"凡说人情物理者,千古相传。凡涉荒唐怪异者,当日即朽。"《闲情偶寄·词曲部》这个"人情物理"是客观事理(物理)与主观情理(人情)的统一,仍然打上了情感论的烙印,这与西方诗学强调艺术"再现现实"不同。金圣叹也以情论人物形象,说:"彼才子于有必至之情","然而才子必至之情,则但可藏于才子心中。"(《琴心》总评)

中国传统社会后期发生的叙事诗学,也建立在情本体论之上,这与中国哲学的天人合一思想有关。由于天人合一的世界观,中国人认为世界也是有情的,它与人之情互相感应、彼此沟通,而审美和艺术就是这种情感的沟通方式。因此,中国诗学建立了情本体论。中国诗学对艺术的情感性的确认,并不是从主体性出发的,而是与对道的体认相关。中国哲学以道为本体,但道具有伦理性,因此不是认知的对象,而是体验、实践的对象。中国诗学以乐道为美,因为道是情理一体的,道有情,因此人和世界都有情,彼此感发即"兴情"而成诗。艺术(文)作为道的形式,同时具有了理与情两种属性。郭店楚简《性自命出》就提出"道始于情","礼作于情",把情作为道的必要内涵。情感形于外,就成文,即所谓"道之文",包括天地之文和人文,于是就有审美,就有艺术。中国诗学不仅强调了审美的情感性,而且把兴作为一种真实生命体验的发生,从而使得情具有本体论的性质。中国诗学认为,兴源于气,感于物,归于道。中国诗学以气来解释审美情感的发生,认为气充塞于天地人之间,使人和万物勃发出生命,产生了激昂的情感。钟嵘曰:"气之动物,物之感人,故摇荡性情,形诸舞咏。"[①](《诗品·序》)气本于道,是原始生命力,也是人的真实生存之源。在气的充实之下,兴发生,这是一种在审美状态中的人生体验,是生命力的感发。总之,中国诗学认为,兴是感物起情,但不是日常的情感发生,而是回归天人合一的道。

中国诗学把艺术的本质定于情感,以情来冲击理性,实际上是以恩情突破恩义,并且最终把情感从恩德中解放出来,还原成为独立的个体情感,从而解构了恩德文化的理性化倾向,保护了感性的权利。

三 诗学的主体间性思想对恩德文化的突破

中国诗学思想不仅以情本体论突破了恩德文化的理性规范,也以主体

[①] (南朝梁)钟嵘著,周振甫译注:《诗品译注》,中华书局,2002,第15页。

间性思想破除了恩德文化的控制性，建立了自由的人与世界的关系。中国诗学的情具有两个层面的意义，一是被意识形态化了的恩情，二是自由的审美情感；前者是非主体间性的权力关系，后者是主体间性的审美同情。诗学思想以审美感情否定了恩德文化，肯定了自由的审美世界。恩德是一种现实的意识形态体系，不能真正达到主体间性，恩德文化以恩情为基础，故恩情也具有了不平等性和差等性。这就意味着，恩德观念与诗学的主体间性必然发生冲突，而诗学的主体间性必然发挥破除恩情关系的功能，从而使人的精神获得自由和解放。

中国诗学的兴情论与西方诗学的表现论不同，西方诗学提出了"移情说"，认为审美中情感投射到对象上面，产生共情，这是一种主体性的情感论诗学；中国诗学是"感兴论"，审美情感的发生是自我主体与对象主体之间的感应，带有主体间性。中国诗学认为，情感不是自我的专有物，而是我与世界互相感应的结果。中国诗学认为，由于天地人之间有"气"的沟通，造成互相感应，于是主体的心灵与对象世界之间就会发生感应、交流，这就是感物、感兴，于是就有情感发生。《性自命出》提出，"情生于性"，"喜怒悲哀之气，性也。及见于外，则物取之也"。[1]

这里是说情感是人性与外物接触后生成的。所以中国艺术讲触物生情，情景交融，我有情，万物也有情，互相感发，引起共鸣，这就是物感说和感兴论的实质。《乐记》云："凡音之起，由人生也。人心之动，物使之然也。感于物而动，故形于声，声相应，故生变，变成方，谓之音。"[2]

"乐者，音之所由生也；其本在人心之感于物也。"[3] 陆机说"感物兴哀"[4]（《赠弟士龙诗序》）。刘勰说"情以物兴""物以情观""触兴致情"（《文心雕龙》）。钟嵘说："气之动物，物之感人，故摇荡性情，形诸舞咏。"（《诗品·序》）傅亮称："怅然有怀，感物兴思。"[5] 萧统称"睹物兴情"[6]。这些论述都是讲情感不是主体自生的，而是主体与世界之间的感应而生成的，具有主体间性。

中国诗学通过自然审美来表达自由的审美情感，摒除伦理化的恩情观

---

[1] 李零：《郭店楚简校读记》（增订本），中国人民大学出版社，2007，第136页。
[2] 胡平生、张萌译注：《礼记》，中华书局，2017，第712页。
[3] 胡平生、张萌译注：《礼记》，中华书局，2017，第712页。
[4] （晋）陆机著，杨明校笺：《陆机集校笺》，上海世纪出版股份有限公司、上海古籍出版社，2016，第857页。
[5] （梁）沈约撰：《宋书》，中华书局，1974，第1339~1340页。
[6] 张明高、郁沅编选：《魏晋南北朝文论选》，人民文学出版社，1999，第330页。

念。由于主流意识形态的桎梏,把情感异化为恩情,从而妨碍了审美情感的抒发,因此,中国艺术就自觉地或不自觉地回避了伦理化的情感(如孝悌忠义等),而选择了以自然为审美对象,借以抒发自己的真实情感。这一趋向发生于六朝之后,伴随着兴情说的建立,审美对象逐渐转向自然风光,而诗学思想也发生了相应的变迁。为什么六朝以后的中国古典艺术(特别是诗、画、散文等)多为写景抒情,而较少直接书写人事呢?因为在自然审美中,自然景物与人之间不是伦理化的恩情关系,而是自由的审美关系,由此可以借景抒情,自由地表达自己的情感,从而从伦理关系的禁锢中解放出来,建构起和谐、平等、自由的人与世界的关系。中国诗学对人与世界关系的论述,往往以情景关系来替代,审美成为情景之间的互动,这种互动具有主体间性。明代谢榛说,"作诗本乎情景,孤不自成"①,清代王夫之说:"不能作景语,又何能作情语耶?"②他们都把艺术的情感表达与写景联系起来。到了王国维那里,更把情与景作为文学的两个基本要素:"文学中有二原质焉,曰景,曰情。"③(《文学小言》)至于皎然则明确以自然审美来排除世事烦扰,他说:"世事喧喧,非禅者之意,假使有宣尼之博识、胥臣之多闻,终朝目前,聆道侈义,适足以扰我真性,岂若孤松片云,禅坐相对,天言道合,至境而同哉?"④(《诗式中序》)这里把禅坐与对自然的欣赏联系起来,以对"若孤松片云"的审美观照来对抗"扰我真性"的知识道理,从而获得解脱。中国诗学以自然审美体验回避以至于反叛伦理恩情观念,并把情解释为人的天性,是人和物之间的沟通契合,从而具有主体间性和平等性。具体地说,中国诗学基于自然审美,提出了"感物"说和"感兴"论,用以解释情的发生和内容。中国诗学认为,情感不是自生的,而是"感物兴情",自然景物触动了人的心灵,人心对景物有所回应,回报以情(兴),于是情感发生,"诗人感物,联类不穷"⑤,"情往似赠,兴来如答"⑥(《文心雕龙》)。"气之动物,物之感人,故摇荡性情,形诸舞咏。"⑦(《诗品·序》)"在外者物色,在我者生意,二者相摩相荡而赋出焉。"⑧(《艺概·赋概》)

---

① (明)谢榛著,宛平校点:《四溟诗话》,人民文学出版社,1961,第69页。
② (明)王夫之著,戴鸿森笺注:《薑斋诗话笺注》,人民文学出版社,1981,第91页。
③ 姚淦铭、王燕主编:《王国维文集》,中国文史出版社,2007,第17页。
④ (唐)皎然著,李壮鹰校注:《诗式校注》,人民文学出版社,2003,第1页。
⑤ (梁)刘勰著,范文澜注:《文心雕龙注》,人民文学出版社,1962,第693页。
⑥ (梁)刘勰著,范文澜注:《文心雕龙注》,人民文学出版社,1962,第695页。
⑦ (南朝梁)钟嵘著,周振甫译注:《诗品译注》,中华书局,2002,第15页。
⑧ (清)刘熙载著,王气中笺注:《艺概笺注》,贵州人民出版社,1986,第287~288页。

"物感"说和"感兴"论合成了兴情说，它把审美情感置于我与自然对象之间的平等交流之中，双方都成为主体，互相感染触动，渗透、交融为一，产生审美体验。这种情感是一种审美意识，它超越了主流意识形态的伦理化的情感；我与世界之间没有等级差别，没有征服和依附，而是一种平等的、主体间性的、升华了的自由情感。虽然中国诗学重视情景关系，但不等于说它不讲人际关系，而是把人际关系隐藏在情景关系中，使其成为自由平等的关系。主体间性的审美之情，化解了等级化的伦理恩情，构建了平等的纯爱之情。

中国诗学的情感论是同情论，而审美同情消解了恩情观念。西方诗学在康德之后也由认识论转向情感论，但这个情感论是主体性的移情说，是自我的情感外加于对象，感染对象，使对象成为自我的确证。而中国诗学认为审美是自我主体与对象主体之间的情感交流，互相同情。这是一种平等的情感，不同于世俗的恩情。恩情观念是施恩者支配被施恩者，被施恩者依附于施恩者，双方的情感是不平等的，是一种权力支配关系，而审美同情消解了这种权力关系。在中国诗学中，无论是人对自然的审美，还是人对人的审美，都是一种审美同情。于是，中国艺术就超越了意识形态，而把一切审美对象从恩情关系中解脱出来。道家美学以回归自然天性来化解社会关系中的权力支配，审美即我与万物之间的同情，这是无情之情，"同于大通"，人伦中的压抑被消除，恩情观念被破除。儒家美学强调审美的伦理性，但也不经意间超越了恩情观念。中国诗学认为审美是"兴情"，是我与对象之间的情感互动，是平等的交往，从而形成了审美同情说。同情既是人的本性，那么审美就是同情心的充分发挥。同情论的诗学思想，不仅体现于歌咏自然的艺术作品中，也体现于描写人际关系的艺术作品中，其中往往以审美同情突破了恩情关系。王夫之把审美同情明确地扩展到人伦领域，他说："君子之心，有与天地同情者，有与禽鱼草木同情者，有与女子小人同情者，有与道同情者。……悉得其情而皆有以裁用之，大以体天地之化，微以备禽鱼草木之几……"[①]（《诗广传·召南三》）这里的同情已经突破了尊卑等级和恩情观念，具有了平等性。刘熙载也指出审美同情包括对人的同情，艺术就是基于审美同情："代匹夫匹妇语最难。盖饥寒劳困之苦，虽告人，人且不知，知之不物我无间也。杜少陵、元次山、白香山不但如身入闾阎，目击其事，直与疾病之在身者无

---

① （明）王夫之著，船山全书编辑委员会编校：《船山全书》第三册，岳麓书社，1988，第310页。

异。颂其诗,顾可不知其人乎?"①(《艺概·诗概》)审美同情破除了传统人伦观念,这在《红楼梦》中体现得最为鲜明。《红楼梦》中,宝黛爱情、宝玉对女性的同情,成为最高的情感,这种"情"瓦解了一切恩情关系,解构了家族伦理和政治伦理中的恩情观念。王国维阐释了《红楼梦》的悲剧,认为是由"通常之人情,通常之道德,通常之境遇"造成的,而作品也就通过这种悲剧之揭示,控诉了这种传统人伦观念。他说:"兹就宝玉、黛玉之事言之:贾母爱宝钗之婉嫕,而惩黛玉之孤僻,又信金玉之邪说,而思厌宝玉之病;王夫人固亲于薛氏……宝玉之于黛玉,信誓旦旦,而不能言之于最爱之祖母,则普通之道德使然;况黛玉一女子哉!由此种种原因,而金玉以之合,木石以之离,又岂有蛇蝎之人物,非常之变故,行于其间哉!不过通常之道德,通常之人情,通常之境遇为之而已。由此观之,《红楼梦》者,可谓悲剧中之悲剧也。"② 在这里,王国维深刻地揭示了宝黛悲剧之人伦根源:不是坏人造成的,而是传统社会伦理造成的,而这种伦理的核心是恩情观念。贾母、王夫人、贾政等是爱宝玉的,但这种爱是一种权力关系的恩爱,所以他们把自己的意志强加于宝玉,拆散了宝黛之间的"木石之盟",导致悲剧。而《红楼梦》对这种悲剧的揭示,表明了审美对恩情伦理的破除。

中国诗学的主体间性在艺术欣赏领域产生了知音说。知音说基于审美同情论,否定了恩情观念,建立了平等自由的主体间性关系。按照恩德法则,人与人之间的理解、同情是单向的,是伯乐和马的关系,是强者对弱者的施恩,形成了一种支配性的"知遇之恩",欣赏者是施恩者,被欣赏者是报恩者,他们之间是不平等的。但在审美中,创造者和欣赏者之间互相理解、互相欣赏,没有施恩者和报恩者,构成一种真正的友情关系。这种友情超越了伦理意义上的"义",消解了恩德文化。春秋时期钟子期和俞伯牙之间以音乐会友,互相欣赏、理解的故事就建立在审美主体间性的基础之上。他们志趣相同,美感互通,超越了世俗的情感,突破了恩情观念。所以刘勰指出:"夫缀文者情动而辞发,观文者披文以入情,沿波讨源,虽幽必显。"③(《文心雕龙·知音》)这就是说,审美同情沟通了创作者和接受者两个不同的审美主体,达到心灵的契合,这无关乎施恩和报恩,而是真正的友谊,从而成为"知音君子"。总之,知音说突破了恩情

---

① (清)刘熙载撰:《艺概》,上海古籍出版社,1978,第65页。
② 王国维:《〈红楼梦〉评论》,浙江古籍出版社,2012,第14页。
③ (梁)刘勰著,(清)黄叔琳注,(清)薛根生标点:《文心雕龙》,新文化书社,1933,第315页。

观念，构建了自由的人际关系。

四 诗学的"真情"说对恩德文化的超越

中国诗学不仅以其情感本体论和主体间性思想突破了恩德文化，也以其审美超越性思想否定了恩德观念，这个审美超越性思想主要体现为"真情"说，即以艺术的本真之情超越了世俗之情（恩情）。儒家思想以道（天命）为本体，道通人性，《中庸》云，"天命之谓性，率性之谓道，修道之谓教"，而情感是性的感发，邵雍云："性公而明，情偏而暗"①（《皇极经世·观物外篇》），故性是体，情是用；性是本，情是末。但在诗学思想中，情感成为艺术的本质，而且最后体现为超越现实情感的"真情"，成为本体，从而超越了恩德文化的道（理）本体论。

在传统社会后期，在程朱理学之外，陆王心学提出了"心即理（道）"的思想，以心为本体。这种主观论思想本意是为了约束人心，把心理性化，以达到"存天理，灭人欲"，"去心中贼"的目的，但其内在逻辑却使心偏离了理而导向了情。王学左派等使心脱离"理"的羁绊，转化为感性本体。于是，作为心的体现的情就摆脱了理的桎梏而获得了独立，成为宇宙本体和艺术的本质，从而建立了情本体诗学。明中叶以后，诗学思想大变，审美意识反叛意识形态，获得独立。徐渭提出了"摹情"说，使情具有了本体的意义："人生堕地，便为情使。……忽终身涉境触事，夷拂悲愉，发为诗文骚赋，璀璨伟丽，令人读之，喜而颐解，愤而眦裂，哀而鼻酸，恍若与其人即席挥，嬉笑悼唁于数千百载之上者，无他，摹情弥真则动人弥易，传世亦弥远。"② 汤显祖把情与理对立起来，认为情不受理法约束，为艺术所独有。他说"情有者，理必无；理有者，情必无，真是一刀两断语也。"③（《寄达观》）"人世之事，非人世所可尽。自非通人，恒以理相格耳。第云理之所必无，安知情之所必有也。"④（《牡丹亭题辞》）这就宣告了审美之情与意识形态（理）的分离。程允昌《南九宫十三调曲谱序》记载汤显祖驳斥张位对其"言情不言性"的责难：

---

① （宋）邵雍著，闵兆才编校：《康节先生文集1 皇极经世书下》，华龄出版社，2020，第914页。
② （明）徐渭：《选古今南北剧·序》，载吴毓华编《中国古代戏曲序跋集》，中国戏剧出版社，1990，第67页。
③ （明）汤显祖著，徐朔方笺校：《汤显祖诗文集》卷四十五，上海古籍出版社，1982，第1268页。
④ （明）汤显祖：《汤显祖集》（一），上海人民出版社，1973，第1093页。

"公所讲者是'性',我所讲者是'情'。离'情'而言'性',一家之私言也;合情而言'性',天下之公言也。"这就驳斥了理学家扬性而抑情的主张,把情与性同列为本体。冯梦龙在《情史叙》中,认为情乃宇宙本体:"天地若无情,不生一切物;一切物无情,不能环相生","万物如散钱,一情为线牵。"① 他甚至提出了"立情教"的主张:"我欲立情教,教诲诸众生","顾得有情人,齐来演法。"以"情教"代替"礼教",使情取代理(道)而成为本体,成为审美和艺术的依据。黄宗羲把至文与至情联系起来,认为至情是至文的根据,他说:"盖情之至真,时不我限也。斯论美矣。……凡情之至者,其文未有不至者也。"②(《黄孚先诗序》,《南雷文案》卷二)袁枚倡导性灵之说,也以情为本:"且夫诗者,由情生者也。有必不可解之情,而后又必不可朽之诗。"③(《答蕺园论诗书》)刘熙载主张寓义(理性)于情,寓情于景,是为文之本,他说:"诗或寓义于情而义愈至,或寓情于景而情愈深。"④(《艺概·诗概》)

后期中国诗学不仅以情为艺术之本体,还提出了"真情"说,以艺术的真情区别于现实之情,而这个真情就是审美情感。徐渭提出"真我"说,"真我"即人之"本色",而与之相对的是假我即"相色",他主张要"贱相色,贵本色"。李贽反对理对人性的戕害,提出了"童心"说,认为天下之至文莫不出自童心:"夫童心者,真心也。……夫童心者,绝假纯真,最初一念之本心也。……童心既障,于是发而为言语,则言语不由衷;见而为政事,则政事无根柢;著而为文辞,则文辞不能达。非内含以章美也,非笃实生辉光也。欲求一句有德之言,率不可得。所以者何?以童心既障,而从外入者,见闻道理为之心也。"⑤ 他明确指出童心与见闻道理的根本冲突,童心是未被世俗污染的真心、本心,而见闻道理则是"从外入者"的宗法礼教,是对童心的障蔽。

中国诗学的后期发展,不仅以情论诗,而且提出了"真情"说、"至情"说,使之超越现实情感,成为本体。情本体实际就是以审美情感为本体,肯定艺术的审美超越性。情本体的建立,是对恩德文化道(理)

---

① 魏同贤主编:《冯梦龙全集》第7册,凤凰出版传媒集团、凤凰出版社,2007,第1~2页。
② (明)黄宗羲:《黄宗羲全集》第十九册,浙江出版联合集团、浙江古籍出版社,2012,第27页。
③ (清)袁枚:《小仓山房文集》卷三十,周本淳标校,上海古籍出版社,1988,第1802页。
④ (清)刘熙载撰:《艺概》,上海古籍出版社,1978,第51页。
⑤ (明)李贽:《焚书 续焚书》,中华书局,1975,第98~99页。

本体的突破，是对恩德文化的根本性颠覆。真情不是恩情，是没有被世俗污染的天性，它不附属于恩德，是纯真、自由的情感。这样，真情取代了道（理）成为本体，恩德文化的根基就被动摇了。

第四节　恩德文化中的哲学

一　中国哲学的发生

西方哲学的主流是柏拉图开启的形而上学，因此怀特海说，两千五百年来的西方哲学都是柏拉图主义的一系列注脚；海德格尔说西方哲学都是以各种方式延续了柏拉图的路线。柏拉图建立了一个形而上学的体系，形而上学也成为西方哲学的主要传统。形而上学哲学的基础是本体论，本体论是第一哲学，本体论的建立可以视为哲学形成的标志。因此，应该以本体论的建构为标准，考察中国哲学的特性和历史发展。关于中国是否具有形而上学的问题，新儒家持肯定的态度，他们认为中国文化具有超越性的层面，这就是形而上学层面。冯友兰提出人生有四个境界，一为自然境界，二为功利境界，三为道德境界，四为天地境界。他认为，儒家思想不仅超越自然境界、功利境界达到了道德境界，也有超越道德境界的天地境界，而天地境界就达到了哲学高度。冯友兰认为："我们可以说，中国哲学是超世间底。所谓超世间的意义是即世间而出世间。"[①] 对这个"即世间而出世间"的哲学，后来的新儒家以"内在的超越性"阐释之。新儒家认为，中国文化不像西方文化那样具有通向宗教的"外在超越"，而是作为一种心性之学、为己之学，通过对仁的追求，达到与天地万物一体的境界。牟宗三先生认为，儒家哲学不是康德的"超绝的形上学"，也不是海德格尔的"内在的形上学"，它具有"智的直觉"，而建立起一个"道德的形上学"。他说：

> 天道高高在上，有超越的意义。天道贯注于人身之时，又内在于人而为人的性，这时天道又是内在的（Immanent）。因此，我们可以康德喜用的字眼，说天道一方面是超越的（Transcendent），另一方面又

[①] 冯友兰：《新原道（一种中国哲学之精神）》绪论，载谢暇龄选编《阐旧邦以辅新命——冯友兰文选》，上海远东出版社，1994，第168页。

是内在的（Immanent 与 Transcendent 是相反字）。天道既超越又内在，此时可谓兼具宗教与道德的意味，宗教重超越义，而道德重内在义。[①]

这是对"内在的超越性"的经典论述。后来余英时、汤一介等也都沿袭了这种说法。对于新儒家的"内在超越"论，主要涉及两个问题。首先是何谓超越性的问题。从根本上说，超越是指从经验世界到超验世界的转化，从宗教角度说就是从此岸到彼岸，从哲学角度说就是从现象界到本体界，故本体论的建立是关键。其次是何谓内在、外在的问题。新儒家以道德为内在，以宗教为外在的标准并不周全，因为宗教设立了一个外在的上帝，固然可以说是外在的超越，而道德只是社会行为的现实规范，不具有超越性，所以并不是内在的超越。我们考察的是哲学的超越性，而这个问题应该以是否设立实体范畴为界限。西方古代的本体论哲学建立了主体之外的实体，实体是本体论的第一范畴，故可以说是外在的超越。但西方现代哲学已经取消了实体本体论，建立了实存本体论等新的哲学范式，实存取代了实体，因此不应该称为外在的超越。如果依据以上的界说，那么所谓"内在的超越"就成为问题。我们先考察儒家哲学的超越性问题，也就是所谓的"道德的形而上学"是否具有超越性的问题。一方面，宋明道学建立了理（道）为本体论范畴，理（道）具有"天地万物一体之仁"的性质，超越了恩德文化的伦理规范，从而建构了一个准形而上学。因此，从这个角度说，儒家哲学具有了某种超越性。另一方面，儒家哲学是体用一如，并没有现象界与本体界的截然二分，也就没有发生从现象到本体的超越。由于道与心性一体，导向了形而下的"用"即伦理规范，从这个角度上说，儒家学说只是导向道德的完善，并不具有超越性。总之，儒家哲学具有形而下的现实性和形而上的准超越性两重性。新儒家只讲儒家哲学的形而上的超越性一面，而不讲其形而下的现实性一面，具有片面性。

接下来，我们考察儒家哲学的"内在超越性"问题。这个问题也不可一概而论，要具体分析。陆王心学可以看作内向的心性之学，它不设立主体之外的本体界，而是把心作为道德实体，向内心寻求理，达到道德完善的境界，故称之为内在的超越有一定道理。当然，心学也是体用不二，心、理也是通向忠孝等伦理规范，具有形而下的一面，所以也只是准形而上学。程朱理学与陆王心学不同，它建立了一个理（道）作为本体论范

[①] 牟宗三：《中国哲学的特质》，台北：台湾学生书局，1974，第 30~31 页。

畴，理（道）不在人心之中，它作为万物之理，分有为性，包括人性，需要"格物穷理"，因此程朱理学不具有内在的超越性。当然，程朱理学也不是柏拉图的理念那样的主体之外的实体，而是通向人性，因此也不是外在的超越。

中国文化的基本结构是恩德，因此，可以把中国文化定义为恩德文化。从根本上说，中国恩德文化是一个自足的体系，形成了一个世界即世俗的现实世界，这个世界是完善的世界，不需要超越和反思，故不存在形而上的层面，这导致了中国的宗教和哲学都不发达。西方文化设立了一个世俗的现实世界，这是非完善的现实生存；同时也设立了一个超越的世界，这是完善的本真生存，包括宗教信仰，也包括艺术体验和哲学反思，两个世界对立互补。这么说来，似乎中国就不会产生形而上的哲学了。确实，如果恩德文化不受到外来文化的冲击，不发生自身的危机，也就不会产生哲学反思，不需要形而上学；即使有，也不会成为主流，如道家哲学就是在恩德文化发生之初作出反思的非主流的哲学。但是中国恩德文化并非孤立存在，它不仅面临道家思想的解构，更受到了外来的佛教的冲击，而且在传统社会后期恩德文化自身也发生了衰落、危机，在这种情形之下，出自维护和巩固恩德文化的目的，就产生了为恩德文化作终极论证的要求。在神学衰落、人文精神主导的历史条件下，为恩德文化作终极论证不能诉诸神学，只能诉诸哲学，从而导致了主流哲学思想发生和主流哲学体系形成。哲学体系的形成是以本体论的建构为标志的，由此就发生了中国哲学的本体论建构，形成了中国的形而上学。关于中国哲学的特性和形而上学的成因，王国维有明确的表述，他说："我国无纯粹之哲学，其最完备者，唯道德哲学与政治哲学耳。至于周、秦、两宋间之形而上学，不过欲固道德哲学之根柢，其对形而上学非有固有之兴趣也。"[1]

中国哲学思想的发生和哲学体系的形成是一个历史过程。在商代，早期宗教信仰主宰了社会生活，独立的理性没有形成，因此不可能产生哲学思想。在西周，民本思想发生，人文精神初露曙光，形成了礼乐文化，但早期宗教仍然主宰着文化领域，对世界的解释还是依据天命。虽然天命通人道，但天命对人还具有异己性，是外在的支配力量；天命神秘难测，不是理性认识的对象，因此才有占卜之术，传文王创八卦、演周易就是例证。这就是说，西周理性还没有获得充分发展和独立，而哲学的思考也无

---

[1] （清）王国维：《论哲学家与美术家之天职》，载谢维扬、房鑫亮主编《王国维全集》第一卷，广东教育出版社、浙江教育出版社，2009，第131~132页。

从发生。

在春秋战国时期，由于神的权威衰落，对天命的信仰淡化，道作为世界的规律成为人类认识的对象，产生了对世界人生的理性思考，包括历史的、伦理的思考，也有哲学的反思。春秋战国时期保留了天、天命的概念，但发生了天道与人道的分离，如子产曰："天道远，人道迩，非所及也。何以知之？"（《左传·昭公十八年》）。老子更把天道与人道对立起来："天之道，损有余而补不足；人之道则不然，损不足以奉有余。"（《老子·第七十七章》）于是人们开始避谈天道，而探索人道。"子贡曰：'夫子之文章，可得而闻也；夫子之言性与天道，不可得而闻也。'"（《论语·公冶长》）同时大道的内涵也发生了变化，逐步社会化、人性化，并且最终与人道合一，形成了统一的道。道脱离宗教体系而获得理性内涵，为哲学思想的发生提供了可能。

道家最早建立了中国哲学体系，但它不是为新生的后宗法皇权士绅社会及其文化作论证，而是进行批判性的反思。道家思想是贵族精神的变异，面对贵族社会、文化的崩溃，道家拒绝接受平民社会、文化，并且对人的社会存在作出了形而上的思考。道家没有提出积极的社会文化建设的目标，而是以消极逃避的态度解构恩德文化，并且超越了伦理思考，形成了哲学思想。老子的学说包含了深刻的哲理，建立了一个哲学体系。在方法论方面，他没有陷入西方形而上学的独断论，而是提出了现象学方法论，即把经验意识还原为纯粹意识（"至虚极，守静笃"），以非概念的本质直观（大象无形）显现道，使本体论得以建立。庄子也提出"心斋""坐忘"，作为体道的现象学方法。同时，道家依据现象学的发现，提出了本体论范畴"道"，建立了一个形而上学体系。形而上学的标志包括建立本体论范畴（如柏拉图的理念），而且本体（实体）界与现象界分离，以本体为真实，以现象为虚假，道家哲学基本上符合了这两条标准。道家的本体论范畴"道"不是神学概念，不是天命神意，而是世界万物的根据和法则。道是世界的本源，化生万物，"道生一，一生二，二生三，三生万物"（《老子·第四十二章》）。道是根本规律，天地人都要遵从道的法则即"自然"，"人法地，地法天，天法道，道法自然"（《老子·第二十五章》）。而且道无名、无形、无为，归于虚无，"道可道，非常道。名可名，非常名。无名，天地之始。有名，万物之母。故常无，欲以观其妙。常有，欲以观其徼。此两者，同出而异名，同谓之玄。玄之又玄，众妙之门"（《老子·第一章》）。这里要注意的是，老子提出了"常道"概念，就是永恒之道，它不是日常言说的道，日常言说的道是道理、方法等非哲学的概念，而老子的"常道"是超越现实意义的哲学范畴。这种作为"天地之始""万物之母"的"常道"的提出，标志着哲学本体论的建立和哲学思想的发生。庄子也对道作出了本体论的规定："夫道，有情有信，无为无形，可传而不可受，可得而不可见，自本自根。未有天地，自古以固存。神鬼神帝，生天生地。在太极之先而不为高，在六极之下而不为深，先天地生而不为久，长于上古而不为老。"（《庄子·大宗师》）他强调了道先天地而生的本源性和神鬼神帝的超宗教性，把道作为一个本体论范畴提出来。这样，以道为本体论范畴建构理论体系，就形成了道家哲学。道家哲学把本体界与现象界相区别，形成了一种形而上学。道家以"道"为世界的本原，认为道法自然，为真，而世俗世界违反自然，为伪，故回归自然、清静无为才是"逍遥之道"。道家反思、批判现实生存，认为一切伦理教化都违反自然，老子说："大道废，有仁义。智慧出，有大伪。六亲不合，有孝慈，国家昏乱，有忠臣。"（《老子·第十八章》）庄子说"坐忘"就包括忘仁义、忘礼乐，并且"堕肢体，黜聪明，离形去知，同于大通"（《庄子·大宗师》）。他甚至说"圣人不死，大盗不止"。道家以自然主义的哲学思想否定了恩德文化，也超越了伦理学，具有了形而上学的性质。但是，道家哲学的超越性也有其限度，就是这个"法自然"的道虽然与世俗世界有所区分，但也不是实体与现象的截然对立关系，不似柏拉图的理念与模仿理念的物体的绝对区分，而是可以转化的一体性关系，即去除文化之"伪"而回归自然天性，可以达到"道通为一"。因此，道家哲学也只能算是准形而上学。总之，道家哲学与恩德文化是敌对的，它以自然之道否定了施恩—报恩的伦理法则，对主流的恩德文化具有解构作用，因此不能成为中国哲学的主流。

在道家之外，《易经》也是儒家哲学思想的一个源头。《易经》本是卜筮之书，对儒家、道家都产生了影响。儒家对《易经》作了理性的阐释，产生了《易传》，成为解释世界变化规律的理论，其中包含着一些哲学思想。《易经》《易传》的生命论宇宙观和象数之说以及辩证法，为儒家哲学提供了宇宙论和方法论的思想资源。特别是它提出了形而上和形而下的区别，把道定性为形而上者，为形而上学的建构奠基。《系辞传》曰："是故形而上者谓之道，形而下者谓之器。"它又把阴阳术数与伦理规则结合，提出："一阴一阳之谓道。继之者善也；成之者性也。仁者见之谓之仁，智者见之谓之智。百姓日用而不知，故君子之道鲜矣。显诸仁，藏诸用，鼓万物而不与圣人同忧。盛德大业，至矣哉。富有之谓大业，日新之谓盛德。"它还以乾卦阐释天道、君道、父道、夫道，以坤卦阐释地道、臣道、子道、妻道。这个论述为儒家哲学的建构和对恩德文化的论证提供了框架。这样，这个道就成为儒家哲学的本体论范畴的原型。宋明道学继承了《易经》思想，如邵雍提出了太极为宇宙论的基本范畴，以太极为道的实体；朱熹认为太极即理，又为气。但是，《易经》《易传》的道还带有巫术文化的底色，打上了早期宗教的烙印，是天地之道，人道只是其应用，故没有成为独立的哲学本体论。

儒家哲学发生较晚，早期儒家学说基本上属于伦理学的领域，是建构恩德文化的学说，还没有形成儒家哲学体系。儒家学说与恩德文化是一体的，是恩德文化思想的核心。先秦时期还没有发生为恩德文化论证的需要，更没有反思恩德文化的需要，这就意味着还没有产生儒家哲学发生的动因。在春秋战国时期，早期宗教衰落，产生了世俗理性的文化。在恩德文化发生之初，儒家的主要任务是去除宗教文化残余，确立伦理的自觉性，而不是从事哲学的建构。孔子不语怪力乱神，对鬼神敬而远之，罕言天命而重人道："哀公问于孔子曰：夫国家之存亡祸福，信有天命，非唯人也？孔子对曰：存亡祸福，皆己而已，天灾地妖，不能加也。"(《孔子家语·五仪解第七》) 有人称颂孔子受天命而有为，孔子曰："岂若是哉？乱而治之，滞而起之，自吾志，天何与焉？"(《孔子家语·本姓解第三十九》) 孔子很少谈论天命（天道），而多讨论人道："子贡曰：夫子之文章，可得而闻也。夫子之言性与天道，不可得而闻也。"(《论语·公冶长》)。儒家把天道人道化，道是人世间的法则：孔子曰："大道之行也，与三代之英，丘未之逮也，而有志焉。"(《礼记·礼运》) 孔子多次感叹礼崩乐坏，天下无道，因此他矢志复礼行道，可见这个道已经不是天道，而是人道，是为人服务的道，也是可以人力维护的道。"子曰：道不远人。""子曰：人能弘道，非道弘人。"(《论语·卫灵公》) 子思则指出君子之道就是"天下道"："故君子之道本诸身，征诸庶民，考诸三王而不缪，建诸天地而不悖，质诸鬼神而无疑，知天也；百世以俟圣人而不惑，知人也。是故君子动而世为天下道，行而世为天下法，言而世为天下则。"(《子思子·内篇·诚明第三》)《中庸》把天命与人性沟通："天命之谓性，率性之谓道，修道之谓教。"这样，道不再是不可知的神意，而是社会的基本法则和人性的根据，成为可以认识、学习、实践的基本道理："子曰：吾十有五而志于学，三十而立，四十而不惑，五十而知天命，六十而耳顺，七十而从心所欲，不逾矩。"(《论语·为政》)"子曰：朝闻道，夕死可矣。"(《论语·里仁》) 孔子具体地把道的内涵规定为仁，实现仁就是行道，此即"克己复礼为仁"。孔子所做的最重要的工作，就是提出了"仁"作为恩德文化的核心价值和最高伦理范畴即所谓"全德",以仁统领孝、忠等诸范畴,从而为恩德文化的理论建构打下了基础。孟子把天人性化,认为天道通人性,由人性可知道:"孟子曰:尽其心者,知其性也。知其性,则知天矣。存其心,养其性,所以事天也。夭寿不二,修身以俟之,所以立命也。"(《孟子·尽心上》)因此,孟子也很少谈论天和天命,主要谈论治国之道,从而把道进一步社会化、人性化,成为"王道"。

伦理的根据在哲学,关于仁的合法性的论证,本来应该是一个哲学问题,但孔子、孟子等早期儒家并没有作出哲学的论证,也没有建构一个哲学的理论。西方从上帝之爱或者从哲学本体论出发,自上而下地建构伦理体系,伦理具有形而上的绝对性根据。儒家恩德的发生不同于西方伦理,中国从个体的恩情出发,由家庭伦理孝推广为政治伦理忠,再概括为仁,自下而上地建构伦理体系,具有实践性而缺乏绝对性的根据。对于以仁为核心的恩德文化的合法性,孔孟运用了两种论证方式。首先是人性的论证,就是把仁作为人的本性,而人的本性是自然天性。关于孝道,孔子没有从天命出发论证,而是诉诸内心。

> 宰我问:"三年之丧,期已久矣。君子三年不为礼,礼必坏;三年不为乐,乐必崩。旧谷既没,新谷既升;钻燧改火,期可已矣。"子曰:"食夫稻,衣夫锦,于女安乎?"曰:"安。""女安,则为之!夫君子之居丧,食旨不甘,闻乐不乐,居处不安,故不为也。今女安,则为之!"宰我出。子曰:"予之不仁也!子生三年,然后免于父母之怀。夫三年之丧,天下之通丧也,予也有三年之爱于其父母乎?"(《论语·阳货》)

这就是把孝道和恩德置于良心之上,而没有诉诸形而上的根据。孟子也从人性的角度,以"恻隐之心""不忍人之心"作为仁的根源。孟子曰:"君子所性,仁义礼智根于心……"(《孟子·尽心上》)恩德出自人性,人性本善,天生具有不忍人之心,也就是同情心,所以会施恩于人,也会感恩、报恩于人。"所以谓'人皆有不忍人之心'者,今人乍见孺子将入于井,皆有怵惕恻隐之心……由是观之,无恻隐之心,非人也……恻隐之心,仁之端也……"(《孟子·公孙丑上》)儒家把恩德的根据归结为人性、人心,但人性的善恶本来就有争议,如孟子持性善论,荀子持性恶论,因此这并不是确定的根据。而且,这种论证也可能通向了主观性和随意性，因为如果心里没有忠孝意识，岂不是就可以不忠不孝了吗？宰我不愿守孝三年而仍然感到"心安"，而孔子也只能斥责其不仁，这从反面说明了仁并非心灵中固有的。

其次，儒家对恩德文化的另一种论证，是以"天命"为根据的论证。孔孟借用了早期宗教的"天命"观念，认为忠孝是天命的体现。孔子以天命论证孝道："子曰：'夫孝，天之经，地之义，而民之行。'"（《孝经·三才》）孟子提出了"尽其心者，知其性；知其性者，则知天矣"（《孟子·尽心上》）的命题，认为天命是人心、人性的根据。《中庸》云，"天命之谓性，率性之谓道，修道之谓教"，也是基于这个思路。孔孟提出仁来自天命，人性体现天命，进而得出忠孝仁义源于天命的论证，力图使恩德文化具有神圣性、绝对性。但是把恩德的根据归结为天命，还没有摆脱早期宗教的思想框架，不是哲学的论证，而是一种神学的论证。在春秋战国时期这种对天的信仰实际上已经衰微了，它缺乏对伦理的实际建构能力，因此这种天命论的论证并无太大效力。儒家自身也淡化了天命（天道）观念，故天命失去了神圣性、绝对性。由于"天道远，人道迩"，故"夫子之言性与天道，不可得而闻也"，这就是说儒家不愿意利用宗教观念（天道）来论证人性，而这就消解了天命（天道）的神圣性，从而不能成为恩德文化的绝对根据。而且，孔孟的论证也比较粗略，没有具体论证天命与人性的统一关系，天命如何化为人性等，只是利用天命思想的余威维护恩德文化。因此，天命的论证也就没有形成一个理论体系。总之，从以上考察可以看出，人性论和天命论都不足以为恩德文化作终极论证。

在汉代，儒家思想成为正统，恩德文化获得合法性。此时，道家思想、黄老思想对恩德文化仍然具有解构作用，这就要求为恩德文化的根据作出系统、明确的论证，以确立恩德文化的合理性。董仲舒继承、弘扬了儒家学说的天命思想，但他不是像孔孟那样淡化、罕言天命，而是以天命为根据，建立一个神学哲学，为恩德文化作出了神学哲学的论证。董仲舒继承了《易经》的"形而上者谓之道"思想，对道作出了形而上学的规定，以天命为道，并且把天命与人事联系起来，通过天人感应，以天命规定人事。董仲舒的哲学思想是天人感应、天人合一。它认为天有德性，也就是仁，对人类万物施恩。"天者群物之祖也，故遍覆包含而无所殊，建日月风雨以和之，经阴阳寒暑以成之。故圣人法天而立道，亦博爱而亡私，布德施仁以厚之，设谊立礼以导之。"（《汉书·董仲舒传》）"天高其位而下其施，藏其形而见其光。高其位，所以为尊也；下其施，所以为仁也；藏其形，所以为神；见其光，所以为明。故位尊而施仁，藏神而见光者，天之行也。"（《春秋繁露·离合根》）他认为天德决定人德，试图以天人合德的观念论证恩德的神圣性和绝对性。董仲舒认为，恩德在于"圣人法天而立道"，是人恩、人德对神（天）恩、天德的效法，人德符合天德，仁爱来自天心，所以恩德文化符合天意，具有绝对的合理性。恩德本来就有天德的源头，人恩是神恩的转化形式，只是春秋战国以后，人文精神确立，注重人恩而淡化了神恩。董仲舒把神（天）恩与人恩、天德与人德对应起来，以天人感应之说为人恩、人德确立了神（天）恩、天德的根据，使得恩德具有了神圣性、绝对性。董仲舒为恩德文化提供了一个神学哲学的论证，它超越了感性经验水平，具有了某种形而上学的性质。因此，董仲舒的神学哲学是儒家哲学的初始形态，为儒家哲学建设奠定了基础。但是，这种宗教哲学与儒家的人文精神不符，儒家淡化天命而重人事，强调人的自觉仁爱追求，并不以天意阐释人事。而且，董仲舒的天人感应说以及天德与人德的类比，也不是一个合理的论证方式，不如道家和后来的佛家的逻辑论证有信服力。因此，董仲舒建构的神学哲学也没有为恩德文化提供强有力的论证，后来被儒家主流摒弃。总之，关于恩德文化的根据，汉儒还没有摆脱天命观念，没有作出理性的哲学论证。

魏晋时期，玄学兴起。玄学有黄老思想的渊源，同时也进行了更为深入的哲学思辨。玄学脱离了汉代的神学哲学，进入形而上的思辨领域。玄学"辨名析理"，其主题是本体论上的有、无之辨，实际上建立了"无"本体论。"无"本体论的建立，也使得"道"脱离了实体性，为形而上学的建立奠定了基础。汤用彤评论魏晋玄学道："汉代寓天道于物理。魏晋黜天道而究本体，以寡御众，而归于玄极；忘象得意，而游于物外。于是脱汉代宇宙之论（Cosmology or Cosmogony）而留连于存存本本之真（ontology or theory of being）。"① 可见玄学对本体论建构之贡献。同时，魏晋玄学的讨论作为一种思辨训练，超越了先秦两汉时期理论思维的低下水平，加强了中国人的抽象思维能力，提升了哲学素质，为宋明道学的建构打下了基础。但是，玄学毕竟不是为恩德文化论证的哲学体系，它具有道家哲学的渊源，对恩德文化具有解构作用，甚至提出了许多"非圣无法"的异端思想，因此不能成为主流哲学。

东汉以后，佛教传入，佛学也对中国哲学的建构产生了重大影响。佛学包含着一些哲学思辨，这个异域的思想与中国思想有巨大的差异，对中国文化产生了冲击，也构成了一种补充。首先，佛学提出了本体概念，为

---

① 汤用彤：《汤用彤全集》第 4 卷，河北人民出版社，1999，第 41~42 页。

儒学所借鉴。明清之际的学者陈确指出，"本体二字，不见经传，此宋儒从佛氏脱胎来者……孔、孟绝口不言本体"①，他认为本体概念是从佛教来的，并非儒学体系自有的，此言确当。本体概念的建立，为本体论建构奠定了基础。佛学为本体论提供了超越性的思想。佛学的本体论概念是"空"，空是佛性，也是世界的本原。与"空"相对的是"色"，是不真实的现象世界。佛学认为世界万物以及人自身都没有自性，只是因缘际会，缘起性空；现象世界（色）并非本原，而世界的本原是超越时空的、永恒的、唯一的，因此是空。这样，就建立了本体与现象两个世界（特别是印度佛教有两个世界的俨然划分，而中国佛教则有沟通二者之趋势，但不能从根本上取消两个世界之划分）。儒家思想是天人合一，伦理本位，没有本体与现象之分，"道"即人伦礼法，没有超越性。道家哲学以及玄学提出了"无"作为道的属性，从而规定了本体的抽象性、非现实性以及本原性，即道的无名、无形，化生万物的性质，但道的超越性并不突出，它是可以达到的自然天性，还不是形而上学的实体范畴。佛教的彼岸性明确地体现了超越性思想，佛性以"空"的观念超度众生，脱离苦海，达到彼岸的极乐世界。因此，佛学的"空"就空前地为中国哲学提供了超越性的本体论思想资源。其次，佛学具有缜密的思辨性，其因明学提供了逻辑知识，成为严密的哲学体系建构的思想工具，从而一定程度上弥补了中国哲学论述逻辑性薄弱的缺点。最后，佛教的中国变体禅宗，提出了"顿悟"的哲学方法论，进一步充实、发展了道家的直觉方法，从而弥补了中国哲学的经验性缺陷，为哲学本体论的建立提供了方法论。但是从根本上说，佛教与恩德文化在思想上是对立的，它以彼岸的极乐世界超越了世俗世界，以"空"消解了一切恩德关系，构成了对恩德文化的冲击，因此不能成为主流思想。

　　道家、玄学以其形而上的思考和论辩，佛学也以其超越性的信仰和逻辑思辨，显示了强大的论证能力，有力地冲击了儒家学说。恩德文化缺乏形而上的哲学建构，显露了其缺陷。先秦儒家的经验性的论述和董仲舒的神学论述都难以抵挡这种挑战。韩愈痛感佛道二教对儒学的冲击导致道统的失落，力主重建道统。他疾呼："周道衰，孔子没，火于秦，黄老于汉，佛于晋、魏、梁、隋之间。其言道德仁义者，不入于杨，则入于墨，不入于老，则入于佛。入于彼，必出于此。入者主之，出者奴之。入者附之，出者污之。噫，后之人欲闻仁义道德之说，孰从而听之？"（《原道》）

---

① （清）陈确撰：《陈确集》下册，中华书局，1979，第365页。

韩愈为正统的恩德文化作论证，仍然是从传统思想中寻找根据，主要从政治、经济、伦理方面反对佛道二教，而没有从哲学的高度作出论证。道统的重建，在世俗性的文化体系内，既不能依据神学论证（如董仲舒），也不能仅仅进行伦理学的论证，必须进行哲学的论证。于是，建构儒家的哲学体系，就提上了日程。张载意识到，对儒学需要作义理的论证。所谓义理的论证，就是把先秦以来对恩德的经验性论证变成逻辑的论证。先秦对恩德的论证，主要是从人性人情出发，由亲子恩情，推广到社会、国家领域，形成家国同构的恩德，这种论证是经验性的、类比性的，缺乏逻辑论证的严密性，也缺乏哲学论证的终极性。虽然孟子等也把人性与天道联系起来，但并没有作出理论的分析、论证，而且天命概念还没有摆脱宗教色彩，不是独立的哲学本体论范畴。董仲舒为恩德文化作了神学哲学的论证，但只是以人德类比天德，人恩与天恩之间并无因果关系，因此这种论证并不合理、有力。在传统社会后期，恩德文化衰落，对人的约束力减弱。于是，重新阐释恩德，并且作出义理的论证，以维护和巩固恩德文化就成为迫切的任务。张载说："今之人灭天理而穷人欲，今复归其天理。古之学者便立天理，孔孟而后，其心不传，如荀、杨皆不能知。"[1] 这种危机意识和使命感，成为儒家哲学建构的自觉性和内在动力。

　　道家哲学、玄学、佛学一方面对主流的儒家思想构成冲击，另一方面也为儒家哲学的建构提供了借鉴。儒家从道家、玄学以及佛学中吸取了哲学建构的思想资源。儒学的哲学的完成，系统地体现在宋明道学的哲学本体论建构中。首先，韩愈吸取了禅宗的"以心传心"的"心法"，提出了由尧舜禹、文武周公而孔子、孟子，而孟轲之死，"不得其传焉"，从而提出续道统的任务。续道统不是简单的重复，而是在新的历史条件下完成对恩德文化的终极论证。其次，是吸取了道家、佛家、玄学的本体论建构经验，如李翱回应了佛教提出的"性命之源"的问题，从《中庸》中提炼出了"性命之道"，从而把道提升到本体论范畴。以后，宋明道学完成了本体论的建构。最后是吸收了道学、玄学、佛学的思辨性，特别是佛学的逻辑性（因明学），这在道学中得到应用。

　　宋明道学代表的主流哲学的发生，不像西方哲学那样出于"爱智慧"，而是出于"尊德性而道问学"，即为恩德文化作终极论证的需要，因此成为一种道德哲学。在这个哲学体系中，道已经不是神学概念，也不是伦理学概念，而是转化为哲学范畴。中国哲学继承了西周以来的天道通

---

[1] （宋）张载撰：《张横渠集》1~2，中华书局，1985，第117页。

人事的思想，其本体论不同于西方的实体本体论。西方哲学的实体是在主体之外的绝对客体，而中国哲学本体论范畴道（理）则是包括天人的根本法则，主体和客体均包含其中，融为一体。道（理）作为本体论范畴具有仁的属性，宇宙论的范畴如"气""太极"等也都归于"仁"。因此，儒家代表的中国哲学偏重于价值论，而缺失了认识论；是道德哲学、人生哲学，而非知识论哲学。理学提倡的"格物致知"方法，也不是认识论，它的"德性之知"是体会仁的道德认知。心学对于仁的体认也是"反身而诚"，是一种内在的道德感知。

二　宋明道学的本体论建构

儒家学说的核心是仁，而仁被归结为内在的心性，但内在的心性毕竟是主观的，要确立它，以证明其绝对性，就要求它具有本体论的属性，于是宋明道学就确立了超越性的本体论范畴理（道），作为仁的根据，仁成为理的属性，从而在这个基础上建立了哲学本体论。中国哲学本体论的建构，超越了西方古代哲学的独断论，而以现象学的方法论来显示、把握道。道家哲学最早提出："为学日益，为道日损，损之又损，以至于无为。"（《老子·第四十八章》）这个"损"就是一种现象学还原的方法，把纷乱的表象世界还原到"无"的本源世界，并且以"虚静""心斋""坐忘"体道，领会"道法自然"的意义。儒家则通过超验的伦理体验进入本体世界，此即"尽心、知性、知天"的路径。儒学把"诚"作为纯粹意识，通过修养功夫，还原到诚的境界，进而以诚体道。孟子说："万物皆备于我矣，反身而诚，乐莫大焉。强恕而行，求仁莫近焉。"（《孟子·尽心上》）二程说"圣人自诚而明"，从而获得"德性之知"，领会理（道）。心学也是以先天的道德直觉把握道，通过去私欲而回归本心。王阳明主张"致良知"，从而达到对理的领会："知是心之本体，心自然会知。……此便是良知，不假外求。……胜私复理，即心之良知更无障碍，得以充塞流行。"[1] 这个"复理"就是通过"致良知"的现象学方法把握道。

本体论是"第一哲学"，本体论的建构是哲学体系形成的标志。道学经由现象学方法提出了本体论范畴——理（道），从而为哲学建构奠定了基础。先秦儒家没有提出本体论的范畴，天命或天道还是早期宗教的遗留概念，并不是一个哲学范畴；而孔子提出的"仁"也是伦理学范畴，不

---

[1] （明）王守仁著，周吉译注：《传习录》，开明出版社，2018，第22页。

是哲学范畴。早期儒家思想中也有"道"的概念,但这个道还不是一个哲学范畴,并不具有哲学的思想内涵,只是一个一般性的概念,即韩愈所谓的"虚位"(虚名),其含义是"道理""方法"等。早期"道"的意义是被具体语境规定的,可以指天命,如天道;也可以指伦理规范,如"圣贤之道";又可以指身份伦理责任,如君道、臣道、父道、子道、妇道等;还可以指个人的思想主张如"吾道"等。只是在道家哲学中,道才具有了哲学的内涵而成为本体论范畴。韩愈力主重建道统,指的是圣贤之道,他对道的阐释仍然是形而下的,他说:"博爱之谓仁,行而宜之之谓义,由是而之焉之谓道,足乎己无待于外之谓德。仁与义为定名,道与德为虚位。故道有君子小人,而德有凶有吉。"[1] 在这里,韩愈对道的定性还是"虚位",即形式的规定,而不是有确定思想内涵的"定名",只有仁义才是"定名",而定名即本质的规定。这说明此时道不是有确定思想内涵的本体论的范畴,还从属于伦理学概念仁。继韩愈之后,李翱也接过了重建道统的任务,他超越韩愈之处在于,提出了儒学要解决"性命之源"的问题,以回应佛学的挑战。他的思想资源主要是《中庸》,他认为孔子有"尽性命之道",这个道由孔子的孙子子思继承,子思作《中庸》,传给孟子,孟子后这个"性命之源"近乎中断。李翱从《中庸》的"天命之谓性"出发,论证了普遍人性的根据在于天命。这个论说一方面回归《中庸》的思想,为仁义规定了绝对的根据,同时也不彻底,因为性还依托天命,而天命还没有完全摆脱早期宗教概念而成为独立的本体论范畴。直至宋明道学,才明确地建立了理(道)这个哲学本体论范畴。

宋明道学包括程朱理学和陆王心学,它们从不同的路径建立了道德哲学体系。道学的最大贡献是把留存着宗教内涵的"天命""天道"概念赋予理性内涵,转化为哲学本体论范畴"理(道)"。理学认为天即道即理,从而把宗教的天和伦理的道转化为本体论的理。邵雍继承老庄之说,提出了"道生天地"的思想,使得道超越了宗教概念而具有了本源性。二程把天道释义为理,有人提问"天道如何?"程颐回答"只是理,理便是天道也"。[2] 道学把理置于天地之上,对天作了理性的规定和阐释,因此超越了早期儒学,也反拨了董仲舒的神学哲学。道学的理不是早期宗教的天命,而是一个哲学本体论范畴。以理名道,一方面把道由"虚位"转化为"定名",使其具有了确定的哲学意义;另一方面也强调了道的客观规

---

[1] (唐)韩愈:《韩昌黎全集》,国学整理社,1935,第172页。
[2] (宋)程颢、程颐:《二程集》上,王孝鱼点校,中华书局,1981,第290页。

律性，成为可以理性地把握的对象，而不是神秘的、不可知的天命。张载说："天地之道，可以一言而尽也，凡言道，皆能尽天地，但不得其理……以术知者却是妄。"① 此外，理也超越了伦理学范畴，具有形而上的性质，它不是具体的道理、规则，而是超越性的本体论的设定。理作为本体论范畴，成为一切自然、社会现象的根据，也成为伦理观念的根据。程颐对体（道）与用（器）作了形而上与形而下的区分，规定了天理的形而上性质。这样，理学就以理为本体论范畴，进而建立起一个哲学体系。另外，以理名道，也使得道具有了理性内涵，即可以通过理性的阐释，说明世间万事万物，从而具有了逻辑性，这就不同于以往的经验的论证和类比性的推理。因此，道学通过理的推演，论证了恩德文化的诸规定性，建立了比较严整的哲学体系。故二程云："理则天下只是一个理，故推至四海而准。须是质诸天地，考诸三王不易之理。"② 理作为本体论范畴，是一个哲学的开创，所以程颢云："吾学虽有所受，天理二字，却是自家体贴出来。"③ 总之，二程提出了天理是本体论范畴，为道学的建构奠定了基础。

程朱理学重新阐释了"天命之谓性"，以哲学思维沟通了理与性，即天理是客观的法则，理分有为性，性即理，仁为性的属性，故理为仁的根据。程颐说："理也、性也、命也，三者未尝有异。穷理则尽性，尽性则知天命矣。"④ "在天为命，在义为理，在人为性，主于身为心，其实一也。"⑤ 二程提出了"天命之性"和"气质之性"的区分，认为前者是天理在人性中的体现，是绝对的善；后者是自然生成的，有恶的因素，所以要"存天理，灭人欲"。恩德源于天命之性，因此忠孝等伦理规则就符合天理。这样，就为恩德文化找到了天理这个客观化的绝对根据。由于"理一分殊"，所以"这个义理，仁者又看做了仁也，知者又看做了知也，百姓又日用而不知，此所以'君子之道鲜矣'。"⑥ 这样，天理就作为本源，规定了诸伦理范畴。总之，道学的开创者二程，提出了天理（道）作为本体论范畴，天理是世界万事万物的根本道理，规定了恩德文化的根本法则，其核心就是"仁"。

---

① （宋）张载撰，朱熹注：《张子全书》，商务印书馆，1935，第264页。
② （宋）程颢、程颐：《二程集》上，王孝鱼点校，中华书局，1981，第38页。
③ （宋）程颢、程颐：《二程集》上，王孝鱼点校，中华书局，1981，第424页。
④ （宋）程颢、程颐：《二程集》上，王孝鱼点校，中华书局，1981，第274页。
⑤ （宋）程颐、程颢：《二程集》上，王孝鱼点校，中华书局，1981，第204页。
⑥ （宋）程颢、程颐：《二程集》上，王孝鱼点校，中华书局，1981，第42页。

朱熹发展、完备了理学。他以理为本体论范畴。他认为天命即理，"命，犹令也；性，即理也。天以阴阳五行化生万物，气以成形，而理亦赋焉，犹命令也。于是人物之生，各因得其所赋之理，以为健顺五常之德，所谓性也"①。这里朱熹继承了《中庸》的"天命之谓性"思想，但以哲学范畴"理"置换了宗教概念"天命"，以理统领性，进而为恩德文化找到了哲学根据。朱熹提出，仁是天性，是理的属性，也是爱的根据，故"仁者爱之理，心之德也"②。这样，以仁为中介，理就成为忠孝等伦理范畴的形而上根据，而忠孝就被置于理、仁的统领之下，具有了绝对的合理性。宋明道学虽然建立了理本体，但也产生了理论体系内在的问题。理具有外在性，而"格物穷理"导致了对本体把握的"支离"，难以内在地、整体上把握，所以心学对其作了反拨，建立了心本体论。

陆王心学为了克服理学把本体外在化，导致理与性难以沟通的弊端，而转向心本体论。心学继承了孟子的"万物皆备于我"，"尽心、知性、知天"的观念论思路，认为心即理，人心即道心，回归本心就是遵从天理，从而把恩德建立在本心之上。这样，恩情发自本心、良知，就是天理。心学主张心与万物合一，达到"天地万物一体之仁"。陆象山云："宇宙便是吾心，吾心即是宇宙。"③ 这个心是普遍的、不变的"同心"，是"本心""良知"，而不是被私欲污染的心或者放失之心。人蔽于物欲或意见而失本心，只有去掉这种阻隔，才能恢复本心，从而领会天道。他说："心之体甚大，若能尽我之心，便与天同。"④ 另一个心学代表王阳明，也以心为本体，主张"心即性，性即理"，他说："都只在此心，心即理也。此心无私欲之弊，即是天理，不须外面添一分。"⑤ 他以心合万物，即所谓"人是天地的心"，从而成就"天地一体之仁"。他说："大人之能以天地万物为一体也，非意之也，其心之仁本若是其与天地万物而为一也。"（《王文成公全集》）卷二十六）他主张去私欲之蔽，恢复"初念"而至良知，可以成就一体之仁。总之，心学以心为本体，认为心即性即理，而心与万物合一，故成就了"天地万物一体之仁"，从而建立了心本体论。

---

① （宋）朱熹撰：《四书章句集注》，中华书局，1983，第17页。
② （宋）朱熹撰：《四书章句集注》，中华书局，1983，第48页。
③ （宋）陆九渊：《陆象山全集》，国学整理社，1936，第317页。
④ （宋）陆九渊著，钟哲点校：《陆九渊集》，中华书局，1980，第444页。
⑤ （明）王阳明：《传习录》卷上，载陈荣捷撰《王阳明传习录详注集评》（修订版），台北：台湾学生书局，1992，第30页。

宋明道学的本体论建构，与西方哲学不同，西方哲学是实体本体论，实体与现象截然二分，实体为真实，现象为虚假；而中国哲学本体论是体用一元，本体界与现象界沟通，同为真实。张岱年先生对中国哲学的本体论作了精辟的论析，他说："印度哲学及西洋哲学讲本体，更有真实义，以为现象是假是幻，本体是真是实。本体者何？即是唯一的究竟实在。这种观念，在中国本来的哲学中，实在没有。中国哲人讲本根与事物的区别，不在于实幻之不同，而在于本末、原流、根支之不同。万有众象同属实在，不唯本根为实而已。以本体为唯一实在的理论，中国哲人实不主持之。"①

三　宋明道学对恩德文化的论证和超越

哲学有两重功能。首先，哲学为社会、文化作终极论证，给出其根据与合理性，从而维护社会、文化的稳定。其次，哲学对社会、文化作出反思，揭示其有限性，给予理性批判，从而超越其局限。中国哲学同样具有两重功能，但前者是显性的，即自觉地为恩德文化作终极论证；后者是隐性的，即不自觉地反思、超越恩德文化。宋明道学以理（道）为恩德文化的绝对根据，从而为恩德文化作出终极论证，这是其主要功能。恩德文化的核心价值是仁，宋明道学就为这个核心价值作出了终极论证。

宋明道学的先驱邵雍，曾经以《易经》为思想资源，建立了以太极为基本范畴的宇宙论，试图论证太极决定了人伦。它提出，太极生天地万物，故为一，而万物为多，所以一决定多。而人道与天道（太极）对应，也是一决定多，圣人为一，万民为多，故天尽物，圣人尽民（亲民并教化万民），大道得以流行。邵雍说：

> 天之能尽物，则谓之曰昊天。人之能尽民，则谓之曰圣人。谓昊天能异乎万物，则非所以谓之，昊天也。谓圣人能异乎万民，则非所以谓之圣人也。万民与万物同，则圣人固不异乎昊天者矣。然则圣人与昊天为一道，圣人与昊天为一道，则万民与万物亦可以为一道。②

这个论证，还保留了董仲舒的天人感应哲学的痕迹，而且昊天可以尽物，与圣人可以尽民，以及万民与万物一道，只是一种类比关系，并无逻辑的

---

① 张岱年：《中国哲学大纲》，中国社会科学出版社，1982，第9页。
② （宋）邵雍著，郭彧整理：《邵雍集》，中华书局，2010，第10页。

必然性，因此这种论证缺乏效力。这是因为宇宙论的实体范畴太极，不能包括人道，所以用了类比推理，产生了逻辑的悖谬。后来的道学家不是从宇宙论，而是从本体论上论证天道与人道的关系，以达成逻辑的合理性。宋明道学以本体论吞没宇宙论，把太极或气作为理（道）的化身或载体，如张载把气作为理的载体，理为气运行之规律；程颐、朱熹认为理与气是形而上与形而下之分，朱熹还把太极归于理，成为本体论范畴，具有仁的属性；陆王心学则认为理气一体，皆归于心，"气即是性，性即是气，原无性气之可分也"①。

宋明道学认为，理（道）是仁的根据，仁是理（道）的属性和功能，仁统领孝、忠诸范畴，而孝、忠等恩德文化范畴具有仁的性质，故恩德文化具有绝对的合理性。中国人讲道德时，多称"天理良心"，就是把天理和良心作为道德的依据，可见这个论证已经深入人心。宋明道学建立了本体论范畴"理"（道），理决定了万物之性，而人之性即仁，体现为忠孝等。程颐曰："凡一物上有一理，须是穷致其理。"② 程颐又说："夫有物必有则：父止于慈，子止于孝，君止于仁，臣止于敬。"③ 朱熹也说："理只有这一个，道理则同，其分不同。君臣有君臣之理，父子有父子之理。"④ "所居之位不同，则其理之用不一。如为君须仁，为臣须敬，为子须孝，为父须慈。物物各具此理，而物物各异其用，然莫非一理之流行也。"⑤ 这样，"理一分殊"，理作为本体分有为忠孝，为恩德文化的绝对合理性作了终极论证。

陆王心学从主观方面为恩德文化作出终极论证，它认为"心即理"，而心存仁义，故恩德文化具有绝对合理性。陆象山认为道在人体现为本心，仁义即本心："道塞宇宙，非有所隐遁。在天曰阴阳，在地曰柔刚，在人曰仁义。故仁义者，人之本心也。"⑥ 王阳明则提出理是"心之条理"，心有良知，故"致良知"就有了忠孝之理。王阳明说："理也者，心之条理也。是理也，发之于亲则为孝，发之于君则为忠，发之于朋友则

---

① （明）王守仁：《王阳明全集》，国学整理社，1936，第40页。
② （宋）程颢、程颐：《二程集》上，王孝鱼点校，中华书局，1981，第188页。
③ （宋）程颐撰：《周易程氏传》，王鹤鸣、殷子和整理，九州出版社，2011，第211页。
④ （宋）朱熹撰：《朱子全书》第十四册，朱杰人、严佐之、刘永翔主编，上海古籍出版社、安徽教育出版社，2002，第237页。
⑤ （宋）朱熹撰：《朱子全书》第十四册，朱杰人、严佐之、刘永翔主编，上海古籍出版社、安徽教育出版社，2002，第606页。
⑥ （宋）陆九渊：《陆象山全集》，国学整理社，1936，第6页。

为信。"①

宋明道学不仅为恩德文化作了论证，也改造了恩德文化。恩德文化以恩情（施恩—报恩的爱心）为基础，以恩义（施恩—报恩的责任规范）为主导，恩情支撑恩义，恩义制约恩情，二位一体。宋明道学以理为本体，理实际是恩义的抽象化；理与情、欲相对立，导致了恩义（社会责任方向）排除了恩情（个体情、欲）。这种理论建构一方面确立了理性的主导，一定程度上克服了恩德文化的有限理性缺陷；另一方面也就抽掉了恩德文化的基础——恩情，恩德文化就发生了质的变化，导致了道德理性的专制，强化了单向度的控制性。二程、朱熹都表达过"存天理，灭人欲"的思想，虽然这个人欲是指过度的私欲，但理欲对立的理论上的偏颇不可避免地破坏了恩德文化的合理性。对于恩德文化的极端化，清代的戴震用"以理杀人"批判之：

> 尊者以理责卑，长者以理责幼，贵者以理责贱，虽失，谓之顺；卑者、幼者、贱者以理争之，虽得，谓之逆……上以理责其下，而在下之罪，人人不胜指数。人死于法，犹有怜之者，死于理，其谁怜之？②
>
> 其所谓理者，同于酷吏之所谓法。酷吏以法杀人，后儒以理杀人，浸浸然舍法而论理，死矣，更无可救矣。③

陆王心学则导致了另一种倾向。陆王心学主张以心为本体，本意是回归本心，以理"去心中贼"，为恩德文化找到根据。但是，以心为本体，心即理，失去了外在的规范，可能导致心的放纵，所以就产生了王学左派对情欲的肯定和对理的批判。因此，陆王心学的主观化论证也动摇了恩德文化的基础。

宋明道学作为准形而上学的哲学，也在一定程度上突破了恩德文化的局限，提供了反思、超越恩德文化的思想工具。这个反思、超越的功能，是哲学的本性决定的，并不是道学家的自觉行为，道学家并无意批判恩德文化。理（道）作为本体论范畴，具有普遍性、超越性，而作为理（道）的属性的仁也是"天地万物一体之仁"，也具有普遍性、平等性。从逻辑

---

① （明）王守仁：《王阳明全集》，国学整理社，1936，第79页。
② （清）戴震撰：《戴震集》，汤志钧校点，上海古籍出版社，1980，第275页。
③ （清）戴震撰：《戴震集》，汤志钧校点，上海古籍出版社，1980，第188页。

上讲，这个普遍的仁就必然是平等的、无差等的爱。这样一来，道学就突破了恩德文化规范，提出了超越性的哲学思想。这就是说，道学哲学必然要超越恩德文化，否定恩德文化的不平等性、差等性，虽然这种超越、否定是不自觉的，甚至是潜在的。

首先，道学建立了形而上的理（道）作为本体论范畴，但也产生了体用之间的矛盾关系。道学主张"理一分殊"（或"理一万殊"），即理作为本体论范畴，使万物分有，形成了其"性"，故性即理，此即"体用一如"。这样，忠孝本于"性"，性为仁，故为理的分有。这种逻辑的推演就产生了这样的结果：理作为"体"是"天地万物一体之仁"，即普遍的、平等的爱，那么忠孝作为"用"也应该是普遍的、平等的爱了。但是，忠孝不是兼爱、博爱，具有不平等性，是差等之爱，而且具有控制性，因此也就不是"天地万物一体之仁"。这意味着体用不一致，发生了冲突。为了解决这个矛盾，程颐作了特殊的解释，他说"理一分殊"的"分"，不是分有的分，而是身份的分，他说："万物之理皆自如，而人与君臣、父子之间不能尽其分者，多矣。"① 这里的"分"，就是身份，而非分有。可以看出，程颐认为理作为"体"，其用是身份责任，从而为恩德文化作了身份伦理的论证。但是，程颐对"理一分殊"的解释并不符合其本义，是一种曲解。朱熹也说："天命之谓性，命，便是告札之类；性，便是合当做底职事，如主簿销注，县尉巡捕。"② 他同样把理决定的性确定为身份责任，企图证明恩德文化的绝对合理性。这种阐释并不合理，因为"理一分殊"的"分"是哲学概念，"分"是分有"理"，故形成"一"与"多"的逻辑关系；而作为身份的"分"是社会学的概念，这个"身份"与"理"不构成"一"与"多"的逻辑关系。于是，由理到性的分有即一般到特殊的逻辑推演就产生了悖谬，因为理的分有只是一般的仁（即"天地万物一体之仁"）的具体化，其本质不变，故应该是普遍的、平等的爱，而不应该形成具体的身份责任（忠孝等），即不能形成不平等的、差等性的恩爱。总之，理与身份责任（忠孝等）并不是分有的关系，它们的性质不同，忠孝不是"天地万物一体之仁"，而是不平等的差等之爱。

其次，道学建立的本体论超越了恩德文化。儒家对仁的规定具有两重

---

① （宋）程颢、程颐：《二程集》下，王孝鱼点校，中华书局，1981，第1267页。
② （宋）朱熹撰：《朱子全书》第十四册，朱杰人、严佐之、刘永翔主编，上海古籍出版社、安徽教育出版社，2002，第192页。

性，一方面认为仁是孝的推广，"孝弟也者，其为仁之本与"，而且仁礼一体，"克己复礼为仁"，从而肯定了仁的不平等性和差等性；另一方面，又规定仁具有普遍性、超越性，即所谓"仁者爱人"，"泛爱众，而亲仁"，"天地万物一体之仁"，从而超越了孝、忠等伦理规范的不平等性和差等性。张载主张打破人我界限、主客观分别，讲仁民爱物，"民，吾同胞，物，吾与也"①，这是作为仁的根据的道的规定，也是对作为道心的仁的规定，从而就否定了爱的差等性以及施恩方与报恩方的不平等性。张载本意为忠孝找到根据，确立了性、仁的绝对性，但却得出了突破忠孝范畴的局限的思想，他说："天所以长久不已之道，乃所谓诚。仁人孝子所以事天诚身，不过不已于仁孝而已。故君子之诚为贵。"② 这里明确地提出了道的超越性，即以诚把握道而达成的"不已于仁孝"的境界。张载还说："性者，万物之一源，非有我之得私也。唯大人为能尽其道，是故立必俱立，知必周知，爱必兼爱，成不独成。彼自蔽塞而不知顺吾理者，则亦未如之何矣。"③ 这里更由道而性，由性而"兼爱"，从而打破了恩德文化的差等之爱。心学讲万物一体之仁，心无内外，达到"廓然而大公"的境界。这个境界就必然消除了恩德文化的尊卑长幼之界限，也消除了远近亲疏之差等。王阳明说："大人者，与天地万物为一体者也。其视天下为一家，中国犹一人也焉。……其心之仁本若是与天地万物而一也。"④ "夫圣人之心，以天地万物为一体，其视天下之人，无外内远近，凡有血气，皆其昆弟赤子之亲，莫不欲安全而教养之，以遂其万物一体之念。"⑤ "天地万物一体之仁"打破了恩德的不平等性和差等性。这个打破恩德规范的普遍性规定，是哲学逻辑的必然。

对于一般道学家来说，道（理）对恩德文化的超越是不自觉的，甚至违反了他们为恩德文化论证的初衷，也产生了思想体系内的矛盾。面对哲学论证与恩德文化的矛盾，他们也竭力化解。王阳明的语录记载："问：'大人与物同体，如何《大学》又说个厚薄？'先生曰：'唯是道理自有厚薄。比如身是一体，把手足捍头目，岂是偏要薄手足？其道理合如此。禽兽与草木同是爱的，把草木去养养禽兽又忍得。人与禽兽是同爱的，宰禽兽以养亲与供祭祀，燕宾客，心又忍得。至亲与路人同是爱的，

---

① （宋）张载撰：《张横渠集》1，中华书局，1985，第1页。
② （宋）张载撰：《张横渠集》1，中华书局，1985，第35页。
③ （宋）张载：《张载集》，章锡琛点校，中华书局，1978，第21页。
④ （明）王守仁：《王阳明全集》，国学整理社，1936，第70页。
⑤ （明）王守仁：《王阳明全集》，国学整理社，1936，第35页。

如箪食豆羹，得则生，不得则死，不能两全，宁救至亲不救路人，心又忍得。这是道理合该如此。及至吾身与至亲，更不得分别彼此厚薄。盖以仁民爱勿皆从此出，此处可忍，更无所不忍矣。《大学》所谓厚薄，是良知上自然的条理，不可逾越。'"这段话力图化解仁的普遍性与爱的差等性的矛盾，但王阳明没有采用逻辑论证的方法即从仁的内涵出发来推导出恩德的差等性（事实上也不可能），而是采用经验性的论证方法，即举例身体各器官、草木、禽兽、人以及至亲与路人之间的不平等，说明差等之爱的合理性。这种类比性论证违背了本体与现象之间的分有关系，不能消解哲学论证与恩德文化规范之间的矛盾。

还有一种化解仁德两重性矛盾的方式，就是以仁心的原始发生即孝悌之心来论证爱的差等性。王阳明语录记载："问：'程子云：'仁者以天地万物为一体'，何墨氏兼爱反不得谓之仁?'先生曰：'此亦甚难言。须是诸君自体认出来始得。仁是造化生生不息之理，虽弥漫周遍，无处不是，然其流行发生，亦只有个渐，所以生生不息。……譬之木，其始抽芽，便是木之生意发端处……父子兄弟之爱，便是人心生意发短处，如木之抽芽。自此而仁民，而爱物，便是发干，生枝生叶。墨氏兼爱无差等，将自家父子兄弟与途人一般看，便自没了发端处。不抽芽便知得他无根，便不是生生不息，安得谓之仁?'"[①] 这种解说也不是从仁的内涵来推演出爱的差等性，而是以类比的方法，以木之发芽，生长为枝叶，来说明仁心为发端，这就是孝悌，差等之爱是其推广（"渐"），所以形成"差序格局"是自然合理的。这个论证是以原始亲情为仁之本源，以差等之爱为仁之用，但体用有别，仍然不能统一。这实际上是以孝本说代替了仁本说，否认了仁的本体论根据，造成了逻辑上的矛盾。儒家本来就有孝本说（"孝弟也者，其为仁之本与"）与仁本说的冲突，孝本说是从恩德文化的发生学顺序讲的，即孝推广为其他伦理范畴，升华为仁，因此孝为源头；而仁本说是从逻辑顺序讲，即仁为本体，是各种伦理范畴包括孝的根本。道学本来是要以逻辑论证来为恩德文化找到哲学根据，但为了回避哲学思想与恩德文化的矛盾，结果舍弃了逻辑论证而退回到了经验性的论证和发生学的论证。这个论证只是从经验事实出发，得出"这是道理合该如此"，而没有逻辑地论证恩德文化的合理性。这种以经验事实和发生学论证取代逻辑论证的缺失，源于中国古人逻辑思维的薄弱和中国文化的实用理性特性，这个弱点也体现在哲学论证上。此外，这个矛盾也在于中国文化的信

---

① （明）王守仁：《王阳明全集》，国学整理社，1936，第 17~18 页。

念伦理与责任伦理没有分化，仁作为信念伦理范畴，具有超越现实规范的理想性；而忠孝等责任伦理范畴则遵从现实规范，道学对此不加区分，把它们同一化，这种同一是虚假的，必然发生破裂。这从反面证实了道学哲学超越了恩德文化。

道学对恩德文化的反思、批判，在王学左派那里最为尖锐，他们从心学中发展出一种感性本体论哲学思想，以欲望为本，颠覆了以理为本的主流道学。他们主张欲望的合理性，反对"存天理，灭人欲"，甚至提出欲即理。王夫之认为"理在欲中"，"随处见人欲，即随处见天理"。当然他也不主张废除理，而是建立以欲为基础的理和欲互相依存、互相制约的关系，即"无理则欲滥，无欲则理废"。他认为"人欲之各得，即天理之大同"。后来的王学左派则走得更远，如李贽等更是以感性对抗理性，反叛恩德文化。

宋明道学建立了理本体或心本体，形成了系统的哲学体系，具有了形而上学的属性，从而标志着中国主流哲学的发生。但是，道学也有其局限，主要是本体论与伦理学没有充分分离。本体论是第一哲学，它应该与伦理学分离，其基本范畴应该超越具体的伦理范畴。但是在道学中，理（道）具有两重性。一方面，理（道）是本体论范畴，具有超越性；另一方面，体用不分，理（道）又未脱离伦理学，具体化为孝忠等伦理范畴，具有现实性。理（道）的两重性造成了仁的两重性，即作为恩德范畴的仁和作为而本体论范畴的仁的两重性。一方面，仁被规定为理（道）的属性，是哲学本体论的范畴，因此具有超越时空的绝对性，是"天地万物一体之仁"。另一方面，恩德是身份伦理，仁礼一体，伦理责任与社会身份结合在一起，故施恩—报恩的双方带有不平等性，即施恩方（君、官、父、兄、夫等）支配受恩方（臣、民、子、弟、妻等），受恩方依附施恩方，产生了尊卑长幼之别，所以仁也具有了不平等性和差等性。恩德作为身份伦理，是孝悌的推广，所以爱有亲疏远近之别，具有了差等性。仁作为伦理范畴的"全德"，是对孝、忠诸范畴的概括，因而与孝、忠等伦理范畴一样具有不平等性、差等性。这就导致了道学自身也产生了矛盾，即超越性与现实性的矛盾。这就意味着道学作为形而上学的超越性不足，其批判理性薄弱，偏重于对恩德文化的论证，而缺乏对恩德文化的自觉反思和批判。由于道学的两重性，故只能成为准形而上学或有限的形而上学，而不同于西方的本体与现象分离的完全的形而上学。

第十一章　中国恩德文化的历史演变

中国恩德文化自春秋战国时期发生，至今有两千余年的历史。与中国传统社会结构的超强的稳固性相对应，中国恩德文化也具有超强的稳固性。在现代性发生前，中国恩德文化的基本结构和核心价值没有发生变化，即没有否定性的、突破性的转变，因此并没有现代意义的历史发展。但是，在历史进程中，中国恩德文化诸要素之间的关系也有所变化，形成了不同阶段的特性，从而构成了恩德文化的历史。

第一节　恩德文化历史演变的基本趋势

一　恩德文化历史演变的根据

恩德文化的历史演变，自有其原因，从文化的社会基础方面说，是后宗法皇权士绅社会的变化推动的；从文化的自身方面说，是恩德文化的内在矛盾引发的。考察这个内外两方面的动因，就揭示了恩德文化历史演变的基本趋势。

首先，要考察中国恩德文化自身的矛盾，这是恩德文化历史演变的内在动因。恩德是人与人之间的施恩—报恩关系规范，它具有两重性。其一，恩德是一种爱的形态，以爱建立人与人的关系，从而形成了一个家国共同体。其二，由于仁礼一体，恩德与社会关系结合，构成一种权力关系，即管理者以施恩的名义而拥有了支配受恩者的权力，而被管理者则以受恩的名义负有了报恩的义务，从而出让了自己的权利，失去了独立性而具有了依附性。总之，恩德不仅具有爱的属性，也有控制性。孔孟讲仁义，就包含了这种两重性，一方面要以人为本，敬爱他人，此即"仁者爱人"；另一方面也以恩德建立起君臣、父子、兄弟、夫妻、朋友之间的权力关系，此即"克己复礼为仁"。这样，恩德文化的两重性就产生了施恩者与受恩者关系的两重性，就是既有互爱的亲和性，也有支配与被支配的矛盾。在双方的关系中，如果施爱多一些，而要求回报少一些，并且控制也少一些，那么社会矛盾就相对缓和。如果施爱少一些，而要求回报多一些，并且控制也多一些，那么社会关系就会相对紧张，导致社会冲突。由于恩德文化是由作为施恩方的管理者（君、父、夫等）主导的，而作为报恩方的被管理者（臣民、子、妻等）是被动的、依附的，故恩德文化的发展趋势必然是由管理者的意志主导的，也必然是不断加强对被管理者的索求和控制性，从而加剧社会矛盾，这是恩德文化演变的基本规律。恩德文化的基本矛盾也引发了其他矛盾，主要是恩情（私恩）与恩义（公义）的矛盾、家恩（孝）与国恩（忠）的矛盾等，由此发生了由情向理、由家恩向国恩的偏向，等等。总之，随着传统社会矛盾的发展，恩德文化的基本矛盾也会随之发展，构成了恩德文化演变的历史趋势。

其次，中国恩德文化的演变还有社会的动因。由于文化是社会生活的表征，依据社会生活的变化而变动，所以社会历史趋势决定了文化的演变趋势。后宗法皇权士绅社会是恩德文化的社会基础，恩德文化适应于后宗法皇权士绅社会的社会状况，因此恩德文化必然伴随着后宗法皇权士绅社会的演变而演化。后宗法皇权士绅社会以君主、士阶层以及家族之间的关系为基本结构，其中君权是顶层建筑，代表国家权力；家庭（族）是基础部分，也是社会的基本细胞，具有一定的独立性；士阶层则是沟通二者的中介，它一方面代表了家庭（族）利益，另一方面也为君权服务，成为家国之间的中间力量。因此，君主、士大夫和民众三者之间的关系也决定了恩德的文化形态。从根本上说，在三种社会力量的博弈中，君主（国家）具有主动性，它尽力加强国家的权力，加大对社会的控制，而家族则相对被动，它只能通过士大夫参与国事，表达和维护自己的利益。这就意味着恩德文化演变的基本趋势是加强控制性，这种趋势首先体现在国家领域，也就是体现在君臣、君民、官民关系等方面的紧张化。由于家国同构，国家控制的强化，也必然体现在社会领域和家庭领域，连带地引起社会和家庭内部关系的紧张，导致恩德文化整体上控制性的加强。春秋战国时期是后宗法社会的前期阶段，还没有形成大一统的国家，君权相对薄弱，只能依靠大家族的支持，故国家与社会、家庭的关系比较平衡，恩德文化的控制性相对不强。汉代至五代是后宗法社会中期，大一统国家形成，君主具有了主动权，加强了对社会、家族的控制，但世家大族仍然强大，制约着君主权力，所以这一阶段国家对社会的控制还没有打破平衡。这一阶段的恩德文化虽然开始偏于控制性，但其程度受到限制，爱的属性

第十一章　中国恩德文化的历史演变　365

与控制性还保持着一定的平衡。宋代至清末是后宗法社会后期阶段，世家大族消失，家族势力消减，士人只能通过科举被动地参与国家权力，国家对社会的控制强化，因此恩德文化的平衡在很大程度上被打破，控制性成为主导。值得注意的是，在这个阶段产生了两个少数民族建立的朝代即元和清，当时蒙古族和满族的社会发展水平很低，他们掠夺人口作为奴隶，其伦理体现着主奴关系。这两个民族虽然在入主中原后被汉化，接受了恩德文化，但主奴关系伦理仍然渗入主流文化之中，使得恩德文化的控制性显著加强。明代不仅继承了元文化的控制性，而且其开国皇帝朱元璋出身游民阶层，他制定的政治、文化制度更极端地体现了平民文化的专制性。因此，元明清三代典型地体现出后期恩德文化的控制性倾向。

在后宗法皇权士绅社会的历史进程中，形成了恩德文化演变的三个阶段：早期是春秋战国时期的发生、建构阶段；中期是汉至五代的稳固、平衡阶段；后期是宋代至清代的强化、偏移阶段。春秋战国时期是后宗法皇权士绅社会形成的早期阶段，也是恩德文化的发生、建构阶段。在这个阶段，宗法封建贵族社会向后宗法皇权士绅社会转化，君主、士阶层与家族三种势力的关系，还处于一种动态平衡状态，君主的主导性还不突出，士有相对的独立性，家族也相对独立，而君主要依靠士阶层，国家也要依靠家族，因此恩德文化的建构就强调施恩与报恩的平衡、爱与控制性的平衡，以及私恩与公义的平衡等。汉、魏晋、南北朝、隋、唐、五代是传统社会的中期阶段，也是恩德文化的确立、稳固阶段。在这个阶段，后宗法皇权士绅社会确立，恩德文化也成为主流。随着大一统王朝的建立，确立了皇权的主导性，但世家大族也具有很大的势力，掌控了地方权力，对皇权的制约仍然比较大，故君臣关系相对平衡，而皇权的控制较弱。因此，这个阶段的君主、家族、士之间的动态平衡趋于稳固，而在这个基础上形成的恩德文化也相对稳固，施恩方对报恩方的控制性虽然有所加强，但也受到了限制；同时私恩与公义的矛盾已经显现，但没有发生明显对抗。宋、元、明、清是后期的后宗法皇权士绅社会，世家大族不复存在，士阶层的独立性消失，皇权加强，拥有了压倒性的支配地位，这导致国家对家族的干预、控制加强，士大夫的独立性受到压制。在这个时期，恩德文化的平衡被打破，施恩与报恩关系偏向报恩责任，控制性得到强化。这个时期的恩德文化也发生了私恩与公义的冲突，私恩被限制，公义压倒了私恩，从而在公私关系、义利关系、理欲关系和家国关系中向公、义、理和国倾斜。总起来看，随着中国社会平民化的进程，恩德文化也进一步强化，其控制性加强，这是恩德文化历史的基本趋势。

二　恩德文化早期的特性

春秋战国时期是恩德文化的早期阶段，即恩德文化的发生、建构的阶段。在这个阶段中，恩德的两重性虽然已经显露，但矛盾不那么尖锐，文化观念上还强调施报双方的调和。先秦儒家建立了恩德文化的核心范畴仁，在仁的基础上建立了父慈子孝、兄友弟恭、君明臣忠等恩德规范。这时的恩德是对施恩者（管理者）和报恩者（被管理者）的双向要求，强调双方的爱的对应性和责任的相互性，基本上达到了爱与权力的相对平衡。《左传·隐公三年》提出："且夫贱妨贵，少凌长，远间亲，新间旧，小加大，淫破义，所谓六逆也。君义，臣行，父慈，子孝，兄爱，弟敬，所谓六顺也。去顺效逆，所以速祸也。"孟子提出了五伦："父子有亲、君臣有义、夫妇有别、长幼有序、朋友有信。"（《孟子·滕文公上》）这里就比较完整地提出了恩德的内涵，列出了各自的责任，对君主与臣民、父亲与儿子、兄与弟都以恩爱为原则提出了各自的要求，而没有过分地偏向一方。

在家庭伦理方面，以孝悌为中心，虽然也偏重于报恩，但也强调施恩—报恩的双方责任。如讲孝，要求子女对父母敬爱顺从，同时也要求父母慈爱子女，双方互为前提。其他如兄弟关系、夫妇关系也是如此。《左传·昭公二十六年》记载："父慈而教，子孝而箴；兄爱而友，弟敬而顺；夫和而义，妻柔而正。"这个时期，对于不孝已经给予了法律制裁，如《管子·大匡》曰："适子不闻孝，不闻爱其弟，不闻敬老国良，三者无一焉，可诛也。"关于夫妻关系，也要求妻子的贞节。秦始皇会稽刻石记曰："饰省宜义，有子而嫁，倍死不贞。"但是，这里禁止的是有子而嫁，无子而嫁当不在其列，这与后世要求寡妇要一律守节不同。这个时期的家庭伦理还是对双方都有所约束，也没有像后世那样严苛。如，寡妇再嫁也成习俗。《礼记·郊特牲》曰："妻者，齐也，一与之齐，终身不改。故夫死不嫁。"吕思勉考证曰："然一与之齐，终身不改，乃是说不得一妻为妾，并非说夫死不嫁。《白虎通义·嫁娶篇》因《郊特牲》并无'故夫死不嫁'五字；郑《注》亦不及此义；可见此五字为后人所增。"[1] 先秦文献多记载寡妇再嫁的事例，说明夫妇关系比较宽松，妻子的权利尚没有完全被剥夺。《左传》记载这样一个故事："祭仲专，郑伯患之，使其婿雍纠杀之。将享诸郊，雍姬知之，谓其母曰：'父与夫孰亲？'其母曰：

---

[1] 吕思勉：《中国文化史》，商务印书馆国际有限公司，2015，第18~19页。

'人尽夫也，父一而已。胡可比也。'遂告祭仲曰：'雍氏舍其室而将享子于郊，吾惑之，以告。'祭仲杀雍纠，尸诸周氏之汪。"（《左传·桓公十五年》）这个故事说明春秋时期妇女还没有完全从属于丈夫，没有形成"夫为妻纲"，还有一定的独立性。

在政治领域，关于君臣关系，先秦儒家也认为是一种互相对等的恩德关系，就是君要尊重、礼遇臣子，臣子要忠诚、爱戴君主，不仅强调臣忠，也要强调君贤，不可偏废。孔子强调君德，认为是为政以德的根本。他提出了"恭、宽、信、敏、惠"作为执政者的品德。孔子也强调君臣之间的关系要对等，而这个标准就是礼。"定公问：'君使臣，臣事君，如之何？'孔子对曰：'君使臣以礼，臣事君以忠。'"（《论语·八佾》）"子曰：'所谓大臣者，以道事君，不可则止。'"（《论语·先进》）孔子在《论语·泰伯》中讲："天下有道则见，无道则隐。"孟子更为激进："孟子告齐宣王曰：'君之视臣如手足，则臣视君如腹心；君之视臣如犬马，则臣视君如国人；君之视臣如土芥，则臣视君如寇雠。'"（《孟子·离娄下》）他认为，对于无道昏君，甚至可以诛杀："贼仁者谓之贼，贼义者谓之残，残贼之人，谓之一夫。闻诛一夫纣矣，未闻弑君也。"（《孟子·梁惠王下》）荀子提出："从道不从君，从义不从父，人之大行也。"（《荀子·臣道》）荀子认为，君主之错若足以"危国家、殒社稷"，则"社稷之臣"就要"抗君之命，窃君之重，反君之事"，"以解国之大患，除国之大害"。对于不听劝谏的无道之君，"贵戚之卿"应该将其放逐、废黜甚至于诛杀。墨子也认为，君臣关系不是绝对的权力关系，而是一种互相负责的"尚同"关系：

> 鲁阳文君谓子墨子曰："有语我以忠臣者，令之俯则俯，令之仰则仰，处则静，呼则应，可谓忠臣乎？"子墨子曰："令之俯则俯，令之仰则仰，是似景也；处则静，呼则应，是似响也。君将何得于景与响哉？若以翟之所谓忠臣者，上有过，则微之以谏；己有善，则访之上，而无敢以告。外匡其邪，而入其善，尚同而无下比，是以美善在上，而怨仇在下，安乐在上，而忧戚在臣。此翟之所谓忠臣者也。"（《墨子·鲁问》）

总之，先秦诸子认为君权不是绝对的，臣子尽忠是以君主的尊贤、有道为前提的，这与传统社会后期走向绝对君权，片面地强调臣子对君主的忠诚并不相同。

先秦儒家认为君（官）民关系是一种恩德关系，双方都要有爱，才能达到政治的和谐。儒家认为君民关系是以民为本的，爱民是忠君的前提。孔孟主张仁政，就是为政要以民为本，爱民如子，以换得民众的拥护爱戴，在这个前提下，民众才应该效忠君主，服从君主的统治。"仁"是孔子政治思想的核心。孔子提倡"为政以德"（《论语·为政》），"敬事而信，节用而爱人，使民以时"（《论语·学而》），"百姓足，君孰与不足？百姓不足，君孰与足？"（《论语·颜渊》）孔子还指出政治家要因势利导，使人民得到利益："因民之所利而利之，斯不亦惠而不费乎？择可劳而劳之，又谁怨？"（《论语·尧曰》）这些论述都强调了君民之间的对应的仁爱和责任。孟子发展了孔子的仁民思想，主张君有道，臣民才尽忠，而君无道，臣民可以不尽忠："欲为君尽君道，欲为臣尽臣道。二者皆法尧舜而已矣。不以舜之所以事尧事君，不敬其君者也；不以尧之所以治民治民，贼其民者也。"（《孟子·离娄上》）孟子还提出："民为贵，社稷次之，君为轻。是故得乎丘民而为天子，得乎天子为诸侯，得乎诸侯为大夫。"（《孟子·尽心下》）这种"民贵君轻"的思想把民本思想发展到了顶峰。

春秋战国时期的政治生活也发生了恩德化的趋势，特别是春秋时期建立了霸道政治，诸侯国之间形成了恩德关系；在国内政治方面，施行德法兼治，儒法并用，既强调孝悌、爱民，也强调法治、尊君，特别是《管子》中体现了早期恩德文化的混溶一体性。但是后来列国争雄的局势，最终导致早期的恩德文化被法家倡导的专制文化取代，建立了严刑峻法、刻薄寡恩的秦帝国。这个局面在秦王朝被推翻后才得以改变，恩德文化的正统地位得以恢复。

总之，在先秦时期，恩德文化的基本特征是平衡恩德的爱的因素与控制性因素，平衡施恩与报恩的关系，而不过偏向一方。当然，这不意味着二者之间没有矛盾，而是矛盾尚不突出，还可以调和。这种平衡在汉代开始被打破了，发生了向控制性和施恩者的偏移。

三　恩德文化中期的特性

两汉、魏晋、南北朝、隋、唐、五代，是恩德文化确立、稳固的中期阶段，这个阶段，继承了早期恩德文化的传统，确立了恩德文化的合法地位，同时也进一步完善了对恩德文化的论证。另一方面，恩德文化内部也显现了施恩与报恩的矛盾，产生了爱的因素与控制性的对立，开始向控制性偏移。

这个阶段的恩德文化一方面要恢复、继承先秦的恩德文化传统，另一方面也面临着消除法家文化的负面影响以及融合法家文化的任务。特别是汉代文化确立了儒家思想的正统地位，但"汉承秦制"，又继承了秦王朝的大一统政治，也保留了法家思想、制度，形成所谓"儒表法里"。在这个背景下，就容易理解这一阶段恩德文化的特性。例如董仲舒的"三纲"思想，就有法家思想的因素，强化了早期恩德文化的控制性。

恩德文化中期的理论代表是董仲舒建构的天人合德论，它对恩德文化作出了神学哲学的论证。早期儒家以人性为恩德的根基，限于经验性而缺乏终极论证；虽然也提到"天命之谓性"，以天命作为根据，但天命作为早期宗教信仰，已经开始衰落，而且其论证也比较粗疏，故效力不足。董仲舒力图弥补其缺陷，提出了"天人合德"的论证，为恩德找到了神学哲学的根据。董仲舒以人恩比附天恩，论证了恩德文化的合理性。董仲舒说："仁之美者在于天。天，仁也。天覆育万物，既化而生之，有养而成之，事功无已，终而复始。凡举归之以奉人。察于天之意，无穷极之仁也。人之受命于天也，取仁于天而仁也。"（《春秋繁露·王道通三》）董仲舒以天道之仁和神恩来论证恩德，意在确立人道、人恩的绝对根据。这样，恩德文化就有了神学哲学的论证，从而拥有了绝对的合理性。

从汉代开始，恩德内部矛盾显现，施恩方与报恩方的冲突加剧，恩德文化已经发生了向控制性的偏移。汉武帝确立了"罢黜百家，独尊儒术"的国策后，采纳了董仲舒对于恩德文化的理论建构。董仲舒制定了"三纲"即"君为臣纲，父为子纲，夫为妻纲"。"三纲"是对于恩德文化中施恩方与报恩方的责任和关系的规定，即在国家和家庭领域内，君主、父亲、丈夫作为施恩方，而臣民、子女、妻子作为受恩方和报恩方；前者是尊贵的、主导的、支配性的，后者是卑贱的、被动的、依附性的，从而建立了身份伦理的权力结构。为了证明这种关系的合理性，董仲舒以阴阳学阐释人伦关系："君臣、父子、夫妻之义，皆取诸阴阳之道。君为阳，臣为阴；父为阳，子为阴；夫为阳，妻为阴。"又曰："阴者阳之合，妻者夫之合，子者父之合，臣者君之合。"（《春秋繁露·基义》）合是配合的意思，也就是被支配。他强调了父母与子女的施恩、报恩关系。一方面是父母对子女的抚育之恩："父之所生，其子长之；父之所长，其子养之；父之所养，其子成之。"另一个方面是子女对父亲的承继得以成人："诸父所为，其子皆奉承而续行之，不敢不致如父之意，尽为人之道也。"（《春秋繁露·五行对》）这里强调了父母对子女的支配性和子女对父母的顺从。同样，对于其他两纲，也是强调了施恩方对受恩方的支配性。董仲舒认为必须无条件维护君权，"《春秋》君不名恶，臣不名善，善皆归于君，恶皆归于臣"（《春秋繁露·王道通三》），而违反这一点就是乱臣贼子，于是君臣之间双向的恩德关系，就向臣服从君主这一单向度倾斜。东汉的《白虎通义》也阐释了董仲舒的"三纲""五常"思想，并且进一步加强了这种偏向。"三纲者何谓也？谓君臣、父子、夫妇也。六纪者，谓诸父、兄弟、族人、诸舅、师长、朋友也。故君为臣纲，父为子纲，夫为妻纲。又曰：敬诸父兄，六纪道行；族人有序，昆弟有亲，师长有尊，朋友有旧。何谓纲纪，纲者张也，纪者理也。大者为纲，小者为纪。所以疆理上下，整齐人道也。"（《白虎通义·三纲六纪》）其时还提出了"隐"的原则，就是臣民、子弟、妻子要为君主、父兄、丈夫隐恶，而君主、父兄、丈夫却不必为臣民、子弟、妻子隐恶，臣民、子弟、妻子的权利被剥夺，更谈不上双方关系的对等了。这样，就加强了恩德的控制性，而降低了恩德的爱的成分。由于三纲建立，早期的恩德文化的内在平衡被打破了，对施恩和报恩双方的要求虽然没有废除，但开始偏向于维护施恩方的权力和强化报恩方的责任。

魏晋时期的恩德文化有了一些重要的改变，一是玄学思潮兴起，冲击了儒家思想，产生了异端思想；二是孝道的地位提升，以孝治天下成为统治者的方略。但在隋唐时期，儒家思想逐步恢复和加强了正统地位，恩德文化得以回归正道。唐代韩愈排斥佛道思想，主张恢复道统；李翱等注重心性之学，对恩德文化作了理论的论证，对宋儒产生了重大影响。

在政治方面，加强了君权。《唐律疏议》规定："然王者居宸极之至尊，奉上天之宝命，同二仪之覆载，作兆庶之父母。为子为臣，惟忠惟孝。"恩德文化的中期阶段，政治伦理的实践也出现了偏失，这主要体现在君德方面。在君民关系上，由于君主荒淫无道，吏治腐败，鱼肉百姓，导致民不聊生，激起民变，如东汉末年的黄巾起义、隋朝末年的瓦岗军起义、唐朝末年的黄巢起义等。在君臣关系方面，君主独断专行，如汉武帝加强君主专制，打压臣下谏议，司马迁由于为李陵辩护而被处以宫刑，可见一斑。君主不信任忠臣，不听从谏言，而任用奸臣、外戚、宦官，导致政治紊乱，如东汉的党锢之祸、唐末的宦官专权等。这些现象说明，这个时期的恩德政治已经出现了比较严重的问题。

在家庭领域，也加强了父权，规定了"刑罚不可驰于国，捶笞不得废于家"。同时进一步加强了"三从四德"规范。如《唐律疏议》规定了父对子的婚姻有决定权："已成者，昏如法；未成者，从尊长，违者杖一百。"《唐律》也规定了夫权："妇人从夫，无自专之道。"极端的事例有五代时的"节妇断臂"故事，女子因为被男子推搡拉扯，认为手臂被玷污，遂自断手臂，这一贞节行为获得了官府的褒奖。

虽然这个时期的恩德文化已经偏离了先秦儒家的设计，施报对应性有所削弱，开始偏向于强调施恩者的权力和报恩者的责任，但大体上还维持着双方的平衡，对权力有所制衡。汉代的恩德文化还讲求施恩—报恩双方、爱与控制性的平衡，没有绝对强调一方。董仲舒以天恩论证人恩，不仅有要求报恩者服从施恩者的意思，也有制约施恩者眷顾民生的意思，因此并没有完全背离恩德文化的施报对应原则。这就是说，恩德文化内部仍然有平衡的力量，维系着恩德关系。在君臣关系上，陆贾强调"君臣以义序"，"君以仁治，臣以义平"，"君臣以义制忠"。（《新语·道基》）这里强调君臣关系以"义"为准绳，而义是双方的责任，非绝对效忠。贾谊强调君臣之礼，有尊卑、主从之分，而爱是准则。《新书·礼》指出："礼者，所以固国家，定社稷，使君无失其民者也。主主臣臣，礼之正也；威德在君，礼之分也；尊卑大小强弱有位，礼之数也。礼，天子爱天下，诸侯爱境内，大夫爱官属，士庶各爱其家。失爱不仁，过爱不义，故礼者所以守尊卑之经，强弱之称者也。"[1] 他把帝王对臣子的态度分为若干等级，认为对臣子态度越恭敬，政治的品质就越高，反之则越低。他说："故与师为国者，帝；与友为国者，王；与大臣为国者，伯；与左右为国者，强；与侍御为国者，若存若亡；与厮役为国者，亡可立待也。"[2] 贾谊以君臣之间的对应关系为前提，也强调了臣子对君主的忠诚。《新书·阶级》说："上设廉耻礼义以遇其臣，而群臣不以节行而报其上者，即非人类也。故化成俗定，则为人臣者，主尔忘身，国尔忘家，公尔忘私。利不苟就，害不苟去，唯义所在，主上之化也。故父兄之臣，诚死宗庙；法度之臣，诚死社稷；辅翼之臣，诚死君上；守卫捍敌之臣，诚死城廓封境。故曰圣人有金城者，比物此志也。"[3] 由于政治伦理相对宽松，就出现了"贞观之治"。唐太宗于贞观初年对侍臣曰："为君之道，必须先存百姓，若损百姓以奉其身，犹割股以啖腹，腹饱而身毙。"[4] 这就表明了统治者与民众的恩德关系比较和谐。唐太宗也能够宽容地对待臣下，包容敢于犯颜直谏的魏征，也体现了政治伦理的和谐。

在这个时期，家庭伦理也开始偏向于控制性，"三纲"施行已经在社

---

[1] （汉）贾谊撰，阎振益、钟夏校注：《新书校注》，中华书局，2000，第214页。
[2] （汉）贾谊撰，阎振益、钟夏校注：《新书校注》，中华书局，2000，第340页。
[3] （汉）贾谊撰，阎振益、钟夏校注：《新书校注》，中华书局，2000，第292页。
[4] 郝时晋、梁光玉、萧祥剑主编：《群书治要续编》，团结出版社，2021，第2页。

会生活中有所体现。但是，从总体上说，家庭伦理还没有像宋元明清时期那样严苛。在父子关系方面，虽然讲求孝道，但也没有过分偏于父权，没有出现过多的极端事例。孝道虽然强调子女对父母的顺从，但也不是绝对服从，而是倡导做"争子"。《孝经》云："父有争子，则身不陷于不义。故当不义，则子不可以不争于父，臣不可以不争于君；故当不义则争之。从父之令，又焉得为孝乎？"（《孝经·谏诤》）对于夫妇关系，虽然强调"夫为妻纲"，但事实上在社会生活中相对宽松，如汉代朱买臣之妻因为嫌弃丈夫贫困而要求离婚，也遂愿而成。《孔雀东南飞》讲述的故事，发生在"汉末建安中"，女主人公刘兰芝被休，体现出家长制的不合理；但刘兰芝回到娘家，仍然有人来求亲，"还家十余日，县令遣媒来"。可见她还可以再嫁，并没有受到过分的歧视。在唐代，韩愈的女儿就曾再嫁；公主中有二十三位再嫁，而且另有四位公主三度下嫁。唐代敦煌出土文物《放妻协议》中写道："凡为夫妇之因，前世三生结缘，始配今生夫妇。若结缘不合，比是冤家，故来相对……既以二心不同，难归一意，快会及诸亲，各还本道。愿娘子相离之后，重梳蝉鬓，美扫峨眉，巧逞窈窕之姿，选聘高官之主。解怨释结，更莫相憎。一别两宽，各生欢喜。"这个协议给了妻子相当大的自由，说明那时候对妇女的桎梏远没有达到宋、明、清时期的"从一而终"的程度。

四　恩德文化后期的特性

从宋代开始，中国社会脱离了世家大族的主宰，真正实现了平民化，后宗法皇权士绅社会进入了最后的发展阶段，恩德文化也进入后期阶段。在这个阶段，特别是南宋以后，施恩与报恩的矛盾尖锐化，导致片面强调报恩的责任，恩德文化的重心偏向于控制性。

后期恩德文化的理论代表是宋明道学，它扬弃了董仲舒建构的天人合德理论，重新为恩德文化作出了形而上学的论证。这个时期的伦理思想，主旨在论证人所负有的社会责任，而不在其权利。宋明道学的兴起，天理压倒人欲，表明了恩德从情理平衡倒向以理制欲，即恩德偏向恩义，恩义压倒了恩情，社会责任也压倒个体权利。这个倾向在南宋以后明显化了。在北宋，张载还遵从了恩德文化的要旨，强调恩德的相互性以及爱的本体性。《正蒙·乾称》曰：

> 乾称父，坤称母，予兹藐焉，乃混然处中。故天地之塞，吾其体；天地之帅，吾其性。民吾同胞，物吾与也。大君者，吾父母宗

子；其大臣，宗子之家相也。尊高年，所以长其长；慈孤弱，所以幼吾幼。圣其合德，贤其秀也。凡天下之疲癃残疾，茕独鳏寡，皆吾兄弟之颠连而无告者也。于时保之，子之翼也。乐且不忧，纯乎孝者也……富贵福泽，将厚吾之生也；贫贱忧戚，庸玉女于成也。①

后来的道学家阐释的恩德已经演化为绝对服从，把施恩与报恩的对应义务变成了单方面的报恩责任。宋明道学提出了理欲之辨、义利之分、公私之别，得出了存理灭欲、去私立公、重义轻利的结论，强调恩义重于恩情、责任重于利益、报恩重于施恩。这样，恩德文化就发生了重要的变化，体现了传统社会后期的特性。程颢说："大凡出义则入利，出利则入义，天下之事，惟义利而已。"② 程颐则把义利之分等同于公私之分，他说："义与利，只是个公与私也。"③ 二程提出："不是天理，便是私欲……无人欲即皆天理。"④ 朱熹则对义利关系作了天理与人欲关系的阐释，指出"圣贤千言万语，只是教人明天理，灭人欲"⑤。"义者，天理之所宜。利者，人情之所欲。"⑥ 他们把理作为本体，而抹杀了人的欲望、权利。朱熹说："君臣父子夫妇长幼朋友必有当然之别，而自不容已，所谓理也。"⑦ 宋代及以后的恩德文化，无论是在家庭、社会领域还是在国家领域，都加强了控制性。

在家庭伦理方面，朱熹不仅有《家训》，还制定了《家礼》，使得恩德教化进入普通家庭，并且体制化。宋以后的家庭伦理，开始片面强调子孝，而不强调父慈，子孝不以父慈为前提，如宋代理学家认为"天下无不是的父母"；朱熹说："凡诸卑幼，事无大小，毋得专行，必咨禀于家长。"⑧ 南宋袁采云："子之于父，弟之于兄……不可相视如朋辈，事事欲论曲直。若父兄言行之失，显然不可掩，子弟止可和颜几谏。若以曲理而

---

① （宋）张载：《张载集》，章锡琛点校，中华书局，1978，第62~63页。
② （宋）程颢、程颐：《二程集》上，王孝鱼点校，中华书局，1981，第124页。
③ （宋）程颢、程颐：《二程集》上，王孝鱼点校，中华书局，1981，第176页。
④ （宋）程颢、程颐：《二程集》上，王孝鱼点校，中华书局，1981，第144页。
⑤ （宋）朱熹撰：《朱子全书》第十四册，朱杰人、严佐之、刘永翔主编，上海古籍出版社、安徽教育出版社，2002，第367页。
⑥ （宋）朱熹撰：《朱子全书》第六册，朱杰人、严佐之、刘永翔主编，上海古籍出版社、安徽教育出版社，2002，第96页。
⑦ （宋）朱熹撰：《朱子全书》第六册，朱杰人、严佐之、刘永翔主编，上海古籍出版社、安徽教育出版社，2002，第527页。
⑧ （宋）朱熹撰：《朱子全书》第十三册，朱杰人、严佐之、刘永翔主编，上海古籍出版社、安徽教育出版社，2002，第440页。

加之子弟,尤当顺受,而不当辨。"① 明末魏禧认为:"父母即欲以非礼杀子,子不当怨,盖我本无身,因父母而后有,杀之,不过与未生一样。"② 这就抹杀了子女的个体权利,甚至生命也任父母剥夺。"二十四孝"系列故事在北宋时即已形成,而到了元末和明代才结集成书,刊印发行,并且到处绘图宣传。二十四孝严重地歪曲了孝道,其中很多故事荒谬到了毁灭人性的程度,反映了当时孝道极端化、愚昧化的现实。在二十四个孝行故事中,孝子为了尽孝作出了自我牺牲,包括苛待自己的身体,如卧冰、尝粪、恣蚊、温被等;还有放弃人的尊严和压抑自己的意志,如彩衣娱亲、弃官寻母、单衣顺母、卖身葬父等。此外还有违反人伦的事例,如郭巨"为母埋儿",即为了省下口粮供养母亲而活埋儿子;丁兰"刻木事亲",是由于媳妇对公婆雕像不敬而休妻;等等。

夫妻关系也加强了夫权,对妇女的控制性强化。元代出现过这样的"节妇"事迹:寡妇马氏患有乳房生疮,病重,不欲见医,曰:"吾寡妇也,宁死,此疾不可男子见。"遂不治身亡。此事受到褒扬。从宋代特别是南宋开始,寡妇守节、殉夫等"妇德"盛行,妇女缠足的流行也始于宋代,这表明夫妻之间伦理关系开始极端化,偏向于绝对夫权。《二程全书》记述了程颐关于寡妇再嫁的话:"又问:'或有孤孀贫穷无托者,可再嫁否?'曰:'只是后世怕寒饿死,故有是说。然饿死事极小,失节事极大。'"③ 但是,这个时期家庭伦理的偏执化,主要在思想领域,从思想领域蔓延到实践领域还要经过一段时间,而在实践生活中还没有一下子达到那么严酷,如寡妇再嫁习俗仍然广泛存在,南宋李清照改嫁张汝舟,唐琬再嫁赵士诚,并未引起多大的非议。在明清时期,孝悌贞节的极端化大大加剧了,对孝子、节妇、烈女的褒扬形成了制度,如明代规定,未满三十岁的寡妇守节至五十岁者,政府予以褒奖,建立牌坊。寡妇守节制度造成了许多人间惨剧,如《儒林外史》中就描写了父亲为女儿殉节叫好的情节。

在政治领域,君主权力日益加强,君主对臣子拥有了绝对的支配权,臣子曾经拥有的对帝王的制约权力逐渐丧失。在君臣关系上,强调臣民无条件地忠君,甚至有"君让臣死,臣不得不死;父叫子亡,子不得不亡"之说。《朱子语类》记载:"臣子无说君父不是底道理,此便

---

① (宋)袁采撰:《袁氏世范》,中华书局,1985,第3页。
② (清)魏禧:《魏叔子文集》,中华书局,2003,第1083页。
③ 李敖主编:《周子通书·张载集·二程集》,天津出版传媒集团、天津古籍出版社,2016,第415页。

见得是君臣之义处。"① 君臣之间的恩德互动变成了单方面的忠。宋儒提出了"忠臣不事二主"的原则，要为君主殉身，从而扭转了原始儒家的君臣对应的恩德原则。这个时期也开始了向君权的集中。宋太祖"杯酒释兵权"，建立禁军，加强中央集权。君尊臣卑的名分对立进一步加强，如宋以前皇帝与宰相"坐而论道"，宋太祖以后则对宰相"撤座"，并且取消"赐茶"。宋仁宗以后，讲经的学者也撤座改站。元代开始施行了大臣跪拜皇帝的制度，明清二代延续之，在礼仪上加剧了君尊臣卑的身份差别。龚自珍对此作了抗辩，指出历代君臣之礼都是君臣对等的，而跪拜制度泯灭了臣子的人格。清朝大臣还自称奴才，而且只有满族官员才可以称奴才，以表示为自家人，而汉族官员则没有称奴才的资格。这些礼节的改变，意味着君尊臣卑地位差距的进一步加大，恩德政治更加偏向于君权。

君臣关系的紧张，不仅体现在礼节上，更体现在制度的设定上加强了君权。明清加强了君主专制，废除三省制度和相权，明代设内阁制，清代加设军机处，权力尽收于皇帝之手。历代都设有谏议大夫之职，专司规谏君主过失，但元明清三代废除了谏议大夫（明代一度设立，旋即废除）。于是臣子制约君主的权力被严重削弱，臣子不再是辅佐皇帝的政治伙伴，而成为供其驱使的高级差役。这表明儒家设想的"君臣共治"的理想破灭。宋代对士大夫尚属宽容，宋太祖曾经誓言："不得杀士大夫及上书言事者。纵犯谋逆止于狱中赐尽，不得连坐支属。"但在明代，朱元璋大肆屠戮功臣，君臣之义完全丧失。朱元璋甚至把"寰中士夫不为君用"定为死罪，使士大夫丧失了隐逸的权利。因为孟子强调了君臣责任对等，朱元璋就删节《孟子》，并且将孟子牌位移出孔庙：

> 帝尝览《孟子》，至"草芥""寇仇"语，谓非臣子所宜言，议罢其配祀，诏有谏者以大不敬论。唐抗疏曰："臣为孟轲死，死有余荣。"时廷臣无不为唐危。帝鉴其诚恳，不之罪。孟子配享亦旋复。（《明史》卷一三九《钱唐传》）

明代设立廷杖之刑，使得大臣的尊严尽失。明朝的"大礼仪"事件，是皇帝与内阁的权力斗争，嘉靖皇帝面对群臣的对抗，当庭对180多位大

---

① （宋）朱熹撰：《朱子全书》第十四册，朱杰人、严佐之、刘永翔主编，上海古籍出版社、安徽教育出版社，2002，第400页。

臣施以杖刑，仗杀 17 人。这就表明，传统社会后期，君臣之间的恩德关系遭遇了危机。在后宗法皇权士绅社会后期，恩德政治的偏差加剧，君民关系、君臣关系都出现了紧张、混乱。宋代党争严重，王安石、司马光两派互相倾轧，南宋重用奸臣秦桧等。明代朱元璋大杀功臣，屡兴大狱，屠戮甚众。明代万历朝出现了"国本之争"，嘉靖朝出现了"大礼仪"事件，明朝后期任用阉党魏忠贤等，标志着君臣关系的严重对立和控制性加剧。明代出现了许多昏庸的皇帝，如明武宗、嘉靖皇帝等。清朝也有乾隆皇帝重用贪官和珅，以及后期官吏普遍贪腐的现象。

在君民、官民关系上，这个阶段也加强了君主的绝对权威和对民众的控制。较之明清，宋代还相对宽松，宋太祖诏令各级官衙立碑，上面刻有"尔俸尔禄，民脂民膏。下民易虐，上天难欺"。元代主要是在民族关系上对汉族的歧视、压迫，国人被分作四等，一等是蒙古人，二等是色目人，三等是北方汉人，四等是南方汉人。此外，元代统治者疏离士人，一度废除科举，士人地位低下，故有"九儒十丐"之说。明代对民众的控制非常严酷，特别是朱元璋在位期间，施行严刑峻法，对地方大族打压甚烈。明代设立了厂卫制度，施行特务政治，监察官员和民众言行。明代禁锢社会身份，建立了户籍制度："凡户三等：曰民，曰军，曰匠。民有儒，有医，有阴阳。军有校尉，有力士，弓、铺兵。匠有厨役、裁缝、马船之类。濒海有盐灶。寺有僧，观有道士。毕以其业著籍。"（《明史·志》卷五十三）这些户籍身份世代不得改变。明代还规定，民众出行还要有官方发的许可。明清两朝的文化专制进一步加强，读"四书""五经"被确定为读书人唯一的课业，八股取士严重地束缚了读书人的思想。清代大兴文字狱，消灭了一切异己的声音，文化界处于万马齐喑的局面，思想沉寂，学术研究空间被压缩，最后导致了注重考据的乾嘉学派一枝独秀。宋代是被金、元所灭，而元、明、清都是被民众造反推翻，这一方面说明，在中国传统社会后期，君民、官民关系失范，君、官不施恩于民，反而施虐于民；民亦不报恩于君、官，反而反抗君、官，导致王朝覆灭。另一方面，也说明了君臣关系失范，君不施恩于臣，反而猜忌、打压臣下；臣亦不报恩于君，反而与君主离心离德，甚至损公肥私，故在外敌入侵或民变发生时对君国危难坐视不救，任凭其走向灭亡。这种现象说明恩德政治走向了消亡。

总之，由于恩德文化的内在矛盾，其历史走向必然偏于控制性，这是中国文化发展的基本规律。

第二节　恩德文化内部的异端思想

在恩德文化的历史演变中，由于控制性的加强，对人的压抑加重，导致了反弹，在恩德文化的内部也产生了异端思想。这些异端思想对主流文化发起了挑战和批判，构成了恩德文化内部的制约力量，从而影响了恩德文化的历史。可以说，恩德文化的历史趋势具有两个方面，一方面是控制性的强化，另一方面则是异端思想的壮大。

一　异端思想家之前驱——王充和孔融

王充是东汉时期的儒家异端，他的《论衡》长期不被儒家正统认可，被视为"异书"。在《论衡》中，王充以唯物论和"疾虚妄"的立场，对主流文化思想有所质疑，体现了对恩德观念的背离。从整体上说，王充对儒家恩德文化是肯定的，强调礼义为治国之本，他在《非韩》篇中提出："国之所以存者，礼义也。民无礼义，倾国危主。今儒者之操，重礼爱义，率无礼之士，激无义之人。人民为善，爱其主上，此亦有益也。"另一方面，王充对恩德文化并非完全肯定，而是有所批判。首先，恩德文化的神学根据是天恩，即天（神）对人有恩，人要敬天，报答天恩。董仲舒提出了天人合德的思想，作为恩德的根据，所谓"今善善恶恶，好荣憎辱，非人能自生"（《春秋繁露·竹林》）。"行有伦理，副天地也。"（《春秋繁露·人副天数》）虽然董仲舒的神学论证并不完全符合儒家主流思想，儒家主流思想还是以人恩为主导，但儒家并未根本上舍弃天命观念，也保留了神恩思想。王充从唯物论立场否定了天具有神性，也否定了天恩，这就摧毁了恩德文化的神圣性和神学根据。恩德文化认为天是自然的世界，也是神的化身，而王充认为天就是自然界的天空，不具有神性，是气所组成的物质实体："天地，含气之自然也。"（《论衡·谈天》）"如谓苍苍之天，天者，体也。"（《论衡·雷虚》）天地的形状是"平正，四方，中央、高下皆同"（《论衡·说日》）。甚至说"天乃玉石一类也"（《论衡·谈天》）。这样王充就以天的物质属性否定了天具有神性，从而也否定了天意、天命。关于天恩的观念，一是说天造人，有生人之恩；二是说天生万物，供养于人，有养人之恩，王充对这两个论点都予以驳斥。关于天造人的观念，王充认为，人是偶然自生的，是气的产物，与天意无关："夫天地合气，人偶自生也，犹夫妇合气，子则自生也。……然则人生于天地也,犹鱼之于渊,虮虱之于人也,固气而生,种类相产。万物生天地之间,皆一实也。"(《论衡·物势》)既然天不生人,人乃自生,当然天也就无恩于人。关于所谓天生万物,为人造福,从而有恩于人的观点,王充也指出其虚妄。他认为天道是自然规律,并不属意人类祸福。他认为万物都是"因气而成",与天意无关。"天动不欲以生物而物自生,此则自然也;施气不欲为物而物自为,此则无为也。"(《论衡·自然》)"天道无为,故春不为生,而夏不为长,秋不为成,冬不为藏。阳气自出,物自生长;阴气自起,物自成藏。"(《论衡·自然》)既然天无神性、无意志,也就不能对人发生超自然的影响,所以他反对董仲舒所谓的天人感应之说:"人不能以行感天,天亦不随行而应人。"(《论衡·明雩》)他也反对董仲舒的谴告之说:"夫天道自然也,无为;如谴告人,是有为,非自然也。""夫变异自有占侯,阴阳物气自有终始。"(《论衡·谴告》)他认为谴告之说不过是圣人的编排:"上天之心,在圣人之胸,及其谴告,在圣人之口。"(《论衡·谴告》)由此出发,王充进一步批判了通过祭天求取福寿的观念和行为,认为天没有意志,"不生不死""自然无为""无口目之欲""于物无所求索",所以不会降福于人,从而否定了天人之间的施恩—报恩关系。

　　王充除了批判了天恩观念,也间接地批判了人恩观念。儒家思想的核心是人恩,认为人与人之间是一种恩情关系,即长者、强者、尊者施恩于少者、弱者、卑者,而少者、弱者、卑者报恩于长者、强者、尊者,由此形成了身份伦理,构建了"君君、臣臣、父父、子子"的社会秩序。恩德首先体现在孝的观念上,孝被看作儒家伦理的起点,推广而成社会伦理、政治伦理。王充以孝行闻名乡里,当然不会反对行孝,但他把孝看作一种对父母的自然感情,而不是一种基于恩德的身份责任,这是与正统的孝道不同的。正统的孝道认为父母生身,所以对子女有恩,即"身体发肤,受之父母,不敢毁伤,孝之始也",这是孝心的根据,所以子女要依从父母。而王充认为父母生子女非有意为之,乃是偶然的自然行为,他说,"夫妇合气,非当时欲得生子,情欲动而合,合而生子矣。且夫妇不故生子,以知天地不故生人也"(《论衡·物势》)。这就等于说父母生子女并非有意施恩,只是一个情欲冲动造成的偶然事件,从而无恩于子女,这就挖掉了孝的基础,也挖掉了恩德的基础。关于道德的根据,王充反对董仲舒的天人合德的观念,持自然发生论的观点,认为道德是在社会生活中自然形成的自然情感。王充说:"让生于有余,争起于不足。谷足食多,礼义之心生。礼丰义重,平安之基足。""为善恶之行,不在人之性质，而在岁之饥寒，由此言之，礼义之行，在谷足也。"（《论衡·治期》）他认为道德由人们的物质生活水平决定，只要生活充裕，道德就自然产生。这种观点回避了道德产生的社会关系基础，具有庸俗唯物论的性质。但是，这种道德观与正统的恩德论不同，带有反叛性。儒家认为道德起源于天地之恩、父母之恩，而王充则认为道德是在物质生活中自生的，是一种自然的情感，不是起于恩情，这是对恩德文化的否定。这种否定也体现在他对祭祀祖先的态度上。恩德文化认为祭祀祖先是为了报答祖先的恩德，并且求得祖先的保佑，而王充提出了"报功以勉力，修先以崇恩"（《论衡·祭意》）的思想，认为所谓"报功"就是通过祭祀感谢祖先的功德，表达追念之情，而非为了求得福报。"故圣王制祭祀也，法施于民则祀之，以死勤事则祀之，以劳定国则祀之，能御大灾则祀之，能捍大患则祀之。"（《论衡·祭意》）这就把对祖先的感恩放到了常情之中，认为这只是一种感谢、怀念之情，与神灵无关，也不是为了求得福报，从而挖掉了恩德文化的祖先崇拜的根基。关于"修先"，王充说："宗庙先祖，己之亲也，生时有亲养之道，死亡义不可背，故修祭祀，示如生存。推人事鬼，缘生事死，人有赏功供养之道，故有报恩祀祖之义。"（《论衡·祭意》）这里虽然强调了祭祀是报恩，但认为祭祀不求回报，不是祈福免灾，而是一种纪念性的仪式，因此这个报恩只是一种感念，而不同于恩德观念。总起来说，王充对恩德文化的认同与批判是并行的，主要是批判天恩，对人恩的批判往往是不自觉的、局部的，并没有达到自觉的、彻底的程度。

在汉末，孔融继承了王充的异端思想，主要是对于孝道的质疑。据《后汉书·孔融传》记载，同僚路粹弹劾孔融："与白衣祢衡跌荡放言，云'父之于子，当有何亲？论其本意，实为情欲发耳。子之于母，亦复奚为？譬如寄物缶中，出则离矣'"。这里说孔融称父母因情欲而生子女，并无恩情可言。这种言论明显源自王充："夫妇合气，非当时欲得生子，情欲动而合，合而生子矣。"不过王充之言重点不在非孝，而在于例证天地非故生人，解除神恩，当然不经意间也否定了孝道；而孔融则直接指向孝道，否定了人恩的根本。此外，据曹操列举的罪状，孔融还说过"若遭饥馑，而父不肖，宁赡活余人"。这是以善恶评价代替恩德规范，就是以普遍伦理代替了身份伦理，否定了以孝为核心的恩德伦理。这一言论、思想在奉行"以孝治天下"为国策的统治者看来，当然是大逆不道、不能容忍的，所以曹操在《宣示孔融罪状令》中痛斥孔融的悖逆，"以为父母与人无亲，譬若瓿器寄盛其中。又言若遭饥馑，而父不肖，宁赡活余人。融违天反道，败伦乱理，虽肆市朝，犹恨其晚"（《三国志·魏志·崔琰传》注引《魏氏春秋》）。孔融的反恩德思想，最后导致了被杀害的惨剧。

总之，汉代发生的异端思想还是个别的，没有形成体系和思潮，但它开启了反恩德文化的动向，为以后的反恩德文化思想树立了榜样。

二　魏晋玄学对恩德文化的反动

魏晋时期，由于社会黑暗、动乱，正统儒学衰微，而玄学崛起。玄学是黄老思想的变体，它倡导自然无为，提出了"越名教而任自然"的思想，从而构成了对恩德文化的批判。所谓名教即礼法，核心是恩德，是一种身份伦理。晋袁宏《后汉纪·献帝纪》云："夫君臣父子，名教之本也。"恩德文化以礼法、名教来约束人的思想和行为。魏晋玄学家痛感礼法、名教的虚伪和压抑，转而从玄学中寻求精神的解脱，并且依据玄学对礼法、名教展开了实践上的反抗和思想上的批判，其主要矛头是指向恩德文化的。

何晏、王弼是玄学的创始者，他们从本体论上否定了礼法，展开了以"自然"对"名教"的批判。儒家认为，人与人之间的基本关系是施恩—报恩，于是就有恩情发生，在恩情的基础上形成了理性化的恩义，包括家族伦理方面对父母的孝悌、社会伦理方面对他人的友敬和政治伦理方面对君主的忠顺。而恩义一旦建立，就成为社会规范，形成了礼法、名教。自然与名教的关系，构成了魏晋时期思想冲突的主要形式。玄学以"自然"为本，导致对恩德的解构，对礼法、名教的反动。玄学家遵从老庄，以自然无为为本、为真，以礼法、名教为末、为伪，故主张"崇本息末"，解除礼法、名教对自然天性的束缚。王弼认为，"万物虽贵，以无为用，不能舍无以为体也。舍无以为体，则失其为大矣，情发之于性，所谓失道而后德也。以无为用，则得其母，故能己不劳焉而物无不理。下此已往则失用之母。……所谓失德而后仁，失仁而后义，失义而后礼也。夫礼也，所始首于忠信不笃，通简不阳，责备于表，机微争制。夫仁义发于内，为之犹伪，况务外饰而可久乎"（《老子·第三十八章注》）。既然以自然、无为为本，那么作为人为、有为的礼法、名教，当然就失去了本源性、合理性。王弼认为，以无为本的道，是"上德"即无为无不为之德，而礼法是有为的"下德"，归上德支配。这就取消了恩德的神圣性和绝对合理性。嵇康认为礼法制度都是在大道不存，人性失真之后制作的："及至人不存，大道陵迟，乃始作文墨，以传其意；区别群物，使有类族；造立仁义，以婴其心；制为名分，以检其外；劝学讲文，以神其教；故《六经》

纷错，百家繁炽。荣利之涂，故奔骛而不觉。"（《难自然好学论》）他指出礼法、名教实为自然天性之牢笼，故必须"越名教而任自然"，这就公然提出了破除名教，回归自然。

向秀、郭象的《庄子注》，也是在本体论上偏离了恩德文化。他们提出了"本迹论"。"本"指"无为"之道，"迹"指"无不为"之现象，虽然意在沟通道家无为思想和儒家有为思想，但以无为为本，以有为为迹，就是以无为为本体，以有为为现象，这是以道统儒，且把儒家思想道家化了。这种本迹论虽然与儒学妥协，但也在根本上消解了恩德的绝对性。向秀、郭象与现实妥协，认为合乎自然就是要顺命安分："知不可奈何者，命也，而安之，则无哀无乐，何易施之有哉？故冥然以所遇为命，而不施心于其间，泯然与至当为一，而无休戚乎其中。"（《人间世注》）他们甚至认为，仁义即人性，也属于自然："夫仁义自是人之情性，但当任之耳。"（《骈拇注》）因此，"任物之真性者，其迹则六经也。"（《天运注》）。这样，就背离了老庄返自然去仁义的初衷，而把儒家的仁义与道家的自然调和在一起，也就是把"六经"承载的礼法、名教自然化，这实质上是把自然之情与恩情、恩义同质化，从而容纳了恩德文化。另一方面，把礼法、名教自然化，也对恩德文化有解构作用。

玄学家痛感礼法名教对天性自然的压抑摧残，主张逃避礼法名教的束缚，回归自然天性。嵇康揭露现实社会"惧物乖离，攘臂立仁，利巧愈竞，繁礼屡陈，刑教争施，夭性丧真"（《太师箴》）。因此主张回归自然天性，即"不以荣华肆志，不以隐约趋俗，混乎与万物并行，不可宠辱，此真有富贵也。……以大和为至乐，则荣华不足顾也；以恬淡为至味，则酒色不足钦也"（《答难养生论》）。阮籍也控诉礼法的罪恶："坐制礼法，束缚下民，欺愚诳拙，藏智自神。""汝君子之礼法，诚天下之残贼、乱危、死亡之术耳。"（《大人先生传》）

在玄学本体论的基础上，形成了玄学的情理观。因为恩德建立在恩情的基础上，因而对情的阐释就关系到对恩德的肯定或否定。玄学通过对情的阐释来否定恩德文化，主要采取两种途径。

第一种途径是以自然为无情，以无情来解构恩情、否定恩义，从而否定恩德文化。何晏主张圣人无情，属于第一种。何劭《王弼传》云："何晏以为圣人无喜怒哀乐，其论甚精，钟会等述之。"向秀、郭象也主张无情："人之生也，非情之所生也，生之所知，岂情之所知哉？故有情于为离旷而弗能也，然离旷以无情而聪明矣，有情于为贤圣而弗能也，然贤圣以无情而贤圣矣。"（《德充符注》）圣贤是"无情"而自成，"故无往而不因，无因而不可也"（《大宗师注》）。这种思想源于老子的"圣人无情，以百姓为刍狗"。以无情为本，就否定了人与人之间的恩情，自然也包括对父母、君主的情感，从而也就否定了建筑于其上的孝、忠等恩德规范。

第二种途径是主张自然之情是无欲之情，强调自然之情的本体性，以自然之情来否定虚伪的有为之情——恩情，进而否定恩德，从本源上否定礼法、名教。王弼、阮籍、嵇康等属于第二种途径，他们反对圣人无情说，认为圣人也有情，但此情是"无累于物"的自然之情，不是累于物的俗人之情。所谓无累于物，就是无欲之情。王弼、阮籍、嵇康都认为欲望是一切罪恶的根源，所以都主张"无欲"之情。按照这个思路，一切社会性的情感都是不真之情，而恩情累于物，有欲望，不合于玄学之道，故属于不真之情。由此推知，建立在恩情之上的恩德也就失去了合理性，一切礼法、名教都可以抛弃。阮籍倡导"越礼任情"，嵇康倡导"越名任心"，都是以这种真情超越礼法、名教，也就是以无累于物的自然之情取代恩情，进而排除恩义（礼法、名教）。嵇康虽然并不主张放肆欲望，但也指出："六经以抑引为主，人性以从欲为欢，抑引则违其愿，从欲则得自然；然则自然之得，不由抑引之六经，全性之本，不须犯情之礼律。"（《难张辽叔自然好学论》）这就揭示了名教违反人性、压抑欲望的弊病。他提出："夫称君子者，心无措乎是非，而行不违乎道者也。何以言之？夫气静神虚者，心不存于矜尚；体亮心达者，情不系于所欲。矜尚不存乎心，故能越名教而任自然，情不系于所欲，故能审贵贱而通物情。物情顺通，故大道无违。越名任心，故是非无措也。"（《释私论》）这里所谓的"自然"之心，就是他所说的"鉴乎古今，涤情荡欲"的无欲无为之心，当然也就不是被恩德规定的恩情。他自称"每非汤、武而薄周、孔"（《与山巨源绝交书》），就是以"自然"之情、自然之心，冲破礼法、名教的罗网，回归天性，获得自由。阮籍、嵇康的非礼无法的言行，出乎自然之心，发乎自然之情，而不顾礼法规范。阮籍喊出"礼岂为我辈设哉"，就是认为自己不需外在礼法约束，纯任自然之心，就可以为人处世。阮籍在丧母期间不遵守礼俗规定，饮酒食肉不辍，"直言'穷矣！'举声一号，因又吐血数升，毁瘠骨立，殆致灭性"[1]。此种行为看似不孝，实则出自真情。如果说孝顺父母还有情感基础，所以嵇康、阮籍虽然不守礼法，但仍然不失真情，那么对于君主的"忠"，不仅作为

---

[1] （唐）房玄龄等：《晋书》，中华书局，2000，第900页。

恩义要被否定，作为恩情也不存在，所以他们采取逃避的态度。嵇康以个人天性的理由提出做官的"七不适"，推拒了朋友山涛的推荐，写出了绝交信《与山巨源绝交书》。而阮籍出仕，并非情愿，乃迫于情势，不得已而为之。

总之，魏晋玄学对恩德的反叛，主要是利用道家自然无为的思想，反对人为之名教，以求自然天性之解放。

三 王学左派的反恩德思想

在传统社会后期，礼法愈加严酷，异端思想的反抗也愈加强烈。明代的何心隐与李贽都属于王学左派，他们具有狂狷性格，其异端思想较前人更为鲜明、彻底、系统。

首先，何心隐主要在政治伦理方面对恩德文化开展了批判。恩德文化以家族血缘关系为模型，推广到社会、政治领域，重构了"亲亲""尊尊"关系，建构了恩德文化规范。一方面，以孝悌为基点，推广至社会、国家，确定亲疏远近关系，形成了费孝通所谓的"差序格局"。恩德文化即依照父子、兄弟关系建构社会政治领域的君臣、官民秩序，具有等级性。而何心隐把"亲亲""尊尊"规则改造为普遍的、平等的人际关系准则，提出"莫不亲""莫不尊"的伦理思想。何心隐的《仁义》云："亲亲而尊贤，以致凡有血气之莫不亲、莫不尊"，"仁无有不亲也，唯亲亲之为大，非徒父子之亲亲已也，亦唯亲其所可亲，以至凡有血气之莫不亲，则亲又莫大于斯。亲斯足以广其居，以覆天下之居，斯足以象仁也"。"义无有不尊也，惟尊贤之为大，非徒君臣之尊贤已也，亦唯尊其所可尊，以至凡有血气之莫不尊，则尊又莫大于斯。尊斯足以正其路，以达于天下之路，斯足以象义也。"[①] 这种论说突破了恩德伦理的框架，"莫不亲"体现了一种普遍的爱，"非徒父子之亲亲已也"，在一定程度上破除了恩德文化的差等性；"莫不尊"包含着一种平等思想，"非徒君臣之尊贤已也"，在一定程度上破除了恩德文化的不平等性。因此可以说，这种突破产生了新的伦理思想的萌芽。

其次，何心隐提出了"均""群"的政治伦理原则，打破了恩德文化的不平等性和私己性。恩德文化具有控制性，缺乏平等性，它以施恩—报恩区分社会身份，建立了一种不平等的身份伦理，即施恩者支配受恩者，报恩者依从施恩者，形成了君为臣纲、父为子纲、夫为妻纲的关系准则。

---

① （明）容肇祖整理：《何心隐集》，中华书局，1960，第148页。

同时，恩德文化具有私己性，缺乏普遍性。它以自己为中心，通过施恩—报恩法则建立社会关系和伦理规范，形成父慈子孝、夫德妻贤、兄友弟恭、官良民顺、君明臣忠的身份伦理。而何心隐力图打破这种身份伦理的控制性和私己性，形成具有平等性和普遍性的伦理规范。他在《论中》中云："君者，均也。君者，群也。臣民莫非君之群也，必君而后可以群而均也。……至于可以群夫妇而夫妇均，可以群昆弟而昆弟均，可以群朋友，而朋友均者，莫非君其心于道也，'中'也。"① 这里的"均"，就是平等的伦理规范，无论君臣、夫妇、兄弟、朋友，都应该不分长幼尊卑，平等交往；"群"是在平等基础上形成普遍的伦理规范，无论是君臣、夫妇、兄弟、朋友，都应该不分远近亲疏，遵行同一伦理规则，合成同一社会群体。这种平等思想和普遍性伦理是民主思想的萌芽，构成了对恩德文化的反动。

最后，何心隐把朋友一伦作为社会关系的基础和范式，提出了平等的社会关系和伦理准则。恩德文化建构了君臣、父子、夫妻、兄弟、朋友五伦，建立了施恩—报恩关系和恩德规范，其中以父子关系为社会关系的根基，以孝为道德的本源；以君臣关系为最尊，以忠君为最高责任。同时，恩德文化还提出了"天地君亲师"五尊，作为报恩对象和具有控制性的一方。五伦、五尊代表的社会关系是控制性的、不平等的。但何心隐却把朋友关系作为典范建立人伦关系，以友谊作为一切伦理范畴的根本，从而打破了"五伦"的伦理次序，取消了"五尊"的支配性地位。他说：

> 天地之交曰泰，交尽于友也。友秉交也，道而学尽于友之交也。昆弟非不交也，交而比也，未可以拟天地之交也。能不骄而泰乎？夫妇也，父子也，君臣也，非不交也，或交而匹，或交而昵，或交而陵，而援。八口之天地也，百姓之天地也，小乎其交也。②

何心隐认为朋友之交为至善，是五伦之典范，而其他四伦都非尽善，因为各自从私利出发，故有比、匹、昵、陵、援等缺陷，只有朋友是基于道义、友谊，无私利，是无缺陷的尽交，所以是理想的人伦关系。故应该秉持朋友之交的原则，建立普遍的人伦关系。虽然朋友关系在恩德文化中类比于兄弟关系，也具有某种不平等性、控制性，但毕竟处于五伦之末，

---

① （明）容肇祖整理：《何心隐集》，中华书局，1960，第32页。
② （明）容肇祖整理：《何心隐集》，中华书局，1981，第28页。

相对于其他四伦，不平等性和控制性较弱。因此，他把没有列入五尊的朋友作为最高的典范，其意义非同小可，实质上是对恩德文化的反动。他还提出在朋友关系的基础上，建立社会组织"会"：

> 夫会，则取相于家，以藏乎其身；而相与主会者，则取相于身，以显乎其家者也。不然，身其身者，视会无补于身也。家其家者，视会无补于家也。何也？视会无所显无所藏也。乃若天下国之身之家之可以显，可以藏其家者也。会岂小补于身以家已乎？不然，身其身者，身于士农工商其身已也。家其家者，家于士农工商其家已也。小补于身于家已也，可象天下国家所显所藏者乎？必身以主会而家以会，乃君子其身其家也，乃君子以显以藏乎士农工商其家以会也。①

这样，"会"就凌驾于传统社会的基本结构"家"和"国"之上，带有平等互助的性质。这种思想虽然带有乌托邦的性质，但也是对恩德文化和后宗法社会结构的冲击。

何心隐也尊崇师道，认为师"至善"："师也，至善。非道而尽道，道之至也；非学而尽学，学之至也。可以相交而友，不落于友也；可以相友为师，不落于师也。此天地之所以为大也，惟大为泰也，师其至乎！"② 因此，他师友并提，将其作为人伦典范。由于师友关系在恩德文化中支配性、依附性较弱，带有相对的平等性，因此他倡导把师友关系推广到政治领域，以消解政治制度的不平等性、压迫性。他提出君臣关系应该是师友关系：

> 君臣友朋，相为表里者也。昔仲尼祖述尧舜，洞见君臣之道，惟尧舜为尽善矣。而又局局于君臣以统天下，能不几于武之未尽善耶？此友朋之道，天启仲尼，以止至善者也。古谓仲尼贤于尧舜，谓非贤于此乎！且君臣之道，不有友朋设教于下，不明。友朋之道，不有君臣出政于上，不行。行以行道于当时，明以明道于万事，非表里而何？③

---

① （明）容肇祖整理：《何心隐集》，中华书局，1960，第28页。
② （明）容肇祖整理：《何心隐集》，中华书局，1960，第27~28页。
③ （明）容肇祖整理：《何心隐集》，中华书局，1960，第66页。

> 君臣相师,君臣相友,尧舜是也。旨出于尧而宗归于舜,不有二也。父子相师,父子相友,文武是也。旨出于文而宗归于武,不有二也。兄弟相师,兄弟相友,武周是也。旨出于武而宗归于周,不有二也。①

这里不仅提倡君臣关系是师友关系,父子关系、兄弟关系也以师友关系为最高形式,这就彻底改造了恩德文化。五伦中除了夫妇关系都变成了师友关系,这意味着伦理体系都非恩德化了。

李贽是明代另外一个著名的异端思想家。他服膺陆王心学,属于王学左派。他以心为万物之本,认为这是伦理的根源。他提出了"童心"说,以对抗传统礼法。他说:"夫童心者,真心也。若以童心为不可,是以真心为不可也。夫童心者,绝假纯真,最初一念之本心也。若失却童心,便失却真心;失却真心,便失却真人。人而非真,全不复有初矣。"② 但这种"童心"不是道家的无知无欲之心,而是充满了世俗欲望的私心。他指出:"夫私者,人之心也。人必有私,而后其心乃见。若无私,则无心矣。……此自然之理,必至之符,非可以架空而臆说也。然则为无私之说也,皆画饼之谈,观场之见,但令隔壁好听,不管跟脚虚实,无异于事,不足采也。"③ 李贽主张为己:"士贵为己,务自适。如不自适而适人之适,虽伯夷、叔齐同为淫僻。不知为己,惟务为人,虽尧、舜同为尘垢秕糠。"④ 李贽以私心、自适为出发点,建构其伦理学说体系,意义重大。恩德文化具有无我性,它把社会关系确定为施恩—报恩关系,于是人就成为"为他"的存在,或者成为施恩者,或者成为报恩者,而丧失了个体独立性。李贽立足个人,以为己的私心推倒了为他的公心,也就推倒了施恩—报恩之义。所以他否定施恩—报恩的传统伦理,李贽断言:"是故视之如草芥,则报之如寇仇,不可责之谓不义;视之如手足,则报之如腹心,亦不可称之谓好义。"⑤

李贽强调人的个体差异性,反对以礼法压制个性,实际上就是反对以恩德桎梏人性。他指出:"夫天下至大也,万民至众也,物之不齐,又物之情也。"⑥ "是故一物各具一乾元,是性命之各正也,不可得而同也。"⑦

---

① (明) 容肇祖整理:《何心隐集》,中华书局,1960,第37页。
② (明) 李贽:《焚书 续焚书》,中华书局,1975,第98页。
③ (明) 张建业主编:《李贽文集》第三卷,社会科学文献出版社,2000,第626页。
④ (明) 李贽:《焚书 续焚书》,中华书局,1975,第258~259页。
⑤ (明) 李贽:《焚书 续焚书》,中华书局,1975,第64页。
⑥ (明) 张建业主编:《李贽文集》第七卷,社会科学文献出版社,2000,第364页。
⑦ (明) 张建业主编:《李贽文集》第七卷,社会科学文献出版社,2000,第94页。

"夫道者，路也，不止一途；性者，心所生也，亦非止一种已也。"① "人之德性，本自至尊无对。所谓独也，所谓中也，所谓大本也，所谓至德也。"② 这种个性观念是传统社会后期发生的重要思想，它对恩德文化所依据的理性化的心性是一种颠覆。李贽从个性出发反对恩德文化，认为礼法不顾个性差异，强制划一，即"执之以为一定不可易之物"，是戕害人性之法。

从私心伦理观出发，李贽提出了功利性的社会关系论。李贽认为人伦关系不是基于仁爱，而是基于功利。李贽宣称"天下尽市道之交"，"也不过交易之交耳，交通之交耳"。③ 这种观念是传统社会后期兴起的商业伦理思想的体现，他主张的这种社会关系近于西方的基于个体价值的契约关系，这就彻底推翻了施恩—报恩关系，否定了恩德文化的合理性。他认为，从各自的私心出发建立的伦理规范和社会制度才是合理的，即"由中而出者谓之礼，从外而入者谓之非礼；从天而降者谓之礼，从人得者谓之非礼；由不学、不虑、不思、不勉、不识、不知而至者谓之礼，由耳目闻见，心思测度，前言往行，仿佛比拟而至者谓之非礼"④。而如果违反私心民欲，以礼齐物，"欲强天下使从己，驱天下使从礼"，以所谓公义压制人欲，这是真正的"非礼"。这就以私心否定了礼，从而构成了对整个恩德文化的否定。李贽认为父子关系不是恩德规定的那样天经地义，而是功利性的关系。例如，父"以子为念"，无非是因为"田宅财帛欲将有托，功名事业欲将有寄，种种自大父来者，今皆于子乎授之"⑤。把父子关系降低为功利性的关系，抹杀了亲情天性，有其片面性，但也否定了家族伦理的神圣性，揭穿了恩德的虚伪性，具有一定的合理性。他还认为，朋友关系也是建立在利益之上的："以利交易者，利尽则疏；以势交通者，势去则反，朝摩肩而暮掉臂，固矣。"⑥ 他的交友观是有等级的，从酒食之交、市井之交，直至心胆之交、生死之交，共分为十种档次，虽然有高下之分，但都建立在利益基础上，因而都有合理性。他说："何谓十？其最切为酒食之交，其次为市井之交。……其三为遨游之交，其次为

---

① （明）李贽：《焚书 续焚书》，中华书局，1975，第87页。
② （明）张建业主编：《李贽文集》第七卷，中国社会科学文献出版社，2000，第360页。
③ （明）李贽：《焚书 续焚书》，中华书局，1975，第76页。
④ （明）张建业主编，张建业、张岱注：《李贽全集注》第一册，社会科学文献出版社，2010，第284页。
⑤ （明）李贽：《焚书 续焚书》，中华书局，1975，第254页。
⑥ （明）李贽：《焚书 续焚书》，中华书局，1975，第76页。

坐谈之交。……技能可人，则有若琴师、射士、棋局、画工其人焉。术数相将，则有若天文、地理、星历、占卜其人焉。……以至文墨之交、骨肉之交、心胆之交，生死之交：所交不一人而足也。"① 同样，在李贽的眼里神圣的师生关系也是一种功利性的关系，甚至孔子与弟子的关系既是志同道合，也是利益互惠："夫唯君子超然势利之外，以求同志之劝，而后交始难耳。倪学圣人之学而深乐未得朋之益者，则其可交必如孔子而后可使七十子之服从也。何也？七十子所欲之物，唯孔子有之，他人尤有也；孔子所可欲之物，唯七十子欲之，他人不欲也。如此乎其欲之难也，是以终七十子之身不知所掉臂也。故吾谓孔子固难遇，而七十子尤难遭也。"② 利益关系与恩情关系不同，是平等的交换，这样就还原了人伦的社会关系基础，以平等的互利关系否定了恩德文化的控制性关系。在没有建立契约关系的中国文化背景下，这种思想是难能可贵的。

传统五伦的次序是：君臣、父子、夫妇、兄弟、朋友，李贽将其改造为：夫妇、父子、兄弟、师友、君臣，把夫妇放在首位，把君臣放在末位，这个次序的颠倒意义重大。首先，中国伦理的根源在家族伦理，而中国家族关系与西方不同，西方是以横向的夫妻关系为主轴，所以产生了平等的伦理；中国是以纵向的父子关系为主轴，所以产生了家长制的伦理。李贽把夫妇关系放在家庭关系的首位，就把传统的家族伦理的根基抽掉了。他还主张男女平等，认为夫妇的责任是对等的，不仅主张"妻贤"，还主张"夫贤"，夫妻之间具有对等的责任。由此，李贽的伦理思想就趋于平等，而不认同建立在父子关系上的整个恩德观念。此外，李贽把君臣关系放在末位，也明显地降低了君主的地位，削弱了君权。而且，李贽还提出，把君臣类比父子是"假合"，从逻辑上推翻了恩德文化的构成方式，即类比性的"推恩"，从而否定了君臣之间的恩德关系，摧毁了君主政治的合法性，进而整个地推翻了恩德文化。

不仅如此，李贽把朋友关系也平等化了，认为朋友是互相平等、可以"心腹告语"者。他认为，朋友之交从世俗层面上说，是利益交换的关系；从理想层面上说，是同志关系。他说："友者有也，故曰道德由师友有之，此可以见朋之不可离也。然世间真友难得，而同志真友尤

---

① （明）李贽：《焚书》卷三，张建业主编《李贽文集》第一卷，社会科学文献出版社，2000，第120页。
② （明）李贽：《续焚书》卷二，张建业主编《李贽文集》第一卷，社会科学文献出版社，2000，第73页。

其难得。古人得一同志，胜于同胞，良以同胞者形，而同志者可与践其形也。孔、孟走遍天下，为着甚么？无非为寻同志焉耳。"① 总之，朋友关系不是支配性的关系，是互利平等的关系。朋友关系不仅位列于君臣关系之前，甚至是"胜于同胞"的关系，可见李贽破除了所谓君臣大义，也突破了家族本位的"亲亲"伦理规范，因此李贽的朋友观也颠覆了恩德文化。

与何心隐类似，李贽也把朋友关系合成为师友关系，"余谓师友原是一样，有两样耶？但世人不知友之即师，乃以四拜受业者谓之师；又不知师之即友，徒以结交密者谓之友。夫使友而不可以四拜受业也，则必不可以与之友矣；师而不可以心腹告语也，则亦不可以事之为师矣。古人知朋友所系之重，故特加师字于友之上，以见所友无不可师者。若不可师，即不可友。大概言之，总不过友之一字而已，故言友则师在其中矣。若此二上人，是友而即师者也"②。这里的意义在于，在恩德文化中，师是"天地君亲师"五尊之一，师生关系本来是一种类同父子的不平等关系，而李贽把它等同于朋友关系，而朋友关系在恩德文化中相当于兄弟关系，这就大大地降低了师生关系的不平等性，从而推翻了作为"五尊"之一的师对学生的支配地位。

在政治伦理方面，李贽提出了"人本自治"的政治理想，达到所谓"至人之治"："只就其力之所能为，与心之所欲为，势之所必为者以听之，则千万其人者，各得其千万人之心；千万其心者，各遂其千万人之欲。是谓物各付物，天地之所以因材而笃也。所谓万物并育而不相害也。"③ "君子以人治人，更不敢以己治人者，以人本自治。人能自治，不待禁而止之也……既说以人治人，则条教禁约，皆不必用。"④ 这就鲜明地提出以"人本自治"取代"条教禁约"，也就是解除礼法政治和恩德文化，恢复人的独立性。"人本自治"虽然具有乌托邦色彩，但也与君恩名义下的专制统治相反对，把人从恩德政治中解放出来，是对恩德文化的彻底否定。总之，李贽立足于个体价值对恩德文化展开了批判，并且建立了比较系统的伦理思想，这在中国思想史上达到了前所未有的高度。

---

① （明）张建业主编：《李贽文集》第一卷，社会科学文献出版社，2000，第 17 页。
② （明）张建业主编：《李贽文集》第一卷，社会科学文献出版社，2000，第 75 页。
③ （明）张建业主编：《李贽文集》第七卷，社会科学文献出版社，2000，第 365 页。
④ （明）张建业主编：《李贽文集》第七卷，社会科学文献出版社，2000，第 372~373 页。

陈确的反理学思想也具有反恩德文化的性质。陈确是明清之际的学者，但他师从刘宗周，而刘宗周是王阳明的信徒，因此陈确属于王学左派。陈确反对程朱理学的理欲之辨。程朱理学提出了理为本体，主张以理制欲，甚至要"存天理，灭人欲"。陈确首先反对程朱理学的理欲对立以及"天地之性"与"气质之性"的划分，认为"一性也，推本言之曰天命，推广言之曰气、情、才，岂有二哉"，他明确地提出"欲即理"的主张："周子无欲之教，不禅而禅。吾儒只言寡欲，不言无欲。圣人之心，无异常人之心；常人之所欲，亦即圣人之所欲也。人心本无天理，天理正从人欲中见，人欲恰好处，即天理也。向无人欲，则亦并无天理之可言矣。"[①] 他认为没有欲望，离开饮食男女，就不能成为人，也就谈不上道德，故天理出于人欲。陈确说的"欲"不仅包括自然需求，还包括精神追求，"富贵福泽，人之所欲也；忠孝节义，独非人之所欲乎？"[②] 这样，他就比较全面地规定了感性与理性的关系。他所说的"人欲恰到好处，即天理也"，就是既不排斥欲望，也不放纵欲望，达到感性与理性的统一。陈确肯定人欲，对理学抹杀人欲给予鲜明的批判，对后期恩德文化的理性化倾向作出了反抗，从而有力地冲击了恩德文化。

四 明清之际的反恩德政治思想

黄宗羲、王夫之、顾炎武是明清之际的异端思想家。在外族入主中原、朝代鼎革之际，他们开始反思中国政治的弊端，对传统的恩德政治伦理作出了深度的批判，提出了许多新的思想，从而把反恩德文化的异端思想推到了一个新的高峰。

黄宗羲对君权进行了前无古人的深度批判，这个批判是从反恩德政治的角度作出的。传统政治伦理把统治权的合法性归之于两点，一是把君主与臣民的关系当作父子关系的延伸，故有君父与子民之称；二是认为君主与臣民的关系是恩德关系，即君主对臣民施恩、臣民对君主报恩。传统恩德由恩情与恩义构成，恩情是基础、本源，恩义是规范、后设。但是，出于统治者的需要，后期恩德文化颠倒了这个次序，把恩义作为绝对的规则和责任，置于恩情之上，即强调忠孝仁义等伦理范畴的绝对性，从而确立了君主权力的绝对合法性。黄宗羲把这个颠倒了的次

---

① （清）陈确撰：《陈确集》（下册），中华书局，1979，第461页。
② （清）陈确撰：《陈确集》（下册），中华书局，1979，第425页。

序再颠倒过来,强调了情的本体地位,从而回归了原始儒家,纠正了后期恩德文化以恩义统领恩情、把恩义绝对化的弊端。他说:"……恻隐、羞恶、辞让、是非,心也,仁义礼智指此心之性也。非先有仁义礼智,而后发为恻隐、羞恶、辞让、是非也。"① 这样,他就把恩德还原为恩情,而恩义就失去了本源性、绝对性。黄宗羲认为各种恩德范畴都只是"虚名",只有自然发生的情感才是实情。黄宗羲说:"仁、义、礼、智、乐,俱是虚名。人生坠地,只有父母兄弟,此一段不可解之情,与生俱来,此之谓实,于是而始有仁义之名。……到得生之之后,无非是孝弟之洋溢,而乾父坤母,总不离此不可解之一念也。"②"盖仁义是虚,事亲从兄是实,仁义不可见,事亲从兄始可见。孟子言此,则仁义始有着落,不坠于恍惚想像耳。"③ 他在这里不但强调了恩情的本体性,把恩义置于虚名的位置,而且只承认孝悌为实情,不提忠君是实情,把它排除在恩情之外。这是因为,孝悌有亲情基础,正是在这个基础上才作了恩德的阐释;而君主与臣民的关系并无亲情,也无恩情,在这个基础上建构的恩义、恩德是虚假的。黄宗羲把这个真相揭露出来,把君主与臣民的恩情排除了。在恩德文化中,忠是孝的推衍,而后变成了忠重于孝,产生了"移孝作忠"之说。黄宗羲对此进行了质疑。对于所谓君臣如父子的类比,他认为君臣关系与父子关系不同,后者有血气联系,有亲情;前者是社会关系,并无亲情。在《原臣》一篇中黄宗羲论述道:"或曰:臣不与子并称乎?曰:非也。父子一气,子分父之身而为身。……君臣之名,从天下而有之者也。吾无天下之责,则吾在君为路人。出而仕于君也,不以天下为事,则君之仆妾也;以天下为事,则君之师友也。"④ 君臣关系脱离了父子关系的类比,就把政治伦理与家族伦理分离,把忠与孝分离,也就把君臣关系还原成了"路人"或"师友"关系,从而使君臣之间的恩德关系瓦解。

恩德文化把恩情权力化,使之成为一种控制性的情感,从而建构了控制性的道德,这也是黄宗羲所反对的。于是,黄宗羲进一步把恩情还原为

---

① (清)黄宗羲:《文庄罗整庵先生钦顺》,《明儒学案》卷四十七,沈芝盈点校,中华书局,2008,第1108页。
② 沈善洪主编,吴光执行主编:《黄宗羲全集》第一册,浙江古籍出版社,2005,第101~102页。
③ 沈善洪主编,吴光执行主编:《黄宗羲全集》第一册,浙江古籍出版社,2005,第102页。
④ 沈善洪主编,吴光执行主编:《黄宗羲全集》第一册,浙江古籍出版社,2005,第5页。

自然的感情,去除其依附性。他说:"嗟乎!情盖难言之矣。情者,可以贯金石、动鬼神。古之人情与物相游而不能相舍,不但忠臣之事君,孝子之事其亲,思妇劳人,结不可解,即风云月露,草木虫鱼无一非真意之流通。故无溢言曼辞以入章句,无谄笑柔色以资应酬,唯其有之,是以似之。今天亦何情之有?情随事转,事因世变,乾啼湿哭,总为肤受,即其父母兄弟,小君败梗飞絮,适相遭于江湖之上。劳苦倦极,未尝不呼天也,疾痛惨淡,未尝不呼父母也,然而习心幻结,俄顷销亡,其发于心,著于声者,未可便谓之情也。"① 这里把恩情包括对父母兄弟乃至君主的情感都还原为自然情感,其中没有强制性的虚情,也没有由此产生的支配性的权力。这样,就把恩德的基础——恩情解构了,还原为非权力化的自然之情。在这个前提之下,强制性的恩义也自然不存在了,恩德也就瓦解了。

  黄宗羲不仅以自然之情解构了恩德,也建构了非恩德化的政治伦理。他的政治伦理思想不是建立在恩情之上,而是建立在私欲人性论的基础上。与传统儒家的性善论不同,他主张人的本性是私欲,"有生之初,人各自私也,人各自利也。有人者出,不以一己之利为利,而使天下受其利;不以一己之害为害,而使天下释其害……好逸恶劳,亦犹夫人之情也,然则……为天下之大害者,君而已矣。向使无君,人各得自私也,人各得自利也。呜呼!岂设君之道固如是乎?……岂天地之大,于兆人万姓之中,独私其一人一姓乎!"② 在这里他以私欲说否定了君主政治的合理性,批判君主以一人之私剥夺了众人之私。私欲说否定了恩德文化,因为恩德文化认为人生来就有感恩之情,承担了恩义,是为他的伦理,所以由家族的孝到国家政治的忠,就具有了天然合理性。而私欲说解除了人与人之间的恩情关系,把私欲作为人性之本,以为己代替了为他,这就解除了忠君的责任。那么如何建立政治伦理呢?黄宗羲认为,国家的责任是满足万民之欲,而非君主一己之私,从而使天下"皆各得其私",此即天理。他认为天下人才是主人,而君主不过是雇用的管理者,他在《明夷待访录·原君》一篇中论述道:"古者以天下为主,君为客,凡君之所毕世而经营者,为天下也。今也以君为主,天下为客,凡天下之无地而得安宁者,为君也。"③ 这就颠倒了恩德政治伦理,否定了君主对臣民有恩所以

---

  ① 沈善洪主编,吴光执行主编:《黄宗羲全集》第一册,浙江古籍出版社,2005,第31~32页。
  ② 沈善洪主编,吴光执行主编:《黄宗羲全集》第一册,浙江古籍出版社,2005,第2页。
  ③ 沈善洪主编,吴光执行主编:《黄宗羲全集》第一册,浙江古籍出版社,2005,第1页。

为主、臣民要报恩所以为附的论说，而把民作为主人，把君作为受托的管理者，这样他们之间也就没有施恩—报恩关系。恩德文化规定君臣关系是施恩—报恩的主奴关系，而黄宗羲反对君臣之间的"仆妾"关系，认为君臣都是为天下人服务的同事、朋友，彼此只是责任大小不同而已。黄宗羲提出："臣之与君，异名而实同也。我之出仕，为天下而非为君；为万民非为一性。"① 这就提出了以为民代替忠君的思想。在《明夷待访录·置相》一文中，他说："原夫作君之意，所以治天下也。天下不能一人而治，则设官以治之；是官者，分身之君也。"② 于是，官就不是君的奴仆，而是治理国家的同僚。黄宗羲还将君主和百官比喻成共同拉木头的人："夫治天下犹曳大木然，前者唱邪，后者唱许。君与臣，共曳木之人也。若手不执绋，足不履地，曳木者唯娱笑于曳木者之前，从曳木者以为良，而曳木之职荒矣。"③ 这就把臣子与君主平等化，他们是同事关系，不是隶属关系。黄宗羲认为，即使君臣有别，也不是主奴关系，而是责任、权力大小的上下级关系，君主只是这个等级关系中的顶端，并不是超越这个等级关系的具有绝对权力者。他说："盖自外而言之，天子之去公，犹公、侯、伯、子、男之递相去；自内而言之，君之去卿，犹卿、大夫、士之递相去。非独止于天子遂截然无等级也。"④ 这就否定了皇帝权力的绝对性、神圣性。他甚至提出君臣关系是"师友"关系，具有平等性。由于彻底否定了恩德规定的支配性的君臣关系，把君臣关系变成了平等的合作关系，从而也就否定了恩德政治。黄宗羲还驳斥了恩德文化所宣称的君臣大义的绝对性，认为这不过是"小儒"之见。可以说，在明清之际的异端思想家中，黄宗羲是最具有反叛性的一个。

王夫之是明清之际与黄宗羲、顾炎武齐名的思想家，但他较之黄宗羲思想要保守一些，其思想价值有二：一是纠正宋明道学的偏颇，在理欲关系、义利关系上进行了调整；二是在一些观点上偏离恩德文化，特别是在经济思想和个别政治思想方面有所突破。

王夫之对于恩德文化在根本上是认同的，他认为恩德植根于人性："人生于道，而忠孝悌慈皆性之所固有，故推其理以达之天下，而贵德、

---

① （清）黄宗羲：《明夷待访录》，中华书局，1981，第4页。
② （清）黄宗羲：《明夷待访录》，中华书局，1981，第7页。
③ （清）黄宗羲：《明夷待访录》，中华书局，1981，第4~5页。
④ （清）黄宗羲：《明夷待访录》，中华书局，1981，第7~8页。

尊尊、亲亲皆率此心而为之，而天下大定矣。"① 这样就在根本上肯定了恩德的合理性。但他强调恩情是恩德之本，在恩情与恩义关系上偏于恩情，从而与偏于恩义（理）的宋明道学拉开了距离。宋明道学强调理（恩义）具有绝对性，以理灭欲，而情生于欲，故重恩义而轻恩情，从而压抑人性，使得恩德文化走向极端。王夫之说道："孟子所言之王政，天理也，无非人情也。人情之通天下而一理者，即天理也"②，"以我之有道而不能无情也。知民之非有道而必不可更违其情也，本忠厚之意以推行之"③。因此在天理与人情、人欲关系上，他偏于人情、人欲，而反对道学"存天理，灭人欲"之说。他认为天理不过是人情的概括，理生于欲，天理体现着普遍的私欲："人之有情有欲，亦莫非天理之宜然者"④，"人有需货之理而货应之，人有思色之道而色应之，与生俱兴，则与天理俱始矣"⑤，"有欲斯有理"⑥。他认为理欲不能分开，更不能对立，理欲一体："礼虽纯为天理之节文，而必寓于人欲以见，虽居静而为感通之则，然因乎变合以章其用。唯然，故终不离人而别有天，终不离欲而别有理也。离欲而别为理，其唯释氏为然。盖厌弃物则，而废人之大伦矣"⑦，"若犹不协于人情，则必大违于天理"⑧。他认为理在欲中，理服务于人欲，天理就是"公欲"："私欲之中，天理所寓。"⑨ "天理"与"人欲"为"同行异情"，实即一体二用。王夫之说："五峰曰：'天理人欲，同行异情。'韪哉！能合颜、孟之学而一原者，其斯言也夫！即此好货、好色之心，而天之以阴骘万物，人之以载天地之大德者，皆其以是为所藏之用。……于此声色臭味，廓然见万物之公欲，而即为万物之公理。……使不于人欲之

---

① （明）王夫之著，船山全书编辑委员会编校：《船山全书》第四册，岳麓书社，1988，第1113页。
② （明）王夫之著，船山全书编辑委员会编校：《船山全书》第八册，岳麓书社，1991，第120页。
③ （明）王夫之著，船山全书编辑委员会编校：《船山全书》第八册，岳麓书社，1991，第118页。
④ （明）王夫之撰：《周易内传》，中华书局，1964，第421页。
⑤ （明）王夫之：《诗广传》卷三，王孝鱼点校，中华书局，1981，第161页。
⑥ （明）王夫之：《周易外传》卷二，中华书局，1977，第56页。
⑦ （明）王夫之著，船山全书编辑委员会编校：《船山全书》第六册，岳麓书社，1991，第911页。
⑧ （明）王夫之著，船山全书编辑委员会编校：《船山全书》第十六册，岳麓书社，1996，第1197页。
⑨ （明）王夫之著，船山全书编辑委员会编校：《船山全书》第八册，岳麓书社，1988，第91页。

与天理同行者，即是以察夫天理，则虽若理有可为依据，而总于吾视听言动感通而有其贞者，不相交涉。孟子承孔子之学，随处见人欲，即随处见天理。学者循此以求之，所谓'不远之复'者，又岂远哉？"① 王夫之以人欲为"体"，以天理为"所藏之用"，认为天理不过是"公欲"，这就颠覆了宋明道学的理本体论和"存理灭欲"的理欲关系说。他认为理要为公欲服务，"吾惧夫薄于欲者之亦薄于理，薄于以身受天下者之薄于以身任天也。……是故天地之产皆有所用，饮食男女皆有所贞。君子敬天地之产而秩以其分，重饮食男女之辨而协以其安。苟其食鱼，则以河鲂为美，亦恶得而弗河鲂哉？苟其娶妻，则以齐姜为正，亦恶得而弗齐姜哉？"② 这样就把私欲作为理的基础，理不是灭私欲，而是保护、实现公欲即众人的私欲，从而根本上否定了宋明道学。

王夫之倡导理欲和谐，反对纵欲，也反对禁欲，主张以理导欲，以欲存理："无理则欲滥，无欲则理亦废。"王夫之主张天理与人欲间的和谐、均衡。他说"君子只于天理人情上著个均平方正之矩，使一国率而由之。则好民之所好，民即有不好者，要非其所不可好也；恶民之所恶，民即有不恶者，要非其所不当恶也。……唯恃此絜矩之道，以整齐其好恶而平施之，则天下之理得，而君子之心亦无不安矣。所谓父母者，《鸤鸠》七子之义，均平专一而不偏不吝也。不然，则七子待哺，岂不愿己之多得，而哺在此，且怨在彼矣"③。总之，他主张理欲关系的平衡，对宋明道学不顾人们的实际利益（欲），片面抬高恩义（理），以理灭欲有所抵制和纠正。

与理欲关系相关的是义利关系问题，义利关系的内涵是恩德文化的施恩—报恩责任与个体权利的关系，前者为义，后者为利。本来二者应该平衡，但恩德文化偏于强调施恩—报恩的责任，而压制甚至抹杀个体权利，故提倡重义轻利，孔子甚至提出可以"去兵去食"而仅存"信"的极端主张；而宋明道学更是以天理灭私利（欲）。这样，恩德文化就可以无条件地要求民众报恩、效忠王权，从而造成专制统治。王夫之在理欲关系的基础上，主张义利一体，义利并重，反对割裂义利，从而回归了恩德的原始内涵，扭转了恩德文化重义轻利的偏向。他说："立人之道曰义，生人

---

① （明）王夫之著，船山全书编辑委员会编校：《读四书大全说》卷八，中华书局，1975，第519页。
② （明）王夫之著，船山全书编辑委员会编校：《船山全书》第三册，岳麓书社，1988，第374页。
③ （清）王夫之：《读四书大全说》卷一，中华书局，1975，第45页。

之用曰利，出义入利，人道不立，出利入害，人用不生。"① 王夫之把义规定为"公利"，这与其把理规定为公欲是一致的，从而解决了义利关系的难题。他说："义者天理之公，利者人欲之私。"② 他还说："要而论之，义之与利，其涂相反，而推之于天理之公，则固合也。义者正以利所行者也，事得其宜，则推之天下而可行，何不利之有哉？"③ 王夫之也主张以义导利，避免私欲泛滥。他说："利义之际，其别也大；利害之际，其相因也微。夫孰知失义之必利，而利之非可以利者乎！诚知之也，而可不谓大智。"④ 总之，王夫之的义利观，克服了儒家重义轻利的弊端，特别是理学家以理灭欲的极端，而把满足民众的利益当作大义。这就首先要求统治者施行仁政，给民众以利益，这是民众效忠的前提。

王夫之的政治伦理思想基本是正统的，他回归早期儒家思想，纠正宋明道学的偏颇，也就是恢复恩德的本义，即达到恩义与恩情、恩惠的平衡，克服以理灭欲、重义轻利的偏向。但王夫之之思想也有出格之处，偏离了恩德文化。王夫之具有鲜明的民本思想，甚至不自觉地提出了一些异端思想，如说："天之使人必有君也，莫之为而为之。故其始也，各推其德之长人、功之及人者而奉之，因而尤有所推以为天子。人非不欲自贵，而必有奉以为尊，人之公也。"⑤ 他认为人人都欲"自贵"，也就是个体独立，但君主的职责是"人之公"，维护每个人的权利和利益，所以才有君主之立，这就与一人一姓之天下的君权思想有了根本的区别，也否认了君恩。同时他还指出，君主因为有德、有功才被"推以为天子"，虽然这是讲古代政治，但也可以看出他的政治倾向，就是不承认君权天授，而认可君权民授。他据此提出了"公天下"的主张，认为必须"循天下之公"⑥，让天下人同享天下，共治天下，而反对以一人一姓私天下。这些观点继承和发扬了儒家思想中的"天下为公"的精神，而突破了君主拥有天下，治理天下，故对臣民有恩，臣民须报恩君主的恩德政治思想，具

---

① （清）王夫之:《尚书引义》，中华书局，1976，第41页。
② （明）王夫之著，船山全书编辑委员会编校:《船山全书》第七册，岳麓书社，1991，第382页。
③ （明）王夫之著，船山全书编辑委员会编校:《船山全书》第七册，岳麓书社，1991，第382页。
④ （清）王夫之:《尚书引义》，中华书局，1976，第41页。
⑤ （明）王夫之著，船山全书编辑委员会编校:《船山全书》第十册，岳麓书社，1996，第67页。
⑥ （明）王夫之著，船山全书编辑委员会编校:《船山全书》第十六册，岳麓书社，1996，第1222页。

有了异端性质。王夫之也认识到了君臣关系的非血亲属性，指出"人无易天地、易父母，而有可易之君"①。这是说父母与子女的关系是天然的、不可变易的，而君主与臣民的关系是非天然的、可以变易的，二者不能等同。这样，就否定了君臣与父子的同构关系，瓦解了忠孝一体性，抽掉了忠道的孝道基础，从而否定了忠道。王夫之进而认为，亲属关系是先天不可选择的，如果与不仁之人为亲人时，"尽其所可尽，无望知焉，无望报焉；其所不可尽者，以义断之也"；而君臣关系是后天的，可以选择的，面对无道的君主，不幸"与其人为君臣，去之可矣"②；"况乎君臣义合，非有不可离之去就哉！"③ 这就把君臣之间的关系变成了合作关系，忠君不具有绝对性，从而瓦解了恩德政治。

王夫之的经济思想有比较鲜明的异端性。传统的土地所有权的思想是"普天之下，莫非王土；率土之滨，莫非王臣"，这种观点为恩德文化提供了基础，即认为百姓种田是承受了君主的恩惠，要奉养、服从君主以报恩。王夫之不赞同这种思想，而从民本思想出发提出了相反的主张。他认为土地天然是为了养民的，因此不是为王者所有，而是为民所有。他指出："王者能臣天下之人，不能擅天下之土"；"若夫土，则天地之固有矣。王者代兴代废，而山川原显不改其旧；其生百谷卉木金石以养人，王者亦待养焉，无所待于王者也，而王者固不得而擅之"。"地之不可擅为一人有，犹天也。天无可分，地无可割，王者虽为天之子，天地岂得而私之，而敢贪天地固然之博厚以割裂为己土乎？"④ "若土，则非王者之所得私也。"⑤ 这就否定了君主是"天子"而拥有天下的思想，而把民奉为天下之主，拥有天下之田土。他认为人民的田土不是君主所授，而是自有的："天地之间，有土而人生其上，因资以养焉。有其力者治其地，故改姓受命，而民自有其恒畴，不待王者之授之。"⑥ 这就否定了民田君授的观念，而还田于民。因此，他认为对于民间自发形成的土地所有状况，君

---

① （清）王夫之：《尚书引义》，中华书局，1976，第 88 页。
② （明）王夫之著，船山全书编辑委员会编校：《船山全书》第三册，岳麓书社，1988，第 324 页。
③ （明）王夫之著，船山全书编辑委员会编校：《船山全书》第十册，岳麓书社，1996，第 456 页。
④ （明）王夫之著，船山全书编辑委员会编校：《船山全书》第十册，岳麓书社，1996，第 511 页。
⑤ （明）王夫之著，船山全书编辑委员会编校：《船山全书》第十二册，岳麓书社，1996，第 551 页。
⑥ （清）王夫之：《黄书 噩梦》，王伯祥校点，中华书局，1956，第 1 页。

主也没有予取予夺之权。"民自有其经界，而无烦上之区分。"① 这种土地私有的见解是空前的，达到了经济思想的高峰。王夫之从根本上否定了君主对民众的经济控制权力，而所谓君主授田之皇恩也就子虚乌有了，恩德文化的基础就不复存在了。

顾炎武是明清之际另一位异端思想家。他主要是纠正宋明道学的弊端，而提倡回归先秦儒家思想，以经学代替理学。同时，他的政治伦理思想也在一定程度上突破了恩德文化。

顾炎武的基本思想未脱离儒家正统，他对于恩德是基本认同的，只在局部上不认同。他主张："为人君止于仁，为人臣止于敬，为人子止于孝，为人父止于慈，与国人交止于信。"② 这是其基本的立场。但是鉴于在传统社会后期恩德文化偏于理性，加重了对人性的桎梏，顾炎武又对这种偏向有所批判，提出了一些相反的思想。传统伦理思想认为公私对立，要以公灭私，理学更主张存天理灭人欲。顾炎武对这些思想不认同，其出发点是人性有私，反对废私立公。他提出："天下之人各怀其家，各私其子，其常情也。为天子为百姓之心，必不如其自为，此在三代以上已然矣。圣人者因而用之，用天下之私，以成一人之公而天下治。"③ 这就把政治伦理的基础建立在维护个体利益的基础上，而对恩德政治有所反拨。恩德政治主张君主拥有天下，臣民承受君主之恩，所以要忠君。而顾炎武认为私人有其权利，君主必须保护这个权利。《日知录》说："'雨我公田，遂及我私'，先公而后私也。'言私其豵，献豜于公'，先私而后公也。自天下为家，各亲其亲，各子其子，而人之有私，故情之所不能免，故先王弗为之禁，且从而恤之。建国亲侯，胙土命氏，画井分田，合天下之私以成天下之公，此所以为王政也……此义不明久矣。世之君子必曰：有公而无私，此后世之美言，非先王之至训也。"④ 这就反拨了理学家"公而无私"的思想。恩德政治伦理认为，君主施恩于百姓，百姓报恩于君主，因此为君主就是公，为己就是私，要克己奉公。顾炎武认为公不是剥夺众人之私利，而是维护众人之私利，君主的责任就是"用天下之私，

---

① （明）王夫之著，船山全书编辑委员会编校：《船山全书》第十一册，岳麓书社，1996，第77页。
② （清）顾炎武：《日知录》，（清）黄汝成集释，上海古籍出版社影印道光十四年嘉定黄氏西溪草庐刊本，1985，第1页。
③ （清）顾炎武著，华忱之点校：《顾亭林诗文集》，中华书局，1983，第14页。
④ （清）顾炎武著，（清）黄汝成集释：《日知录·言私其豵》卷三，载《日知录集释》，岳麓书社，1994，第92页。

以成一人之公"，也就是为天下人的利益服务。他还以古代圣王为榜样，指出君主的"大福""至贵"并非天生所有，而是因其能够"先天下之大劳""执天下之至贱"才得以享有的，"是以殷王小乙，使其子武、丁旧劳于外，知小人之依，而周之后妃亦必服浣濯之衣，修烦辱之事。及周公遭变，陈后稷先公王业之所由者，则皆农夫、女工衣食之务也"①。顾炎武认为，君主不是因为膺天命而拥有了治理天下的权力，而是因为他为天下人服务，维护了天下人的私利。正因为如此："一旦有不虞之变，必不如刘渊、石勒、王仙芝、黄巢之辈，横行千里，如入无人之境也。于是有效死勿去之守，于是有合从缔交之拒，非为天子也，为其私也。为其私，所以为天子也。故天下之私，天子之公也。"② 这就是说，君主为天下人的私利服务，天下人才会效忠君主，而这本质上还是为己，而非为君主。这种论述揭示了恩德背后的私欲动力，不是强调民众报恩的责任，而是更强调其为己的动机，从而否定了恩德文化。

顾炎武认为天下生民重于君王社稷，这就继承发扬了孟子的民贵君轻的思想。顾炎武提出了"亡国"与"亡天下"之分，他指出："有亡国，有亡天下。亡国与亡天下奚辨？曰：易姓改号，谓之亡国；仁义充塞而至于率兽食人，人将相食，谓之亡天下……是故知保天下，然后知保其国，保国者，其君其臣、肉食者谋之；保天下者，匹夫之贱，与有责焉耳矣。"③ 这个论述虽然直接着眼于伦理教化，但深层逻辑在于区分了天下与国，认为国家乃帝王之私产，亡国是朝代更替，与民无关，故百姓无责；而天下乃天下人之天下，非一人一姓之天下，天下兴亡关系百姓之命运，故匹夫有责，这就确认了天下生民高于君王社稷，从而在根本上颠覆了恩德文化的基础，把君主从百姓恩主的位置上拉了下来。

由于君主是为天下人服务的，不是恩主，于是君臣关系也发生了变化，不再是主仆关系，而成为共事关系。顾炎武指出："为民而立之君，故班爵之意，天子与公、侯、伯、子、男一也，而非绝世之贵。代耕而赋之禄，故班爵之意，君、卿、大夫、士与庶人在官一也，而非无事之食，是故知天子一位之义，则不敢肆于民上以自尊，知禄以代耕之义，则不敢厚取于民以自奉。"④ 这种思想黄宗羲已经表述过，但顾炎武更为彻底，

---

① （清）顾炎武：《日知录集释》，国学整理社，1936，第337页。
② （清）顾炎武著，华忱之点校：《顾亭林诗文集》，中华书局，1983，第15页。
③ （清）顾炎武：《日知录集释》，国学整理社，1936，第307页。
④ （清）顾炎武：《日知录集释》，国学整理社，1936，第166页。

他鲜明地提出了君主"非绝世之贵",认为君主与公侯、百官一样,只是一种类似雇佣关系的"代耕而赋之禄"。这种政治思想不仅去除了君主与民众的恩德关系,也去除了君主与臣下的恩德关系,具有民主思想的萌芽。

此外,顾炎武还突破了恩德的差等性。由于恩德文化是由家庭伦理推延而成的,故形成了爱的差等性,"爱有差等"思想成为一种伦理规则。但顾炎武继承、发扬了原始儒家的"天下为公"思想,倡导"博爱",他说:"先之以博爱,而民莫遗其亲。'左右就养无方'谓之博爱。"① 这就是以博爱为先,孝为其后,而不是以孝为本,从爱的普遍性角度否定了恩爱的私己性、差等性,从而突破了恩德文化。

总之,明清之际的异端思想家从个体权利出发,以平等思想批判恩德政治,建立政治伦理体系,体现了后期恩德文化的衰落和新思想的崛起。

---

① (清)顾炎武著,栾保群、吕宗力校点:《黄汝成集释》,《日知录集释(全校本)》上册,(清)黄汝成集释,上海世纪出版股份有限公司、上海古籍出版社,2006,第375页。

第十二章　中国恩德文化的历史作用

第一节　恩德文化历史作用的两重性

文化是社会历史的产物，也影响了社会历史。社会历史是人的生存活动，而文化是行为的规范，它提供了一套习惯、观念和法则，从而影响、制约了社会历史。一个民族的文化对社会历史的作用具有两重性，既有积极的、正面的作用，也有消极的、负面的作用，恩德文化对中国社会历史的作用同样具有两重性，也就是具有积极的、正面的历史作用和消极的、负面的历史作用。

一　恩德文化积极的历史作用

恩德文化的积极的、正面的历史作用主要体现在三个方面：一是建立和保障了稳定的社会秩序，避免了社会无序；二是建构了相对和谐的人际关系，培育了一个道德化的民族；三是形成了一个人文传统，避免了野蛮社会和宗教迷狂。

第一个方面，恩德文化建立了后宗法皇权士绅社会的秩序。从春秋战国时期起，中国古代社会就走出了宗法封建贵族社会，在秦以后形成了一个后宗法皇权士绅社会。这个社会取消了世袭的贵族等级身份，只有士农工商的职业身份，除了皇族，都是平民。官员虽然尊贵，但也是职业身份，这个身份不是世袭的，而是通过察举或科举选拔上的，"朝为田舍郎，暮登天子堂"，年老致仕还乡，复归于百姓，而子嗣不能继承权位。后宗法皇权士绅社会保留了家族作为基本单位，但宗法社会的家国一体的结构解体，而形成了家国同构关系。这个社会虽然没有固定的等级划分，但有身份差别，形成了一种权力结构，就是家庭中有父子、兄弟、夫妇之分，在社会上有长幼尊卑之别，在国家有君、臣、民之分。这种社会结构与恩德文化结合在一起，形成身份伦理。恩德文化不是单纯的文化体系，它把施恩—报恩责任与社会身份结合在一起，构建和保障了后宗法皇权士绅社会的秩序。恩德文化以孝悌为初始范畴，父子、兄弟、夫妇关系是恩情关系，它与父子、兄弟、夫妇等身份责任结合，建立了家庭伦理秩序。它把家族伦理推广到社会、国家领域，并且与社会、政治身份责任结合，形成了君臣、父子、兄弟、夫妇、朋友（五伦）之间的施恩—报恩规范，建立了一整套社会伦理秩序。恩德文化使得伦理责任与社会关系一体化，管理者与被管理者的关系具有了施恩—报恩的伦理内涵，道德权力化，权力道德化，从而拥有了内在的凝聚力，强化了社会秩序。人们服从这种社会秩序，不仅仅出于对暴力的屈服，更是出于伦理的责任。伦理责任与社会身份的一体化，使得社会结构非常稳固，远胜于单纯的暴力统治。中国两千多年以来，虽然有朝代更迭，也有社会动乱无序的时期，但基本的社会结构没有改变，社会秩序也是基本稳定的，就证明了这一点。

恩德文化为平民社会建立了一个稳定的社会秩序，避免了社会零散化的危险，并且形成了一个大一统的国家。在西周社会秩序解体之时，面临着社会零散化、无序化的危险，春秋战国时期的诸侯争霸、列国争雄已经把这种危险现实化了。老子反对恩德文化，曾经理想化地描绘过这个零散化的社会，"国小而民寡，鸡犬之声相闻，民至老死不相往来"，这也就是《击壤歌》唱的"日出而作，日落而息，凿井而饮，耕田而食，帝力于我何有哉？"其实这个被理想化的小共同体已经成为历史，不可能倒退回去，如果不建立一个稳固的社会秩序，只会产生丛林法则支配的、无政府的混乱状态。法家主张建立一个单靠刑罚维持的秩序，而且在实践上建立了大一统的秦朝，结果由于缺乏伦理教化，导致统治者暴虐无度，从而激起了民众的反抗，最后二世而亡。儒家以恩德文化重建了社会秩序，从根本上化解了社会零散化的危险。社会秩序需要政治、法律的管制，也需要道德的约束，而恩德文化把政治、法律与道德结合在一起，强化了社会秩序，从而避免了社会零散化的可能。恩德文化结构是双向的，施恩与报恩是对应的，因此既对管理者一方如父、兄、夫以及君主、官员有制约，把他们的管理变成了低暴力的施恩；也对被管理者一方如子、弟、妻以及臣、民有约束，把他们的社会责任变成了自觉的报恩，从而在一定程度上达到了权力的制衡。中国社会的人际关系虽然也有冲突，但相对来说比较缓和。恩德文化建立了父慈子孝、兄友弟恭、夫德妻贤的父子、兄弟、夫妻关系，形成了比较稳定、和谐的家庭秩序，避免了家庭冲突和破裂。家庭是传统社会的基本单位，建立具有亲和性的家庭关系，在生产力低下、市场经济没有形成的古代社会是非常重要的，是社会稳定的支柱。恩德文化使得幼有所育，老有所养，家庭和睦，从根基上保证了社会的稳定。虽然传统社会的家庭伦理不符合现代伦理，缺乏平等性，但在特定的历史条件下，仍然形成了稳定的秩序。清代沈复所著的《浮生六记》，讲述了他与发妻陈芸的恩爱生活。陈芸是遵守妇德的贤妻良母，沈复也是有夫德的好丈夫，夫妻和谐美满，感情深厚，堪称典范。当然，这种和谐美满的家庭不会很多，许多家庭存在着父子、夫妇、婆媳之间的冲突，但总的说来，传统社会的家庭结构还是相对稳定的，家庭关系也是基本平和的，说明了恩德文化对于家庭关系具有合理的作用。

恩德文化对于社会的管理者和被管理者都有道德约束，调和了社会关系。对于统治者包括君主和官吏，恩德文化要求爱民，施行仁政，如宋代规定官衙要立石碑，上刻："尔食尔俸，民膏民脂。下民易虐，上天难欺。"这体现了对百姓的体恤和对官员负有的社会责任的强调，从而在一定程度上减缓了官民冲突。对于被统治者，要求报国恩、忠君守法，这种恩德教化加上法律约束，保持了社会的稳定。当然，恩德文化的社会稳定作用也是相对的、有限的，因为政治权力的合法性基础是恩德，那么一旦统治者不施行仁政，就会激化矛盾，导致社会动乱，甚至改朝换代；而新的王朝可能吸取教训，施行仁政。这就形成了一治一乱的循环。中国史学界曾经有一个理论，叫作"让步政策"论，就是每一次农民起义推翻了旧王朝，新的王朝就会接受历史教训，施行减轻人民负担的让步政策，从而使得社会保持了安定，得到了发展。唐太宗李世民就总结历史经验，说："水能载舟，亦能覆舟"，施行了相对宽松的统治，造成了唐代的繁荣。"让步政策"论实际上是说，改朝换代让统治者重新认识和恢复了恩德政治，因此这个理论有一定的合理性。不断的朝代更替是恩德政治由偏离正轨到回归正轨的反复，这是中国历史之谜的解答。

此外，恩德文化在对外关系方面建立了一个低暴力的天下秩序。中国的地理政治环境的特殊性在于，周边都是游牧民族，经常与处于农业社会的中原发生冲突。从汉代开始，建立了中央政权与周边游牧民族之间的宗藩关系，形成了一个朝贡体系，这也是一种施恩—报恩关系。历代王朝都主张以德服人，而不主张以力服人。宗主国对藩属国虽然恩威并施，但主要通过施恩来换取其忠诚。中央政权名义上统治"天下"，但实际上不干预藩属国的内政，而且为藩属国提供保护。藩属国服从中央政权的统治，实际是拥有自治地位。所谓朝贡主要是礼节性的、象征性的，藩属国获得的赏赐远多于贡品。这样，就在很大程度上化解了与周边民族、国家的矛盾，免除了领土扩张和暴力征伐，而保持了一个相对和平的外部环境。

第二个方面，恩德文化培育了一个道德化的民族，建构了相对和谐的社会关系。伦理体现了一个共同的价值观，维系了人与人的关系，那么什么样的价值观才适合古代平民社会的人际关系呢？在欧洲中世纪，依靠宗教信仰和等级制度维系社会秩序。在欧洲近代，贵族等级社会转化为平等的公民社会，形成契约关系，在这个基础上建立了一个民主、法治的社会。中国是后宗法皇权士绅社会，以伦理代宗教，而且家国同构，个体不独立，没有形成契约关系，不存在独立的法治体系。恩德文化是伦理本位，以施恩—报恩责任规范人际关系，恩爱（仁）成为核心价值，这样就在很大程度上消减了政治、法律的强制性，而代之以道德的教化和约束。中国历史上重视教化，养成了强烈的道德感，这种道德感维系了社会的稳定发展。在社会领域，恩德文化把孝悌推广到家庭以外的群体，形成了朋友互信、乡邻互助、敬老爱幼的人际关系，维护社会的稳定、和谐。在国家领域，恩德文化建立了君明臣忠、忠君爱民、官良民顺的君臣关系、君民关系、官民关系。中国政治的主流是非暴力的仁政，最大限度地避免了暴君政治。中国也存在过暴君政治，但时间都不长，主要是在落后的少数民族入主中原的"五胡乱华"时期，这个时期儒家的伦理教化遭到了破坏，产生了暴君政治。历史实践证明，恩德文化为古代中国建立了一个相对和谐的社会关系，也造就了一个崇尚道德、讲求礼仪的民族。在恩德文化的教化之下，中国人把道德作为立人之本、立国之本，重视道德修养，追求君子人格，修身、齐家、治国、平天下成为最高的志向。

第三个方面，恩德文化形成了一个人文传统，避免了野蛮社会和宗教迷狂，建设了一个高度文明的社会。恩德文化是神恩转化为人恩的产物，是建立在人恩的基础上的，体现了古代的人文精神。恩德文化的核心价值是仁爱，这是一种文明的价值观，它使得中国文化远离了弱肉强食的野蛮文化，形成了高度发达的古代文明。西周就崇礼尚文，以"德治主义"代替"鬼治主义"，人文精神开始形成。至春秋战国以后，恩德文化形成，确立了道德理性，形成了强大的人文传统。历史上有过多次落后民族入侵中原，有的甚至建立了政权，如五胡十六国、元朝、清王朝等，但最后都是"用夏变夷"，即恩德文化征服蛮夷文化，落后民族服膺中国文化；同时中国文化也吸收外来文化而丰富自身。中国恩德文化不同于西方宗教文化，它具有直接的人文性。西方文化的博爱源于神恩，依靠神的权威建立伦理秩序，其人文精神依托宗教，而且被宗教压制，直至文艺复兴才得到发展。中国文化的仁爱源于人恩，不依靠神的威力维系社会秩序，也不以对神的信仰来约束人心，而是以人与人之间的恩爱来建构伦理秩序。在中国，宗教不占有统治地位，也没有形成神权社会，而是建立了一个世俗的道德社会，这就避免了欧洲中世纪那样的千年宗教统治，而形成了一个辉煌的古代人文传统。中国人热爱生命、重视道德、讲求实际、富于人情，独立于世界各民族之林。两千年来，各种宗教接踵传入，除了佛教站稳了脚跟，伊斯兰教、基督教等都没有普遍地获得传播；而佛教也没有成为主导的文化形态，它被恩德文化同化，成为其补充。在外来文化的冲击下，中国文化保持了自己的稳固性，几千年来没有湮灭，不被他民族文化同化，而是同化了外来的他民族文化，体现出强大的生命力。

中国文化培育出一个高度文明的社会精英——士大夫阶层。西方社会精英是骑士和教士，前者文化修养不高，后者限于宗教文化，因此形成了千余年的中世纪宗教蒙昧。而中国的士大夫则饱读诗书，文质彬彬，文化修养深厚，为乡绅可以教化乡里，为官可以辅弼君主，从而作为社会中坚，建设了一个文明社会。

恩德文化建立了一个相对和谐的人际关系，形成了一个悠久的人文传统，从而也就培育了一个文明道德的民族。这样的民族有资格立足于世界文化之林，并且获得新的生命力。

二 恩德文化消极的历史作用

任何民族的文化都具有两面性，中国恩德文化不仅有积极的、正面的历史作用，也有消极的、负面的历史作用，两种历史作用往往是一体两面、交织在一起的。恩德文化的消极的历史作用主要体现在以下几个方面。

第一个方面，一般文化体系中有工具理性和价值理性的区分：前者是处理人与自然的关系，以发展生产力；后者是处理人与人的关系，以维护人的价值和社会秩序，这是文明的两翼，也是现代性的根据。在恩德文化中，由于人与自然、人与人都是一种施恩—报恩的关系，主体与客体的分化没有完成，这就导致了工具理性与价值理性没有充分分化，实际上是以价值理性吞没了工具理性，形成了伦理本位文化。因此，恩德文化的科学精神（工具理性）缺失，阻碍了生产力的发展，现代工业文明难以发生。中国恩德文化形成了道与术（技）的区分，以伦理为本（道），以科学技术为末（术），导致了对科学知识的贬抑，科学精神难以确立。中国古代虽然有许多知识创造，如"四大发明"，但仅仅停留于技术层面，不能上升为科学，因为科学是道（工具理性）不是术，所以古代中国有技术而没有形成科学思想体系。鲁迅深刻地反思了中国文化对科学技术的阻碍作用，他在《电的利弊》中说道："外国用火药制造子弹御敌，中国却用它做爆竹敬神；外国用罗盘针航海，中国却用它看风水；外国用鸦片医病，中国却把它拿来当饭吃。"① 因此，尽管中国有辉煌的古代文明，但在近代落后了，始终停留于农业文明阶段，而没有率先进入工业文明。

第二个方面，文化体系除了现实层面，还应该有反思—超越的层面，包括艺术、宗教、哲学，它们构成了对世俗文化的制约、批判，从而保障了人的自由空间。但天人合一，也就是天道与人道的一体化，使得恩德文化只有一个世界，就是现实的世界，而摒除了超越的世界，从而形成了一个"实用理性"文化。在中国文化体系中，宗教不占有重要位置而且世俗化，哲学也不发达而且伦理学化，文艺也沦为伦理教化的工具。恩德文化的超越—反思层面的薄弱，导致了自我反思的能力受到限制，社会、文化凝固化而缺失了变革的能力。在这种闭合文化的内部，很难产生新的思想和文化形态。中国古代社会发生过两次文化变革，第一次变革发生在西周，产生了民本思想和人文精神的萌芽；第二次变革发生在春秋战国，形成了人文精神，产生了恩德文化。但自从秦以后，中国文化就基本定型，没有发生根本性的变革，形成所谓"天不变，道亦不变"的定式。秦以后的历代思想家几乎都不能突破"儒道互补"的格局，限于为恩德文化论证，而少有批判性和超越性；即使有一些异端思想家，在一些具体观点上有批判、突破，但也是局部的、不彻底的，不能突破恩德文化的总体框架，没有产生新的文化思想体系。由于恩德文化失去革新的能力，也就阻断了社会变革的道路，导致中国社会后期的停滞。

第三个方面，恩德文化具有高度的自足性，妨碍了文化交流和革新。中国是农业社会，形成了自给自足的自然经济，它与欧洲的仰仗航海贸易的工商社会不同，具有封闭性，所以才有闭关锁国的国策。在鸦片战争之前，道光皇帝宣称天朝应有尽有，不仰赖外夷供给，拒绝开放贸易，战败后才被迫开五口通商，从此被列强打开了国门。在自然经济基础上，中国文化也具有了自足性。中国恩德文化形成了天人合一的传统，它独立自足，具有内在的聚合力，形成了稳定的结构。这种独立自足性带来了高度的文化自信。在汉、唐、宋、元等朝代，中国文化还相当开放。因此鲁迅说："遥想汉人多少闳放，新来的动植物，即毫不拘忌，来充装饰的花纹。""汉唐虽然也有边患，但魄力究竟雄大，人民具有不至为异族奴力

---

① 鲁迅著，鲁迅先生纪念委员会编：《鲁迅全集》第四卷，花城出版社，2021，第238页。

的自信心，或者竟毫未想到，凡取用外来事物的时候，就如将被俘来一样，自由驱使，毫不介怀。"① 这种开放性在明清时期则转向封闭了，导致了中国近代与世界的隔绝，最终丧失了现代化的先机。

中国文化的高度自信也有其负面作用，就是自恃对于周边文化具有先进性，对于外来文化以蛮夷文化视之，精神上采取排斥态度。《公羊传》曰："《春秋》内其国而外诸夏，内诸夏而外夷狄。"（《公羊传·成公十五年》）"子曰：'夷狄之有君，不如诸夏之亡也。'"（《论语·八佾》）孟子也说："吾闻用夏变夷者，未闻变于夷者。"（《孟子·滕文公上》）中国文化拥有强大的同化能力，它要教化四夷，而对外来文化的吸收不足。历史上的外来文化基本上是游牧民族的文化，落后于中原文化，故对于中国文化的冲击性不强，即使游牧民族入主中原，也被中原文化同化，如元、清都是如此。从历史的角度上看，由于周边是落后的游牧民族，中国文化的闭合性是对中国文明的保护机制，避免受到外来的落后文明的毁灭性冲击而湮灭，这是其历史合理性。但是，近代以来，历史条件发生了变化，先进的西方现代文化传播进来，一方面需要有中国文化的保护机制，使其免于湮灭；另一方面这种文化保护机制也起到了消极作用：中国没有像日本等其他东方国家那样比较顺利地接受西方现代文化，而作了顽强的抵制；既使被迫有所接受，也只是在非核心价值的领域，而保留了中国文化的基本价值。如在洋务运动中就提出了"中体西用"之说，也就是接受西方文化的物质技术，而保留中国文化的基本制度与核心价值。虽然五四新文化运动产生了西化—现代化倾向，但五四之后即有所逆转，并且产生了文化保守主义思潮。当然，全盘西化有其片面性，文化保守主义有一定的合理性，但中国文化的闭合性对现代性的阻滞作用也是确实存在的，导致了中国社会现代化的延迟。

第四个方面，恩德文化与社会关系的一体化也阻滞了社会发展。一般说来，文化与社会关系既有统一性，也有差异性。二者的统一性在于，文化作为意义系统，为社会关系提供了合法性，保证了社会关系的稳定。另一方面，二者也有差异，即文化的核心价值往往与社会关系不完全符合，会有矛盾、裂隙。这个差异的根源在于，文化包括责任伦理和信念伦理两个部分，责任伦理符合、维护社会关系、社会制度，为社会现实论证；而信念伦理是理想化的价值预设，超越社会现实，往往与社会现实发生矛盾，对社会关系有所批判。如欧洲中世纪是基督教主导的文化，它一方面

---

① 鲁迅著，鲁迅先生纪念委员会编：《鲁迅全集》第一卷，花城出版社，2021，第102页。

为封建农奴制度提供了君权神授的支撑，同时其博爱思想以及在上帝面前人人平等的教义又与贵族等级制度有矛盾。基督教文化与社会现实之间的裂隙，为以后的思想启蒙运动和社会现代变革提供了可能性，如启蒙主义的平等、博爱思想就有基督教的思想源头；新教伦理也为资本主义的发生提供了支援意识。又如，现代文化是维护个体价值的文化，一方面为资本主义社会的市场经济、民主制度、契约关系提供了意识形态保障，另一方面也主张自由、平等、博爱，从而与资本主义社会关系（贫富不均、资本统治）相矛盾，这种文化与社会之间的裂隙也为社会变革提供了可能，如西方左派思想和马克思主义就从启蒙思想中吸取了思想资源，成为批判资本主义的思想武器。中国恩德文化是伦理本位文化，它以忠孝观念为后宗法皇权士绅社会的社会关系、社会制度提供了意识形态的保障，这一点，与其他社会的责任伦理的作用是一致的。但问题在于，恩德文化属于身份伦理，就是把社会身份与伦理责任结合在一起，形成了君明臣忠、父慈子孝、兄友弟恭、夫德妻贤、朋友互信的伦理秩序与社会关系的一体化。这个身份伦理没有发生责任伦理与信念伦理的分化，限制了超越性的信念伦理，而以现实性的恩德责任为主导。恩德文化的最高范畴是仁，仁虽然也包含着爱这个信念伦理的成分，但是被限制而成为恩爱，其内涵是忠孝等身份责任，具有不平等性和差等性，故没有形成独立的信念伦理，当然也没有形成独立的责任伦理。这样，恩德文化与后宗法皇权士绅社会的社会关系完全一致，形成了一个一体化的社会—文化共同体。由于文化与社会的无差别的一体化，其间没有大的矛盾、裂隙，难以产生批判性的思想。虽然历代都有一些异端思想，但它们没有从根本上突破恩德文化体系，不能形成革命性的思想体系，故只具有局部的冲击作用，而不能在整体上撼动稳固的社会秩序。因此，中国的社会关系、社会制度异常稳定，除非有大的外力的冲击，否则社会变革难以发生。在中国古代社会，秦以后就只有朝代的更迭，社会关系、社会制度没有根本的改变，这不能不说是文化与社会一体化造成的。

第五个方面，从根本上说，恩德文化的弊端在于压抑了个性发展。恩德除了具有爱的一面，还具有权力支配性，即施恩方对报恩方的控制、支配，报恩方对施恩方的依附、服从。在君臣、父子、兄弟、夫妻、朋友诸关系中，无论是施恩方还是报恩方，每个人都受制于对方，归属于对方，从而抑制了个体价值和个性。恩德文化建构了一个松散化的集体本位价值观，故中国人重道德、守规矩，同时也压抑自我，个性得不到充分发展。在古代社会，适当地限制个体价值和个性是必要的，因为传统社会没有可能给个体价值和个性提供充分的发展空间。但是，历史是人创造的，人的个性发展推动了历史的发展，特别是现代性本质上是个体的独立，现代社会是个性发展创造和推动的。因此，个性受到压制，失去了发展的空间，也就迟滞了社会发展。中国社会长期停滞，不能顺利进入现代社会，其主要原因之一就是个性发展受到了恩德文化的压制。

第二节 恩德文化对民族心理和性格的塑造

一 恩德文化的心理内涵

道德既是一种文化规范，也塑造、体现了特定的心理结构。恩德文化是中华民族心理结构的外化形式，同时也塑造了中华民族的心理结构。因此，考察恩德文化，就要考察恩德文化的心理内涵。

首先，恩德文化体现了爱的需求，表达了爱心，是一种施爱报恩的文化。爱是人的基本需求，也是人的本性，孔孟说"仁者爱人"，就是肯定了爱是人的本性。但是各个民族对于爱的需求的表现方式不同。西方人的爱以神的爱为依据，通过这种圣爱建立对人的博爱。中国人的爱不是来自神，不经过圣爱的中介，而是直接体现为人对人的爱。孟子认为仁爱之心发源于人的天性即天生的"不忍人之心""恻隐之心"。儒家不仅把人的天性作为爱的根源，而且还赋予其社会内涵，使其具有了道德属性。儒家考察了人之初即父母与子女之爱，认为这是一种施爱报恩的情感，即父母慈爱子女，子女报恩父母。从这种基本的恩爱出发，推而广之，就形成了普遍的恩爱，建立了普遍的社会关系。当然这种"推恩"的论证方式不合乎逻辑，但恩德文化确实建立在人的普遍的爱的需求之上。中国人不是依据圣爱和契约关系来界定伦理规范，而是依据身份责任来确定伦理规范，形成身份伦理。在这种身份伦理中，每一种社会身份都有相应的、特殊的爱的责任，通过履行这种爱的责任而肯定自身。这样，爱的需求得到了某种满足。这种爱的满足既存在于施恩方，也存在于报恩方，在双方的施恩—报恩的互动中获得实现。爱表现为同情、关怀、友谊、帮助，也体现为爱戴、感谢、报答等。恩德文化本身就体现了不同身份的人之间的同情、关怀、友谊、帮助，如父母对子女的施爱，子女对父母的报恩，都获得了爱的情感，得到了心理的满足。不仅在家庭领域，而且在社会领域和国家领域，恩德文化都主张同情、关怀弱者，施以友爱，体现了一种爱心。这种恩爱满足了施恩者同情、关爱弱者的爱的需要,同时,作为弱者的受恩者,也感受了施恩者的爱,进而爱戴、感谢、报答施恩者,从而也满足了自己的爱的需求。恩德文化把这种爱的需要和满足作为一种伦理规范固定下来,这是对爱心的肯定。从这个角度说,中国人是富有同情心和爱心的民族,而不是冷漠的、极端利己的民族。中国人渴望被社会肯定,就要通过孝悌父兄、友敬他人、忠君爱国来实现。中国的君主、官员,也渴望名垂青史,获得民众的肯定,而这只能通过勤政爱民来实现。恩德文化就是以施爱报恩来满足人的爱的需求,使人获得肯定性的社会评价。

但是恩德还有另外的一面,就是施恩者和受恩者不平等,施恩者具有支配性,受恩者具有依附性。从心理方面说,施恩者通过对弱者的施恩,不仅体现了一种爱,满足了爱的需求,也体现了一种强者的优势,满足了其优越感和控制欲,也就是尼采说的权力意志。对弱者的同情,带有共情的因素,是一种高尚的感情;同时也是一种怜悯,带有某种优越感,是一种隐在的权力关系。这种怜悯所带有的权力关系在日常生活中最极端的表现就是对乞丐的施舍:面对乞丐的卑微的祈求,施舍了一些钱财,这固然是一种爱心的表达,同时也体现了一种社会身份的优越感,获得了一种道德满足。只不过这种乞讨是个别的现象,不具有普遍的伦理意义。而在恩德文化中,施恩—报恩与社会关系一体化,成为一种普遍的身份伦理,恩情带有了控制性。恩爱是一种占有性的爱,满足了一种控制欲,即通过施恩而获得了支配对方的权力。当强者施恩时,具有道德的优势,也使得支配受恩者的权力合法化,如父母对子女、兄长对弟妹、丈夫对妻子、尊者对卑者、君主对臣民、官员对百姓的施恩,就获得了支配性的权力,从而在道德的包装下满足了自己的权力欲望。恩德文化讲的慈爱,就是强者对弱者的怜悯之心。正是基于这种心理,恩德文化才是强者的文化,而不是弱者的文化。

另一方面,感恩、报恩也是一种后宗法社会的弱势群体的心理状态。当人处于困难处境时,渴求他人的帮助,在得到帮助后有感激之情,这是正常的心理。但是,如果弱者的困难处境一旦成为日常生存状况,弱者成为一种身份,而对于强者的帮助的渴求和感激成为常态,成为一种感恩、报恩的责任意识,爱的心理就被扭曲了,成为一种依附心理,例如乞丐对于施舍者的千恩万谢也体现了一种自卑感。在后宗法皇权士绅社会,弱者处于卑微的地位,没有权利,不能得到平等的对待,只能渴求强者赐予的关爱,从而获得某种心理的慰藉,于是爱的渴求变成了一种依赖意识。恩德文化提供了这种机制,弱者如子女、弟妹、臣子、百姓等认为本来属于自己的权利是强者赐予的，在获得了父母、兄长、君主、官员的恩惠时，就会感受到被关爱，获得了心理的满足，而这种满足是基于自卑感的。同时，他们也会心安理得地去报恩，完成自己的身份责任，就是履行孝悌忠义的责任。这种感恩体验犹如乞丐获得了富人的赏赐而感恩戴德，他们甘愿出让自己的尊严和权利，让施恩者支配，以报恩的形式"还债"和表达自己的感激之情。这种心理的极端的情况就是"斯德哥尔摩综合征"。中国流行的感恩话语有："士为知己者死"，"滴水之恩，当涌泉相报"，"结草衔环以报"，"下辈子当牛做马报您的大恩大德"等，就体现了这种卑微的心理。

恩德文化还具有深层的心理情结，就是原始崇拜。原始崇拜是原始人对神秘的世界的顶礼膜拜，包括自然崇拜、图腾崇拜和祖先崇拜、神的崇拜等形态。这种原始崇拜体现了人类的弱小无助。在文明社会，人类拥有了主体意识，原始崇拜意识转化为深层心理结构，形成了无意识范畴。这就是说，人类具有深层的崇拜心理，需要以某种文化表达这种崇拜意识。西方文化把原始崇拜转化为宗教意识，形成了对神的信仰，而摒除了对人的崇拜，故西方有神恩，无人恩。现代社会把原始崇拜心理转化为对财富、名望的尊崇。中国文化没有形成两个世界，即没有形成超越现实的彼岸世界，而仅仅存在一个现实的此岸世界。因此，原始崇拜就不能充分地转化为对神的信仰，而以祖先崇拜为中介，变成了对人的崇拜。这种对人的崇拜就体现在恩德文化之中，即报恩者对施恩者的感恩意识当中，所以中国文化有人恩，而神恩薄弱。这种感恩意识是与社会身份相对应的，是底层、弱者、卑者对高层、强者、尊者的崇拜，因此是一种道德崇拜掩饰下的权力崇拜。孔子曰："君子有三畏：畏天命、畏大人、畏圣人之言。"（《论语·季氏》）这里所谓的"三畏"，实质就是要畏惧施恩者，畏惧权力，这构成了报恩的心理根据。这三畏之中，天命是儒家认定的社会法则，它与大人、圣人之言一起，构成了后宗法皇权士绅社会的权力，也体现了恩德文化的控制性。

二 恩德文化对民族性格的塑造

民族性格即所谓的民族性是文化造就的。恩德文化塑造了中华民族的性格特征。中华民族的性格特征主要体现在以下几个方面。

中国人性格的第一个特性是注重实际，重视生命，热爱生活。由于中国文化具有世俗性，中国人宗教信仰薄弱，所以重视世俗生活，而不把生存意义定在来世。中国恩德文化是以人恩为中心，神恩人恩化了，而且中国文化具有伦理中心倾向，宗教不居于主导地位，所以中国人重视实际生存和道德教化，而不重视来世和灵魂的安顿。这就是中国人的"一个世界"与西方人的"两个世界"的不同。中国人认为"天地之性人为贵"，所以重视生命，爱好和平，反对战争。与西方人崇拜征服世界的英雄不同，中国人不崇拜开疆拓土的秦皇汉武，杜甫在《兵车行》中讽喻，"边庭流血成海水，武皇开边意未已"，可见中国人痛恨战争，热爱和平。中国人也不会为了信仰和虚名轻易舍弃生命。西方人会为了个人尊严而决斗，中国人则不会如此。春秋时期还有贵族遗风，子路信守"君子死，冠不免"，在决斗时因正冠被杀，在秦以后则绝无此事。当然这个重视生命的性格也可能有相反的一面，如怯懦、怕死等。中国人重视实际的人生态度，还体现为热爱生活，重视对社会人生的改善，解决实际问题，而不追求虚幻的世界，所以马克思说中国人是最讲求实际的民族。这种重视现实生活的人生态度，避免了宗教迷狂，故中国历史上没有宗教战争，少宗教迫害，也没有产生类似西方中世纪的教权统治，是一个世俗的文明社会。而且，中国人重视现实生活，不把希望寄托于来世，故百姓勤俭治家，士人建功立业，成就完美人生。讲求实际的人生态度，这种人生态度渗透在生活细节中，如西洋人在节日、生日、做客以及看望病人、老人时，多送鲜花作为礼物，而中国人则送实用之物如水果、点心、钱等；西洋人到坟前祭奠死者也是送花，而中国人是烧纸钱，让死者在阴间有钱花。这种讲求实际的民族性也有消极方面，就是过于讲求实际利益，对精神生活和自由的追求相对薄弱，超越性精神不强，缺乏对现实人生的反思、批判能力，也就是脚踏实地有余，而仰望星空不足。

　　与此相关，中国人也拥有了一种理性乐观精神。由于中国文化是一个世界，而且这个世界是充满恩情的世界，人与神、人与自然、人与人之间都是施恩—报恩的伦理关系，所以这个世界也是最好的世界，无须建立另外的世界。因此，中国人少有孤独感，也难以产生虚无意识，而是在人世中感觉到亲情、温暖。中国人没有西方人那种幽暗意识，也不那么向往彼岸世界。中国人有积极向上的人生追求，这种追求来自恩德文化的核心价值。恩德文化认为，社会的积极成员就是成为施恩者，即在家庭中是对子女施爱的家长，在社会是对他人施爱的尊长，在国家是对臣、民施爱的君主或官员。这就树立起一个人生目标，从积极角度说，就是为家庭、社会、国家付出更大的爱；从消极角度说，就是争取更大的施恩权力。对于士而言，就是要确立"修身、齐家、治国、平天下"的志向；对于普通百姓而言，就是要努力成为"出人头地"者，这成为他们奋斗的动力。

儒家倡导在现实世界通过"立德、立功、立言"实现人生价值。道家虽然否定现实功利，但也没有走向虚无主义、悲观厌世，而是倡导回归自然天性，实现人生的自由即"逍遥"。中国人宗教信仰薄弱，多数人不会因为悲观厌世而遁入空门，也与这种乐观精神有关。中国艺术也充满了乐观精神，中国人喜欢大团圆，而不喜欢悲剧。中国几乎没有西方意义上的悲剧，西方的悲剧是人与命运的冲突，导致人的价值的毁灭，它建立在个体独立而与世界对立的基础上。中国文化没有西方那种神秘的命运观念，也不认为人与命运的冲突是悲剧性的，而认为天人相通，天道庇佑人间；人与人之间的关系也是仁爱关系，即使有恶势力，也终究会被正义战胜，所以没有命运悲剧。中国的悲剧是善恶冲突中的牺牲，但这种牺牲是暂时的、局部的，理性终究会胜利，由此总会有一个光明的尾巴。如《孔雀东南飞》写被迫离异的夫妻双双自杀，但死后合葬，坟旁树木枝叶交通，上有鸳鸯鸣叫，营造出欢乐的情景。还有一个悲剧《窦娥冤》，也有一个光明的结尾：窦娥死后，感天动地，冤狱得以昭雪。

中国人性格的第二个特性是善良、有爱心。施恩—报恩的道德规范，造成了中国人善良的心性。中国人富有同情心，特别是对熟人（亲人、友人、乡邻）更多关爱。中国人注重善行，而这个善行就是施恩于人，乐于助人。与此相关，中国人知恩图报，主张"滴水之恩当涌泉相报"，忘恩负义是被强烈谴责的恶行。但是由于恩德建立在"推己及人"的逻辑关系之上，而"推己及人"带有私己性。因此，虽然"己所不欲，勿施于人"可以成立，但"己欲立而立人，己欲达而达人"则可能导致以自己的意志代替了他人的意志，成为一种强加于人的善意。在恩德关系的网络中，每个人都介入了他人的生活，彼此失去了距离感，缺乏个体权利的意识，也缺乏隐私观念。他们往往以爱的名义"善意"地干预他人的自由，以自己所好加于他人。如父母"为了孩子好"，就可以名正言顺地干预子女的婚姻、职业选择等。统治者也会以"君父"之爱的名义，教化百姓，以获得统治的合法性。还有，由于施恩—报恩关系，中国人在作为施恩者时，是有威严的支配者，而在作为受恩者时，又是谦卑的依附者，这就造就了两面性和分裂人格。这就是鲁迅说的对强者是羊，对弱者是狼。五四先贤批判的民族劣根性——奴性，也根于此。

中国人性格的第三个特性是重感情，形成了人情社会。恩德文化以恩情为基础，故中国人重感情。感性、情感是熟人之间交往的产物，而理性是普遍的人际交往的产物。中国的乡土社会是熟人社会，造就了熟人伦理，而熟人伦理就是偏重情感。中国人固然也有理性的一面，但这个理性是有限理性，感性、情感还是基础性的，与理性交融在一起，没有充分分化；而不是像西方文化那样，理性与感性充分分化，完全由理性控制感性、感情。所以梁漱溟说中国人是"情感抬头，欲望置后"。恩情对恩德具有基础作用，因此造就了人情社会。中国人重视亲情、友情，讲义气，为朋友两肋插刀。中国人重视人际关系，而人际关系往往是通过情感联系建立的，这与西方人重视契约关系不同。中国人办事往往先要建立感情，并不是单纯地按照规矩办事。另一方面，由于重情，理性不充分，也容易感情用事、意气用事，而与社会规范发生冲突，如产生"人情大于王法"的现象。中国人行贿也不是赤裸裸的金钱交易，而是先感情投资，拉关系、交朋友，然后才办事。中国人也讲理，但这个理不是绝对地支配情，情与理没有充分分化，而是情理一体，因此合情合理才是中国人追求的伦理规范，而这边意味着理要对人情让步。

中国人性格的第四个特性是重视家庭生活和血缘关系。由于恩德文化的发源地是家庭伦理，而中国社会的基本细胞是家庭，因此家庭伦理推广为社会、政治伦理，形成"差序格局"。恩德最典型地体现在家庭关系中，也就是爱心在家庭亲情中体现得最为强烈。中国人对家庭成员有深厚的情感，注重对家庭的责任，血缘亲情成为中国人最看重的情感。中国人认为最亲的就是家庭成员，最亲不过父母，友爱不过兄弟，"干活兄弟伙，上阵父子兵"。推而广之，就是本家族成员、同姓宗亲之间也有某种亲情。中国人敬宗崇祖，保留着祖先崇拜和对先人的祭祀，宗族建立有祠堂、族谱，宗族内部有公益事业等，都体现了对血缘亲情的重视。中国人不仅为自己生活，更是为了光宗耀祖、子孙后代而打拼。中国人对于家庭和后代的重视，形成了重视教育的传统，让子孙后代有出息；也养成了勤俭的风气，反对懒惰、奢侈；他们积累财富不是为了自己享乐，而是为子孙后代留下家产。中国人有浓厚的家族、亲族意识，甚至认为家庭、家族重于国家。实际上，只有士大夫才把国家责任置于家庭责任之上，而平民百姓则往往把家庭责任当作第一位，而国家责任和社会责任都在其次，甚至产生"只知有家，不知有国"的现象。由于恩德文化的差等性，也容易导致对非亲非故的陌生人的冷漠，即使有仁爱之心，也容易有远近亲疏之别。中国人发善心的对象，多为亲属、宗族、乡里，而缺少更普遍的慈善事业。这与熟人伦理以及施恩、报恩的对象的有限性相关。

中国人性格的第五个特性是合群性与和合性。基于身份伦理，个体不独立，没有在群体中分化出来，而是置于一对一的恩德关系中，彼此施爱报恩，互相定义对方，在父子、兄弟、夫妇、君臣、官民之间的恩德关系中造就了双方，以尽施恩—报恩的责任为自己的志向。所以中国人不主张个人主义、个性独立，而认为责任大于自由，群体重于个体，有为他的倾向。这种合群性就避免了极端利己主义，使原子式的个人主义在中国没有合法性。杨朱倡导"拔一毛利天下而不为"，两千年来几无赞成者，而成为反面的思想。另一方面，中国文化也不是绝对利他的文化，而讲求施报互利，所以也不提倡宗教性的利他主义、苦行主义。这种合群性导致了一种群体主义，但不是现代的集体精神，而是松散化的小群体主义，它建立在私己性的恩情关系之上，个人与他人的施恩—报恩关系成为集体的纽带。中国人不是独立的个体，而是通过施恩—报恩关系把自己融入家族、乡里、国家等集体之中，成为群体中的一员。中国文化倡导把个人融合于集体之中，寻求个体生存的意义，也就是"修身、齐家、治国、平天下"。因此，中国历史上有许多的仁人志士为国为家献身，实践了这种人生理想。但是个体与集体的融合是以恩德为纽带的，是一对一的施恩—报恩关系的组合，所以构成了松散化的小群体，也形成了松散化的集体精神。这就是说，只有我与对象发生恩德关系，才构成集体，即只有他者对我有恩，我才会去感恩、报恩，为他者负责，并且与他者形成一个共同体；反之即使同处于一个集体中，也不会形成共同体意识，而是一盘散沙。这与以个体权利为基础而形成的现代团队精神并不相同。这种松散化的集体精神造成了矛盾的性格。一方面，中国人具有群体意识，个人离不开集体，离开则难以自处，而不像西方人那样成为鲁滨孙式的独立个体。特别是在群体利益受到威胁的时候，中国人就会爆发出一种集体精神，如对家族利益、国家利益的维护。所以鲁迅说"中国人向来有点儿自大——只可惜没有'个人的自大'，都是'合群的爱国的自大'"[①]。这是对中国人的集体意识的描述。另一方面，个体与他人的恩情成为形成集体的纽带，使团队松散化，并且往往形成小团体主义、宗派主义，甚至是"一盘散沙"。外国人多惊异于中国人离不开集体，同时又自私，不顾集体利益。实际上，由于恩德的私己性，中国人的集体意识往往是在外部冲突中才体现出来，体现为家族主义、地方主义、民族主义和小团体主义，而内部则缺乏团队精神，往往派系林立，矛盾重重。

　　与合群性相关的特性是和合性，即追求和谐的人际关系。恩德文化使每个人都处于一种施报关系之中，负有了伦理责任，为己与为他是融合在一起的，为他才能为己，施恩才能得到回报，报恩也才能得到施恩，于是

---

　　① 鲁迅：《热风》，人民文学出版社，1973，第19页。

自我与他人就不能独立存在，而是互相依存。由于恩德是施恩和受恩双方的互动，彼此恩爱，因此中国人就追求人际关系的和谐，提倡待人处世要厚道，有宽仁之心。为了避免冲突，就不鼓励竞争，而主张谦让、合作。中国人主张"和为贵""和气生财"，以施恩和报恩求得社会关系的和谐。在对外关系上，也反对穷兵黩武，征服世界，而主张以德服人，追求和平，建立和谐的天下秩序。中国人的性格比较平和，不喜欢斗争、争论，形成了一种谦让美德，做谦谦君子，不逞强争雄，而不像西方人那样突出自己，争强好胜。这种性格的负面性就是缺乏竞争意识和独立精神，不敢为天下先，而削弱了社会发展的动力。与此相关，中国人在施恩与报恩之间力求中和，在处理人际关系时主张中庸，倡导忠恕之道，于是中国人的性格就比较圆融，凡事不走极端，处理好各方面的关系。但这种圆融的性格也容易产生另一种偏向，是非不分明，回避矛盾，和稀泥，做老好人。所以林语堂在《吾国与吾民》中说，中国人性格圆熟、无可无不可、和平。

中国人性格的第六个特性就是重视道德，讲求"做人"。这个做人有两重意义，一个是做有道德的人，另一个是做符合恩德身份的人。首先，要成为有道德的人。中国文化是伦理本位的文化，因此中国人重视伦理，以道德为人的本质。中国文化重人恩，不同于西方文化重神恩，因此中国人轻于对神的崇拜，而重于对人的崇拜，形成圣人情结和君子人格。西方认为人有原罪，不完美，而中国人认为"人皆可以为尧舜"。中国人崇尚君子，敬重积德行善的好人，对历史上为国为民的英雄极力推崇，如对岳飞、文天祥等人的纪念。但施恩为善，对善人的崇拜也容易导致对权力的崇拜，如对真命天子和青天大老爷的崇拜，而这是专制统治的基础。孔子把人分为君子、小人，民众把人分为好人、坏人，善恶分明，以道德评定人的本质，这一方面树立了道德的权威，防止了人欲横流；另一方面也把人道德化，抹杀了人性的丰富性，产生了"以理杀人"的弊端。中国人重视道德修养，士大夫更强调道德修养，"为仁由己，反求诸己"，强调内省，而与西方向神忏悔不同。但中国人的道德感基于恩情，而恩情的私己性限制了道德感的普遍性和绝对性。这不同于西方人重视宗教，以信仰为道德的根据。由于恩德依靠人的自律和社会舆论的制约，其约束力有限，所以在一定程度上产生了道德的虚伪性，如《儒林外史》所揭露的那样，这导致了后期传统社会的道德溃败。

中国人讲求做人，所谓做人，就是力求符合恩德文化的身份。做人并不是现代的注重"个性""人格"的意思，而是要符合自己的身份，处理好人际关系，成为众人眼里的好人。身份伦理把道德与身份捆绑在一起，因此中国人认为生存的意义在于立身处世得到社会的承认，获得正面的伦理评价，因此努力做好人，做忠臣、孝子、贤妻、良母等就成为一种人生目标。这样，身份伦理就造成了中国人崇尚道德的思想性格。中国人的人生追求是一种道德的选择，就是要成为合乎身份伦理的人。由于施恩者的地位高于报恩者，因此这种道德追求也就成为一种对高等级身份的追求，成为个人奋斗的动力，这就是所谓"吃得苦中苦，方为人上人"。特别突出的是，读书仕进成为读书人的最高理想，它不仅意味着个人的荣华富贵，而且意味着可以施恩于民，报恩于国，所以是一种崇高的志向。许多人从幼年起就树立了为国为民的志向，发愤读书，科举中第，成为清官、忠臣、名垂青史。中国人不可能摆脱身份责任，做一个自由人，因为这意味着背离身份伦理，选择了一种不道德的生活方式，成为不忠不孝之人，这是被人鄙弃的。《红楼梦》中的贾宝玉不求仕进，追求自由自在的生活，除了林黛玉，无人理解，被视为不忠不孝、没有出息的浪子，被薛宝钗等人规劝，被严父贾政毒打，就是一个典型事例。当然，也不乏戴着道德面具的伪君子，他们打着报国为民的旗号，钻营仕途，是为了沾君恩、搜刮民财，这又当别论。

基于身份伦理，中国文化讲求知耻，以违背身份责任即失德为耻，形成了一种羞耻心。先秦贵族社会形成了贵族的人格，包括尊严意识（此即后来的"耻"），所以早期儒家推崇个体人格和尊严，孟子对人格最为看重：

> 孟子曰："是焉得为大丈夫乎？子未学礼乎？丈夫之冠也，父命之；女子之嫁也，母命之，往送之门，戒之曰：'往之女家，必敬必戒，无违夫子。'以顺为正者，妾妇之道也。居天下之广居，立天下之正位，行天下之大道。得志，与民由之；不得志，独行其道。富贵不能淫，贫贱不能移，威武不能屈，此之谓大丈夫。"（《孟子·滕文公下》）

这里明确地指出，大丈夫不能遵行"以顺为正"的"妾妇之道"，而要"独行其道"，这就表明了早期儒家对于个体人格、尊严的重视。《礼记》也强调了士的尊严，说："儒者可亲而不可劫也，可近而不可迫也，可杀而不可辱也。"（《礼记·儒行》）个体尊严的基础是个体价值的确立和个性的独立，但是在恩德文化的框架内，尊严是与身份配合的，施恩者对报恩者有尊严，如家长对于家庭成员、君主对于臣民、官员对于百姓，他们的尊严是不可侵犯的。受恩者、报恩者是没有尊严的，他们必须向施恩者付出自己的一切，包括人格、尊严，所以家庭成员对于家长、臣民对于君主、百姓对于官员，只有顺从、没有尊严。如家长可以打骂子女，子女不能反抗；君主可以责罚臣下，臣下不能反抗；官员可以刑罚百姓，百姓不能反抗。

羞耻心有助于道德意识的建立，但荣誉感和羞耻心要基于个体价值的自觉，而在恩德文化中个体不独立，道德意识依赖施恩方或受恩方的肯定，这样就可能导致个体尊严的丧失和虚假的荣誉感、羞耻心，这就是"爱面子"心态。中国人爱面子，这是中外人士近乎一致的看法。在中国，无论是个人家庭，国家都讲求"脸面"。个人做人做事要"体面"，不能"丢了面子"。家庭成员的责任是"光耀门楣""光宗耀祖"，不能有辱祖宗。国家也有体面，国民的责任是为国争光，不能有辱国格。朝廷对藩属国来朝贡，赏赐远远多于贡献，以显示朝廷大度恩宠。清朝还因为西方使节不肯行跪拜礼而与列强决裂甚至开战。这种行为都出自显示天朝威仪的爱面子心态。爱面子好像自尊心，但并不相同。自尊心是基于个体独立性，是自我意识；而爱面子是基于施恩者或报恩者的身份意识，"面子"来源于对方的以及社会的评价。由于可以通过符合身份的施恩或报恩而得到对方和社会的承认，于是就可能出现以虚假的施恩或者报恩来获取表面的"尊严"的现象，这种表面的尊严就是"面子"。这样，面子文化就使得人们在意别人的评价，而不是自己的道德行为，导致追求表面的尊严，而失去了道德本身。

中国人性格的第七个特性是稳重、守成的气质，就是梁漱溟说的"守成、持中"的性格。这体现在中国人知足常乐，节制欲望；尊重传统，信守祖宗之法，不善于变革，求稳怕乱；信任经验，少怀疑和好奇心，创新不足；安土重迁，不善于探险开拓；等等。这个性格形成的原因，从社会角度说就是农业社会形成的经验主义以及家族生活造成的传统主义；从文化角度说，就是恩德文化的身份伦理造成的自我限制。中国人安于好好做人，而这个"人"就是恩德规范中的人，必须完成施恩—报恩责任，也就是"君君、臣臣、父父、子子"，而缺少自我实现的冲动。这个性格也有其历史合理性，就是避免了非理性的冲动，维系了有序的人际关系，保持了传统社会的稳定。当然，这个性格也有其负面性，即束缚了创造性，阻碍了现代社会的来临。

在礼仪风度上，中国人温文尔雅，做谦谦君子。恩德文化要求人们善意地对待他人，遵守施恩—报恩的责任，成为有道德修养的君子。中国社会重视礼乐教化，而文人是有教养的社会精英，加之建立了读书做官的科举制度，因此尊崇读书和读书人，"万般皆下品，唯有读书高"，"书中自有黄金屋，书中有女颜如玉"，都是把读书人作为人上人。因此，中国社会尚文，偃武修文是理想社会。孔子提倡"温良恭俭让"，认为"文质彬彬"才是君子风度，而好勇斗狠不被认可。这与西方、日本的骑士、武士成为社会精英，形成了尚武风习大不相同。在世代的恩德文化熏陶下，中国人的性格比较温和、文静，而少有强横、粗野之风。辜鸿铭认为中国人是"驯化动物"，较之西方人少了野性，多了文雅，他说："在真正的中国型的人之中，你能发现一种温和、平静、稳重节制、从容练达的品质。"① 明清时期来华的西方人大都认为中国人性格柔弱，少刚强之气，这是他们从西方人的角度得出的结论，虽然难免有偏见成分，但也可以看出中西两个民族的性格差异。

在待人接物方面，中国人老练成熟，懂得人情世故，所以林语堂说中国人圆熟。由于恩德文化属于身份伦理，使得每个人都拥有了多种身份，负有了多种施恩—报恩的责任，要遵守多种伦理规范，因此陷于复杂的社会关系和伦理关系之中。如一个人可以同时拥有儿子、父亲、兄弟、丈夫、幼者、长者、卑者、尊者等身份，这些身份要求遵守不同的恩德规范，可能拥有施恩者与报恩者的双重身份。这样，每个人都必须随时进行身份转换，承受着复杂而沉重的施恩—报恩责任。因此，中国人的性格就不那么单纯、外向、直露，而是比较复杂、内向、含蓄，如此才能应付复杂的社会关系和完成多种身份责任。西方人处于契约关系之中，不管什么社会角色都拥有普遍的伦理规范，因此人际关系比较简单，性格比较单纯、外向、直露，与中国人形成明显的差异。中国人必须用毕生经历学会"做人"，也就是处理好复杂的人际关系，履行身份责任，最后经过历练，纯真的天性尽失，变得老成持重、精于人情世故，这就是所谓"成熟"；而那些尚保持几分天真、单纯心性者，就被看作天真孟浪、不通人情世故，也就是"不成熟"，他们往往在社会上处处碰壁，难以立足。鲁迅曾经感慨中国孩子缺少外国孩子那种天真、活泼，缩头耸肩像个小老头，就是这种文化压抑导致早熟的结果。中国在"做人"方面有许多格言，如"世事洞明皆学问，人情练达即文章"，"逢人且说三分话，未可全抛一片心"，"喜怒不形于色"等，都体现出这种老成、内向、复杂的性格。面

---

① 辜鸿铭：《中国人的精神》，海南出版社，1996，第33页。

对复杂的社会关系，中国人善于忍耐，形成了坚忍的性格。唐朝张公艺五世同堂，数百口之家，皇帝问他如何相处，他手书百个"忍"字，可见一斑。不独家庭如此，在社会生活中，中国人也练就了百忍的性格。中国人的理想性格介于刚直与圆滑之间，海瑞式的刚直与冯道式的圆滑都不是最理想的性格，中国人追求的理想的性格是所谓"外圆内方"，就是处事要圆通、有分寸，保持人际关系的和睦，但内心要有原则，坚持正义。这种处事方式力图解决内心与外部世界的矛盾，在适应复杂的人际关系时，也保持内心世界的正直、纯真。但是，由于身份伦理的局限性，"外圆内方"的理想人格难以完成，或者如上面所描述的，戴上老成持重的面具，隐蔽内心世界，以减少与外在世界的冲突；或者让"内方"去掉了"外圆"，内外皆方，形成了"狂狷"或"方正古板"的性格，这就会被世人视为异类；或者是磨圆了"内方"，造成了内外皆圆，人变得油滑、无原则、八面玲珑、不得罪人，如林语堂所说的"老滑俏皮"。这种圆滑的性格，同样失去了纯真的天性。

三 恩德文化影响下的思维方式

恩德文化不仅决定了中国人的价值观念，同时也影响了其思维方式。思维方式是人对世界认知的模式，它是整个文化的一部分，恩德文化造就了特有的思维方式。

首先，在恩德文化的影响下，中国人形成了注重伦理和价值判断而忽视知识和事实判断的思维方式。意识活动包括两个方面，一个是对主观价值的把握，是伦理和价值判断；另一个是对客观事实的把握，是知识和事实判断。由于恩德文化是伦理本位文化，知识被置于恩德框架内，故中国人价值判断能力强于客观认知能力。这体现为中国古代没有形成系统的科学思想，而形成了系统的伦理思想。中国人的社会历史观偏于道德方面，也就是以君主的"有道"和"无道"来认识和评价社会历史，这种把握，有其合理性，由于中国是君主专制，帝王的意志和品德往往决定了国家的命运，因此把统治者的德性当作治乱之根源，一定程度上符合了中国社会变迁的规律。但是，另一方面，中国人对于社会历史的客观认识，比如生产力的发展、社会关系的变化等方面则相对忽视，不能全面地说明历史的发展规律。中国古人也讲"智、仁、勇"，但这个智不是科学的认知，而是对道德的理解和认识。张载区分了"德性所知"与"见闻之知"，这种观点被程朱理学普遍接受。"见闻之知"相当于感性认识，而"德性所知"相当于理性认识，但二者的区分不止如此，"见闻之知"属于客观知识，而"德性所知"属于伦理价值。"德性所知"不是"见闻之知"的升华，不是科学认识，而是超感官的对于道的领会，是一种终极的道德意识。由于"德性所知"高于"见闻之知"，故道学家重视道德价值而轻视客观知识。程朱理学讲"格物致知"，但这也不是对事物的客观性质的认识，而是达到"德性所知"的途径。王阳明曾经亲身实践"格物致知"，格了七天竹子，一无所获，最后转向求诸内心。《传习录》（明隆庆六年初刻版）中第二九八则记载：

先生曰："众人只说格物要依晦翁，何曾把他的说去用？我著实曾用来。初年与钱友同论，做圣贤要格天下之物，如今安得这等大的力量？因指亭前竹子，令去格看。钱子早夜去穷格竹子的道理，竭其心思，至于三日，便致劳神成疾。当初说他这是精力不足，某因自去穷格，早夜不得其理。到七日，亦以劳思致疾。遂相与叹圣贤是做不得的，无他大力量去格物了。及在夷中三年，颇见得此意思。方知天下之物本无可格者，其格物之功，只在身心上做。决然以圣人为人人可到，便自有担当了。这里意思，却要说与诸公知道。"①

这种"格物"，就是企图通过对事物的价值领会，达到对世界的伦理性的把握，而不是对事物（竹子）的客观属性的科学认知。

重视价值判断的思维方式产生了以价值理性引导知识理性的倾向，就是重视实际的效用而忽视了对真理的追求，导致一种实用主义。例如，对宗教信仰的态度，中国人就多从其社会作用的角度来看待，而不是从何种信仰为真的角度看待，所以中国人对待儒教、佛教和道教都予以接纳，认为它们都是劝善的，都有好的社会效果，可以兼收并蓄。中国人往往儒释道并信，产生了三教合流的局面。中国历史上也没有发生宗教战争，基本上是各种宗教和平共处。

中国人认为价值判断重于事实判断，而且有以价值判断代替事实判断的倾向。价值判断是主观的评价，涉及善恶问题；事实判断是客观的认知，涉及真假问题，二者不能混淆。但中国人习惯于首先作价值判断，以善恶问题代替真假问题。例如，孔子的学生宰我提出为父母守孝三年，会影响正常的社会生活，主张守孝一年就够了。这里涉及的是守孝三年是否影响社会生活的问题，并没有涉及孝心问题，也就是不涉及善恶问题。但

---

① （明）王守仁：《王阳明全集》，国学整理社，1936，第78页。

孔子不谈守孝三年是否合理、必要问题，而是谈孝心问题，即三年免于父母之怀，故要报恩而守孝三年。他质问宰我"女安乎？"并且得出了宰我"不仁"的结论。这样就避开了事实判断，而把问题归结为仁与不仁，作出了关乎善恶的价值判断。还有，在南朝曾经发生过佛教徒跟儒家的一场辩论，是关于天下中心问题的。在传统的中国人的认知里面，中国是天下的中心，洛阳是中国的中心、大地的中心，它正对的是天空的中心，所以在洛阳立一个杆子，在太阳在正当午的时候照下来，这根竹竿是没有影子的，这就叫"洛下无影"。可是在佛教徒看来这个论证是错的，他们说，在洛阳只有夏至那一天，太阳当午的时候才"洛下无影"；可是在印度，太阳正当午照下来，竹竿没有影子的时间要远多于洛阳，因此洛阳乃至中国是天下中心的观念就被证伪。这个争论延续了100多年，中国人还是认为中国就是天下的中心，他们不去作科学的研究，而是固守一种价值观念，认为中国是唯一的文明，是天下的中心，周边都是蛮夷之国，因此地理认识被文化偏见取代。

偏重于价值判断，忽视事实判断，不仅会违背实事求是的精神，也会忽视程序正义。中国人重视实质正义，即重视政治、法律内容和效果的正义性，而相对不重视政治制度和法律规则的完善和严格执行，在实践中往往违背程序，片面追求实际效果的合理，带有浓厚的人治倾向。

注重价值判断，就产生了一种诛心之论，即以推测对方的用心来评价对方。一般的判断应该注重事实，从事实出发得出结论。而人的动机是心理活动，只能靠推测把握，很难验证，因此不应该作为判断的依据。但在恩德文化之下，容易从对方的动机出发，来作出判断。例如，儒学特别是宋明道学，认为有私欲就是小人、恶人，有公心就是君子、善人。但实际上，人皆有私欲，这并不一定危害社会；有公心也不一定造福社会。历史上的清官不一定就有政绩，也可能是庸官，甚至可能是《老残游记》里面说的"以鲜血染红顶子"的酷吏。反之，也有并不清廉自守的官吏，却可能为国为民做了好事，如宋代的寇准就很奢靡，但有政绩。

恩德文化影响下的思维方式的第二个特性是注重直觉、经验，而相对不注重逻辑推演和理论证明。中国是农业社会，积累了丰富的农业种植的经验，但没有形成系统的科学体系，这是经验性思维的社会基础。从社会生活方面看，以一对一的恩情关系为基准，利用类比推理，推而广之，建立起恩德规范，而不是从普遍的公理推导出具体的伦理规范。由于中国文化设置了自我与他人之间的恩德关系，故对对象的把握就是直觉的、经验的，而理性的、逻辑的把握受到了抑制。直觉思维也有其长处，特别体现在哲学领域，形成了古典现象学。《易经》就是通过"象"来把握抽象的意义。老子认为少私寡欲，才能达到虚静，"涤除玄览"，就是讲清除意识中的杂念，还原到纯粹意识，实现一种现象学的"观"，以通达天地之道。庄子讲心斋、坐忘，也是使意识虚无化，达到纯粹意识。儒家认为，诚心可以体道，诚也是一种现象学直观。禅宗的顿悟，也是现象学直观的方式。因此，从哲学思维的角度看，直觉思维也使得中国哲学具有了现象学属性，这是中国哲学的贡献。

经验性思维就是以经验事实为根据进行判断、推理，从而形成了重视事实、遵循传统的思维习惯。中国人重视历史经验，因此史学发达，从历史中找到治国之道，"以铜为镜，可以正衣冠，以古为镜，可以知兴替"（《旧唐书·魏征传》）。这种重视经验的思维方式在传统的农业社会有其合理性，保证了中国社会的稳定有序。中国人重视经验，也使得中国人免除了宗教迷狂。中国人不迷信怪力乱神，而注重经验事实，虽然经验思维有感性化的局限，但作为"实用理性"，仍然有其合理性，它造就了一个理智的民族。但是，注重经验、直觉，导致逻辑推演能力薄弱，影响了思维的科学性和严密性，妨碍了科学精神的形成。经验思维有其局限，因为经验事实只是个别的、局部的，因此形成了以个别、局部的事实作为整体的、全部的判断的依据。这种思维方式源于原始思维的"接触巫术"，即原始人认为对人或物的某一部分实施巫术，就可以达到影响整体的效果，这就是以部分代替整体的思维方式的原型。这种思维方式表现在作理论证明时，不善于演绎推理，而善于归纳推理，即不是从一般到个别，从抽象到具体的逻辑推演，而是列举出若干个别事例，以验证一般道理。例如，孔子学说的核心理念是仁，但它对仁从来没有作出严谨的定义，就是没有遵循"种概念加属差"的逻辑方法下定义，而是列举仁的各种特性和显现加以说明："克己复礼为仁。一日克己复礼，天下归仁焉。"（《论语·颜渊》）"泛爱众，而亲仁。"（《论语·学而》）"樊迟问仁。子曰：爱人。"（《论语·颜渊》）"樊迟问仁。曰：'仁者先难而后获，可谓仁矣。'""樊迟问仁。子曰：'居处恭，执事敬，与人忠，虽之夷狄，不可弃也。'"（《论语·子路》）"夫仁者，己欲立而立人，己欲达而达人。能近取譬，可谓仁之方也已。"（《论语·雍也》）"能行五者天下为仁矣"，并言"五者"为"恭、宽、信、敏、惠"（《论语·阳货》），"子曰：'刚、毅、木、讷近仁。'"（《论语·子路》），"子曰：'巧言令色，鲜矣仁。'"（《论语·学而》）"仲弓问仁。子曰：'出门如见大宾，使民如承大祭。己所不欲，勿施于人。在邦无怨，在家无怨。'"（《论语·颜渊》）

又如，孟子论证人皆有恻隐之心、不忍人之心，不是依据某种理论，而是举例看见邻人孩子落井，必然出手相救的事实来论证。《孟子·公孙丑上》曰："所以谓人皆有不忍人之心者，今人乍见孺子将入于井，皆有怵惕恻隐之心。非所以内交于孺子之父母也，非所以要誉于乡党朋友也，非恶其声而然也。"宋明道学论证仁是理（道）的属性，也是从孝顺父母为人的天性说起，再推而广之，佐以朋友、君臣之间的关系，以具体的仁爱事实论证仁的普遍性，此即所谓"孝本论"。如语录记载：

"问：'程子云："仁者以天地万物为一体"，何墨氏兼爱反不得谓之仁？'先生曰：'此亦甚难言。须是诸君自体认出来始得。仁是造化生生不息之理，虽弥漫周遍，无处不是，然其流行发生，亦只有个渐，所以生生不息。……譬之木，其始抽芽，便是木之生意发端处……父子兄弟之爱，便是人心生意发端处，如木之抽芽。自此而仁民，而爱物，便是发干，生枝生叶。墨氏兼爱无差等，将自家父子兄弟与途人一般看，便自没了发端处。不抽芽便知他无根，便不是生生不息，安得谓之仁？"①

这里不是从仁的内涵来推演出爱的差等性，而是以个别经验论证普遍理论，即以父子兄弟之爱，来说明仁心为发端，推广为（"渐"）差等之爱，论证了"差序格局"是自然合理的。

中国人逻辑思维薄弱的状况，在佛教传入中国以后，受因明学启发而有所改观。例如深通佛教的刘勰著《文心雕龙》，就作出了"道沿圣以垂文，圣因文而明道"的推演，论证了"文以载道"的观念。宋明道学虽然抵制佛教，但也吸收了佛教的逻辑性，建立了哲学本体论，提出了"理一分殊"的哲学方法论，从而改变了中国哲学逻辑性不强、缺乏严密体系的缺陷。佛教与本土宗教道教的论辩，多佛家胜出，就在于佛教的逻辑性强于道教。隋炀帝大业四年（608），佛道论辩，道士余用通论说"有物混成，先天地生，吾不知其名，字之曰道"，沙门慧净反驳道："有物混成，为体一故混？为体异故混？若体一故混，正混之时，已自成一，则一非道生；若体异故混，未混之时，已自成二，则二一起，先生道冠余列，请为稽疑。"② 其严密的逻辑论述让对手无言以对。在唐高宗显庆四

---

① （明）王守仁：《王阳明全集》，国学整理社，1936，第17~18页。
② （唐）释道宣撰，刘林魁校注：《集古今佛道论衡校注》，中华书局，2018，第223页。

年（659）的佛道论辩中，道教宗师李荣立论"道生万物"，佛教大师慧立反驳道："若使道是有知则惟生于善，何故亦生于恶……"结果"荣亦杜口默然，于是赧然下座"。①

另外，恩德文化也造成了中国人的思维方式偏于类比推理，而弱于逻辑推理。这种类比推理源于原始思维的"摹仿巫术"。原始人认为，如果摹仿某人或物，并对其实施魔法，那么就会作用于被模仿者。中国的"象思维"可以看作这种思维的遗留、变异形式。概念思维是逻辑推理的基础，而象思维是类比推理的基础。周文化没有产生理论体系，而以"礼"为基本架构，周礼是一套礼仪形式，具有意象性，故概念思维、逻辑推理不发达，而形成了象思维和类比推理。《易经》主要运用象思维，进行类比性的说明，如以"飞龙在天""亢龙有悔"等表达某种事物发展的抽象的法则。中国语言的意象性也削弱了逻辑性，而加强了象思维。象思维基础上的类比推理也被先秦诸子继承，并且影响后世。象思维对于中国艺术、美学的发展具有积极作用，形成了"比兴"的艺术手法，也形成了中国特有的意象理论和审美现象学，这个理论较之西方的表象说、感性论美学更为合理。同时，依据类比推理也构造了恩德文化体系，恩德文化就是依靠"推己及人""推恩"的方式建构的，在家族伦理与社会伦理、政治伦理之间建立了相似性的同一关系，即家庭里面的父子、兄弟关系与社会层面的尊卑、长幼关系以及国家层面的君臣、官民关系具有类似性，所以家庭伦理孝悌（报父母、兄长之恩）可以推广为社会伦理的友敬（报乡邻父老之恩）和政治伦理的忠顺（报君国之恩），形成恩德文化体系。这就是说，运用类比推理建构了恩德文化，而恩德文化也强化了类比推理。先秦诸子也是多以类比推理进行理论的论证，而很少运用逻辑推理进行理论推演。如荀子的《劝学篇》几乎就是通篇作类比性的说理：

君子曰：学不可以已。

青，取之于蓝，而青于蓝；冰，水为之，而寒于水。木直中绳，輮以为轮，其曲中规。虽有槁暴，不复挺者，輮使之然也。故木受绳则直，金就砺则利，君子博学而日参省乎己，则知明而行无过矣。

故不登高山，不知天之高也；不临深溪，不知地之厚也；不闻先王之遗言，不知学问之大也。干、越、夷、貉之子，生而同声，长而异俗，教使之然也。诗曰："嗟尔君子，无恒安息。靖共尔位，好是

---

① （唐）释道宣撰，刘林魁校注：《集古今佛道论衡校注》，中华书局，2018，第225页。

正直。神之听之，介尔景福。"神莫大于化道，福莫长于无祸。

吾尝终日而思矣，不如须臾之所学也；吾尝跂而望矣，不如登高之博见也。登高而招，臂非加长也，而见者远；顺风而呼，声非加疾也，而闻者彰。假舆马者，非利足也，而致千里；假舟楫者，非能水也，而绝江河。君子生非异也，善假于物也。

南方有鸟焉，名曰蒙鸠，以羽为巢，而编之以发，系之苇苕，风至苕折，卵破子死。巢非不完也，所系者然也。西方有木焉，名曰射干，茎长四寸，生于高山之上，而临百仞之渊，木茎非能长也，所立者然也。蓬生麻中，不扶而直；白沙在涅，与之俱黑。兰槐之根是为芷，其渐之滫，君子不近，庶人不服。其质非不美也，所渐者然也。故君子居必择乡，游必就士，所以防邪辟而近中正也。

物类之起，必有所始。荣辱之来，必象其德。肉腐出虫，鱼枯生蠹。怠慢忘身，祸灾乃作。强自取柱，柔自取束。邪秽在身，怨之所构。施薪若一，火就燥也，平地若一，水就湿也。草木畴生，禽兽群焉，物各从其类也。是故质的张，而弓矢至焉；林木茂，而斧斤至焉；树成荫，而众鸟息焉。醯酸，而蚋聚焉。故言有招祸也，行有招辱也，君子慎其所立乎！

积土成山，风雨兴焉；积水成渊，蛟龙生焉；积善成德，而神明自得，圣心备焉。故不积跬步，无以至千里；不积小流，无以成江海。骐骥一跃，不能十步；驽马十驾，功在不舍。锲而舍之，朽木不折；锲而不舍，金石可镂。蚓无爪牙之利，筋骨之强，上食埃土，下饮黄泉，用心一也。蟹六跪而二螯，非蛇鳝之穴无可寄托者，用心躁也。

是故无冥冥之志者，无昭昭之明；无惛惛之事者，无赫赫之功。行衢道者不至，事两君者不容。目不能两视而明，耳不能两听而聪。螣蛇无足而飞，鼫鼠五技而穷。《诗》曰："尸鸠在桑，其子七兮。淑人君子，其仪一兮。其仪一兮，心如结兮！"故君子结于一也。

昔者瓠巴鼓瑟，而流鱼出听；伯牙鼓琴，而六马仰秣。故声无小而不闻，行无隐而不形。玉在山而草木润，渊生珠而崖不枯。为善不积邪？安有不闻者乎？

……

董仲舒也运用类比推理，以天德与人德、天恩与人恩的对应，论证恩德文化的合理性，如以天有阴阳，阳尊阴卑，对应人有男女、父子、君臣，而男尊女卑、父尊子卑、君尊臣卑等。董仲舒在《春秋繁露》中还以人体比附天地自然，兹引如下：

> 是故人之身，首坌员，象天容也；发，象星辰也；耳目戾戾，象日月也；鼻口呼吸，象风气也；胸中达知，象神明也；腹胞实虚，象百物也。百物者最近地，故要以下地也，天地之象，以要为带。颈以上者，精神尊严，明天类之状也；颈而下者，丰厚卑辱，土壤之比也。足布而方，地形之象也。是故礼带置绅，必直其颈，以别心也。带而上者尽为阳，带而下者尽为阴，各其分。阳，天气也；阴，地气也。故阴阳之动，使人足病喉痹起，则地气上为云雨，而象亦应之也。天地之符，阴阳之副，常设于身，身犹天也，数与之相参，故命与之相连也。①

东汉以后，吸收了佛家因明学的逻辑思维，逻辑性有所增强，但仍然不足，还经常运用类比思维进行论证。如为了消除理（道）的天地万物一体之仁的普遍性与忠孝等伦理规范的差等性之间的矛盾，王阳明说道：

> 问："大人与物同体，如何《大学》又说个厚薄？"先生曰："唯是道理自有厚薄。比如身是一体，把手足捍头目，岂是偏要薄手足？其道理合如此。禽兽与草木是同爱的，把草木去养养禽兽又忍得。人与禽兽是同爱的，宰禽兽以养亲与供祭祀，燕宾客，心又忍得。至亲与路人同时爱的，如箪食豆羹，得则生，不得则死，不能两全，宁救至亲不救路人，心又忍得。这是道理合该如此。及至吾身与至亲，更不得分别彼此厚薄。盖以仁民爱物皆从此出，此处可忍，更无所不忍矣。《大学》所谓厚薄，是良知上自然的条理，不可逾越。"②

这段话力图化解仁的普遍性与爱的差等性的矛盾，但王阳明没有采用逻辑论证的方法，即不是从抽象到具体的逻辑方法而从仁的内涵出发来推导出恩德的差等性（事实上也不可能），而是采用类比性的论证方法，举例身体各器官、草木、禽兽、人以及至亲与路人之间的不平等，说明差等之爱的合理性。这种类比思维方式削弱了中国哲学的逻辑性，导致中国哲学始终受到伦理学体系的框架束缚，而没有获得充分独立。

---

① （汉）董仲舒：《春秋繁露》册二卷十三，上海中华书局据抱经堂本校，第2页。
② （明）王守仁：《王阳明全集》，国学整理社，1936，第70页。

第十三章　中国恩德文化的现代转型

恩德文化是在传统社会形成的，它已经不适应现代社会，而随着社会现代化，就必然要求和发生恩德文化的现代转化。从根本上说，社会生活的现代化是恩德文化转化为现代文化的基础和动力。现代社会的工业文明取代了农业文明，也打破了以家族为中心的乡土社会的亲属关系、熟人关系，恩德文化的社会基础不复存在。一方面，现代社会建立在契约关系之上，它要求个体的独立和社会关系的平等，这也要求改造恩德文化、重建中国文化。另一方面，现代文化也是建立在传统文化之上的，文化传统也不能完全中断，必然有所传承。这就提出了传统文化向现代文化转化的问题。文化的现代化不仅是历史发展的自然过程，也是人类自觉的选择和建构，中国文化的现代化也是如此。一百多年以来，中国人作出了自觉的努力，推进了中国文化的现代转化。总结中国文化转型的历史经验，作出理论解释，是中国文化研究的使命。

第一节　中国恩德文化与现代性的遭遇

一　现代性与传统文化批判

在近代，中国与西方遭遇，发生了冲突，产生了中国社会、文化的危机，这是"三千年未有之大变局"。这个变局，从空间角度上看是中西社会、文化的冲突，从时间角度上看是中国社会、文化与现代性的冲突。

社会生活的变革是文化变革的基础。从社会变革的角度上看，在西方列强的军事、经济、政治力量的冲击下，晚清已经发生了传统社会的解体。由于市场经济的侵入，产生了现代工业文明，出现了现代城市，农民流入城市，于是社会关系发生了变化，传统家族解体，个体独立发生，人际关系也转向契约关系。这意味着家族领域和社会领域的恩德文化开始失去了基础，恩德文化发生了解体。在政治领域，由于在抵御列强的战争中屡次失败，割地赔款，天朝的权威尽失；加之政治腐败，民不聊生，国家与民众的对立加剧。而且由于列强的扩张，中国的藩属国相继失去，以恩德建立的天下秩序土崩瓦解，中国面临着列强环伺的国际环境。总之，在西方资本主义的冲击下，中国传统社会瓦解，恩德文化失去了基础，不可避免地走向瓦解。

西方资本主义的入侵，也伴随着现代性的传入，从而发生了文化变革。现代性是一种以个体价值为中心的理性精神，它以古希腊罗马为源头，萌发于文艺复兴时期，形成于欧洲的启蒙运动，完成于现代社会的建立。这个理性精神肯定人的价值和主体性，形成了价值理性（人文精神）和工具理性（科学精神）的两翼。工具理性推动了生产力的发展，价值理性推动了社会民主，引导欧洲走出了传统社会，进入了现代社会。西方国家率先进入现代社会，实现了现代性，而中国依然停留于闭关锁国的传统社会。于是，西方列强就以武力入侵、经济扩张以及文化传播等方式，强行向中国输入现代性。由于西方的现代性与中国传统文化的价值取向不同，从而构成了对中国文化的冲击，也引起了中国文化的反弹。

首先，现代性包含着工具理性即科学精神，主张改造自然、征服自然；而中国恩德文化是天人合一的文化，认为人类与自然是恩德关系，不以改造、征服自然为导向，因此没有形成工具理性和科学体系。而且，恩德文化具有伦理本位性质，有道与器、本与末之分，即以伦理为道、为本，以科学知识为器、为末，故轻视科学技术，视之为雕虫小技。因此，中国人就认为西方现代文化重末而失本，不足法，进而排斥工具理性和科学精神。乾隆皇帝对英国使臣马戛尔尼贡献的西洋工业制品和科学仪器毫无兴趣，弃之仓库。清末被迫开展的洋务运动也受到了保守派的反对，如出使过西洋的刘锡鸿，就曾经呈递了《仿造西洋火车无利多害折》，提出造火车有八大不利因素和九大弊端，不仅经济上不可行，危害民生，还会破坏风水等。1881年修建的唐胥铁路，为了避开保守派的"破坏风水"的指责，竟然用马拉车厢，可谓奇观。

其次，现代性包含着价值理性即人文精神，肯定人的价值，主张个体独立、自由，在此基础上建立民主政治。中国恩德文化也具有人文精神，也肯定人的价值，认为"天地之性人为贵"，并且建构了一个人文社会。但是，它不是建立在个体本位的基础上，不承认独立的个体价值，而是把个体置于恩德责任之中，成为报恩者或施恩者，这样个体价值就被身份伦理消解了。由于不承认个体价值，中国人对现代价值理性就采取否定态度,认为西方文化是自私自利、无父无君、不忠不孝、不讲人伦的蛮夷文化。在社会领域,恩德文化以德治取代法治,排斥平等的契约关系,以君主专制抵制民主制度,这些都妨碍了现代社会的建立。中国也以恩德观念处理国家关系,以自己为天下中心,以其他国家为蛮夷,把外国与中国的往来定位于藩属国朝贡天朝,如要求各国使臣行跪拜之礼;并且限制经贸往来,施行闭关锁国政策。这种天朝心态和闭关锁国政策与列强在中国的商业利益和扩张要求产生了冲突,导致多次中外战争。这些战争都以中国失败、签订不平等条约而告终,从而被迫打开了中国的大门。

在与西方的遭遇中,中国人逐渐意识到了中西冲突不同于以往的天朝大国与狄夷的冲突,而是"三千年未有之大变局"。为此,中国也作出了防御性的回应,并且从被迫到自觉,逐步地接受、吸收了现代性,从而导致了中国社会、文化的转型。梁启超在《五十年中国进化概论》中回顾了中西文化冲突的三个阶段:"近五十年来,中国人渐渐知道自己的不足了。这点子觉悟一面算是学问进步的原因,一面也算是学问进步的结果。第一期,先从器物上感觉不足。……第二期,是从制度上感觉不足。……第三期,便是从文化上感觉不足。……革命成功将近十年,所希望的件件都落空,渐渐有点废然思返,觉得社会文化是整套的,要拿旧心理运用新制度,决计不可能。"[①]

其实在鸦片战争之前,从明代开始就已经与西方文明遭遇。西方传教士来华,传播基督教,同时也带来了西方科学知识,如天文日历、世界地理、数学知识等。这期间发生的中西文化冲突,主要是对基督教和西方近代科学的排斥。对于西方宗教,中国统治者一直持限制、抵制的态度,基督教在中国一直不能合法地存在。明万历年间发生了驱逐传教士的事件。清乾隆皇帝在《四库全书总目》中写道,西方宗教"悠乱纲常,莫斯为甚,岂可行于中国哉?"对近代科学知识的抵制主要体现在天文历法领域,明清都发生过中西历法之争。但这个时候西方文化还没有完成现代化,西方文化对中国文化的冲击还不大。鸦片战争以后,西方现代文化形成,对中国文化构成了严重的冲击,于是整个形势都改变了。

从鸦片战争到五四新文化运动,是中国由抵御到接受现代性的历史过程,它经历了三个阶段。第一个阶段是洋务运动,它开启了对西方现代物质文明和工具理性的引进和接受。第二个阶段是戊戌变法和辛亥革命,它

[①] 梁启超:《五十年中国进化概论》,载汤志钧主编《中国近代思想家文库·梁启超卷》,中国人民大学出版社,2014,第473页。

开启了对西方现代制度文明和政治理性的引进和接受。第三个阶段是五四新文化运动，它开启了对西方现代精神文明的全面引进和接受。

在西方列强的威胁和压力下，中国被迫接受了现代物质文明和工具理性，开展了洋务运动。在两次鸦片战争之后，清政府中的有识之士意识到了欧洲列强船坚炮利，拥有强大的工业文明，必须"师夷长技以制夷"，发动了洋务运动。洋务派向西方学习，引进西方的科学、技术，建立新学堂，翻译科学知识，兴建铁路、开办工厂、设立邮电局等。洋务运动只限于引进现代物质文明和工具理性，以补救传统文化，而并不触动中国传统文化的核心部分——伦理道德和政治体制。但是，这种努力仍然遭到了保守势力的反对。他们认为洋务运动开设工厂、铁路，破坏了风水，也助长"重利轻义"之风，毁坏了道德人心。为了安抚保守派，消解对洋务运动的抵制，洋务派提出了"中学为体，西学为用"的口号，把学习西方、引进现代性限制在经济和物质文化领域（用），而不触动政治、伦理和制度文化领域（体）。物质文化较之精神文化更容易被接受，洋务运动最终得以展开，并且取得了一定成果。洋务运动作为引进和接受现代性的第一步，引进了工具理性，也一定程度上冲击了伦理本位文化，从而为现代性的全面引进和接受打开了缺口。但是，单纯的科学知识和技术的引进受到了恩德文化整体的限制，并没有根本上改变中国文化的面貌，也不能挽救中国传统社会的衰落命运。

第二个阶段是戊戌变法和辛亥革命。洋务运动取得了一定成果，建立了一些工业设施，在这个基础上也建立了北洋水师和南洋水师等。但是，在中法战争中，福建水师和部分南洋水师覆灭；在中日甲午战争中，北洋水师全军覆灭。"蕞尔小国"的日本打败天朝大国，刺激了国人，也引起了有识之士的反思。他们发现，日本胜出的原因在于明治维新改革了政治，建立了君主立宪制度，有了先进的政治文明，所以能够凝聚人心，发展经济，在短时期内成为强国。这就昭示国人，仅仅学习西方的物质文明还不够，还必须学习西方的政治文明。于是朝野维新派发动了政治改良运动，开展了戊戌变法，企图建立君主立宪制度。但是立宪民主与君主专制难以调和，在强大的保守势力反击下，戊戌变法失败。于是，革命派就发动暴力革命，最终推翻了清王朝，建立了共和制度，成立了中华民国。这标志着中国接受了西方的政治理性和制度文明，恩德政治开始被民主政治取代。但是现代政治不仅包括民主制度，也包括相应的政治理念，而恩德文化不能为民主政治提供支撑，故民主政治需要文化整体的变革。

第三个阶段是五四新文化运动。辛亥革命成功，推翻了清王朝，成立了中华民国。但是，中国并没有从此走上现代文明、富强之路，反而变得更加混乱无序：军阀混战，腐败专制，议会民主流于形式，共和制度徒有虚名。于是，有识之士又进行了反思，意识到仅仅引进物质文明、制度文明还不够，必须开展启蒙，全面地批判传统文化，全方位地引进西方现代文明，特别是精神文明，以开发民智，改造国民性，为民主政治打下基础。于是启蒙主义者以《新青年》为中心，发动了五四新文化运动。五四新文化运动是中国的启蒙运动，它提出了"科学""民主"两大口号，以科学反对迷信，以民主反对专制，实际上就是全面引进现代性，包括树立科学精神（工具理性）和人文精神（价值理性）。其实五四新文化运动的内容比"科学""民主"口号要丰富得多，它涉及在家庭、社会、政治各个领域建设现代文化，并且对恩德文化进行了全面的批判。因此，五四新文化运动是一场全面引进、接受现代性的思想启蒙运动。这个运动推行数年，极大地改变了中国文化的面貌。

在现代性的冲击下，对中国文化的反思和批判发生。在五四新文化运动之前，就发生了西学东渐之风，开始了大量译介西方学术论著，传播西方的科学、人文思想，冲击了恩德文化。其中严复翻译的赫胥黎的《天演论》影响最巨，其"物竞天择，优胜劣汰"的思想在中国演变成为社会达尔文主义，导致了对恩德文化的根本性的颠覆。同时，社会进化论也冲击了"天不变道亦不变"的理念，动摇了恩德文化的绝对合理性。严复也论及了自由，认为"身贵自由，国贵自主"[①]，"自由者，各尽其天赋之能事，而自承之功过者也。虽然彼设等差而以隶相尊者，自由必不全。故言自由者，则不可以不明平等，平等而后有自主之权，合自主之权，于以治一群之事者，谓之民主"[②]。他指出了自由是平等、民主的基础，而且以自由否定了"等差""以隶相尊"的恩德文化。康有为则以现代性的时间性重构了儒家的历史观，提出"公羊三世"之说，即据乱世、升平世（小康）、太平世（大同）三个历史阶段。其中"小康"社会则体现了恩德文化："立礼以为防，修义以为限……国定君臣之义，俾天泽不得妄干……家有父子兄弟夫妇之亲，俾人道得以相保……制度者法律也，因人情而制之，上下得由所率由，然名分太严，则由有暴殄压制之患，性情强合，则失自由之本。"[③] 这里肯定了小康社会和恩德文化的历史依据，

[①] 王栻主编：《严复集》第一册，中华书局，1986，第17页。
[②] 王栻主编：《严复集》第一册，中华书局，1986，第118页。
[③] 康有为：《孟子微 礼运注 中庸注》，楼宇烈整理，中华书局，1987，第241~242页。

同时也指出其弊端和历史局限性,并且从历史发展的视角指出了中国文化走出小康社会、进入"太平世"的前景。这个披着儒家思想外衣的进化论历史观把小康社会置于太平世之前,从而颠覆了恩德文化的永恒的合理性。康有为也提出了个体独立问题,他认为个体都是独立、平等的"天民","人人皆天生,故不曰国民而曰天民;人人既是天生,则自隶于天,人人皆独立而平等"①。这种个体独立和人人平等的思想颠覆了恩德文化的无我性和不平等性。

梁启超也批判了恩德文化。他提出了改造国民性的"新民"说,是为五四国民性批判的先声。他说:"苟有新民,何患无新制度,无新政府,无新国家。"②他说"昔者吾中国有部民而无国民"③,而要新民,成就国民,首要建立公德。他认为传统中国重私德,而西方伦理重公德:"旧伦理之分类,曰君臣,曰父子,曰兄弟,曰夫妇,曰朋友。新伦理之分类,曰家族伦理,曰社会伦理,曰国家伦理。旧伦理所重者,则一私人对于一私人之事。新伦理所重者也,则一私人对于一团体之事也。……是故公德者,诸德之源也,有益于群者为善,无益于群者为恶。此理放之四海而准,俟诸百世而不惑者也。"④这个私德就是恩德。他抨击恩德文化的身份伦理性质,即君臣、父子、兄弟、夫妇、朋友之间的关系;而"一私人对于一私人之事",就是身份伦理的私己性。恩德文化以私己性排除了普遍的伦理,这个普遍伦理就是梁启超所说的公德。此外,梁启超还提倡"自治",包括"一身之自治""群之自治""国民之自治""地方之自治",这实际上就是要把人从恩德文化的权力支配关系中解放出来,获得独立。

这个时期对恩德文化最有颠覆性的人是谭嗣同,他提出了自己的"仁学"思想,把对恩德文化的批判提升到了哲学高度。谭嗣同提出以太为本体,以太体现为仁。他把儒家的仁与墨家、佛家、基督教乃至现代科学相沟通,"仁以通为第一义,以太也,电也,心力也。皆指出所以通之具。……其显于用也,孔谓之仁,谓之元,谓之性。墨谓之兼爱。佛谓之性海,谓之慈悲。耶谓之灵魂,谓之爱人如己,视敌如友。格致家谓之爱力,吸力,咸是物也。法界由是生,虚空界由是立,众生由是生"⑤。这

---

① 康有为撰,姜义华、张荣华编校:《康有为全集》,中国人民大学出版社,2007,第417页。
② 梁启超:《饮冰室文集》,上海文化进步社,1935,第2页。
③ 梁启超:《饮冰室文集》,上海文化进步社,1935,第5页。
④ 梁启超:《饮冰室文集》,上海文化进步社,1935,第11~14页。
⑤ 《谭嗣同全集》,生活·读书·新知三联书店,1954,第6页。

里以"通"打破了儒家的仁的内涵，而赋予其现代的爱的意义。谭嗣同批判名教和三纲五常之说，"俗学陋行，动言名教敬若天命而不敢逾。……以上制其下，而下不能不奉之；则数千年来，三纲五伦之惨祸酷毒由此矣。君以名桎臣，官以名轭民，父以名压子，夫以名困妻……"①"于钳制之术不便，故不能不有忠孝廉节，一切分别等衰之名。……忠孝即为臣子之专名，则终不能以此反之，虽或他有所据意欲诘诉，而终不敌忠孝之名，为名教之所上。"②"名之所在，不惟关其口使不敢昌言，乃并锢其心使不敢涉想。"③所谓名教就是身份伦理，对名教的批判，击中了恩德文化的本质。谭嗣同还倡导自由，以自由反对"三纲五常"之说："中国数千年之腐败，其祸极于今日。推其大原，皆必自奴隶性来。不除此性，中国万不能立于世界万国之间。而自由云者，正使人知其本性，而不受钳制于他人……要之，言自由者无他，不过使之得全其为人之资格而已。质而论之，即不受三纲之压制而已；不受古人之束缚而已。"④他以人的自由本性批判了恩德文化造成的奴隶性，从而在根本上否定了恩德文化的纲常秩序。

五四之前对恩德文化的批判还只是个别先知先觉者的先锋行为，而没有形成一种运动、思潮，故其社会作用有限。但这些先锋思想已经击中了恩德文化的某些根本性的方面，特别是对三纲、五伦的批判，已经达到了相当的深度。从总体上看，这个时期开展的文化批判还不够系统，还没有从整体上把握住中国文化的性质，即没有自觉地、深入地揭示和批判中国文化的恩德内涵，这是其历史局限。

五四启蒙主义是引进、建立启蒙理性的运动，而启蒙理性就是科学精神和人文精神，它们被概括为德先生（民主）和赛先生（科学）。五四启蒙主义者认为，西方文化的性质可以概括为科学和民主，科学与民主也是现代性的别称。民主本来是政治概念，但在五四时期其内涵被放大了，平等、自由，甚至博爱等都被纳入其中。陈独秀就这样规定民主的范围："（A）政治的德谟克拉西（民治主义），（B）经济的德谟克拉西（社会主义），（C）社会的德谟克拉西（平等主义），（D）道德的德谟克拉西

---

① 《谭嗣同全集》，生活·读书·新知三联书店，1954，第14页。
② 《谭嗣同全集》，生活·读书·新知三联书店，1954，第15页。
③ 《谭嗣同全集》，生活·读书·新知三联书店，1954，第65页。
④ 梁启超：《1900年4月1日致康有为》，载杨志钧主编《梁启超全集》，北京出版社，1999，第5932页。

(博爱主义),(E)文学的德谟克拉西(白话文)"①,这无疑以民主代指一切价值理性。由于中国传统文化缺少现代工具理性和现代价值理性(中国文化有道德理性,但只是有限的价值理性,不是建立在个体价值之上),因此要引进和建立启蒙理性为核心的现代文明。引进现代理性,必然与中国传统文化发生冲突,受到传统文化的抵制,于是就有五四启蒙主义的"传统文化批判"运动发生。五四前梁启超发动了新民运动,就已经成为改造国民性的先声。《新青年》同仁在输入西方启蒙理性的同时,就开展了对儒家、道家、佛家等传统文化思想的批判。《新青年》同仁认为,现代文明源于西方,而中国文化是落后的、封建主义的文化,它既缺乏科学精神,也缺乏民主精神,因此必须展开批判。他们认为,只有引进和建立现代文明,进而改造国民性,才能建立现代社会。陈独秀说:"要拥护那德先生,便不得不反对孔教、礼法、贞节、旧伦理、旧政治。要拥护那赛先生,便不得不反对旧艺术、旧宗教。要拥护德先生,又要拥护赛先生,便不得不反对国粹和旧文学。"②胡适认为科学化、民主化是全人类历史的普遍规律,也是中国的历史规律,他说:"至于欧洲文化今日的特色,科学与德谟克拉西,事事都可用历史的事实来说明……现在世界大通了,当初鞭策欧洲人的环境和问题现在又来鞭策我们了。将来中国和印度的科学化与民治化,是无可疑的。"③胡适还进一步认识到中国文化对个体价值的抹杀,主张争取自由,建立"健全的个人主义",他说:"我对你们说:'争你们个人的自由,便是为国家争自由!争你们自己的人格,便是为国家争人格!'……自由平等的国家不是一群奴才建造得起来的!"④这些,都触及了中国文化的本质方面。

五四后期形成的马克思主义学派一方面对五四启蒙主义有所肯定,另一方面也有所批评。它肯定其反封建的进步性,同时也指出其具有资产阶级民主革命的性质。它对中国文化的落后性有所批判,但反对西化倾向,主张以无产阶级革命建立社会主义文化。

五四启蒙主义对传统文化的批判,具有历史的合理性。这个合理性在于,中国传统文化是一个前现代性质的文化体系,而且也缺乏现代性的思想源头。西方现代性的源头在于古希腊、罗马文化中的科学思想和人文精

---

① 《陈独秀文章选编》上,生活·读书·新知三联书店,1984,第80~81页。
② 陈独秀:《本志罪案之答辩书》,《新青年》1919年六卷一号。
③ 何卓恩选编:《胡适文集·文明卷》,长春出版社,2013,第25页。
④ 何卓恩选编:《胡适文集·文明卷》,长春出版社,2013,第119页。

神，文艺复兴和启蒙运动复活和发扬了这个传统，形成了现代性。中国的儒家、道家、法家、墨家、佛家等都不能成为现代性的源头，特别是居于统治地位的儒家思想，作为传统文化的支柱，与现代文明有所抵触。正如西方启蒙运动把中世纪的宗教文化作为批判对象一样，五四启蒙运动也必然把前现代性的传统文化作为批判对象，以图扫除现代道路上的障碍。中国传统文化的伦理本位性质排除了科学精神，故要倡导科学，必须批判之；三纲五常为核心的恩德秩序又排除了个体价值和平等精神，故要倡导民主，必须批判之。另一方面，五四新文化运动主张全盘西化和全面否定中国文化则带有片面性，因为中国文化虽然属于前现代性的文化，但也具有特定的历史合理性，而且存在着具有普遍价值的成分，可以成为现代文化的思想资源，具有向现代文化转化的可能性，因此不能一笔抹杀，而应该批判地继承之。

五四新文化运动也直接批判了恩德观念，但这种批判主要集中于家族伦理的孝道和妇道，还没有扩展到对整个恩德文化的批判。陈独秀等倡导家庭革命，直指"忠孝节义，奴隶之道德也"[1]，他提出："宗法制度之恶果，有四焉：一曰损坏个人独立自尊之人格；一曰窒碍个人意思之自由；一曰剥夺个人法律上平等之权利（尊长卑幼同罪异罚之类），一曰养成依赖性，戕贼个人之生产力。""欲转善因，是在以个人本位主义，易家族本位主义。"[2] 他批判了宗法礼教，但没有指向其恩德根源。直接批判孝道的恩德根源的是胡适。胡适的新诗《我的儿子》直接地提出了父子之间无恩的非孝思想：

　　我实在不要儿子，／儿子自己来了。／"无后主义"的招牌，／于今挂不起来了！譬如树上开花，／花落天然结果。那果便是你，／那树便是我。／树本无心结子，／我也无恩于你。但是你既然来了，／我不能不养你教你，／那是我对人道的义务，／并不是待你的恩谊。

　　将来你长大时，／这是我所期望于你：／我要你做一个堂堂的人，／不要你做我的孝顺儿子。[3]

---

[1] 陈独秀：《敬告青年》，载任建树主编《陈独秀著作选编》第1卷，上海人民出版社，2014，第159页。

[2] 陈独秀：《东西民族根本思想之差异》，载任建树主编《陈独秀著作选编》第1卷，上海人民出版社，2014，第94页。

[3] 胡适：《我的儿子》，《每周评论》第33期，1919年8月3日。

吴虞也反对报父母恩的孝道，他说："孝之意义，既出于报恩，于是由'养儿防老，积谷防饥'的理由，必自孝而推及于养。推到极点，于是不但做出活埋其子，大悖人伦的事，又有自割其身，以奉父母为孝的。……由今日看来，真是糊涂荒谬极了。……讲到父子的关系，我也不敢像孔融说'父之于子，当有何亲？论其本意，实为情欲发耳。子之与母，亦复奚为？譬如寄物瓶中，出则离矣'的话，却也不认同儒家所主张的种种的孝道。"① 在这里，难能可贵的是，吴虞点到了孝道是出于报恩，但并没有更深入地批判报恩观念，也没有把中国文化定性为恩德，进而展开对恩德文化的全面批判。鲁迅也批判孝道，比吴虞更深刻地挖掘、批判了其恩德内涵。鲁迅从生物科学的角度来界定亲子关系，反对报恩思想，他提出："我现在心以为然的道理，极其简单，便是依据生物界的现象，一，要保存生命；二，要延续这生命；三，要发展这生命（就是进化）。生物都这样做，父亲也就是这样做。"他据此提出，性欲与食欲一样，都是为了保存生命，"饮食的结果，养活了自己，对于自己没有恩；性交的结果，生出子女，对于子女当然也算不得恩。——前前后后，都向生命的长途走去，仅有先后的不同，分不出谁受谁的恩典"。鲁迅认为，父子的关系不是恩，而是爱，"他（按指自然）并不用'恩'，却给与生物以一种天性，我们称他为'爱'"。"倘如旧说，抹煞了'爱'，一味说'恩'，又因此责望报偿，那便不但败坏了父子间的道德，而且也大反于做父母的实际的真情，播下了乖剌的种子。"② 鲁迅反对孝道中父母对子女的权力支配，反而主张颠倒父母与子女的关系，以子女为本位，把"以为幼者的全部，理应做长者的牺牲"的道德改作"幼者本位"的道德，他说："后起的生命，总比以前的更有意义，更近完全，因此也更有价值，更可宝贵。"③ 这就颠倒了恩德文化规定的纲常秩序。鲁迅主张以爱取代恩，他对孝道的恩德内涵的批判，在五四启蒙主义者中是最鲜明、最彻底的。但是，他以生物学法则为理论依据，有社会达尔文主义的倾向，其对于恩德的社会根源的挖掘和批判仍然不足。周作人对孝道的批判，也涉及恩德。日本小说《银茶匙》中有主人公质疑教师："先生，人为什么非孝顺不可呢？"先生睁圆了眼睛道："肚子饿的时候有饭吃，身体不舒服的时候有药喝，都是父母的恩惠。"主人公从自己的感受出发给

---

① 吴虞：《吴虞文录》卷上，黄山书社，2008，第19～23页。
② 鲁迅：《我们现在怎样做父亲》，《新青年》1919年六卷六号。
③ 鲁迅：《我们现在怎样做父亲》，《新青年》1919年六卷六号。

予反拨:"可是我并不怎样想生活着。"周作人认为这部小说能"具体地举出忠孝两大问题来",是一件十分有意义的事情。① 但周作人只是从这部小说的观感中对恩德表态,并没有从理论上系统批判。显然,这种观感式的表态是不能摧毁强大的孝道和恩德文化的。俞平伯也批判孝道,他认为父母之女之间的感情不是天生的,而是后天形成的,这是一种父慈与子孝的平等的"情的交换",从而否定了父母对子女的权力支配的合理性。总体来看,五四运动对恩德的批判,只限于家庭伦理,而没有在社会伦理和政治伦理等整个文化领域展开,也就没有把恩德作为中国文化的基本结构,所以对中国文化的批判就没有抓住本质。另一方面,由于没有抓住中国文化的恩德本质,也就否定了中国文化的爱的成分,而片面地将其定性为专制文化,这样,就不能合理地评价和继承中国文化。

五四启蒙运动取得了重要的历史成果,它冲垮了传统文化的思想体系,使得以儒家思想为主体的传统文化失去了合法性,并且建立了以科学、民主为核心的现代文化的合法性。历史上虽然也发生过倡导尊孔读经的复古思潮,但不能成为主流意识形态。这种历史进步标志着现代性在中国登陆,并且建立了滩头征地,升起了现代文明的曙光。五四启蒙运动对传统文化的批判,是从现代性出发的思想革命,是引进和建立现代文明的运动,应该在总体上予以肯定。同时,五四启蒙运动也有历史局限性,对于其缺陷,也应该予以批评,并且吸取历史教训。

二 五四传统文化批判的历史经验

五四新文化运动开展的传统文化批判,虽然取得了一定成果,但是也存在着重要的偏差,需要总结历史经验。

首先,五四启蒙运动带有激进主义的性质,产生了片面性。五四启蒙主义的代表如胡适、陈独秀、鲁迅、吴虞等,都持有文化激进主义立场,主张西化,对中国文化根本否定,如胡适提出"全盘西化"的主张,后改为"充分的世界化";陈独秀也主张"西方化";鲁迅也呼吁推翻几千年的"吃人的文化";吴虞提出"打倒孔家店"。这种全面西化、全面反传统的文化革命思想,以矫枉过正的方式顺应了现代性的需要,具有历史的合理性。但是,它抹杀了中国文化的合理性和优秀部分,把文化转型变成了对传统文化的全面抛弃和对西方文化的全面引进,这是不合理的。胡

---

① 参见哈迎飞《半是儒家半释家——周作人思想研究》,人民文学出版社,2007,第326页。

适就是"全盘西化"的始作俑者,并且认为中国文化是全面落后的文化,他说:"我们必须承认我们自己……不但物质机械上不如人,不但政治制度不如人,并且道德不如人,知识不如人,文学不如人,音乐不如人,艺术不如人,身体不如人。"① 这种激进主义立场固然构成了对传统文化的冲击,但也导致中国现代化失去了来自本土文化的思想资源和支援意识,并且造成了文化保守主义的反弹,形成了激进主义与保守主义的两军对垒,而这种状况并不利于中国文化现代转化的顺利进行。

其次,对中国文化的定性不准确,导致文化批判不能击中要害。五四启蒙主义认为,与西方的科学精神对比,中国文化具有迷信的性质;与西方的民主精神对比,中国文化具有专制的性质,于是,迷信与专制就成为传统文化的主要性质。所以,五四启蒙运动就确定了科学和民主的目标,提出了反迷信、反专制的任务,甚至提出了"打倒孔家店"的口号。关于对中国文化的迷信和专制的定性,有其合理性,也有不准确之处。首先,五四启蒙主义的一个缺点就是科学主义倾向,以科学精神作为现代性的一个标志,批判中国文化的伦理本位,建立工具理性之维,这是合理的。但是,从科学主义出发,把中国文化定性为迷信则失之偏颇。中国传统文化缺乏科学精神,应该引进和建设工具理性,这没有问题;中国文化也含有迷信思想,这是一个缺陷,应该批判。但是,导致中国文化缺乏科学精神的原因主要不是宗教、迷信,而是伦理本位对工具理性的排斥。西方启蒙主义主要是反对宗教的神本主义和教权制度,为科学和人的价值开辟空间,后来也改良和容纳了宗教。而中国社会与西方不同,它不是神权社会,宗教信仰薄弱。中国文化也包含宗教信仰,如儒家对天的崇拜以及佛教、道教等,但宗教不是中国文化的主导方面,并没有支配中国文化,主流思想儒学从根本上说也是世俗性的思想体系。而且宗教信仰与迷信思想不能等同,宗教属于精神信仰层面,而迷信属于巫术实践层面。因此,五四启蒙主义把宗教当作迷信,作为科学精神的对立面,当成文化批判的主要对象,不仅具有片面性,也选错了对象,放过了主要敌人。五四时期发生了非基督教运动,就是把宗教当作迷信来批判。中国文化也有迷信成分,如对天的崇拜以及各种民间信仰等,但这不是中国文化的主流,中国主流文化是不讲怪力乱神的。五四启蒙主义追随西方启蒙主义,以宗教迷信为中国文化的本质,用科学主义批判宗教和迷信,并未击中要害,反而遮蔽了中国文化的主要缺陷。启蒙主义应当以科学精神批判、改造伦理本

---

① 何卓恩编选:《胡适文集·自述卷》,长春出版社,2013,第122页。

位，而不是把宗教当作主要批判对象。五四后期发生的科玄论战，表明了其科学主义倾向。胡适等启蒙主义者主张以科学代替一切，建立"科学的人生观"，体现了五四科学主义的缺陷，因为科学属于工具理性，不包括价值理性，不能解决伦理、哲学等人生观方面的问题，科学也不能代表全部现代文化。

五四启蒙主义认为中国文化具有专制主义的性质，故引进以民主为名的价值理性，展开了对传统文化的批判。这种批判有其合理性，也有不全面、不准确之处。中国文化有专制主义的一面，主要体现为恩德文化支持了家长制和君主制。陈独秀、胡适、鲁迅等都认为传统文化的专制主义造就了奴隶人格。陈独秀说："集人成国，个人之人格高，斯国家之人格高；个人之权巩固，斯国家之权亦巩固。而吾国自古相传之道德政治，胥反乎是。儒者三纲之说，为一切道德政治之大原：君为臣纲，则民于君为附属品，而无独立自主之人格矣；父为子纲，则子于父为附属品，而无独立自主之人格矣；夫为妻纲，则妻于夫为附属品，而无独立自主之人格矣。率天下之男女，为臣，为子，为妻，而不见有一独立自主之人者，三纲之说为之也。缘此而生金科玉律之道德名词——曰忠，曰孝，曰节——皆非推己及人之主人道德，而为以己属人之奴隶道德也。人间百行，皆以自我为中心，此而丧失，他何足言？奴隶道德者，即丧此中心，一切操行，悉非义由己起，附属他人以为功过者也。"① 他对中国文化"以己属人之奴隶道德"的批判，揭示了恩德文化的权力控制性。吴虞用专制概括中国社会和文化："天下有二大患焉：曰君主之专制，曰教主之专制。"② 俞平伯认为传统的忠、孝、贞操等道德规范是"奴性道德"。罗家伦指出，中国文化缺少"批评的精神"，原因是："（一）中了政治专制的毒；（二）中了思想专制的毒。思想上专制最厉害的，就算儒家。儒家与专制，实在是分不开的。"③ 这些批判击中了中国文化的要害，有其合理性。但是，把中国文化定性为专制主义并不全面、准确，因为中国社会、文化虽然有专制的一面，但这不是中国社会、文化的全部，后宗法皇权士绅社会只是有限的专制社会，而不是绝对的专制社会；恩德文化只是有限的专制文化，而不是绝对的专制文化。在后宗法皇权士绅社会，皇帝具有了主宰一切的权力，这是专制主义的一面。但这只是一个方面，还有另一

---

① 陈独秀：《独秀文存》卷一，安徽人民出版社，1987，第43页。
② 吴虞：《辩孟子辟杨、墨之非》，载陈万雄《五四新文化的源流》，生活·读书·新知三联书店，1997，第125页。
③ 罗家伦：《评坛：批评的研究：三W主义》，《新潮》1920年二卷三号。

个方面，就是恩德文化主张仁政，皇权受到了道德的制约，所以不能与西方的专制等同。著名的保皇主义者辜鸿铭就反对中国是专制社会的定性，理由是中国有一个"道德的宪法"，圣人之教约束着王权，统治者必须施行德政，爱民亲民，才具有合法性。这种为君主制度辩护的理由虽然不充分，却有一定的合理性。中国政治文化具有恩德属性，皇权建立在对百姓施恩和百姓报恩的基础上，因此皇权受到体制化的伦理约束。而且，皇权不仅有道德约束，还有制度化的制约，就是士大夫阶层对皇权的分权、制约机制，包括谏议制度、三省制度、相权等，这种分权、制约机制虽然不足以与专制抗衡，而且在恩德文化后期被严重削弱，但还是具有一定的约束作用。在这个方面，一些历史学家如钱穆等有充分的论证。这种对皇权的制约，从根本上说，是由于中国后宗法皇权士绅社会存在着互相制约的社会力量，就是皇权与士绅两种社会力量，政治就是他们之间的共治，彼此必须互相依存、妥协，才能实现政治的平衡，而不是君主一人说了算。五四启蒙主义把专制的概念扩大，不仅用于政治领域，也运用于其他社会生活领域，认为传统社会不仅有政治专制，也有家庭专制。中国家族制度固然有家长制的一面，但也有其温情、仁爱的一面，也不能以专制概念涵盖之。总起来说，中国社会、文化有专制性，但并不是绝对的专制，只是有限的专制。因此可以说，五四"传统文化批判"虽然猛烈，但由于对中国文化的性质定位不准，不完全符合生活实际，所以不甚成功。

中国传统文化在五四期间受到了猛烈的冲击，但启蒙主义者并没有对其恩德本质产生自觉意识，在他们身上还多少存留着恩德观念，这主要表现在家族伦理方面。这种恩德思想的残余，是导致"传统文化批判"不彻底的内在原因之一。以蔡元培为例，其伦理思想虽然受到了现代文明的洗礼，贯穿了自由、平等、博爱的精神，但也掺杂了恩德观念。1912年5月蔡元培编著的《中学修身教科书》出版，该书至1921年出了第十六版，蔡元培在第十六版中作了若干修改。因此，这本书可以比较全面地了解蔡元培的伦理思想。在家族伦理方面，他首先倡导对父母的孝道，并且认为孝就是报恩。他说："受人之恩，不敢忘焉，而必图所以报之，是人类之美德也。而吾人一生最大之恩，实在父母。……吾人乌能不日日铭感其恩，而图所以报答之乎？"[①] 在夫妻关系方面，他一方面倡导男女平等，另一方面也以男子在体力、智力、阅历等方面强于女子为由，主张"故

---

① 蔡元培编著：《中学修身教科书》，载张汝伦编选《文化融合与道德教化——蔡元培文选》，上海远东出版社，1994，第168页。

妻子之于夫，苟非受不道之驱使，不可以不顺从……。夫唱妇随，为人伦自然之道德"①。这里也隐含了丈夫对妻子的恩德思想。在处理兄弟姊妹关系方面，蔡元培也有恩德思想，主张："兄姊之年，长于弟妹，则知识经验，自教胜于幼者，是以为弟妹者，当视其兄姊为两亲之次，遵其教训指导而无敢违。"② 关于师生关系，蔡元培也有恩德思想，他说："是以其（按：指教师）职至劳，其虑至周，学者念此也，能不感其恩而图所以报答之者乎？"③ 关于国家政治，蔡元培也持家国一体之论，认为："国为一家之大者，国人犹家人也。于多数国人之中而有代表主权之元首，犹于若干家人之中而有代表其主权之家主也。家主有统治之权，以保护家人权利，而使之各尽本务。国家亦然，元首率百官以统治人民，亦所以保护人民之权利，而使各尽其本务，以报效于国家也。"④ 这里，把国家等同于放大的家庭，要"报效于国家"，也隐含了恩德思想。五四时期的保守主义者林纾在写给蔡元培的信中，控诉了以北大为中心的启蒙主义者毁灭伦常的"罪行"，其中提到了否定父母之恩而对孝道的毁灭："近来尤有所谓新道德者，斥父母为自感情欲，于己无恩，此语曾一见之随园文中，仆方以为拟于不伦，斥袁枚为狂谬。不图竟有用为讲学者！人头畜鸣，辩不屑辩，置之可也。"⑤ 而蔡元培的回击并没有否定父母对子女的恩德，而是这样辩解的："……则试问有谁何教员，曾于何书，何杂志，为父子相夷，兄弟相阋，夫妇无别，朋友不信之主张者？曾于何书，何杂志，为不仁、不义、不智、不信及无礼之主张者？……且公能指出谁何教员，曾于何书，何杂志，述路粹或随园之语，而表其极端赞成之意者？"⑥ 这里分明是否认了对父母之恩的指责，间接地承认了报父母之恩和孝道的合理性。

五四启蒙主义开展的传统文化批判，对以孝为中心的家族伦理和以忠为中心的政治伦理都展开了批判，在相当程度上摧毁了传统文化的合理

---

① 蔡元培编著：《中学修身教科书》，载张汝伦编选《文化融合与道德教化——蔡元培文选》，上海远东出版社，1994，第175页。
② 蔡元培编著：《中学修身教科书》，载张汝伦编选《文化融合与道德教化——蔡元培文选》，上海远东出版社，1994，第176~177页。
③ 蔡元培编著：《中学修身教科书》，载张汝伦编选《文化融合与道德教化——蔡元培文选》，上海远东出版社，1994，第162页。
④ 蔡元培编著：《中学修身教科书》，载张汝伦编选《文化融合与道德教化——蔡元培文选》，上海远东出版社，1994，第200页。
⑤ 林纾：《致蔡鹤卿太史书》，《公言报》1919年3月18日。
⑥ 蔡元培：《致公言报并答林琴南难函》，载〔美〕周策纵《五四运动史》，陈永明等译，岳麓书社，1999，第96页。

性，而树立了自由、平等的思想。但是，以恩德为核心的传统文化不仅包括制度性的控制，也包括情感性的控制，而这种情感性的控制是不能以反专制的名义来摧毁的。五四启蒙主义没有揭示传统文化的恩德观念，而仅仅批判迷信、专制，这就导致了批判的不准确和不彻底，也导致了对恩德文化的爱的因素的抹杀，产生了片面性。五四时期存在一个关于"孝道"的思想与实践的悖论，就是鲁迅、胡适、傅斯年、吴虞等，在思想上都激烈地反对孝道，主张婚姻自主，但鲁迅、胡适、傅斯年都服从了父母包办的婚姻，而吴虞则干涉女儿的婚姻。这就是因为孝道不是暴力的专制，而是恩爱的体现，是柔性的控制，在父母的养育之恩和"为子女好"的善意面前，对孝道的反抗就显得无力。鲁迅虽然对母亲包办婚姻不满，但也从来没有责难过母亲，因为母亲确实是爱他的。胡适也是被迫接受了母亲包办的婚姻，但他也没有责难母亲，相反还写作了《我的母亲》一文，歌颂母亲的慈爱。他们虽然在理论上批判家族制度，但由于没有摆脱恩情束缚，在行动上也没有挣脱恩德之网。

中国文化的核心范畴是仁，仁集中地体现了恩德内涵，也规定了其他伦理范畴，如孝悌忠义等。五四启蒙主义对传统文化的批判，并没有集中在其核心范畴"仁"上，也没有阐释仁的恩德内涵，从而就没有集中批判传统文化的核心价值。五四对传统文化的批判集中在宗法礼教上，认为礼教吃人，但是没有深入批判礼的思想内涵"仁"，而仅仅注重于批判礼的制度性压迫。儒家思想的核心是"仁"，礼是其制度化规范，其他如忠、孝、友、敬等都是其具体化，因此儒学可以称为仁学。但"仁"的内涵是什么，儒家的论述有多种，但"仁者爱人"是最基本的规定。仁爱不同于西方的博爱，是恩爱，它具有控制性和不平等性。但对于这一点，五四启蒙主义者并没有理解，他们或者把仁理解为现代意义上的爱，或者以虚伪、专制否定之。五四启蒙主义关于仁的论述，缺少全面、深刻的学理性分析、批判，而多有回避，仅仅批判忠、孝、节、义等具体范畴。陈独秀批判传统文化最力，但对仁的批判却缺席。林毓生说道："在陈独秀的反孔言论中，我们看不出他对儒家传统本来的哲学体系本身所进行的批判。他从未涉及经典儒家哲学的中心思想——'仁'，也未批判经典儒家的关于'仁'和'礼'之间关系等观念。"[1] 关于仁的阐释，文化保守主义者显然做得更系统、深入，但也只是把仁的内涵阐释为爱，而遮

---

[1] 〔美〕林毓生：《中国意识的危机——"五四"时期激烈的反传统主义》，穆善培译，苏国勋、崔之元校，贵州人民出版社，1988，第122页。

蔽了其控制性。由于没有深入研究"仁"这个基本范畴,也就不能揭示传统文化的恩德本质,因此五四启蒙主义对传统文化的批判并不深入。陈独秀避开对仁的批判,而直接提出:"忠、孝、贞洁三样,却是中国固有的旧道德。……中国历史上,现社会上种种悲惨不安的状态,也都是这三样道德在那里作怪。"① 这种舍本而求末的批判就难免效果不佳,不能在根本上颠覆传统文化。其他启蒙主义者也没有理解仁的恩德内涵,而且把仁等同于现代的爱,如胡适把中国文化的基本范畴普世化,"忠孝仁爱信义和平等等并不是'维系并且引导我们民族向上的固有文化',它们不过是人类共有的几个理想……"② 这就抹杀了中国传统文化与现代文化的本质差异,也放弃了对仁的批判,从而放弃了对中国文化核心价值的批判。

由于没有集中展开对传统文化的核心范畴"仁"的批判,对其他伦理范畴的批判就不深刻、不彻底。我们先从家族伦理方面看。五四启蒙主义对孝的批判最为猛烈,攻击其为家庭中的专制,是对子女的奴役。这种批判固然有理,但对孝的恩德内涵揭露不够,也遮蔽了家族伦理的爱的一面、柔性的一面,从而导致片面性。陈独秀批判宗法制度的压迫性:"宗法制度之恶果,盖有四焉:一曰损坏个人独立自尊之人格;一曰窒碍个人意思之自由;一曰剥夺个人法律上平等之权利(如尊长卑幼同罪异罚之类);一曰养成依赖性,戕贼个人之生产力。"③ 陈独秀还说:"西俗于成年之子,不甚责善……而孔子之道则曰:'父母怒不悦,而挞之流血,不敢疾怨,起敬起孝。'此中国所以有'父要子死,不得不死;君要臣亡,不得不亡'之谚也。"④ 这里仅仅揭发孝道之不平等、压迫性的一面,而回避了其慈爱的一面,这种片面性削弱了其说服力。其实,孝道的压迫性主要不是暴力性的,而是柔性的,是以慈爱的方式体现的,所以五四启蒙主义对孝道的批判不甚成功。同时,陈独秀对孝道的恩德内涵之弊端也缺乏自觉,反而不自觉地认同,他说"况养亲报恩,乃情理之常。惟以伦理之见解,不论父兄之善恶,子弟之贫富,一概强以孝养义务不可也"⑤。这里他不反对孝本身,只是反对一概的、不合理的孝养义务,从而认同了

---

① 陈独秀:《调和论与旧道德》,载吴晓明编选《德赛二先生与社会主义——陈独秀文选》,上海远东出版社,1994,第121页。
② 胡适:《中国文化的反省》,华东师范大学出版社,2013,第15页。
③ 陈独秀:《独秀文存·论文(上)》,首都经济贸易大学出版社,2018,第22页。
④ 陈独秀:《孔子之道与现代生活》,载吴晓明编选《德赛二先生与社会主义——陈独秀文选》,上海远东出版社,1994,第60页。
⑤ 陈独秀:《孔子之道与现代生活》,载吴晓明编选《德赛二先生与社会主义——陈独秀文选》,上海远东出版社,1994,第59页。

恩德。胡适也批判家庭领域的恩德文化，他说："家庭里面，有四种大恶德：一是自私自利；二是倚赖性，奴隶性；三是假道德，装腔做戏；四是懦怯没有胆子。"① 同样也没有肯定家庭伦理中爱的一面，导致片面性。巴金在《家春秋》中塑造了一个严厉的、专制的父亲形象，作为家庭专制的代表。这种父亲确实存在，但生活中更多的父母对子女施以恩爱，他们不乏慈祥，为子女终身着想，只是把②自己的"恩爱"强加于子女。这种爱虽然扭曲，但不都是暴虐的、专制的、自私的。五四文学多描写父亲的专制、暴虐，而少写其慈爱的一面，然而后者造成的悲剧更为常见。对这种软性的恩德的反抗，在五四文学作品中却不多见。胡适、鲁迅等五四启蒙主义者对父权制的批判是抽象的、笼统的，缺乏深入的和全面的分析。鲁迅的文学作品，也没有专制的父母形象出现，包括《狂人日记》，只是有对兄长吃人的臆想，而没有对父母的控诉。这表明其思想观念和实际感受之间的差距，就是忽视了孝道的恩爱一面，从而违背了实际感受。

在政治伦理方面，五四启蒙主义以反专制的名义批判了对君主、国家的忠，而没有从恩德角度批判忠道。1915年《新青年》一卷就发表了高一涵的《国家非人生之归宿》，以个人主义破除国家之权威。陈独秀认为国家只是一种偶像，而民众出于虚荣心崇拜这种偶像。他认为，"宗教上、政治上、道德上、自古相传的虚荣，欺人的不合理的信仰，都算是偶像，都应该破坏"③。周作人揭露中国人对专制的迷信、奴隶思想，丧失独立人格。他说："中国人的大病在于喜欢服从与压制，最缺乏的是对于一切专制之憎恶。"傅斯年也认为由我到人类之间的一切"阶级"包括家族、地方、国家都是偶像。④ 其时无政府主义盛行，很多青年主张取消国家，对爱国主义更是反对，认为理想青年"都是不应该带有爱国色彩的"⑤。这种批判给中国政治定性为专制，不可谓不正确，但只是着眼于政治制度，而没有切入政治伦理的恩德性质，对"忠"也只是批判其奴隶意识，而没有揭示和批判其恩德内涵。中国政治的特殊性在于，它不只

---

① 胡适：《易卜生主义》，载欧阳哲生编《胡适文集（2）》，北京大学出版社，1998，第476页。
② 周作人：《雨天的书》，北新书局，1931，第124页。
③ 陈独秀：《偶像破坏论》，载吴晓明编选《德赛二先生与社会主义——陈独秀文选》，上海远东出版社，1994，第89页。
④ 参见傅斯年《〈新潮〉之回顾与前瞻》，载陈槃等校订《傅斯年全集》第四册，台北：联经出版事业公司，1980，总第1209页。
⑤ 毛泽东：《毛泽东给萧旭东蔡林彬并在法诸会友》，载中国革命博物馆、湖南省博物馆编《新民学会资料》，人民出版社，1980，第146页。

是一种制度，也是一种伦理秩序，它被恩德文化渗透、支撑，故不能只是批判其专制和国民的奴性，还要深入文化、心理层面，分析和评价其恩德结构和恩德意识。这就是说，不仅要揭露和反对专制制度的政治压迫，也要对"仁政"的柔性控制作公正、全面的评价，而这一点恰恰是中国政治的特色。中国传统文化倡导君主对臣民的仁爱，做仁君；官员要廉洁奉公、勤政爱民；臣民对君主要忠顺，做忠臣、良民，这种政治关系不同于西方的王权专制。周作人批判"君叫臣死，臣不得不死"的专制政治，但欣赏孟子的"君之视臣如手足，则臣视君如腹心；君之视臣如犬马，则臣视君如国人；君之视臣如土芥，则臣之视君如寇仇"（《孟子·离娄下》）。其实这两个信条是中国政治文化的两面，它们源于恩德文化的两重性，即前者体现了恩德政治的控制性，后者体现了恩德政治的施报对应性。周作人对后者的赞赏，恰恰说明了他对恩德文化还没有形成自觉的批判。所以，中国人虽然理智上反对专制，但实际上往往向往明君、清官政治，这正是对恩德政治批判不力的结果。

　　五四启蒙主义对于社会伦理也有所批判，但同样忽视了其恩德内涵，比如对朋友关系的恩德性的批判、对师生关系的恩德性的批判，以及对一般人际关系的恩德性的批判，都没有深入展开。传统文化批判的前驱谭嗣同批判"三纲""五常"为内容的名教，但认为"五伦中于人生最无弊而有益……其惟朋友乎？"其实，中国的朋友一伦等同于兄弟，讲义气，仍然是一种恩德，带有控制性，虽然相对于其他四伦控制性要弱一些。五四启蒙主义对师生一伦的批判也比较薄弱。所谓"师徒如父子"，师生关系也具有恩德内涵，也导致了丧失独立性的"师道尊严"。这种缺席也说明他们对恩德文化的普遍性缺乏认识。由于对传统伦理的批判没有深入到恩德内涵，所以这种柔性的权力控制形式就被放过了，而批判传统文化的效力就不强。陈独秀批判孝道，认为它作为爱只限于家族，而主张扩展到全社会，他说："我们不满意于旧道德，是因为孝弟底范围太狭了，说什么爱有等差，施及亲始，未免太滑头了。……所以新代道德底理想，是要把家庭的孝弟扩充到全社会的友爱。现在有一班青年却误解了这个意思，他并没有将爱情扩充到社会上，他却打着新思想新家庭的旗帜，抛弃了他的慈爱的、可怜的老母。这种人岂不是误解了新文化运动的意思？因为新文化运动是主张教人把爱情扩充，不主张教人把爱情缩小。"① 在这里，陈

---

① 陈独秀：《孔子之道与现代生活》，载吴晓明编选《德赛二先生与社会主义——陈独秀文选》，上海远东出版社，1994，第138页。

独秀承认了传统孝道中有爱的成分，只是这种成分太狭窄，要扩充到普遍的爱，这种观点有合理之处。但是，他也把孝的内涵等同于现代的爱，还要扩展为社会伦理，这就遮蔽了其恩德内涵，忽视了恩爱的不平等性和控制性。这说明他还没有意识到中国文化的恩德性质，对传统文化的批判也没有击中要害。五四启蒙主义对兄弟之间的恩德"悌"，也批判不多，只有鲁迅在《狂人日记》中以狂人之口，怀疑其兄也"吃人"，但未揭示其恩德内涵。此外，关于夫妇之间的恩德关系也批判不力。五四启蒙主义猛烈地反对夫权，主张妇女解放，而对于其恩德内涵也鲜有揭露和批判，只是归结为对妇女的压迫，因此激烈而不深刻。当时易卜生的《娜拉》在中国上演，轰动一时，被称为妇女解放的号角。事实上，这部话剧揭露了西方夫妻之爱的虚伪，是对资本主义金钱关系的批判，而其妇女独立的思想仅是次要的主题。因此该剧主题与批判中国的"妇道"并不对应，因为中国的妇道是报夫恩，是人身依附性的伦理关系，不是金钱关系，所以对该剧的解释有误读的成分。

综上所述，五四启蒙主义开展的"传统文化批判"虽然极大地冲击了传统文化，传播了现代思想，但由于历史进程的仓促和理论准备的薄弱，没有抓住恩德这个基本性质，从而不能完整、准确地把握中国文化，忽视了中国文化的两重性。五四启蒙运动以"迷信""专制"定性中国传统文化，这种定性一方面对其不平等性、控制性作了合理的批判，另一方面也抹杀了其爱的属性，导致对传统文化的全盘否定。这种片面性的文化批判的消极后果是，传统文化的恶的方面即恩德的不平等性、控制性没有被有力地改造，并且变相地存在并发挥负面作用；同时其优良传统即其爱的属性也没有可能得到发现和继承，不利于中国文化向现代文化的转化。应该汲取这一历史经验，揭示传统文化的恩德本质及其两重性，加以批判地继承，把恩德文化转化为现代文化，以充分地实现文化转型。

三 文化保守主义对恩德文化的守护和重建

恩德文化在中国现代化的进程中受到了现代文化的冲击，受到了启蒙主义的批判，特别是五四新文化运动的冲击和批判尤其猛烈。但是，恩德文化并没有就此消失，一方面，它作为一种传统的观念和习俗仍然具有顽强的生命力，在人们的社会生活中有深厚的根基，并非一次思想启蒙运动就能消除的；另一方面，它的合理性也无法被一笔抹杀，它具有的现代意义也日益呈现。因此，思想文化界对中国文化的认同和守护也没有完全消失，特别是在"一战"之后西方现代社会的弊端呈现之时，一些学者就转而肯定中国文化，并且对五四的传统文化批判作出了反思和批评，并且提出了守护文化传统和重建中国文化的任务，从而产生了文化保守主义思潮。

五四以后，围绕中西文化之优劣、取舍，文化保守主义与启蒙主义之间展开了三次论战。第一次是"东西文化论战"。五四以后，梁启超最先从肯定西方文化、批判传统文化的立场转向批判西方文化、肯定中国文化的立场。1920年，梁启超游欧归来，他看到了"一战"后西方世界的衰败，宣布以科学为中心的西方文明已经破产，要回归中国文化，他呼吁："我们可爱的青年啊，立正！开步走！大海对岸那边有好几万万人，愁着物质文明破产，哀哀欲绝的喊救命，等着你来超拔他哩。"[①] 1921年，梁漱溟发表了《东西文化及其哲学》，这是国内第一部阐释中国文化的论著。梁漱溟在学理上为中国文化作了辩护，认为中国文化是一种优秀的文化。他比较中、西、印三种文化，认为："西方文化是以意欲向前为其根本精神的。或说：西方文化是由意欲向前要求的精神产生'赛恩斯'与'德谟克拉西'两大异彩的文化。""中国文化是以意欲自为调和、持中为其根本精神的。印度文化是以意欲反身向后要求为其根本精神的。"他主张排斥印度文化；对西方文化要"根本改过，就是对其态度要改一改"；对中国文化要继承弘扬，即"批评的把中国原来态度重新拿出来"，并且预言"世界未来文化就是中国文化的复兴"。关于梁启超、梁漱溟的理论，不断有人讨论，其中胡适、吴稚晖等站在启蒙主义立场上作了批评。胡适坚持西化立场，说"我要对你们说不要上他们的当"，要"很热烈地颂扬西洋文明"。吴稚晖说要把"国故"丢在茅厕里三十年，来"鼓吹一个干燥无味的物质文明"。这是五四启蒙主义与文化保守主义的第一次论争，而梁漱溟也成为第一代新儒家的代表。在这次论战以后，文化保守主义兴起，对五四新文化运动的激进启蒙主义作出了反思和反拨。1922年，吴宓、梅光迪、胡先骕等学人创办了《学衡》杂志，提出"昌明国粹，融化新知"的主张，反对五四启蒙主义全盘否定中国文化，而主张中西文化融合。这种主旨体现了中国文化本位的思想。五四新文化运动的主将鲁迅，著文《估学衡》，批判学衡派。关于学衡派的论争，是第一次"东西文化论战"的延续。

第二次论争是1923年发生的"科学与人生观论战"，亦称"科玄论战"。这场论争的历史背景是五四启蒙运动开始退潮，文化保守主义思潮

---

① 梁启超：《欧游心影录》，商务印书馆，2014，第52页。

开始发生。论争的缘起是张君劢发表《玄学与科学》，提出科学不能解决人生观问题，因此还需要中国的玄学；而丁文江则著文批评张文，主张科学主义，从而引发许多人参与的论战。张君劢的文章对五四以来的科学主义进行了批评，提出科学不能解决人生观的问题，这在学理上是正确的，作为工具理性的科学与作为价值理性的人文学是不能混同的；而胡适等人则提出建立"科学的人生观"，以科学取代了伦理学、哲学，这体现了五四科学主义的片面性。另一方面，张君劢等也以反对科学主义为名，主张恢复"玄学"，而这个玄学不是现代的伦理学、哲学，而是宋明道学，因此带有反启蒙的文化保守主义倾向，故受到了五四启蒙主义的批判。张君劢说："自孔孟以至宋元明之理学家，侧重内心生活之修养，其结果为精神文明。三百年来之欧洲，侧重以人力支配自然界，故其结果为物质文明。"[1] 这还是文化保守主义的"中国精神文明发达，西方物质文明发达"的老调。这场论争一方面暴露了五四启蒙主义的科学主义片面性，另一方面也体现出文化保守主义思潮的抬头和对五四启蒙主义的反思。

第三次论争是1935年发生的"中国本位文化论争"。这次论争的历史背景是日本侵华，民族危机加深，民族主义高涨。论争的起因是王新命、陶希圣等十位教授发表《中国本位的文化建设宣言》，这个宣言指出："中国在文化的领域中是消失了，中国政治的形态，社会的组织和思想的内容与形式，已经失去了它的特征。"虽然他们也不主张复古和排斥西方文化，而主张"存其所当存，去其所当去"，"吸收其所当吸收，而不应该以全盘承受的态度，连渣滓也吸收过来"。这里的"存其所当存，去其所当去"，"吸收其所当吸收"，并没有提出对中西文化取舍的确定、具体的标准，但透过这种空洞、模糊的表述，还是可以看出其"中国文化本位"主张的基本倾向是维护传统文化的。胡适等坚持启蒙思想的学者对这个宣言进行了批判，指责其保守、反动："我们不能不指出，十教授口口声声舍不得那个'中国本位'，他们笔下尽管宣言'不守旧'，其实还是他们的保守心理在那里作怪。他们的宣言也正是今日一般反动空气的一种最时髦的表现。"[2] 这场论争也体现出现代民族国家要求与文化保守主义的内在关联。

五四以后发生的文化论争表明了文化保守主义思潮的兴起，但论争本身还处于文化思想的层次上，而没有进入学术层次。除了梁漱溟，其他的

---

[1] 张君劢：《张君劢集》，黄克剑、吴小龙编，群言出版社，1993，第114~115页。
[2] 胡适：《胡适论学近著》第一集，中央编译出版社，1935，第554页。

文化保守主义者也没有发表自己的学术著作，只是提出了自己的观点。学术领域的文化保守主义是以新儒学的形式出现的，梁漱溟是其开山鼻祖。现代新儒家主张以中国文化为主体，同时吸收西方现代文明，实现中国的现代化。在五四启蒙主义落潮后，梁漱溟、熊十力、马一浮、冯友兰等人创立了新儒学，形成现代儒学第一阶段。这一阶段的新儒学反思和批评启蒙主义对中国文化的批判，肯定儒学的普遍价值和现代意义，为新儒学运动奠定了理论基础。在20世纪50年代至70年代，形成了新儒学的第二阶段。这一阶段的新儒学主张弘扬中国文化，对抗西方文化和马克思主义。在1959年，牟宗三、徐复观、张君劢、唐君毅等联名发表了题为《为中国文化敬告世界人士宣言——我们对中国学术研究及中国文化与世界文化前途之共同认识》[①]的长文，提出了新儒学的思想纲领。20世纪80年代以后，面对全球化潮流，产生了以杜维明、成中英、刘述先等为代表的新儒学第三阶段，他们主张以中国文化为主体建设现代文化，同时以更为开放的态度和视域审视中国文化，倡导中西文化互补以及中国文化与现代世界文明的融合。

20世纪90年代，对新时期启蒙主义反传统文化的反思和反拨，产生了中国大陆新儒家和文化保守主义学派。大陆新儒家呼应海外新儒家，提出"儒化中国""建立儒教为国教""儒家宪政"等口号，企图从政治途径复兴儒学。2000年以后，中国大陆又形成了"国学"热，"国学"其实涵括了各个学科领域的中国文化研究，也涵括了各种思想倾向，但总体上是肯定儒家代表的中国文化，带有文化保守主义性质。

海内外文化保守主义对中国文化的界定和肯定，主要在于其"伦理本位""道德理性"上。关于这个问题，笔者引用本书"绪论"中的论述作出说明：

> 新儒家肯定了中国文化的道德理性性质，认为可以弥补西方文化价值理性的缺失和对抗西方文化工具理性的霸权。梁漱溟区分了"情理"和"物理"，前者关乎品性，可称之为"理性"；后者关乎智能，可称之为"理智"，认为"西洋偏长于理智而短于理性，中国偏长于理性而短于理智"[②]。他还更直接地说："西洋长处在'人对

[①] 此文于1958年1月同时发表于中国香港《民主评论》和中国台湾《再生》杂志。
[②] 梁漱溟：《中国文化要义》，世纪出版集团、上海人民出版社，2005，第113页。

物'；而中国长处则在'人对人'。"① 这是说西方文化长于科学技术，中国文化长于伦理道德。熊十力提出了"德性本体"说。牟宗三认为中国文化是道德本位，西方的自由首先是"知性自由"，中国的自由首先是"德性自由"，而其中"德性自由"更为本源，为"知性自由"奠基。他也认识到中国文化的道德理性吞没了知性，故提出"道德理性自我坎陷"说，主张使仁智有所分离，产生"纯粹的知性"，进而开出智之独立系统。唐君毅提出了中国文化的"道德主体"说。杜维明提出了中国文化的"理想人格"说。成中英认为，"中国哲学在本质上是价值哲学，是对宇宙价值、人生价值、人类价值、社会价值深沉的肯定与体验"，它偏向于"实用理性"或"实践理性""生命理性"，而缺少"纯粹理性""理论理性"。其他文化保守主义者也大都认同伦理本位说。

以新儒家为代表文化保守主义以"伦理本位"或"道德理性"定性中国文化，不无道理，中国文化就是伦理本位文化。但是，进一步的问题在于，这个作为本位的伦理性质是什么？其核心价值是什么？这才是中国文化的根本问题。在这个根本问题上，新儒家和文化保守主义者有不同的解释：梁漱溟提出了中国文化的伦理本位性质，并且认为这种伦理关系就是情谊关系，"伦理关系，即是情谊关系，亦即相互间一种义务关系。'伦理'之'理'，尽在此情与义上见之"②。冯友兰提出了中国文化的"仁义"说。唐君毅、牟宗三、刘述先、杜维明等人提出了中国文化的"内在超越"说。杜维明提出了中国文化的"社群伦理"说。刘述先还提出了中国文化的"生命意识"说。中国大陆的学者李泽厚还提出了中国文化的"实用理性"说。新儒家和文化保守主义者的这些解释，触及了中国文化的某个侧面，揭示了其某种性质，但这些侧面和性质还不是中国文化的基本结构和核心价值，他们所说的"情谊""仁义""内在超越""社群伦理""生命意识"的内涵都没有得到本质的阐释。总之，新儒家还没有揭示出中国文化的基本结构和核心价值，而这是把握中国文化的根本。

恩德文化在现代社会的困境，本质上是它与现代社会生活脱离所致，因此守护中国传统文化的新儒学也难以成为主流观念，而只能作为现代思

---

① 梁漱溟：《中国文化的命运》，中信出版集团，2016，第175页。
② 梁漱溟：《中国文化的命运》，中信出版集团，2016，第146页。

想的一种补充，以平衡现代性对中国文化的冲击。

第二节 恩德文化在社会转型中的作用

一 恩德文化为建立现代民族国家提供了支援意识

恩德文化与现代性有冲突，并且在一定程度上阻碍了现代文化的建立，但是在建立现代民族国家的运动中，现代性又发挥了积极的作用。所谓现代民族国家，是指区别于传统王朝国家的现代政治共同体，它不是以神意或君主意志为根据，而是以民意为根据；它不是君主的私有财产，而是一个民族的政治共同体；它拥有主权、边界、法律和统一的行政机构。现代性与现代民族国家是相互关联的，现代性为现代民族国家规定了基本理念，而现代民族国家是现代性的政治载体。因此，争取现代性与建立现代民族国家是现代化的双重任务。现代性与现代民族国家本来是一致的，这体现在西方资产阶级革命中理性启蒙与推翻封建王朝、建立现代民族国家斗争的一致性。中国的辛亥革命也是包含了争取现代性与建立现代民族国家的双重任务，只是都没有完成。中国的特殊性在于，现代性与现代民族国家之间既有一致性，也存在着矛盾。这个矛盾的根源在于，现代性来自西方，因此争取现代性就要以西方为师，认同西方现代文明，而批判中国文化；同时中国是半殖民地国家，受到西方列强的不平等对待，主权不完整，因此要建立现代民族国家，就必须反对西方列强，争取民族独立，这就要求批判西方文化和肯定、发扬中国文化，以获得支援意识。这样，争取现代性与建立现代民族国家的双重任务之间就可能发生冲突。五四新文化运动是争取现代性的运动，学习西方现代文明，批判中国文化，主张世界主义。当时《新青年》同仁约定二十年不谈政治，专注于输入学理（西方现代思想），改造中国文化和国民性。这意味着建立现代民族国家的任务被置于争取现代性之后。但1919年巴黎和会决定割让青岛给日本，发生了民族存亡的危机，于是建立现代民族国家的任务被空前紧迫地提上日程，压过了争取现代性的启蒙运动。1919年5月4日发生的"内惩国贼，外争国权"的游行示威活动，标志着五四启蒙运动转向争取建立现代民族国家的革命运动。以后的北伐战争、中共领导的革命战争、抗日战争，都是为了实现建立现代民族国家的任务。它们对内要求结束军阀割据，实现国家统一；对外要求反对帝国主义，争取民族独立。建立现代民族国家的历史任务，要求确立民族主义的意识形态，对中国文化基本持肯定态度，对西方文化则采取某种批判态度。必须说明的是，争取现代性的启蒙主义思想与建立现代民族国家的革命之间，不仅有差异、矛盾，也有内在的关联，革命运动也从启蒙运动中获得了思想资源，所以五四启蒙主义的激进派大都转向了革命运动。

在建立现代民族国家的斗争中，需要本土的思想资源，也就是弘扬恩德文化传统，获得支援意识。恩德文化规定了个人与国家的关系，即国家是国民的父母，施恩于国民，因此国民要像爱戴父母那样报效国家。在清王朝被推翻后，这一传统思想转化为现代爱国主义，成为建立现代民族国家的支援意识，在革命和反对帝国主义的斗争中发挥了积极的作用。孙中山作为国民革命的发动者，其思想既有西方的民主思想，也有中国传统伦理思想。为了完成建立现代民族国家的历史任务，他倡导继承中国传统文化，将其作为革命文化的思想资源。他认为中国文化是优良的文化，"讲到中国固有的道德，中国人至今不能忘记的，首是忠孝，次是仁爱，其次是信义，其次是和平……这种特别的好道德，便是我们民族的精神；我们以后对于这种精神，不但要保存，并且要发扬光大，然后我们民族的地位才可以恢复"（《中山丛书》第一册）。他不主张接受西方文化的个体本位价值观，认为中国人不是自由太少了，而是太多了，因此是一盘散沙。他认为中国文化的弊端在于家族主义，只知有家，不知有国，因此提倡把家族主义扩大，变成国族主义，形成家族—宗族—国族的社会结构。他说："依我看来，中国国民和国家结构的关系，先有家族，再推到宗族，再然后才是国族。这种组织，一级一级的放大，有条不紊，大小结构的关系，当中是很实在的；如果是用宗族为单位，改良当中的组织，再联合成国族，比较外国用个人为单位，当然容易联络得多。"（《中山丛书》第一册）这种设想就是不采用西方的个体本位价值观，而保留中国的家族本位价值观，在这个基础上建立国族主义，以实现建立现代民族国家的任务。这个主张的后续实践就是建立了一个国家资本主义社会及其文化。

在20世纪30年代，中国遭受日本侵略，面临民族危机，这时民族主义高涨，开始确立中国文化本位。随着民族危机的加深，30年代的文化思潮日益转向文化保守主义，从而扭转了五四的西化趋势。文化保守主义对中国文化的肯定、弘扬，支持了爱国主义思潮。在抗日战争中，这种以岳飞、文天祥为榜样的爱国主义极大地鼓舞了中国军民的斗志。

中国革命意识形态对五四新文化运动采取既肯定又批判的态度，肯定其反封建主义，批判其资产阶级、小资产阶级性质，并且从反帝的角度指出它已经成为过去。瞿秋白在 1932 年回顾五四新文化运动时说："'五四'未留下什么未竟的大业。……中国的文化运动必须服从革命的需要。知识分子和学生现在必须脱移过去有过光辉的'五四'衣襟！现在所需要做的是聚集在反帝大旗之下，因为我们将要从事的，将与'五四'的关系不甚大。"① 这说明当时的革命者已经认为，文化思想的启蒙应该让位于反帝救国事业。中国革命意识形态对儒家主导的传统文化采取批判继承的态度，一方面批判它是地主阶级主导的文化，另一方面也认为可以"弃其糟粕，取其精华"、"推陈出新"，特别是要继承和发扬劳动人民的文化。革命意识形态以阶级意识改造了恩德文化的核心理念，对家族伦理、社会伦理层面的恩德给以批判，以阶级伦理取代之；同时在政治层面上则改造了恩德文化，摒弃了对君主和传统国家的愚忠，建立了党和领袖带领人民翻身解放的叙事，激发了人民对党和领袖的忠诚爱戴，感恩和报恩成为人民拥护革命、参加革命的动力。因此可以说恩德文化在建立现代民族国家的革命运动中发挥了巨大作用，从而也具有了延续、转化的可能。

二 恩德文化可以成为现代文化的制约力量

恩德文化具有身份伦理和有限理性的性质，它一方面属于前现代性文化，体现了其历史局限性，需要加以改造；另一方面也超越了现代性，具有了西方现代文化所不具有的优异性，可以补救现代文化的弊端。因此，恩德文化具有现代意义，应该批判地继承、发扬，使其成为现代文化的制约力量。

西方的一般理性文化指向了现代性，所谓现代性就是理性精神，包括工具理性和价值理性。理性精神滥觞于古希腊罗马，经过中世纪的宗教文化的否定性补充，建立了超理性之维；再经过文艺复兴（感性的合法化）和启蒙运动（理性的合法化），终于完成了现代性。但是，另一方面，理性又不是完全合理的，理性主导的现代文化暴露了其负面性。首先，是现代理性对感性、身体性的压迫，对人的规训，产生了新的不自由。其次，主体性走向了反面。工具理性的膨胀，导致人对自然的肆无忌惮的征服、破坏，毁掉了人类生存的家园，造成了严重的生态危机。个体本位的价值理性本身也带来了社会关系的疏远化，所谓自由成了逃避的对象。最后，

---

① 瞿秋白：《请脱移'五四'的衣襟》，载苏汶编《文艺自由论辩集》，现代书局，1933，第 305 页。

工具理性和价值理性的冲突，导致了人文精神的危机。科学技术的规则压抑了自由精神，人被技术奴役，造成所谓技术异化。正因为如此，启蒙运动对理性的讴歌终止了，现代西方社会开始了对现代性的批判，包括现代主义哲学、艺术对现代性的批判，还有后现代主义文化对现代性的解构，都指向理性。现代主义哲学、艺术对理性的批判，是以超理性的反思方式进行的，它诉诸人的自由，揭露理性的虚假和压制。尼采、海德格尔、萨特等代表的实存主义哲学，摧毁了理性的绝对根据，而以自由选择反叛理性。后现代主义哲学也解构理性。福柯揭露了无所不在的权力对主体的规训，宣告了主体性的死亡。德里达揭示了语言意义的不确定性，解构了理性，宣告了真理的死亡。现代主义艺术反叛理性，揭露了社会的异化和人性的沦落。后现代主义文化以身体性颠覆理性，欲望冲破了理性的控制，大众文化取代了精英文化的主体地位。在后工业社会，由于理性权威的丧失，生存的意义成为问题，社会发展也失去了方向，福山甚至提出了历史终结的理论。

在这个大的历史背景下，中国有限理性文化的意义就凸显出来。恩德文化以其有限理性适应了中国社会的土壤，主导了中国历史数千年，保存了中华文明，使其绵延不绝。它没有走西方的宗教文化的道路，而是凭借伦理自觉创造了辉煌的古典文明。悠久而辉煌的历史证明了中国文化的优越性，这是应该引以为傲的。在现代化的过程中，中国文化也没有完全接受西方的一般理性文化，而是对其有所批判和纠正。在现代性弊端呈现之时，中国文化保守主义主张以中国文化的思想资源来补充、改造现代性，建立中国的现代文化。在现代性充分实现的历史条件下，文化保守主义的主张具有某种合理性。中国文化虽然是前现代性的文化，但其某些积极的因素可以转化为现代文化的构成部分，并且发挥制约现代性弊端的作用。这不是说应该复原中国文化传统，以取代现代文化，这是不可能的；这是说在中国文化的现代转型过程中，中国恩德文化并非仅仅具有消极意义，而是具有特定的积极意义。恩德文化不仅是被改造的对象，也是现代文化建设的重要的思想资源。中国有限理性文化的优良成分，可以为中国现代文化所吸收，成为其重要组成部分，这一点早已经成为社会的共识。不仅如此，中国有限理性文化可以作为一般理性的制约力量，克服现代性的某些弊端。理性的现代发展，产生了理性主义的弊端，严重地威胁了现代人的生存和自由。这就需要在现代文化内部，形成一种制约力量。西方现代文化以宗教、哲学、艺术的反思、批判制约现代性的某些弊端，但这远远不能解决问题。恩德文化的有限理性，可以在某种程度上制约理性的霸权，解除理性的过度压迫，给人的生存和自由留下空间。中国文化可以在一定意义上作为现代性的解毒剂，因此具有特定的现代意义和世界意义。中国文化的现代意义和世界意义主要体现在这样几个方面。

第一，吸收中国文化的"天人合一"世界观的合理方面，能够沟通现实领域与超越领域，消解西方文化中两个世界的截然对立，让超越性的追求融入现实生活，在现实人生中达到自由的境界。当然，这不意味着完全认同新儒家的"内在超越"说，也不认为可以完全消除义化的现实层面与超越层面的区分，而是主张可以在更大程度上沟通二者，改善现实人生。第二，吸收中国文化的主客体融通的合理性，克服主体性的弊端，建立主体间性，以弥合主客对立，形成人与自然、人与人的和谐关系。中国文化没有发生西方文化那样的主客对立，人与自然、人与人之间还保留着某种同一性，体现着一定程度的主体间性。应该继承、发扬这种主体间性，缓和现代社会人与自然、人与人之间的冲突，建立一个和谐的自由世界。第三，在改造恩德文化的同时，吸收中国文化情理一体观念的合理性，克服现代文化的理性主义的片面性，消除理性的霸权和压迫，恢复感性的权利，实现情与理的沟通、融合，建立一个以人为本的社会。第四，在改造伦理本位文化、建立科学精神的同时，吸收中国文化重视伦理的合理性，以人文精神抵制工具理性和科学主义的霸权，建构科学精神与人文精神并存的文化体系。第五，吸收恩德文化的核心价值"仁"的合理性，改造其不平等性和差等性，发扬"天地万物一体之仁"的精神，克服契约关系和原子式的个人主义的弊端，建立人与世界和谐的文化体系。

中国文化的身份伦理性质，虽然具有历史的局限性，也具有超越历史局限的现代意义。身份伦理具有私己性和为他性，不同于现代文化的普遍性和个体本位，因此有改造的必要。但是，现代文化的普遍性和个体价值本位也有其局限，需要有制约的力量。现代文化基于普遍伦理，有责任伦理和信念伦理之别。在责任伦理方面，它建立在契约关系之上，形成个体价值本位，每个人各有其权利，人与人之间互不侵犯，这就可能导致个人主义，人际关系疏远化。在信念伦理方面，又提倡普遍的爱，爱一切人，但这可能与责任伦理冲突，难以落到实处，甚至产生"人人为自己，上帝为大家"的现象。身份伦理则依据社会身份，把仁（爱）具体化为社会责任，从而落到实处，这是其优点。我们在克服其弊端的同时，可以继承、发扬其优点，在一定程度上弥补现代伦理的缺失。例如，在责任伦理看来，对待社会中的他人，由于没有直接的关系，只要保持各自的距离，维护自身权利就可以了，这就导致了一种冷漠心态。虽然有信念伦理作为补充，可以在一定程度上弥补这个缺陷，但由于责任伦理与信念伦理的分离，仍然不能从根本上克服这个弊端。而恩德文化则认为，他人与我不是陌生人，而是像家人一样具有亲情关系，互相有施爱（恩）报恩的责任，因此就在一定程度上打破了人我界限，把陌生人变成了朋友、亲人，从而建立和谐的人际关系。因此，恩德文化的身份伦理经过现代改造之后，可以作为一种制约力量，在一定程度上弥合责任伦理和信念伦理的分离，抵消现代文化的疏远化弊端。还有，现代文化以个体价值为基础，以自我为中心，这就容易形成一种利己主义，导致个体之间的冲突，成为集体、社会的离心力量。而恩德文化的身份伦理带有为他性，即每个人都不是为自己而活，而是为"他"而活，即父子、兄弟、夫妻、乡邻、朋友、师生等互相施恩—报恩，在这种为他的文化结构中，每个人也通过施恩或报恩获得了自我实现。在克服身份伦理的弊端的同时，可以继承和发扬其优点，在一定程度上制约现代文化的利己主义弊端。

对中国身份伦理和有限理性文化的合理部分的吸收、利用，是与对它的改造、补充同时进行的。正如普遍伦理和一般理性文化的合理性与局限性是一体两面一样，中国身份伦理和有限理性文化的合理性与局限性也是一体两面，不能绝对地肯定和否定。在建设现代文化的过程中，既要对恩德文化加以改造、补充，建设普遍伦理和一般理性；又要利用、吸收恩德文化的优异性，用以克服现代性的弊端，在这个双向运动中，才能避免片面性、极端性，而比较顺利地完成中国文化的现代建设。

第三节 中国文化现代化的方式

中国文化的现代化，包括这几个方面：一个是现代性导向，另一个是自主性的创造，还有一个是文化结构的转化，最后是核心价值的转化。

一 中国文化转型的现代性导向和开放性

文化是时空连续体，不仅是空间性的存在，也是时间性的存在。中国文化也是如此，它不仅是与西方文化并列的空间性的存在，也是从古代到现代的时间性的存在。五四启蒙主义提出了中国文化是古代的文化，西方文化是现代的文化，所以要批判传统文化，接受西方文化，这种观点强调了文化的时间性而抹杀了文化的空间性。另外一种流行的观点认为，中西文化是两个平行的体系，不存在进步和落后的问题，由此就没有什么现代性导向的问题，以新儒家为代表的文化保守主义以及后现代主义都持有这种观点。这种观点把文化看作空间性的存在，而抹杀了文化的时间性维度。这两种观点的片面都必须克服。现代性对时间性的启动，打破了古代的凝固空间，进入了流动的现代空间。现代性也打破了古代的封闭的空间，进入了世界化、全球化的开放性空间。因此，以现代性为导向还包括坚持中国文化现代化的开放性原则。这就是以现代性为导向，打破文化封闭状态，面向世界现代文化，充分交流、对话，吸收现代文化的精华，改造中国文化中不适应现代性的部分，特别是改造恩德观念，转化为爱的价值，最终达成与世界现代文明同步。这一点，与主张"中体西用"的文化保守主义不同。这就意味着，恩德文化必须经过现代性的改造，转化为现代文化，才能得以延续。同时，中国文化也不是全盘西化，而是中国的现代文化，带有中国文化的特性。中国文化的现代化是建筑在社会现代化的基础上的，必须遵从社会现代化的规律。社会现代化是一种自然历史过程，在这个基础上，就要求文化现代化的配合。中国社会现代化就是实现现代性，因此，中国文化现代化的基本逻辑就是以现代性改造其基本结构和核心价值。

中国文化转型的现代性导向，是就文化变迁的时间维度而言的，但文化变迁还有空间维度，就是不同文化之间的交流和互相影响。在空间维度上，中国文化转型必须坚持开放性原则。由于西方率先实现了现代化，现代性主要是从西方传入中国的，故特别要对西方发达国家的现代文化开放；而闭关锁国，隔绝现代文化，是不可能实现中国文化的现代化的。要在文化开放中开展中西文化对话、交流，吸取对方的长处，摒弃其短处，让现代文化得以传播，建设中国式的现代文化。

现代性是一种理性精神，因此文化现代化主要是建立现代理性。中国恩德文化理性不充分，是有限理性，因此需要作出现代性改造，建立现代理性。在现代发展面前，古典的有限理性文化虽然有其合理因素，但已经不适应于工业文明，有碍于科学技术的发展和个体解放了。因此，在五四新文化运动中，主流知识界站在了激烈的反传统文化的立场，面向西方文化，引进科学、民主，实际上就是引进启蒙理性、现代性，改造有限理性文化。科学即工具理性，这是现代性的一翼，也是伦理本位的中国文化所缺失的，因此建立科学精神成为五四启蒙运动的一个目标。民主本来是政治制度范畴，在五四启蒙主义的语汇中有更广泛的意义，指现代价值理性。中国文化虽然也具有人文性，但缺失了个体价值和自由精神，还不是现代价值理性，因此追求现代价值理性成为五四启蒙运动的另一个目标。在实现现代性与现代民族国家两个历史任务中，后者具有更大的急迫性，于是文化启蒙运动转化为政治革命运动，完成了建立现代民族国家的任务。改革开放以后，实现现代性，完成现代化的历史任务再次提到日程上来。在现代社会的建设面前，需要对中国文化的有限理性进行改造，扬弃其古典形态，建立现代理性，即建立全面的、充分的理性精神，包括发展科学精神和人文精神等。中国文化的现代化任务，主要体现为这几个方面。

第一点，改造伦理本位的文化结构，加强科学精神和制度文明的建设。恩德文化是伦理本位，缺失了工具理性即科学精神。而现代社会是工业文明，建立在生产力高度发展的基础上，它不仅需要价值理性，也需要工具理性。因此，应该补充工具理性，建设价值理性和工具理性协调发展的文化体系，以适应现代社会的需要。同时，要在制度文化建设中，克服恩德文化的伦理本位偏向，把伦理与政治、法律等制度合理分离，避免人治，加强民主制度建设和法治建设，以适应现代社会的需要。

第二点，改造中国文化的集体理性，在个体价值的基础上建立新的集体精神。恩德文化一方面以其为他性、无我性抑制了个体价值，另一方面以其私己性限制了群体精神，形成了松散的集体理性。现代社会建立在契约关系之上，需要个体独立，确立个体价值，以建设一个以"自由人的联合体"（马克思语）为目标的社会。因此，应该建立个体价值为核心的文化体系，把个体从恩德关系中解放出来。同时，在这个基础上，克服恩德文化的私己性带来的松散性，克服家族主义和小团体主义，建立新的集体精神。

第三点，建立责任伦理和信念伦理，克服恩德文化责任伦理与信念伦理没有分化的缺陷。一方面，要适应契约关系，建立现代责任伦理，形成平等的人际关系，保护个体权利。另一方面，要建立文化的理想之维，建设信念伦理，即改造和发扬仁的精神，以普遍的爱为核心价值，克服恩德文化的差等之爱的局限性，建立和谐的社会关系。

第四点，加强中国文化的反思—超越层面的建设。恩德文化具有实用理性特质，偏重现实层面，而反思—超越层面薄弱，应该在现代文化建设中加以补充，增强其反思、批判现代性的功能，形成对现代性的制约力量。现代化的发展，一方面带来生产力的提高和物质生活的丰富，另一方面也带来了工具理性对自然的破坏以及价值理性造成的人际关系的疏远化，从而引发对现代性的反思、批判。中国文化带有实用理性特性，反思、超越性薄弱，这体现在宗教信仰、哲学反思以及艺术的审美超越性的不足。在现代文化建设中，应该借鉴和吸收西方文化的超越性，加强哲学、艺术等超越性文化形态的建设，建立起中国文化的反思—超越层面。要打破"天人合一"的世界观，促进理性和超理性两个领域的分化，加强超理性的建设，建立文化的反思、制约机制，包括哲学的批判和艺术的审美超越，建立平衡的文化结构。

二　中国文化现代化是"自主性的生成转化"

以上提出了中国文化现代化的现代性导向，还要进一步确立中国文化现代化的方式。中国文化的现代化与西方文化的现代化都以现代性为导向，但现代化的路径、方式不同，中国文化的现代化具有自己的特殊路径、方式。西方文化的现代化是对中世纪的宗教文化的断裂，也是对自身文化传统的恢复、继承，这个自身文化传统就是古希腊、罗马文化。古希腊、罗马文化拥有理性精神的萌芽，包括科学精神和人文传统，这是现代文化的渊源。这个理性精神被希伯来文化（中世纪宗教文化）中断，但并没有被湮灭，而是在文艺复兴运动中被发掘出来，经过启蒙运动而发展为现代文化。中国文化的特殊性在于，它没有现代文化的直接思想资源即一般理性精神，先秦诸子思想都不具有一般理性精神，而是有限理性，它不能原封不动地发展为现代文化。而且，中国文化从来没有中断，从先秦延续至近代，形成了强大的文化传统。因此，中国文化的现代化需要外部的思想资源，在现代性的冲击之下发生。中国的现代化是从打破闭关锁国，接受西方现代文化开始的，从而以中西文化冲突的形式展开了中国文化的现代化。对中国文化的现代化的方式，笔者提出"以现代性为导向的自主性的生成转化"，这是一个根本原则。其中的"以现代性为导向"已经在上一小节作了说明，而"自主性的生成转化"包括这样几个方面。

首先，坚持中国文化现代化的内在生成性原则。中国文化的现代化是在西方文化的冲击下发生的，因此形成了西方学者所说的"冲击—反应模式"。但是，中国的现代文化不是从外面移植来的，而是吸收外来文化的思想资源，从自己内部生成转化的，这一点与"西体中用"不同。"西体中用"论者认为，中国文化的现代化必须舍弃中国文化的"体"即基本结构与核心价值，而从西方移植现代文化的"体"即基本结构和核心价值，再加上中国文化的"用"即文化要素，就可以合成中国现代文化。

这种主张一方面意识到了中国文化现代化不是"中体西用",而必须改造恩德文化的基本结构和核心价值,这是合理的;但是认为应该完全抛弃中国文化的基本结构和核心价值,而移植西方文化的基本结构和核心价值,形成中国的现代文化,这就成问题了。中国现代文化不可能从空白中创造,也不可能从传统文化中自然生成,必须借鉴世界现代文明的成果,这是没有问题的。西方现代文化的冲击造成了中国文化转型的契机,西方现代文化也成为中国现代文化生成的思想资源,而且必须建立现代文化的基本结构和核心价值,这是中国文化现代化的方向。但是,这并不意味着中国现代文化是从外面移植过来的。中国现代文化不可能完全抛弃自身的基本结构和核心价值,单纯地从外面移植过来,移植过来的文化是难以存活的。中国现代文化必须植根于自己的社会土壤之中,必须从传统文化自身中生长出来,才能有牢固的根基,才能有生命力。归根结底,外部条件只是文化转型的外因,中国现代文化必须在与现代世界的交流中内在地生成,即依据中国文化自身的有生命力的因素,吸收世界现代文化,自身发生现代转化。

关于中国文化的现代化,林毓生提出了"创造性转化"。这种主张意识到中国文化现代化不是"中体西用",也不是"全盘西化",而是文化体系的改造、转换,这是合理的。但是,这种主张也有不尽合理之处,就是回避了中国文化基本结构与核心价值的转化问题,也就没有指出中国文化如何在整体上"创造性转化"或"转化性创造",因此也就没有找到文化转型的基点。

总之,中国文化现代化必须坚持内在的生成性原则。中国文化现代化不是从国外移植现成的文化体系,而是在引进、吸收现代文化的同时,从中国文化中寻找现代文化建构的基点。这就是说,要保留和发扬中国文化结构和核心价值中有生命力的部分,具体地说就是保留和发扬恩德文化中的爱的成分,按照现代性方向,加以改造、发展,生成中国现代文化的结构和核心价值。

其次,坚持中国文化现代化的自主性原则。中国已经基本上完成了建立现代民族国家的任务,可以在这个基础上建设现代文化。因此,中国文化的现代化不能像某些殖民地国家那样被动地接受和移植西方现代文化,最后丧失了本土文化的特性。中国文化的现代化要保留文化转型的自主权,自主性地建设中国现代文化,主动与世界现代文化对话,吸收其合理的思想资源,摒弃其不合理、不适于中国的部分。同时,也不是盲目地保留或抛弃中国文化,而要吸收中国传统文化的合理的、适应现代性的部分，摒弃其不合理的、不适合现代性的部分，使得传统文化成为建设中国现代文化的本土资源。这样，就可能在施行中国文化的现代化的同时，保留中国文化的优良部分，形成有中国特色的现代文化。

自主性原则还包括自觉地推动和引导中国文化的现代化，而不是消极地等待甚至被迫地接受现代文化。中国自晚清以来的改良运动，基本上是为了抵抗现代文明而被动地、消极地作一些有限的现代化改良，如洋务运动就是为了"师夷长技以制夷"，这种改良就不可能成功。五四新文化运动是自主地引进现代文化，建设中国现代文化的实践，因此具有划时代的意义。但是，五四新文化运动由于历史条件的限制，特别是建立现代民族国家任务的紧迫性，没有最终完成建设现代文化的任务。在现代条件下，应该明确中国文化现代化的目标，特别是坚持现代性方向、改造恩德文化的结构和核心价值，自觉地建设中国现代文化。

三　中国文化结构的现代转化

中国文化的现代转化，不是个别文化要素的增加或减少，而是文化结构的转变。由于现代文化是从西方引进、传入的，因此往往把现代化等同于西化。后来，人们逐渐意识到现代化不能等同于西化，也不可能完全西化，于是就以体用关系来说明现代化过程中的中西文化关系。这里的"体"，就是文化结构，这里的"用"，就是文化要素，也指称文化的功能。近代以来，关于中国文化的转型，有两种基本的观点，一种主张"中体西用"，另一种主张"西体中用"。这两种主张基本上涵盖了关于中国文化结构转化的观念。

"中体西用"是张之洞首先提出的，后来的文化保守主义和新儒家基本上认同这个主张，只不过换成了各种新的说法。"中体西用"的基本思想就是保持恩德文化的结构不变，而吸收西方文化的要素，主要是其科学技术，以为中国所用。他们基本上认定中国文化的道德理性是"体"，这是优越的，甚至是超越西方文化的，因此无须改造；中国文化的缺陷只在缺乏工具理性（而且往往被理解为知识、技术层面，而忽略了科学精神层面），而这是"用"，因此只需要补充知识、技术，就会完成文化现代化。现代新儒家主张"返本开新"，也仍然是以儒家道德理性为本，从儒家思想中开发出现代文化。针对中国文化的伦理本位，缺乏科学精神和民主政治的缺陷，唐君毅认为，儒家人文精神可以"主宰科学"，并涵摄一切人类可贵之自由精神，所以从中生成现代科学、民主不成问题。他说："由此故知，吾人今之提倡科学于中国，或尚望多少贡献中国文化中之仁教于特尊尚科学之西方世界，即非复只为一截长补短、自外凑合之事，而只是本于仁教与科学之理智之内在相依相涵之理。欲仁成大智，智成大智，以各完成其文化之最高者发展之事而已。"① 牟宗三则认为"内圣"不能直接开出"外王"，而主张"须在道德理性之客观实践一面转出并肯定民主政治，且须知道德理性之能通出去，必于精神主体中转出'知性主体'以成立并肯定科学"②。这便是所谓"良知的自我坎陷"。他主张从中国文化的道德实体的实践运用中进行自我否定，从而开发出科学、民主，也就是从道统中开出学统、政统。他认为，这种"自我坎陷"的前提是中国文化的道德实体包罗万象，从而潜在地拥有了开发出科学、民主的可能。

新儒家坚持中国文化作为现代文化的主体，主张保持中国文化的基本结构，加以生发、补充、改造，建设中国现代文化。相对于西化派对中国文化的全盘否定，这个主张对于保存中国文化有积极意义。但是，新儒家企图避开对世界现代文化的接受，避开对中国文化基本结构和核心价值的改造，孤立地从中国文化本身中开发出现代文化，这个路子是行不通的。中国文化的道德本体并不包含工具理性，也不等于现代价值理性，不经过现代性的改造，不可能开发出科学、民主。更要害的是，新儒家对中国文化的"道德理性"本身，并无本质的把握，就是没有揭示其恩德性质，回避了其缺陷，而把其完全合理化、理想化，因此，他们对中国文化的性质有误判。恩德文化本身，不可能直接开出科学，因为人与自然之间的恩德关系排斥了主体性和工具理性；也不能直接开出民主，因为人与人、人与国家的恩德关系也排斥了现代价值理性，包括个体价值和自由、平等精神。徐复观承认儒家注重德性，中国文化中缺少科学精神，需要学习西方科学精神以补充之。他说："儒家系从仁性、道德性方面去阐发人性的，此乃人性之一面。在这一面中不能成就科学。科学是要靠'为智识而智识'的人性中另一面'知性'的发展。"（《向孔子的思想性格回归》）他承认应该以西方文化的科学精神补充中国文化德性的缺失，但完全肯定中国的德性文化，认为它无须改造，这也是误判，不改造恩德文化，不可能实现中国文化的现代化。

中国文化的现代转化的另一种主张是"西体中用"。五四以来的启蒙主义者基本上认同这个主张，即使主张"全盘西化"或"充分世界

---

① 唐君毅：《中国人文精神之发展》，广西师范大学出版社，2005，第160页。
② 牟宗三：《道德的理想主义》，台北：台湾学生书局，1978，第184页。

化"的胡适，也认为实际上不可能做到全部西化，只能接受西方文化的基本思想。西体中用的主张，是引进西方文化作为中国现代文化的基本结构（体），从根本上把中国文化改造为现代文化，这无疑具有某种合理性。但如何建立这个结构，西化派也存在着问题，他们似乎认为只要抛弃中国文化的旧有的结构，移植西方文化的结构，再配之以中国文化的要素（用），中国文化的现代化就完成了。这是一种简单化的观点，在实践上也是不可行的。这是因为，文化的基本结构的转换不是从外来文化移植而成的，需要本民族文化结构自身的改造、转化；如果没有本土文化结构的转化生成，单纯地移植外来文化，就不会获得支援意识，也不可能成功。

除此之外，也有比较折中的意见，即主张调和中西文化，各取其所长而弃其所短，融会贯通等。这种中西文化融合的主张回避了中国文化的整体结构和核心价值的转化，带有实用主义的性质。鲁迅也曾经主张"拿来主义"，这个主张破除了文化民族主义的狭隘立场，其态度是可取的，但没有从根本上指出中国文化要保留什么，西方文化要拿来什么，也带有实用主义的倾向。文化是一个整体，有基本结构和核心价值，不能绕开这个基本结构和核心价值而弃、取其一部分；也不能撷取中西文化的一部分合成一个新文化，而必须进行结构的转化和核心价值的改造。值得注意的是，林毓生提出了"创造性转化"的主张，提出了对中国文化"重组/改造"的主张。林毓生不赞成新儒家的"返本开新"说，认为儒家思想中不能开出科学、民主，不能使中国传统文化转化为现代文化；也不赞成用革命的方式推倒传统文化，从头建设新文化，而主张对中国文化进行改革，实现现代化。他指出"创造性转化"是："使用多元的思想模式将一些（而非全部）中国传统中的符号、思想、价值与行为模式加以重组/或改造……同时在变革中继续保持文化认同……""在这个过程中，有利于中国未来发展的新的东西是经由引进一些对中国有意义的西方质素及对于中国传统中的质素的重组/或改造而产生"。[1] 林毓生的"创造性转化"强调了中国文化在面向西方文化开放、交流中的重组和改造，即他说的"多元地开放的过程"，这无疑是正确的途径。他认为，对传统文化的重组、改造要遵循什么原则，哪些西方文化要被排斥或吸收，哪些中国文化要被舍弃或保留，就是看传统文化的某些质素在现代生活中是否能够找到位置，并且发挥积极作用，这是一种实用主义、经验主义的主张。他论述

---

[1] 林毓生：《热烈与冷静》，朱学勤编，上海文艺出版社，1998，第26页。

了传统文化在家庭、政治领域的"创造性转化"的原则。在家庭领域,他提出保留亲情关系,而引进人权观念,破除孝悌观念中的不平等性,形成新的家庭伦理。在政治领域,他提出孔孟的"仁先于礼"的思想,可以使人权观念的引进和落实得到保障。他说:"职是之故,融入了天赋人权观念以后的儒家思想,反而变得丰富了。这一儒家思想当然会放弃礼教中'三纲'的教条,而旧礼教中长幼有序之类的一些观念,则可由丰富化了的'仁'的观念,注入新的生命力。如此的改造,是儒家思想'创造性转化'的道路。"① 这种表述可以看作以现代性来取舍传统文化的质素。林先生主张的合理性在于,依托社会生活的实践,来改造中国文化,而社会生活的现代化本身是文化现代化的基础。但是,林毓生的"创造性转化"主张并没有给出一种理论和宏观的视野,而只是付诸对具体问题的实践检验和操作;虽然提出了"使用多元的思想模式",但也没有确定现代文化的基本结构和核心价值,这就缺乏明确的总体性理念,导致了文化转型的零散化。特别是他没有揭示中国文化的基本结构是什么,即没有指出中国文化的恩德本质,而文化结构是文化转化的关键部分。他认为儒家的"仁"可以直接转化为现代价值,这就是一种理论的盲区。仁是恩德文化的核心价值,集中地体现了中国文化的优点和缺点,它虽然带有一般爱的属性,也带有恩德文化的不平等性和差等性。因此,在不对仁进行改造的前提下,他的"创造性转化"就不能明确地把握住恩德文化的本质,中国文化的现代转化也就失去了方向。林毓生还提出,在创造性转化中保持文化认同作为前提条件,但这只能有限地做到,而不可能完全做到。"创造性转化"必然要有对传统文化的落后观念的批判,并且对传统文化有所取舍,故文化认同只能是相对的,也必然伴随着文化批判,文化认同与文化批判是创造性转化必不可少的两个环节。五四新文化运动就是一种带有激进主义倾向的中国文化的自我批判,而缺乏文化的自我认同;五四以后发生的文化保守主义,则是一种中国文化的自我认同,而缺乏自我批判,故这两种倾向都有加以纠正的必要。

中国文化的"体"即基本结构是什么呢?这是一个根本问题。文化结构有深层结构和表层结构之分,必须分开来考察。从表层结构方面说,恩德文化是伦理本位,缺失了工具理性,因此建立中国现代文化必须建立工具理性即科学精神,以弥补中国文化的结构性缺失。工具理性的建立,相对于价值理性的建立,阻力要少一些,它更依赖社会生活的现代化。中

---

① 林毓生:《热烈与冷静》,朱学勤编,上海文艺出版社,1998,第41页。

国从农业社会转向工业社会，促进了科学的发展，因此建立工具理性的任务相对容易一些。另外，中国文化还是一个平面的结构，即天人合一，一个世界，缺失了超越性层面，包括宗教、哲学、艺术的超越性薄弱，这个结构性缺陷也应该加以改造，建设文化的超越性层面。

中国文化的深层结构是恩德，这个方面一般研究者并没有认识到。恩德文化具有有限理性特质，而有限理性的主要体现就是身份伦理。由于社会身份固定，形成了尊卑秩序，恩德文化把这种社会关系伦理化，变成了施恩—报恩关系，就是把伦理责任与社会身份一体化，形成了身份伦理。现代社会关系解除了固定的身份限制，身份变成了可以变易的、选择的、平等的社会角色，这些角色之间也不存在施恩—报恩关系，而是一种平等的契约关系。因此，现代社会要求在平等的契约关系之上，建立起普遍伦理，包括责任伦理和信念伦理。这就要求在现代文化建设中，解除伦理规范与社会身份的绑定，也就是改造身份伦理，建立普遍伦理。不论是什么社会角色，都要遵守同样的伦理规范，都有一样的爱心。爱与被爱，是平等的交换，不存在施恩和报恩关系，也就不存在控制和依附性。在家庭关系中，父（母）子（女）、兄弟、夫妇之间的关系是平等的关系，父母抚养子女不是施恩，子女爱父母、尊重父母，也不是报恩，兄弟、夫妻之间也是这样，都是一种爱和社会责任。在社会关系中，同事、朋友、邻里以及一般的人际关系也是平等的，没有尊卑之分，他们之间没有施恩—报恩关系，只有契约关系和爱的伦理。在社会生活领域，特别重要的是建立职业伦理规范，弥补中国文化缺乏职业伦理的缺陷，进而改变重人情、讲义气、不讲公德、不守纪律等习气。在政治领域，国家的管理者与人民之间的角色区别也是职业的划分，是平等的政治关系，没有施恩—报恩关系，政府要为人民服务，人民要监督政府，进而为民主政治奠定文化根基。这样，身份伦理就变成了现代的普遍伦理。

对身份伦理的改造和普遍伦理的建立，也就克服了恩德文化的私己性。恩德文化以自己与他者的施恩—报恩关系为基点，建立起伦理规范，从而对自己是否有恩（施恩或报恩）就成为道德评价的根据。这种私己性往往导致了私恩与公义的矛盾，所以中国人历来被诟病为缺乏公德心。改造了身份伦理，建立普遍伦理，就从根本上克服了私己性，建立了普遍的道德规范，包括责任伦理，也包括信念伦理。如此，就不以私己性的恩情作为伦理的基础和出发点，也不是基于固定的社会身份建立私己性的伦理关系，而是全社会的人都遵守共同的伦理规范，从而形成普遍的公德心，建立和谐的社会关系。另一方面，在契约关系基础上，个体获得了独立，解除了身份伦理的无我性，个性获得了解放。

对身份伦理的改造和普遍伦理的建立，也就克服了恩德文化的差等性。恩德文化由家族伦理推广而成，就产生了爱有差等的差序格局，形成了远近亲疏有别的人际关系。这也就是说，施恩—报恩可能性的大小决定了人际关系，规定了爱的多少。这种差等性伦理不适应现代社会，现代社会需要普遍的伦理规范和价值，这种普遍的伦理规范和价值，就可以克服差等之爱的有限性，特别是克服家族主义和小团体主义的弊端，形成一个和谐的社会。

四　中国文化核心价值的继承和改造

一个民族的文化，必然有一个核心价值，这是文化体系的关键部分。围绕这个核心价值，才能构成一个文化体系。中国恩德文化的现代化，也必须经过核心价值的转化。这就是说，改造恩德文化就要改造身份伦理，而身份伦理有其核心价值。那么什么是中国文化的核心价值呢？中国文化的核心价值是以仁表达出来的，仁建构了人与人的关系，是恩德的核心。仁作为"全德"，具体化为孝、忠等伦理范畴，展开了中国文化。新儒学和文化保守主义对中国文化的研究，也是自觉不自觉地围绕在"仁"这个中心展开的。但是，他们对仁的解释并不恰当，因此就没有真正把握住中国文化的性质。对于仁，新儒家和文化保守主义一般解释为爱。冯友兰认为，中国文化精神就是仁的精神："这种精神境界叫做'仁'；行'仁'的下手处，就是'忠恕之道'。'仁'是儒家所说的最高精神境界的名称。"[①] 熊十力提出中国文化具有德性本体，这个德性本体实质上就是"仁"。马一浮把仁界定为"心之全德"，认为天地之心与人心之善端是一致的，发挥此善端就能与天地合德。牟宗三说："绝对的善，是称'怵惕恻隐之心'而发的。由此所见的理性是理想的，由此所见的理想是理性的。由此吾人极成理性主义的理想主义，或理想主义的理性主义。怵惕恻隐之心，同时是心，同时也就是理。此心理合一的心，就是儒家所说的'仁'。孟子基于此言性善。王阳明于此言良知。康德于此言'善意'。吾人如不说人性则已，如要说人性，必须从此心理合一的仁处言人的性，了解人的性。"[②] 杜维明说，儒学是"为己之学""身心之学""性命之学"

---

① 冯友兰：《中国哲学史新编》第 7 册，台北：蓝灯文化事业股份有限公司，1991，第 200 页。

② 牟宗三：《道德的理想主义》序言，吉林出版集团有限责任公司，2010，第 32 页。

"以天地万物为一体"之学，也就是一种仁学。刘述先说"中国文化的最可贵的价值是人文精神"，而仁是其中最核心的思想。他说："以我个人的看法，儒家思想之根本成分有两个，第一个就是所谓仁，另一个就是所谓生生。"① "就我个人的体验来说，儒学最中心的本质不外乎内在仁心的亲切体征，由这里推广出去，乃可以体验到天道的生生不已、神化不测。"② 文化保守主义也是以仁为中国文化的核心价值。陈来建立了"仁学本体论"，把仁提升为哲学本体论的范畴，认为从人与自然的关系上看，仁是"生物"；从人与人的关系上看，仁是爱。

以现代新儒家为代表的一些文化保守主义者特别强调了中国文化的爱的属性，认为这一优良品性可以成为中国文化转化为现代文化，甚至超越现代文化的依据。梁漱溟指出："亲切相关之情，发乎天伦骨肉；乃至一切相与之人，随之相与之深浅久暂，莫不自然有其情。因情而有义。父义当慈；子义当孝。兄之义友；弟之义恭。夫妇、朋友，乃至一切相与之人，随其亲疏厚薄，莫不自然互有应尽之义。伦理关系，即是情谊关系，亦即相互间一种义务关系。'伦理'之'理'，尽在此情与义上见之。"③ 他认为西方文化重欲望，中国文化重感情，应该说他以此分别中西文化之优劣并不合理，但他说中国文化含有爱他人的核心价值，确有合理之处。只是梁漱溟没有意识到一个根本点，就是中国文化的重情感、为他人的价值观念，是置于恩德之中的，以爱人为施恩、报恩，为他人也导致了不平等性和无我性，所谓"父慈子孝""兄友弟恭""夫德妻贤"，乃至"君明臣忠""官良民顺"等，都不只包含着爱，也包含着控制性，这是恩德文化与现代文化相冲突之处。所以，在继承、发扬中国文化的仁爱的同时，也要剥离掉附着于其上的控制性，使之由恩爱变成现代的爱。五四时期吴稚晖主张以博爱取代孝，认为既然有了普遍的爱，那么父子之间就不用言孝，由此也就去除了孝所包含着的控制性，这一主张有其合理性，就是以普遍伦理取代身份伦理。新儒家和文化保守主义者都没有论述过中国文化的恩德本质；即使论及恩德，也是当作个别道德原则，而非根本原则，而且也都给予肯定，认为施恩—报恩是优良美德。他们讳言恩德文化的不平等性和差等性，或者不认为是根本性质，而以仁的普遍性来掩盖之。因此，新儒家和文化保守主义者对恩德文化的肯定性解读带有片面

---

① 刘述先：《理一分殊》，景海峰编，上海文艺出版社，2000，第44页。
② 刘述先：《理一分殊》，景海峰编，上海文艺出版社，2000，第194页。
③ 梁漱溟：《中国文化的命运》，中信出版集团，2016，第146页。

性、表面性，他们罗列了一些表层的、具体的特性，而遮蔽了其深层的、总体的特性。他们无视或回避了中国文化的恩德性质，这不仅导致了对中国文化的核心价值的扭曲，也遮蔽了中国文化的消极方面，这是其根本缺陷。

中国文化的现代转化必须改造其核心价值，在确立个体价值的基础上，建立普遍的爱。现代文化建立在个体价值独立的基础上，形成了爱这个核心价值。中国文化的核心价值是仁即恩爱，而现代文化的核心价值是普遍的爱。仁即恩爱具有两重性，一是普遍的爱的属性，即"天地万物一体之仁"；二是不平等性和差等性，即恩爱的控制性、占有性造成的长幼尊卑差别以及私己性造成的亲疏远近差别。仁的不平等性和差等性不符合现代文化的品格，应该予以批判和摒弃。仁的普遍的爱的属性符合了现代文化的品格，可以成为文化转型的根据。中国文化包含着普遍的价值，就是爱的属性，从而可能拥有接受现代文化的基础和向现代文化转化的条件和可能性。因此，恩德文化的转化就包括两个方面，一是要批判和摒弃恩德文化的控制性和差等性，二是要发挥恩德文化的爱的因素，以爱取代恩，形成普遍的、平等的爱的文化。这就要剥离仁的不平等性和差等性，而发挥仁的爱的属性，把占有性的爱改造为非占有性的爱，从而使其成为现代文化建设的思想资源。具体地说，在家庭领域，把孝悌改造为平等的亲情之爱，去掉家长制的控制性，建立平等的家庭伦理；在社会领域，推行平等的爱，发扬敬老爱幼、互相帮助的传统美德，而去除其不平等的尊卑长幼秩序；在政治领域，发扬爱国爱民的传统，而摒除国家对人民的压迫性和人民对国家的依附性，恢复人民的主体地位。

核心价值的转换，带动具体的伦理范畴的内涵的改变，这也是中国文化现代化的一个方面。由于语言是文化的基因和密码，因此文化的传承和改造要通过语言才能完成。对于语言的运用，不可能完全抛弃传统的概念，而只能重新阐释，赋予其新的意义，这种新的意义的获得，既要有新的理论的阐释，也要有新的语境即社会文化环境的革新。在这种条件下，恩德文化的范畴可以作现代的解释，而不必否定和抛弃这些范畴，如仁可以解释为普遍的爱，而去掉其恩德意义；孝可以解释为敬爱父母、赡养父母，而去掉其控制性的绝对服从意义；忠也可以作爱国主义的解释，而去掉其控制性的权力崇拜意义。另外，那些与仁以及孝、忠等伦理范畴关联的范畴如信、义、廉、耻等都可以在现代文化的框架内得到解释，这样，这些恩德文化的范畴就获得了现代意义，得到继承和发扬，从而成为中国现代文化的基本理念构成。

总之,中国文化的现代转化,应该以现代性为导向,开放地、自主地、创造性地改造恩德文化的基本结构和核心价值,并且重新组织中国文化的要素,建构一个新的文化体系。如此,中国文化就会转化为具有现代品格的文化。

参考文献

一 古籍

(汉)班固撰,(唐)颜师古注:《汉书》,中华书局,1962。
(汉)董仲舒:《春秋繁露》,册二卷十三,上海中华书局据抱经堂本校。
(汉)董仲舒:《春秋繁露》,上海古籍出版社,1989。
(汉)董仲舒撰,(清)凌曙注:《春秋繁露》,中华书局,1991。
(汉)韩婴:《韩诗外传》卷七,载《增订汉魏丛书》,西南师范大学出版社、东方出版社,2011。
(汉)韩婴撰,许维遹校释:《韩诗外传集释》卷四,中华书局,1980。
(汉)贾谊撰:《新书校注》,阎振益、钟夏校注,中华书局,2000。
(汉)刘向撰:《说苑斠补》,云南人民出版社,1959。
(汉)刘向撰,向宗鲁校证:《说苑校证》,中华书局,1987。
(汉)郑玄注,(唐)贾公彦疏:《周礼注疏》卷一〇,上海世纪出版股份有限公司、上海古籍出版社,2010。
(晋)慧远大师著,弘化社编,(清)沙健庵编辑,(清)项智源增补:《净宗初祖庐山慧远大师文钞》,宗教文化出版社,2016。
(晋)瞿昙僧伽提婆译:《中阿含经》第1册,华文出版社,2013。
(晋)陆机著,杨明校笺:《陆机集校笺》,上海世纪出版股份有限公司、上海古籍出版社,2016。
(后晋)刘昫等撰:《旧唐书》,中华书局,1975。
(南北朝)佛陀耶舍、(南北朝)竺佛念译:《长阿含经》,华文出版社,2013。
(南北朝)求那跋陀罗译:《杂阿含经》3,华文出版社,2013。
(南北朝)天竺三藏求那跋陀罗译,王建伟、金晖校释:《杂阿含经校释》(四),华东师范大学出版社,2014。
(南北朝)天竺三藏求那跋陀罗译,王建伟、金晖校释:《杂阿含经校释》

（一），华东师范大学出版社，2014。

（梁）刘勰著，（清）黄叔琳注，（清）薛恨生标点：《文心雕龙》，新文化书社，1933。

（梁）刘勰著，范文澜注：《文心雕龙注》，人民文学出版社，1962。

（梁）沈约撰：《宋书》，中华书局，1974。

（南朝梁）钟嵘著，周振甫译注：《〈诗品〉译注》，中华书局，2002。

（隋）王通著，（宋）阮逸注：《文中子中说》，上海古籍出版社，1989。

（唐）房玄龄等：《晋书》，中华书局，2000。

（唐）韩愈：《韩昌黎全集》，国学整理社，1935。

（唐）皎然著，李壮鹰校注：《诗式校注》，人民文学出版社，2003。

（唐）令狐德棻等撰：《周书》，陈勇等标点，吉林人民出版社，1995。

（唐）释道宣撰，刘林魁校注：《集古今佛道论衡校注》，中华书局，2018。

（唐）唐武后撰：《臣轨》，载《丛书集成初编》第893册，中华书局，1985。

（唐）武则天撰：《武则天集》，罗元贞点校，山西人民出版社，1987。

（宋）程颢、程颐：《二程集》上，王孝鱼点校，中华书局，1981。

（宋）程颢、程颐：《二程集》下，王孝鱼点校，中华书局，1981。

（宋）程颐撰：《周易程氏传》，王鹤鸣、殷子和整理，九州出版社，2011。

（宋）黎靖德编：《朱子语类》卷六，王星贤点校，中华书局，1986。

（宋）李焘撰：《续资治通鉴长编》第一册，中华书局，1992。

（宋）陆九渊：《陆象山全集》，国学整理社，1936。

（宋）陆九渊著，钟哲点校：《陆九渊集》，中华书局，1980。

（宋）契嵩撰，钟东、江晖点校：《镡津文集》，上海世纪出版股份有限公司、上海古籍出版社，2016。

（宋）邵雍著，郭彧整理：《邵雍集》，中华书局，2010。

（宋）邵雍著，闵兆才编校：《康节先生文集1 皇极经世书下》，华龄出版社，2020。

（宋）王称：《东都事略》卷二，《景印文渊阁四库全书》，台北：台湾商务印书馆，1986。

（宋）袁采撰：《袁氏世范》，中华书局，1985。

（宋）张载：《张载集》，章锡琛点校，中华书局，1978。

（宋）张载撰：《张横渠集》，中华书局，1985。

（宋）张载撰，朱熹注：《张子全书》，王云五主编，商务印书馆，1935。

（宋）朱熹撰：《四书章句集注》，中华书局，1983。

（宋）朱熹撰：《朱子全书》第二十册，朱杰人、严佐之、刘永翔主编，上海古籍出版社、安徽教育出版社，2002。

（宋）朱熹撰：《朱子全书》第二十三册，朱杰人、严佐之、刘永翔主编，上海古籍出版社、安徽教育出版社，2002。

（宋）朱熹撰：《朱子全书》第六册，朱杰人、严佐之、刘永翔主编，上海古籍出版社、安徽教育出版社，2002。

（宋）朱熹撰：《朱子全书》第十八册，朱杰人、严佐之、刘永翔主编，上海古籍出版社、安徽教育出版社，2002。

（宋）朱熹撰：《朱子全书》第十三册，朱杰人、严佐之、刘永翔主编，上海古籍出版社、安徽教育出版社，2002。

（宋）朱熹撰：《朱子全书》第十四册，朱杰人、严佐之、刘永翔主编，上海古籍出版社、安徽教育出版社，2002。

（元）关汉卿撰：《关汉卿散曲集》，李汉秋、周维培校注，上海古籍出版社，1990。

（元）脱脱等撰：《宋史》第三册，中华书局，1977。

（元）脱脱等撰：《宋史》第三十八册，中华书局，1977。

（元）脱脱等撰：《宋史》第十五册，中华书局，1977。

（明）郭绍虞主编，王夫之著，戴鸿森笺注：《薑斋诗话笺注》，人民文学出版社，1981。

（明）黄宗羲：《黄宗羲全集》第十九册，浙江出版联合集团、浙江古籍出版社，2012。

（明）李贽：《焚书　续焚书》，中华书局，1974。

（明）容肇祖整理：《何心隐集》，中华书局，1960。

（明）汤显祖：《汤显祖集》（一），上海人民出版社，1973。

（明）汤显祖著，徐朔方笺校：《汤显祖诗文集》卷四十五，上海古籍出版社，1982。

（明）王夫之：《诗广传》卷三，王孝鱼点校，中华书局，1981。

（明）王夫之：《周易外传》卷二，中华书局，1977。

（明）王夫之著，船山全书编辑委员会编校：《船山全书》第八册，岳麓书社，1991。

（明）王夫之著，船山全书编辑委员会编校：《船山全书》第六册，岳麓书社，1991。

（明）王夫之著，船山全书编辑委员会编校：《船山全书》第七册，岳麓书社，1991。

（明）王夫之著，船山全书编辑委员会编校：《船山全书》第三册，岳麓书社，1988。

（明）王夫之著，船山全书编辑委员会编校：《船山全书》第十册，岳麓书社，1996。

（明）王夫之著，船山全书编辑委员会编校：《船山全书》第十二册，岳麓书社，1996。

（明）王夫之著，船山全书编辑委员会编校：《船山全书》第十六册，岳麓书社，1996。

（明）王夫之著，船山全书编辑委员会编校：《船山全书》第十一册，岳麓书社，1996。

（明）王夫之著，船山全书编辑委员会编校：《船山全书》第四册，岳麓书社，1988。

（明）王夫之著，船山全书编辑委员会编校：《读四书大全说》卷八，中华书局，1975。

（明）王夫之撰：《周易内传》，中华书局，1964。

（明）王守仁：《王阳明全集》，国学整理社，1936。

（明）王守仁著，周吉译注：《传习录》，开明出版社，2018。

（明）王阳明：《传习录》卷上，载陈荣捷撰《王阳明传习录详注集评》（修订版），台北：台湾学生书局，1992。

（明）王阳明撰：《王阳明全集》（上），吴光、钱明、董平、姚延福编校，上海古籍出版社，1992。

（明）谢榛著，宛平校点：《四溟诗话》，人民文学出版社，1961。

（明）徐渭：《选古今南北剧·序》，载吴毓华编《中国古代戏曲序跋集》，中国戏剧出版社，1990。

（明）徐渭著，李复波、熊澄宇注释：《南词叙录注释》，中国戏剧出版社，1989。

（明）张建业主编：《李贽文集》第七卷，社会科学文献出版社，2000。

（明）张建业主编：《李贽文集》第三卷，社会科学文献出版社，2000。

（明）张建业主编：《李贽文集》第一卷，社会科学文献出版社，2000。

（明）张建业主编，张建业、张岱注：《李贽全集注》第一册，社会科学文献出版社，2010。

（明）朱元璋：《御制大诰三编》，上海古籍出版社，1995。

（明）朱元璋撰，胡士萼点校：《明太祖集》，黄山书社，1991。

（明）袾宏著，张景岗点校：《莲池大师全集》下，华夏出版社，2011。

（清）陈确撰：《陈确集》下册，中华书局，1979。

（清）崔国榜修，（清）金益谦、（清）蓝拔奇纂：同治《兴国县志》卷三十九《艺文五》，同治十一年刻本。

（清）戴震撰：《戴震集》，汤志钧校点，上海古籍出版社，1980。

（清）顾炎武：《日知录》，（清）黄汝成集释，上海古籍出版社影印道光十四年嘉定黄氏西溪草庐刊本，1985。

（清）顾炎武著，（清）黄汝成集释：《日知录集释》，国学整理社，1936。

（清）顾炎武著，（清）黄汝成集释：《日知录·言私其豵》卷三，载《日知录集释》，岳麓书社，1994。

（清）顾炎武著，（清）黄汝成集释，栾保群、吕宗力校点：《日知录集释（全校本）》上册，（清）黄汝成集释，上海古籍出版社，2006。

（清）顾炎武著，陈垣校注：《日知录校注》，安徽大学出版社，2018。

（清）顾炎武著，华忱之点校：《顾亭林诗文集》，中华书局，1983。

（清）黄宗羲：《明夷待访录》，中华书局，1981。

（清）黄宗羲：《文庄罗整庵先生钦顺》，《明儒学案》卷四十七，沈芝盈点校，中华书局，2008。

（清）焦循撰，沈文倬点校：《孟子正义》，中华书局，1987。

（清）李光地撰，刘大钧整理：《康熙御纂周易折中》上，巴蜀书社，2014。

（清）刘熙载著，王气中笺注：《艺概笺注》，贵州人民出版社，1986。

（清）刘熙载撰：《艺概》，上海古籍出版社，1978。

（清）钱泳撰：《履园丛话》下，张伟校点，中华书局，1979。

（清）阮元校刻：《十三经注疏》下册，中华书局，1980。

（清）王夫之：《读四书大全说》卷一，中华书局，1975。

（清）王夫之：《黄书 噩梦》，王伯祥校点，中华书局，1956。

（清）王夫之：《尚书引义》，中华书局，1976。

（清）王国维：《〈红楼梦〉评论》，浙江古籍出版社，2012。

（清）王国维：《论哲学家与美术家之天职》，载谢维扬、房鑫亮主编《王国维全集》第一卷，广东教育出版社、浙江教育出版社，2009。

（清）魏禧：《魏叔子文集》，胡守仁等校点，中华书局，2003。

（清）袁枚：《小仓山房文集》卷三十，周本淳标校，上海古籍出版社，1988。

（清）章学诚：《文史通义新编》，仓修良编，上海古籍出版社，1993。

（清）周希陶编：《重订增广》，岳麓书社，1987。

编委会编:《乾隆大藏经》第 159 册,宗教文化出版社,2010。

傅杰编校:《王国维论学集》,中国社会科学出版社,1997。

河北省佛教协会编:《大正新修大藏经》第 23 册,河北省佛教协会,2005。

河北省佛教协会编:《佛说父母恩重难报经佛说长寿灭罪护诸童子陀罗尼经》,河北省佛教协会,1999。

胡平生、张萌译注:《礼记》,中华书局,2017。

慧岳法师编,悟醒译:《汉译南传大藏经》(第 27 册),元亨寺妙林出版社,1995。

赖永海主编,陈秋平译注:《金刚经·心经》,中华书局,2010。

《清实录》卷三四,《圣祖仁皇帝实录》第 4 册,中华书局,1986 年影印本。

沈善洪主编,吴光执行主编:《黄宗羲全集》第一册,浙江古籍出版社,2005。

王明:《抱朴子内篇校释》,中华书局,1985。

王明编:《太平经合校》,中华书局,1960。

魏同贤主编:《冯梦龙全集》第 7 册,凤凰出版传媒集团、凤凰出版社,2007。

新竹佛学善书中心编:《大方便佛报恩经》,和裕出版社,1995。

姚淦铭、王燕主编:《王国维文集》,中国文史出版社,2007。

圆香语译:《大乘本生心地观经》,东方出版社,2020。

张家山二四七号汉墓竹简整理小组编著:《张家山汉墓竹简〔二四七号墓〕》(释文修订本),文物出版社,2006。

中国佛教文化研究所点校:《中阿含经》,宗教文化出版社,1999。

"中央研究院"历史语言研究所编:《明太祖实录》卷七三,"中央研究院"历史语言研究所,1962。

〔日〕高楠顺次郎、渡边海旭、小野玄妙等:《大正新修大藏经》第 14 册,台北:新文丰出版公司,1983。

二 中文专著

《陈独秀文章选编》上,生活·读书·新知三联书店,1984。

《谭嗣同全集》,生活·读书·新知三联书店,1954。

蔡元培编著:《中学修身教科书》,载张汝伦编选《文化融合与道德教化——蔡元培文选》,上海远东出版社,1994。

陈独秀：《调和论与旧道德》，载吴晓明编选《德赛二先生与社会主义——陈独秀文选》，上海远东出版社，1994。

陈独秀：《东西民族根本思想之差异》，载任建树主编《陈独秀著作选编》第1卷，上海人民出版社，2014。

陈独秀：《独秀文存·论文（上）》，首都经济贸易大学出版社，2018。

陈独秀：《独秀文存》卷一，安徽人民出版社，1987。

陈独秀：《敬告青年》，载任建树主编《陈独秀著作选编》第1卷，上海人民出版社，2014。

陈独秀：《孔子之道与现代生活》，载吴晓明编选《德赛二先生与社会主义——陈独秀文选》，上海远东出版社，1994。

陈独秀：《偶像破坏论》，载吴晓明编选《德赛二先生与社会主义——陈独秀文选》，上海远东出版社，1994。

陈垣编纂，陈智超、曾庆瑛校补：《道家金石略》，文物出版社，1988。

陈柱：《墨学十论》，广西师范大学出版社，2010。

邓辉、陈伟编著：《乡贤文化的前世今生》，湘潭大学，2016。

杜维明：《一阳来复》，上海文艺出版社，1997。

方立天：《中国佛教散论》，宗教文化出版社，2003。

费孝通：《乡土中国》，北京大学出版社，2012。

冯友兰：《新原道（一种中国哲学之精神）》绪论，载谢暇龄编选《阐旧邦以辅新命——冯友兰文选》，上海远东出版社，1994。

冯友兰：《中国哲学史新编》第7册，台北：蓝灯文化事业股份有限公司，1991。

傅斯年：《〈新潮〉之回顾与前瞻》，载陈槃等校订《傅斯年全集》第四册，台北：联经出版事业公司，1980。

辜鸿铭：《中国人的精神》，海南出版社，1996。

郭沫若：《十批判书》，东方出版社，1996。

郭沫若：《先秦天道观之进展》，《青铜时代》第一辑第一册，群益出版社，1935。

郭沫若著作编辑出版委员会编：《郭沫若全集》历史编第一卷，人民出版社，1982。

哈迎飞：《半是儒家半释家——周作人思想研究》，人民文学出版社，2007。

郝时晋、梁光玉、萧祥剑主编：《群书治要续编》，团结出版社，2021。

何卓恩编选：《胡适文集·文明卷》，长春出版社，2013。

何卓恩编选：《胡适文集·自述卷》，长春出版社，2013。

胡道静等主编：《藏外道书》第19册，巴蜀书社，1992。

胡秋原：《古代中国文化与中国知识分子》，中华书局，2010。

胡适：《读梁启超先生的〈东西文化及其哲学〉》，《胡适文存》第2集第2卷，上海亚东图书馆，1925。

胡适：《胡适论学近著》第一集，中央编译出版社，1935。

胡适：《易卜生主义》，载欧阳哲生编《胡适文集（2）》，北京大学出版社，1998。

胡适：《中国文化的反省》，华东师范大学出版社，2013。

瞿秋白：《请脱移'五四'的衣襟》，载苏汶编《文艺自由论辩集》，现代书局，1933。

康有为著，楼宇烈整理：《孟子微 礼运注 中庸注》，楼宇烈整理，中华书局，1987。

康有为撰，姜义华、张荣华编校：《康有为全集》，中国人民大学出版社，2007。

赖永海主编，戴传江译注：《梵网经》，中华书局，2010。

李敖主编：《周子通书·张载集·二程集》，天津出版传媒集团、天津古籍出版社，2016。

李零：《郭店楚简校读记》（增订本），中国人民大学出版社，2007。

李泽厚：《漫说"中体西用"》，载《说西体中用》，上海译文出版社，2012。

李中华：《中国文化通义》，世界图书出版公司，2020。

梁启超：《1900年4月1日致康有为》，载沈鹏、范曾等主编《梁启超全集》，北京出版社，1999。

梁启超：《欧游心影录》，商务印书馆，2014。

梁启超：《五十年中国进化概论》，载杨志钧主编《中国近代思想家文库·梁启超卷》，中国人民大学出版社，2014。

梁启超：《先秦政治思想史》，东方出版社，1996。

梁启超：《新民说》，商务印书馆，2016。

梁启超：《饮冰室文集》，上海文化进步社，1935。

梁漱溟：《东西文化及其哲学》，载中国文化书院学术委员会编《梁漱溟全集》第一卷，山东人民出版社，1989。

梁漱溟：《中国文化的命运》，中信出版集团，2016。

梁漱溟：《中国文化要义》，世纪出版集团、上海人民出版社，2005。

梁漱溟：《中国文化要义》，学林出版社，1987。
林语堂：《吾国与吾民》，中国戏剧出版社，1990。
林毓生：《热烈与冷静》，朱学勤编，上海文艺出版社，1998。
刘述先：《理一分殊》，景海峰编，上海文艺出版社，2000。
鲁迅：《鲁迅书信集》上卷，人民文学出版社，1976。
鲁迅：《热风》，人民文学出版社，1973。
鲁迅著，鲁迅先生纪念委员会编：《鲁迅全集》第四卷，花城出版社，2021。
鲁迅著，鲁迅先生纪念委员会编：《鲁迅全集》第一卷，花城出版社，2021。
吕思勉：《中国文化史》，商务印书馆国际有限公司，2015。
罗根泽：《诸子考索》，人民出版社，1958。
毛泽东：《毛泽东给萧旭东蔡林彬并在法诸会友》，载中国革命博物馆、湖南省博物馆编《新民学会资料》，人民出版社，1980。
牟宗三：《道德的理想主义》，台北：台湾学生书局，1978。
牟宗三：《中国哲学的特质》，台北：台湾学生书局，1974。
牟宗三著，吴兴文主编：《道德的理想主义》，吉林出版集团有限责任公司，2010。
孙中山：《中山丛书》第一册，中山大学出版社，2006。
谭嗣同：《仁学》，印永清评注，中州古籍出版社，1998。
汤用彤：《汤用彤全集》第4卷，河北人民出版社，1999。
唐君毅：《中国人文精神之发展》，广西师范大学出版社，2005。
陶金华、朱雪梅译注：《中国古典名著译注丛书——中国蒙学精粹》，广州出版社，2001。
童书业遗著：《春秋左传研究》，上海人民出版社，1980。
王川编著：《峄山碑刻集》，齐鲁书社，2016。
王利器撰：《颜氏家训集解》（增补本），中华书局，1993。
王栻主编：《严复集》第一册，中华书局，1986。
吴虞：《辩孟子辟杨、墨之非》，载陈万雄《五四新文化的源流》，生活·读书·新知三联书店，1997。
吴虞：《吴虞文录》卷上，黄山书社，2008。
严复：《论世变之亟》，载胡伟希选注《论世变之亟——严复集》，辽宁人民出版社，1994。
杨联陞：《中国文化中"报""保""包"之意义》，中华书局，2016。

杨向奎：《宗周社会与礼乐文明（修订本）》，人民出版社，1997。
杨义堂、陈力、于宏文：《新乡贤归来》，山东人民出版社，2018。
张岱年：《中国哲学大纲》，中国社会科学出版社，1982。
张岱年、程宜山：《中国文化精神》，北京大学出版社，2015。
张继禹主编：《中华道藏》第26册，华夏出版社，2014。
张君劢：《张君劢集》，黄克剑、吴小龙编，群言出版社，1993。
张明高、郁沅编选：《魏晋南北朝文论选》，人民文学出版社，1999。
周作人：《雨天的书》，北新书局，1931。
〔美〕成中英：《中国文化的现代化与世界化》，中国和平出版社，1988。
〔美〕孙隆基：《中国文化的深层结构》，广西师范大学出版社，2011。
〔美〕余英时：《论士衡史》，傅杰编，上海文艺出版社，1999。
〔美〕余英时：《中国文化的重建》，中信出版社，2011。

三　中文译著

〔德〕伯特·海宁格等：《家族星座治疗：海宁格的系统心理疗法》，周鼎文译，张老师文化事业股份有限公司，2001。
〔德〕韦伯：《韦伯作品集Ⅴ 中国的宗教　宗教与世界》，康乐、简惠美译，广西师范大学出版社，2004。
〔法〕葛兰言：《古代中国的节庆与歌谣》，赵丙祥、张宏明译，赵丙祥校，广西师范大学出版社，2005。
〔法〕马塞尔·莫斯：《礼物：古式社会中交换的形式与理由》，汲喆译，陈瑞桦校，世纪出版集团、上海人民出版社，2005。
〔法〕马塞尔·莫斯：《礼物——古式社会中交换的形式与理由》，汲喆译，商务印书馆，2016。
〔古希腊〕柏拉图：《柏拉图全集》第二卷，王晓朝译，人民出版社，2003。
〔古希腊〕柏拉图：《理想国》，郭斌和、张竹明译，商务印书馆，1986。
〔荷〕斯宾诺莎：《伦理学》，贺麟译，商务印书馆，1962。
〔美〕阿拉斯戴尔·麦金太尔：《依赖性的理性动物：人类为什么需要德性》，刘玮译，译林出版社，2013。
〔美〕弗兰西斯·福山：《信任——社会道德与繁荣的创造》，李宛蓉译，远方出版社，1998。
〔美〕林毓生：《中国意识的危机——五四时期激烈的反传统主义》，穆善培译，苏国勋、崔之元校，贵州人民出版社，1988。

〔美〕鲁思·本尼迪克特:《菊与刀》(增订版),吕万和等译,商务印书馆,2012。
〔美〕周策纵:《五四运动史》,陈永明等译,岳麓书社,1999。
〔日〕新渡户稻造:《武士道》,张俊彦译,商务印书馆,2017。

四 期刊

陈独秀:《本志罪案之答辩书》,《新青年》1919年六卷一号。
胡适:《我的儿子》,《每周评论》第33期,1919年8月3日。
瞿秋白:《东方文化与世界革命》,《新青年》1923年第1期。
林纾:《致蔡鹤卿太史书》,《公言报》1919年3月18日。
鲁迅:《我们现在怎样做父亲》,《新青年》1919年六卷六号。
栾竹民、施晖:《现代日本社会中的"孝"——兼与中国比较》,《教育文化论坛》2015年第1期。
罗家伦:《评坛:批评的研究:三W主义》,《新潮》1920年二卷三号。
王友良:《苏州碑刻的社会教化功能及其启示》,《廉政文化研究》2021年第3期。
吴虞:《家族制度为专制主义之根据论》,《新青年》1917年二卷六号。
徐复观:《向孔子的思想性格回归》,《中国人月刊》1979年第1期。
杨春时:《艺术何以成为礼物——礼物现象学视域下的艺术》,《文艺争鸣》2020年第10期。
张守中、郑名桢、刘来成:《河北省平山县战国时期中山国墓葬发掘简报》,《文物》1979年第1期。

后　　记

　　我对中国文化研究的兴趣，始于新时期的"文化热"。在思想解放的背景下，20世纪80年代发生了两股热潮，一个是"美学热"，另一个是"文化热"。"文化热"继承五四传统，聚焦于中西文化比较，展开了中国传统文化批判，以建构中国现代文化。1979年到1982年是我读研的期间，由于受到了"美学热"的感染，我选择了美学研究方向。同时，我以很大的热情关注中国文化研究。在八九十年代，我写了一些关于中国文化的文字，但比较粗浅，尚未展开深入的研究。在2000年以后，我也做了关于中国现代性的研究，涉及了中国文化的现代化问题，但对中国文化的研究并没有全面展开。我的主要研究领域一直是美学，直到2010年，美学研究到了收尾阶段，我才逐步进入了中国文化研究领域。2012年，我在《粤海风》第3期上发表了《爱的权力化——中国恩感文化批判》，这是我研究中国恩德文化的发轫之作，它确立了中国文化的恩德性质。在以后的十年多里，我陆续发表了关于中国恩德文化的系列文章，并最终完成了国家社科基金后期资助项目"中国恩德文化研究"。本书就是这一项目的结项成果。

　　开展对中国文化的研究，揭示中国文化的性质，是中华民族自我认识的重要途径，这关乎中国文化现代化的道路选择，因此是一个非常重要的理论问题。但是，中国文化一直是一个难解的谜，近代以来中外学人做了很多研究，至今未能达成共识。与以往的中国文化理论不同，我把中国文化定性为恩德，这是中国文化研究的一个哥白尼式革命。我在国外和国内做过几次关于中国恩德文化的讲座，听众中有人（包括国外大学的教授）认为我的观点振聋发聩，具有颠覆性，非常值得重视。但是，我并不认为这个理论会很快获得普遍的接受，它很可能淹没在众声喧哗之中。学术是面向未来的事业，当下火爆的学说未必有持久的生命力，而有生命力的学说可能要经过漫长的历史选择才能被承认。因此在这个意义上，我不是为当下写作，而是为身后写作。我在完成本书写作之时，再一次诵读了

《礼记·檀弓上》中的一段话：

> 孔子蚤作，负手曳杖，消摇于门，歌曰："泰山其颓乎？梁木其坏乎？哲人其萎乎？"既歌而入，当户而坐。子贡闻之曰："泰山其颓，则吾将安仰？梁木其坏、哲人其萎，则吾将安放？夫子殆将病也。"遂趋而入。夫子曰："赐！尔来何迟也？夏后氏殡于东阶之上，则犹在阼也；殷人殡于两楹之间，则与宾主夹之也；周人殡于西阶之上，则犹宾之也。而丘也殷人也。予畴昔之夜，梦坐奠于两楹之间。夫明王不兴，而天下其孰能宗予？予殆将死也。"盖寝疾七日而没。

诵毕，不禁潸然泪下。在我成长的时代，孔夫子是反面形象；在新时期的启蒙主义思潮中，孔子也是被批判的对象，因此我在大半生中对他没有好感。但是经过对中国文化的深入研究，我的看法改变了，一方面对孔学既有历史的肯定，也有现代的批判；另一方面对于孔子其人又充满了敬意。孔子是一位有历史使命感的伟大人物，他一生孜孜矻矻，周游列国，遍说诸侯，教授弟子，只是为了一个目标——推行仁爱思想，再造文明之邦。但他生不逢时，求仕遭权贵冷落，学说被主流排斥，只有他的弟子崇敬他、跟随他。即使如此，他临终之际也没有感慨身世的沦落，而是哀叹世道衰微、忧心后继无人。有幸的是历史回报了他，在他身后的两千余年里，其学说大行于天下，哺育了中华民族，建造了中华文化。哀乎哉？荣乎哉？我今年已经七十有五，在接近人生落幕的时候，感念先贤孔子，不由得想起范仲淹《岳阳楼记》中的话："噫！微斯人，吾谁与归？"是为记。

2024 年 11 月 4 日于东京